最新 裁判実務大系 3

民事保全

3

須藤典明
深見敏正
［編著］

青林書院

はしがき

　最新裁判実務大系の第3巻として,『民事保全』を上梓することができた。
　民事裁判の分野では,従来からの市民生活や経済活動に大きな影響を及ぼす事件や当事者間の人間関係や利害関係などが錯綜して深刻な対立状況が発生している事件だけではなく,昨今のIT機器の発達による先端的な事件や,広く人権意識が普及したことによる極めてデリケートな内容の事件なども目立つようになってきている。このような現代的状況の中で,民事保全手続は,本体の厳しい紛争の前哨戦としての性格を強め,とりわけ仮の地位を定める仮処分については,常に,社会状況や経済環境などの変化を敏感に反映したホットな事件が持ち込まれるため,民事保全を申し立てる債権者側や,受けて立つ債務者側だけではなく,その審理を担当する裁判所にとっても,それらの問題をめぐる最新の考え方や,審理の在り方などを端的に指し示すチャートのような書籍が望まれる状況にある。そして,これまでにもそのような要請を充たすものとして,2002年に青林書院から『新・裁判実務大系民事保全』が刊行され,多くの実務家から広く支持されてきたが,その刊行から既に16年が経過し,多くの関係者から内容を最新のものに改めてほしいとの要望があったようである。
　そこで,今回,同じく青林書院から『リーガル・プログレッシブ・シリーズ民事保全』を刊行している須藤と深見とに対して,これまでの『新・裁判実務大系民事保全』と同様のコンセプトとスタイルでの『最新裁判実務大系民事保全』の編集が依頼されたことから,二人で緊密に連絡を取り合い,同書の問題と解説をすべて見直して,その後の民事保全法の改正を踏まえた国際管轄の問題はもとより,航空機や航空燃料などの仮差押え,アスベストの撤去工事による被害,外国人差別による被害,太陽光発電の反射光による被

害，ネットショップへの出店問題など多くの新しい項目も取り入れ，民事保全について最新の問題状況を網羅した全50問を揃えた。また，新しい試みとして，須藤と深見において「保全　ナヴィ・チャート」と「すべての民事保全に共通するポイント」とに関する項目を執筆して，読者の検索の便宜を図るとともに，実践的な立場からの理解を容易にすることを試みた。そして，東京地裁保全部，大阪地裁保全部のほか全国各地で保全事件を担当している裁判官や，司法研修所教官，最高裁調査官なども経験している全国のベテラン裁判官だけではなく，代理人の立場から関連の問題を検討したことがある民事保全の実務に精通した弁護士の方々にも執筆を依頼したところ，いくつかの項目については，執筆者から疑問や意見が寄せられ，改めて執筆者と編者とで意見交換を重ねて問題を練り直した。その結果，本書は，日本全国の民事保全事件に造詣の深い実務家の英知を結集することができ，類書にはない高い完成度と使い勝手の良さをもったものに仕上がっている。

　内々の話ではあるが，須藤は平成27年6月に退官を迎えた。そこで，当初は退官前に本書を刊行できればと計画し，今から思えば無理なスケジュールでの執筆をお願いしたため，結果的にかえって刊行が遅れることとなり，多くの皆様にご迷惑をおかけしてしまったが，何とか1つも欠けることなく珠玉の原稿を揃えることができた。ご多忙のところご執筆をいただいた皆様に，この場をお借りして厚くお礼を申し上げたい。

　最後に，本書の刊行に漕ぎ着けたのは，ひとえに青林書院編集部の長島晴美さんの長期間にわたる忍耐と献身的な助力のお蔭である。執筆者から原稿を受け取るたびに長島さんから須藤と深見にその写しが届けられ，二人で意見交換をしていたが，昨年夏のある日曜日に青林書院の会議室に集まり，須藤と深見とで，出揃ってきた原稿に改めて目を通し，長時間にわたって意見を交換した際にも，長島さんに多大の準備とお世話をしていただいたことを思い出す。ここに心からの感謝を表する次第である。

　　平成28年2月

　　　　　　　　　　　　　　　　　　須藤　典明　　深見　敏正

編著者・執筆者紹介

編 著 者

須藤　典明　　日本大学法科大学院教授・弁護士
　　　　　　　前東京高裁判事

深見　敏正　　東京地家裁立川支部長判事

執 筆 者

深見　敏正	上掲		山川　亜紀子	弁護士
須藤　典明	上掲		小林　貴	弁護士
川﨑　博司	徳島地裁判事補		中山　洋平	東京地裁立川支部判事補
若林　弘樹	弁護士		古賀　大督	法務省訟務局局付
鈴木　雄輔	岐阜地家裁多治見支部判事		山門　優	公正取引委員会上席審判官
鈴木　拓児	さいたま地裁判事		早山　眞一郎	熊本地家裁天草支部判事
荒井　智也	徳島地裁判事			
松山　昇平	長野家地裁松本支部判事		倉澤　守春	横浜地裁判事
古谷　健二郎	静岡地裁浜松支部判事		森田　浩美	大阪地裁判事
森　剛	さいたま地裁判事		酒井　良介	東京地裁判事
日野　直子	千葉家裁松戸支部判事		髙橋　文清	大阪地裁判事
清野　正彦	法務省訟務局行政訟務課長		上原　卓也	東京地裁判事
鈴木　和孝	大阪法務局訟務部副部長		宮崎　謙	仙台地裁判事
小池　あゆみ	横浜家地裁相模原支部判事		眞鍋　美穂子	名古屋高裁判事
中田　朋子	弁護士		沖中　康人	東京地裁判事
			西森　政一	新潟地裁判事
			齊藤　顯	秋田地裁判事

編著者・執筆者紹介

浅見　宣義	京都地裁判事
三重野　真人	大阪地裁判事補
関　　述之	東京地裁判事
木村　真也	弁護士
加藤　　聡	宮崎家裁判事
田中　寛明	最高裁調査官
國屋　昭子	神戸地裁姫路支部判事
中野　琢郎	最高裁調査官
本田　能久	東京高裁判事
大寄　麻代	知財高裁判事
砂古　　剛	法務省大臣官房司法法制部部付
外山　勝浩	東京地裁判事
石垣　智子	裁判所職員総合研修所教官
岩崎　政孝	弁護士・上智大学法科大学院教授
間　　史恵	札幌地家裁小樽支部判事
髙橋　伸幸	大阪高裁判事
金久保　茂	弁護士
木野　綾子	弁護士
野上　誠一	大阪地家裁岸和田支部判事
藤原　俊二	さいたま家裁判事

〔執筆順。編著者・執筆者の肩書は平成28年3月現在〕

凡　例

1．用字・用語等
　本書の用字・用語は，原則として常用漢字，現代仮名づかいによったが，法令に用いられているもの及び判例，文献等の引用文は原文どおりとした。

2．関係法令
　関係法令は，原則として平成27年12月末日現在のものによった。

3．本文の注記
　判例，文献の引用や補足，関連説明は，脚注を用いた。法令の引用，例示などは，本文中にカッコ書きで表した。

4．法令の引用表示
　本文解説中における法令の引用表示は，原則として正式名称とした。
　カッコ内における法令の引用表示は，原則として次のように行った。
　　(1)　「法」は民事保全法，「規則」は民事保全規則を指す。
　　(2)　主要な法令名は後掲の〔主要法令略語表〕によった。
　また，同一法令の条項番号は「・」で，異なる法令の条項番号は「，」で併記した。

5．判例の引用表示
　判例の引用表示は，通例に従い，次の略記法を用いた。その際に用いた略語は，後掲の〔判例集等略語表〕によった。
　〔例〕　平成11年11月24日最高裁判所大法廷判決，最高裁判所民事判例集53巻8号1899頁
　　　　　→　最大判平11・11・24民集53巻8号1899頁
　　　　平成19年8月28日東京地方裁判所決定，判例タイムズ1272号282頁
　　　　　→　東京地決平19・8・28判タ1272号282頁

6．文献の引用表示
　主要な文献の引用表示は，後掲の〔主要文献略語表〕によった。
　それ以外の文献の引用表示は，初出の際，単行本等については著者（執筆者）及び編者・監修者の姓名，『書名』（「論文名」）及びその巻数又は号数，発行所，刊行年，引用（参照）頁を掲記し，雑誌論文等については著者（執筆者）の姓名，「論文名」，掲載誌及びその巻数又は号数，刊行年，引用・参照頁を掲記した。
　注釈書その他の編集物については，編者名のほか引用（参照）箇所の執筆者名を〔　〕内に示した。

凡　例

主要な雑誌等の引用の際に用いた略語は，後掲の〔主要雑誌等略語表〕によった。

〔主要法令略語表〕

会社	会社法	ストーカー	ストーカー行為等の規制等に関する法律
家事	家事事件手続法		
割賦	割賦販売法	建物区分	建物の区分所有等に関する法律
供	供託法		
供則	供託規則	著作	著作権法
憲	日本国憲法	破	破産法
建基	建築基準法	廃棄物	廃棄物の処理及び清掃に関する法律
健保	健康保険法		
航空	航空法	配偶者暴力	配偶者からの暴力の防止及び被害者の保護に関する法律
雇均	雇用の分野における男女の均等な機会及び待遇の確保等に関する法律		
		不正競争	不正競争防止法
国債	国債ニ関スル法律	不登	不動産登記法
裁	裁判所法	不登則	不動産登記規則
執行官	執行官法	不登令	不動産登記令
自賠	自動車損害賠償保障法	暴力団	暴力団員による不当な行為の防止等に関する法律
借地借家	借地借家法		
社債株式振替	社債，株式等の振替に関する法律	民	民法
		民再	民事再生法
人訴	人事訴訟法	民執	民事執行法
信託	信託法	民執規	民事執行規則
信託業	信託業法	民訴	民事訴訟法
人保	人身保護法	民訴規	民事訴訟規則
人保規	人身保護規則	労審	労働審判法

〔判例集等略語表〕

大	大審院	集民	最高裁判所裁判集民事
大連	大審院聯合部	高民	高等裁判所民事判例集
最	最高裁判所	東高民時報	東京高等裁判所判決時報
最大	最高裁判所大法廷	下民	下級裁判所民事裁判例集
高	高等裁判所	家月	家庭裁判月報
地	地方裁判所	訟月	訟務月報
支	支部	金判	金融・商事判例
判	判決	金法	旬刊金融法務事情
決	決定	判時	判例時報
民録	大審院民事判決録	判タ	判例タイムズ
民集	大審院及び最高裁判所民事判例集	労判	労働判例

〔主要文献略語表〕

菊井＝村松＝西山・仮差押・仮処分　→菊井維大＝村松俊夫＝西山俊彦『仮差押・仮処分〔三訂版〕』（青林書院新社，1982）

裁判実務大系　→丹野達＝青山善充編『裁判実務大系(4)民事保全法』（青林書院，1999）

実務ノート　→東京地裁保全研究会＝大阪地裁保全研究会『民事保全実務ノート』（判例タイムズ社，1995）

須藤＝深見＝金子・民事保全　→須藤典明＝深見敏正＝金子直史『リーガル・プログレッシブ・シリーズ(1)民事保全〔三訂版〕』（青林書院，2013）

瀬木・民事保全　→瀬木比呂志『民事保全法〔新訂版〕』（日本評論社，2014）

竹下＝鈴木・民保構造　→竹下守夫＝鈴木正裕編『民事保全法の基本構造』（西神田編集室，1995）

竹下＝藤田・民保　→竹下守夫＝藤田耕三編『民事保全法』（有斐閣，1997）

丹野・実務　→丹野達『民事保全手続の実務』（酒井書店，1999）

東京地裁・実務（上）（下）　→八木一洋＝関述之編著『民事保全の実務（上・下）〔第3版増補版〕』（金融財政事情研究会，2015）

東京地裁・詳論　→東京地裁保全研究会『詳論民事保全の理論と実務』（判例タイムズ社，1998）

東京地裁・諸問題　→東京地裁保全研究会『民事保全実務の諸問題』（判例時報社，1988）

中野＝原井＝鈴木・講座(1)(2)(3)　→中野貞一郎＝原井龍一郎＝鈴木正裕編『民事保全講座(1)〜(3)』（法律文化社，1996）

西山・概論　→西山俊彦『保全処分概論〔新版〕』（一粒社，1985）

門口＝須藤・民事保全　→門口正人＝須藤典明編『新・裁判実務大系(13)民事保全法』（青林書院，2002）

山崎・解説　→山崎潮『新民事保全法の解説〔増補改訂版〕』（金融財政事情研究会，1991）

山崎・基礎知識　→山崎潮編『民事保全の基礎知識』（青林書院，2002）

理論と実務（上）（下）　→三宅弘人＝荒井史男＝岨野悌介編『民事保全法の理論と実務（上・下）』（ぎょうせい，1990）

新基本法コンメ民保　→山本和彦＝小林昭彦＝大門匡＝福島政幸編『新基本法コンメンタール民事保全法（別冊法学セミナー226号）』（日本評論社，2014）

コンメ民保　→瀬木比呂志監修『エッセンシャル・コンメンタール民事保全法』（判例タイムズ社，2008）

裁判例コンメンタール　→加藤新太郎＝山本和彦編『裁判例コンメンタール民事保全法』（立花書房，2012）

条解規則　→最高裁判所事務総局民事局監修『条解民事保全規則〔改訂版〕』（司法協会，1999）

注解民保（上）（下）　→竹下守夫＝藤田耕三編『注解民事保全法（上・下）』（青林書院，上1996，下1998）

注釈民保（上）（下）　→山崎潮監修『注釈民事保全法（上・下）』（民事法情報センター，1999）

民執・民保百選〔第2版〕　→『民事執行・保全判例百選〔第2版〕（別冊ジュリスト208号）』（有斐閣，2012）

主文例集　→司法研修所編『五訂保全命令主文例集』（法曹会，1992）

例題解説（一）　→法曹会編『例題解説民事保全の実務（一）〔改訂版〕』（法曹会，1997）

例題解説（二）　→法曹会編『例題解説民事保全の実務（二）』（法曹会，1997）

〔主要雑誌等略語表〕

家月	家庭裁判月報	曹時	法曹時報
金法	旬刊金融法務事情	判時	判例時報
銀法	銀行法務21	判タ	判例タイムズ
最判解民	最高裁判所判例解説民事篇	判評	判例評論
		法教	法学教室
主判解	主要民事判例解説	民訴	民事訴訟雑誌
ジュリ	ジュリスト	労判	労働判例

目　次

はしがき
編著者・執筆者紹介
凡例

民事保全への招待

❶　すべての民事保全に共通するポイント　　3
深見　敏正

❷　保全　ナヴィ・チャート　　21
須藤　典明

Ⅰ　保全命令の申立て

1　管　轄　　29
川﨑　博司

(1)　前橋市に住むXは，仙台市に住むYに対して200万円を貸したが，Yが期限が過ぎても返済しないので，執行対象財産を保全しておくため，貸付の際に送金した東京に本店のあるS銀行宇都宮支店のY名義の普通預金を仮差押えしたい。Xは，どこの裁判所に仮差押えを申し立てるべきか。
　　　金銭消費貸借証書には，Xの住居地を管轄する裁判所を本案の管轄裁判所とするとの特約があるときはどうか。

(2)　(1)の事例で，XはYに200万円を貸し付けた当時は宇都宮市に住んでいたが，その後，高齢の母親の面倒を見るために前橋市に転居していたときはどうか。

(3)　(1)の事例で，Xが200万円の内金100万円を被保全債権として，宇都宮地裁に仮差押えを申し立てた場合，同地裁の担当裁判官はどう対処すべきか。

2　国際管轄　　36
深見　敏正

(1)　大阪市内に本社のある造船会社Xは，香港に本社のある海運会社Yからパナマ船籍の船舶の修理を請け負い，修理を完了して引き渡したが，Y社から修理代金が支払われていない。X社は，国際郵便やメールで何度も催

促したにもかかわらず，まだその代金が支払われない。ところが，X社は，当該船舶が明日横浜港に入港することを知ったため，修理代金を被保全権利として，横浜地裁に当該船舶の仮差押えを申し立てたが，担当裁判官は，この申立てに対してどう対処すべきか。
(2) X社とY社との請負契約において，修理に伴う紛争はシンガポールにおける国際仲裁で解決するとの合意があるときはどうか。

3 当事者――サービサーによる保全命令の申立て　46

若林　弘樹

　債権管理回収業に関する特別措置法に基づき法務大臣の許可を受けているX社は，Yに対する貸金返還請求訴訟の提起に先立ち，前記貸金債権を保全するため，Y所有の不動産に仮差押えをしておきたいと考えている。このような場合，仮差押えを申し立てる債権者は，X社かA銀行か。また，仮差押えの申立てに必要な添付書類にはどのようなものがあり，当事者目録にはどのような表示をすべきか。

4 債務名義や保全命令を有する債権者からの保全命令の申立ての可否　55

鈴木　雄輔

次のような場合，各債権者による民事保全の申立ては認められるか。
(1) Aは，Bが占有している建物を競落し，代金を納付してBに対する引渡命令の発令を受けたが，執行官の執務上の都合もあり，すぐには引渡命令の執行ができない見込みなので，当面の措置として，Bを債務者とする占有移転禁止の仮処分を申し立てた場合
(2) Cは，Dに対して建物を賃貸していたが，Dがその賃料を支払わないため，賃貸借契約を解除して，その建物の明渡訴訟を提起し，仮執行宣言付きの勝訴判決を得た。ところが，Dがその建物を第三者に転貸しようとしている様子なので，Cは，急いでDを債務者としてその建物の占有移転禁止の仮処分を申し立てた場合
(3) 債権者Eは，債務者Fに対する3000万円の貸金返還請求権を保全するため，先にF所有の甲土地につき仮差押えを申し立てて，その発令を受けているが，公示地価が発表されたところ，地方都市の旧商店街にある甲土地も値下がりして，1800万円程度の価値しか見込めない状況になった。Eは，この3000万円の貸金返還請求権のうち不足する1200万円を被保全権利として，F所有の乙土地についても仮差押えを申し立てた場合

5 確定判決の執行禁止を求める仮処分の可否　73

鈴木　拓児

　AはB市内の一級河川沿いの地域で他の農家と一緒に農業を営んでいるが（以下「営農地域」という。），長年高潮の被害を受けていたため，B市と国は，高潮が河川を逆流して営農地域に被害を与えないように，河口近くに堰を設け

た。この堰は，国の所有であるが，B市が管理を委託されている。この堰によって高潮の被害がなくなり，Aら営農者は喜んでいた。一方，この河川の上流で漁業を営んでいるCらは，ウナギや鮭の漁獲量が激減しているため，B市に堰の開門を求めたが，拒絶されたため，国とB市に対してこの堰の開門を求める訴訟を提起し，国に対して堰の開門を命ずる判決が出たが，双方が上訴しなかったため，Cらが求めた堰の開門を命ずる同判決が確定した。しかしながら，堰を開けておくと，再び高潮等によってAらの農業に壊滅的な被害を及ぼすおそれがある。Aら営農者は，誰に対して，どのような仮処分を申し立てることができるか。

II 担 保

6 担保決定

荒井 智也

次のような場合，裁判所は，どのような担保を命ずるべきか。
(1) AはBに対して1000万円を貸し付けたが，その際，Cが，BのAに対する債務を連帯保証した。Aは，Bが期限になっても返済をしないので，B及びCのD銀行に対する各預金債権につき，それぞれ1000万円を請求債権として仮差押えを申し立てたいと考えている。裁判所は，Aに対してどのような問題点を指摘すべきか。仮に，問題点が一応解消されたとして，担保決定はどうなるか。
(2) (1)の事例で，Bが10年前に6000万円で購入したマンションを所有していることが判明したため，Aは，まずこのB所有マンションだけ仮差押えしたいと考えているが，このマンションにはD銀行を債権者とする3000万円の根抵当権が設定されていることが判明した場合，担保決定はどうなるか。根抵当権の額が5000万円である場合はどうか。
(3) Aに十分な資力がない場合，Aの代理人となった弁護士Eは，どのような方法をとることが可能か。
(4) 保全裁判所が，3月5日（月曜日）に担保決定をして，Aが担保を提供すべき期間を5日間と定めた場合，Aは，いつまでに担保を提供すればよいか。

7 担保物変換の可否

松山 昇平

X銀行は，Yに対して500万円を貸し付けたが，Yが分割弁済の支払を怠り，期限の利益を喪失したため，Yに対して貸金返還請求訴訟を提起するに先立ち，Y所有の不動産の仮差押えを申し立て，その際に担保として所有する国債をもって供託した。X銀行はYが請求を認めるものと思っていたが，予想に反して，

本案訴訟においてYはいろいろと抗弁を主張したため，当初の見込みよりも訴訟の進行が遅れて，供託した国債の償還期限が来てしまった。X銀行としては，どうしたらよいか。

X銀行は，B銀行の株式を1万株（時価は1株500円）ほど保有しているので，これを担保に変えることはできないかと考えているが，そのようなことはできるか。

8　担保取消し　　　　　　　　　　　　　　　　　　　　　　　　　103
古谷　健二郎

次の場合にA，E，F，は，それぞれ担保の取消しを求めることができるか。
(1) A工務店は元請けのB建設に対し，請負残代金400万円，貸金300万円の合計700万円を被保全権利として仮差押えをしたが，Bに対する本案訴訟では，請負残代金を450万円に増額し，貸金は250万円に減額して請求して，判決でも，請負残代金450万円，貸金250万円として請求が認容され，確定した場合
(2) Cは，Dに対する1000万円の貸金債権を保全するため，D所有の不動産を仮差押えし，その担保として200万円を供託した。その後，Cは，Dに対する1000万円の貸金債権をEに譲渡し，EがDに対して譲受債権の支払を求める訴訟を提起して，全部認容判決を得て確定した場合
(3) Fは，Gから2000万円の損害賠償請求訴訟を提起され，1300万円と年5分の遅延損害金の支払を命じられ，仮執行宣言も付されたため，控訴を提起するとともに執行停止を求めて，その停止のための担保として1000万円を供託した。Fは，控訴棄却の判決を受けたため，その確定を待たずに，Gの訴訟代理人Hに対して1300万円とその遅延損害金の全額を弁済し，Gの訴訟代理人H名義の領収書を得た場合

Ⅲ　仮差押え

9　（当事者）ジョイントベンチャーを当事者とする仮差押え　　　117
森　　剛

建設業を営むA社とB社は，いわゆるジョイントベンチャーを形成し，C共同企業体と称して，D社からマンションの建設工事を請け負ったが，次のような事態が発生した場合，誰が，どのような権利に基づき，誰に対して，どのような民事保全をすることができるか。
(1) D社の資金繰りが悪化し，このままでは，Cとして請け負ったマンション建設工事の代金の支払が危ぶまれる場合
(2) B社がC共同企業体の趣旨に反してマンションの建設工事に協力しないため，工事が遅れてしまい，A社が何とか工事を完成させたものの，D社

から工事代金の支払を受けた際，工事遅延による約定損害金を控除されてしまい，赤字になってしまった場合
(3) マンションの建設工事が約7割程度できた時点で，A社が業績不振のために建設工事を続行できなくなってしまい，B社だけでは予定のマンションを完成することができないため，D社はCとの請負契約を解除したが，別の業者に改めて工事の続行を依頼しても，完成が遅れることは必至で，購入予定者に対して多額の賠償費用が発生する場合

10 （被保全権利）離婚に伴う財産分与請求権及び慰謝料請求権による仮差押え 126
日野 直子

(1) 妻Aは，夫Bが同僚のC女と浮気をしたため，現在別居中であり，離婚したいと考えているが，Bが婚姻期間中に貯めたB名義の定期預金500万円をCに譲渡しようとしていることを知った。B名義の財産としては，上記定期預金のほか，Bの父親から相続した時価1億円の自宅がある。Aは，自宅の半分に相当する5250万円の財産分与と不貞行為による慰謝料500万円を被保全権利として仮差押えをしたいと考えているが，どのような問題があるか。また，どの裁判所に申し立てればよいか。
(2) Aは，不倫相手のCに対しても慰謝料500万円を請求したいと考えており，C名義の預金債権を仮に差し押さえる場合，どのような問題があるか。
(3) Dは，Eと離婚する際に，子Fの養育費としてFが満20歳の誕生日を迎える月まで月額10万円を支払うことを約束したのに，実際に支払われたのは半年だけで，その後2年間，支払われていない。そこで，Dは，Eに対して未払の養育費240万円と今後の1年分120万円を被告保全権利として，G社で働いているEの給料支払請求権を仮に差し押さえたい。どのような問題があるか。

11 （被保全権利）不法行為に基づく損害賠償請求権を被保全権利とする仮差押え 144
清野 正彦

Xは，知人のYから，大学と共同開発した新しいサプリメントの販売を手掛けるため資金が必要であり，ヒット確実であるので，1000万円を出資してくれれば，利息として1年後に100万円，2年後には150万円を支払い，3年後にはさらに200万円の利息を付けて1200万円を返還すると勧誘された。Xは，自分でもあるサプリメントを愛用しており，Yを信頼して1000万円を投資した。1年後には100万円が支払われたが，2年目には，Yから，類似商品が出たため販売が落ちており，新商品を出して挽回するので利息の支払を待ってくれと懇願され，待つこととした。しかし，3年目が終了しても元利金が支払われず，調査したところ，Yは実際にはサプリメントを販売しておらず，投資詐欺の被害にあったことが判明した。Xは，Yに対して不法行為に基づく損害賠償請求権を被保全権利として，Yの預金口座等につき仮差押えを申し立てようと考えている。どのような点に注意すべきか。

12　(目的物) 預金債権に対する仮差押え　　　　　　　　　　　　157

　　　　　　　　　　　　　　　　　　　　　　　　鈴木　和孝

　Xは，Yに対する売掛金債権を保全するため，Yの取引銀行であるA銀行B支店に預金口座があると考え，そのYのA銀行に対する預金払戻請求権を仮差押えしたいと考えている。しかし，Xは，YのA銀行B支店における預金の種類や預金債権額等の詳細を知らない。そのような場合，Xは，仮差押えの申立てに際して，差押債権目録にどのような事項を記載することが必要か。

　仮差押えの申立てに際して，Xは，Yの取引銀行がA銀行であることはわかっているものの，どの支店にどの程度の預金があるのかわからない場合，A銀行でYの取引額が一番多い支店を取引支店と指定して，又は，取引額の多い支店から少ない支店の順番でと指定して，Yの預金債権の仮差押えを求めることができるか。

13　(目的物) リゾートホテル会員権の仮差押え　　　　　　　　　171

　　　　　　　　　　　　　　　　　　　　　　　　小池　あゆみ

　Xは，Yがリゾートホテルの会員権を購入するため，Yに対して300万円を貸したが，Yは，これを返済しようとしない。Xは，Yが購入したリゾートホテルの会員権を仮差押えすることができるか。Yが購入したのが，預託金制のゴルフクラブ会員権であった場合はどうか。

　仮にその仮差押えができるとした場合，その保全執行はどのように行われるのか。

14　(目的物) 信託受益権に対する仮差押え　　　　　　　　　　182

　　　　　　　　　　　　　　　　　　　　　　　　中田　朋子

　Xは，Yに対して5000万円の貸金債権を有しているが，Yが返済期日に弁済しないので，貸金返還請求訴訟の提起に先立ち，Yを債務者として仮差押えしようと考えているが，次のような場合にはどうしたらよいか。

(1)　YがA銀行から投資信託を購入して保有している場合
(2)　Yの父が委託者となり，B信託銀行を受託者として，Yの父の死後にYの生活を保障する信託目的の下に受益者をYとする金銭信託（7000万円）を設定した後，Yの父が死亡し，Yが受益者として，B信託銀行から定時定額（毎月1回，30万円）の金銭給付を受けている場合
(3)　Yが居住している建物とその敷地（併せて「本件不動産」という。）の登記情報を調べてみたところ，いずれもYの夫（故人）から受託者Cに信託財産として所有権移転登記がなされており，その信託目録によれば，Yの老後の生活を保障する信託目的の下に，受益者をY（後妻）とし，Yは，生涯にわたり，建物の1階部分（コンビニに賃貸中）の賃料を原資とする収益を定期的に受け取り，2階部分に無償で居住することができるとされている場合（なお，信託契約においては，Yが死亡した場合には信託は終

了し，その残余財産〔本件不動産の所有権など〕は，Yの夫と前妻との間の子に帰属するものと定められている。）。

15 （目的物）航空機等の仮差押え　　　197
　　　　　　　　　　　　　　　　　　　　　　　山川　亜紀子／小林　貴

　航空機燃料等を販売しているX社は，航空業界に格安の運賃で参入して顧客を開拓しているY社に対して航空機燃料を販売してきた。ところが，Y社は，他の格安航空会社との競争の激化や世界的なパイロット不足等の影響で，便数を増やすことができず，予定していたほどの収益が上がらないため，四半期ごとに支払うこととなっている航空機燃料の代金の一部の支払が遅滞している。X社としては，これまでの燃料代金の未払分と今期の売掛金との合計額が3億円を超えたことから，何らかの保全措置をとりたいと考えているが，Y社が運行している大型旅客機はすべてリース物件であり，Y社が所有している航空機は小型の中古ジェット機1機（転売すると約2億円程度のもの）だけである。また，X社がY社に販売した航空機燃料の一部が国内の数か所の空港内の燃料タンクに備蓄されている。X社は，Y社が運行している航空機と備蓄されている燃料について，どのような保全処分をとることが考えられるか。

16 （必要性）債権者代位権の行使による仮差押え　　　211
　　　　　　　　　　　　　　　　　　　　　　　深見　敏正／中山　洋平

　Xは，A社に対して事業用地の購入代金として5000万円を貸し付けた。A社がその資金で購入した土地は，M市が造成した工業団地内の土地であったが，M市が想定していたほどの数の企業を誘致することができず，工業団地としての規模も縮小され，A社が購入した土地の価格も約半値程度に下落してしまったうえ，A社が予定していた工業団地内での原材料の調達や加工もできなくなり，A社の事業自体が赤字に転落し，運転資金を得るために，B社のために，その所有地に3000万円の抵当権を設定した。A社は，Y社と取引があり，Y社に対して3000万円の売掛債権を有している。A社の取引先であるY社もM市が造成した工業団地内にA社より広い工場用地を有しているが，工業団地事業の不振を受け，これを売却しようとしている。
　Xは，A社に対する5000万円の貸金債権を保全するため，どのような方法を講じることができるか。

17 （必要性と審理）仮差押えの必要性とその疎明等　　　219
　　　　　　　　　　　　　　　　　　　　　　　　　　　　　古賀　大督

　債権者から次のような仮差押えの申立てがなされた場合，裁判所はどのような点に留意して審理及び判断をすべきか。
　(1)　連帯保証人を債務者とする仮差押命令の申立て
　(2)　いわゆるヴァーチャル口座に関する預金債権を被仮差押債権とする仮差押命令の申立て

(3) 将来発生する社会保険診療報酬支払請求権に対する仮差押命令の申立て

Ⅳ 不動産に関する仮処分

18 （占有移転禁止）賃貸借契約の終了に基づく仮処分　　239
　　　　　　　　　　　　　　　　　　　　　　　　　　　山門　　優

　Xは，飲食店を営むYに対し，所有する庭付きの住居と駐車場を賃貸したが，Yは程なく家賃を滞納するようになり，滞納金額は半年分にも達した。Xは，Yに対して賃料の支払を催告したうえ，家賃の不払いを理由に上記賃貸借契約を解除したが，Yは，その住居に氏名等がわからない外国人の従業員を居住させていることが判明した。Xは，将来の明渡しの強制執行を保全するため，どのような仮処分を申し立てるべきか。また，複数の従業員が頻繁に入れ替わって居住し，掃除もせず，賃貸した住居の室内にゴミが山積みになっている様子が外からもわかる場合，Xは，Yに対して直ちに本件住居の明渡しを求めることはできるか。
　YがXの承諾もないのに，勝手に庭にプレハブの部屋を増設しようとしている場合はどうか。

19 （処分禁止）土地の一部についての処分禁止の仮処分　　254
　　　　　　　　　　　　　　　　　　　　　　　　　　　早山　眞一郎

　広い一筆の土地（甲土地）の一部を買い受けたXが，売主Yに対し，その買い受けた部分について所有権移転登記請求権を保全するため，その部分について処分禁止の仮処分を求めることができるか。また，この場合に，甲土地の全部について処分禁止の仮処分を求めることは許されるか。

20 （処分禁止）仮登記権利者に対する仮処分　　263
　　　　　　　　　　　　　　　　　　　　　　　　　　　倉澤　守春

　Aは事業に失敗して多額の負債を抱えたが，担保余力のある自宅の土地及び建物（以下「本件不動産」という。）を再起のために残したいと考え，友人のBに相談したところ，Bへの売却を仮装することを提案された。そこで，Aは，本件不動産につき売買契約を理由にBへの所有権移転の仮登記をしたところ，直ちにBは本件不動産を第三者Cに譲渡し，Cのために上記仮登記を移転するための附記登記をして行方不明になった。Aは，愚かなことをしたと反省し，債権者のためにも本件不動産を元の状態に戻したいと考えているが，Cがさらに本件不動産を他の者に譲渡するなどして権利関係が複雑にならないように，どのような保全処分を求めることができるか。

21 （処分禁止＋占有移転禁止）詐害行為取消権に基づく仮処分　277
　　　　　　　　　　　　　　　　　　　　　　　　　　森田　浩美

　A銀行は，Cを連帯債務者として，Cが経営しているB社に対して5000万円を貸し付けたが，B社は手形の不渡りを出して倒産した。A銀行は，Cから少しでも貸付金を回収したいと考えているが，Cは，妻のDと協議離婚し，めぼしい唯一の財産である自宅の土地建物（以下「本件建物」という。）をDに対して財産分与として譲渡してしまった。ところが，Cは，その後もDと一緒に本件建物に住んで，従前と変わらない生活を送っていることが判明した。A銀行は，誰を債務者として，どのような内容の保全処分を申し立てることができるか。その際に注意すべきことは何か。

22 （占有移転禁止＋仮地位仮処分）抵当権に基づく占有排除の仮処分の可否　287
　　　　　　　　　　　　　　　　　　　　　　　　　　酒井　良介

　A銀行は，取引先のBに対し，B所有の土地及び建物（以下「本件不動産」という。）に抵当権を設定したうえ，分割弁済の約定で5000万円を貸し付けたが，Bは事業の悪化により返済が滞るようになった。Aは，Bの期限の利益を喪失させて，抵当権を実行しようと考えているが，Bは，Aの知らないCに対して本件不動産を相場の半値である月額20万円で賃貸した。Cは，1階部分と2階部分をつなぐ内階段を閉鎖し，2階には外から直接入れる外階段を設置するなどして，それぞれ店舗として賃貸しようとしている。Aは，Cが計画どおりに1階部分と2階部分とをバラバラに転貸すると，さらに新たな占有者が生じて権利関係が錯綜して本件不動産の評価額が下がることを懸念している。Aはどのような保全手段をとることができるか。また，このような担保権の実行を保全するため，民事執行法ではどのような制度が用意されているか。民事保全法による保全措置とは，どのような違いがあるか。

23 （仮地位仮処分）建物賃借権を保全するための仮処分　302
　　　　　　　　　　　　　　　　　　　　　　　　　　髙橋　文清

　本件建物の賃借人であるXは，家主であるYとの間で本件建物の修繕をめぐって意見が対立しているため，家賃の支払を拒否していた。たまたまXが仕事で1週間の出張に出かけて帰って来たところ，その間にYは，本件建物内に置かれていたXの所有物等を勝手に運び出して隣地内のガレージに置いたうえ，玄関ドア等の鍵を取り換えてしまい，Xが本件建物の内部に立ち入ることができないようにした。Xは，早期に元の状態を回復したいと考えているが，どのような手段をとることができるか。

　仮に，Xの不在中に，YがXの荷物を無断で搬出して，第三者のZに本件建物を貸してしまい，現在はZが本件建物に居住している場合はどうか。

24 （仮地位仮処分）競売手続停止，抵当権実行禁止の仮処分 316

上原　卓也

(1) Aは，Bから名誉毀損による損害賠償請求訴訟を起こされ，敗訴して金銭の支払を命じられ，確定したため，Bに対して敗訴に係る損害賠償額を遅延損害金を含めて支払った。それにもかかわらず，Bが確定判決を債務名義としてAの自宅に対して強制執行の開始を申し立て，開始決定がなされた。Aは，Bの強制執行を止めるために仮処分を求めることができるか。

(2) Cは，Dから融資を受けた際，その所有不動産にDを債権者として抵当権を設定した。その後，Cは，Dに対して抵当権の被担保債権の全額を返済したが，所有不動産に設定された抵当権を抹消しないでいたところ，DがCの所有不動産に対して競売を申し立てた場合であれば，どうか。

V　建築紛争に関する仮処分

25 日照や良好な居住環境に対する被害の発生等を理由とする建築禁止の仮処分 327

宮崎　謙

(1) Aは，第一種住居専用地域内に自宅を建てて居住しているが，道路を隔てて向かいの近隣商業地域に，Bが9階建てのビルを建築しようとしている。日影図では，そのビルが建つと，隣のビルの影響もあって，冬場にはAの自宅にはほとんど日照がない状況になる。Aは，どのような仮処分を申し立てることができるか。

(2) Cは，第一種住居専用地域内に自宅を建てて住んでいるが，周囲はすべて2階建ての建物であるのに，同じ街区の並びのDが3階建ての建物を建築しようとしていることを知り，苦々しく思っていたが，その建物の外壁が，すべて赤と黄色のまだら模様に塗装されることを知り，せっかくの街並みの美しさが害され，ひいては街区全体の地価が下がってしまうと考えた。Cは，Dに対して，外壁を赤と黄色のまだら模様に塗装することを禁止する仮処分を申し立てることができるか。

26 いわゆる迷惑施設に関連する建設差止めの仮処分 338

眞鍋　美穂子

次のような施設が建設されようとしている場合，近隣の住民は，どのような手続でどのような仮処分を求めることができるか。

(1) ペットの霊園がペットの火葬場を併設しようとしている場合

ペットの霊園が開設される前から居住している住民と既に開設されているのを知って居住を開始した住民とで，その差止めを求める場合に違いが生じるか。

(2) 駅から住宅地に抜ける商業地域内に，いわゆる場外馬券等売場の出店が

計画されている場合
　(3)　下流域の水源になっている川沿いに大規模な産業廃棄物の処理場が計画されている場合

27　アスベストの撤去工事の禁止を求める仮処分　　349
　　　　　　　　　　　　　　　　　　　　　　　　　　沖中　康人
　次のような場合，A，Eは，誰に対してどのような仮処分を求めることができるか。
　(1)　Aは，住んでいる自宅の2軒先にかなり古い倉庫があり，これを所有しているB社が，その倉庫の解体工事を建設会社Cに発注して取り壊して，マンションに建て替える計画があるのを知ったが，旧い倉庫には防火のために大量の石綿（アスベスト）材が使用されているはずであり，解体作業に伴って大量のアスベストの飛沫が飛んできて，Aに健康被害が及ぶのではないかと心配である場合
　(2)　(1)の事例で，倉庫の解体工事を請け負ったC社の下請会社Dの作業員であるEは，室内での解体作業に際して大量のアスベスト飛沫に曝露され，健康を害されるおそれがあると考えている場合

28　建築妨害禁止の仮処分　　360
　　　　　　　　　　　　　　　　　　　　　　　　　　西森　政一
　建設業を営む株式会社E社が，マンション販売会社であるFの依頼を受けて，15階建てで総戸数300の大型マンションとなる建物の建設に着工するため，建築許可を得て公示したところ，以前からマンションの建設によって風害が生ずるなどと主張していた近隣の住民で組織する「G街の暮らしを守る会」のメンバーが，F社が設けたモデルルームの周辺で，入れ替わり立ち替わり，モデルルームを見に来た人たちに建設反対のビラを配ったり，基礎工事のための資材等を搬入する工事用車両が通行する道路に立ちふさがって実力で阻止しようとしたりしている。このまま放置しておくと，F社のマンションの販売計画に悪影響が出るだけではなく，建設工事が遅れて，F社だけではなく，E社の資金繰りにも支障を来すおそれがある。E社やF社は，どのような仮処分を申し立てることができるか。

29　建築紛争に関する仮処分事件と和解　　372
　　　　　　　　　　　　　　　　　　　　　　　　　　齊藤　顕
　住民らが申し立てた建築禁止等の仮処分を認めることが難しい場合，保全裁判所はどのような対応をとることが考えられるか。

Ⅵ　名誉・プライバシー・パブリシティ・人格権等に関する処分

30　出版禁止の仮処分　389
浅見　宣義

次のような場合に，A，Dは，誰に対して，どのような手続で，どのような仮処分を求めることができるか（C出版社，E事務所，F事務所，G出版社はすべて株式会社である。）。

(1) 人気アイドルグループの一員であるAは，芸能リポーターのBが，Aの自宅等の地図や自宅の外観写真等を掲載した書籍をC出版社から出版しようとしていることを知り，そのような書籍が出版されると，ファンが自宅に押しかけるだけでなく，不審者が周囲を徘徊して近所の住民にも迷惑をかけてしまうのをおそれている場合

(2) 人気アイドルDは，所属E事務所と方針等が対立したため，E事務所を辞めてF事務所に移籍したが，元のE事務所がDの野外ライブ等の様子を撮影した写真等を掲載したDのファンブックをG出版社から発売しようとしている。D及び新たに所属したF事務所は，E事務所からDのファンブックが出版されると経済的な損失を被ると考えている場合。なお，そのファンブックに掲載されるDのプライベート写真は，元のE事務所のマネージャーHが撮影したものである場合はどうか。

31　元交際相手によるストーカー行為に対する仮処分　407
三重野　真人

(1) Xは，以前にYと結婚を前提として交際していたが，Yとは価値観や性格が合わないと感じるようになり，交際を止めることを申し入れた。ところが，Yは，これまでの交際でXに使った金を返せ，絶対に別れないなどといって，これに応じようとしない。Xが携帯電話の番号も変えて，Yに会わないようにすると，Yは，Xをつけ回すようになったほか，「Xは誰とでも寝る尻軽女です。」などと誹謗する文書をXの自宅に貼ったり，近所のポストにも入れて配るなどしている。Xは，Yに対してつきまといの禁止や文書等の配布禁止の仮処分を求めたが，裁判所は，どのような点に注意して審理すべきか。

(2) また，Xは，「配偶者からの暴力の防止及び被害者の保護に関する法律」に基づく保護命令という制度があると聞き，これを利用したいと考えているが，そのような申立てはできるか。

32　外国人差別禁止等の仮処分　424
関　述之

(1) （ヘイトスピーチ）政治団体A（主宰者B）は，東南アジア諸国の経済的自立を促進するとして，東南アジアのM国の出身であるCが，日本国内で

中古自転車等を買い集めてM国に輸出し利益を得ていることに目を付けて、「Cは、日本人を騙して安く中古自転車を買い取り、高値でM国に輸出している泥棒だ」、「M国では自転車も作れないのか」、「恥さらしCは直ちにM国に帰れ」などと叫びながら、Cの事務所の周辺でデモを繰り返している。Cは、誰を債務者として、どのような仮処分を申し立てることができるか。
(2) （差別禁止）アニメグッズ販売店を営むDは、来店する一部の外国人が、商品の保護ビニールを勝手に破いて商品を見たり、商品の陳列を乱してそのままにすることに立腹し、店の前に「外国人は入らないでください」との張り紙をした。常連客であるフランス人Eが抗議すると、Dは、日本のルールをわかっていない外国人に向けたもので、Eは入ってよいと説明された。しかし、Eは、納得できず、友人のイタリア人Fと一緒に、Dに対し、そのような張り紙の禁止と、外国人の入店の妨害禁止を求める仮処分を申し立てたい。どのような問題があるか。

33　インターネットの電子掲示板への書込みの削除を求める仮処分　437

木村　真也

次のような場合、Xは、どのような保全処分を求めるのが相当か。
(1) Xは、フリーアナウンサーとして活動しているが、芸能レポーターのYは、Yがインターネット上で開設しているホームページにおいて、「Xが不倫をしている」との記事を書いて掲載した。これを見たXは、不倫はしていないし、そのような書き込みを放置しておくと、Xのクリーンなイメージに傷がつき、フリーのアナウンサーとしての活動にも支障を生じかねないと考えて、できるだけ早く、そのような書き込みが削除されることを求めたいと考えている場合
(2) (1)の事例で、「Xは不倫をしている」と書き込んだのがYではなく、このホームページにアクセスした第三者である場合

Ⅶ　近隣紛争に関する仮処分

34　通行妨害禁止の仮処分　455

加藤　聡

　Xは、自宅のある土地（X所有地）が袋地であるため、もともとYの父親であるAが所有していた土地（現在は相続してY所有地）の一部を無償で通行のために利用していたが、Aが死亡すると、Yが通路部分の使用料を請求するようになり、Xがこれを断ったところ、Yは通路上に柵等を設けたため、Xは歩いて公道に出ることは可能であるものの、自動車で公道に出ることはできなくなった。XはYに対して柵の撤去等を求める仮処分を申し立てることができるか。

Xは，日常生活にも支障があるため，早期に解決できるのであれば，話合いによる解決も望んでいる。裁判所としては，和解を勧めるにあたりどのような点に留意することが必要か。

35　自然エネルギー施設の撤去を求める仮処分　468

田中　寛明

(1)　Xの自宅のほぼ南側に隣接する土地にYが2階建ての家屋を建築し，その北西側と南東側の屋根に太陽光発電のための太陽光パネルを設置した。ところが，Yの北西側屋根に設置された太陽光パネルに反射する光がXの自宅に入るようになり，まぶしくて日常生活にも支障を来すようになった。そこで，Xは，この太陽光パネルの撤去を求める仮処分を申し立てようと考えているが，どのような問題点があるか。

(2)　Xの自宅の裏山にY社が風力発電所を設置した。ところが，Xの家族は，それが設置されてから，体の不調を訴えるようになった。Xも風が強い日には偏頭痛がするようになり，その原因は，風力発電のプロペラの回転によって発生する低周波によるものではないかと考えるようになった。Xは，できるだけ早期に風力発電所の操業の差止めを求めたいと思うが，どのような方法をとることができるか。

36　マンション内で迷惑行為を繰り返す住人に対する仮処分　482

國屋　昭子

次のような場合に，マンションの住民は，どのような手続で，どのような仮処分を求めることができるか。

(1)　マンションの1室を宗教法人Aが購入して，不特定多数の信者が出入りするばかりか，昼夜を問わず大きな音で太鼓や鉦等を叩きながら宗教的儀式をしたりするため，睡眠や勉強の妨げになっている場合

(2)　マンションのエントランスやエレベーターに急に人相のよくない人たちが出入りするようになり，住民の間で不安が広がっていたところ，マンションの1室を暴力団の組長Bが購入したためであることが判明した。マンション前の道路には，よく暴力団関係者のものと思われる自動車が停車しており，近所で暴力団関係者による発砲事件も発生して，マンションや近隣の住民にいっそう恐怖心が募っているが，下手に何か言って報復されても困るので，誰も適切な対策を講じることができないでいる場合

37　雑居ビルの飲食店等の騒音や煙や臭い等に対する仮処分　494

須藤　典明

(1)　Aは，駅近くの1階部分が飲食店等の店舗で，2階以上が住居となっている雑居ビルの3階部分に住んでいるが，1階の居酒屋が深夜まで営業しており，夜の10時を過ぎても，店の前に客たちがたむろして大声で話をしたり，酔っぱらった客が拍手や万歳をしたり，ときには喧嘩をして，騒が

しくて安眠できない。Aは、居酒屋の経営者であるBに対して、どのような仮処分を申し立てることができるか。
(2) Cは、駅前の通りを横道に少し入った2階建てのアパートに住んでいるが、午後5時過ぎから午後11時頃まで、路地向いの焼鳥屋が焼き鳥を焼くときに排気ダクトからすごい煙と臭いを店の外に排出しているためCの部屋では、窓がすぐに汚れてしまうし、洗濯物を干しておくと臭いが付いてしまい、洗濯をやり直さないといけなくなる。夏は窓を開けられないので、部屋の中が暑苦しい。Cは、焼鳥屋を営むDに対して、どのような仮処分を申し立てることができるか。
(3) また、小問(2)のケースで、Cは、以前は独身であったし、家賃も安いので我慢していたが、結婚して赤ちゃんEも生まれたので、Eの健康のためにも、煙や臭いを何とかしてほしいと考えている。Cは、焼鳥屋を営むDに対して、どのような仮処分を申し立てることができるか。

38　近隣住民による迷惑行為の差止めを求める仮処分　510

中野　琢郎

次のような場合、AやCが申し立てる仮処分には、どのような問題があるか。
(1) （布団たたきの禁止）Aは、隣家に住むBが、雨の日以外は毎日ベランダに布団を干して、午後3時頃から約1時間、パンパンと布団をたたき続けるため、その音と飛んでくるホコリでノイローゼになってしまった。AはBに対して布団たたきの差止めを求める仮処分を申し立てたい場合
(2) （ゴミ出し禁止の仮処分）Cの住む町内会では、市のゴミ収集場所を3か月ごとの順番で負担しているが、Dは、D宅前が収集場所になると、以前はずっとE宅前が収集場所であり、順番にすること自体がおかしいと言い張って、いつも負担を拒んでいる。そこで、自治会長であるCは、Dが順番での負担を拒むなら、Dは町内会のゴミ収集場所にゴミを出してはならないとの仮処分を申し立てたい場合

Ⅷ　営業や業務等に関連する仮処分

39　ネットショップへの出店を求める仮処分　525

本田　能久

　Xは、Y社が運営しているインターネット上のヴァーチャル店舗に出店しているが、掲載している商品について消費者からクレームがあったため、Y社から、当分の間、出店禁止とされてしまい、インターネット上のヴァーチャル店舗にXの店のページが掲載されなくなってしまった。しかし、消費者のクレームは言いがかりのようなものであり、実際には同業他社がXを排除するためにやらせた疑いがあるうえ、Xでは、ネット販売の売上げが約4割を占めている

ので，ヴァーチャル店舗に掲載されなくなることは，死活問題である。Xは，Y社に対して，どのような仮処分を求めることができるか。また，どのような問題があるか。

40　商品の供給継続を求める仮給の可否　　539

大寄　麻代

　Xは，Y社との間でコンビニエンス・ストアのフランチャイズ契約を締結し，コンビニエンス・ストアを経営してきた。そのフランチャイズ契約では，販売期限を過ぎた商品はすべて廃棄するものと定められているが，売残りのお弁当やおかずが多く，Y社の指示どおりに廃棄するのはロスが多いと考え，販売期限の4時間前からその商品の値引き販売を始めた。これに対して，Y社は，Xの値引き販売を認めてしまうと全国に影響が及び，ブランドイメージに傷が付くだけではなく，真面目にY社の指示に従っている店舗経営者にも示しがつかないことから，厳しい対応をとることとなり，Xに対し，Y社の指示に反して値引き販売を行い，企業イメージを損なったとして，フランチャイズ契約を解除したうえ，商品の供給を停止することを通告してきた。Xは，Y社から商品の供給を止められるとコンビニエンス・ストアとして成り立たず，生活にも困窮する事態となる。Y社に対して，どのような仮処分を求めるのが適切か。

41　競業避止義務違反に基づく営業差止めの仮処分　　551

砂古　剛

　X社は，宅配ピザのチェーン店のフランチャイズ事業を経営しているところ，X社との間でフランチャイズ契約を締結して宅配ピザ店を出店しているYが，同業他社であるZ社の宅配ピザチェーンに鞍替えしようとしていることを知った。X社とYとのフランチャイズ契約では，YがX社との契約を解除した場合には，Yはその解除後1年間は同じ地域内で同種の営業をしないことなどを定めた条項があるため，X社は，YがZ社との間でフランチャイズ契約を締結してZ社の宅配ピザ店となることを阻止したいと考えている。X社は，誰に対して，どのような仮処分を申し立てるのが適切か。

42　セクハラ禁止の仮処分　　565

外山　勝浩

　Aは，宅配弁当の製造販売をしているB社のパートタイマーとして，1日6時間の勤務で週4日働いている。仕事は楽しいが，上司の係長Cが，他の人が見ていない時にAの身体を触るようになり，困りますと言っても，回数が減っただけでやめてくれない。その後，一緒に食事に行こうと誘われ，断っても何度も誘ってくる。Aは困って上司の課長Dに相談したが，Dは，「Cには奥さんもいるし悪気はないから様子を見て」と言うだけで，真剣に取り合ってくれない。Aは，仕方なく，一度だけ食事に付き合い，終わったと思っていたが，Cから，教えていないはずのAの携帯電話に，「また一緒に食事に行きたい」，「で

きれば一緒に旅行に行きたい」などと書かれたメールが届くようになった。上司も頼りにならないので，何か対策をとりたいが，Aは，誰に対して，どのような仮処分を求めることができるか。

IX 家庭に関する仮処分

43 子供の引渡しを求める仮処分 579

石垣　智子

　次のような場合において，B，Dは，A，Eに対して子C，Fをそれぞれ仮にB，Dに引き渡すよう求めたいと考えているが，どのような申立てをするのが適切か。手続上の留意点は何か。
(1) AとBは夫婦であるが，子Cが生まれた後，夫AがBに暴力を加えるようになったため，Bは3歳になるCを連れて実家に帰り，別居を始めた。ところが，Aは，Bに無断で保育園にCを迎えに行き，そのままAの実家に連れて行ってしまい，Bの要求にもかかわらず，Cを引き渡さない場合
(2) DとEは元夫婦であり，協議離婚に際して，母Dを子Fの親権者と定め，小学校に入学したFについては，平日はDの実家でDと一緒に過ごし，毎週土曜日の夜は父E宅に泊まり，日曜日の夕方にDの実家に戻ることに合意していた。それから間もなく，ある土曜日，DはいつものようにFをEに引き渡したが，日曜日の夕方になってもFが帰って来ないので，DがEに連絡すると，Eは，Fが帰るのを嫌がっているので，しばらく様子をみたいといって，FをDに引き渡そうとしない場合
(3) (2)の事例において，Fが中学校3年生であればどうか。

44 面談強要禁止の仮処分 592

岩崎　政孝

　A女は，B男と同棲していて，その子Cを生み，BはCを認知したが，次第に不仲となって，同棲を解消した。その後，Aは，Cがまだ幼くて働きに出られないため，Bに対してCの養育費を支払ってくれるよう求めたところ，Bは，自分から同棲を解消しておいて何だと怒りだし，Aに対して暴力を振るい，Aは頭部打撲や肋骨の圧迫骨折等の傷害を負った。その後，Bは，Aの実家に押しかけてきて，Cに会わせろと怒鳴り散らし，Aの頭を小突いたりした。近所の人が警察に通報して，駆けつけた警察官がBを制止してくれたので，その場は収まったが，いつまたBが押しかけてくるかわからず，不安である。Aは，どうしたらよいか。

45 家庭に関する仮処分 …………………………………………………… 608

間　史恵

　被相続人Aの共同相続人の1人であるBが，Aの遺言によりAの自宅（以下「本件建物」という。）を単独で相続したとして，これを占有しているが，Aの遺言は，Aが認知症等によって正常な判断能力がないときに，Bから指示されるままに作成したもので，他に遺言はない。Bは，自分の借金返済のため，本件建物を他に売却しようと考えて，不動産仲介業者にその売却を依頼していることが判明した。他の共同相続人であるCはどのような仮処分を求めることができるか。

46 遺言執行の差止めを求める仮処分 …………………………………… 620

髙橋　伸幸

　Xは，被相続人Aの二男であり，A名義の土地の一角にあるA名義の建物（以下「本件建物」という。）に住んでいる。Aが死亡したところ，Aの長男であるYが，Aの自筆証書遺言であるとして，「Aの不動産はすべて長男Yに相続させること」，「Xは，Aの預貯金から1000万円を取得し，住んでいるA名義の建物から退去すること」，「遺言執行者としてYを指定すること」などが記載されている遺言書を持ち出してきて，Xに対して本件建物からの退去を求めている。しかし，Aは，アルツハイマー型の重度の認知症のため，死亡する10年前から施設に入所していて，Xの顔もわからなくなっていたが，その遺言書の作成日付は，Aが死亡する1年前であった。Xは，本件建物とその敷地部分を相続したいと考えており，遺言無効を主張するつもりであるが，Yが本件建物からの退去を強く求めるので，当面，Yの遺言執行を止めたい。Xには，どのような方法が考えられるか。

X　断行の仮処分

47 金員仮払い——交通事故による損害賠償 ……………………………… 635

金久保　茂

　Xは仏像彫刻家で，全国の寺からの依頼を受けて仏像を制作するなどしていたが，自転車で近所に買い物に出かけた際，携帯電話が鳴ったことに気を取られてふらついてしまい，Yの運転する自動車と接触して転倒し，利き腕の右手の中指，薬指，小指を骨折して，3か月間はまったく彫刻の仕事ができず，その後も十分な力が入らないだけではなく，微妙な力加減ができない状態が続いている。Xは，もともと職人気質であまり蓄えがなかったが，大きな作品も手がけたいと考えて工房を拡張したばかりで，わずかな蓄えも使ってしまっていたため，仕事ができずに生活にも窮することになった。しかし，Yが契約している損害保険会社との交渉は，過失割合で話合いが難航して，医療費は支払わ

れたものの，逸失利益分はいまだに支払われていない。Xは，どのような仮処分を求めることができるか。

48 金員仮払い——退職撤回による賃金　648
　　　　　　　　　　　　　　　　　　　　　　　　　　　　　　木野　綾子

　Xは，ゲーム・ソフト作成の下請会社Yで熱心に働いていたが，ある朝，出社するのが辛くなり，何日か会社を休んだ。数日後に出社すると，チームリーダーAに呼ばれ，Xが休んだのでチームの他の仕事にも支障が出ていると責められ，翌日には同僚Bから，自分の仕事も遅れて困ると苦情をいわれた。Xは，パニックになってAに相談したところ，仕事ができないなら辞めるしかないと言われ，退職届にサインをして，Y社を辞めた。病院に行ったところ，医師から，うつ病傾向であり，労災ではないかといわれ，労働局では退職届を撤回するように指導された。そこで，Xは，1週間後にY社に行き，退職届の撤回を申し入れたが，Y社は撤回を認めてくれない。Xは，Y社の従業員としての地位の確認と賃金の支払を求めたいが，蓄えもなく，生活費にも事欠く状況である。Xは，どのような仮処分を求めることができるか。また，仮処分以外の方法で何かよい解決策があるか。

49 所有権留保自動車の引渡断行　662
　　　　　　　　　　　　　　　　　　　　　　　　　　　　　　野上　誠一

　自動車の販売会社Xは，Yに対し，自動車の所有権を留保したうえ，割賦で自動車を販売した。Yは，最初こそ割賦金を支払ったものの，その後は割賦金を支払わない。X社がYの信用調査をしたところ，Yは事業に行き詰まり，本件自動車をZに譲渡しようとしていることがわかった。Xはどのような対処が可能か。
　YがすでにZに対して本件自動車を引き渡しており，Zがこれを利用している場合であればどうか。

XI　保全債務者の救済

50 仮差押解放金，仮処分解放金，保全異議，保全抗告等　679
　　　　　　　　　　　　　　　　　　　　　　　　　　　　　　藤原　俊二

　次のような場合，債務者（ただし，(4)については債権者）は，どのような方法で対処できるか。
　(1) Aは，Bから500万円を借りて商売をしていたが，思っていたほど売上げが伸びないため，返済期限を過ぎても支払えずにいたところ，BはC銀行にあるAの預金債権を仮差押えしてきた。Aは，C銀行から，Bと話がつかなければ，AのC銀行に対する債務について銀行取引約款により期限の利益を喪失させるとの通知を受けたので，Bによる前記預金口座の仮差押

えを解除させたい。
(2)　Dは，Eから1500万円を借り受けた際，所有していたワンルーム・マンション（2200万円相当。以下「本件建物」という。）を譲渡担保とする契約を締結していたが，急に本件建物を2300万円で売却する話が出てきたので，登記移転を渋っていたところ，Eが本件建物につき処分禁止の仮処分をかけてきた。Dは，本件建物を処分して代金からEに1500万円を返済するつもりでいた場合
(3)　Fは，私道の利用をめぐってGと対立し，F所有地の一部に何本か杭を打ち込んで，Gの自動車が通行できないようにしたところ，Gの申立てにより通行妨害禁止の仮処分命令を受けてしまった。そこで，Fは，直ちに杭を引き抜いたが，Gは近所にFの違法行為は裁判所でも認定されたと言い回っているので，仮処分命令を何とかしたい場合
(4)　(3)の事例で，Fが保全異議を申し立てたため，仮処分命令が取り消されたところ，Fはすぐまた私道に杭を打ち込んで，Gの通行を妨害し始めた。Gは，どうしたらよいか。

判例索引
事項索引

民事保全への招待

1 すべての民事保全に共通するポイント

深見 敏正

〔1〕 被保全権利と保全の必要性

(1) 民事保全の目的

　仮差押えと係争物に関する仮処分とは，保全をする債権が金銭債権か金銭債権以外の権利かとの違いがあるけれども，将来の債務名義による権利の実行を保全することを目的とする民事保全である。

　仮差押えについて検討すれば，強制執行をするために必要な債務名義が成立するためには，債務者の権利保障のために，債務者が関与する手続が予定され，債権者が債務者に対して，権利行使をしようとしている（もしくはすることができる）ことを認識することになる。そして，債務名義の成立のためには，少なからずタイムラグがあるため(注1)，債権者が債務名義に基づく強制執行をする前に，債務者がそれを回避するため，債務の支払の引当てになっている責任財産を譲渡，隠匿することなどができることになる。そこで，債権者の利益を保護するためには，債権者が強制執行に着手するまで，債務者による財産の処分等を防止し，債務者の財産を現状のまま維持するために仮差押えが必要になる。

　次に，非金銭債権についての係争物に関する仮処分のうち，占有移転禁止

(注1)　判決手続の場合，被告に訴状を送達してから第1回口頭弁論期日までは，被告の防御のため，1か月程度の時日が空けられるのが通常であり，債務者である被告は，債権者である原告が債務名義を取得しようとしていることを認識してから債務名義が成立するまでに，少なくともそれだけの期間があることになる。執行証書であっても，債権者と債務者の事前の交渉，公証人との日程調整等の時間を要するであろうし，執行証書により執行に着手するまでを考えると，更に時間を要することは理解できよう。

の仮処分を考えるに、訴訟承継主義がとられている我が国の民事訴訟制度の下においては、明渡請求訴訟の係属中（口頭弁論終結まで）に係争物を他に移転してしまうと、原告は被告を変更しなければならない[注2]。これを防止するために、被告の占有を固定する必要があり、これに応えるのが、係争物に対する占有という事実状態の変更を禁止する占有移転禁止の仮処分である。このように、係争物に関する仮処分は、債権者が将来の強制執行を保全するために、目的物の事実上又は法律上の現状を維持するためになされる。

これに対し、仮の地位を定める仮処分は、争いがある権利関係について債権者が著しい損害又は急迫の危険を避けるためこれを必要とするときに認められる仮処分であり、将来の強制執行の保全を図るその余の民事保全とは性質を異にしている。比較的案件の多い建築禁止の仮処分を例に説明するに、建築基準法に違反して日照を阻害する建築物が建築されようとした場合、本案訴訟で紛争が解決するまでには、我が国では三審制がとられていることもあり、建築主の争い方いかんによっては相当な期間を要することになり、建築主が自主的に建築工事を中止しない限り、当該建築物の建築は進み、隣接家屋の居住者としては、訴訟が終了までの日照阻害という不利益を甘受せざるを得ないほか、仮に勝訴が確定しても、建築主に資力が乏しい場合には、代替執行のための多額の費用負担をも強いられることになりかねない[注3]。そのため、そうした将来発生する損害を回避し、違法建築の続行による日照阻害という急迫の危険を回避する方策が求められるが、そうした求めに応えるのが仮の地位を定める仮処分である。そして、仮差押えや係争物に関する仮処分と異なり、仮の地位を定める仮処分は、債権者に現実に差し迫っている急迫の危険及び債権者に生じる著しい損害を避けるために発令されるが、その急迫の危険等に応じて仮処分の内容が異なってくることに特色がある[注4]。

(注2) 所有権に基づく明渡訴訟の要件事実は、債権者である原告の所有と債務者である被告の占有であり、占有を債務者が失えば、その請求は棄却を免れない。

(注3) 名古屋高決平25・6・11金法1985号160頁の事案では、建物収去土地明渡請求権に基づく建物収去の代替執行費用が高額であるため、将来取得する費用償還請求権を被保全権利として仮差押命令の申立てが許されるかが問題になっており、建物の収去費用が債権者の負担になることを表すものといえよう。

そして，こうした民事保全の目的の違いは，被保全権利，保全の必要性の捉え方等にも影響を及ぼすことになる。

(2) 被保全権利

民事保全法13条1項は，「保全命令の申立ては，その趣旨並びに保全すべき権利又は権利関係及び保全の必要性を明らかにして，これをしなければならない。」と規定し，同条2項は，「保全すべき権利又は権利関係及び保全の必要性は，疎明しなければならない。」と規定して，民事保全における審理対象が「保全すべき権利又は権利関係及び保全の必要性」であることを明らかにしている。

ところで，仮差押えに関する民事保全法20条1項は，「仮差押命令は，金銭の支払を目的とする債権について，強制執行をすることができなくなるおそれがあるとき，又は強制執行をするのに著しい困難を生じるおそれがあるときに発することができる。」と規定し，係争物に関する仮処分に関する民事保全法23条1項は，「係争物に関する仮処分命令は，その現状の変更により，債権者が権利を実行することができなくなるおそれがあるとき，又は権利を実行するのに著しい困難を生ずるおそれがあるときに発することができる。」と規定している。これに対し，仮の地位を定める仮処分に関する民事保全法23条2項は，「仮の地位を定める仮処分命令は，争いがある権利関係について債権者が著しい損害又は急迫の危険を避けるためこれを必要とするときに発することができる。」と規定している。

したがって，こうした規定に照らせば，保全命令を申し立てるにあたっては，仮差押え及び係争物に関する仮処分については，これにより保全すべき権利を，仮の地位を定める仮処分については，保全すべき権利関係を特定して，主張し，疎明しなければならないが，「保全すべき権利又は権利関係」を被保全権利という。

仮差押えの被保全権利は，「金銭の支払を目的とする債権」である。金銭

(注4) 仮の地位を定める仮処分の非定型性について詳しくは，須藤＝深見＝金子・民事保全150頁参照。

■典型的な民事保全の類型における被保全権利と目的のまとめ

	被保全権利	目的
仮差押え	金銭の支払を目的とする債権	債務者の財産（責任財産）を現状のまま維持して金銭債権を保全
占有移転禁止の仮処分	非金銭債権（債権者の債務者に対する引渡請求権）	占有という事実状態の変更を禁止して物の引渡・明渡請求権を保全
処分禁止の仮処分	非金銭債権（債権者の債務者に対する登記請求権）	法的処分を禁止して登記・登録等の公示方法を保全
仮の地位を定める仮処分	争いがある権利関係	債権者に生じる著しい損害又は急迫の危険の回避

債権であっても，その性質上，離婚に伴う財産分与請求権に基づく仮差押えが可能かどうか，事物管轄はどこにあるかについては，その請求権の性質から議論があり，この点については，項目10で検討している。不法行為に基づく損害賠償請求権に基づく仮差押えについても，債権者による疎明から，その成立や損害額を認定できるかどうかなどの問題があり，この点については，項目11で検討を加える。

占有移転禁止の仮処分の被保全権利は，占有という事実状態の変更を禁止して物の引渡・明渡請求権を保全するという目的に照らし，債権者が有する債務者に対する係争物についての引渡・明渡請求権であると認められる。建物の賃貸借契約が終了した場合の賃貸人の賃借人に対する建物の明渡請求権がこれに該当することは明らかであるが，仮の地位を定める仮処分としての明渡断行の仮処分との関係や建物に比して広い庭を有しているときの仮処分のあり方については，項目18で検討される。

また，民事保全法は，処分禁止の仮処分として，①処分禁止の登記をするもの，②処分禁止の登記に加えて，仮処分による仮登記（保全仮登記）を併用するもの，③建物収去土地明渡請求権を保全するための建物の処分禁止の仮処分を定めている。③類型の処分禁止の仮処分の被保全権利が建物収去土地明渡請求権であることは明らかである。①類型の被保全権利は，不動産の所有権に関する債権者の債務者に対する登記請求権であり，②類型の被保全権

利は，不動産に関する所有権以外の権利の保存，設定，変更についての債権者の債務者に対する登記請求権である。そして，①類型においては，債権者が将来勝訴判決を得た場合には，処分禁止の仮処分に後れる第三者の債権者の所有権を侵害する登記の抹消を求めることになるが，②類型にあっては，例えば，抵当権の設定の保全を目的とする場合，順位の保全がなされれば，その目的は達成されるから，債権者が将来抵当権の設定登記を命じる本案判決を得ると，処分禁止の仮処分に後れる第三者の抵当権設定登記を抹消するのではなく，保全仮登記に基づき先順位の抵当権設定の本登記をすることになる。処分禁止の仮処分は，登記請求権に関わるものであるところ，登記の単位は土地については筆であるところ，その一部が係争されているにすぎない場合に，一筆の土地の全体に処分禁止の仮処分を発令し得るかという問題があり，この問題については，項目19で検討を加える。

　以上の仮差押え及び係争物に関する仮処分に比較して，債権者に生じる著しい損害又は急迫の危険の回避することを目的とする仮の地位を定める仮処分の被保全権利である「争いがある権利関係」は一義的に明らかではない。仮の地位を定める仮処分は，債権者に現実に差し迫っている急迫の危険及び債権者に生じる著しい損害を避けるために発令されるが，その急迫の危険等に応じて仮処分の内容が異なってくることは，前記〔1〕(1)で記載したとおりであり，その執行方法も，発令される主文に応じて，直接強制が許される場合もあれば，代替執行もしくは間接強制による場合もある。債権者に現実に差し迫っている急迫の危険及び債権者に生じる著しい損害を避けるために発令される仮処分であるといっても，急迫の危険等があれば，直ちに仮処分命令が発令されるというわけではない。問題になっている「争いがある権利関係」という被保全権利を前提にした本案訴訟以上の仮処分命令を発令することは困難であるから，当該被保全権利を前提にした本案訴訟で請求が認められるかということを検討して，仮の地位を定める仮処分としての被保全権利の適格性を検討する必要性がある。項目22から項目49まででは，数多くの仮の地位を定める仮処分を取り上げているが，いずれの論考においても，その被保全権利についての検討がなされている。

■保全の必要性のまとめ

	保全の必要性
仮差押え	金銭債権について強制執行をすることができなくなるおそれがあるとき，又は強制執行をするのに著しい困難を生じるおそれがあるとき
係争物に関する仮処分 （占有移転禁止の仮処分及び処分禁止の仮処分）	現状の変更により，債権者が権利を実行することができなくなるおそれがあるとき，又は権利を実行するのに著しい困難を生ずるおそれがあるとき
仮の地位を定める仮処分	争いがある権利関係について債権者が著しい損害又は急迫の危険を避けるためこれを必要とするとき

(3) 保全の必要性

　また，前記〔1〕(2)記載の民事保全法の各法条に照らせば，民事保全は，被保全権利が存在するだけでは発令することはできず，仮差押えについては，「強制執行をすることができなくなるおそれがあるとき，又は強制執行をするのに著しい困難を生じるおそれがあるとき」という要件が求められ，係争物に関する仮処分については，「現状の変更により，債権者が権利を実行することができなくなるおそれがあるとき，又は権利を実行するのに著しい困難を生ずるおそれがあるとき」という状況が必要であるところ，これを仮差押え及び係争物に関する仮処分における保全の必要性といい，被保全権利とは別の要件として規定されている。

　後記のとおり，保全の必要性は仮の地位を定める仮処分でも求められているから，民事保全の審理対象は被保全権利と保全の必要性となる。

　概していえば，保全の必要性は，仮差押え及び係争物に関する仮処分については，現時点で民事保全をしなければ将来の強制執行が不能もしくは著しく困難になるおそれをいうことになる。

　これに対し，仮の地位を定める仮処分における保全の必要性は，前記〔1〕(2)記載の法条に照らすと，著しい損害又は急迫の危険を避ける必要性をいうことになる。数多くの仮の地位を定める仮処分を取り上げる項目22か

ら項目49までにおいても，各仮処分に特有の保全の必要性について検討を加えている。

なお，本案訴訟では，請求権が認められれば，期限等の抗弁が認められない限りは認容判決がなされることになるが，暫定的な処分である民事保全において，保全の必要性は，民事保全法により求められる民事保全の発令要件であり，これを軽視することはできない。民事保全の申立書において，保全の必要性について，具体的な事実に基づかず，定型的な文言のみを記載するものが見られることもあるが，発令要件である保全の必要性を示すための記載として十分でないことはいうまでもない。

(4) 保全の必要性の審理のあり方

(a) 仮差押えの目的物に応じた保全の必要性

仮差押えの保全の必要性は，先のとおり，金銭債権について強制執行をすることができなくなるおそれがあるとき，又は強制執行をするのに著しい困難を生じるおそれがあるときであるが，仮差押え対象財産の相違によって，債務者が受ける打撃を考慮して，その審理のあり方に差異がある。

一般に，債務者の住居や事務所等に使用されている不動産は，直ちに処分することを予定していないから，これを仮差押えの対象としても，債務者としては現状を固定されただけで，大きな打撃を受けることは少ない。

これに対し，金銭債権を仮差押えの対象とした場合には，仮差押債務者は第三債務者から取立てを禁止され，資金繰りに支障を来しかねない。そして，対象の金銭債権が預金債権の場合には，債務者の当該銀行に対する信用は低下し，銀行取引約定書では仮差押えを期限の利益の喪失事由としていることから，取引停止等の不利益を被りかねない。また，債務者の取引先への売掛代金債権の場合には，債務者の取引先である第三債務者に対する信用を失い，その後の取引に支障を来しかねない。さらに対象が勤務先に対する給与債権の場合には，差押禁止の範囲があるものの，生活にも影響を及ぼし，勤務先への信用を失墜しかねない。

このように仮差押えの対象いかんによって，債務者に与える打撃が異なる以上，裁判所としては，仮差押えの必要性を判断するに際し，債権者に対し，

より打撃のおそれの小さい選択をすることができないことについて一応の資料を提出させるのが相当である。そこで、実務上の取扱いとしては、債務者の住所地もしくは本店所在地の土地、建物の登記事項証明書の提出を受け、そうした不動産が債務者の所有か否かを確認し、債務者がその所有者である場合には固定資産税評価証明書の提出を更に求め、担保余力がないことを確認している。なお、不動産についても、当該債務者が不動産業者であり、当該不動産が転売等を予定しているものである場合には、当該不動産を仮差押えをする必要性について、住所地、本店所在地の不動産と異なる配慮が必要なことはいうまでもない。

(b) 複数の債務者と保全の必要性

複数の債務者がいる場合の仮差押えについても、配慮が必要である。すなわち、連帯債務など経済的目的を共通にする複数の債権が存在する場合において、その一つの債権を被保全権利とする仮差押えをする場合には、他の債権の存在やその実現可能性を考慮するのが実務上の取扱いである。連帯債務を考えると、それぞれの債権を被保全権利として満額の仮差押えを認める場合には、超過仮差押えとなるからであり（割付の必要性）、債務者の一人が債務超過で事実上破産状態等にあるような場合には、その債権の存在を理由に他の債務者への仮差押えを否定することはできないからである。

複数債権の一つが連帯保証債権である場合には、まずは主債務の実現可能性を考慮すべきである。すなわち、連帯保証人といえども、あくまで保証人であって、当事者としても、まずは主債務者が弁済することが期待されているのであるから、実務の取扱いとしては、主債務者の資力について一応の調査を求めている。その調査方法は、債権に対する仮差押えの場合と同様、主債務者の住所地もしくは本店所在地の土地、建物の登記事項証明書の提出を受け、そうした不動産が債務者の所有か否かを確認し、債務者がその所有者である場合には固定資産税評価証明書の提出を更に求め、担保余力がないことを確認するという方法によっている。項目17小問(1)では、こうした問題について詳しく検討を加えている。

(c) 仮差押えの期間等と保全の必要性

仮差押えの被保全権利は、条件付き又は期限付きであっても差し支えない

(法20条2項)。しかしながら，仮差押えの被保全権利に停止期限が付されている場合で，停止期限がかなり先である場合には，期限の利益の喪失約款があり，それが現実化しそうな場合はともかく，現時点における保全の必要性については慎重に検討する必要がある。条件についても，成就の可能性が低い場合には，保全の必要性を否定すべき場合もあろう。

また，将来給付される債権に対する仮差押えについて，長期にわたる給付分をすべて仮差押えの目的とすることについては，過大な拘束を債務者に課するという意味で保全の必要性の観点から問題であり，仮差押債権の範囲を一定範囲内に給付されるものに限定すべきである。一般的に，継続的に給付される債権を被保全権利とする仮差押えについては，訴訟の審理期間に，本案の1審判決で仮執行宣言が付されることが想定されることを踏まえると，1年以内の範囲内での仮差押えにとどめるのが相当である。項目17小問(3)は，将来発生する社会保険診療報酬支払請求権を題材に，この問題の検討を進めている。

(d) 債務名義の存在と保全の必要性

仮差押え，係争物に関する仮処分について，既に債務名義が成立している場合には，速やかにその債務名義に基づき，強制執行をすればよく，原則として，「強制執行をすることができなくなるおそれがあるとき，又は強制執行をするのに著しい困難を生じるおそれがあるとき」という保全の必要性を認めることはできない。もっとも，債務名義や承継執行文等の送達が未了のとき[注5]のような場合には，直ちに強制執行に着手できないうえ，債権者が強制執行に着手していることを債務者が予想可能になって，強制執行をすることができなくなるおそれが認められ，保全の必要性を認めることができる。また，債務名義に条件，期限などがあり，直ちに強制執行に着手するのに支障があるような場合も同様である[注6]。この債務名義の存在と保全の必要性については，項目4で検討される。

(注5) 東京高決平24・11・29判タ1386号349頁参照。
(注6) 不動産強制執行の無剰余取消しと保全の必要性について大阪高決平26・3・3判時2229号23頁。

⒠　仮の地位を定める仮処分

　これまでに記載してきたとおり，仮の地位を定める仮処分は，非定型的な仮処分であって，それぞれにおいて，保全の必要性及びそれに関連する問題点は異なる。もっとも，非定型的な仮処分といっても，利用頻度が高い類型の仮の地位を定める仮処分もあり，類型ごとに保全の必要性等について検討すべき問題点は共通する問題があるので，類型別の研究は重要である。

　明渡断行の仮処分は，民事保全法制定前は，仮の地位を定める仮処分の一類型として申立件数も少なくなく，その運用に関する論考も発表されていた[注7]。しかし，民事保全法の制定により，占有移転禁止の仮処分の効果が明示され，強化されたことに加え，本案訴訟が迅速化していることから，認容事例が減少している。そして，以上のような状況の下では，明渡断行の仮処分の保全の必要性は，債権者の占有を債務者が侵奪したような事例で，その占有を速やかに回復させることが法秩序の維持のために必要であると評価されるような場合に限られると考えられる[注8]。

　断行の仮処分として，現実的意義のあるのは，金員仮払いの仮処分である。金員仮払いの仮処分は，解雇された労働者が解雇事由の不存在等を主張して給与相当の金員の支払を求める場合や交通事故の被害者が生活に困窮して損害金の仮払いを求める場合に申し立てられる。保全の必要性は，解雇や交通事故等により労働者，被害者が生活に困窮している場合に認められるから，仮に後になって仮処分が取り消されても，仮払いした金員の回復が困難であることに特徴がある。そこで，これに応じた審理が求められ，その必要性に応じた仮処分を発することになるのであるが，この問題については，項目47，項目48で，それぞれの類型について検討が加えられる。

(注7)　満田明彦「最近における東京地裁保全部の断行仮処分認容事例の研究（上）（中）（下）」判時794号7頁，799号10頁，802号16頁。
(注8)　須藤＝深見＝金子・民事保全160頁。

〔2〕 被保全権利及び保全の必要性の疎明並びに付属書類

(1) 疎明の意義と即時性

(a) 民事保全法13条2項は，「保全すべき権利又は権利関係及び保全の必要性は，疎明しなければならない。」と規定している。疎明とは，証明に対する概念であり，証明が合理的な疑いをいれることができないほど高度の蓋然性があるものをいうのに対し，疎明は，確信の程度には至らず，一応確からしいとの推測を得た状態をいう。このように，民事保全命令の手続において，証明が求められず，疎明が求められているのは，民事保全命令の手続における迅速性の要請や民事保全命令の暫定性から，債権者の立証の軽減が図られているからである。仮差押えや係争物に関する仮処分の申立てにおいては，密行性の要請から一般的には書面審理又は債権者審尋に基づいて発令の可否が判断されるが，その申立書の中に消滅時効，同時履行の抗弁等の存在がうかがわれる場合があり，そうした場合には，その審理形態から，これを排斥するに足りる主張・疎明を求めるのが相当であり[注9]，実際，実務上，そうした運用がなされている。

(b) ところで，疎明で足りるといっても，実際の個別具体的な事案における「疎明の程度」については，若干の検討が必要である。

すなわち，①被保全権利についての疎明の程度と，②保全の必要性についての疎明の程度とでは，実情に照らして微妙に違いがあるように思われる。そして，そのことを十分に認識しておかないと，保全処分についての審理や判断が硬直的なものとなり，保全処分としての機能を十分に発揮できない場合が生じてしまい，保全処分としての実効性を妨げてしまうことも危惧されるからである。

例えば，仮差押えについて考えると，①の被告保全権利についての疎明は，債権者においても契約書等の関係書類を所持しているのが通常であるし，契

(注9) 須藤＝深見＝金子・民事保全62頁。

約をした本人である債権者等の陳述書等で，話の糸口や交渉経過や条件変更等の契約に至る経過について説明することができるはずであるから，上記のように，相手方の反論や抗弁が想定される場合には，それらの事項等についても一定の疎明を求めることにも相応の合理性があり，その程度の準備は，債権者において当然にすべきものといえるであろう。これに対して，②の保全の必要性についての疎明は，実際問題としてそう簡単ではない場合が少なくない。仮差押えでは，相手方の責任財産の処分を仮に禁止する効果が生ずることから，相手方にとってなるべく打撃の少ない方法が選択されるべきであるとされているが，そのようなドグマに縛られて裁判官が慎重になりすぎると，実際問題として，債権者が他人である債務者の財産状況を正確に把握したり，調査したりすることは容易ではないから，いたずらに時間がかかってしまい，その間に，狡猾な債務者が財産を処分したり隠匿したりする時間的余裕を与えてしまい，仮差押えが実質的に不発となって，結果的に裁判所が仮差押えの実効性を奪ってしまうことにもなりかねないからである。

　裁判官にとっては悩ましく困難な問題ではあるが，個別具体的な事案に応じた「しなやかな審理」を心がけるべきであり[注10]，いたずらに②の保全の必要性についての疎明を厳しく求めることは相当ではないと考えられる。仮に，保全処分を発令した後に，保全の必要性が低いことが判明した場合には，保全処分の取消し（法38条）も認められており，債務者の救済を図ることもできるから，そのことをも十分に念頭においたうえ，個別具体的な事案に応じた疎明の程度を考えていくのが相当であろう。

　(c)　また，実務上では，仮の地位を定める仮処分において，双方審尋をして，その仮処分命令を発する場合の疎明の程度は，双方審尋をしないで発せられる仮差押えや係争物に関する仮処分のそれよりは高度であり，通常の民事訴訟の請求認容の場合の心証の程度と異ならないといわれている[注11]。疎明の程度に差異を設ける実務上のこの取扱いには批判がないわけではないが，仮の地位を定める仮処分は，その執行により本案訴訟の確定前に強制執行が

(注10)　須藤＝深見＝金子・民事保全127頁。
(注11)　須藤＝深見＝金子・民事保全64頁。

されたのと同様な結果を生じるなど債務者に重大な損害を与えることが多く(注12)，その仮処分の性質に照らして，高度の疎明を求めることは相当であろう(注13)。

(d) 民事訴訟法188条は，「疎明は，即時に取り調べることができる証拠によってしなければならない。」と規定しており，これを疎明の即時性という。したがって，疎明においては，裁判所が直ちに取り調べられる証拠方法によらなければならず，例えば，人証等については在廷している証人，鑑定人あるいは当事者本人に限られ，在廷しない人証の採用決定や呼出は許されない。文書提出命令の申立てや裁判所外での検証は許されず，鑑定書の作成に長期間を要するような鑑定を命じることはできない。

実際には，民事保全命令申立ての審理においては，口頭弁論が開かれることはほとんどなく，書面による審査，審尋が活用され，人証に代わるものとして，陳述書が重要な疎明方法となる。人証に代わるものであるから，書証の不足を補い，事実関係を裁判官に理解させるものでなければならない。したがって，陳述書は事実を語り，疎明資料作成経過等を説明するものでなければならず，民事保全命令申立書を書き写したもののような文書は，その目的にそぐわないことはいうまでもない。

(2) 添付書類

民事保全規則20条は，民事保全命令の類型ごとに民事保全命令の申立書に添付すべき書類を規定している。また，民事保全規則6条は，特別の定めがない限り，民事保全の手続に関して民事訴訟規則の規定を準用していることから民事訴訟規則2条1項3号により，付属書類を表示しなければならない(注14)し，同規則15条第1文により，法定代理権又は訴訟行為をするのに必

(注12) わかりやすい例をあげれば，金員仮払いの仮処分においては，生活に困窮していることを保全の必要性として捉えるため，無担保で発せられるうえ，給付された金員は生活費に費消されるために，事実上原状回復が困難であり，債務者の被る損害は重大である。須藤＝深見＝金子・民事保全178頁。
(注13) 須藤＝深見＝金子・民事保全65頁。
(注14) 具体的な表示方法については，須藤＝深見＝金子・民事保全235頁以下の書式中の申立書を参照されたい。

要な授権は書面で証明しなければならず，代理人による申立てには，書面で委任関係を明らかにしなければならない。

例として，具体的に不動産の仮差押命令申立書の添付書類について見るに，民事保全規則6条で準用される民事訴訟規則55条2項は，訴状には立証を要する事項について証拠となるべき文書の写しで重要なものを添付しなければならないと定めているうえ，民事保全命令手続では書面審理で発令される場合もあるので，民事保全命令申立書には，疎明資料の写しを添付すべきである。

不動産の仮差押えの場合には，民事保全規則20条1項により登記事項証明書[注15]と不動産の価額を証する書面の添付が求められる。不動産の価額を証する書面としては，通常は申立年度の固定資産税評価証明書が添付されるところ，これは執行行為のための登録免許税を算定するために用いられるほか，後記〔3〕(3)の担保額の算定のために行う不動産価格の算定にも用いている。

民事訴訟規則15条第1文により，法定代理権又は訴訟行為をするのに必要な授権は書面で証明しなければならず，代理人による申立てには，書面で委任関係を明らかにしなければならないことは先に記載した。したがって，会社が債権者になるような場合には，資格証明書が付属書類として必要になるし，未成年者を申立人とするような場合には，親権者もしくは後見人がわかるように戸籍謄本を添付しなければならない。また，代理人弁護士により申し立てる場合には，委任状が必要になる。

〔3〕 保証金（担保）の考え方と取戻しの方法

(1) 担保の機能

前記〔1〕(3)のとおり，仮差押え及び係争物に関する仮処分は，債権者の将来の強制執行を保全する制度であるが，債権者において，仮差押え及び係

(注15) 登記事項証明書の意義について須藤＝深見＝金子・民事保全37頁（注12）参照。未登記不動産については，民事保全規則20条2項所定の書面の提出が求められる。

争物に関する仮処分に着手したことがわかると，債務者は，財産を隠したり，偽装譲渡したりするなどして，その申立てを阻害することが想定される。そこで，仮差押え及び係争物に関する仮処分においては，債務者に知られないうちになされるのが通常である。この民事保全の特色を密行性という。そして，仮差押え及び係争物に関する仮処分においては，密行性の要請から，通常，債権者からの疎明資料によって裁判所は申立ての当否を判断し，保全命令を発令するか否かを決するものであるから，対審構造をとる本案訴訟に比較して，違法，不当な保全命令が発せられる可能性が高い。

　仮の地位を定める仮処分においては，その性質上も密行性の要請はないことが多く，原則的に双方審尋がなされる（法23条4項本文）が，迅速性や暫定性という民事保全の特質から，疎明の即時性という証拠方法の限定等のため(注16)，やはり本案訴訟に比較すれば，違法，不当な保全命令が発せられる余地はある。

　これらは，保全命令に求められる密行性，迅速性の観点からやむを得ない面があるが，こうした危険性に鑑みれば，制度としては債務者の保護を図る必要があることは否めない。そこで，保全命令の発令にあたっては，特別な場合を除いて，債権者に債務者の被るおそれのある損害を担保するために，裁判所は，民事保全法14条に基づいて債権者にあらかじめ担保を立てさせるのが通例である。

　以上説明したことから，保全命令における担保とは，違法，不当な保全命令が発せられることにより債務者が被る可能性がある損害を保証するために債権者があらかじめ立てる担保をいう。

　民事保全法14条1項は，「保全命令は，担保を立てさせて，若しくは相当と認める一定の期間内に担保を立てさせることを保全執行の実施の条件として，又は担保を立てさせないで発することができる。」と規定している。この規定によれば，裁判所は，保全命令を発令する前に，担保に関し，第1に債権者に担保を立てさせるか否か，第2に債権者に担保を立てさせるとした場合には，立担保を保全命令の発令に先行させるのか，それとも担保提供す

(注16)　須藤 – 深見 = 金子・民事保全63頁。

ることをを保全執行の条件として保全命令を発令するのか，第3に債権者に立てさせる担保の額，立担保の期間等を決めることになり，裁判所は，これらの点について裁量を有していることになる。

(2) 担保の提供方法

担保を立てる方法としては，金銭又は有価証券を供託する方法と，いわゆる支払保証委託契約を締結する方法がある（法4条1項本文，規則2条）。このほかに当事者が特別の契約をしたときは，その契約によるが（法4条1項ただし書），実務上はその実例はほとんどない。

ところで，満期が来た国債の償還を受ける必要などのように，一度提供された担保について，担保提供者側において使用，処分等の必要が生じたときには，裁判所の決定により，従来の担保と同等の価値を有する他の担保に返還することが考えられる。これが担保物の変換といわれるものであるが，これについては，項目7で検討する。

担保提供の典型例は，債権者1人が債務者1人のために担保を立てる場合であることはいうまでもない。しかし，民事保全を申し立てるにあたっては，債権者が主債務者と連帯保証人の財産を仮差押えするように債務者が複数になる場合もあるし，相続した債権を相続人らが債務者に請求する場合のように債権者が複数になる場合もある。そうした当事者一方又は双方が複数の場合の担保の提供方法に共同担保が許されるか否かがある。この問題については，項目6小問(3)で検討される。

(3) 担保の額

保全命令における担保によって担保される債権は，違法，不当な保全命令により債務者が被った損害の賠償請求権であるから，違法，不当な保全命令により被ることが想定される損害額を考えて，担保額を定める必要があろう。

ただ，発令の段階でそれぞれの保全命令に応じて損害額を算定することは，疎明資料から困難なことも多いし，また，保全命令に求められる迅速性の観点から，その審査のためにいたずらに資料の追加を求め，発令が遅れるのも相当でない面がある。こうしたことに，同種申立てを行う債権者の公平性，

担保額準備のための予見可能性等から，実務上，多くの事件を処理する裁判所においては，事件の類型に応じた基準を設けていることもある(注17)。ただ，そうした担保基準が定められていても，それは一応の目安にすぎず，裁判所は，個々の事案における疎明の確実性，不動産か債権かなどという民事保全命令の目的物の性質等を踏まえて，個別に判断すべきであることはいうまでもない。

　担保額の決定にあたっては，①保全命令の種類，②保全命令の目的物の種類・価額，③被保全権利の種類，その疎明の程度，④債務者の職業・財産・信用状態等の具体的事情に即した債務者の予想損害などが考慮される(注18)。民事保全法制定前の裁判例ではあるが，担保の額を定める指標について，名古屋地判昭42・5・12（判時491号66頁）は，「一般に，保全処分における保証は，保全処分によって債務者に生ずるであろう損害を担保する性質を有し」「その額は，被保全権利の価額・保全対象物の価額・疎明の程度・債務者が蒙ることの予想される苦痛の程度，その他諸般の事情を斟酌して決定されている。」と判示して，このことを明らかにしている。

　具体的事例に則した担保額決定のあり方については，項目6で検討される。

(4) 担保の取戻しの方法

　債権者が提供した担保は，債務者に損害が生じないことが確実になった場合には，担保の事由が消滅したものとして，担保を消滅させる必要がある。また，担保は，担保の提供を受けた債務者の保護を目的とするものであるから，担保権利者である債務者の同意がある場合にも担保を消滅させてよい。

　どのような場合に担保の取消しが認められるかについては，民事保全法4条2項で準用する民事訴訟法79条が定めているが，それは，①担保の事由が消滅したことを証明したとき，②担保の取消しについて担保権利者の同意を得たことを証明したとき，③訴訟の完結後，裁判所が担保権利者に対して一定の期間内にその権利を行使すべき旨を催告し，その期間内に権利行使がな

(注17)　そうした担保の基準の一端を比較的詳しく説明した公刊物としては，理論と実務（上）191頁〔荒井史男＝大西嘉彦〕（「保全命令手続における担保」）があるので参考にされたい。
(注18)　須藤＝深見＝金子・民事保全74頁。

く担保権利者の同意が擬制されるときである。

　担保取消しについては，民事訴訟法79条1項の定める担保の事由が消滅したことを証明できたか否かの判断には，困難を伴う場合が少なくなく，項目8では，具体的事例に基づいて，その判断の在り方が検討される。項目8では，控訴に伴う執行停止の際の担保の取消しについても，併せて検討する。

2 保全 ナヴィ・チャート

須藤 典明

● 保全 ナヴィ・チャート

① 保全 ナヴィ・チャート1　保全処分の全体像
② 保全 ナヴィ・チャート2　一般的な民事保全処分
③ 保全 ナヴィ・チャート3　仮差押え（金銭債権の保全）
④ 保全 ナヴィ・チャート4　係争物（土地や建物等）の移転や処分の禁止など
⑤ 保全 ナヴィ・チャート5　仮の地位を定める仮処分

■保全 ナヴィ・チャート 1 保全処分の全体像

```
一般的な民事保全処分 ─┬─ 仮差押え （金銭債権の執行保全）
                      │    ├─ 不動産に対する仮差押え
                      │    ├─ 債権に対する仮差押え
                      │    └─ 動産に対する仮差押え
                      ├─ 係争物に関する仮処分 （特定物の権利保全）
                      │    ├─ 占有移転禁止の仮処分
                      │    └─ 処分禁止の仮処分
                      └─ 仮の地位を定める仮処分 （その他の暫定救済）
                           ├─ 金銭の仮払いの仮処分
                           └─ 差止め・禁止等の仮処分等

特別な規定による保全処分 ─┬─ 会社法上の仮処分
（代表的なものだけを示している）│    （性質上は民事保全）
                          │    ├─ 取締役等の職務執行停止の仮処分
                          │    │    （登記は会社法917条）
                          │    └─ 新株発行差止の仮処分
                          │         （本案は会社法210条）
                          ├─ 家事審判前の保全審判
                          │    ├─ 離婚に伴う財産分与のための仮差押え
                          │    │    （家事事件手続法157条1項4号）
                          │    └─ 子の仮の引渡しを求める処分
                          │         （家事事件手続法105条・115条）
                          ├─ 破産・民事再生の保全処分
                          │    ├─ 破産・民事再生の申立てに伴う保全処分
                          │    │    （破産法28条，民事再生法30条）
                          │    └─ 破産・民事再生の否認権のための保全処分
                          │         （破産法171条，民事再生法134条の2）
                          ├─ 民事執行法上の保全処分
                          │    ├─ 売却のための保全処分（価格減少行為の禁止等）
                          │    │    （民事執行法55条）
                          │    └─ 最高価買受申出人・買受人のための保全処分
                          │         （民事執行法77条）
                          └─ その他の特殊な保全処分
                               ├─ 特許権等の侵害の停止・予防の請求
                               │    （特許法100条）
                               └─ 不公正取引等の停止・予防の請求
                                    （独占禁止法24条）
```

■保全 ナヴィ・チャート 2 一般的な民事保全処分

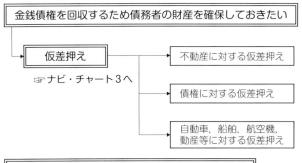

[仮差押えのポイント]

① 被保全権利は金銭債権であり，条件や期限が付いている債権でも差し支えないが，特定が必要
② 債務者に打撃の少ない不動産の仮差押えが基本である
③ 仮差押えには暫定的な処分禁止効（相対的無効による順位保全効）がある

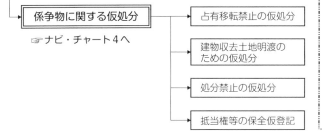

[仮処分のポイント]

① 被保全権利は特定物の引渡請求権などであり，金銭債権で仮処分はできない
② 占有移転禁止の仮処分は当事者恒定効（占有者の固定）のために利用される
③ 占有移転禁止の仮処分は債務者保管が原則で担保が安い
④ 詐害行為取消権による処分禁止の仮処分は特に注意が必要

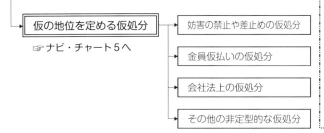

[仮地位仮処分のポイント]

① 仮差押えと係争物に関する仮処分以外はすべて仮の地位を定める仮処分であり，多様である
② 仮地位仮処分には原則として債務者審尋が必要である
③ 債務者審尋の際の話合いで本案紛争が解決されることも少なくないと昔から指摘されている
④ 債権者に生ずる著しい不利益等を除去するメリットと債務者に生ずるデメリットを比較検討

■保全　ナヴィ・チャート　3　仮差押え（金銭債権の保全）

■保全 ナヴィ・チャート 4 係争物（土地や建物等）の移転や処分の禁止など

占有移転禁止の仮処分

- 建物賃貸借契約を解除したが，賃借人が明け渡してくれない ☞〈18 氏名不詳の従業員が居住している場合〉
- 抵当債務者が自宅を改造して一部を第三者に賃貸しようとしている ☞〈22 新たな占有者が出てきそうな場合〉
- 建物の競落人が占有者に対して引渡命令を得たが，その執行に時間がかかりそうなので，占有移転禁止の仮処分をしておきたい ☞〈4 債務名義等を有する場合〉
- 仮執行宣言付の建物明渡判決を得ているが，被告が第三者に転貸しようとしているので，占有移転禁止の仮処分をしておきたい ☞〈4 債務名義等を有する場合〉

処分禁止の仮処分

- 土地の一部を買い受けたが，売主が移転登記手続をしてくれない ☞〈19 土地全体の処分禁止は？〉
- 自宅を友人に仮装売買し仮登記をしたら，第三者に転売され附記登記がされてしまった ☞〈20 仮登記権利者への処分禁止〉
- 債務者が強制執行回避の目的で妻と離婚し，自宅を財産分与として妻に移転してしまった ☞〈21 詐害行為と処分禁止〉

■保全　ナヴィ・チャート　5　仮の地位を定める仮処分

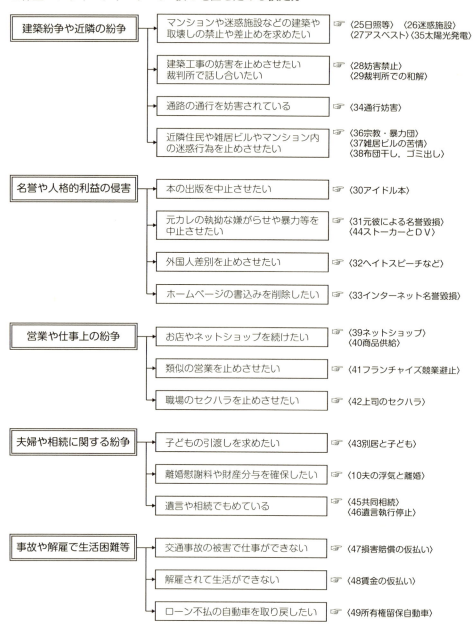

I

保全命令の申立て

1 管　轄

川﨑　博司

(1) 前橋市に住むXは，仙台市に住むYに対して200万円を貸したが，Yが期限が過ぎても返済しないので，執行対象財産を保全しておくため，貸付の際に送金した東京に本店のあるS銀行宇都宮支店のY名義の普通預金を仮差押えしたい。Xは，どこの裁判所に仮差押えを申し立てるべきか。
　　金銭消費貸借証書には，Xの住居地を管轄する裁判所を本案の管轄裁判所とするとの特約があるときはどうか。
(2) (1)の事例で，Xは，Yに200万円を貸し付けた当時は宇都宮市に住んでいたが，その後，高齢の母親の面倒を見るために前橋市に転居していたときはどうか。
(3) (1)の事例で，Xが200万円の内金100万円を被保全債権として，宇都宮地裁に仮差押えを申し立てた場合，同地裁の担当裁判官はどう対処すべきか。

〔1〕　総　論

(1) 専属管轄

　民事保全法に規定する裁判所の管轄は，保全命令手続と保全執行手続を通じて，すべて専属管轄とされている（法6条）。保全事件が本案に従属するものであること，緊急性を要すること，保全命令手続を担当する裁判所の負担の軽減と審理の便宜などを図る必要があることなどが，民事保全事件の管轄が専属管轄とされている理由である(注1)。専属管轄とは，特に強い公益的要請から特定の裁判所のみに裁判権を行使させる趣旨の管轄であるから(注2)，

保全事件について，合意管轄や，応訴管轄又は併合管轄の規定の適用はない（法7条，民訴7条・11条～13条）。

民事保全法に規定する裁判所の管轄が専属管轄であることを受け，同法12条は，保全命令事件は，「本案の管轄裁判所」又は「仮に差し押さえるべき物若しくは係争物の所在地を管轄する地方裁判所」が管轄を有する旨を定めている。

(2) 本案の管轄裁判所

(a) 本案が未係属の場合

民事保全法12条にいう「本案」とは，被保全権利又は法律関係の存否の確定を目的とする訴訟[注3]をいうところ，本案が係属していない場合には，裁判所法，民事訴訟法等の規定により，訴えの提起があれば土地及び事物の管轄を有することとなる第1審裁判所が本案の管轄裁判所となる。本案が係属していない場合には，複数の裁判所が本案の管轄裁判所として競合することがあり（競合的専属管轄），当事者は，その一つを選択して保全命令の申立てをすることができる。

上述したとおり，保全命令事件の管轄については合意管轄（民訴11条）の規定の適用はないことから，保全命令事件自体については合意による管轄を認めることはできない。しかしながら，本案の管轄につき合意がある場合には，本案の管轄が合意管轄で認められることにより，当該地方裁判所に保全命令事件の管轄も認められることになる。もっとも，本案の管轄が合意管轄で認められる場合でも，取引約定書等の合意管轄の条項により管轄を認めることが債務者にとって著しく不利益である場合には，かかる条項を例文にすぎないと解したり，信義則，権利濫用，公序良俗違反により無効と解したりして，その管轄を否定する余地がある[注4]。

(注1) 新基本法コンメ民保30頁。
(注2) 須藤＝深見＝金子・民事保全39頁。
(注3) 判決手続のほか仲裁手続もこれにあたる（東京地決平19・8・28判タ1272号282頁・判時1991号89頁参照）。
(注4) 東京地裁・実務（上）65頁〔楡井英夫＝平田晃史＝作田寛之〕。

(b) 本案が係属中の場合

本案が係属している場合には，当該係属している裁判所が本案の管轄裁判所となる^(注5)。

上述したとおり，保全命令事件については応訴管轄（民訴12条）の規定の適用はないけれども，保全命令申立て以前に本案訴訟が係属している場合に，本案訴訟について応訴管轄が生じていれば，応訴管轄の生じた当該地方裁判所に保全命令事件の管轄も認められることになる。

(c) 本案が終了している場合

本案が既に終了し，債務名義が成立している場合には，原則として，保全の必要性は認められない。しかしながら，債務名義が成立していても，執行が条件や担保の提供にかかっている場合，執行停止決定がある場合，債務名義の送達に時間を要する場合には，債権者が既に債務名義を有していても保全の必要性が認められることがある^(注6)。

本案が終了しているものの，保全命令の申立ての必要性が認められる場合には，かつて本案の係属した第１審裁判所が本案の管轄裁判所となる。

(3) 仮に差し押さえるべき物の所在地を管轄する地方裁判所

仮に差し押さえるべき物が債権であるときは，その債権は，原則として，債権の債務者（第三債務者）の普通裁判籍の所在地にあるものとされる（法12条4項本文）。そして，普通裁判籍は，第三債務者が法人のときは，主たる事務所又は営業所により定まるが（民訴4条4項），第三債務者が会社であるときは，本店所在地が会社の住所となる（会社4条）ので，本店所在地を管轄する裁判所が管轄裁判所となる。したがって，銀行等の支店が取り扱う預金債権等の仮差押えについて，当該支店を第三債務者の所在地として管轄を認めることはできない。

(注5) 本案が係属しても，専属的競合管轄となっていた他の裁判所は管轄権を失わないとする裁判例（広島高判昭54・7・5判タ398号118頁）もあるが，民事保全法12条1項の文言及び趣旨からは他の裁判所は管轄を失うと解するのが相当である（注釈民保（上）195頁）。

(注6) 西山・概論48頁。

〔2〕 設例・小問(1)の検討

(1) 前段について

本問では、本案が未提起であるから、訴えの提起があれば土地及び事物の管轄を有することになる第1審裁判所が本案の管轄裁判所となる。そこで、まず、本案において被告の普通裁判籍である住所（民訴4条）がある仙台市を管轄する仙台地方裁判所が管轄を有することになる。また、XのYに対する債権は金銭債権であるところ、弁済をすべき場所について別段の意思表示がないときは、債権者の現在の住所において弁済をしなければならないこと（民484条）から、債権者であるXの住所地である前橋市が義務履行地（民訴5条1号）となり、前橋地方裁判所が管轄を有することになる。

また、仮に差し押さえるべき物の所在地を管轄する地方裁判所として、S銀行の本店所在地を管轄する東京地方裁判所に管轄が認められる。他方、上記〔1〕で述べたとおり、上記S銀行宇都宮支店が取り扱う預金債権について宇都宮支店を第三債務者の所在地として管轄を認めることはできないから、宇都宮地方裁判所に申立てをすることはできない。

(2) 後段について

本問の場合、Xの住所地を管轄する裁判所である前橋地方裁判所が、管轄合意により本案の管轄裁判所となるから、Xは、前橋地方裁判所に仮差押えの申立てができる。それでは、この場合、Xは、被告の住所地である仙台地方裁判所に申立てをすることもできるか。

民事訴訟法11条に定める管轄の合意の態様としては、法定の管轄裁判所の管轄権を排除し、特定の裁判所のみを管轄裁判所とする専属的合意と、法定の管轄裁判所に加えて別の裁判所を管轄裁判所に加える付加的合意とがある。文言上いずれの態様の合意がなされているか明確でない場合は、合意の解釈の問題であるが、当事者がわざわざ特定の裁判所を管轄裁判所として定めている以上は、専属的合意と解するべきであるとの見解[注7]と、管轄の合意は

通常，起訴の便宜を考慮してなされることからすれば，付加的合意とみるべきであるとの見解(注8)がある。

したがって，本問の管轄合意についてこれを付加的合意とみれば，Xの住所地を管轄する裁判所を本案の管轄裁判所とするとの特約の存在にもかかわらず，被告の住所地である仙台地方裁判所も本案の管轄裁判所として保全命令の申立てができることになる。

なお，仮に差し押さえるべき物の所在地を管轄する地方裁判所として，S銀行の本店所在地を管轄する東京地方裁判所にも管轄が認められることは，上記(1)で検討したのと同様である。

〔3〕 設例・小問(2)の検討

金銭消費貸借契約締結の際に，貸主であるXの住所地を管轄する裁判所を本案の管轄裁判所とするとの特約がある場合，Xは現在前橋市に住んでいるが，契約当時の住所地が宇都宮市であったときに，前橋市と宇都宮市のどちらを管轄する合意があると解釈すべきかが問題となる。

管轄の合意の解釈にあたっては，合意当時の当事者の意思に沿うように解釈すべき(注9)ところ，合意当時の当事者の意思としては，抽象的なXの住所地との管轄の合意をしたとは考えがたい。むしろ，当事者の意思としては，具体的な住所地である契約当時の宇都宮市を前提としていると考えられ，債務者の合理的意思としても，債権者の住所地の移転があればどこででも応訴することまでは承諾していないものと思われる。

もっとも，合意当時，Xの住所地の移転が予定されており，それを前提として管轄の合意がなされたなどの事情があれば，移転後の住所地を管轄と認める余地がある。

(注7) 菊井維大＝村松俊夫原著／秋山幹男ほか『コンメンタール民事訴訟法Ⅰ〔第2版追補版〕』（日本評論社，2014）178頁。
(注8) 賀集唱ほか編『基本法コンメンタール民事訴訟法Ⅰ〔第3版追補版〕』（日本評論社，2012）58頁。
(注9) 菊井＝村松原著／秋山ほか・前掲（注7）178頁参照。

また、上記〔1〕で述べたとおり、合意管轄の条項により管轄を認めることが債務者にとって著しく不利益である場合には、かかる条項を例文にすぎないと解したり、信義則、権利濫用、公序良俗違反により無効と解したりして、その管轄を否定する余地もあろう。

〔4〕 設例・小問(3)の検討

(1) 事物管轄の専属性

　裁判所法は、事物管轄につき、訴訟の目的の価格が140万円を超えない請求の第1審裁判所を簡易裁判所、140万円を超える請求を地方裁判所と定めている（裁24条1号・33条1項1号）から、本問のように、200万円の内金100万円を被保全債権とする場合、第1審の本案の管轄裁判所は簡易裁判所であるから、保全事件の管轄裁判所も簡易裁判所となるのが原則であるが、このような場合に、Xは、地方裁判所にも、仮差押えの申立てをすることができるか。

　民事保全法6条が、事物管轄についても専属性を定めたものであるかどうかについては、肯定説と否定説がある。肯定説は、条文の文言上、事物管轄が排除されていないから、専属性が事物管轄についても及ぶと解するのが素直であると考える[注10]。他方、否定説は、民事保全法12条1項が、目的物の所在地を管轄原因とする場合には、簡易裁判所は管轄を有せず地方裁判所にのみ管轄を認めていることからすれば、民事保全法自体が事物管轄の専属性を強く要請しているとは考えられないこと、また、地方裁判所と簡易裁判所で事物管轄が競合する部分がある（裁24条1号・33条1項1号）ほか、簡易裁判所から地方裁判所への移送の制度（民訴19条）もあることから、本案係属前の保全命令について事物管轄の専属性を肯定しても、結果として保全命令裁判所と本案訴訟の裁判所が一致しなくなることがあるなど、事物管轄に専属性を肯定すべき強い公益的要請があるとは解されないことなどを理由とす

(注10)　実務ノート10頁。

る(注11)。民事訴訟法16条2項が，本来簡易裁判所の事物管轄に属する事件を地方裁判所で審理及び裁判をすることを一般的に認めていることなどを考えれば，少なくとも，本案訴訟係属前に，簡易裁判所が事物管轄を有する事件について地方裁判所が保全事件の裁判を行うことを，専属管轄を理由に否定する必要はないものと解される(注12)(注13)。

したがって，本問で，事物管轄の専属性について否定説によれば，Xが，簡易裁判所ではなく，地方裁判所への申立てをすることも認められることになろう。

(2) 管轄違いの申立て

もっとも，本問では，S銀行の支店があるにすぎない宇都宮地裁に管轄が認められないことは，上記〔2〕で検討したとおりであるから，管轄違いの保全命令の申立てがなされた場合にあたり(注14)，申立てを受けた担当裁判官は，これを，管轄を有する裁判所に移送しなければならなくなりそうである（法7条，民訴16条）。しかしながら，管轄については債務者にも上訴の利益があること（法7条，民訴21条）から，移送決定を債務者に送達する必要があるうえ，移送先に記録を送付するためには，移送決定が確定する必要があることから(注15)，移送をすることは，民事保全の密行性，迅速性に反する。そこで，そのような支障が生じる事案の場合，債権者が申立てを取り下げたうえ，管轄を有する裁判所に改めて申立てを行うという代替策が考えられることから，担当裁判官としては，この代替策を促すことを検討すべきであろう(注16)。

(注11) 理論と実務（上）287頁，注解民保（上）72頁。
(注12) 須藤＝深見＝金子・民事保全39頁。
(注13) 簡易裁判所が事物管轄を有する事件であっても，事案が複雑であるなど，本案の事件として考えた場合に地方裁判所で扱うのが相当であるような事件の保全命令の申立ては，地方裁判所で受け付けるのが実務の実情のようである（新基本法コンメ民保32頁）。
(注14) なお，管轄のない裁判所がこれを看過して保全命令を発した場合には，専属管轄違背はいかなる不服申立手続においても主張でき，そのことのみで保全命令は取り消される。
(注15) 移送決定が確定するのは，早くとも当事者双方が告知を受けてから1週間後になる（民訴21条・332条）。
(注16) 須藤＝深見＝金子・民事保全43頁。

2 国際管轄

深見　敏正

(1) 大阪市内に本社のある造船会社Xは、香港に本社のある海運会社Yからパナマ船籍の船舶の修理を請け負い、修理を完了して引き渡したが、Y社から修理代金が支払われていない。X社は、国際郵便やメールで何度も催促したにもかかわらず、まだその代金が支払われない。ところが、X社は、当該船舶が明日横浜港に入港することを知ったため、修理代金を被保全権利として、横浜地裁に当該船舶の仮差押えを申し立てたが、担当裁判官は、この申立てに対してどう対処すべきか。

(2) X社とY社との請負契約において、修理に伴う紛争はシンガポールにおける国際仲裁で解決するとの合意があるときはどうか。

〔1〕 問題の所在

　設例・小問(1)では、香港に本社のある海運会社Yが所有するパナマ船籍の船舶に対して日本法人のX社が仮差押えをする場合に、我が国の裁判所に国際裁判管轄が存するかということが主たる問題になる。仮に我が国の裁判所に民事保全命令申立事件の管轄が認められるとした場合、船舶は移動が容易なものであり、通常の担保手続をとった場合、発令、執行までに寄港地である横浜港を出港するおそれがあるので、発令にあたっては、どのような方法をとるのが相当であるか検討する必要がある。

　設例・小問(2)では、X社とY社との間において、紛争解決方法としての仲裁合意がある場合、X社が我が国の裁判所に訴訟を提起しても、仲裁合意があることを理由に訴えは却下され、本案訴訟での救済は得られない。こうした場合において、民事保全命令申立事件の国際裁判管轄の判断に影響があるかどうかが問題になる。

ところで，民事保全法は，平成23年法律第36号の「民事訴訟法及び民事保全法の一部を改正する法律」により改正がなされ，民事保全法11条が新設され，民事保全命令申立事件の国際裁判管轄についての規定が設けられた。本項目では，まず前記改正法以前の裁判例に検討を加えた後，改正法の意義等を検討したうえで，設例について検討したいと考える。

〔2〕 民事保全法の改正前の裁判例の動向

(1) 民事保全事件の国際的裁判管轄に関する従来の考え方

企業活動のボーダーレス化に伴い，民事保全命令申立事件の国際的裁判管轄が問題になってきた[注1]。本案訴訟に関する国際裁判管轄については，最判平9・11・11（民集51巻10号4055頁・判タ960号102頁・判時1626号74頁）は，「被告が我が国に住所を有しない場合であっても，我が国と法的関連を有する事件について我が国の国際裁判管轄を肯定すべき場合のあることは，否定し得ないところであるが，どのような場合に我が国の国際裁判管轄を肯定すべきかについては，国際的に承認された一般的な準則が存在せず，国際的慣習法の成熟も十分ではないため，当事者間の公平や裁判の適正・迅速の理念により条理に従って決定するのが相当である」「そして，我が国の民訴法の規定する裁判籍のいずれかが我が国内にあるときは，原則として，我が国の裁判所に提起された訴訟事件につき，被告を我が国の裁判権に服させるのが相当であるが，我が国で裁判を行うことが当事者の公平，裁判の適正・迅速を期するという理念に反する特段の事情があると認められる場合には，我が国の国際裁判管轄を否定すべきである。」と判示しており，この判断は，基本的には民事保全命令申立事件にも妥当するものと考えられてきた。

(2) 民事保全法の改正前の裁判例——その1

旭川地決平8・2・9（判タ927号254頁・判時1610号106頁）は，前掲最判平

(注1) 須藤-深見-金子・民事保全40頁。

9・11・11に先立つ裁判例ではあるが，仮差押異議申立事件において，船舶の修理代金債権を被保全権利として韓国の造船会社である債権者が，我が国に寄港中のロシア共和国法人である債務者所有の同国の船籍を有する船舶に対して行った仮差押命令申立事件について，仮差押えの国際裁判管轄も，本案事件に対する付随性及び仮差押えの実効性が重要である点では国内土地管轄と同様であるので，民事保全法12条1項を準用し，当事者間の合意の効力として日本の裁判所に本案事件の管轄がなくとも，仮差押えの目的物が日本に存在し，本案事件について管轄を有する外国裁判所の判決が平成8年改正前民事訴訟法200条（現行民事訴訟法118条）1号及び4号の要件を一応充たす可能性があり，将来これに対する執行がなされる可能性がある場合には，日本の裁判所に仮差押命令申立事件についての国際裁判管轄が認められると判示した。この決定は，本案訴訟の国際裁判管轄が我が国にないと認められる事案で，仮差押命令の目的物が国内に所在していることを理由に，仮差押命令申立事件について我が国の裁判所に国際裁判管轄を認めた最初の事案である。

この裁判例に対しては，日本に本案訴訟の国際裁判管轄が認められない以上，仮差押命令申立事件についても国際裁判管轄を認めることはできないという見解も考えられるが，仮差押命令申立事件の国際裁判管轄は，仮差押命令の目的物が国内に所在していることを理由に本案訴訟の国際裁判管轄権を要件とすることなく独立して認められるとするのが通説であり，比較法的にも多数であるとされる[注2]。その意味で，本決定は通説の立場によったもので，先例としての価値を有するものと思われる。

(3) 民事保全法の改正前の裁判例——その2

他方，韓国企業Yが製造するシリコンウェハー製品について日本における販売代理店契約を締結していた日本企業Xが契約関係のトラブルから，Yを債務者として日本国内でXを介さず同製品を販売してはならないとの仮処分

[注2] 小田敬美「日本寄港中のロシア船舶に対する韓国企業の仮差押命令申立事件につき，わが国の国際裁判管轄を肯定した事例」平成9年主判解〔判夕臨増978号〕231頁。

を求めた事案について，東京地決平19・8・28（判タ1272号282頁・判時1991号89頁）は，「民事保全法12条1項は，民事保全事件の管轄について，本案の管轄裁判所又は仮に差し押さえるべき物若しくは係争物の所在地を管轄する地方裁判所と定めるところ，『本案』とは，被保全権利又は法律関係の存否を確定する手続をいい，訴訟手続のほか，仲裁手続もこれに該当すると解されるから，仲裁合意が存在する場合における同項所定の『本案の管轄裁判所』とは，当該仲裁の仲裁地を管轄する裁判所をいい，仲裁合意がなければ本案訴訟について管轄権を有したであろう裁判所を含まないと解するのが相当である。なぜなら，このように解さなければ，仲裁合意が存在するために本案訴訟について管轄権を有しない裁判所が，保全事件についてのみ管轄権を有することとなり，保全事件が本案訴訟に対して付随性を有することに反する結果となるからである。また，仲裁地を管轄する裁判所が保全事件について管轄権を有するとすることは，仲裁合意によって仲裁地を定めた当事者の合理的意思に沿うものであり，当事者間の公平の理念にも合致するということができる。」「本件申立ては，仮差押命令又は係争物に関する仮処分を求めるものではないから，同項所定の『仮に差し押さえるべき物若しくは係争物の所在地を管轄する地方裁判所』が管轄裁判所となることもないから，本契約に基づく履行請求権を被保全権利とする申立てについては，民事保全法12条1項に規定する管轄裁判所が我が国内に存在しない。」[注3]と判示して，仲裁条項において仲裁地を韓国ソウル市とし，韓国法を準拠法とする旨の合意があったことから，民事保全法12条所定の「本案の管轄裁判所」が日本国内にはないとして保全事件の管轄を否定した。

この決定に対しては，民事保全命令事件の管轄について，前掲最判平9・11・11に示された国際的裁判管轄の準則の適用を明確にしたものであるとの評価もされているが[注4]，その一方で，前掲東京地決平19・8・28は，仲裁合意と民事訴訟との関係についての一般論を念頭に述べられているにすぎず，民事保全事件については，その特性に即した検討が必要であったにもかかわ

(注3) この部分の解釈が相当でないことについては，〔3〕(2)参照。
(注4) 裁判例コンメンタール89頁。

らず，保全処分に特有な問題に立ち入った考慮がうかがわれないとの批判も存する(注5)。そして，この決定の見解に従うと，日本国内での販売について，民事保全法に基づく対抗措置が講じられないことになり(注6)，前掲東京地決平19・8・28の事案のようなケースについては，日本国内で一定の対抗措置をとることができることを明確にするような立法が待たれる状況になった(注7)。

〔3〕 民事保全法の改正とその適用

(1) 民事保全法の改正

こうした中，民事訴訟に係る国際的裁判管轄に関する明文規定を設けることを主眼とした平成23年法律第36号の「民事訴訟法及び民事保全法の一部を改正する法律」(注8)は，併せて民事保全命令の国際裁判管轄について，民事保全法11条を新設し，「保全命令の申立ては，日本の裁判所に本案の訴えを提起することができるとき，又は仮に差し押さえるべき物若しくは係争物が日本国内にあるときに限り，することができる。」と定めた。

この民事保全法11条は，国内裁判管轄を定める民事保全法12条1項と基本的に同一の概念を用いて国際的裁判管轄を規律しようとしたものである(注9)

(注5) 河野正憲「外国の仲裁機関による仲裁の定めがある事件につき我が国で提起された保全命令事件の我が国の国際裁判管轄」判タ1320号29頁。
(注6) 河野・前掲（注5）29頁にあるように，「外国裁判所の確定判決」は，民事訴訟法118条に掲げる要件のすべてを具備する限りで，我が国で承認され，執行判決を得ることができるが（民執24条3項），外国でなされた保全命令については，これに該当せず，我が国で承認・執行される余地はない。
(注7) 須藤＝深見＝金子・民事保全29頁。
(注8) 改正法の概要等については，福田敦「国際裁判管轄に関する民事訴訟法等の改正の概要」金法1931号74頁以下参照。
(注9) 裁判例コンメンタール86頁。同書90頁では，このような規定が設けられたことについて，山本和彦教授は，「管轄は国際管轄であれ国内管轄であれ，当事者間の公平や裁判の適正・迅速など諸般の要請を勘案し，最も適切な法廷地を定めるという意味では，基本的に同様の趣旨が妥当するものであるので，国際的要素を勘案して特に異なる規律をする必要がない限り，国内管轄の原因と同等のものとなるのは自然であると言えよう。そして，保全命令の場合には，様々な考慮の結果，国内管轄と区別する合理性がないと判断されたものといえる。」とされている。

が，その解釈運用にあたっては，日本の裁判所への本案の訴えの提起の可否に関する，同時期に改正された民事訴訟法3条の3の解釈運用を前提にしなければならない。

また，民事保全法11条にいう「仮に差し押さえるべき物若しくは係争物が日本国内にあるとき」の解釈にあたっては，民事保全法12条4項ないし6項までが定める債権その他の財産権の場合の所在地に関する基準が，その指針となることはいうまでもないところであろう(注10)。

(2) 改正民事保全法の従来の裁判例の事例への当てはめ

改正された民事保全法11条等を前提に，前掲東京地決平19・8・28の管轄の有無について検討する。

民事保全法12条の「係争物の所在地を管轄する地方裁判所」の意義に関する解釈について，係争物という文言が使われているものの，対象は係争物に関する仮処分に限らず，仮の地位を定める仮処分の目的物も含まれると解されている(注11)(注12)。そして，作為・不作為を命じる仮処分事件では，それが特定物に関する場合にはその物件の所在地を管轄する裁判所であり，また単純か又は不特定物についての仮処分は当該作為又は不作為がなされるべき地を「係争物所在地」とすべきであると解すべきであり，前記〔2〕(3)及び(注6)に記載した保全処分の特異性に鑑みると，特に国際保全処分では，この見解による必要性が強く妥当すると解される。

また，前記のとおり，民事保全法11条は，海外企業との国際紛争に関する

(注10) 裁判例コンメンタール93頁。
(注11) 注釈民保（上）198頁，注解民保126頁，山崎・解説136頁，裁判例コンメンタール106頁，河野・前掲（注5）30頁参照。
(注12) 裁判例コンメンタール94頁は，係争物の所在地の概念と仮の地位を定める仮処分の取扱いが最大の問題であるとあるとしつつ，国内裁判管轄の解釈としても，係争物の所在地には仮の地位を定める仮処分について，作為・不作為がされるべき場所が含まれるものと解すべきであり，「国際事件では，例えば，本案事件管轄は韓国にあって，日本での行為の差止めを求めようとする場合，日本には本条によって保全命令を発する管轄がないとすれば，他方で韓国の保全命令は日本で執行できないので，債権者の権利救済は図られなくなってしまう。これは裁判を受ける権利という観点からみても重大な問題であり，立法がされなかった以上，解釈論による対応が不可欠であると解される」としており，係争物の所在地としての管轄を認めることに積極的であると思われる。

民事保全について，「日本の裁判所に本案の訴えを提起することができるとき，又は仮に差し押さえるべき物若しくは係争物が日本国内にあるとき」に日本の裁判所に管轄を認めているところ，同時に改正された民事訴訟法3条の3第1号が「契約において定められた当該債務の履行地が日本国内にあるとき，又は契約において選択された地の法によれば当該債務の履行地が日本国内にあるとき」には，日本の裁判所に本案の裁判管轄権が認められるため，前掲東京地決平19・8・28のように，義務履行地が日本国内にあると認められる前記事案においては，日本の裁判所に民事保全事件の管轄権が認められると解される余地もある[注13]。

なお，前掲旭川地決平8・2・9についても，仮差押命令の目的物が日本国内に所在していた事案であったから，改正された民事保全法11条の下においても，日本の裁判所に民事保全事件の管轄権が認められる。

〔4〕 設例・小問(1)について

(1) 管轄の有無

これまでの検討を踏まえて，まず小問(1)について検討するに，仮差押え対象の船舶は，横浜港に入港予定であるから，民事保全法11条にいう「仮に差し押さえるべき物……が日本国内にあるとき」に該当する余地がある。

ところで，国内の裁判管轄の有無については，本案訴訟同様，民事保全法7条により準用される民事訴訟法15条により申立て時を基準に判断されるが[注14]，このことは，国際的裁判管轄でも変わらないと解される。また，国内の裁判管轄の有無に関し，申立て時に管轄原因がなくても，移送の裁判がなされるまでに管轄原因が生じた場合には，その瑕疵は治癒されると解され，

(注13) 須藤＝深見＝金子・民事保全29頁。なお，裁判例コンメンタール92頁は，仲裁合意がある場合には，それを前提に本案管轄を考えざるを得ず，民事保全法11条の文言からする限り，その場合には「日本の裁判所に本案の訴えを提起すること」はできないので，本案事件管轄はアプリオリに否定されることになろうとしていることに留意する必要があろう。

(注14) 裁判例コンメンタール98頁。

申立てを受けた裁判所が審理，判断できることになると解されており[注15]，この点も国際的裁判管轄でも同様であろう。

　小問(1)で仮差押えの対象としている船舶は，可動性があり，翌日横浜港に入港するというのであるから，その入港予定が確実な資料で確認できるのであれば[注16]，審理を開始し，発令時点で当該船舶が入港していることが確認できれば，管轄の点では問題がないものと思われる。

(2) 立担保の方法

　民事保全法14条1項は，「保全命令は，担保を立てさせて，若しくは相当と認める一定の期間内に担保を立てさせることを保全執行の実施の条件として，又は担保を立てさせないで発することができる。」と規定している。したがって，民事保全法14条1項の規定によれば，裁判所は，保全命令を発令する前に，担保に関し，第1に債権者に担保を立てさせるか否か，第2に債権者に担保を立てさせるとした場合には，立担保を保全命令の発令に先行させるのか，それとも担保提供することを保全執行の条件として保全命令を発令するのか，第3に債権者に立てさせる担保の額，立担保の期間等を決めることになり，裁判所は，これらの点について裁量を有していることになる[注17]。

　ところで，小問(1)のように，船舶寄港地を管轄する裁判所に仮差押命令の申立てがあった場合，通常のように立担保を先行させると，手続が遅れ，立担保を確認して保全命令を発していたのでは，当該船舶が出港してしまうことも考えられ，こうした場合には，立担保を執行条件とする仮差押命令の発令も検討する必要がある。担保提供を立てることを保全執行の実施の条件とする方法[注18]が採用されることは稀であるが，小問(1)のような場合には，裁

(注15) 裁判例コンメンタール100頁。
(注16) 保全命令の実体的要件である被保全権利及び保全の必要性については，民事保全法13条2項により，証明でなく疎明で足りるが，訴訟要件である管轄の有無については，疎明で足りるとの規定はないから証明を要する（裁判例コンメンタール98頁）。
(注17) 裁判例コンメンタール128頁。
(注18) これは例外的に認められる方法であり，こうした特別な場合以外は，裁判所が格別の保全執行の申立てもなく保全執行を行う場合も少なくないことから（規則31条ただし書），混乱を避け，過誤を防止するためにも，立担保を先行させるのが適切である。

判所としても，当該船舶が寄港している期間等を踏まえ，当事者の申立てを待って，検討する必要があり，申立代理人においても，出港までのスケジュールを考えて，このような申立てをするか否かを検討しなければならない。

　なお，この方法による場合，民事保全法43条2項が保全執行は保全命令の送達を受けた日から2週間以内に執行に着手しなければならないと定めていることから，立担保の期間を定めるにあたっては，当然，この期間内に定めなければならないことはいうまでもない。また，その主文において，担保額等のほか，立担保が保全執行の実施条件であることを明示する必要がある。

〔5〕　設例・小問(2)について

　前掲東京地決平19・8・28は，仲裁合意がある場合に，本案の管轄裁判所として，管轄を認めることについて，前記〔2〕(3)のとおり判示して，消極的な立場を述べている。そして，本案訴訟が我が国の裁判所の国際裁判管轄に属しない以上，付随性のある民事保全事件について我が国の裁判所に国際裁判管轄を認めるのは相当でないとの見解も成り立ち得るものと思われる。実際，前掲東京地決平19・8・28は，この点について，「仲裁合意が存在するために本案訴訟について管轄権を有しない裁判所が，保全事件についてのみ管轄権を有することとなり，保全事件が本案訴訟に対して付随性を有することに反する結果となる」と判示している。

　しかしながら，前記〔2〕(2)(3)及び（注6）で指摘したとおり，外国における裁判所の判断の承認，執行の面では，確定判決と保全処分では大きな差異があり，仲裁契約が存在する場合に我が国の裁判所による民事保全処分の必要性がなくなるわけでなく，特に仲裁手続開始前の段階においてはその要請は強く，仲裁契約の存在は，我が国の裁判所による保全処分命令の審理手続を排除しないと解するのが相当である[注19]。また，外国を仲裁地とする国際仲裁手続では「仲裁地」の選択は，中立国を選択するなど，特異な考慮が

(注19)　河野・前掲（注5）31頁，斎藤秀夫ほか編『注解民事訴訟法(11)〔第2版〕』（第一法規出版，1966）423頁。

なされることがあり[注20]，この「仲裁地」を本案事件における管轄権と直ちに同視することはできず，国際裁判管轄に関しては，保全処分独自の要請に併せて管轄裁判所が決められるべきであるといえよう[注21]。したがって，仲裁合意により，本案訴訟が我が国の裁判所において，審理されることがないとしても，そのことが民事保全法11条にいう「仮に差し押さえるべき物……が日本国内にあるとき」に該当し，我が国の裁判所に民事保全事件の国際裁判管轄を認めることの障害にはなり得ない。

(注20) 詳しくは，河野・前掲（注5）31頁。
(注21) 河野・前掲（注5）31頁。

3 当事者——サービサーによる保全命令の申立て

若林　弘樹

　債権管理回収業に関する特別措置法に基づき法務大臣の許可を受けているX社は、Yに対する貸金返還請求訴訟の提起に先立ち、前記貸金債権を保全するため、Y所有の不動産に仮差押えをしておきたいと考えている。このような場合、仮差押えを申し立てる債権者は、X社かA銀行か。また、仮差押えの申立てに必要な添付書類にはどのようなものがあり、当事者目録にはどのような表示をすべきか。

〔1〕　問題の所在

　本設例のX社のような債権回収会社（サービサー）は、債権管理回収業に関する特別措置法[注1]（以下「サービサー法」という。）3条に基づき法務大臣の許可[注2]を受けた場合に、同法2条所定の一定の債権（特定金銭債権）[注3]について、債権者の委託を受けて、管理及び回収[注4]の業務を行うことができる。
　サービサー法は、不良債権の処理等の促進を目的として、弁護士法72条

(注1)　平成10年10月16日法律第126号（最終改正平成26年6月27日法律第91号）。議員立法であり、施行期日は平成11年2月1日であった。
(注2)　許可要件は、①5億円の最低資本金を有すること、②暴力団員等の関与がないこと、③常務に従事する取締役の1名以上に弁護士が含まれていることなどである（サービサー法5条）。なお、②に関して、暴力団員等の関与の有無については、法務大臣が警察庁長官に意見聴取するものとされている（サービサー法6条1項）。また、③に関して、取締役である弁護士の適格性については、法務大臣が日本弁護士連合会の意見を聴取することとされている（サービサー法6条2項）。
(注3)　平成13年6月20日法律第56号（サービサー法の改正法）により、サービサーの取扱債権の範囲が拡大された（同年9月1日施行）。
(注4)　「管理」及び「回収」の意味については、黒川弘務『逐条解説サービサー法〔4訂版〕』（金融財政事情研究会、2012）73～74頁、黒川弘務＝石山宏樹『実務サービサー法225問〔改訂3版〕』（商事法務、2011）127頁参照。

（非弁護士の法律事務の取扱い等の禁止）の特例(注5)として，債権管理回収業を民間業者に解禁するものである。

　本稿責了日（平成28年1月19日）現在の法務省のホームページ(注6)によると，このようなサービサーとしての営業許可を受けた業者は，平成11年4月6日に許可を受けた1社を皮切りに，今までで合計124社あり，そのうち，86社が現在もサービサーとして存続している(注7)。サービサーの地理的分布には偏りがあり，86社のうち55社は東京都内に所在する一方，全国43県のうち26県には県内に本拠を置くサービサーは1社も存在しない。

　なお，サービサー自体の問題ではないが，許可を受けたサービサーの名称に類似する社名や商号を騙って，架空の請求をする行為が発生している(注8)。

　さて，サービサーは，この受託債権の管理又は回収の業務を行う場合には，委託者のために自己の名をもって，当該債権の管理又は回収に関する一切の裁判上又は裁判外の行為を行うことができる（サービサー法11条1項）。サービサーが債権の管理又は回収のために行うことのできる裁判上の行為には，債務名義取得のための訴訟の提起や支払督促の申立てのみならず，仮差押え等の保全命令の申立ても含まれる。

　弁護士による債権回収とは異なり，サービサーによる債権の管理及び回収は，本来の債権者の代理人として行うものではなく，上記のとおり，本来の債権者からの受託者として自己の名をもって行うものである。そして，サービサーは債権自体を譲り受けるものではないから，実体法上の債権者となるものではない。ここに，実体法上の債権の帰属と当該債権に関する裁判上の権利行使をする権能とが分離が生じている。

　そこで，サービサーが仮差押命令の申立てなどの裁判上の権利行使をする場合に，そもそも仮差押えの当事者が誰になるのか，そして，その表示はど

(注5)　黒川＝石山・前掲（注4）128～129頁。
(注6)　「債権管理回収業の営業を許可した株式会社一覧」（www.moj.go.jp/housei/servicer/kanbou_housei_chousa15.html）。
(注7)　一般社団法人全国サービサー協会（サービサー協会）のホームページ（http://www.servicer.or.jp/about/memberlist.html）にも同様の情報が登載されている。
(注8)　法務省のホームページ（http://www.moj.go.jp/housei/servicer/kanbou_housei_chousa19.html）及びサービサー協会のホームページ（http://www.servicer.or.jp/info/2011/individual276.html）参照。

のようになされるのかが問題となる。また、サービサーによる仮差押命令の申立てについては、そもそもサービサーがサービサー法に基づく裁判上の行為を行う権限を有していることが必要であることから、申立書の添付書類も一般の申立ての場合と異なったものが要求される。以下では、これらの問題について検討するとともに、サービサーによる不動産の仮差押申立ての場合の登記権利者・義務者目録の記載内容をどうすべきか、仮差押えの担保提供がどのように行われるかについても併せて検討する。

〔2〕 本項目における仮差押えの当事者は誰か

保全命令の申立書には、当事者の氏名又は名称及び住所を記載しなければならない（規則13条1項）。

ここで「当事者」という場合、実体的当事者概念（裁判手続において主張された権利・義務の帰属主体を当事者とする立場）と、形式的当事者概念（民事裁判権の行使を求めて、自己の名において裁判手続の開始を申し立てる者と、その者によって相手方とされた者を、当事者とする立場）とが理論的にはあり得る。しかし、日本の民事手続法の解釈としては、形式的当事者概念によるのが確立した見解である。

民事保全手続における当事者は、「債権者」と「債務者」であるが（法5条以下）、形式的当事者概念による以上は、前者は保全命令の申立てを行う者、後者は保全命令の相手方とされた者ということになる。

本項目では、債権者はＡ銀行ではなくＸ社である。債務者はもちろんＹである。

〔3〕 任意的訴訟担当としてのサービサーによる仮差押申立て

〔1〕でも概説したが、サービサー法は、同法2条1項各号に規定する「特定金銭債権」につき、同条2項の「債権管理回収業」（弁護士又は弁護士法人以外の者が委託を受けて法律事件に関する法律事務である特定金銭債権の管理及び回収

を行う営業又は他人から譲り受けて訴訟，調停，和解その他の手段によって特定金銭債権の管理及び回収を行う営業）を営むことにつき法務大臣の許可（サービサー法3条）を受けたサービサーが，他人から「委託を受けて債権の管理又は回収の業務を行う場合には，委託者のために自己の名をもって，当該債権の管理又は回収に関する一切の裁判上又は裁判外の行為を行う権限を有する」と規定している（サービサー法11条1項）。

権利又は法律関係の主体でない第三者が，その権利又は法律関係について，正当な当事者として訴訟追行権を有する場合を，訴訟担当又は訴訟信託という。訴訟担当においては，実体法上の権利の帰属と，訴訟上の権利行使をする権能とが分離していることになる。

訴訟担当には法定訴訟担当と任意的訴訟担当とがある。

サービサー法が，サービサーに対し，受託債権の管理又は回収に関する裁判上の行為を行う権限を認めているのは，上記のうちの任意的訴訟担当を認めたものである。本来の債権者がサービサーに債権の管理及び回収を委託するか否かは任意であるから，この訴訟担当は，法令に根拠を置くものであっても，法定訴訟担当ではなく，あくまで任意的訴訟担当である。

本来の債権者（委託者）からサービサーに対して特定金銭債権の管理及び回収の委託がなされた場合，当該債権の実体法上の帰属主体は委託者のままであるが，当該債権について裁判上の行為を行う権能はサービサーに移ることになる。

〔4〕 本項目の仮差押申立書の当事者目録の記載はどのようにすべきか

本項目では，A銀行のYに対する貸金債権（サービサー法2条1号イの特定金銭債権）の回収の依頼を受けたサービサーX社が，同債権の保全のためにY所有の不動産に仮差押命令申立てをするというのであるから，まさにサービサー法11条1項による任意的訴訟担当が認められる場合である。

そして，Yに対する貸金債権は，実体法上A銀行に帰属したままで，債権回収のための民事訴訟や民事保全といった裁判手続を追行する権能は，X社

が有する状態となっている。

　この場合，前記〔2〕のとおり，民事保全手続上の債権者はA銀行ではなくX社であり，債務者はYである。

　そして，民事保全規則13条1項の規定による限り，保全命令申立書には，「当事者」の氏名又は名称及び住所を記載するものとされており，債権者としてX社を，債務者としてYを表示しておけば足りるようにも思われる。

　しかしながら，実務上は，サービサーによる仮差押命令申立ての場合，債権者側については，①手続追行者であるサービサー（X社）を「債権者（受託者）」等として表示するとともに，実体法上の債権者（A銀行）を「委託者」等としてその名称及び住所をその代表者の肩書及び氏名とともに表示するという方法や，②①とほぼ同様であるが，委託者については，括弧書でその名称及び住所を表示しつつ，その代表者は表示しないという方法などが採られている(注9)。具体的な記載方法は，申立てを受け付ける保全裁判所の指示に従うことになる。

　上記の実務は，選定当事者による仮差押命令申立ての場合に，当事者の欄に，手続を追行する選定当事者のみならず，選定者をも記載するという慣例に倣ったものである(注10)。

　そして，当事者目録には，当事者のほかに，代理人の氏名及び住所も記載することとされている（規則13条1項）ため，X社が外部の弁護士に委任をして仮差押命令申立てをさせる場合には，その代理人弁護士の氏名及び住所も記載する必要がある。

　なお，サービサー法11条2項1号によれば，サービサーが保全命令の申立てを行うには，弁護士に手続追行させなければならないとされている。しかし，同規定は，サービサーの外部の弁護士への訴訟委任を義務づけるものではなく，弁護士をサービサーの代表取締役又は支配人に選任すれば，サービ

　(注9)　東京地裁保全研究会編『書式民事保全の実務〔全訂5版〕』（民事法研究会，2010）88〜89頁。
　(注10)　なお，東京地裁保全研究会編・前掲（注9）104頁によると，選定者が多数の場合は，当事者目録には選定当事者のみを記載し，選定者目録を別に作成して選定者を列挙する方法もあるようである。

サー本人による申立てが可能である。

〔5〕 登記権利者・義務者目録にはどのような表示をすべきか

　仮差押命令の目的（対象）たる財産が不動産である場合，仮差押えの執行のために，保全裁判所の書記官から法務局に対して仮差押登記手続の嘱託が行われる（法47条3項，不登6条1項）。

　保全裁判所によっては（例：東京地方裁判所保全部），債権者に対して，仮差押命令の発令までに，この仮差押登記手続嘱託のために用いられる「登記権利者・義務者目録」を作成して裁判所に提出することを求めている（仮差押債務者に対して送達する仮差押決定書に添付する当事者目録及び請求債権目録を，債権者において作成し，発令までに裁判所に提出するのと同様の扱いである。）。

　登記権利者は，不動産登記法上，「権利に関する登記をすることにより，登記上，直接に利益を受ける者をいい，間接に利益を受ける者を除く」と定義されている（不登2条12号）。

　そして，現在の実務上，サービサーによる仮差押えの場合，実体法上の権利者でないサービサー名義での登記はできないものとして取り扱われている[注11]。

　これは，仮差押登記により直接に利益を受ける者は，実体上の権利者であって，仮差押えの手続追行者であるサービサーではないとの解釈に基づくものと理解される。

　それゆえ，本項目において，この登記権利者・義務者目録に「登記権利者」として表示されるべきなのは，実体法上の債権者であるA銀行であって（ただし，代表者の表示は不要である[注12]。），仮差押命令申立ての名義人であるサービサーX社ではない。

　このように，当事者目録の記載と，登記権利者・義務者目録の記載との間

(注11)　東京地裁保全研究会編・前掲（注9）89頁。
(注12)　東京地裁保全研究会編・前掲（注9）90頁。

に相違がある。

　なお，以上に対し，「登記義務者」の方は，いうまでもなく，当事者目録の債務者と同じく，Yである。

〔6〕　申立てに必要な添付書類にはどのようなものがあるか

　まず，保全命令申立て一般に必要な添付書類として，当事者が法人の場合には，資格証明書（登記事項証明書）が必要である（規則6条，民訴規18条・15条）。

　ここでも，登記事項証明書が必要なのは，実体法上の債権者であるA銀行についてなのか，仮差押命令申立てを行うX社についてなのかが一応問題になり得るが，前記〔2〕で述べたとおり，当事者はX社であるから，X社の登記事項証明書を添付する必要がある。

　次に，サービサーによる保全命令申立てであることに関連して，X社の当事者適格を証明するために，以下の2点の添付書類が必要になる。

　一つ目は，X社がサービサー法3条の許可（前記〔3〕参照）を受けており，その許可に変更がないことの証明である。具体的には，法務大臣によるサービサー法3条の許可書（写しでよいであろう。）又は当該許可を公示した官報（写しでよいであろう。）を提出することによって，X社が許可を受けたことを証明し，かつ，前述の法務省のホームページ[注13]の最新版を提出することによって，X社への許可に変更がないことを証明する必要がある[注14]。

　二つ目は，X社がA銀行からYに対する貸付債権の管理回収について委託を受けていることの証明である。厳密にいえば，この貸付債権を管理回収委託の対象として明記しているX社とA銀行との間の管理回収委託契約書（の写し）が最善の証明となるべきところである。しかしながら，このような委託契約書は，通常，かなりの分量に上るため，これを添付書類として提出することは，実務上，必須とはされていない。少なくとも，東京地方裁判所保

　（注13）　「債権管理回収業の営業を許可した株式会社一覧」（http://www.moj.go.jp/housei/servicer/kanbou_housei_chousa15.html）（平成28年1月19日時点の名称及びURLである。）。

　（注14）　東京地裁・実務（上）87〜88頁〔倉澤守春〕。

全部では、委託者であるＡ銀行の作成及び発行による、Ｘ社に対して当該貸付債権の管理回収を委託している旨の証明書を提出することで足りるとされている。なお、証明書に記載された貸付債権は、請求債権目録記載の債権と実体として同一のものであることが必要であることは勿論である[注15]。

以上に加えて、不動産仮差押命令申立て一般に必要な添付書類として、民事保全規則20条所定の不動産の登記事項証明書（同条１号イ。未登記不動産の場合は同号ロ掲記の各書面）及び固定資産税評価額証明書等の不動産の価額を証する書面（同条１号ハ）を提出しなければならない。

〔7〕 仮差押えの担保の提供義務者は誰になるのか

仮差押命令の担保は、違法・不当な仮差押えの執行等によって債務者が被るであろう損害を担保するものである。担保される損害賠償請求権は、債務者が仮差押手続上の債権者に対して有するものである。

よって、サービサーによる仮差押命令申立ての場合、担保提供義務者はサービサー（Ｘ社）であって、実体法上の債権者（Ａ銀行）ではない。つまり、サービサーによる担保提供は、債権者（担保提供義務者）本人による立担保である。

もっとも、実務上は、サービサーによる供託が行われる場合には、実体法上の債権者が誰であるかが供託手続上も明確であることが好ましく、供託書の備考欄に「委託者　Ａ銀行」と記載することが望ましいとされている[注16]。

以上とは異なり、実体法上の債権者（Ａ銀行）が担保提供を行うことは、第三者による立担保となる。

第三者による立担保については、現行法上、これを禁じる規定はなく、また、これが行われた場合に債務者の権利行使において格別不利益が生じることもない（債権者本人による立担保の場合と同様に、債権者に対する損害賠償請求権についての債務名義を取得したうえで、担保物への権利行使を行う手続に格別相違はない）

(注15)　東京地裁・実務（上）88頁〔倉澤守春〕。
(注16)　東京地裁・実務（上）90頁〔倉澤守春〕。

ことから，実務上認められている。

　ただし，非弁活動（弁護72条）の抑止等の考慮から，第三者による立担保は無際限に認めるのではなく，保全裁判所の許可に係らしめている。従来から，債権者の親族であるとか，債権者代理人，日本司法支援センター（法テラス）等の場合に限って第三者による立担保が認められてきた。

　サービサーによる仮差押命令申立てにつき，手続追行者（仮差押手続上の債権者）ではない実体上の債権者が担保提供を行うことについては，もともと自己が実体法上有している権利の実現のために行うものであって，特に弊害も認められないことから，実務上，上記の各場合に準じて，裁判所はこれを許可している。

　そして，実体上の債権者による供託が行われる場合には，前記のサービサーによる供託の場合のいわば裏返しとして，保全手続上の債権者が誰であるかが供託手続上も明確であることが好ましく，供託書の備考欄に「債権者（受託者）X社」と記載することが望ましいとされている[注17]。

　(注17)　東京地裁・実務（上）90頁〔倉澤守春〕。

4 債務名義や保全命令を有する債権者からの保全命令の申立ての可否

鈴木　雄輔

　次のような場合，各債権者による民事保全の申立ては認められるか。
(1)　Aは，Bが占有している建物を競落し，代金を納付してBに対する引渡命令の発令を受けたが，執行官の執務上の都合もあり，すぐには引渡命令の執行ができない見込みなので，当面の措置として，Bを債務者とする占有移転禁止の仮処分を申し立てた場合
(2)　Cは，Dに対して建物を賃貸していたが，Dがその賃料を支払わないため，賃貸借契約を解除して，その建物の明渡訴訟を提起し，仮執行宣言付きの勝訴判決を得た。ところが，Dがその建物を第三者に転貸しようとしている様子なので，Cは，急いでDを債務者としてその建物の占有移転禁止の仮処分を申し立てた場合
(3)　債権者Eは，債務者Fに対する3000万円の貸金返還請求権を保全するため，先にF所有の甲土地につき仮差押えを申し立てて，その発令を受けているが，公示地価が発表されたところ，地方都市の旧商店街にある甲土地も値下がりして，1800万円程度の価値しか見込めない状況になった。Eは，この3000万円の貸金返還請求権のうち不足する1200万円を被保全権利として，F所有の乙土地についても仮差押えを申し立てた場合

〔1〕総　論

　債権者が既に債務名義を有する場合，原則として，仮差押えや係争物に関する仮処分の申立ては許されないが，債務名義の送達が未了であるとか，債務名義に条件や期限が付されているなど，その債務名義をもってしても直ち

に強制執行に着手することができない場合には，仮差押えや係争物に関する仮処分が認められる余地がある[注1]。小問(1)及び小問(2)は，この点に関する問題である。

また，同一の被保全債権に基づいて，数次の仮差押えをすることができるか否かが議論されてきたところ，最決平15・1・31（民集57巻1号74頁・判タ1114号153頁・判時1812号84頁。以下「平成15年最決」という。）は，一定の場合に，同一の被保全債権に基づく数次の仮差押えが認められることを明らかにした。従来，この問題について否定説に立っていた東京地裁保全部は，平成15年最決を受けて肯定説を前提とする運用に改めた[注2]。小問(3)は，この点に関する問題である。

これらの問題は，いずれも広い意味での保全処分の必要性に関する問題であるが，このうち債務名義を有する債権者からの保全命令の申立ての可否の理論的な位置づけについては，訴訟要件の一つである権利保護の必要性の問題であるとする立場[注3]と，実体的要件としての保全の必要性の問題であるとする立場[注4]とに分かれている。両説の相違点としては理論的な位置づけのほか，前説によればこの点の立証として証明が必要である（民事保全法13条2項の反対解釈）のに対し，後説によれば疎明で足りる（法13条2項）という点もあげられる。債務名義成立後の問題であるから理論的には前説が正当であるという見解[注5]に賛成する。

(注1) 西山・概論47〜48頁，須藤＝深見＝金子・民事保全111頁，裁判例コンメンタール159頁〔山本和彦〕など。

(注2) 杉浦正典「東京地裁保全部における仮差押命令申立事件の運用の変更点（上）（下）」金法1752号16頁，1753号28頁。

(注3) 東京高決平24・11・29判タ1386号349頁，西山・概論47〜48頁，瀬木・民事保全138頁，コンメ民保165頁〔長谷部幸弥〕など。

(注4) 竹下＝藤田・民保151頁〔北山元章〕，原井龍一郎＝河合伸一編著『実務民事保全法〔3訂版〕』（商事法務，2011）43頁，注釈民保（上）274〜275頁〔園尾隆司〕，裁判例コンメンタール159頁〔山本和彦〕など。

(注5) コンメ民保165頁〔長谷部幸弥〕。

〔2〕 設例・小問(1)について

(1) 引渡命令を被保全権利とする占有移転禁止の仮処分の申立ての可否

　本問においては、引渡命令の発令を受けた不動産の買受人が占有移転禁止の仮処分を申し立てているところ、不動産の買受人が、占有者の変動を避けるために不動産の引渡命令（民執83条）を被保全権利として占有移転禁止の仮処分を求めることができるか否かについては、そもそも引渡命令が民事保全法62条１項の「本案の債務名義」に該当しないとして、これを本案とする占有移転禁止の仮処分の申立てを許さない見解がある[注6]ので、まず、この点につき検討する。

　この見解は、占有移転禁止の仮処分の効力は、民事保全法62条の規定振りからも明らかなように当事者恒定効に尽きるところ、当事者恒定効は、訴えの係属中に当事者が変動することによる原告の地位の不安定を除くための効力であるから、そこで想定されているのは通常の民事訴訟である。しかし、引渡命令は、債務名義の性格は備えているものの、相手方となり得る者も申立期間も限定され、既判力もなく、また、そこに表示される権利の性質についても争いがあって、通常の引渡し・明渡しの本案訴訟とかなり性格が異なることなどをその根拠とする。

　これに対し、民事保全法62条は執行力の拡張を図ったもので、当事者恒定はその説明にすぎないから、執行力を拡張する正当な必要性が認められる限り、占有移転禁止の仮処分の申立てを認めるべきであること、引渡命令に係る請求権も引渡請求訴訟又は明渡請求訴訟に係る請求権も、引渡し又は明渡しを求める請求権であることに変わりはなく、執行力拡張の必要性ないし合理性に差異はないこと、引渡命令は、既判力はないものの債務名義としての

(注6)　東京地裁・実務（上）296〜297頁〔小池あゆみ＝鬼澤友直〕、瀬木・民事保全575〜576頁。

性質を有し（民執83条4項・22条3号），これが確定すると引渡命令の相手方は，これによる執行を免れるためには買受人に対抗できる権原を有することを主張して，自ら請求異議の訴え（民執35条）を提起しなければならないとされており，当然に最終的な紛争解決に至ることが予定されているから，本案訴訟に準じるものというべきであることなどを理由として，引渡命令も民事保全法62条1項の「本案の債務名義」に該当し，これを本案とする占有移転禁止の仮処分を認める見解が多数である[注7]。

　もっとも，前説が実務上有力であることなどから，平成15年法律第134号による民事執行法の改正（以下「平成15年改正」という。）において，民事執行法上の保全処分における新たな類型として，占有移転禁止の保全処分についての規定が整備されたうえ（民執55条1項3号・77条1項3号・187条1項）[注8]，この占有移転禁止の保全処分が執行されている場合には，保全処分の被申立人に対して発せられた引渡命令の執行力が，保全処分の執行後の占有者のうち悪意者及び善意の承継人にも拡張されることが規定され（民執83条の2第1項），この保全処分に引渡命令との関係で当事者恒定効が付与された。

　この保全処分においては，そもそも立担保が任意的であるうえ（民執55条4項・77条2項・187条5項），担保を立てさせる場合でも，民事保全法上の保全処分の場合の担保と比べて相当低額とされているようである[注9]。

　したがって，引渡命令を本案として占有移転禁止の仮処分を申し立てる実益は考えにくい。現に，近年においては，このような申立て自体がほとんどみられず，申立てを認めて発令した実例も見当たらない[注10]。

(注7)　須藤＝深見＝金子・民事保全133頁，理論と実務（下）422頁〔原田晃治〕（「本案の不提起等による保全命令の取消し」），実務ノート318頁〔木納敏和〕（「不動産引渡命令の確定と担保の事由止みたる場合」），裁判実務大系6頁〔近藤昌昭〕（「民事保全の裁判所・当事者」），裁判実務大系472頁〔畠山新〕（「本案不提起に基づく保全取消し」），丹野・実務264頁。
(注8)　谷口園恵＝筒井健夫編著『改正担保・執行法の解説』（商事法務，2004）75～76頁。
(注9)　東京地方裁判所民事執行センター実務研究会編著『民事執行の実務〔第3版〕不動産執行編（上）』（金融財政事情研究会，2012）296～297頁。
(注10)　佐藤隆幸「不動産の占有移転禁止の仮処分（一般）」菅野博之＝田代雅彦編『裁判実務シリーズ(3)民事保全の実務』（商事法務，2012）97～98頁も同旨。

(2) 設例・小問(1)の検討

しかし，本問のAのように，引渡命令を本案として占有移転禁止の仮処分を申し立てることがないとはいえない。その場合，引渡命令を本案とする占有移転禁止の仮処分の申立てを認める見解によれば，本問のAは既に引渡命令の発令を受けているから，債務名義を有する債権者による占有移転禁止の仮処分の申立ての可否が問題となる。

一方，引渡命令を本案とする占有移転禁止の仮処分の申立てを許さない見解も，引渡命令が発令され確定するまでの間は，債権者において本案訴訟を提起することが許されることを理由に，不動産の明渡請求訴訟を本案とする占有移転禁止の仮処分を申し立てることができるとする[注11]ので，結局，いずれの立場によっても，債務名義を有する債権者による占有移転禁止の仮処分が認められるか否かを検討することになる。

この問題は，小問(2)と共通の問題であるから，〔3〕においてまとめて検討する。

〔3〕 設例・小問(2)について

(1) 債務名義を有する債権者が仮差押えや係争物に関する仮処分を申し立てることができる場合

ⓐ 即時・無条件に強制執行をすることができない事情がある場合

〔1〕で検討したとおり，即時・無条件に執行可能な債務名義を債権者が有する場合には，仮差押えや係争物に関する仮処分は，その権利保護の必要性を欠き，許されない[注12]。しかし，債務名義があっても，即時・無条件に強制執行をすることができない事情がある場合には権利保護の必要性が認められることがある。例えば，①債務名義が条件付又は期限付である場合[注13]，

(注11) 東京地裁・実務（上）299頁〔小池あゆみ＝鬼澤友直〕，瀬木・民事保全576頁。
(注12) 仮の地位を定める仮処分は，債権者が勝訴の確定判決を得ている場合には同様に許されない（西山・概論48頁）。

②債務名義の送達に時間を要する場合(注14)，③執行停止決定がされている場合(注15)には，権利保護の必要性が客観的に存するから，仮差押えや係争物に関する仮処分の申立てが許される。

　㋐　②に関連して，前掲（注3）東京高決平24・11・29は，破産者が執行力のある債務名義（公正証書）を有する場合に，この債務名義により破産管財人が債権執行を行うには，破産管財人への承継執行文を得て，かつ，これを公証役場から相手方に送達し，その送達証明書を添付して債権執行の申立てを行う必要があるところ，承継執行文付きの公正証書が相手方に送達されることにより，相手方に破産管財人が強制執行を準備していることを予想させるという点を理由として，破産管財人が申し立てた仮差押えにつき権利保護の必要性を認めた。債務名義を有する債権者から債権譲渡を受けた者が強制執行を申し立てようとする場合にも同様の問題を生じ得るが，これらの場合，債務名義の送達に時間を要すること自体よりも，債務名義の送達により強制執行を準備していることが債務者に知られ，密行性が失われる点に権利保護の必要性があるといえよう。

　㋑　③に関連して，債権者が一度は本執行に着手したところ，無剰余を理由に強制執行が取り消された場合に仮差押えを申し立てる権利保護の必要性が認められるか否かについて見解の対立がある。

　名古屋高決平20・10・14（判時2038号54頁・金判1323号61頁・金法1870号57頁）は，先の強制執行が無剰余を理由に取り消されて間もない場合には，債権者が再度強制執行を申し立てたとしても同様の理由で強制執行が取り消される蓋然性が認められ，速やかに強制執行ができない特別の事情があるとして仮差押えを認めたが，東京高決平20・4・25（判タ1301号304頁・金判1323号55頁）は，債権者は，この場合（東京高決平20・4・25の事案は，債務名義を得たが強制競売の申立てをしても無剰余を理由に手続が取り消される「おそれ」がある場合であり，前

(注13)　債務名義に条件が付せられている事案についての裁判例として，東京高決昭47・8・30下民23巻5～8号444頁・判時679号21頁。
(注14)　注釈民保（上）275頁〔園尾隆司〕。同書でも言及されているが，公正証書が送達未了であるとして民事保全の申立てがされる事案が実務上散見される。
(注15)　大判昭2・3・9民集6巻91頁，東京地判昭25・6・13下民1巻6号886頁。

記名古屋高決平20・10・14とは事案が異なるが，強制競売の申立て自体に手続上の制約はないがその時点で強制競売の申立てをしても事実上奏功しない可能性の高い場合に権利保護の必要性があるかどうかという点が主な問題点であって，本質的な差異はない。）にも，手続に要する費用と債権者に優先する抵当権の被担保債権額との合計額以上の額を定めて保証とともに申し出ること，上記抵当権者の同意を得ることで執行を続行することができるから，執行が不能であるとか著しく困難であるとはいえないとして仮差押命令の申立てを却下した。

債権者は，無剰余通知を受けた場合であっても，強制執行によって剰余が出ると判断するのであれば，保証を申し出ること又は抵当権者等の同意を得ることによって執行を続行することができるから，無剰余と判断される蓋然性があるとしても，手続的には強制執行が可能であるといえる。また，後記のとおり，物件価格や残債務の変動を待つなどの債権者側の利益保護は，本来的に保全制度の役割ではないというべきである。したがって，上記東京高決平20・4・25が判示するとおり，このような場合の仮差押えは認められないと考える[注16]。

(b) 債権者の意思いかんによっては直ちに執行を行うことが可能な場合

一方，債権者の意思いかんによっては直ちに執行を行うことが可能な場合，例えば，債務名義を有する債権者が，和解を行ってみたいので，又は当面執行をしないで目的物の価格の上昇を待ちたいので，その前提として民事保全を行っておきたいという場合には，権利保護の必要性は認められない[注17]。なぜなら，このような場合，客観的には直ちに債務名義を執行できる状態にあるから，将来の強制執行の担保のための制度である民事保全制度を利用する権利保護の必要性はない。また，この場合に仮差押えを認めると，この仮差押えがいつまで存続するかわからず債務者の苦痛が大きいうえ，他の権利者の権利関係にも影響を及ぼすおそれもある。和解や価格上昇までの時間経過に伴うリスクは債権者に負わせるのが公平と考えられるからである[注18]。

(注16) 福島政幸「平成25年度の東京地方裁判所民事第9部における保全事件についての概況」金法1991号33〜34頁も結論同旨。
(注17) 東京地裁・詳論19頁〔瀬木比呂志〕，門口＝須藤・民事保全35頁〔安東章〕（「債務名義や保全命令を有する債権者からの保全申立ての可否」）。

(2) 本案の口頭弁論終結後における占有移転禁止の仮処分の申立ての可否

次に、本案訴訟の口頭弁論終結後、又は本案訴訟における和解成立後には占有移転禁止の仮処分を申し立てることはできないとする見解がある[注19]ので、この点について検討する。

この見解は、①占有移転禁止の仮処分によって及ぼされる効力について、民事保全法が明文で規定するのは執行力のみであるが、既判力が及ぼされることが必ずしも排除されているとはいえないことを前提として、仮に占有移転禁止の仮処分によって既判力が及ぼされると考えれば、本案訴訟の口頭弁論終結後に占有移転禁止の仮処分の申立てを肯定することは、本案確定後の仮処分によって既判力を及ぼされる者の範囲が拡張されることを認める結果を招くことになって不当である。他方、執行力のみが及ぼされると考えても、必ずしも本案訴訟の口頭弁論終結後に占有移転禁止の仮処分の申立てを肯定する積極的な理由づけとなるものではない、②占有移転禁止の仮処分の効力は、当事者恒定効に尽きるが、この効力は訴えの係属という概念と切り離しがたいものであり、口頭弁論終結後にこの仮処分の申立てを肯定する必要がない、③このような仮処分の本質を抜きにして、必要があるから適法であるというのは転倒した議論である、という。

これに対し、①仮処分は執行の保全を目的とするものであって、既判力の保全を目的とするものではないから、民事訴訟法115条が既判力の拡張の限界を定めているからといって、仮処分もそれに拘束されると考える必要はない。現に、民事保全法63条は、民事訴訟法が認めていない非承継占有者に執行力を及ぼすことを認めている、②占有移転禁止の仮処分は、端的に仮処分執行後の占有の移転を否定し、本執行を可能にしているのであり、当事者恒定効は、その効果を訴訟係属と結びつけて表現したにすぎない、③民事保全法が債務名義の執行力の主観的範囲の拡張に踏み切っている以上、占有移転

(注18) 門口＝須藤・民事保全35頁〔安東章〕。
(注19) 東京地裁・詳論128～132頁〔瀬木比呂志＝中山幾次郎〕、注釈民保（下）324～328頁〔瀬木比呂志〕、瀬木・民事保全578～580頁、佐藤・前掲（注10）101～102頁。

禁止の仮処分の必要性が存在する場合には，その申立てを肯定してよい。否定説は，実定法を離れた理論を根拠として，実定法上の当然の効果を否定しようとするもので，実定法である民事保全法の文理に反する，としてこの問題を肯定する見解もある[注20]。この見解は，否定説からの批判に対しては，④肯定説によると本案判決の効力を受ける者の範囲を基準時後に事後的に拡張するような結果になるが，当事者恒定効は占有移転禁止の仮処分の執行後の占有取得者にのみ認められるにすぎないから，これがそれほど不当な結果であるとはいえない，⑤否定説は，口頭弁論終結後に当事者恒定が必要になるような事案では，口頭弁論終結前に占有移転禁止の仮処分を得ておくべきであったというが，保全の必要性が口頭弁論終結後，又は和解成立後に初めて生ずることもあり得るから，常に口頭弁論終結前にこの仮処分を得ておくことが可能であるとはいえず，このことは否定説の論拠にはならない，と反論する。

そこで検討するに，上記肯定説の説くところに加えて，占有移転禁止の仮処分は，もともと占有移転による引渡し・明渡しの強制執行妨害を防ぎ，引渡し・明渡しに関する紛争を1回の訴訟で解決する必要性から生まれたものであること，本案訴訟の口頭弁論終結後，特に債務名義の成立，確定後に目的物の占有を移転しようとする債務者や占有取得者を保護する必要はないことが多いことも考慮すると，肯定説によるのが相当であると考える。

なお，この問題について基本的に肯定説の立場を採りながら，第三者が占有を承継取得するおそれがあるだけの場合は，本案の債務名義により承継占有者に対して強制執行をすることができるから保全の必要性は認められず，占有を取得するおそれがある者が非承継人であることが疎明された場合，又は非承継人である可能性が疎明された場合に限り，これが認められるとする見解[注21]もある。しかし，上記検討したところに照らせば，口頭弁論終結後に占有移転禁止の仮処分が認められる範囲をそのように限定することも相当ではない。

(注20) 丹野・実務261～262頁，注解民保（下）291頁〔福永有利〕，原井＝河合編著・前掲（注4）367～368頁，裁判例コンメンタール564～565頁〔野村秀敏〕。

(注21) 原井＝河合編著・前掲（注4）369頁（注7）。

したがって，私見によれば，前記(1)の結論は，申立ての可否が問題となっている民事保全が占有移転禁止の仮処分であっても，その他の類型の民事保全であっても異ならないことになる。

(3) 設例・小問(1)の回答

　小問(1)の事例については，引渡命令を本案とする占有移転禁止の仮処分を許容する立場によれば同仮処分の当否を，同仮処分を許さない立場によれば不動産の明渡請求訴訟を本案とする占有移転禁止の仮処分の当否を，それぞれ検討することになるが，いずれの立場によっても，引渡命令が発令され確定すれば，これが債務名義となるから（民執83条4項・5項・22条3号），買受人Aは直ちに引渡命令に基づく引渡執行を行うことができるのであって，原則として，その後に占有移転禁止の仮処分は認められない。ただし，債務名義が条件付又は期限付であるとき，債務名義の送達に時間を要するとき，執行停止決定がされているときなど，権利保護の必要性が客観的にあるということができれば，占有移転禁止の仮処分の申立てを認めてよい。

　この点，本問では，執行官の執務上の都合もあり，すぐには引渡命令の執行ができない見込みであるというのであるから，単に債権者の意思いかんによっては直ちに執行を行うことが可能な場合とは異なり，権利保護の必要性がある程度客観的に存在するということができるから，占有移転禁止の仮処分が認められる余地はあるといえよう。具体的には，執行官が引渡執行を行うことができる時期，引渡命令の対象物件の占有が第三者に移転されるおそれの切迫性などを考慮して，執行官による具体的な引渡執行の時期を待つことができないと客観的にいうことができれば，占有移転禁止の仮処分を認めてよいと考える。

(4) 設例・小問(2)の回答

　小問(2)の事例も，債務名義を取得した債権者Cが占有移転禁止の仮処分を申し立てた場合であるから，前記(1)で検討したとおり，原則として権利保護の必要性が認められないので，仮処分の申立ては却下されることになる。

　ただし，Cが取得した債務名義，すなわち，Dに対し建物の明渡しを命ず

る仮執行宣言付きの判決に対し控訴が提起され，かつ，Dが上記債務名義に基づく強制執行停止決定を得ているときには，権利保護の必要性が認められ，Dを債務者とする占有移転禁止の仮処分を発令することができると考える。

〔4〕 設例・小問(3)について

(1) 超過仮差押えの禁止

仮差押えは，原則として，被保全債権額の限度で目的物を差し押さえれば足り，それを超える部分は保全の必要性を欠くとして許されない（いわゆる超過仮差押えの禁止）(注22)。

(a) 動産・債権の仮差押えの場合

動産の仮差押えにおいては，執行の段階においてではあるが，常にそのようにされている（法49条4項，民執128条1項・2項）。債権の仮差押えにおいても，仮差押債権額が被保全債権額よりも大きいときは，被保全債権額の限度で仮差押えが認められるのが原則である（この場合，「○○債権のうち頭書金額に満つるまで」という形で仮差押債権の特定をする。）。ただし，他の債権者が既に同一の目的物を差押えもしくは仮差押えしていること，又はそのおそれがあることが疎明されれば，配当金額がそれによって減少するので，予想される配当金額が被保全債権額に達するまで，被保全債権額を超える額の目的物を仮差押えすることができる(注23)。

(b) 不動産の仮差押えの場合

不動産の仮差押えにおいては，(a)とは異なる考察が必要である。というのは，不動産に対する仮差押えの執行は，仮差押えの登記をする方法により行われる（法47条1項）のが通常であり(注24)，この方法による仮差押執行は登記

(注22) 理論と実務（上）175頁〔佐賀義史〕（「保全の必要性」），坂田威一郎「少額債権による土地・建物双方の仮差押え」萩尾保繁＝佐々木茂美編『民事保全法の実務の現状100』〔判タ臨増1078号〕90頁，東京地裁・実務（上）203頁〔谷村武則〕。
(注23) 理論と実務（上）175頁〔佐賀義史〕。
(注24) 不動産の仮差押えの方法としては強制管理の方法もあるが（法47条1項），実務ではほとんど利用されていない（東京地裁・実務（下）211頁〔高梨充〕）。

を単位としているところ，一筆の土地又は一棟の建物の一部分のみを分筆又は分割する権限は，金銭債権しか有しない仮差押債権者にはないと解されているため，不動産の一部分の仮差押えをすることは実務上できないとされているからである[注25]。

　したがって，債務者が一筆の土地又は一棟の建物しか有しない場合は，この土地又は建物の価額が被保全債権額を超過するときでも，その土地又は建物の一部についてのみ仮差押えすることはできず，超過の程度，具体的な保全の必要性に照らして，その土地又は建物全体について仮差押えをすることが許されるか否かを検討することになる。債務者が他に適当な財産を有せず，目的不動産の価額が被保全債権額の数倍程度であれば，債務者の負債の状況，履行請求に対する債務者の応答の状況等も併せ考慮して，保全の必要性を肯定できる場合が多いであろう。ただし，目的不動産の価額が被保全債権額の何倍程度であれば保全の必要性が否定されるということは一概にはいえず，目的不動産以外の債務者の資産の状況，債務者の負債の状況，履行請求に対する債務者の応答の状況等を総合勘案して，保全の必要性の有無を判断することになる。

　これに対し，目的不動産が複数あって，その一部のみの価額の合計が被保全債権額を超過するときには，その余の不動産をも仮差押えの対象とすることはできないが，このことは，超過仮差押えが許されないことに照らし当然である。

(2) 同一の被保全債権に基づく追加の仮差押えの可否

　このように，特に不動産の仮差押えにおいては，被保全債権額と仮差押えの目的物の価格は一致しないことがむしろ普通であるし，目的物が何であれ，債権者が被保全債権を保全するために債務者の財産を仮に差し押さえたものの，その財産が被保全債権の全額に満たないなど，先行の仮差押命令だけでは被保全債権の全額を保全するのに十分でない場合がある。これらの場合に，債権者が，既に仮に差し押さえている債務者の財産に追加して，債務者の他

(注25)　東京地裁・実務（上）192頁〔小池あゆみ〕。

の財産を仮に差し押さえることができるか否かが議論されてきた。

東京地裁保全部は，〔1〕にみたとおり，従来，この問題を否定する見解に立った運用を行ってきたが，平成15年最決が，「特定の目的物について既に仮差押命令を得た債権者は，これと異なる目的物について更に仮差押えをしなければ，金銭債権の完全な弁済を受けるに足りる強制執行をすることができなくなるおそれがあるとき，又はその強制執行をするのに著しい困難を生ずるおそれがあるときには，既に発せられた仮差押命令と同一の被保全債権に基づき，異なる目的物に対し，更に仮差押命令の申立てをすることができる。」と判示し，同一の被保全債権に基づく追加の仮差押えが一定の場合に認められることを明らかにしたことを受けて運用を改め，以下の(a)，(b)の場合には同一の被保全債権に基づく追加の仮差押えを認めることとした(注26)。

(a) 仮差押えの執行後に他の債権者による差押え又は仮差押えが競合した場合

この場合，債権者は，先行する仮差押えの目的物に対し将来強制執行が行われた場合に，被保全債権額全額の配当を受けることができなくなるおそれが生じることから，債権者は，他の債権者の差押え又は仮差押えにおける請求債権額ないし被保全債権額を調査するなどして債権者への将来の配当見込額を概算し，被保全債権額からこの金額を控除した金額の限度で再度の仮差押えを申し立てることができる(注27)。

(b) 先行の仮差押命令において仮に差し押さえられた債務者の財産の価額が被保全債権の全額に満たない場合

例えば，1000万円の貸金債権を被保全債権とし，仮差押解放金を600万円とする不動産(注28)，又は同額の債権を仮に差し押さえる仮差押命令が発令さ

(注26) 杉浦・前掲（注2）金法1752号17〜20頁，1753号28〜30頁，東京地裁・実務（上）215〜220頁〔脇村真治〕。
(注27) 杉浦・前掲（注2）金法1753号30頁。
(注28) 東京地裁保全部では，仮に差し押さえる不動産の価額が被保全債権額以下である場合にはその不動産の価額を基準とし，不動産の価額が被保全債権額を超える場合には被保全債権額を基準として，仮差押解放金の額を定めている。したがって，不動産の仮差押えにおいて，被保全債権額より低い仮差押解放金が定められているときは，目的不動産の価額を当該仮差押解放金の額と同額であると判断したものと考えられる（杉浦・前掲（注2）金法1752号18頁）。

れた場合には，上記1000万円の被保全債権額から仮差押えの目的物の価額600万円を控除した400万円の限度で追加仮差押えの必要性が認められ，上記1000万円の債権を被保全債権として，上記400万円の限度で債務者の他の財産を仮に差し押さえることができる。

また，先行する仮差押命令の目的物が債権である場合，その仮差押債権の存否やその額は債権者の予測等に基づいて行われることが多く，実際の仮差押債権の存否やその額は債権者の予測等とは異なることもある。したがって，この点につき第三債務者が陳述した実際の仮差押債権額が，債権者の主張額より低かったときには，その不足する額の限度で，追加仮差押えの必要性が認められる。例えば，被保全債権及び仮差押債権をいずれも1000万円とする債権仮差押命令が発令されたが，第三債務者の陳述の内容から，仮差押債権が600万円しかないと判明したときは，上記被保全債権額から仮差押債権額を控除した400万円の限度で追加仮差押えの必要性が認められる。

さらに，不動産仮差押えにおいて，仮差押えの目的不動産の価額が下落した場合についても，理論的には上記と同様である。すなわち，例えば，1000万円の被保全債権で価額1000万円の不動産を仮に差し押さえたところ，目的不動産の価額が執行後に下落し，600万円の価値しか有しなくなったような場合には，先行する仮差押命令において保全されている債権額は600万円にすぎないから，残る400万円については追加仮差押えの必要性が認められる(注29)。

しかし，不動産仮差押えにおける目的不動産の価額の算定方法は，①固定資産評価証明書の提出を求め(固定資産評価証明書は相当程度客観性があり，低廉迅速に入手し得ることから，原則としてその提出を求める運用が全国の裁判所においてされている(注30)。)，同証明書の評価額をもって目的不動産の価額とみなす，②目的不動産に抵当権等の担保権が設定されているときは，①の価額からその登記上の被担保債権額を控除した残額を目的不動産の価額とみなす，という一定の擬制の下に行われている。加えて，東京地裁保全部では，②の操作を

(注29) 杉浦・前掲 (注2) 金法1753号30頁，東京地裁・実務 (上) 216～217頁〔脇村真治〕。
(注30) 条解規則135頁。

経て算定された価額がマイナス又はゼロとなる場合（以下「オーバーローン」という。）には，債権者に対して目的不動産の価額についての見積もりを上申書の形で提出することを求め，また，オーバーローンではなくても，目的不動産に抵当権等の担保権が設定されている場合には，債権者に上記上申書の提出を許しており，これらの上申書が提出された場合には，そこに記載された金額を目的不動産の価額とみなす運用を行っている（いわゆる「上申書方式」。ただし，この方式が全国で採用されているわけではない。）。そうすると，不動産価額の下落が実際にはないか，あるとしてもごく僅かであっても，債権者において，債務者が他の財産を保有していることを知るや否や前言を翻し，上申書記載の価額を修正して追加の仮差押えを申し立てるといった，信義則にもとるような追加の仮差押えを申し立てることも考えられる。

そこで，先行する仮差押命令の目的不動産の価額の下落については，債権者による単なる見積額の修正だけでは根拠が不十分であるとして，追加の仮差押えの申立てにおける保全の必要性については，不動産鑑定士による算定の根拠を具体的に示した鑑定評価書等の客観的な資料に基づいて先行する仮差押命令の目的不動産の価額の下落を十分に疎明した場合に限り，これを肯定するべきである。

(3) 仮差押解放金の共用

東京地裁保全部では，原則として，仮に差し押さえる財産の価額が被保全債権額以下である場合はその財産の価額を基準とし，仮に差し押さえる財産の価額が被保全債権額を超える場合は被保全債権額を基準として仮差押解放金の額を定めているが，同一の被保全債権に基づいて複数の仮差押命令を発令する際，この基準に従って仮差押解放金の額を定めると，それぞれの仮差押命令の仮差押解放金の合計額が被保全債権額を超えてしまうことがある。このような場合に，そのままでは，債務者は，すべての仮差押命令の執行を取り消すために，被保全債権額を超える金額を供託しなければならないことになるが，本来，被保全債権額と同額の供託があれば被保全債権を保全するのに十分であって，債務者に被保全債権額を超える金員を供託することを強要することは相当でない。

そこで，上記の場合には，債務者は，先行の仮差押命令の仮差押解放金として金員を供託した場合には，その供託をもって後行の仮差押命令における仮差押解放金の供託とすることができることとし，債務者は，被保全債権額と同額の金員を供託すれば，すべての仮差押命令の執行を取り消すことができるようにする必要がある。これが，仮差押解放金の共用と呼ばれる問題であり，平成15年最決の北川弘治裁判官の補足意見でこの点に言及されたことを受けて，法務省民事局長通達（平成15年3月3日付け民商第631号法務局長，地方法務局長あて法務省民事局長通達）が発せられ，追加の仮差押命令（又は保全異議申立事件の決定）主文中に付記文言がある場合の仮差押解放金の供託の取扱いが定められた。

具体的には，追加の仮差押命令の主文として，仮差押解放金を定める主文の後に，「上記本事件の仮差押解放金と○○地方裁判所平成○○年（ヨ）第○○号事件の仮差押決定における仮差押解放金として供託した金額の合計額が○○円（被保全債権額）を超える場合には，本事件の仮差押解放金の供託は，当該超過する金額について，上記供託によってもすることができる。」と記載される[注31]。

(4) 小問(3)の検討

本小問のEは，先行する仮差押命令の申立てにおいて甲不動産の価額が被保全債権額3000万円に見合うものであることを前提としてその発令を受けたものの，実はその価額が1800万円程度の価値しかないと判明したため，乙不動産について仮差押えを申し立てたというのである。すなわち，先行する仮差押命令の目的不動産の価額の下落が問題となる事案であるが，本問では，甲土地の現在の価値は，発表された公示地価をもとに算定されたということであるから，客観的な資料に基づいて疎明されたものであるといえる。したがって，本小問のEは，先行する仮差押え命令の被保全債権である3000万円の貸金返還請求権のうち甲土地を仮に差し押さえたことによって保全されていない残り1200万円を被保全債権として，新たに仮差押えの申立てをするこ

(注31) 杉浦・前掲（注2）金法1752号21頁。

とができる。

　この場合，乙土地についての不動産仮差押命令を発令するにあたっては，仮差押解放金の共用の定めをする必要があるが，先行する仮差押命令において，甲土地の価額が3000万円以上であるとして発令されていた場合と，3000万円未満であるとして発令されていた場合とで，取扱いが若干異なるので，以下，場合を分けて説明する。なお，乙土地についての不動産仮差押命令の主文は，いずれの場合でも，仮差押解放金を定める主文の後に，「上記本事件の仮差押解放金と○○地方裁判所平成○○年（ヨ）第○○号事件の仮差押決定における仮差押解放金として供託した金額の合計額が3000万円を超える場合には，本事件の仮差押解放金の供託は，当該超過する金額について，上記供託によってもすることができる。」と記載される。

　(a)　先行の仮差押命令において，甲土地の価額が3000万円以上であるとして発令されていた場合

　例えば，Ｅが，先行する仮差押命令において，甲土地の価額が3500万円であるとして仮差押命令の発令を受けたときは，仮差押解放金は被保全債権の限度で3000万円と定められる。しかし，その後，先にみたとおり，甲土地の価額が1800万円しかないことが疎明されたのであるから，被保全債権のうち残る1200万円についてはなお保全の必要性が認められ，Ｅは，この1200万円の債権を被保全債権として，更にＦの財産を仮に差し押さえることができる。

　この場合，仮差押えの対象である乙土地の価額が1200万円以上であれば，乙土地についての仮差押命令における仮差押解放金は1200万円と定められ，乙土地の価額が1200万円未満であれば乙土地の価額がそのまま仮差押解放金額となるが，債務者が甲土地についての仮差押命令の仮差押解放金として3000万円を供託したときには，その供託をもって乙土地についての仮差押命令における仮差押解放金の供託とすることで，甲土地についての仮差押命令の執行だけでなく乙土地についての仮差押命令の執行を取り消すことができる。

　(b)　先行の仮差押命令において，甲土地の価額が3000万円未満であるとして発令されていた場合

　例えば，Ｅが，先行する仮差押命令において，甲土地の価額が2500万円で

あるとして仮差押命令の発令を受けたときは，仮差押解放金も2500万円と定められる。しかし，その後，先にみたとおり，甲土地の価額が1800万円しかないことが疎明されたのであるから，被保全債権のうち残る1200万円についてはなお保全の必要性が認められ，Eは，この1200万円の債権を被保全債権として，更にFの財産を仮に差し押さえることができる。

この場合，例えば，仮差押えの対象である乙土地の価額が1200万円以上であれば，乙土地についての仮差押命令における仮差押解放金は1200万円と定められることになるが，債務者が甲土地についての仮差押命令の仮差押解放金として2500万円を供託したときには，その供託をもって乙土地についての仮差押命令における仮差押解放金1200万円のうちの700万円（仮差押解放金合計額3700万円から被保全債権額3000万円を控除した額）の供託としたうえで，新たに，その残額500万円を供託することで，甲土地についての仮差押命令の執行だけでなく，乙土地についての仮差押命令の執行も取り消すことができる。

これに対し，上記の事例で，仮に乙土地の価額が500万円以下であれば，甲土地についての仮差押命令における仮差押解放金と乙土地についての仮差押命令における仮差押解放金の合計額が被保全債権額を超えないから，乙土地についての仮差押命令においては仮差押解放金の共用の定めをする必要はなく，その後，同じ被保全債権に基づいて更にF所有の別の財産についての仮差押命令を発令するときに，初めて仮差押解放金の共用の問題が生じることになる。

■**参考文献**

　　脚注に掲載した文献。

5 確定判決の執行禁止を求める仮処分の可否

鈴木 拓児

　AはB市内の一級河川沿いの地域で他の農家と一緒に農業を営んでいるが（以下「営農地域」という。），長年高潮の被害を受けていたため，B市と国は，高潮が河川を逆流して営農地域に被害を与えないように，河口近くに堰を設けた。この堰は，国の所有であるが，B市が管理を委託されている。この堰によって高潮の被害がなくなり，Aら営農者は喜んでいた。一方，この河川の上流で漁業を営んでいるCらは，ウナギや鮭の漁獲量が激減しているため，B市に堰の開門を求めたが，拒絶されたため，国とB市に対してこの堰の開門を求める訴訟を提起し，国に対して堰の開門を命ずる判決が出たが，双方が上訴しなかったため，Cらが求めた堰の開門を命ずる同判決が確定した。しかしながら，堰を開けておくと，再び高潮等によってAらの農業に壊滅的な被害を及ぼすおそれがある。Aら営農者は，誰に対して，どのような仮処分を申し立てることができるか。

〔1〕 問題の所在

(1) 選択するべき仮処分

　堰の閉門の継続を望むAらとしては，国及びB市に対し，堰の開門をしてはならない旨の仮の地位を定める仮処分を申し立てることが考えられる。
　しかしながら，国は，Cらが求めた国に堰の開門を命ずる確定判決（以下「本件確定判決」という。）に基づき，堰の開門義務を負っている。このため，国の開門義務の履行を妨げるような仮処分決定をすることは，確定判決の有する既判力・執行力よりも暫定的処分である民事保全の効力の方を優先させ

ることになる。

したがって，確定判決の執行禁止（確定判決に基づく強制執行の停止又は取消し）を求める仮処分が，現行の民事訴訟制度からみて適法といえるのかどうかが問題となる。

(2) 具体的な手続における問題

仮に確定判決の執行禁止を求める仮処分が許容されるとすると，①Aらが仮処分の執行（例えば間接強制）を申し立てるほか，②仮処分で執行禁止を命じられた国が本件確定判決に基づく開門義務履行の強制執行を停止する手続を申し立てることが考えられる。

そうすると，確定判決の執行禁止を求める仮処分ができるかどうかという問題は，執行手続の段階において，仮処分によって強制執行の停止を求めることができるか（民事執行法39条6号の「裁判の正本」に一般の仮処分による執行停止決定が含まれるか），という問題とも関連することになる。

そこで，本項目でも，まず仮処分によって強制執行を停止することができるかという問題についての従前の裁判例及び学説を概観し，そのうえで，本事例と同旨の状況における仮処分申立てについて判断した最決平27・1・22（集民249号67頁・判タ1410号58頁・判時2252号36頁，平成26年（許）第26号事件についてのもの。以下「平成27年最高裁保全決定」といい，同日にされた平成26年（許）第17号事件についての最高裁決定（集民249号43頁・判タ1410号55頁・判時2252号33頁）を以下「平成27年最高裁確定判決決定」という。）について触れることとしたい。

〔2〕 一般の仮処分による強制執行の停止

(1) 裁 判 例

(a) 最判昭26・4・3（民集5巻5号207頁）

賃借人Xが，調停調書に基づく賃借人Yの建物明渡しの強制執行を禁ずる旨の仮処分を申し立てたところ，原審は，Xの申立てを認め，強制執行の停止を命ずる仮処分決定をした。

これに対し，最高裁は，「確定判決に基く強制執行を停止することのできる場合については強制執行編にそれぞれの規定があって，右は制限的に列挙したものと認むべきであるから，右の場合を除き，一般に仮処分の方法により強制執行を停止することは許されないものといわなければならない。」として，原審の仮処分決定を取り消した。

(b)　東京高決昭63・11・11（金法1221号29頁）

　Xらは，担保権実行としての不動産競売手続において，Yの申し立てた引渡命令に基づく不動産明渡執行の停止（又は取消し）を求める仮処分を申し立てた。

　原決定は，Xらの被保全権利の主張それ自体が失当であるとして申立てを却下したが，本決定は，債務名義としての引渡命令に基づく強制執行を停止又は取り消すことができるのは民事執行法にそれぞれの規定があって，これらの規定は制限的に列挙したものと解すべきであるから，これらの規定によることなく一般の仮処分の手続によって強制執行を停止又は取り消すことは許されないとした。

(c)　東京高決平11・11・2（判タ1040号289頁・判時1710号118頁）

　N会社の経営するゴルフクラブの会員であったYは，資格保証金等の支払をN会社に命ずる確定判決に基づき，動産執行を申し立て，同クラブのクラブハウス内にあった現金を差し押さえた。Xは，前記確定判決前に同クラブの経営をN会社から委託されており，前記クラブハウス内の金銭の所有権又は占有権は自分にあると主張し，Yによる前記確定判決に基づく強制執行を禁止するよう求める仮処分を申し立てた。

　原決定は，結論として被保全権利の疎明が足りないとして申立てを却下したが，本決定は，「確定判決に基づく強制執行を停止することのできる場合は，民事執行法39条が制限的に列挙しており，……右の場合を除き，一般的に強制執行を停止（禁止）することは許されない」などとして，Xの抗告を棄却した。

(2) 学　説

　通説は，一般の仮処分によって確定判決に基づく強制執行を停止し又は取り消すことは許されないとする。その理由としては，①民事訴訟法及び民事執行法は，一定の要件の下に一種の暫定的措置として強制執行の停止等を命ずる裁判をなし得ることを特に規定し（民訴334条・336条3項・403条・404条，民執32条2項・36条1項・38条4項），これらは一般の仮処分とは要件・効果を異にするものであって，限定的列挙と解すべきであること，②このような強制執行の停止等が可能であるのに，一般の仮処分によって確定判決に基づく強制執行を停止することはその必要性が存しないこと，③特に被保全権利が確定判決によって確定されたものである場合には，判決に基づく強制執行を一般の仮処分によって停止することは確定判決の既判力に抵触すること，などが挙げられている(注1)。

　これに対し，一般の仮処分によって確定判決に基づく強制執行を停止することができるとの説もある。その理由としては，①民事訴訟法及び民事執行法の執行停止の規定は必ずも網羅的ではなく，多分にその欠陥を含んでいるから限定的列挙と解することはできないこと，②執行停止命令によって強制執行の停止を図ることができない場合がないでもなく（例えば，債務者を丙とする確定判決を経た債権の譲渡に関し，譲渡人甲と譲受人乙との間に争いがあるとき，甲から乙の丙に対する強制執行を停止する必要がある場合），そのような場合には執行停止を認めることを一切許さないのは偏狭に失することが挙げられている(注2)。

　なお，通説でも，抵当権の実行としての競売手続の停止については，確定判決に基づく強制執行の場合と異なり，一般の仮処分によって行うことを許

　(注1)　中田淳一「仮処分による強制執行の停止及び強制執行着手前における請求異議の訴の許否」民商27巻4号35頁，三ケ月章＝中務俊昌「戦後の仮処分判例の研究」民訴1号46頁，中野貞一郎「執行の停止・取消」『総合判例研究叢書(4)民事訴訟法(2)』（有斐閣，1957）225頁等。

　(注2)　吉川大二郎「一時的執行停止命令と仮処分」同『保全訴訟の基本問題』（有斐閣，1942）270頁，戸根住夫「強制執行停止の仮処分」『仮差押・仮処分の諸問題』〔判タ臨増197号〕72頁，田中康郎「強制執行又は競売手続を停止する仮処分」宮崎富哉＝中野貞一郎編『仮差押・仮処分の基礎』（青林書院，1977）73頁。

容し，実務でも定着している(注3)。

〔3〕 平成27年最高裁保全決定

(1) 事案の概要

　長崎地方裁判所は，平成25年11月12日，諫早湾の干拓地で農業等を営むXらの申立てにより，国に対し，一定の場合を除き，同湾に設置された排水門を開放してはならない旨を命ずる仮処分決定をした(注4)。そして，Xらは，長崎地方裁判所に対し，平成26年2月4日，前記仮処分決定に基づき，排水門を開放してはならない旨を国に対して命ずるとともに，その義務を履行しないときは国がXらに対し一定の金員を支払うよう命ずる間接強制決定を求める申立てをした。

　他方，福岡高等裁判所は，諫早湾及びその近傍で漁業を営むYらの訴えにより，国に対し，平成22年12月21日から3年を経過する日までに，防災上やむを得ない場合を除き，排水門を開放し，以後5年間にわたってその開放を継続することを命じ，同判決は確定した（この訴訟手続においてXらは何ら関与しなかったようである(注5)。）。そして，Yらは，佐賀地方裁判所に対し，平成25年12月24日，前記確定判決に基づき，一定の場合を除き，排水門を開放し，以後5年間にわたってその開放を継続することを国に対して命ずるとともに，その義務を履行しないときは国がYらに対し一定の金員を支払うよう命ずる間接強制決定を求める申立てをした。

　このように，国は，排水門の開放に関し，仮処分決定と確定判決とによって実質的に相反する実体的な義務を負い，それぞれの義務について強制執行の申立てがされるという事態に陥ったのである。

(注3)　詳細は，裁判実務大系241頁〔加藤正男〕（「抵当権実行禁止の仮処分」）を参照していただきたい。
(注4)　長崎地決平25・11・12公刊物未登載。
(注5)　福岡高判平22・12・6判タ1342号80頁・判時2102号55頁。

(2) 経　緯

　長崎地方裁判所は，平成26年6月4日，国に対し，「民事訴訟及び民事保全手続においては，判決・決定の効力は相対的であり，原則として当事者及びその承継人にしか効力が及ばないもので（民事訴訟法115条1項各号，民事保全法7条参照），これは，強制執行ないし保全執行の段階においても同様というべきである。」から，「同一の執行債務者を名宛人とする別の判決・決定の存在は，本来強制執行の開始や保全執行の妨げとはならない」として，開門をした場合には一定額の割合による金銭の支払を命じる間接強制決定をした[注6]。そして，抗告審も，Xらの権利救済の観点から，国の抗告を棄却した[注7]。

　そこで，国は，この決定を不服として，許可抗告を申し立てた（平成26年（許）第26号事件）。

　なお，Yらの申立てによる国に対する確定判決の強制執行としての間接強制決定もされた[注8]ことから，国は，この決定についても許可抗告を申し立てた（平成26年（許）第17号事件）。

(3) 平成27年最高裁保全決定

　平成27年最高裁保全決定（平成26年（許）第26号事件）は，執行裁判所は，国が前記確定判決を受けていても，Xらの申立てによって発せられた仮処分決定に基づく排水門の閉鎖義務は国の意思のみで履行することができるから間接強制を命ずることができるとした。そして，仮処分決定によって前記確定判決の命じた開門義務の履行に反する強制執行方法がとられることになることについては，「民事訴訟においては，当事者の主張立証に基づき裁判所の判断がされ，その効力は当事者にしか及ばないのが原則であって，権利者である当事者を異にし別個に審理された確定判決と仮処分決定がある場合に，その判断が区々に分かれることは制度上あり得るのであるから，同一の者が

（注6）　長崎地決平26・6・4判時2234号26頁。
（注7）　福岡高決平26・7・18判時2234号18頁。
（注8）　佐賀地決平26・4・11公刊物未登載，福岡高決平26・6・6判時2225号33頁。

仮処分決定に基づいて確定判決により命じられた行為をしてはならない旨の義務を負うこともまたあり得るところである。本件仮処分決定により本件各排水門を開放してはならない旨の義務を負った抗告人が，別件確定判決により本件各排水門を開放すべき義務を負っているとしても，間接強制の申立ての許否を判断する執行裁判所としては，これら各裁判における実体的な判断の当否を審理すべき立場にはなく，本件仮処分決定に基づき間接強制決定を求める申立てがされ，民事執行法上その要件が満たされている以上，同決定を発すべきものである。」としたうえ，「なお，本件各排水門の開放に関し，本件仮処分決定と別件確定判決とによって抗告人が実質的に相反する実体的な義務を負い，それぞれの義務について強制執行の申立てがされるという事態は民事訴訟の構造等から制度上あり得るとしても，そのような事態を解消し，全体的に紛争を解決するための十分な努力が期待されるところである。」とした。

一方，平成27年最高裁確定判決決定（平成26年（許）第17号事件）も，執行裁判所は，国が前記仮処分決定を受けていても，前記確定判決に基づく排水門の開放義務は国の意思のみで履行することができるから間接強制を命ずることができるとした。

(4) 考　察

平成27年最高裁保全決定は，Ｘらの申立てによる仮処分決定について直接に判断したものではなく，この仮処分決定に基づく間接強制申立てについて判断したものである。その意味では，この決定は，あくまで間接強制の可否を判断したものであって，一般の仮処分によって確定判決に基づく強制執行が停止されることを容認したとまではいえないという評価も成り立ち得る。

しかしながら，Ｘらの申立てを認容して国に間接強制を命ずることは，国に確定判決に基づく義務を履行してはならないとする立場を強制することになり，通説が一般の仮処分に基づく強制執行の停止を許容しない理由としてあげている「確定判決の既判力に抵触することになる」という状態と実質的に変わらない状態に陥るのではないかという疑問が残る。

〔4〕 残された課題

　平成27年最高裁保全決定以前は，一般の仮処分による確定判決に基づく強制執行の停止については消極的に捉える見解が判例，学説とも支配的であったと思われる。そして，実務でも，強制執行の停止を求める者が提出すべき強制執行の一時の停止を命ずる旨を記載した「裁判の正本」（民執39条6号）には，法定の執行停止命令（例えば，仮執行宣言付判決に対する控訴に伴う執行停止決定〔民訴403条1項3号〕など）以外の一般の仮処分による執行停止決定は含まれないと解されていた(注9)。

　平成27年最高裁保全決定は，仮処分決定そのものの当否を直接判断するものではなかったけれども，その存在を前提として確定判決に基づく義務の履行停止に向けられた間接強制を肯定したことは，その前提となった確定判決の執行禁止を命じた仮処分の効力を肯定したともいい得る。そのように評価するのであれば，これまでの判例・通説とは異なる見解に立脚し，一般の仮処分によって確定判決に基づく強制執行の停止を容認した決定ということになろう。

　もっとも，平成27年最高裁保全決定は，民事訴訟における判決・決定の相対性を踏まえ，Ｙらの提起した確定判決の訴訟手続に関与できなかったＸらの権利救済を重視したものであるといえる。そうすると，この決定の射程は，確定判決に関与し得なかった第三者からの申立てによる一般の仮処分の場合に限定され，確定判決に関与した当事者又はその承継人もしくは確定判決の訴訟手続に関与し得た第三者（訴訟告知を受けた者等）からの申立てによる一般の仮処分の場合は入っていないということもできる。

　そうすると，今後の裁判実務において，確定判決に基づく義務の強制執行の手続において，一般の仮処分決定が「裁判の正本」（民執39条6号）として提出されたときにどのような扱いをするかが検討されなければならないだろ

（注9）　住友隆行「民事執行の停止及び取消し」井上稔＝吉野孝義編『現代裁判法大系(15)民事執行』（新日本法規出版，1999）60頁。

う。また，諫早湾の排水門の開放に関し，国が仮処分決定と確定判決とによって実質的に相反する実体的な義務を負い，それぞれの義務について強制執行がされ得るという事態はいまだに解消されていない(注10)ことを踏まえると，裁判所の果たすべき役割という観点から，平成27年最高裁保全決定の示した民事訴訟の制度上の限界に関しても，審理の進め方を含め，議論の余地があるようにも思われる。

〔5〕 本設例の結論

　従前の実務・通説に従えば，Aらは，国に対し，本件確定判決の執行禁止を求める仮処分を申し立てることはできず，仮に発令されたとしても，執行手続を停止させることはできないことになる。
　これに対し，平成27年最高裁保全決定に従えば，Aらは，少なくともCらが提訴した本件確定判決の訴訟手続に関与し得なかった（訴訟告知を受けなかった）のであれば，国に対し，本件確定判決の執行禁止を求める仮処分を申し立てることができ，その執行方法として間接強制を求めることができるということになる。

■参考文献
　　本文中に掲げたもの。

(注10)　佐賀地判平26・12・12判時2264号85頁。

II

担保

6 担保決定

荒井 智也

次のような場合、裁判所は、どのような担保を命ずるべきか。
(1) AはBに対して1000万円を貸し付けたが、その際、Cが、BのAに対する債務を連帯保証した。Aは、Bが期限になっても返済をしないので、B及びCのD銀行に対する各預金債権につき、それぞれ1000万円を請求債権として仮差押えを申し立てたいと考えている。裁判所は、Aに対してどのような問題点を指摘すべきか。仮に、問題点が一応解消されたとして、担保決定はどうなるか。
(2) (1)の事例で、Bが10年前に6000万円で購入したマンションを所有していることが判明したため、Aは、まずこのB所有マンションだけ仮差押えしたいと考えているが、このマンションにはD銀行を債権者とする3000万円の根抵当権が設定されていることが判明した場合、担保決定はどうなるか。根抵当権の額が5000万円である場合はどうか。
(3) Aに十分な資力がない場合、Aの代理人となった弁護士Eは、どのような方法をとることが可能か。
(4) 保全裁判所が、3月5日（月曜日）に担保決定をして、Aが担保を提供すべき期間を5日間と定めた場合、Aは、いつまでに担保を提供すればよいか。

〔1〕 設例・小問(1)について

担保決定を論じる前提となり得る問題点について以下(1)(2)において検討する。

(1) 債務者複数の申立て

当事者複数の申立ては、民事保全法7条により特別の定めがある場合を除

いて，民事訴訟法の規定が準用されるから，民事訴訟法の定める併合等の要件を満たす限り可能である。しかし，実務上は，保全手続の迅速処理の要請，密行性及び執行手続の違いから生じる煩雑さを避けるといった理由から，原則として，各別の申立書によるのが望ましいとされている[注1]。もっとも，小問(1)は，主債務者と連帯保証人という事実上の関連性が高い両名を債務者とする，いずれも仮差押命令の申立て[注2]であり，一通の申立書による申立て（一括申立て）が許容される[注3]。

(2) 保全の必要性

債務者が貸金債権の弁済期に債務の弁済を怠ったとしても，当然に債務者ないし連帯保証人に対する保全の必要性が認められるわけではない。小問(1)でいえば，例えば，B及びCの資産状況，負債状況，職業，請求に対する態度等の諸事情を調査し，保全の必要性について主張・疎明することとなる。

また，小問(1)の事例は，預金の仮差押えを求めているところ，一般的な意味での保全の必要性が肯定される事案であっても，債務者に大きな打撃を及ぼすおそれのある目的物を選択する場合には，より打撃のおそれの小さい選択をすることのできない事情（例えば，自宅不動産の不存在）について一応の資料を提出しないと保全の必要性が認められないときがあると考えられる[注4]。

さらに，小問(1)では，主債務者Bと連帯保証人Cの両名を債務者として仮差押えを求めていることに関連して問題がある。民法上，連帯保証人は，単純な保証人と異なり，催告・検索の抗弁権を有していない（民454条）ため，主債務者がその債務を履行しない場合，債権者は直ちに連帯保証人に債務の履行を請求することができる。しかし，連帯保証も保証であって最終的な負担は主債務者に帰せられるべきものであり，社会通念上も主債務者からまず回収が図られるべきであることなどから，単純な保証ではない連帯保証の事

(注1)　東京地裁・実務（上）117頁〔河西俊文＝今井和桂子＝作田寛之〕参照。
(注2)　小問(1)の事例は，預金債権に対する仮差押えであり，預金債権の特定の仕方が問題となるが，これについては，項目12を参照されたい。
(注3)　東京地裁・実務（上）121頁〔河西俊文＝今井和桂子＝作田寛之〕。
(注4)　この点について，詳しくは，「■すべての民事保全に共通するポイント〔1〕(4)(a)を参照されたい。

案においても，まず主債務者の財産について一応の調査をするなどして，主債務者の財産では債権の満足が得られない場合に，その限度で，連帯保証人の財産に対する保全の必要性が肯定されると解すべきである(注5)。

　小問(1)では，Aが，仮に，B及びCに対して仮差押債権額をそれぞれ1000万円としていた場合，超過仮差押えであって超過部分について保全の必要性が認められないが，Bに対し200万円，Cに対し800万円の合計1000万円としていた場合であっても，主債務者であるBに他にめぼしい財産があるときは，Cに対する申立てにおいて800万円全部には保全の必要性を認めることができない。

　なお，超過仮差押えの補正にあたっては，従前は，請求債権額自体を各債務者に振り分けて内金請求させる運用(注6)がされていた。しかしながら，最決平15・1・31（民集57巻1号74頁・判タ1114号153頁・判時1812号84頁）が「特定の目的物について既に仮差押命令を得た債権者は，これと異なる目的物について更に仮差押えをしなければ，金銭債権の完全な弁済を受けるに足りる強制執行をすることができなくなるおそれがあるとき，又はその強制執行をするのに著しい困難を生ずるおそれがあるときには，既に発せられた仮差押命令と同一の被保全債権に基づき，異なる目的物に対し，更に仮差押命令の申立てをすることができる」と判示したことを踏まえ，現在は，請求債権額の振分けは求めず，仮差押債権の合計額が被保全債権額以内であれば足りるとする考え方(注7)が有力である。

　以上によれば，小問(1)では，Bには預金債権500万円以外にめぼしい財産が見あたらないと考えられた場合，BやCに対する請求債権は1000万円のまま，仮差押債権目録の記載（目的物）を，BのD（某支店）に対する預金債権500万円，CのD（某支店）に対する預金債権500万円，とすればよい。

(3) 共同担保の可否

(注5)　もっとも，瀬木・民事保全271頁は，「債権者には，他の債務者の無資力を疎明する必要は原則としてはない（あくまで「原則としては」であるが）と考える」として，消極である。詳しくは，項目17を参照されたい。
(注6)　東京地裁・実務（上）〔第2版増補版〕222頁・226頁。
(注7)　東京地裁・実務（上）227頁〔野口忠彦＝脇村真治〕，瀬木・民事保全278頁。

保全命令における担保は，個々の債務者が，違法，不当な保全命令の執行等によって被る可能性がある損害を担保するためのものである。当事者の一方又は双方が複数である場合に，各当事者ごとに担保を立てる方法を個別担保といい，一括して担保を立てる方法を共同担保という(注8)。小問(1)の申立ては債務者が2人であるため，共同担保の定めをするかが問題となる。

　この点，担保された損害が現実化した際の権利・義務は，通常，各債権者と各債務者ごとに発生すると考えられるから，担保の提供にあたっては，その債権者や債務者が複数の場合であっても，債権者1人に対して債務者1人という組合せ（個別担保）が原則である。

　そのうえで，債務者複数の共同担保について検討すると，この場合，例えば，担保権利者である債務者らが被保全債権（損害賠償請求権）を有するとして，権利の確定した者から先行して確定額相当につき担保権を実行できるとすると，劣後した者の損害を担保するものがなくなりかねず(注9)，また，担保に対する権利は準共有であるから，各担保権利者の債権額に応じて持分を有するとすると，担保権利者全員の債権額確定により定まる額につき担保権を実行できるが，全員の確定までは実行ができないし，債権額の合計が担保額を超過したときに担保権利者相互間に債権額につき争いがあれば，更に判決手続を経なければならないと考えられるなど，担保権の実行上困難な問題を生じさせることとなる(注10)。そのため，債務者複数の共同担保を認めるとしても，債務者相互間の関係が密接で損害賠償請求権の行使時に混乱を生ずるおそれのないような場合に限る必要がある(注11)(注12)。

　小問(1)の一括申立ての場合，B・Cに対し，異なる請求権に基づきそれぞ

(注8)　裁判実務大系70頁。
(注9)　供託実務では担保権利者ごとに均等割合で担保権を実行できるとするが，その根拠は判然としない。
(注10)　債務者複数の共同担保の詳細については，実務ノート290頁以下，裁判実務大系69頁以下，東京地裁・実務（下）8頁以下〔深見敏正＝平手健太郎〕参照。
(注11)　須藤＝深見＝金子・民事保全71頁。
(注12)　これとは異なり，債権者複数の共同担保の場合，債務者にとっては，一部の債権者に対する損害賠償請求権であっても担保全体に対する還付請求権を取得することとなり，利益である。他方，債権者（担保提供者）にとっては，債権者全員について担保取消しの手続が完了するまでは担保の拘束を離れることができないという不便が生ずる。したがって，債権者がその不利益を十分に認識しつつ共同担保を選択するのであれば，債務者複数の場合のように厳格に制限することなく，これを認めてもよいと解される。

れの財産に仮差押えをするものであって，B・Cの被るであろう損害は別個のものであるから，上記共同担保の弊害が妥当する。したがって，小問(1)では，共同担保ではなく，個別担保の形式をとるのが相当である。

(4) 担保の額

(a) 基本的な考え方

保全命令における担保の額は，保全命令の執行が違法・不当であった場合に債務者が受けるであろう損害[注13]の額等を考慮して，裁判所が裁量によって定める[注14]。

ただ，公平・迅速な発令のために各地の裁判所においては，各種の定型的要素を組み合わせて，様々な場合における担保の目安となる基準を作成しているところが少なくないと思われるが，そうした場合においても，この基準を参考にしつつ，さらに詳細な事情を考慮して最終的な担保額の決定をしている[注15]。

裁判所が担保額を決定するにあたって考慮する要素としては，具体的には，①保全命令の種類，②保全命令の目的物の種類・価額，③被保全権利の種類，その疎明の程度，④債務者の職業・財産・信用状態等の具体的事情に即した債務者の予想損害などがある。

仮差押えの場合，その目的物により債務者が被る負担は異なるから[注16]，一般的には，不動産，債権，動産の順に，後ほど担保額が高くなる傾向があり，同一類型の目的物であっても，売却予定のものであるか否か，債権であっても通常の債権か預金・給料債権かなどの類型により，ある程度定型的に

(注13) 違法な保全処分の執行により生じた損害として，裁判例で賠償が認められたものとしては，例えば，不動産の仮差押命令において，仮差押解放金に充てた借入金に対する通常予測し得る範囲内の利息や仮差押解放金に充てた自己資金に対する法定利率に相当する金員（最判平8・5・28民集50巻6号1301頁・判タ914号104頁・判時1572号51頁）がある。
(注14) 旧法下の判例である大判昭17・12・10民集21巻1159頁は，担保の額は，裁判所の自由な裁量で定められる旨判示しているが，額の決定について裁量の逸脱が考えられないものではなく，本文掲記の諸事情等を考慮し，合理的な裁量の範囲内で決せられるべきものと解される。なお，立担保額の決定は，即時抗告の対象となる（仙台高決平4・5・27判タ805号210頁）。
(注15) 須藤＝深見＝金子・民事保全74頁以下。
(注16) 「■　すべての民事保全に共通するポイント〔1〕(4)(a)」参照。

担保額は異なることとなる(注17)が，最終的には個々の事案ごとに異なるというべきである。

(b) 小問(1)に即して

小問(1)の申立ては，保全命令の種類が仮差押命令，請求債権が貸金（及びその連帯保証），目的物が預金債権である。預金債権が仮差押えにより拘束された場合の損害を考えるに，預金債権が使用できなくなるために，資金繰りに支障を来し，新たな借入れが必要になることが想定され，そのための金利相当の損害金，借入手続費用等を要することが考えられるほか，当該金融機関に対する信用失墜等の無形の損害を被るおそれもあり，こうした事情を総合して考慮すれば，本問では判然としない具体的な事情を考慮して最終的に決定すべきであるが，ひとまず仮差押債権額の10％〜30％(注18)が担保額として相当と考えられる。

小問(1)では，被保全権利の疎明の程度並びに主債務者B及び連帯保証人Cをめぐる諸事情等が不明であるが，仮に割合としていずれも25％が相当と判断されたとすると，仮差押債権額はB・Cともに500万円であるから，担保決定における担保額は，B・Cに対し各125万円となる（なお，仮差押解放金は，請求債権額と目的物価額〔仮差押債権額〕のいずれか低い方を基準として定めるべきであるから，各500万円となる）。

〔2〕 設例・小問(2)について

(1) 仮差押目的物が不動産の場合における担保額算定の基準について

不動産の仮差押えにおいては，担保額の算定にあたり，目的物の価額と仮差押えの被保全債権（請求債権）額のいずれを基準とすべきかという問題がある。

(注17) 瀬木・民事保全95頁参照。
(注18) 司法研修所編『民事弁護教材民事保全〔改訂（補正版）〕』（日本弁護士連合会，2013）29頁参照。

この点，債務者は請求債権額と同額の仮差押解放金を供託することによって仮差押えを免れることができ，請求債権額を超える拘束を受けるわけではないなどとして，請求債権額を基準とすべきとする見解（請求債権額基準説）[注19]もある。

しかしながら，仮差押えの登記においては，請求債権額の記載がないから，債務者は事実上，仮差押目的物全部の処分を制約されることとなること，債務者には仮差押解放金を供託すべき法律上の義務もないこと，仮差押えの処分禁止効は，本執行手続においては，請求債権額の限度を超え，目的不動産の全体に及んでいるとみられる面があることなどからすれば，目的物の価額を基準として考える（目的物価額基準説）[注20]のが妥当であろう。

(2) 不動産の時価・剰余価値の算定について

(a) はじめに

前記〔1〕(4)(a)のとおり，不動産の仮差押えは，その時点における不動産の任意の処分を禁止するものであるから，担保額は，任意処分時の不動産の価額を基礎として算定することとなる。

もとより，鑑定等の信用できる資料がある場合には，その金額を不動産の時価とし，これを基準に担保額を算定することになることはいうまでもない。そうした資料がない場合，不動産の価格は，固定資産評価証明書（規則20条1号ハ参照）記載の金額等を斟酌して算定することが多いと思われるが，もとよりその算定方法は，合理的な算定方法であればよいので，公示価格，路線価，直近取引事例等を参考とすることも考えられる。なお，土地利用権がある場合，その価額を地上建物に加算し，土地から控除する。

しかしながら，当該不動産に担保が設定されているような場合，債権者において，その不動産の価額を算定することは容易でない。そうした場合，具体的な目的物価額の算定にあたっては，①一定の場合に目的物価額の判断にあたり請求債権額を斟酌する方法と，②担保権の負担付不動産について債権

(注19) 中谷和弘「大阪地裁保全部における仮差押えの担保基準について―不動産仮差押えを中心として」判タ902号4頁参照。
(注20) 東京地裁・実務（下）5頁〔齊木教朗＝平手健太郎〕参照。

者に目的物価額の見積もりを上申させる方法がある。

　(b)　請求債権額を斟酌する方法（上記①）

　抵当権等の負担額（マンションの場合，担保権以外に滞納管理費等も一応想定し得る〔建物区分7条1項・8条〕。）がある場合には，これを不動産の価格から控除して，その剰余価値を出すことになる。

　この点，根抵当権についていえば，極度額まで債務が存在していないことは考えられるし，抵当権についていえば，債務の分割弁済が予定されており，設定後の弁済により債務が減少していることが考えられる。しかしながら，現実には債権者において担保権の負担額を把握するのは困難であるから，原則は，登記に記載された債権額（抵当権）や極度額（根抵当権）をそのまま控除し，債権者から負担額について主張がなされた場合にはそれも参考にしつつ控除することになろう。

　もっとも，登記に記載された債権額（抵当権）や極度額（根抵当権）を不動産の価格からそのまま控除するとオーバーローンになり，不動産の価額が無価値物のようにみえる場合もあるが，そうした場合には，担保額の算定に窮することになる。

　そこで，以上のように算定された目的物価格が請求債権額を下回る場合には，債権者が仮差押えをしようとしている以上，請求債権額程度の価値を当該不動産が有していると考え，債権者が行使しようとしている請求債権額を斟酌し，その額を目的物価額とみなして担保額を算定する手法が考えられる[注21]（なお，この方法は，抵当権等の負担のない不動産について固定資産評価書記載の金額等が請求債権額を下回るときにも，用い得る。）。

　(c)　上申書方式（上記②）

　もう一つの考え方は，目的物に抵当権等が設定されており，負担額を控除した剰余価値を正確に算定することが困難な事案では，目的物価額（剰余価値）についての債権者の見積額を記載した上申書の提出を債権者に求め，上申された金額を基準に担保額（及び仮差押解放金）を定めるという方法である。この方法においては，その金額の範囲については，①不動産の価額を証する

　(注21)　みなすにあたっては，債権者に対し，目的物価額について更なる疎明を行うかどうか，請求債権額の減縮を行うかどうか（〔3〕(2)(b)(イ)参照）を検討させるのが望ましい。

書面(規則20条1号ハ)として通常用いられている固定資産評価証明書記載の固定資産評価額を上限とし、②固定資産評価額から登記に記載された抵当権の被担保債権額(根抵当権については極度額)全額を控除した金額が下限となり、上申書記載の金額がこの範囲に収まらない場合には、その金額の裏づけとなる資料の提出を求め、上申額が0ないしマイナスの場合には保全の意味がないので申立てを取り下げてもらう[注22]。

(d) まとめ

請求債権額を掛酌する方法に対しては、みなすことに妥当性がなく、前掲最決平15・1・31以降にはこの考え方は維持できないのではないかなどといった疑問が呈され、他方、上申書方式に対しては、目的物価額は疎明事項であり、(一定の枠があるとはいえ)債権者の自由な見積もりに任せてよいのかとか、担保額が安きに流れるのではないかといった疑問が呈されているところであり、以上の2つの考え方のいずれが望ましいのか、にわかに決しがたいところであるが、ここでは請求債権額を掛酌する方法をとることとしたい。

(e) 不動産の時価が請求債権額よりもかなり大きい場合

上記の問題から離れるが、不動産仮差押えでは、算定された目的不動産の時価が請求債権額よりもかなり大きいことがあり得る。この場合、乖離の程度にもよるが、保全の必要性の存否が問題となるうえ、基準に照らすと担保額が請求債権額を上回りかねない事案も想定し得る。

そのような事案では、慎重に保全の必要性を判断すべきであるが、保全の必要性が認められる場合、請求債権額を上回る担保額だと、濫用的申立ての抑止などの立担保の機能面を算定にあたって考慮する必要性は弱まると思われることから、請求債権額と同額の担保額とすることで足りないか検討し、なお請求債権額を上回る担保額が相当と認めるときにその旨を決定すべきと考える[注23]。

(3) 小問(2)における担保決定

(注22) 東京地裁・実務(上)235頁〔坂庭正将〕、同(下)4頁〔齊木教朗=平手健太郎〕、杉浦正典「東京地裁保全部における仮差押命令申立事件の運用の変更点(上)」金法1752号17頁。

(注23) この点、東京地裁・実務(下)6頁〔齊木教朗=平手健太郎〕は「債務者の損害額を担保するという趣旨から担保額の上限を請求債権額で画す理由はないであろう。」とする。

(a) 極度額3000万円の場合

小問(2)について，本件マンションの固定資産評価書の記載金額が4500万円であったとする。10年前に購入した際の価格6000万円は斟酌するのに相当ではないため，この4500万円が本件マンションの価格となる。負担額については，状況が不明のため，登記されている極度額3000万円をそのまま控除することとし，一応の時価としては1500万円となる。

時価が請求債権額を上回るため，これをそのまま基準とし，小問(2)では，その他の考慮要素についての具体的事情が不明であるため，その点は捨象して，基準額の20％で計算することとすると，担保額は300万円となる。

(b) 極度額5000万円の場合

前記(a)同様，本件マンションの価格を4500万円と認め，根抵当権については極度額5000万円をそのまま負担額と認めて控除すると，一応の時価はマイナス500万円となる。しかしながら，上記時価は限定的な資料に基づき一応認められたものにすぎず，請求債権額が1000万円とされていることを踏まえると，ここでは，請求債権額を目的物価額とみなすべきである。

前記(a)同様，基準額の20％で計算することとすると，担保額は200万円となる。

(c) 目的物価額が請求債権額を大幅に上回る場合

なお，小問(2)では問題とされていないが，本件マンションの価格が6000万円であり，根抵当権等の負担がなかった場合についても検討しておくと，この場合，目的不動産の価額は6000万円と認められるため，請求債権額を大幅に上回るうえ，前同様に20％で計算するとすれば，担保額は1200万円となり，請求債権額を上回ってしまう。したがって，保全の必要性判断を慎重に行うべきであるが，これが肯定された場合には，そのほかの具体的事情も検討しつつ決定すべきではあるが，担保額を請求債権額と同額の1000万円（目的不動産の価額の約16.7％）とするのもあながち不相当ではないと思われる。

〔3〕 設例・小問(3)について

(1) 民事保全手続外の方策

　日本司法支援センター（通称法テラス）の民事法律扶助を受けて仮差押えの申立てをしている場合，その一環として，同センターに支払保証委託契約の締結をしてもらって担保を立てる方法がある（支払保証委託契約締結によること〔規則2条〕及び第三者による担保の提供について裁判所の許可を受ける必要がある。）。なお，このような法律扶助を受けるための主な要件としては，①資力要件，②勝訴可能性，③扶助適合性がある。

(2) 民事保全手続内での方策

(a) 全体として

　担保決定の考え方については既に記載したとおりであり，基準となる価額や乗算割合の値を下げることによって，より低額の担保で発令を受けられる余地がある。

　例えば，被保全権利について，より有効な資料を収集提出し，疎明の程度を高めること，仮差押目的物の選択にあたって，債務者への打撃がより小さいものを探してこれに対する仮差押命令の申立てをすることなどが考えられる。

(b) 仮差押目的物ごとの検討

(ア) 債権の場合

　債権仮差押えの場合，仮差押債権額を減縮させることで，基準である目的物価額を下げることができるから，これに伴い担保額も下がることとなる。

　例えば，小問(1)において，Bについて仮差押債権額を500万円から200万円に減額すれば，単純計算で，担保額は125万円から50万円に減額されることになる。

(イ) 不動産の場合

　請求債権額が目的不動産の一応の時価よりも大きい場合，請求債権額を基準として斟酌する考え方を採用しているところでは，債権者としては，請求債権額を下げることで，基準が下がり，担保額を抑えることができる（上申書方式を採用しているところでは，担保権の負担付き不動産を仮差押えする場合，上申書記載の見積額を下げることで，担保額を抑えることができる。）。

小問(2)の極度額5000万円の事案では、Bについて、請求債権額を1000万円から500万円に減額すれば、単純計算で、担保額は200万円から100万円に減額されることになる。ただし、小問(2)の極度額3000万円の事案では、目的不動産の時価が基準となっているから、請求債権額の変更で担保額を変更することはできない。

〔4〕 設例・小問(4)について

(1) はじめに

民事保全では、担保を立てさせて命令を発する場合と、一定期間に担保を立てることを保全執行の要件とする場合とが定められているが、基本的に、前者の方法がとられる。

担保提供期間の定めは、裁判所の裁量であるが、3ないし7日と定められることが多い[注24]。

(2) 期間計算

期間計算は、民法・民事訴訟法の定めに従う（法7条、民訴95条1項）。日で定めた場合には初日を算入せず（民140条）、期間の末日が土曜日、日曜日等の休日にあたるときは、期間はその翌日に満了する（民訴95条3項）。

小問(4)のとおり、担保提供期間が5日間と定められ、債権者が3月5日（月）に告知を受けた場合、6日（火）から計算を始め、本来的には10日（土）の終了で満了になるところ、休日であるため、休日明けである12日（月）まで期間の末日が後送りされ、12日（月）の終了をもって期間満了となる。

したがって、債権者Aは、3月12日（月）までに担保を提供し、速やかにその証明を保全裁判所に行う必要がある（金銭を供託所に供託する通常の方法の場合には、供託書正本を示すとともに写しを提出する。）。

(注24) 東京地裁・実務（下）6頁〔齊木教朗＝平手健太郎〕。

7 担保物変換の可否

松 山 昇 平

　X銀行は，Yに対して500万円を貸し付けたが，Yが分割弁済の支払を怠り，期限の利益を喪失したため，Yに対して貸金返還請求訴訟を提起するに先立ち，Y所有の不動産の仮差押えを申し立て，その際に担保として所有する国債をもって供託した。X銀行はYが請求を認めるものと思っていたが，予想に反して，本案訴訟においてYはいろいろと抗弁を主張したため，当初の見込みよりも訴訟の進行が遅れて，供託した国債の償還期限が来てしまった。X銀行としては，どうしたらよいか。
　X銀行は，B銀行の株式を1万株（時価は1株500円）ほど保有しているので，これを担保に変えることはできないかと考えているが，そのようなことはできるか。

〔1〕 はじめに

　担保提供者が担保物の変換を求めるためには，担保命令を発した裁判所に対し，申立てをして，担保の変換を命じる決定を得なければならない（法4条2項，民訴80条本文）。
　担保の変換としては，金銭を有価証券にする，有価証券を金銭又は他の有価証券にする，金銭又は有価証券を支払保証委託契約を締結する方法に変える，支払保証委託契約先を変更する，債権者による担保を第三者による担保に変更するなどがある[注1]。このうち問題となるのは，有価証券が関わる場合である。そこで，本項目では，発令手続における有価証券を供託する方法

(注1)　担保の一部の変換を申し立てることもできるが，その場合も全部変換の手続となる（東京地裁・実務（下）31頁〔森剛〕）。

による立担保（法4条1項）について確認したうえで，担保物の変換について検討する。

〔2〕 発令手続における有価証券を供託する方法による立担保

(1) 裁判所が相当と認める有価証券

担保を立てる方法の一つとして，裁判所が相当と認める有価証券を供託する方法がある。ここでいう相当性については，具体的な定めはない。保全命令における担保は，違法又は不当な保全命令により損害が生じた場合に債務者が債権者に対して有する損害賠償請求権の引当てとされるのであるから（法4条2項，民訴77条），換金が確実かつ容易であり，価額が安定している有価証券が相当性を有することになる。

具体例としては，①利札付国庫債券，②証券を発行しない登録国債[注2]，③地方債，④投資信託受益債券，⑤公団公社債券，⑥株式，⑦割引国庫債券，⑧割引債券等があげられている[注3]。また，証券が発行されない振替国債，貸付信託，投資信託の受益証券（無記名のもの）も考えられる。その取扱いについては，次の(2)で具体的に検討する。

(2) 立担保命令の手続

まず，発令裁判所は，債権者から，有価証券の供託による立担保の申出があるときに限り[注4]，有価証券の供託による立担保が相当かどうかを検討する。その際，債権者は，有価証券の種類及び数量を特定する必要がある。発令裁判所は，有価証券の供託による立担保を相当と認める場合，担保の現金

(注2) 担保の登録をする方法により国庫債券の供託に代えることができる（昭和27年5月13日民事甲第72号最高裁民事局長事務代理通知）。
(注3) 東京地裁民事保全研究会編『書式民事保全の実務〔全訂5版〕』（民事法研究会，2010）249頁。
(注4) 有価証券の名称，額面，番号，枚数，総額等の目録を添付することにより特定する（東京地裁民事保全研究会編・前掲（注3）249頁）。

額を決め（立担保命令の際に，現金額が付記される(注5)。），当該有価証券の実質的価値を評価したうえで，担保金額に割増しをした金額に相当する有価証券の数量を担保として決定する(注6)。有価証券は値下がりのリスクがあるので，将来，債務者が損害賠償額を担保から回収する際，発令の際に決定された担保金額を下回る回収しかできないおそれがあるからである。

現在，東京地裁保全部の取扱いとして公表されている割増率は，利札付国債等（上記①～⑤）については，額面の20ないし40％増，株式については，大手銀行株や電力会社株等に限定して，前日の最終値の30ないし100％増，割引国債等（上記⑦，⑧）については，時価の20ないし40％増である(注7)。

ただ，社会情勢，経済情勢は不安定さを増す一方であり，特に株式については上記の割増率を上回る要求がされる可能性も考えられる。また，従来は値動きが安定的で担保に適するとされてきた大手銀行株や電力会社株も，現在では安定的な値動きをしているとはいいがたく，発令裁判所から，株式は担保として不相当とされる可能性がある。

東京地裁の運用は，株式が担保に適さないとしているわけではないが，従来より一層慎重であるべきとされている(注8)。大阪地裁では，国債以外は認めない運用がされており(注9)，国債以外は実務上ほとんど認められていないとの指摘もある(注10)。なお，従来は値下がりのリスクがほとんどないとされていた国債も，近時実施されている質的・量的緩和政策が解消されるときには不安定な値動きをするおそれもあり，割増率が高く設定される可能性もある。

(注5)　東京地裁民事保全研究会編・前掲（注3）214頁。
(注6)　東京地裁・実務（下）12頁〔江頭公子＝平手健太郎〕。
(注7)　なお，本設例では，償還期限までの期間が長くない国債による立担保が認められたようであるが，裁判所が相当性を判断する際には，償還期限までの期間も考慮されており，償還期限まで1年程度のものは，担保物変換によって対応が可能なものの，手続が煩雑になるため，担保物として相当性を欠くと判断される（門口＝須藤・民事保全55頁〔若林弘樹〕）。一方，償還期限まで期間が長いもの（例えば，5年より長いもの）も，担保に対する権利行使が円滑にされないおそれがあり，担保物として相当性を欠くと判断されることがあろう。
(注8)　東京地裁・実務（下）12頁〔江頭公子＝平手健太郎〕。
(注9)　梶村太市ほか編『プラクティス民事保全法』（青林書院，2014）706頁。
(注10)　注釈民保（上）81頁。

〔3〕 担保の変換

(1) 申立て(注11)，基準

　まず，担保の変換のためには，担保を立てた者の申立てが必要である（法4条2項，民訴80条）。この際，現在立てている担保と新たな担保が特定されていなければならない。

　担保変換の決定に対する不服申立ては認められておらず(注12)，裁判所の裁量によって決せられる。

(2) 現金から有価証券への変換

　現金から有価証券へ担保物を変換する場合，発令の際の立担保命令における割増率と同様の割増率によって，有価証券の数量が決められる。

(3) 有価証券から有価証券への変換

　この場合，代担保となる有価証券の数量を算定する基準としては，①立担保命令で定められた現金額に割増率を乗じた額とする，②現在，担保として立てられている有価証券の時価とする，③担保として立てられている有価証券の時価からその有価証券に応じた割引率を用いて，時価に対する適正な現金額を逆算し，代担保有価証券に応じた割引率を用いて，現金額に対する割増しを行う，という考え方がある(注13)。

　基本的には，立担保命令において定められた現金額を基準にするのが妥当である(注14)。この考え方については，保全命令手続の記録が廃棄されると(注15)，立担保命令において定められた現金額が判明しなくなり，記録廃棄

(注11) 東京地裁における担保物の変換手続についての流れや必要書類，申立書の書式は，裁判所のホームページ（トップページ→各地の裁判所→東京地方裁判所→裁判手続を利用する方へ→民事第9部（保全部）紹介→その他の手続）を参照されたい。
(注12) 大阪高決昭56・5・26判タ446号95頁・金法975号39頁。
(注13) 議論の詳細は，門口＝須藤・民事保全52頁〔若林弘樹〕。
(注14) 東京地裁・実務（下）31頁〔森剛〕。

の前後で取扱いが異なるのは不公平であるとの批判がある[注16]。しかしながら，立担保命令時に定められた現金額は，請求債権の額や不動産の価格，担保として立てられている有価証券の立担保命令当時の時価等から，おおよその推測ができるのであって，記録廃棄後は，推測できる現金額を基準とし，割増率で調整すれば，不公平は生じないと解される。

(4) 担保の変換の手続

　裁判所は，担保の変換を相当と認めれば，担保の提供命令を発する。そして，その告知を受けた申立人は，変換すべき担保を提供する。この時点で，申立人が二重に担保を提供している状態が生じることになるが，実務上は，無担保状態の出現を避けるためにやむを得ないとされている[注17]。

　そして，申立人が，有価証券の供託書正本を提示するなど，変換すべき担保を提供したことを裁判所に対して証明すると，裁判所は，担保変換決定をし，申立人に対して，変換決定正本を交付する。申立人は，担保変換決定正本を供託原因消滅証明書（供8条2項，供則25条1項）として，変換前の担保の取戻手続をする。裁判所書記官は，担保権利者に対して，担保変換決定があったことを普通郵便で通知する（規則12条）[注18]。

(5) 契約による担保変換等

　担保物の変換は，担保提供者・債務者間の契約によっても可能であり（法4条2項，民訴80条ただし書），債務者と債権者との間で担保物の変換について契約が成立すれば，その契約に従った変換がされる。申立人が希望する新担保に債務者の同意ある場合は，そのとおりの担保変換決定をすることになる[注19]。

(注15)　立担保命令は，保全手続中の命令であり，記録が廃棄されれば，その命令部分も廃棄されることになる（原本が記録と分離されて10年間の保存に付される保全命令原本とは異なる）。民事保全申立事件の記録の最低保存期間は5年であり（事件記録等保存規程（昭和39年最高裁規程第8号）別表1），保存開始時期から5年を経過すると，順次廃棄されていく。
(注16)　門口＝須藤・民事保全55頁〔若林弘樹〕。
(注17)　東京地裁・実務（下）33頁〔森剛〕。
(注18)　以上の手続について，東京地裁・実務（下）32〜33頁〔森剛〕。

〔4〕 本設例に対する回答

　国債元本は償還日から10年で消滅時効にかかり，利子は利払日から5年で消滅時効にかかる（国債9条）。償還日が到来したからといって，直ちに償還金の受取手続をしなければならないというわけではないが，時効管理等の目的から，X銀行が償還金の受取手続を直ちにしたい場合は，担保の変換の申立てをすることになる。現金や国債を変換すべき担保として希望するときは，問題が少ない[注20]。近時の日銀による緩和政策のため，銀行は大量の国債を保有しており，代替となる適当な償還期の国債を用意することは難しくないと思われる。

　B銀行株を変換すべき担保として希望するときは，裁判所に対して，B銀行株の過去の値動きを示して安定的な値動きをしていることを説明し，担保としての有価証券として相当であると認めてもらう必要がある。担保の現金額は，請求債権額からみてせいぜい100万円とみられるので，割増率100％として，200万円分に相当する4000株を用意しておく必要があろう。ただ，前述のとおり，株式の供託による立担保自体が相当と認められない場合があることもある。Xは銀行であって，100万円程度の担保として，B銀行株しか用意できないということは考えられないことからすれば，裁判所から，他の手段による立担保の検討を求められる可能性もあろう。

　担保の変換について，Yの同意がある場合や，Yと契約が締結できる場合は，それに従った担保の変換がされることになる。

〔注19〕　東京地裁・実務（下）31頁〔森剛〕。
〔注20〕　記録が廃棄されるほど長期間が経過している場合に，基準となるべき現金額を推定する作業に若干手間がかかる程度である。

8 担保取消し

古谷　健二郎

　次の場合にA，E，F，は，それぞれ担保の取消しを求めることができるか。
　⑴　A工務店は元請けのB建設に対し，請負残代金400万円，貸金300万円の合計700万円を被保全権利として仮差押えをしたが，Bに対する本案訴訟では，請負残代金を450万円に増額し，貸金は250万円に減額して請求して，判決でも，請負残代金450万円，貸金250万円として請求が認容され，確定した場合。
　⑵　Cは，Dに対する1000万円の貸金債権を保全するため，D所有の不動産を仮差押えし，その担保として200万円を供託した。その後，Cは，Dに対する1000万円の貸金債権をEに譲渡し，EがDに対して譲受債権の支払を求める訴訟を提起して，全部認容判決を得て確定した場合。
　⑶　Fは，Gから2000万円の損害賠償請求訴訟を提起され，1300万円と年5分の遅延損害金の支払を命じられ，仮執行宣言も付されたため，控訴を提起するとともに執行停止を求めて，その停止のための担保として1000万円を供託した。Fは，控訴棄却の判決を受けたため，その確定を待たずに，Gの訴訟代理人Hに対して1300万円とその遅延損害金の全額を弁済し，Gの訴訟代理人H名義の領収書を得た場合。

〔1〕 担保取消しの意義

　保全命令を発するために立てさせる担保とは，違法な保全処分により債務者に生じる可能性のある損害を塡補するために提供されるものをいう[注1]。そうすると，保全処分がなされたとしても，債務者に損害が発生しないこと

が明確になったような場合等には,担保を維持する必要性がないことになるので,これを取り消し,担保提供者に担保の回収を認める必要がある。民事保全法4条2項は,担保の取消しに関する民事訴訟法79条を準用しており,担保の事由が消滅したこと(民訴79条1項),担保の取消しについて担保権利者の同意を得たこと(同条2項),権利行使催告によっても権利行使がなかったこと(同条3項)が取消事由とされている。

〔2〕 担保の事由が消滅した場合

(1) 意　義

「担保の事由が消滅した」とは,担保を提供しておく必要性が消滅したことをいう。その意義については,被担保債権たる損害賠償請求権の絶対的不存在の場合をいうとする説(以下「A説」という。)(注2)と,担保を供したうえですることを認容された行為が終局的に是認され,担保提供者に有利に確定し,債務者のために損害賠償請求権が発生する可能性が絶無であるか,少なくとも稀有と認められる場合をいうとする説(以下「B説」という。)(注3)がある。A説からB説に対する批判としては,B説では,担保提供者が「稀有であること」を立証すれば,担保権利者が抗告審において,「稀有であっても実際に損害が発生したこと」を立証して担保取消決定の取消しを求めることができなくなると考えられるので,担保の趣旨からして相当とはいえず,証明の対象と証明の程度とが区別されていないなどの批判がある。近時の実務は,おおむねA説を前提としつつ,個別に判断されているものもある。

ただし,A説でも,現実の立証の程度としては,損害賠償請求権の発生の可能性が稀有であることが立証されれば損害賠償請求権の絶対的不存在を推認してよいと解している(注4)。

(注1)　西山・概論113頁等。
(注2)　丹野・実務102頁,須藤＝深見＝金子・民事保全87頁,東京地裁・詳論416頁〔山口浩司ほか〕(「担保取消しに関する諸問題」)等。
(注3)　仙台高決昭33・4・22下民9巻4号721頁,西山・概論124頁。

ところで，損害賠償請求権の絶対的不存在という条件を満たすためには，被保全権利と保全の必要性の双方が認められる必要がある。そうすると，本案訴訟では保全の必要性について判断がされないので，本案訴訟で全部勝訴判決が確定しても事由の消滅にあたらないという見解も理論的にはあり得る。この点に関して，A説では，例えば，本案訴訟で全部勝訴判決が確定しながら，保全の必要性を欠く保全執行により債務者に損害が発生する事態は稀有と考えられるから，担保取消しにあたっては，債権者に保全の必要性の存在まで立証させるのは現実的ではなく，保全の必要性を欠いたことによる稀有な損害は，抗告審で担保権利者に主張・立証させればよいとしており[注5]，いずれの説によっても実務上の差はほとんどないであろう。

(2) 事由の消滅の類型

　事由が消滅したとされる典型例としては，①本案訴訟の全部勝訴判決の確定，②違法な保全命令であったとして債務者から提起された損害賠償請求訴訟の債務者敗訴判決の確定，③本案訴訟の請求の認諾，④本案訴訟の勝訴的和解等があげられている。

　そのほかに，債務者を特定しないで発された占有移転禁止の仮処分命令の執行の際に，占有者を特定することができず（法54条の2），2週間の執行期間内に執行できなかった場合（法43条2項）にも，債務者（占有者）が特定しないことに確定した以上，担保を提供しておく必要性が消滅したことは明らかであるとして，事由の消滅にあたるとする見解[注6]もあるが，むしろ担保の取戻し（規則17条1項）が検討されるべきであろうか。

(注4)　東京地裁・詳論416頁〔山口浩司ほか〕，注釈民保（上）88頁等。
(注5)　丹野・実務103頁，東京地裁・詳論417頁〔山口浩司ほか〕，注釈民保（上）89頁。
(注6)　瀬木・民事保全102頁。

〔3〕 勝訴判決による担保取消しに関する問題点

(1) 保全命令の被保全権利と本案訴訟の訴訟物との同一性

「本案訴訟の全部勝訴判決」には，保全命令の被保全権利と本案訴訟の訴訟物とが同一であることを要するとする見解[注7]や，請求の基礎が同一であればよいとする見解[注8]や実質的に同一であればよいとする見解[注9]などがある。

訴訟物の同一を求める見解の理由としては，被保全権利と本案訴訟で認容された権利とが同一であるか否かを基準にしないと，担保権利者に損害が生じるかどうか判断することが困難な場合もあり得ることがあげられている[注10]。

請求の基礎が同一であればよいとする見解や実質的に同一であればよいとする見解では，手形債権と原因債権との関係や，賃貸借終了の終了原因が異なる場合（ただし，本案訴訟で認められた賃貸借の終了日が保全申立てで主張された日よりも後れる場合には権利行使催告による。）などについて，被保全権利と訴訟物の同一性を認めてよいとされるであろう。

ただし，訴訟物の同一を要するとする見解であっても，手形金請求権とその原因債権のように，そのいずれであっても勝訴判決が得られたであろうことが容易に予想され担保権利者に損害が生じないことが確実視される場合には，担保取消しを認めるという方向性が示されている[注11]。

(2) 一部勝訴判決で全部勝訴判決と同視し得る場合

被保全権利の一部について本案訴訟の勝訴判決が確定したとしても，その

(注7) 東京地裁保全研究会編『書式民事保全の実務〔全訂5版〕』（民事法研究会，2010）467頁。
(注8) 瀬木・民事保全103頁。
(注9) 裁判例コンメンタール・49頁。
(注10) 門口＝須藤・民事保全62頁〔菊池章〕（「担保取消しの可否」）。
(注11) 門口＝須藤・民事保全62頁〔菊池章〕。

余の部分に関して損害が発生しないことにはならないから，基本的に，一部勝訴判決の確定が事由の消滅にあたるとはいえない。

　ただし，本案判決の認容額が被保全権利の額よりも少なくなった理由が，仮差押命令後に一部弁済等がされたことによるものである場合には，そのことが本案判決の内容等により明白であるとき，あるいは，そのような事実が証明されたときには，事由の消滅にあたると解されている[注12]。

　また，違算により被保全権利の額と本案判決の認容額との間に誤差が生じ，その誤差が社会通念上無視し得る程度に少額の場合には，実質的に同一であると考えられるから，事由の消滅にあたるとされる[注13]。

(3) 保全命令の被保全権利が内金請求であった場合

　被保全権利が内金請求であって，その内金を超える勝訴判決が確定したが，全体額に満たない場合，例えば，300万円の債権の内金100万円を被保全権利として仮差押命令を得て，本案では100万円の限度で請求が認容された場合は，事由の消滅にあたるといえるだろうか。

　この点に関しては，肯定説[注14]と否定説[注15]がある。否定説は，①被保全権利である100万円は本案訴訟で棄却された部分である可能性があること，②債権者が内金100万円を被保全権利とする3件の仮差押命令を得ているような場合に，一部勝訴判決で3件の担保取消しが可能となることなどを理由としている。これに対し，肯定説は，前記①については，内金請求における金銭債権はどの部分をとっても価値が等しく，個性はないこと，前記②については，担保取消しの申立ての際に，他の仮差押命令について担保取消しをしない旨の上申書を提出させることで事実上回避し得ることに加え，当事者の意思としても，本案判決の認容額が被保全権利の額以上であれば，保全命令は正当であったと考えられること，不法行為の損害賠償請求のように全額

(注12)　東京地裁・実務（下）40頁〔森君枝〕，注釈民保（上）91頁，須藤＝深見＝金子・民事保全87頁。
(注13)　東京地裁・実務（下）40頁〔森君枝〕，門口＝須藤・民事保全63頁〔菊池章〕等。
(注14)　大阪高決昭32・12・7高民10巻12号688頁・判タ79号100頁・判時147号27頁等。
(注15)　神戸地決昭33・2・17下民9巻2号240頁等。

認容が少ない場合にすべて権利行使催告によらせるのは酷であることなどをあげている。否定説が有力であった時期もあったが，近時は肯定説が相当とされている[注16]。

(4) 本案訴訟以外の手続

引渡命令は，民事保全法37条（本案訴訟の不提起等による取消し）及び同法62条（占有移転禁止の仮処分命令の効力）との関係では，本案該当性が否定されるが，担保取消しの関係では，引渡命令が確定すれば損害の発生は稀有であるとして，事由の消滅を認めてよいとされる[注17]。

これに対し，仮執行宣言付支払督促の確定については，支払督促に既判力がなく，確定後も債務者は請求異議の訴えを提起して請求権の存否を全面的に争うことができるから，損害賠償請求権の不存在が確実になったとはいえないとして，事由の消滅にあたらないとされている[注18]。ただし，現時点では支払督促の確定をもって本案の全部勝訴判決の確定と同視することはできないものの，将来，支払督促に対する一般の認識が裁判と同様のレベルにまで高まった場合には，引渡命令の場合と同様に，担保取消しとの関係では事由の消滅を認める余地があるとして，今後の変更を示唆する見解もある[注19]。思うに，既判力については，引渡命令についても認められておらず，担保取消しとの関係では，決定的な理由にはならないと思われる。現に，前記(2)のように，一部弁済等により一部勝訴判決となった場合において，一部弁済等の事実が証明されたときにも事由の消滅を認める見解があるが，この一部弁済等の事実に関しても既判力のある判断はされていない。また，支払督促について実体的な判断がされていないとしても，債務者には督促異議の申立てをする機会が2回付与されているにもかかわらず，そのような督促異議がなされないまま仮執行宣言付支払督促が確定しているのである。そうすると，

(注16) 東京地裁・詳論419頁〔山口浩司ほか〕，東京地裁・実務（下）41頁〔森君枝〕。
(注17) 須藤＝深見＝金子・民事保全88頁，注釈民保（上）90頁，東京地裁・実務（下）41頁〔森君枝〕。
(注18) 東京地裁・実務（下）42頁〔森君枝〕。
(注19) 瀬木・民事保全103頁。

支払督促の効力を否定するための請求異議訴訟がさほど提起されていないとすれば、仮執行宣言付支払督促についても損害の発生が稀有であるとして、引渡命令の場合と同様に担保取消しを認める余地はあり得るものと考える。

〔4〕 設例・小問(1)の検討

　小問(1)における仮差押えの被保全権利は、請負残代金400万円と貸金300万円の合計700万円である。

　複数の請求権がいずれも被保全権利とされている以上、勝訴判決による担保取消しの可否を決するためには、それぞれの請求権についてその正当性が認められたかどうかを判断する必要があるから、被保全権利と本案判決における認容額との対比は請求権ごとに行うことになる。

　ただし、複数の請求権を被保全権利とする保全命令について提供された1個の担保については、これを被保全権利とされた請求権ごとに分けて、その一部についてのみ担保取消しの申立てをすることはできないと解されている。というのも、担保は全体として、複数の請求権に係る保全命令により担保権利者が被る損害を塡補するためのものであるし、実務上も、これを認めると、担保額を複数の請求権にどのように割り振るかの問題が生じてしまい、相当ではないからである[注20]。

　したがって、被保全権利と本案判決における認容額との対比は請求権ごとにするとしても、最終的に、被保全権利とされたすべての請求権について担保取消しの事由が存する場合に限り、担保取消しは可能となる。

　そこで、小問(1)のそれぞれの請求権について検討すると、まず、請負残代金については、被保全権利である400万円を超える金額が本案訴訟で認容されているので、この部分に関しては全部勝訴といって差し支えないであろう（なお、450万円を超える請負残代金の内金400万円が被保全権利とされている場合であって、かつ、前記〔3〕(3)で否定説に立つとすれば、担保取消しはできないことになる。）。

　これに対し、貸金については、被保全権利では300万円であるのに、本案

(注20)　門口＝須藤・民事保全65頁〔菊池章〕。

訴訟では250万円に減額して請求され，同額の認容判決しか得られていないので，基本的に，担保取消しはできない。ただし，前記〔3〕(2)で検討したとおり，250万円に減額されて請求された理由が，一部弁済等によるものであって，そのことが本案判決の内容により明白であるとき，あるいは，そのような事実が証明されたときには，担保取消しを認めることができる。

〔5〕 担保取消しの主体（設例・小問(2)）

(1) 主 体

担保の取消しを求めることができる主体は，担保を立てた者である（民訴79条）。担保を立てた者とは，裁判所から担保の提供を命じられて担保を提供した者である。第三者が当事者のために担保を提供した場合には，その第三者が担保提供者とされる。また，担保提供者の一般承継人のほか，特定承継人も含むと解されている[注21]。判例上，供託の方法により担保が提供され，当該担保の取戻請求権が譲渡された場合には，譲渡を受けた特定承継人に担保取消しの申立権が認められており[注22]，譲渡人（担保提供者）は申立権を失う[注23]。担保提供者の供託物取戻請求権を差し押さえ，転付命令を受けた者についても同様とされる[注24]。これに対し，支払保証委託契約を締結する方法により担保が提供され，同契約締結の際にされた定期預金の払戻請求権に対して転付命令を得た第三者は，担保取消しの申立てをすることができない[注25]。支払保証委託契約の効力の消滅に基づく担保取戻請求権を観念することができないことがその理由と考えられている。

なお，特定承継人が担保取消しの申立てをするには，特定承継人であることを証明しなければならないが，承継に関する裁判や執行文の付与を要しな

(注21) 西山・概論124頁，丹野・実務104頁，須藤＝深見＝金子・民事保全86頁。
(注22) 大決昭7・11・11民集11巻2098頁。
(注23) 大決昭11・7・23民集15巻1525頁。
(注24) 大決昭7・11・18民集11巻2197頁。
(注25) 最決平15・3・14集民209号247頁・判タ1127号118頁・判時1829号76頁。

(2) 設例・小問(2)の検討

小問(2)において，Cは，Dに対する1000万円の貸金債権をEに譲渡しているが，仮差押えの担保として供託した200万円の取戻請求権についてまで譲渡したかどうかは明らかではない。貸金債権の譲渡と担保の取戻請求権の譲渡とは，法律上別個である。また，担保の第三者供託が認められていることからしても，被保全権利の帰属と担保の取戻請求権の帰属が当然には一致しないことが容認されており，貸金債権が譲渡されたという事実から，当然に担保の取戻請求権を同時に譲渡したと擬制するのも困難であろう[注27]。したがって，Eが担保の取戻請求権についても譲渡を受けている場合には，特定承継人であるEは，担保取消しの申立てをすることができることになるが，逆に，担保の取戻請求権の譲渡を受けていなければ，Eは，担保取消しの申立てをすることはできない。

[6] 上訴に伴う強制執行停止の際に立てた担保の担保取消し（設例・小問(3)）

(1) 上訴に伴う強制執行停止の際の担保に係る担保取消し

仮執行宣言付判決に対して上訴がされたなどの場合には，裁判所は，担保を立てさせて，強制執行停止の決定をすることができる（民訴403条1項）。この担保の取消しについても，民事訴訟法79条が準用されており（民訴405条2項），79条1項の「事由の消滅」に関しては，その後の訴訟手続において担保提供者の勝訴判決が確定した場合又はそれと同視すべき場合をいうとされる[注28]。

(注26) 門口＝須藤・民事保全65頁〔菊池章〕，菊井維大＝村松俊夫原著／秋山幹男ほか『コンメンタール民事訴訟法Ⅱ〔第2版〕』（日本評論社，2006）95頁。
(注27) 門口＝須藤・民事保全65頁〔菊池章〕。
(注28) 最決平13・12・13民集55巻7号1546頁・判タ1083号134頁・判時1773号26頁，菊井＝村

(2) 一部勝訴判決と担保取消し

　前記〔3〕(2)で検討したように，保全手続の場合には，基本的に，本案訴訟の一部勝訴判決の確定は事由の消滅にあたらない。これと同様に，上訴に伴う強制執行停止のための担保についても，上訴審において仮執行宣言付判決の一部が取消し・変更された（担保提供者の一部勝訴）だけでは，その余の部分に関して上訴したことの正当性が認められたことにはならないから，当然には事由の消滅にはあたらないことになろう。

　それでは，仮執行宣言付判決（原判決）の訴訟物が損害賠償請求権のような金銭債権であって，上訴審において原判決の一部しか取消し・変更がなされなかったものの，担保提供者において，上訴審の判決において維持された部分（担保提供者の敗訴部分）について，元金及び遅延損害金の全額を弁済した場合にも，担保の事由が消滅したといえないであろうか。例えば，2000万円の損害賠償請求訴訟が提起され，1審では1300万円と年5分の遅延損害金の支払を命じる仮執行宣言付判決がされたので，被告が控訴を提起するとともに執行停止を求めて，その停止のための担保として1000万円を供託したところ，控訴審では1審判決を変更し，700万円と年5分の遅延損害金の支払を命じる判決がなされ，これに従い，被告（控訴人）が原告（被控訴人）に対して700万円と年5分の遅延損害金の全額を支払い，その後，控訴審判決が確定したような場合に，700万円と遅延損害金全額の支払を証明する領収証を提出して，事由の消滅を理由とする担保取消しの申立てをすることができるであろうか。

　強制執行停止決定により仮執行が停止されることによって担保権利者が被る損害としては，原判決で認められた権利の実現が不能になることにより生じるものと，実現が遅延することにより生じるものが考えられる。原判決の訴訟物が金銭債権である場合，権利の実現が遅延することによる損害は，遅延損害金の範囲に限られるから（民419条1項），上訴審の判決において維持された金銭債権の元金及び遅延損害金の全額が弁済され，当該上訴審の判決が

松原著／秋山ほか・前掲（注26）98頁。

最終的に確定すれば，通常，担保権利者に損害は発生しないことになろう。

ただし，元金及び遅延損害金の全額の弁済については，私人間で行われるものであって，公権的な確定が行われないことから，その点をどのように評価するかによって，担保の事由の消滅にあたるとするかどうか，結論が分かれ得る。

この点に関して，担保提供者の代理人弁護士から担保権利者の代理人弁護士に対して，上訴審の判決で維持された金銭債権の元金及び遅延損害金の全額が弁済され（弁済後に当該判決は確定した。），担保権利者の代理人弁護士名義の領収証が作成され，その領収証が提出された場合に，前記の弁済とその後の上訴審の判決確定をもって，担保の事由の消滅にあたるとした裁判例(注29)がある。これに対し，私人間で行われた弁済は，仮執行や弁済供託が行われた場合などとは異なり，その効力が争われる余地があることから，領収書の存在のみによって担保の事由が消滅したとまではいえないとした裁判例(注30)もある。

保全命令に関する事由の消滅について，一部勝訴判決の場合であっても，一部弁済が証明されたときには事由の消滅を認める見解もあること（前記〔3〕(2)）に照らすと，理論的には弁済の事実が争われる可能性があるとしても，そのような事態は稀有であるとして，事由の消滅にあたると解することにも合理性があるものと考える。

(3) 全部敗訴判決と担保取消し

それでは，小問(3)のように，Fが，Gから2000万円の損害賠償請求訴訟を提起され，1300万円と年5分の遅延損害金の支払を命じる1審の仮執行宣言付判決に対して，控訴を提起するとともに執行停止を求めて，その停止のための担保として1000万円を供託したところ，控訴棄却の判決を受け，Gに対して1300万円とその遅延損害金の全額を支払った場合，すなわち，控訴に伴う執行停止を求め，その控訴に関して全部敗訴した場合にも，1審判決で命

(注29) 東京高決平25・7・19判時2209号106頁・金判1427号16頁。
(注30) 前掲（注29）東京高決平25・7・19の原決定である東京地決平25・3・26判時2209号108頁・金判1427号21頁。

じられた全額の弁済の事実を証明して，事由の消滅を理由とする担保取消しの申立てをすることができるであろうか。

　前記(2)で検討したように，強制執行停止決定により仮執行が停止されることによって担保権利者が被る損害としては，原判決で認められた権利の実現が不能になることによるものと，実現が遅延することにより生じるものが考えられる。そして，原判決の訴訟物が金銭債権である場合，権利の実現が遅延することによる損害は，遅延損害金の範囲に限られるから（民419条1項），結局，1審判決で認容された1300万円とこれに対する年5分の遅延損害金が，通常，担保権利者の被る損害の最大限ということになろう。したがって，控訴審判決が確定したかどうかにかかわらず，この全額を支払えば，通常，担保権利者には損害が生じないことになろう。

　そして，1300万円とこれに対する遅延損害金の支払がなされ，領収書が提出された場合に，私人間の弁済として後に争われる可能性がある点をどのように評価するかによって，事由の消滅による担保取消しを肯定する見解と否定する見解が分かれていることは，前記(2)のとおりであって，前掲（注29）の東京高決平25・7・19の見解によれば，Fは，担保の取消しを求めることができる。

Ⅲ

仮差押え

9 （当事者）ジョイントベンチャーを当事者とする仮差押え

森　剛

　建設業を営むＡ社とＢ社は，いわゆるジョイントベンチャーを形成し，Ｃ共同企業体と称して，Ｄ社からマンションの建設工事を請け負ったが，次のような事態が発生した場合，誰が，どのような権利に基づき，誰に対して，どのような民事保全をすることができるか。
⑴　Ｄ社の資金繰りが悪化し，このままでは，Ｃとして請け負ったマンション建設工事の代金の支払が危ぶまれる場合
⑵　Ｂ社がＣ共同企業体の趣旨に反してマンションの建設工事に協力しないため，工事が遅れてしまい，Ａ社が何とか工事を完成させたものの，Ｄ社から工事代金の支払を受けた際，工事遅延による約定損害金を控除されてしまい，赤字になってしまった場合
⑶　マンションの建設工事が約7割程度できた時点で，Ａ社が業績不振のために建設工事を続行できなくなってしまい，Ｂ社だけでは予定のマンションを完成することができないため，Ｄ社はＣとの請負契約を解除したが，別の業者に改めて工事の続行を依頼しても，完成が遅れることは必至で，購入予定者に対して多額の賠償費用が発生する場合

[1]　ジョイントベンチャーの意義等

(1)　ジョイントベンチャーの意義

　一般に，ジョイントベンチャーとは，財産・金銭・労務・技術・知識等を拠出し，利益を目的とする1個の事業を行うために，2人以上の者が明示又は黙示の契約により合意した人的結合であり，構成員は，相互に代理人にな

り，共通の目的を達成するための手段に関して各人が管理権を有するものであると定義づけられている[注1]。

上記定義に従えば，ジョイントベンチャーは，営利を目的とするものであれば，事業の種類・範囲に制限はないが，我が国においては，主として建設業界において，複数の建設業者が共同して受注して工事を行う共同請負の一方式として，1社が受注したのでは手に余るような大規模工事であるとか，中小業者の施工能力の向上，受注機会の拡大などといった目的で利用されているようであり，本項目においても，もっぱら建設業者を念頭に置いて論じることとする。

(2) ジョイントベンチャーの内容

ジョイントベンチャーの活用・発展を支援してきた建設省（現在は国土交通省。以下同じ。）に設置された中央建設業審議会が発表した「共同企業体の在り方について」（昭和62年建設省中建審発第12号）によれば，共同企業体を活用する場合には，①大規模かつ技術的難度の高い工事の施工に際して，技術力等を結集することにより工事の安定的施工を確保する場合等工事の規模，性格等に照らし，共同企業体による施工が必要と認められる場合に工事ごとに結成する共同企業体である「特定建設工事共同企業体」，②中小・中堅建設企業が，継続的な協業関係を確保することによりその経営力・施工力を強化する目的で結成する共同企業体である「経常建設共同企業体」及び③地域の維持管理に不可欠な事業につき，継続的な協業関係を確保することによりその実施体制の安定確保を図る目的で結成する共同企業体である「地域維持型建設共同企業体」のいずれかの方式によるものとされている。これは，結成目的の違いに着目した分類ということができる。

また，共同企業体は，受注した工事の施工方式の違いに着目して，①各構成員が出資割合に応じて資金，人員，機械等を拠出して工事を施工し，出資割合に応じて損益を分配する「共同施工方式」（甲型）と②各構成員が工事の

(注1) 平井一雄「ジョイント・ヴェンチャー」遠藤浩ほか監修『現代契約法大系(8)国際取引契約』（有斐閣，1983）331頁。

内容によって分担して施工する「分担施工方式」(乙型)とに分類される(注2)。

(3) ジョイントベンチャーの法的性質

ところで,このようなジョイントベンチャーの法的性質をどのようなものとみるべきかが問題となるが,構成員が工事完成前に1社になっても受注した工事を施工・完成すべき旨の約定が交わされることが通常であることからすると,民法上の組合の本質に反するとして,権利能力のない社団であると解する見解もある。しかし,その構成員になろうとする者同士の契約によって結成され,構成員の変動を予定しておらず,定款もなく,構成員全員によって代理権を授与された代表者によって業務を執行し,その法的効果は,各構成員に帰属し,各構成員は対外的に個人財産をもって責任を負うなどの特徴に照らせば,民法上の組合とみるのが相当であり,判例もこの立場に立っているものとみられる(注3)。

〔2〕 ジョイントベンチャーの当事者能力

上記のとおり,ジョイントベンチャーの法的性質を民法上の組合であると解すると,民事保全法上の当事者能力の有無が問題となる。民事保全法7条が準用する民事訴訟法29条は,法人でない社団で代表者の定めがあるものについては当事者能力を認めているからである。

民法上の組合は,組合独自の財産が存在せず,組合財産は総組合員の共有に属する(民668条)ことから,社団性を否定する見解もあるが,組合財産は,組合員の個人財産とは区別されており,業務執行組合員は,組合の代表者とみなされることなどからすれば,対内的独立性,財産的独立性,対外的独立性,内部組織性を備える限りは,民法上の組合であったとしても,社団性を

(注2)　来栖三郎『契約法』(有斐閣,1974) 632頁。
(注3)　最大判昭45・11・11民集24巻12号1854頁・判タ255号129頁・判時611号19頁は,水害復旧建設工事及びこれに付帯する事業を共同で営むことを目的とする建設工事共同企業体が民法上の組合であることを前提に,業務執行組合員に対する組合員の任意的訴訟担当の可否について論じている。

肯定するのが相当であり、この見解が判例[注4]・通説である。

したがって、ジョイントベンチャーにおいても、対内的独立性、財産的独立性、対外的独立性、内部組織性の要件を満たす限り、民事保全法上の当事者能力を有するということになる。

我が国におけるジョイントベンチャーは、建設省が作成した「共同企業体標準協定書」に則った形で結成されているとみられるところ、これによれば、構成員である複数の事業者の中のうち1名を代表者とする旨が定められることになっているから、上記要件を満たすことになると思われる。

[3] ジョイントベンチャーである請負人を債権者とする仮差押え

(1) 一般論

マンションの建設工事に関する請負契約においては、完成までに相当の期間を要することなどから、民法の本則（民633条）どおり、注文者が請負人に対し、工事完成後・引渡し時に一括して代金全額を支払うというケースはまずなく、注文者と請負人との間で、工事が完成する前にも、何回かに分けて工事代金を支払う旨の約定をすることが一般的であると思われる。

そうすると、マンションの建設工事がいまだ完成していない場合であっても、請負人としては、注文者に対し、履行期が到来した代金の一部についてその支払を求めることができることになる。

したがって、その限りで、注文者が代金の支払を怠っている場合は、請負人は、その代金債権を被保全権利として、注文者の保有する財産に対する仮差押えをすることができる。

また、履行期が到来していない代金債権であっても、これを被保全権利として、保全の必要性が認められる限り、仮差押えをすることができる（法20条2項参照）。

(注4) 最判昭37・12・18民集16巻12号2422頁・金法355号13頁。

(2) 設例・小問(1)の検討

 上記(1)を前提にして小問(1)を検討すると，C共同企業体としては，D社の資金繰りが悪化し，履行期が到来していない代金債権を保全するためには，保全の必要性があると主張・疎明して，D社の保有する財産に対する仮差押えの申立てをすることになる。

 仮にA社がC共同企業体の代表者とする旨定められていたとすると，当事者目録における表示としては，以下のとおりとなる。これは，C共同企業体が債務者や第三債務者となる場合であっても，同様である。

■当事者目録（記載例）

```
債　　権　　者　　C共同企業体
上　記　代　表　者　　A社
代表者代表取締役　　○　○　○　○
```

(3) 仮差押命令の目的物

 ところで，仮差押命令の目的物が債権である場合には，申立てにあたって特段の問題は生じないが，不動産である場合は，検討を要する。なぜならば，執行が仮差押えの登記をする方法により行われるところ（法47条1項），実体法上独立した法人格を有しない権利能力なき社団については登記の当事者能力が否定されるものと解されており[注5]，ジョイントベンチャーが法人格のない社団と同様に扱われるべきであるとすると，「C共同企業体」の名義では登記が受け付けられないのではないか，ひいてはそもそも申立てをすることができるのかが問題となるからである。

 しかし，C共同企業体としては，D社を被告として，本案訴訟を提起し，勝訴した場合には，その名義で強制執行することができるのであるから，目的物が不動産であっても債権者として仮差押えが認められてしかるべきであ

（注5）　最判昭47・6・2民集26巻5号957頁・判タ282号164頁・判時673号3頁。

る。

上記最判（前掲（注5）最判昭47・6・2）は，権利能力なき社団の資産である不動産については当該社団の名で登記することができないと判示したにすぎず，仮差押え自体ができないと判示したものではないから，このように解したとしても，上記最判に反するということはできない。

実務上も，権利能力なき社団を債権者とする不動産仮差押えの申立ては認められており，仮差押命令に基づく社団名義の登記も受理されている。

[4] ジョイントベンチャーの構成員を債権者及び債務者とする仮差押え

(1) 一般論

ジョイントベンチャーは，注文者との間で締結した請負契約に基づき，工事を完成させ，注文者に対し，引き渡したときは，約定の代金の支払を受けることができるが，ジョイントベンチャーの一部の構成員が工事に協力せず，完成が遅延した結果，約定の損害金の支払を余儀なくされ，約定の代金の支払を受けることができない場合には，実質的にはジョイントベンチャーの他の構成員が損害を被ったことになるから，同構成員は，工事に協力しなかった構成員に対し，債務不履行による損害賠償請求権を取得するものと解される。

したがって，工事を完成させた構成員は，これを被保全権利として，工事に協力しなかった構成員の保有する財産に対する仮差押えをすることができる。

(2) 設例・小問(2)の検討

上記(1)を前提にして小問(2)を検討すると，C共同企業体は，D社から受注したマンションの建設工事を完成させたのであるから，本来であれば，D社からは，約定の工事代金全額の支払を受けられるはずである。しかるに，構成員であるB社が建設工事に協力しなかったことによって，工期が遅滞する

ことになり、工事遅延による約定損害金が発生し、上記代金からこれを控除した結果、赤字になってしまったというのであるから、C共同企業体の構成員であるA社は、B社に対し、債務不履行による損害賠償請求権を取得することになろう。

ところで、上記「共同企業体標準協定書」のうち共同施工方式に係る甲型によれば、決算の結果欠損金が生じた場合には、出資の割合により構成員が欠損金を負担するものとする旨が定められることになっているから、A社及びB社も、共同施工方式によるC共同企業体を結成した場合には、同様の合意をしたものと考えられる。

そこで、上記損害も、A社及びB社が所定の出資割合に応じて負担すべきこととなるから、A社は、自己が負担すべきこととなった欠損金の額を損害として、請求債権を構成したうえで、B社の保有する財産に対する仮差押えをすることになる。

これに対し、A社及びB社がC共同企業体を結成する際に、利益も損失も分配の割合を定めていなかったときは、損害の負担は、出資の割合により定まり（民674条1項）、利益の分配についてのみその割合を定めたときは、同じ割合であると推定される（同条2項）から、上記合意がある場合と結論としては変わらないことになろう。

〔5〕 ジョイントベンチャーである請負人を債務者とする仮差押え

(1) 一般論

ジョイントベンチャーとの間で請負契約を締結した注文者は、ジョイントベンチャーの責めに帰することができる事由により、期日までに請負契約に基づく工事完成債務を履行することができなくなったときは、期日前であっても、①民法541条に基づき、催告したうえで相当期間経過後に、又は②取引通念に照らして完成が不可能であるとみられるときは、催告を要せず民法543条に基づき、請負契約を解除することができるものと解され、この場

合，注文者は，ジョイントベンチャーに対し，解除により発生した損害の賠償を請求することができる（民415条後段）。

したがって，注文者は，これを被保全権利として，ジョイントベンチャーの保有する財産に対する仮差押えをすることができる。

ただ，仕事が完成する前に解除した場合に，注文者が残りの仕事を行うのに要した費用相当額の賠償を求めるにあたっては，損害額が未完成部分に対応する代金額に相当する金額を超えるときに限って，その超過額の賠償を請求することができるにすぎないと解されていることに注意する必要がある[注6]。

(2) 設例・小問(3)の検討

上記(1)を前提にして小問(3)を検討すると，小問(3)のような状況では，A社とB社から構成されるC共同企業体としては請負契約に基づく工事完成債務を履行することが社会通念上できなくなったことによると解されるから，D社が，工事完成前に，C共同企業体との請負契約を解除したことは，債務不履行による解除として許容されるということができよう。

ただ，別の業者に工事の続行を依頼しても，完成が遅れることが必至であり，購入予定者に対する多額の賠償費用が発生する場合，D社は，C共同企業体に対し，債務不履行に基づく損害賠償請求権を行使することができ，上記権利を被保全権利として，C共同企業体の保有する財産に対する仮差押えの申立てをすることができる。

具体的には，A社及びB社がC共同企業体に出資した財産が想定されるが，工事の進捗状況によっては，その大半が経費として費消されてしまった結果，仮差押えの対象としてはほぼ無価値になっている場合もあり得よう。

では，C共同企業体の保有する財産の価値によっては，D社の被る損害を塡補することができない場合に，D社としては，その構成員であるA社及びB社を債務者とする仮差押えの申立てをすることができないであろうか。

共同企業体は，基本的には民法上の組合の性質を有するものであり，共同

（注6）　最判昭60・5・17集民145号13頁・判タ569号48頁・判時1168号58頁。

企業体の債務については、共同企業体の財産がその引当てになるとともに、各構成員がその固有の財産をもって弁済すべき債務を負うと解されるところ、共同企業体の構成員が会社である場合には、会社が共同企業体を結成してその構成員として共同企業体の事業を行う行為は、会社の営業のためにする行為（附属的商行為）にほかならず、共同企業体がその事業のために第三者に対して負担した債務につき構成員が負う債務は、構成員である会社にとって自らの商行為により負担した債務というべきものである。したがって、このような場合には、共同企業体の各構成員は、共同企業体がその事業のために第三者に対して負担した債務につき、商法511条1項により連帯債務を負うと解するのが相当である(注7)。

このように解すると、D社としては、A社及びB社に対し、C共同企業体がD社に対して負担した上記損害賠償債務につき、商法511条1項により負う連帯債務履行請求権を被保全権利として、A社及びB社の保有する財産に対する仮差押えを申し立てることができる。この場合、A社を債務者とする仮差押えとB社を債務者とする仮差押えは、関連性が高いことから、1通の申立書による申立てが許容されるべきであるが、超過仮差押えを防ぐ観点から、実務上は請求債権額を割り付けることが求められることがある。

もっとも、A社が業績不振で、工事を続行することができなくなったことからすれば、A社を債務者とする仮差押えの実効性は薄いと思われ、実際には、B社を債務者とする仮差押えの申立てを優先すべきことになろう。

(注7) 最判平10・4・14民集52巻3号813頁・判タ973号145頁・判時1639号122頁。

10 （被保全権利）離婚に伴う財産分与請求権及び慰謝料請求権による仮差押え

日野　直子

(1) 妻Aは，夫Bが同僚のC女と浮気をしたため，現在別居中であり，離婚したいと考えているが，Bが婚姻期間中に貯めたB名義の定期預金500万円をCに譲渡しようとしていることを知った。B名義の財産としては，上記定期預金のほか，Bの父親から相続した時価1億円の自宅がある。Aは，自宅の半分に相当する5250万円の財産分与と不貞行為による慰謝料500万円を被保全権利として仮差押えをしたいと考えているが，どのような問題があるか。また，どの裁判所に申し立てればよいか。

(2) Aは，不倫相手のCに対しても慰謝料500万円を請求したいと考えており，C名義の預金債権を仮に差し押さえる場合，どのような問題があるか。

(3) Dは，Eと離婚する際に，子Fの養育費としてFが満20歳の誕生日を迎える月まで月額10万円を支払うことを約束したのに，実際に支払われたのは半年だけで，その後2年間，支払われていない。そこで，Dは，Eに対して未払の養育費240万円と今後の1年分120万円を被告保全権利として，G社で働いているEの給料支払請求権を仮に差し押さえたい。どのような問題があるか。

〔1〕　離婚事件と保全処分

(1) 人事訴訟の概要

(a) 人事訴訟法の施行

平成16年4月1日の人事訴訟法の施行（人事訴訟手続法の廃止）に伴い、離婚訴訟等人事訴訟事件は地方裁判所から家庭裁判所に移管された。

人事訴訟手続法16条は、保全処分について「子ノ監護其他ノ仮処分ニ付テハ仮ノ地位ヲ定ムル仮処分ニ関スル民事保全法ノ規定ヲ準用ス」と定めるにとどまっていたが、実務上は、人事訴訟に係る慰謝料請求権や財産分与請求権について民事保全が認められることにつき異論はなかった。人事訴訟法30条は、民事保全法の管轄規定の特則として、人事訴訟を本案とする保全処分の管轄につき民事保全法11条、12条の適用を除外し、家庭裁判所の管轄を定めていて、この点に変更はないものと解されている。

(b) 関連損害賠償請求

人事訴訟法17条は、人事訴訟に係る請求とその請求の原因である事実によって生じた損害の賠償に関する請求（以下「関連損害賠償請求」という。）とを同一の訴えですることができると規定する。離婚原因を不法行為とする損害賠償請求事件は民事訴訟であるから、地方裁判所ないし簡易裁判所に管轄があるが、離婚訴訟が係属している場合に限り、家庭裁判所に管轄が生じ、家庭裁判所に訴えを提起することができるほか、地方裁判所は、申立てにより、相当と認めるときは、係属中の関連損害賠償訴訟を家庭裁判所に移送することができ、家庭裁判所には併合審理が義務づけられている（人訴8条）[注1]。両者は実質的には同一の事実を審理するから、訴訟経済上も一回的に解決されることが好ましく、実務上、関連性については広く解されている[注2]。も

(注1) 人事訴訟手続法7条2項は「訴ノ原因タル事実ニ因リテ生シタル損害賠償ノ請求」と規定していたところ、人事訴訟法17条の規定はこれと同義と解されている。ここにいう「相当」性は審理運営上の相当性を意味し、両訴訟の審理の進行状況、管轄の利益等が総合的に判断される。

(注2) 損害賠償債務の不存在確認請求、離婚原因を作出した第三者に対する損害賠償請求などもこれに含まれる。また、離婚訴訟の被告となっている配偶者が、原告は有責配偶者であり、離婚請求は信義則上許されないと主張して請求棄却を求め、離婚請求の反訴を提起することなく、当該有責性を基礎づける事情につき配偶者ないし第三者に対する損害賠償を請求することも、配偶者に対しては反訴、第三者に対しては別訴として許される。逆に、離婚訴訟の被告たる配偶者等が、離婚原因を争い、債務不存在確認請求をすることも許される。他方、夫婦間の貸金や立替金の返還請求は、関連する事実であっても損害賠償請求権ではないからこれに当たらず、別途民事訴訟によるべきである。

っとも，当事者が訴訟外で離婚原因たる事実によって生じた損害の賠償について合意したとして当該合意に基づく請求をするような場合は，通常の民事訴訟によるべきである。

(c) 附帯処分

裁判所は，離婚訴訟において，当事者間に未成年の子がある場合には，父母の一方を親権者と定めなければならない（民819条2項）。

また，裁判所は，離婚訴訟において，申立てにより，子の監護に関する処分（養育費等），財産分与，年金分割等，家事審判事項に係る処分を併合審理しなければならない（人訴32条。併合審理する場合，これらの処分を「附帯処分」という。）。附帯処分は，本来家事審判事項（家事39条別表第二）であり，当事者間に協議が調わない場合，家事審判ないし家事調停により定められるべき事項である（家事事件手続法272条4項により，家事事件手続法39条別表第二に掲げる事項について調停事件が終了した場合，家事調停の申立時点で家事審判の申立てがあったとみなされる。）が，離婚と密接に関連し，当事者の関心も高いから，これらの問題を一括解決することが訴訟経済上も望ましいことを理由としており，人事訴訟法制定前と変化はない[注3]。なお，養育費や財産分与について当事者間の協議により定まった内容の履行を求める請求は，通常の民事訴訟によるべきこととなる。

(2) 離婚事件に関連する保全事件

(a) 概　要

離婚訴訟に係る保全処分として一般的に考えられる類型は，①関連損害賠償請求を被保全権利とするもの，②財産分与請求権を被保全権利とするもの，③養育費請求権を被保全権利とするもののいずれかである（②に関連して仮処分についても触れる。）[注4]。

(注3) 人事訴訟手続法15条1項と異なり，人事訴訟法32条1項が「しなければならない」と規定し，また，37条1項ただし書が附帯処分の申立てのある場合に離婚請求の認諾を認めていないことから，同時解決の要請はより強まったと解されよう。

(注4) 婚姻費用分担請求は，離婚訴訟において財産分与の一事情として考慮することがあり得るが，附帯処分ではない。

(b) 家事事件手続法上の審判前の保全処分について

　家事事件手続法105条は，家事審判事件（家事審判事件に係る事項について家事調停の申立てがあった場合には当該家事調停事件を含む。）が家庭裁判所（ないし高等裁判所）に係属していることを前提として，当該裁判所が仮差押え，仮処分等必要な保全処分を命ずる審判をすることができると定めている。平成25年1月1日の家事事件手続法の施行に伴い廃止された家事審判法は，家事調停については保全処分の申立てを認めていなかった（家事審判規則133条により，調停委員会が調停前に必要と認める処分を命ずることができるとされていたが，調停委員会の職権による処分であり，当事者に申立権はなく，強制力や相手方の処分権を制限する効力は肯定されていなかった。保全処分がされると，話合いによる事案の解決を目指す家事調停の進行に支障をきたすと懸念されたためである。なお，家事事件手続法においても審判前の保全処分が適用されない調停事件を前提とする調停前の処分の規定もある〔家事266条〕。）。しかしながら，家事調停が不成立となると審判に移行するという手続の継続性に加え，保全処分を踏まえ話合いによる最終的な解決を図るというニーズもあることから，養育費，財産分与等，一部の家事調停について，保全処分が定められたものである。

〔2〕関連損害賠償請求権を被保全権利とする保全処分について

(1) 離婚原因と慰謝料請求権

(a) 概　　要

　民法770条1項は，離婚原因を不貞行為（1号），悪意の遺棄（2号），生死が3年以上不明であること（3号），強度の精神病にかかり，回復の見込みがないこと（4号），その他婚姻を継続しがたい重大な事由があること（5号）と定める。当該事実の発生につき当事者の一方に責任がある場合，当該当事者は，他方当事者が離婚を余儀なくされたことによる損害について不法行為に基づく責任を負う。損害の内容は精神的苦痛に対する慰謝料（以下「離婚慰謝料」という。）が主なものであり，この場合，理論的には，各々の不貞行為

等は個別の不法行為を構成し得るから，それにより被った精神的苦痛に対する慰謝料請求権も発生する（以下「個別慰謝料」という。）。不貞行為等，第三者が共同不法行為者となっている場合には，同人も責任を負う。

いずれも関連損害賠償請求に当たり，人事訴訟との併合が許される。

(b) 離婚慰謝料と個別慰謝料との関係

実務上は（特に夫婦のみが当事者となっている場合），離婚慰謝料のみを請求する事案が大半で，個別慰謝料を別個に請求する事案はほとんどない。別個に請求しても，通常，全体として支払を命ぜられる慰謝料金額に大きな差異が生ずることもない。慰謝料の認容額は総額で500万円を超えることはほとんどなく，多くは300万円以内である[注5]。したがって，実際上の差異は，遅延損害金の発生時期（前者は離婚成立の日，後者は各不法行為の日）や消滅時効の成否（民法159条に留意する必要がある。）にとどまる[注6]。

(2) 保全処分の申立てにおける留意点

(a) 手続選択

慰謝料請求権は金銭債権であるから仮差押えを選択することとなる[注7]。

なお，離婚慰謝料は，離婚を余儀なくされたことについての慰謝料であり，離婚前には発生していないが，発生の基礎となる事実関係は既に発生しているから，これを被保全権利とすることに実務上異論はない。

(b) 被保全権利の特定及び疎明

申立てにあたっては，被保全権利としての慰謝料請求権の特定に留意すべ

(注5) 近時の状況については，神野泰一「離婚訴訟における離婚慰謝料の動向」ケース研究322号26頁を参照されたい。
(注6) 最判昭46・7・23民集25巻5号805頁・判タ266号174頁・判時640号3頁は，離婚慰謝料について，離婚が成立してはじめて評価されるから，相手方が有責と判断され離婚を命ずる判決が確定するなど，離婚が成立したときにはじめて，離婚に至らしめた相手方の行為が不法行為であることを知り，かつ，損害の発生を確実に知ったこととなるものと解するのが相当であるとし，最判平6・1・20家月47巻1号122頁・判タ854号98頁・判時1503号75頁は，配偶者が他方配偶者と第三者との同せいにより第三者に対して取得する慰謝料請求権について，一方の配偶者が右の同せい関係を知ったときからそれまでの間の慰謝料請求権の消滅時効が進行すると解するのが相当であるとしている。
(注7) 理論的には仮の地位を定める仮処分として仮払仮処分を考え得るが，債務者の審尋を要すること，保全の必要性が乏しいことから，実務上は皆無に等しい。

きである。個別不法行為による場合に原因となる行為を特定し疎明すべきはもちろんであるが（原因行為の内容，日時ないし期間，不貞行為の相手方等により特定することとなろう。），離婚に伴う慰謝料請求権の場合であっても，不法行為に当たることが明らかな程度には原因となる事実を特定し疎明する必要がある（特定さえもできない場合には疎明も困難であろう。）。また，財産分与請求権による請求金額と合計して記載する場合には，慰謝料金額と財産分与金額との金額の内訳を記載する必要がある[注8]。

　上述した金額を超える慰謝料については，被保全権利のみならず保全の必要性の疎明として，慰謝料を通常より増額すべき特別な事情（不貞行為であれば，著しく長期間であるとか，頻度ないし相手が相当多数であるとか，実質的に別の家庭を築いているとか，不貞行為が発覚した後の対応が極めて不誠実であるなどといった事情，暴力行為であれば，その程度の悪質性，期間が長いこと，頻度が多いことなど）について疎明を要する。

(c) 保全の必要性

　理論上は通常の仮差押えと異なるところはない[注9]。債務者にとって影響の少ないものから選択するべきであり，特に不動産等がある場合には給与・退職金等の仮差押えの必要性については，実際に退職の可能性が高い場合などに限るべきであり，慎重な判断を要しよう。

(d) 管　　轄

　人事訴訟法30条は，保全事件の管轄に関して民事保全法の適用の例外を定めている。関連損害賠償請求に関する保全命令は，仮に差し押さえるべき物又は係争物の所在地を管轄する家庭裁判所にも申し立てることができる（人

(注8) 「金○○円　ただし，債務者が平成○○年○○月○○日ころから現在まで○○○○と不貞行為に及んだことを原因として債権者が債務者に対して有する慰謝料請求権金○○円及び離婚に伴う財産分与請求権金○○円の合計額」などと記載するのが通例である。

(注9) 　実際上はやや緩やかに運用されているという指摘（瀬木比呂志「保全処分」野田愛子＝安部嘉人監修『人事訴訟法概説：制度の趣旨と運用の実情〔改訂版〕』（日本加除出版，2007）292頁）もあるが，現在の実務は，必ずしも緩やかというわけではない。ちなみに西口元「人事訴訟を本案とする民事保全（附帯処分を含む。）」野田愛子＝梶村太市総編集／梶村太市・棚村政行編『新家族法実務大系(5)調停・審判・訴訟』（新日本法規出版，2008）397頁は「夫婦共同財産の性質を有する不動産等については，保全の必要性の判断を緩やかにしてもよいと思われる。しかし，給与や退職金については，債務者に対する影響が大きいので，保全の必要性について慎重に検討を加えるべきである。」としている。

訴30条3項) (注10)。

〔3〕 財産分与請求権を被保全権利とする保全処分について

(1) 非訟事件性との関係等

　附帯処分は本質的には非訟事件であり，人事訴訟と併合審理される場合もその性質を失わない。そのため，合意や審判により内容が確定していない場合には具体的な権利義務が成立していないから，被保全権利が存在しないとして財産分与請求権を被保全権利とする保全処分を否定する見解がある。しかし，家事調停・審判手続では財産分与請求権の前提となる離婚の成否を決することができないから，離婚成立前には，家事審判の申立てやこれに伴う保全処分はできないと解されていることもあり，実務上，離婚訴訟の係属する可能性がある場合には，財産分与請求権を被保全権利とし，離婚訴訟についてされる財産分与請求の申立てを本案とする民事保全を肯定している。

　逆に，離婚成立後は，訴えを提起する余地はなく，家事調停や家事審判によるべきであるから，上述の審判前（調停前）の保全処分によることとなる。

　また，合意（財産分与契約）により確定した財産分与の履行を求める請求は通常の民事訴訟であり，関連損害賠償のような管轄に関する特別の定めもないから，地方裁判所又は簡易裁判所に提起すべきこととなり，これを本案とする保全処分は通常の民事保全である。

(2) 財産分与請求権

(a) 財産分与請求権の性質

　財産分与請求権（民768条）の性質について，前掲（注6）最判昭46・7・

(注10)　本案は，併合請求を除き，当該訴えに係る身分関係の当事者が普通裁判籍を有する地又はその死亡のときにこれを有した地を管轄する家庭裁判所に専属管轄がある（人訴4条）。公益性に鑑み，身分関係の画一的・一回的解決の観点から人事訴訟の集中を図るため，管轄を限定している。普通裁判籍は民事訴訟法4条2項により，住所，居所，最後の住所のいずれかである。

23は，夫婦が婚姻中に有していた実質上共同の財産を清算分配し，かつ，離婚後における一方の当事者の生計の維持を図ることを目的とするとしたうえで，財産分与を命ずるか否か，その額及び方法について，裁判所は，一切の事情を考慮すべきであるから，分与の請求の相手方が離婚についての有責の配偶者で，有責行為による損害を賠償すべき義務を負うと認められるときは，これを含めて財産分与の額及び方法を定めることもできるとした。これを踏まえ，実務上は，財産分与請求権には清算，扶養，慰謝料の性質があるが，前者が中心で，後二者は補充的であると解している。

(b) 清算的財産分与

現在の実務は，①夫婦が実質的に共同生活中に構築した財産を寄与度に応じて清算する，②特段の事情のない限り夫婦の寄与度は2分の1とみる（一方が専業主婦であった場合も2分の1の寄与があるとみるのが通常であり，寄与割合を変更するのは例外的な場合である。），③別居時までは夫婦の共同生活があるから，別居時の夫婦双方の財産を清算するとの扱いが一般的である。民法は，夫婦別産制を採用しており，婚姻中配偶者の一方が自己の名で得た財産は当該配偶者が単独で有する財産であるが，婚姻中の経済的協力関係を踏まえ，離婚時に各配偶者が有する財産の差異を調整することが清算の趣旨である。したがって，その方法は金銭給付が原則であるが，裁判所の裁量により，現物の給付を認める場合もある。

したがって，清算的な財産分与を被保全権利とする場合には，その内容を明らかにするため，別居時の夫婦双方の資産及び負債の主張と疎明が必要である[注11]。最判昭41・7・15（民集20巻6号1197頁・判タ195号79頁・判時456号32頁）は，財産分与の申立ては家事審判事項の申立てであるから，金額及び方法を特定する必要はないとするが，保全処分の申立てにあたっては，被保全権利の金額の特定が必須である。実際の申立てには，債権者の資産を明らか

(注11) 別居後相当期間が経過しているような場合は，別居時の財産の把握が困難なこともあり得る。最判昭34・2・19民集13巻2号174頁・判時180号36頁は，民法768条3項の一切の事情として，離婚訴訟の口頭弁論終結時の当事者双方の財産状態も含まれるとしており，別居時の財産を明らかにすることが難しい場合は，申立て時の財産を疎明して被保全権利を特定することは許されよう。

にしないまま債務者の資産の2分の1を分与額として主張するもの，あるいは負債を一切考慮しないまま単に資産の2分の1を分与額として主張するもの，そもそも財産の把握が不十分なものなどがあり，主張及び疎明の追加を促すことが多い。本案の審理においても，財産分与は財産権上の紛争であり当事者主義的な運用になじむうえ，特別な証拠収集手続はなく裁判所の職権探知には限界があるから（家事審判手続のみならず人事訴訟においても文書提出命令に従わない場合の真実擬制の規定の適用が排除されるなど，非協力的な当事者に対する対抗手段は通常の民事訴訟より制限されている。），財産分与の対象となる財産の確定，評価，寄与の割合のいずれについても，当事者による積極的な主張・立証を求めるのが一般的である。財産分与の審理は立証上の困難も多く，長期化しがちであり，円滑な紛争解決のためには，本案も見据え，保全申立ての段階から，例えば，経済的な共同関係が終了した時点の確定に必要な事情（単なる単身赴任から引き続き紛争状態に至った場合や家庭内別居の場合などに争われることが多いから，生活状況や財産管理状況の変化等について明らかにする必要がある。），別居時の両当事者の財産（銀行預金であれば銀行名・支店名・種目・残高を，有価証券等については証券会社・残高を，退職金等であれば支給額を把握する。不動産については住宅ローン債務の残高等も確認する。），特有財産性ないし財産形成に対する寄与の程度を裏づける事情（贈与・相続等により取得した財産の有無等）などについて調査し，可能な限り具体的に把握することが有益である。

(c) 慰謝料的要素の考慮

最判昭31・2・21（民集10巻2号124頁・判タ57号38頁）は，離婚の場合における慰謝料請求権は，財産分与請求権とはその本質を異にし，権利者は両請求権のいずれかを選択して行使することもできるとし，両請求権は互いに密接な関係にあり，財産分与の額及び方法を定めるには一切の事情を考慮することを要するから，その事情の中には慰謝料支払義務の発生原因たる事情も当然に斟酌されるべきであるとする。また，前掲（注6）最判昭46・7・23は，財産分与に損害賠償の要素を含めて給付がされた場合には，さらに請求者が相手方の不法行為を理由に離婚そのものによる慰謝料の支払を請求したときに，その額を定めるにあたっては，その事情を考慮しなければならず，財産分与によって請求者の精神的苦痛がすべて慰謝されたと認められるときには

重ねて慰謝料の請求を認容することはできないが，財産分与がされてもそれが損害賠償の要素を含めた趣旨とは解せられないか，その額及び方法において請求者の精神的苦痛を慰謝するには足りないと認められるときは，財産分与を得たことによって慰謝料請求権が消滅するものではない旨判示している。

　財産分与において慰謝料的要素を主張する場合は，慰謝料請求権を被保全権利とする場合と同様に不法行為に当たる事実を主張・疎明する必要がある。慰謝料請求権を被保全権利とし，財産分与においても慰謝料的要素を主張すると二重請求となる場合が多く，相当ではない。通常は端的に慰謝料請求権を被保全権利とすれば足り，財産分与において主張する必要性は低いと思われるが，財産がほぼ自宅不動産のみで，その全体の分与などを求める必要性があるといった場合には，検討すべき選択肢となろう。

(d)　扶養的要素の考慮

　扶養的要素を考慮するか否か，するとしてどの程度考慮するかは，審判時ないし口頭弁論終結時に双方の有する財産，債務，稼働能力等を比較し，扶養の必要性と扶養の能力の有無等を検討して決定される。未成熟子の扶養については養育費において考慮する(注12)から，扶養的要素は，離婚により本来は扶養関係が失われる元配偶者間において考慮されるところ，これを肯定している例は多くはない。通常は自ら生計を立てるまでの生活の維持に必要な限度での考慮を基本とするが，清算的財産分与や年金分割によりある程度の備えは確保できること，逆にそれが困難な場合は，相互に収入が少ないなどの事情があり，扶養能力が否定されることなどによる。一方の配偶者に資産はあるが特有財産であり，他方配偶者が長期間就労していないとか病気であ

(注12)　最判昭53・11・14民集32巻8号1529頁・判タ375号77頁・判時913号85頁は，当事者の一方が過去に負担した婚姻費用の清算のための給付を含めて財産分与の額及び方法を定めることができるとしている。未払婚姻費用分担金について債務名義がない場合，これを財産分与で考慮することはあるが，過去の収入や生活費の負担状況等の立証は困難であるし，家事審判等の申立てなど権利行使をせず，生活を維持していたという事実も考慮されるから，未払の婚姻費用がすべて財産分与に計上されるとは限らない。なお，最判平9・4・10民集51巻4号1972頁・判タ956号158頁・判時1620号78頁及び最判平19・3・30家月59巻7号120頁・判タ1242号120頁・判時1972号86頁は，離婚訴訟において別居時から離婚時までの子の監護に関する費用の支払を求める申立てがあった場合には，その判断を示す必要があるとしている。

って就労が難しいといった事情がある場合が典型的な場面である。

(3) 保全処分の申立てにおける留意点

(a) 手続選択及び管轄

(ア) 上述したように，財産分与は，金銭給付が原則であり，その場合，保全処分の手続としては仮差押えを選択することとなる。金額の特定等が必要なことは慰謝料について述べたとおりである。

(イ) 自宅不動産等について居住の必要性等特別な事情のある場合には，財産分与として不動産の引渡しの現物給付が認められる可能性があるところ，不動産の現物分与請求権（移転登記請求権及び引渡請求権）を保全するためには処分禁止の仮処分を検討することとなる。現物給付が命じられるのは，例外的な場合であるから，そのような財産分与が認められる蓋然性を疎明する必要がある。具体的には，当該不動産が実質的に夫婦の共有財産であり（原則として夫婦の実質的共有財産に属さない財産の譲渡を求めることはできない。），当該不動産の価値を超える財産分与請求権があることに加え，債権者が当該不動産を取得する必要性（当該不動産が債権者の親族との共有財産であるとか親族の土地上の建物であるといった事情，学齢期にある子らと一緒に居住するなど債権者が当該不動産に継続して居住する必要性，代償金支払能力の有無）などを疎明する必要がある。もっとも，自宅不動産にはいわゆる住宅ローンに係る抵当権が設定され，オーバーローンとなっていることも多いから，このような財産分与が認められる可能性は多くはない。

めぼしい財産が一体の不動産やその共有持分のみであるような場合に，不動産の共有持分を現物分割する財産分与を想定して，不動産全体ではなく一部の共有持分についてのみ処分禁止の仮処分を申し立てることができるかについては議論がある（登記実務上は，このような仮処分命令が発令された場合，嘱託が受理される。昭30・4・20法務省民事甲第695号民事局長回答）。「所有権の一部2分の1」という形で仮処分を発令している例もある[注13]が，上述した財産分与のあり方に照らし，このような分与がされることはごく例外的な場合に限ら

(注13) 瀬木・前掲（注9）294頁。

(ウ) 処分禁止の仮処分を申し立てたが，現物分与の蓋然性の疎明が不足する場合には申立てを取り下げ，別途仮差押えを申し立てるべきである。仮処分と仮差押えは，要件，目的・性質を異にするから，手続の明確を期するためにも，申立ての趣旨を仮処分から仮差押えに変更することは許されない。

(エ) 附帯処分としての財産分与請求を本案とする場合，本案たる人事訴訟の管轄裁判所又は仮に差し押さえるべき物もしくは係争物の所在地を管轄する家庭裁判所に管轄がある（人訴30条2項）。

(オ) 離婚成立後に財産分与請求をする場合は訴訟ではなく，前述した家事事件手続法に基づく調停ないしは審判を選択すべきこととなるから，この場合に保全の措置を講ずるには，審判ないし調停の申立てをしたうえで家事事件手続法105条の審判（調停）前の保全処分によるべきであり，その場合は，当該審判ないし調停の申立てがあった家庭裁判所が管轄裁判所となる(注14)。

(カ) 当事者間に協議が成立したことを根拠に契約上の財産分与請求権を行使する場合は，既に権利の内容が確定していることを前提とするから，通常の民事訴訟であり，保全の措置を講ずるには，通常の民事保全によるべきこととなり，管轄は民事保全法12条の定めるところによる。

(キ) 上述したところのほか，理論的には仮の地位を定める仮処分として仮払仮処分を考え得るが，債務者の審尋を要し，審理に相応な時間をとられることが予想されるうえ，保全の必要性を肯定できる場面が少ないこと（債権者が困窮し，生活が維持できないといった事情がある場合が考えられるが，婚姻中であれば婚姻費用分担を求めることで足りる。）から，実務上はほとんど例がない。

(b) 離婚の成否の蓋然性の疎明

附帯処分としての財産分与請求権は，離婚判決と同時に財産分与が行われることを想定していることは前述のとおりであり，これを被保全権利とする民事保全においても，離婚の判決がされることの蓋然性を疎明する必要性がある。単に債権者に離婚の意思があるというだけでは足りず，上述した離婚

(注14) 財産の分与に関する処分の審判事件の管轄は夫又は妻であった者の住所地，家事調停の管轄は相手方の住所地又は当事者が合意で定める地（家事245条1項）にある。

原因の存在を疎明する必要がある[注15]。

〔4〕 養育費請求権を被保全権利とする保全処分について

(1) 養育費請求権

(a) 概　要

直系血族には互いに扶養義務があり（民877条1項），親は，実際に未成熟子を監護しているか否かにかかわらず，子の監護に要する費用を負担すべき義務を負い，これを養育費という。親の子に対する扶養義務は，配偶者間の扶養義務と同様，自己の生活と同程度の生活を被扶養者にも維持させるべき義務，すなわち，いわゆる生活保持義務である[注16]。

養育費の定めは，父母の婚姻中に，子を監護している配偶者に対して支払われるべき民法760条の婚姻費用分担金のうちの一部として定められる場合，夫婦間の民法766条1項の子の監護に要する費用の分担として定められる場合，子から親に対する扶養義務の履行を求めるものとして定められる場合があり得るが，いずれにせよ，父母間ないし親子間（子が未成年者の場合は，親権者が子を代理する。）の協議がある場合はそれにより，協議がないか協議ができない場合は，申立てにより家庭裁判所が定めることとなる（以下，婚姻費用分担金の一部の場合も養育費との用語を用いることがある）。

(b) 協議がある場合

養育費を協議により定めた場合，権利者はその合意の履行を求めることとなり，その手続は通常の民事訴訟である。権利者は，合意の存在を明らかにする必要があるところ，通常は，念書等が書証として提出されることが多い

(注15)　実務的な感覚としてはやや緩やかに扱われているように思われる。例えば，債務者から離婚訴訟が提起されているような場合，これを争いつつ，財産分与請求権を保全するために申立てをしたような場合には，保全処分が容認されることはあり得る。もっとも，単に離婚を求められているというような場合は，後述する起訴命令がされた場合に結局取り消されることとなる可能性もある。

(注16)　他の親族間の扶養義務は，生活扶助義務といわれ，自己の生活を犠牲にしない範囲で被扶養者の最低限度の生活の扶助をすべき義務とされている。

が，作成の真正等が争われることもあるし，特に口頭の合意の場合は立証が困難な場合も多い。また，家庭裁判所は，必要があると認めるときは，合意を変更することができる（民766条3項）から，実務上は，あえて合意の存在を主張せず，家事調停ないし家事審判が選択されることも多い[注17]。

(c) 算定の方法

民法760条は，婚姻費用分担金について「夫婦は，資産，収入その他一切の事情を考慮して」，民法879条は，扶養の程度又は方法について「扶養権利者の需要，扶養義務者の資力その他一切の事情を考慮して」定めるべき旨を規定しているにとどまり，養育費の算定の具体的方法は家事審判を審理する家庭裁判所の裁量に委ねられている。

実務上は，一般的に収入から生活費を捻出するのが通常であることから，父母の収入を前提として，各種経費について実費を算出したうえ，生活保護基準や各種研究の結果による生活費の尺度を基準に，配分を決定する手法を複数組み合わせて算定することが多かったが，計算方法が複雑で争点が多くなり審理が長期化しがちで，予測可能性が低いとの批判があった。現在は，これらの批判に応えて，平成15年に紹介された簡易迅速な養育費の算定を目指した方式及び算定表[注18]が実務上広く普及定着している[注19][注20]。

この方式は，両当事者の収入のみを基礎として，関係法規や統計資料を参考に推計された標準的な割合をもとに各種経費を画一的に割り出し，これを控除した基礎収入から平易な計算で権利者に割り当てられるべき配分額を算定するものである[注21]。したがって，同方式を前提とする場合，審理の主た

[注17] 公正証書により合意がされている場合は，それ自体が執行証書である場合がほとんどであるから，問題となることは少ない。

[注18] 東京・大阪養育費等検討会「簡易迅速な養育費等の算定を目指して―養育費・婚姻費用の算定方式と算定表の提案」判タ1111号285頁以下。

[注19] 最決平18・4・26家月58巻9号31頁・判タ1208号90頁・判時1930号92頁は，事例判断ではあるが，同方式により婚姻費用分担金を算定した原審の判断の合理性を肯定している。両当事者本人も同方式を知ったうえで協議や審理に臨んでいることが多く，同方式提案の目的とされたところは実現されつつあるといえよう。

[注20] 同方式に対しては算定結果が低額にすぎるという批判もある。紙子達子ほか「〈座談会〉養育費・婚姻費用の簡易算定運用と問題点」東京弁護士会ＬＩＢＲＡ13巻11号2頁。日本弁護士連合会「『養育費・婚姻費用の簡易算定方式・簡易算定表』に対する意見書」(2012年)。

[注21] 詳細は，前掲（注18）判タ1111号285頁以下のほか，菱山泰男＝太田寅彦「婚姻費用の

る要点は，主として両当事者の収入の捕捉に絞られることとなる。課税証明，給与所得者であれば源泉徴収票や給与明細，自営業者であれば確定申告書などがあればよいが，そのような資料が入手できない場合は（特に養育費の場合は，離婚後であることが多いから，他方当事者の収入を証する書類の入手は困難であるし，自営業者の場合，そもそも確定申告等をしていない場合もある。），預金通帳の入出金，家計簿，従前の生活状況等から収入を推計するといったことが必要となるほか，それも困難な場合には賃金センサス等を利用し潜在的稼働能力をもとに算定しなければならない場合もある[注22]。

　長期間養育費等が支払われていない場合に，支払義務の始期が問題となることがある。実務上は，養育費等の請求の意思が義務者に対して明らかにされたときとして，明示的な請求があったときか，審判ないし調停の申立て時からとしている例も多いが，子の養育費について，人事訴訟において，別居の翌月から（すなわち離婚成立の日より以前の分から）成人までの支払を命ずることができるとした判決がある[注23]。

(2) 保全処分の申立てにおける留意点

(a) 手続選択及び管轄

　(ア) 養育費は金銭給付を内容とするから，民事保全，家事審判（調停）前の保全処分のいずれであるかを問わず，保全処分の類型は，仮差押え及び仮払仮処分が考えられる。過去分を含め，養育費の将来の支払いを確保する必要性がある場合には仮差押えを，養育費が支払われないため，債権者（子）が困窮し，日常生活に困難をきたしているような場合は定期金の仮払を命ずることが相当となるが，実務上，保全処分が申し立てられる事例は多くないという印象である。月々，権利者義務者の収入を前提として発生する

　　　　　算定を巡る実務上の諸問題」判タ1208号24頁，岡健太郎「養育費・婚姻費用算定表の運用上の諸問題」判タ1209号4頁等を参照されたい。
(注22) 　家事審判（調停）ないしは審判（調停）前の保全処分の審理においては，民事保全と異なり，送付嘱託等の手続を利用することができるから，収入を証する資料の入手は比較的容易である。
(注23) 　前掲（注12）最判平9・4・10。東京家事事件研究会編『家事事件・人事訴訟事件の実務——家事事件手続法の趣旨を踏まえて』（法曹会，2015）96頁〔松谷佳樹〕は，家庭裁判所の合理的な裁量に属する問題であると指摘する。

(将来分については，金額が比較的低額で収入を超えることはあり得ない）という養育費の性質に加え，現状，上述した標準算定方式の普及により審理期間が短くなっていることから，実際上の必要性に乏しい（特に，仮払仮処分の場合，原則として債務者の審尋等を要する〔法23条4項，家事107条〕[注24]ため，本案の審理期間と実質的な相違はない。）こともあるが，むしろ，同方式により結論の予測可能性が高まったため，当事者間で早期に合意し，あるいは，暫定的に，調停ないし審判係属中限りとして争いの少ない限度で養育費や婚姻費用分担金の支払を合意し，実際に支払がされる事例が多いことによると思われる。

(イ) 当事者間の合意に基づく民事訴訟を本案とする場合，保全処分の手続は通常の民事保全の手続によることになり，管轄は民事保全法12条に規定される地方裁判所等になる。なお，合意に基づく養育費請求は人事訴訟の附帯処分が許される場合に当たらないから，家庭裁判所に保全処分を申し立てることはできない。

(ウ) 当事者間に養育費の合意がない場合，上述のとおりこれを定める手続は家事審判（調停）となるから，保全処分の手続は家事事件手続法105条の審判（調停）前の保全処分である。審判ないし調停の申立てがあることが要件となるから，管轄も本案たる家事審判ないし調停の管轄による[注25]。

(b) 仮差押えの範囲

養育費請求権を被保全権利として給与等を仮差押えする場合，差押禁止範囲は給付の2分の1となる（民執152条3項，法50条5項，家事109条3項）。

〔5〕 担　保

慰謝料請求権及び財産分与請求権を被保全権利とする保全処分については，

[注24]　保全処分の申立ての「目的を達することができない事情があるとき」には債務者の審尋等を経ずに発令できるが（法23条4項ただし書，家事107条ただし書），上述した事情に照らすと，極めて例外的な場合に限られよう。

[注25]　婚姻費用の分担に関する処分の審判事件の管轄は夫又は妻の住所地（家事150条3号），子の監護に関する処分（養育費）の審判事件の管轄は子（数人の子についての申立てに係るものにあっては，そのうちの1人）の住所地（家事150条4号），扶養義務の設定の審判事件の管轄は扶養義務者となるべき者の住所地（家事182条1項）にある。家事調停については前掲（注14）。

実務上，担保を立てさせないで仮処分命令を発令することはほとんどない。逆に養育費請求権を被保全権利とする保全処分（特に仮払仮処分）については，債権者が困窮している場合もあり，担保を立てさせないで発令することが多いものと思われる。

〔6〕 起訴命令

最後に，人事訴訟に伴う慰謝料請求ないし財産分与請求を本案とする保全処分命令が発令された後，民事保全法37条に基づく起訴命令が発せられた場合，本案となる手続は何かについて述べる。慰謝料請求については，人事訴訟に係る請求の原因である事実によって生じた損害の賠償を請求する訴訟（附帯請求を含む。）が，財産分与請求については，離婚訴訟に併せて申し立てられた附帯処分が本案となる。なお，人事訴訟事件については調停前置主義が採用されている（家事257条1項）ことから，民事保全法37条5項は，起訴命令を受けた場合，家事調停の申立てをもって訴えの提起とみなす旨を定めているため，慰謝料や財産分与を求める趣旨を含む調停を申し立てることにより，起訴命令を遵守したものということができる。もっとも，同条6項は，これが不成立や取下げにより終了した場合には，その終了の日から起訴命令に定められた期間内に本案の訴えを提起しなければならないとしている点に留意する必要がある[注26]。

この点，自らは離婚訴訟を提起せず，相手が提起した離婚訴訟において離婚自体を争いつつ，予備的にこれらの請求をした場合に，これを本案ということができるかは議論があるが，肯定することが相当であろう[注27]。

(注26) 家事事件手続法272条3項は，調停が不成立となって終了した旨の通知を受けた日から2週間以内に家事調停の申立てがあった事件について，訴えを提起したときは，家事調停の申立てのときに，その訴えの提起があったものとみなす旨定めている。

(注27) 大竹優子「離婚請求訴訟において被告がした予備的財産分与の申立てが離婚に伴う慰謝料請求権及び財産分与請求権を被保全権利とする仮差押決定に対する起訴命令の本案適格を有するとされた事例」平成6年度主判解（民事訴訟24）〔判タ882号〕278頁参照。

■参考文献

本文中に掲記のほか
(1)　足立謙三「民事保全命令事件の管轄（上）」判タ760号6頁。
(2)　中村也寸志「離婚に伴う財産分与請求権を被保全権利とする民事保全」判タ770号12頁。
(3)　行田豊「仮差押えにおける請求債権の特定」判タ814号49頁。
(4)　上野泰史「離婚に伴う財産分与請求権や慰謝料請求権による仮差押え」萩尾保繁＝佐々木茂美編『民事保全法の実務の現状100』〔判タ臨増1078号〕。
(5)　深見敏正「人事訴訟を本案とする民事保全(1)—離婚に伴う財産分与請求権を被保全権利とする民事保全」野田愛子ほか編『家事関係裁判例と実務245題』〔判タ臨増1100号〕596頁。
(6)　近藤幸康「財産分与を巡る裁判例と問題点」判タ1352号86頁。
(7)　山本拓「清算的財産分与に関する実務上の諸問題」家月62巻3号4頁。
(8)　脇村真治「財産分与請求権を被保全権利とする処分禁止の仮処分」東京地裁・実務（上）253頁。
(9)　山崎勉「保全処分」村重慶一編『裁判実務大系㉕人事訴訟法』（青林書院，1995）389頁。
(10)　太田勝造「財産分与請求権に基づく民事保全処分の方法」裁判実務大系331頁。
(11)　秋武憲一＝岡憲太郎編著『リーガル・プログレッシブ・シリーズ(7)離婚調停・離婚訴訟〔改訂版〕』（青林書院，2013）92頁〔松谷佳樹〕。
(12)　金子修編著『一問一答家事事件手続法』（商事法務，2012）。
(13)　東京家事事件研究会編『家事事件・人事訴訟事件の実務—家事事件手続法の趣旨を踏まえて』（法曹会，2015）。
(14)　松本博之『人事訴訟法〔第3版〕』（弘文堂，2012）第9章。

11 （被保全権利）不法行為に基づく損害賠償請求権を被保全権利とする仮差押え

清野 正彦

　Xは，知人のYから，大学と共同開発した新しいサプリメントの販売を手掛けるため資金が必要であり，ヒット確実であるので，1000万円を出資してくれれば，利息として1年後に100万円，2年後には150万円を支払い，3年後にはさらに200万円の利息を付けて1200万円を返還すると勧誘された。Xは，自分でもあるサプリメントを愛用しており，Yを信頼して1000万円を投資した。1年後には100万円が支払われたが，2年目には，Yから，類似商品が出たため販売が落ちており，新商品を出して挽回するので利息の支払を待ってくれと懇願され，待つこととした。しかし，3年目が終了しても元利金が支払われず，調査したところ，Yは実際にはサプリメントを販売しておらず，投資詐欺の被害にあったことが判明した。Xは，Yに対して不法行為に基づく損害賠償請求権を被保全権利として，Yの預金口座等につき仮差押えを申し立てようと考えている。どのような点に注意すべきか。

〔1〕 はじめに

　設例は，不法行為（投資詐欺）に基づく損害賠償請求権を被保全権利とする仮差押えを申し立てるにあたっての注意事項を問うものである。不法行為に基づく損害賠償請求権は金銭の支払を目的とする債権の一つであるから，これを被保全権利とする仮差押命令は，一般の金銭債権の場合と同様に，被保全権利及び保全の必要性についての疎明があることを要件として発令することができる（法13条・20条1項）。しかし，不法行為に基づく損害賠償請求

権は，売買契約に基づく代金請求権，金銭消費貸借契約に基づく貸金返還請求権，賃貸借契約に基づく賃料請求権等の比較的定型化された請求権と比較すると，その態様が千差万別であって，訴訟物や具体的な請求原因事実の構成についても選択の幅が大きい一方，その性質上当事者間に処分証書等の客観的な証拠が残されていないことも多い。そのため，これを被保全権利とする仮差押えの申立てについては，訴訟物や請求原因事実の構成が十分検討されていないと思われるものや，一方的な憶測によりストーリーを組み立てたのではないかと疑われるものに遭遇することが少なくない。

そこで，本項目では，この種の仮差押えを申し立てるにあたって一般的に留意すべき事項を検討したうえで（後記〔2〕），設例の事例について検討する（同〔3〕）。

〔2〕 不法行為に基づく損害賠償請求権を被保全権利とする仮差押えの申立てにおいて一般的に留意すべき事項

まず，この種の仮差押えを申し立てるにあたって一般的に留意すべき事項を，訴訟物の選択及び特定（後記(1)），被保全権利についての疎明の程度（同(2)），各要件事実の疎明（同(3)）並びにその他の事項（同(4)）に区分して検討する。

(1) 訴訟物の選択及び特定

民事保全手続における訴訟物の選択は，本案訴訟の提起のみならず，本執行への移行や担保取消等の局面でも訴訟物の同一性として問題となるものであるから，申立段階から十分慎重に検討すべきものである。特に，不法行為に基づく損害賠償請求権を被保全権利とする仮差押えの申立てについては，被保全権利の疎明を慎重に判断しなければならない事案が少なくないから（後記(2)参照），債権者においても，本案訴訟において被告側から想定される反論・反証等にも配慮して，保全手続で主張する訴訟物を慎重に選択・特定することが求められる。

不法行為の態様は千差万別であるから，一般的な留意点をあげることは困

難であるが，少なくとも，取引上の行為を不法行為として構成するときは，債務不履行に基づく請求権を訴訟物として選択することとの得失を十分に比較検討すべきである。また，不法行為より不当利得返還請求権の方が一般的には要件事実の立証が容易であるから（ただし認容額は悪意の利得者でない限りは現存利益にとどまる。），事案によってはこれを訴訟物とすることも検討に値しよう。また，不法行為に基づく損害賠償請求権について複数の根拠法条が考えられる場合（例えば，民法上の請求と会社法上の請求，民法上の請求と自動車損害賠償保障法に基づく請求等）には，そのいずれを選択するのが最も適切かを検討すべきである。さらに，根拠法条を同じくしても，いつの時点の債務者のどの行為を不法行為と構成するかにより複数の訴訟物の構成が想定され，それが後の本案訴訟における立証の可能性を左右することもあるから，より多くの客観的証拠により裏づけられる見込みのあるストーリーに基づいて，訴訟物を構成するよう留意する必要がある。

(2) 被保全権利についての疎明の程度

　民事保全法は，被保全権利は疎明しなければならないと規定している（法13条2項）（なお疎明においては証拠方法が即時に取り調べることができるものに限定される〔法7条，民訴188条参照〕。）。疎明は，裁判官が確信の程度には至らず一応確からしいという心証を得る程度の立証と解されており[注1]，訴訟物ないし請求権の属性に応じて疎明の程度に格別の差異が設けられているものではない。

　しかし実際上，疎明に要する立証活動の程度は，いかなる訴訟物ないし請求権についても常に同一であるというものではない[注2]。不法行為に基づく損害賠償請求権が訴訟物として選択される場合，債権者は，債務者の故意・過失，権利侵害ないし違法性並びに相当因果関係の認められる損害の範囲及び損害額の各要件事実を疎明しなければならないところ，これらはいずれもオープンな要件であって構成の選択等に幅があるうえ，前述のような比較的

(注1)　裁判実務大系48頁〔丹野達〕，東京地裁・実務（上）30頁〔深見敏正〕，中野＝原井＝鈴木・講座(2)39頁以下〔松本博之〕参照。
(注2)　裁判実務大系51頁以下〔丹野達〕参照。

11 （被保全権利）不法行為に基づく損害賠償請求権を被保全権利とする仮差押え

定型化された保全事件と比較して，一般的にその疎明が容易であるとはいえず，主張の組み立てや疎明に要する債権者の労力も大きくなりがちである。

　これらのことに加えて，不法行為に基づく損害賠償請求権を被保全権利とする仮差押申立てには，いくつかの特徴がある。まず，この種の申立てにおいて不法行為とされた債務者の行為が，同時に刑事上の犯罪事実（例えば詐欺，横領，窃盗等）を構成する場合が少なくないことである。また，それだけに，債権者において，まずは証明の程度が軽減された仮差押えの手続において裁判所の発令を得て債務者に圧力を加えるなどの意図から，安易な申立てがされることも決して稀ではないということもあげられる。さらに，債権者の被害感情が大きいという事情もあって，債務者側から想定される弁解や反論の可能性に対する配慮に乏しく，一方的なストーリーの下に申立てがされる危険性に配慮しなければならない事案が少なくないという特徴もみられる。

　そもそも仮差押えは債務者の言い分を聴くことなく発令するものであり（仮処分についての民事保全法23条4項参照），申立て段階では密行性の要請から十分な疎明資料を収集することができないという事情にも十分に配慮する必要があるが，いったんそれが発令されると，発令の事実が不動産登記における公示（法47条）や第三債務者に対する命令の送達（法50条）によって第三者の知るところとなり，取引先等から事情の説明を求められるなどして債務者の人格的・経済的信用が大きく損なわれることもあり得る。さらに，不法行為に基づく損害賠償請求の本案訴訟においては，業務上横領の請求額が過大なものであることが判明したり，被告の不法行為は原告の被告に対する落ち度のある言動等が原因となっていて過失相殺の法理により損害額が大幅に減額されたりすることも少なくないことにも留意する必要がある。

　このような実情からすると，この種の仮差押申立てに係る被保全権利の疎明については，法文上他の申立てとの間に差異が設けられていないとはいえ，本案訴訟が提起された場合に債務者から予想される反論や抗弁の可能性にも留意して（同種事案においてどのような点が争点となることが多いかを把握しておくことが有用である。），被保全権利の疎明が足りているか否かを慎重に判断しなければならない事案が多くなるのはやむを得ないことといえよう[注3]。特に重大な犯罪事実を構成するような不法行為が主張されている事案では，これを

裏づける疎明資料の評価には慎重であるべきであろう。なお，これを，この種の申立てに係る被保全権利の疎明については相対的に高いレベルの疎明が要求されると説明するか，疎明の程度は他の申立てと同レベルであるが事案の性質上その疎明が困難な場合が少なくないと説明するかは，単に説明の仕方の相違にすぎないと思われる。

(3) 各要件事実の疎明

次に，不法行為に基づく損害賠償請求権を被保全権利とする仮差押申立ての要件事実の疎明にあたって留意すべき事項を，債務者の故意・過失，権利侵害ないし違法性並びに相当因果関係の認められる損害の範囲及び損害額の各要件に即して検討する。

(a) 故意・過失

故意・過失は，いずれも債務者の主観に関する要件であるが，性質上故意の存在が要件となる詐欺・横領・窃盗等以外の不法行為（取引的不法行為，投資勧誘上の不法行為，人格権侵害，安全配慮義務違反等）については，債務者が故意を認めているという例外的な場合は別として，故意という内心そのものに関わる要件よりも，過失という客観的な立証が可能な要件の方が一般的に立証が容易であるから，債務者に故意があると思われる事案であっても，少なくとも過失を選択的に主張しておくのが無難であろう。

業務上横領等のように故意に基づく不法行為として構成せざるを得ない不法行為の場合，横領を認める旨の債務者名義の自認書が作成されていることも少なくない。このような事案では，その署名・押印が債務者本人のものであることを筆跡対照資料，印鑑登録証明書等によって確認するとともに，その自認書が作成された前後の経緯を陳述書等によって補充することが求められよう。また，自認書に横領の事実のみが記載されその金額が記載されていない事案や，自認する金額と申立書で主張する金額とが異なる事案においては，その事情につき相応の説明を補充することが求められる。このような自

(注3) なお，民事保全手続において抗弁に相当する事実を一定程度斟酌することもやむを得ないと解されることにつき，東京地裁・実務（上）31頁以下〔深見敏正〕参照。なお中野＝原井＝鈴木・講座(2)46頁以下〔松本博之〕参照。

認書が作成されていない事案では，既に債務者が起訴され犯行の全容を自供しているような事案を別とすると，故意は前後の事情も含めた客観的な事実・証拠から推認してゆくほかはない。この点については，使途不明金の時期・金額と債務者の銀行口座の履歴との間に有意な相関関係が認められることを明らかにするなどの疎明方法が考えられる。これらの疎明にあたっては，公認会計士等において会計帳簿の調査・分析を行うことも有用である[注4]。投資詐欺の事案では，債務者が勧誘時からまったく資金運用等を行った形跡がないという事実は，故意の認定に積極に作用するが，勧誘当初は資金運用を行っていたもののその後運用が破綻としたという事実は，消極に作用する。

過失については，まず，注意義務の内容及びその違反の事実を，客観的証拠による裏づけが可能であるか否かに留意して，十分慎重に構成する必要がある。そして，その義務違反行為や予見可能性・回避可能性を基礎づける事実を，前後の客観的事実・証拠から裏づけることが求められる。

(b) 権利侵害ないし違法性

不法行為における権利侵害ないし違法性は千差万別であり，事案に即した主張・疎明が求められる。例えば，業務上横領における領得行為を疎明する場合，債務者が会計担当者の地位にあったというだけで，担当していた期間の不明金をすべて領得したと推認することができないことはいうまでもない。使途不明金と債務者の銀行口座の履歴との間に前記のような有意な相関関係が存在する事実は，領得行為の疎明に積極に作用するが，例えば，不明金と主張されている金額が役員貸付・従業員貸付等の名目で会計処理されている事実，会社が裏金作りをしていた形跡がある事実，顧客勧誘のために一定金額の使用を従業員に委ねていた事実等は，消極に作用する。

また，投資勧誘行為において適合性原則違反が違法性の根拠として主張される事案や，従業員退職後の契約に基づく競業避止義務の違反が主張される事案のように，規範的評価に係る評価根拠事実と評価障害事実とを総合考慮して違法性の有無が判断される事案においては，債権者の主張する評価根拠

(注4) 債権者の一方的主張のみで横領の事実を認めることに問題があることにつき，東京地裁・詳論70頁以下〔瀬木比呂志〕，門口＝須藤・民事保全78頁〔古谷健二郎〕参照。

事実のみならず，疎明資料等から存在することがうかがわれる評価障害事実についても十分に検討し，これについての意見を申立て段階から主張しておくことが求められよう。

(c) 相当因果関係の認められる損害の範囲及び損害額

上記のとおり，権利侵害行為ないし違法行為が特定され，それについて債務者に故意・過失が認められる事案では，少なくとも直接的に発生した損害については，例えば横領金額，振込金額という形で特定することが容易であり，また疎明に困難を来すことも少ないと考えられる（金銭の移動を会計帳簿，金融機関の口座の取引履歴，領収書等から疎明することができない場合，一般的にはその疎明は困難なことが多い。）。

これに対し，当該不法行為から派生的・間接的に発生したとされる拡大損害，例えば，債務者が使い込みをしたために債権者が経済的信用を失い取引先から取引を打ち切られるなどして多額の損害を被った，風評被害を被ったなどの事実が主張される事案は，問題が多い。すなわち，取引先から取引を打ち切られた事実が認められるとしても，そのようなことは取引先の内部事情，競合他社の出現等を含め様々な事情で生じ得るものである。また，債権者の売上が債務者の不法行為の時期以降徐々に低下し経営が行き詰まってきたという事実が認められるとしても，そのようなことは一般的な経済動向の変化や景気変動によっても生じ得るものであり，必ずしも債務者の責任のみに帰すべきものと認められないことも多い（債権者が見込んでいた利益金額そのものが過大である事案もまま見受けられる。）。したがって，拡大損害を請求債権に含める場合には，それが相当因果関係の認められる損害であることにつき相応の疎明をすることが求められる。

また，精神的損害，特に慰謝料額についても，過大な請求金額を前提とする申立てがされることがあるが，一般的に裁判例において認められている水準を大きく超えるような申立てについては，たとえ内金として請求するとしても，その総額を被保全権利の請求額として掲げることには問題があろう。

さらに，債務者の不法行為について債権者の行為や不注意も原因となっている場合（例えば，喧嘩，交通事故，投資勧誘行為等）のように，記録上過失相殺すべき事情がうかがわれるときには，これを踏まえた請求額に限定するよう

債権者に再考を求めるのが相当であろう^(注5)。

(4) その他申立てにあたって留意すべき事項

その他申立てにあたって留意すべき事項について触れる。

まず，保全の必要性については，多額の業務上横領や投資被害の事実が認められる事案では，保全の必要性が認められる可能性が大きいといえるが，債務者の安全配慮義務違反等が主張されているものの債務者が正常な経営を継続していることがうかがわれる事案，被保全権利の存否や過失相殺の割合について見解の相違が予想されるような事案では，債務者の不払の事実が必ずしも債務者の資力不足を裏づける事実とはならないことに留意する必要がある^(注6)。

また，請求債権目録における被保全権利の特定は，上記(1)のとおり，本執行への移行や担保取消等の局面でも問題となるから，損害賠償請求権の発生原因である不法行為の事実を他の訴訟物との紛れがないよう必要十分な記載により特定し，その金額を明示する必要がある（規則13条1項2号・2項参照）。

〔3〕 設例の検討

以上を踏まえ，設例の事例について検討する。

(1) 訴訟物の選択及び特定

仮差押えの申立てをするXとしては，まず，被保全権利を債務不履行に基づく損害賠償請求権として構成するか，不法行為に基づく損害賠償請求権として構成するか，後者の場合，いつの時点のYのいかなる行為を不法行為として構成するかを，それぞれの請求金額，疎明の可能性等を考慮に入れて検討する必要がある。

(注5) 門口＝須藤・民事保全80頁以下〔古谷健二郎〕参照。
(注6) 門口＝須藤・民事保全82頁〔古谷健二郎〕参照。

(a) 債務不履行構成

設例においては、YはXに対して新しいサプリメントの販売を手掛けるための資金が必要なので1000万円を出資してくれれば利息として3年で合計450万円を支払って元金を返還すると申し向け1000万円を支払わせたというのであるから、仮にその勧誘文言を立証することができるのであれば、これを前提として債務不履行構成により仮差押えの被保全権利を構成することも検討に値する。この場合、上記の勧誘文言によれば、XとYとの間に成立した私法上の合意の法的性質は、利息付金銭消費貸借契約又は組合契約と考えられるから、契約に基づく履行請求権又は債務不履行に基づく損害賠償請求権を被保全権利として構成することとなろう。

債務不履行構成による場合、Yは元金1000万円の返還のほかに利息又は利益分配金として450万円の支払を約束しているから、既に支払われた100万円を控除した350万円の支払も請求できる可能性があるが（ただし利息制限法に違反する部分は請求することができない。）、現在の実務を前提とする限り、弁護士費用の支払を求めることは困難である。なお、その消滅時効期間は権利行使可能時から10年である（民166条1項・167条）。また、基本的に過失相殺は問題とならないと解される。

(b) 不法行為構成

他方、上記の勧誘文言を立証することが困難と予想される場合には、債務不履行構成ではなく、不法行為構成の採用を検討すべきである。不法行為（詐欺）としては、そもそもYは新しいサプリメントを開発・製造・販売する意思も能力もないのにそれがあるかのように申し向けてXを欺罔し、1000万円を詐取したとの構成をとることが考えられる。この場合、上記(a)とは異なり、利息等として合計450万円の支払を約束したことまでの立証は要しないが、詐欺の不法行為を主張する以上、上記のとおり、Yの故意等を立証することは必要である（そのための具体的な疎明資料については、後記(3)で検討する。）。仮にその立証が困難なのであれば、Xとしては不法行為構成を断念し、訴訟物を不当利得返還請求権として構成することを検討すべきであろう（ただし、悪意の利得者であることの立証が困難であれば、認容額は現存利益にとどまる。）。

不法行為構成による場合、利息の支払又は利益の分配に相当する損害を請

求することはできないが，弁護士費用相当額の損害賠償は請求することができる。なお，その消滅時効期間は，損害及び加害者を知ったときから3年である（民724条前段）。また，詐欺という事案の性質上，この場合も過失相殺は問題としなくてよいであろう。

(c) まとめ

このように，設例においてはいくつかの訴訟物の選択の可能性があるから，Xとしては，その得失を十分比較検討して，訴訟物の選択及び特定をする必要がある。

(2) 被保全権利についての疎明の程度

設例において，Xは，Yが実際にサプリメントを販売する意思がないのにそれがあるかのように装いXに出資を申し向け1000万円を詐取したという不法行為に基づく損害賠償請求権を被保全権利として構成するというのである。このような刑法上の詐欺罪にあたり得る行為を訴訟物の基礎とする以上，Xは，将来の本案訴訟における反論・反証にも耐えられるだけの主張を組み立て，相当程度の疎明をする必要があろう（前記〔2〕(2)参照）。

(3) 各要件事実の疎明

そこで，設例において被保全権利につきどのような疎明方法が考えられるかを，不法行為の要件事実に即して検討する。

(a) 故　意

まず，故意は，行為時におけるYの主観に関する要件であることから，刑事事件においてYが自己の犯行を認める旨の供述調書が作成されているなどの事情のない限り，Yの認識を裏づける他の客観的事実から立証しなければならないこととなる。本設例においてYの故意を立証するためには，少なくとも，Yがサプリメントを共同開発したとする大学にその事実の有無を確認すること，Yが勧誘時に示した各種の資料（Xも，1000万円もの投資をする以上，このような資料もないままYの単なる口頭の説明のみを鵜呑みにしたとは通常は考えがたい。）に記載された様々な事実についてその裏づけの有無を検討すること，Yが実際にサプリメントを販売した事実の有無を調査・確認すること，他に

同種の被害に遭った者の有無やその手口の同一性・類似性を確認すること等の調査が必要不可欠であろう。仮にＹの説明していたサプリメントの開発自体が架空のものであったとすれば，Ｙの故意を推認させる大きな事情となる。Ｙからは，当然，実際にサプリメントの開発・販売を行っていた（あるいはその事業に着手していた）とする反論が予想されるのであるから，Ｘは，仮差押申立てにあたり，Ｙの事業開始に向けた準備行為の有無，事業着手の有無及び内容等を十分に調査し，上記のような反論を否定することができるだけの材料を調えておく必要がある。また，当時のＹの資産状況，資金繰りの状況等を調査することも有用であり，可能であればＹの口座の入出金履歴を調査することも有効であろう。なお，１年目に100万円が支払われた事実は，投資詐欺の実態が露見しないよう欺罔状態を継続させる方便としての事実とも，逆に，Ｙが実際にサプリメントの販売事業を行っていたことを裏づける事実ともみられ得るから，直ちに故意を裏づける事実と評価することはできないと考えられる。

(b) 権利侵害ないし違法性

権利侵害ないし違法性については，ＸのＹに対する1000万円の支払の事実が立証可能であることが前提となる。この事実については，通常はその金額に照らして領収書，振込関係書類等が残されているものと考えられるが，それがない場合には，それにもかかわらず1000万円が支払われたといえることについて相応の疎明をすることが求められる。

(c) 相当因果関係の認められる損害の範囲及び損害額

相当因果関係の認められる損害の範囲及び損害額については，Ｘの支払金額である1000万円から１年目に支払われた100万円を控除した900万円を請求債権とするのであれば，格別の問題は見当たらない。Ｘがそれ以上に拡大損害等を請求債権に含める場合に相応の疎明が求められることは，前記〔２〕(3)(c)のとおりである。

(4) その他申立てにあたって留意すべき事項

保全の必要性については，本設例のような投資詐欺の事実について相応の疎明がされるのであれば，事案の性質に照らして財産の隠匿・流出の可能性

は大きいと考えられるから，保全の必要性の疎明はある程度緩やかに認めてもよいと思われる。

　請求債権目録における被保全権利の特定は，設例のように様々な法的構成の考えられる事案では，特に，どの時点のYのどのような行為をもって不法行為とするかを，他の訴訟物との紛れがないように一義的に明確な形で特定する必要がある(注7)。なお，設例においては，Yの預金口座等につき仮差押えの申立てをするというのであるから，申立ての趣旨には，仮に差し押さえるべき債権の種類及び額その他の債権を特定するに足りる事項を記載する必要がある（規則19条1項・2項1号）。

[4] まとめ

　以上のとおり，不法行為に基づく損害賠償請求権を被保全権利とする仮差押えを申し立てるにあたっては，そもそも訴訟物及び請求原因の選択が，将来の本案訴訟における反論・反証に耐えるだけの立証可能性を伴うものであるか否かを，十分慎重に検討する必要がある。

　確かに，不法行為に基づく損害賠償請求権という権利の性質上，また，将来勝訴した場合の責任財産を保全するという仮差押手続の暫定的・密行的性質に照らして，債権者が常に万端の立証準備を調えて保全申立てに臨むことができるわけではない。裁判所としても，このような保全申立ての特質に留意し，疎明のレベルを超える過度の立証を求めたり，単に債務者側から主張される可能性があるというだけで現実的意味の乏しい事項についてまで債権者に事細かに反論を求めるような対応は慎むべきである。

　しかし，ときとして犯罪行為をも構成し得る不法行為を基礎として仮差押命令が発せられた場合，債務者の信用が大きく損なわれる可能性がある。このような命令を当該債務者に弁解の機会を付与することなく発令する以上，裁判所としても，記録上うかがわれる債務者に有利な事実や債務者から当然

　（注7）　不法行為に基づく損害賠償請求権を被保全権利とする場合の請求債権目録の記載例につき，実務ノート62頁・97頁以下〔行田豊〕参照。

反論・抗弁が想定される事項については，債権者にしかるべき説明をするよう釈明することが可能であり，事案によってはそのような対応が求められているとさえいえよう。また，そのような釈明に対応することは，本案訴訟提起の準備を進めている債権者にとって望ましいことですらある。この種の釈明に対応することは，保全申立てや訴訟提起をより遺漏なきものとすることに資するものであるし，逆にこのような釈明に対応することすらできない事案で無用かつ有害な命令が発せられるならば，将来，保全申立てそのものが不法行為を構成するとして損害賠償を命ぜられる可能性もあるからである。したがって，債権者においても，このような釈明に対応できる程度の準備を調えることもなくこの種の申立てをすることには慎重であるべきことを弁え，本案訴訟の審査に耐えるだけの証拠を具備し得るか否かを冷静に判断し，心して申立てに臨む必要がある。このことは再度ここで確認しておきたい。

12 （目的物）預金債権に対する仮差押え

鈴木　和孝

　Xは，Yに対する売掛金債権を保全するため，Yの取引銀行であるA銀行B支店に預金口座があると考え，そのYのA銀行に対する預金払戻請求権を仮差押えしたいと考えている。しかし，Xは，YのA銀行B支店における預金の種類や預金債権額等の詳細を知らない。そのような場合，Xは，仮差押えの申立てに際して，差押債権目録にどのような事項を記載することが必要か。

　仮差押えの申立てに際して，Xは，Yの取引銀行がA銀行であることはわかっているものの，どの支店にどの程度の預金があるのかわからない場合，A銀行でYの取引額が一番多い支店を取引支店と指定して，又は，取引額の多い支店から少ない支店の順番でと指定して，Yの預金債権の仮差押えを求めることができるか。

〔1〕　問題の所在

　債権仮差押命令の申立てをするにあたっては，「債権の種類及び額その他の債権を特定するに足りる事項」を明らかにしなければならない（規則19条1項・2項1号）(注1)。このように債権の特定が求められるのは，①保全裁判所において，当該債権が法律上仮差押えの許される債権であるか否か（例えば法50条5項，民執152条），仮差押えの許される範囲を超えていないか（法50条5項，民執146条）を判断するために必要であるとともに，②仮差押命令の送

（注1）　民事執行法に基づく債権差押命令の申立てにおいても，同様の規定（民執規133条2項）が設けられており，（仮）差押債権の特定については，仮差押えの場合と差押えの場合とでほぼ変わるところはないと解されている（飯塚宏ほか「座談会・複数支店の預金に対する（仮）差押え（下）」金法1784号21～22頁）。

達を受けた第三債務者及び債務者において，どの債権がどの範囲で仮差押えされて弁済禁止等の効果が生じたのか（法50条1項）を認識することができるようにするためである[注2]。そして，仮差押債権の特定がされていない申立ては不適法として却下され（法7条，民訴137条），仮に特定がされていないまま債権仮差押命令が発令されても，仮差押えの効力は生じないことになる。

　もっとも，債権は，有形物と異なり，法的判断によってのみ覚知し得る無形の存在であり，公示の制度もないことから，債務者と第三債務者の契約関係と無関係である債権者が，債務者の有する債権の内容を具体的に把握することは困難である。とりわけ，預金債権の場合，一般に，債権者が債務者からその預金の有無や内容について情報を得ることが難しく，第三債務者たる金融機関も，預金者の機密保護の観点から預金の有無や内容の問合せや調査に応じないことが多いため，債権者としては，仮差押えの申立てをする段階で預金の種類や預金額，口座番号，預入日等を明らかにして預金債権を具体的に特定することができないのが通常である。

　したがって，預金債権の特定を厳格に要求すると，債権者から預金債権仮差押えの途を奪うことになりかねないが，他方，特定を緩やかにすることを認めると，どの債権がどの範囲で仮に差し押さえられたかの判断が困難になり，例えば金融機関において二重払いの危険を負うなど，不測の損害を第三債務者や債務者に与えかねない。そこで，仮差押命令申立書（仮差押債権目録）に預金債権の特定としてどの程度記載する必要があるかが問題となる。

〔2〕　預金債権の特定

(1)　保全・執行実務及び従前の裁判例の動向

(a)　保全・執行実務

　保全・執行実務においては，預金債権の仮差押命令又は差押命令を発令する場合，①預金債権の属性（預金の種類及び額）については，一般に金融機関

(注2)　東京地裁・実務（上）179頁〔江尻禎＝見目明夫〕。

が，預金者の機密保護の観点から預金の有無や内容の問合せや調査に応じないことが多く，申立債権者が預金債権の存在を知り得る方法がないといった実情や，第三債務者が金融機関であるため，他と比較して緩やかな特定方法であっても，その適正な処理に期待できることを考慮して，第1に先行する差押え又は仮差押えの有無，第2に預金の種類，第3に同種の預金がある場合の口座番号の順序等による順位づけをして，包括的に(仮)差押えを行うことが許容されている(注3)。しかし，他方で，②預金債権の所在(取扱店舗)については，金融機関では一般に預金取引や顧客管理が本支店ごとにある程度独立して行われていることに鑑み，その預金債権の取扱店舗を特定する(取扱店舗が複数ある場合には，各取扱店舗ごとに〔仮〕差押債権の割付けをする)ことを求め，数か所の店舗をあげてこれに順位づけする申立て(以下「店舗列挙順位づけ方式」という。)やすべての店舗を対象にして順位づけをする申立て(以下「全店一括順位づけ方式」という。)は，(仮)差押債権の特定を欠き不適法であるとして却下する取扱いが一般的である(注4)。

(b) 後掲最決平23・9・20以前の裁判例

ところが，預金債権の(仮)差押命令申立てにおいて，(仮に)差し押さえるべき「債権を特定するに足りる事項」(規則19条2項1号，民執規133条2項)を明らかにするには，取扱店舗を特定する必要があるかという問題については，平成8年以降，取扱店舗を一つに特定しない債権(仮)差押命令の申立てを許容する高等裁判所の決定例が散見されるようになり，とりわけ平成23年1月以降は，全店一括順位づけ方式による差押命令申立てについて，高裁レベルで差押債権の特定を肯定するものとこれを否定するものとに判断が分かれることとなった(注5)。

(注3) 東京地裁・実務(上)182頁〔江尻禎＝見目明夫〕。実際の書式については，後掲の■記載例を参照されたい。
(注4) 東京地裁・実務(上)180頁〔江尻禎＝見目明夫〕，谷口園恵「最高裁時の判例」ジュリ1470号73〜74頁等。
(注5) 主な決定例としては，以下のようなものがある(なお，特に断らない限り差押えの事案である。)。
　特定肯定説に立つものとして，東京高決平8・9・25判タ953号299頁・判時1585号32頁・金法1479号54頁(3店列挙)，東京高決平17・10・5判タ1213号310頁・金判1237号36頁・金法1765号55頁(18店列挙。仮差押えの事案)，東京高決平23・1・12金判1363号37頁・金法1918号109頁(全店一括)，東京高決平23・3・30金判1365号40頁・金法1922号92

これらの高等裁判所の決定例を見てみると，特定肯定説に立つ決定例も特定否定説に立つ決定例も，（仮）差押債権の特定の程度については，概ね，前掲（注5）東京高決平5・4・16が示した「差押債権の表示を合理的に解釈した結果に基づき，しかも，第三債務者において格別の負担を伴わずに調査することによって当該債権を他の債権と誤認混同することなく認識し得る程度に明確に表示されることを要する」との判断基準に依拠したうえで，具体的な当てはめにおいて，特定肯定説に立つ決定例は，①金融機関は顧客情報管理システムを備えているから，取扱店舗を一つに特定しない（仮）差押命令申立てを認めても該当債権の検索にさほどの時間と手間を要しないこと，②該当債権の検索中に預金払戻し等をしてしまった場合には民法478条により第三債務者の免責を認めることで対処し得ること，③第三債務者が債権者から債務者の預金口座の取扱店舗につき弁護士法23条の2に基づく照会（以下，単に「弁護士照会」という。）を受けたのに回答しなかったために，債権者としては取扱店舗を特定した申立てをすることができなかったことなどを理由に，全店一括順位づけ方式又は店舗列挙順位づけ方式による（仮）差押命令申立ては，第三債務者に過度の負担を負わせるものではないとしているのに対し，特定否定説に立つ決定例は，①全店一括順位づけ方式又は店舗列挙順位づけ方式により定められた順序に従って（仮に）差し押さえられた債権を検索するという作業を短時間のうちに完了するシステムが金融機関に整備されているとは認めがたいこと，②該当債権の検索中に預金払戻請求等があった場合には第三債務者は弁済の有効性等を争う紛争に巻き込まれる危険を負うことなどを理由に，全店一括順位づけ方式又は店舗列挙順位づけ方式による（仮）差押命令申立ては，第三債務者に過度の負担を負わせるものであるとしている。

　　　　頁（全店一括），東京高決平23・6・22判タ1355号243頁・判時2122号82頁・金法1926号124頁（全店一括）等。
　　　　　特定否定説に立つものとして，東京高決平5・4・16判タ822号271頁・判時1462号102頁・金法1357号59頁（全店一括），東京高決平18・7・18金法1801号56頁（32店列挙），東京高決平23・3・31金判1365号51頁・金法1922号99頁（全店一括），東京高決平23・4・28金法1922号87頁（全店一括），東京高決平23・6・6金判1376号22頁・金法1926号120頁（全店一括）等。

(2) 最高裁の判断——最決平23・9・20

以上のような状況の中で，最決平23・9・20（民集65巻6号2710頁・判タ1357号65頁・判時2129号41頁）（以下「平成23年最決」という。）は，いわゆる全店一括順位づけ方式による差押命令の申立てについて，以下のとおり差押債権の特定を欠き不適法であると判示した。

(a) 事案の概要

債権者が，債務者の三菱東京UFJ銀行，三井住友銀行，みずほ銀行及びゆうちょ銀行に対する預貯金債権の差押えを求める申立てをするにあたり，①三菱東京UFJ銀行，三井住友銀行及びみずほ銀行に対する預金債権については，それぞれその取扱店舗を一切限定せずに「複数の店舗に預金債権があるときは，支店番号の若い順序による」との順位づけをする方式により，②ゆうちょ銀行に対する貯金債権については，全国の貯金事務センターをすべて列挙して，「複数の貯金事務センターの貯金債権があるときは，別紙貯金事務センター一覧表の番号の若い順序による」との順位づけをする方式により，差押債権の表示をした事案である。

(b) 決定の要旨

①民事執行法上，債権差押命令による差押えの効力（債務者に対する処分禁止効，第三債務者に対する弁済禁止効）は差押命令が第三債務者に送達された時点で直ちに生じ（民執145条4項），差押えの競合の有無についてもその時点が基準となる（民執156条2項参照）ものとされていることからすると，差押債権の表示が差押命令の送達を受けた第三債務者において差し押さえられた債権を速やかに確実に識別することができるものでなければ，その識別作業が完了するまでの間，差押えの効力が生じた債権の範囲を的確に把握することができず，第三債務者はもとより，競合する差押債権者等の利害関係人の地位が不安定なものとなりかねないことを指摘して，「民事執行規則133条2項の求める差押債権の特定とは，債権差押命令の送達を受けた第三債務者において，直ちにとはいえないまでも，差押えの効力が上記送達の時点〔差押命令が第三債務者に送達された時点—引用者注〕で生ずることにそぐわない事態とならない程度に速やかに，かつ，確実に，差し押さえられた債権を識別すること

ができるものでなければならない」と判示するとともに，②「本件申立ては，大規模な金融機関である第三債務者らの全ての店舗を対象として順位付けをし，先順位の店舗の預貯金債権の額が差押債権額に満たないときは，順次予備的に後順位の店舗の預貯金債権を差押債権とする旨の差押えを求めるものであり，各第三債務者において，先順位の店舗の預貯金債権の全てについて，その存否及び先行の差押え又は仮差押えの有無，定期預金，普通預金等の種別，差押命令送達時点での残高等を調査して，差押えの効力が生ずる預貯金債権の総額を把握する作業が完了しない限り，後順位の店舗の預貯金債権に差押えの効力が生ずるか否かが判明しないのであるから，本件申立てにおける差押債権の表示は，送達を受けた第三債務者において上記の程度に速やかに確実に差し押さえられた債権を識別することができるものであるということはできない。そうすると，本件申立ては，差押債権の特定を欠き不適法というべきである。」と判示した。

(c) 平成23年最決の判断に関する若干の考察

(ア) 差押債権の特定の有無の判断基準について

(i) 前記のとおり，債権差押命令による差押えの効力（債務者に対する処分禁止効，第三債務者に対する弁済禁止効）は，差押命令が第三債務者に送達された時点で直ちに生ずるところ（民執145条4項），差押命令の送達を受けた第三債務者は，以後，差押えの対象となった債権について債務者からの払戻請求に応じると，民法481条1項により差押債権者に対して二重に弁済をしなければならないリスクを負う一方，差押えの対象外の債権について債務者からの払戻請求に応じないと，債務不履行責任ないし不法行為責任を問われる可能性があることになる[注6]。さらに，複数の差押命令が相前後して発せられた場合，後行事件の差押えの効力は先行事件における識別作業が終わるまで明らかにならず，その識別作業に誤りがあったことが後から明らかになったときは，いったん有効と考えられた転付命令や取立ての効力が覆されることとなるなど，差押債権の識別作業に相当の時間や複雑な判断を必要とするよ

(注6) 預金債権の差押えの場合，該当債権の識別作業中に，ATMによる入出金手続や公共料金の自動引落しが進行するなど，第三債務者にとって深刻な事態も容易に想定されるところである。

うな条件を付した差押債権の表示を許容することは，第三債務者のみならず，競合差押債権者の法的地位も不安定にする。

　以上のような問題点を踏まえると，預金債権のように，差押命令においては差押債権を特定するための抽象的な基準のみを表示し，これを受領した第三債務者において表示外の情報を当てはめることにより初めて差押債権が具体的に明らかとなるような方式（いわゆる間接的特定）による差押債権の表示が許容される範囲には自ずから限界があり，これが許容されるのは，間接的特定のために示された抽象的基準の内容が，第三債務者において差押命令の送達を受けてから該当債権を識別してその支払を停止するまでにさほどの時間的間隔を生じさせるものでなく，かつ，抽象的基準を当てはめていく過程で該当債権の誤認混同を生じさせるおそれがあるものでもない場合に限られると解すべきであり，平成23年最決は，このような考慮から，差押命令の送達を受けた第三債務者において「直ちにとはいえないまでも，差押えの効力が上記送達の時点で生ずることにそぐわない事態とならない程度に速やかに，かつ，確実に」差し押さえられた債権を識別することができるものでなければならない旨を判示したものと解される[注7]。

　(ii)　また，平成23年最決前の下級審裁判例においては，（仮）差押債権の特定の程度について，（仮）差押債権者の利益と（仮）差押命令への対応を強いられる第三債務者の負担の調整の問題として捉えたうえで，債権者，第三債務者双方の個別的な事情を勘案して判断するものが多かったように思われるが，平成23年最決ではこのような判断手法が用いられていないことに留意すべきである。

　すなわち，平成23年最決が示した差押債権の特定の有無の判断基準は，前記のとおり「差押債権の特定とは，債権差押命令の送達を受けた第三債務者において，直ちにとはいえないまでも，差押えの効力が上記送達の時点で生

(注7)　谷口園恵・最判解民平成23年度（下）619〜623頁。なお，同解説は，第三債務者（信用組合）が差押命令の送達を受けてからコンピューター端末上で支払停止措置を執るまでのわずか9分の間に，債務者に対して預金の払戻しがされたところ，差押債権者から取立訴訟が提起され，最高裁まで争われた事案（大阪高判平21・12・3 公刊物未登載）等を紹介したうえで，差押命令送達後に自己の債権者に対する弁済をした第三債務者に対しては，厳しく責任追及がされる傾向がうかがわれるとも指摘する（同632〜633頁）。

ずることにそぐわない事態とならない程度に速やかに，かつ，確実に，差し押さえられた債権を識別することができるものでなければならない」というものであるが，同決定は，このような判断基準を採用する理由として，「その識別を上記の程度に速やかに確実に行い得ないような方式により差押債権を表示した債権差押命令が発せられると，差押命令の第三債務者に対する送達後その識別作業が完了するまでの間，差押えの効力が生じた債権の範囲を的確に把握することができないこととなり，第三債務者はもとより，競合する差押債権者等の利害関係人の地位が不安定なものとなりかねない」ことをあげている。このような判示内容からすると，平成23年最決は，差押えの効力が及んでいるか否かが判然としない浮動的な状態が生ずる余地を幅広く認めることは第三債務者，競合債権者その他の利害関係人を不安定な法的地位に置くことになってしまうとの問題意識から，差押債権の特定の問題は，第三債務者の「負担」の問題として捉えるのではなく，該当債権の識別作業に要する「時間」の問題として捉えるべきとしたものと解される[注8]。

このように，平成23年最決によれば，差押債権の特定がされているか否かについては，差押命令が第三債務者に送達されてから該当債権の識別作業が完了するまでに要する「時間」が問題とされ，これは差押債権の表示自体によって判断するほかないのであるから，第三債務者が債権者から債務者の預金口座の取扱店舗につき弁護士照会を受けたのに回答しなかったなどの当該事案における第三債務者の個別的な対応によって判断が左右されることはないというべきである。

(iii) さらに，平成23年最決が示した「差押えの効力が上記送達の時点で生ずることにそぐわない事態とならない程度に速やかに」という時間的な判断基準がどの程度の時間的間隔を許容するものなのかは必ずしも明らかでないが，上記の差押えの効力が及んでいるか否かが判然としない浮動的な状態が生ずる余地を幅広く認めることの問題点に加え，同決定が「直ちにとはいえないまでも」と前置きして，本来であれば「直ちに」が望ましいが，これ

(注8) 谷口・前掲（注7）623頁，大橋弘「債権差押命令の申立てにおける差押債権の特定」判評641号〔判時2148号〕26頁参照。

が無理であるとしても可能な限り「直ちに」に近い程度に「速やかに」と表現しているものと思われることなどを併せ考慮すると，少なくとも差押命令が第三債務者に送達されてから数時間の経過は許容しない趣旨であると解するのが相当というべきであろう(注9)。

(ⅳ) なお，平成23年最決が示した差押債権の特定の有無の判断基準が，仮差押債権の特定（規則19条2項1号）についても妥当するかは一応問題となり得るが，前掲（注1）で指摘したように，（仮）差押債権の特定については，仮差押えの場合と差押えの場合とでほぼ変わるところはないと解されており，仮差押債権の特定についても上記の判断基準が同様に妥当するといえよう(注10)。

(イ) 判断基準の具体的当てはめ（全店一括順位づけ方式による差押債権の表示）について

(ⅰ) 前記のとおり，金融機関では一般に預金取引や顧客管理が本支店ごとにある程度独立して行われていることからすると，全店一括順位づけ方式又は店舗列挙順位づけ方式による差押えがされた場合，差押債権を把握するためには，各取扱店舗がそれぞれ調査するだけでなく，対象となる店舗相互間において緊密な連絡を取り合いながら，先順位の取扱店舗から順に差押債権を確認していく作業を行うことになる。

この点，現在はほぼすべての金融機関において，顧客に関する情報や取引に関する情報等を顧客ごとに集録した顧客情報管理システムが整備されているようであるが，近時における情報処理システムの発達を踏まえても，大多数の金融機関において上記のような差押債権の特定作業のすべての過程を短時間のうちに処理することに対応した顧客情報管理システムを備えていると認めることはできない(注11)。仮に，差押命令の送達を受けた本店において，直ちにコンピューター端末上で当該預金者の全預金情報を表示することができたとしても，営業継続中の平時に行われる差押債権の検索の場面では，そ

(注9) 大橋・前掲（注8）26～27頁，後掲東京高決平26・7・24判タ1412号137頁参照。
(注10) 谷口・前掲（注7）628頁。
(注11) 飯塚宏ほか「座談会・複数支店の預金に対する（仮）差押え（上）」金法1783号16～20頁，松丸徹雄「銀行に対する差押えの範囲とその実務対応」銀法717号15～16頁参照。

の表示内容が正しいものか否か（当日の新規開設，預入，払戻し，振込み，振替，相殺処理，手形決済処理等の時々刻々と行われる取引結果が入力済みか否か）まではわからないため，やはり本支店間での緊密な連絡と確認作業が必要になると思われる。しかも，このような差押債権の特定作業の中で，先順位の取扱店舗での預金債権の存否や範囲の判断に誤りがあると，それは後順位の取扱店舗での差押債権の存否や範囲の判断の誤りに波及していくことになる。

　以上のような現状を踏まえると，平成23年最決が，全店一括順位づけ方式による差押債権の表示は，送達を受けた第三債務者において「速やかに，かつ，確実に」差し押さえられた債権を識別することができるものとはいえず，同方式による申立ては，差押債権の特定を欠き不適法であると判断したことは相当というべきであろう。

　(ⅱ)　なお，前記のとおり，平成23年最決は，あくまで第三債務者たる金融機関の預金債権管理及び差押え対応の現状を前提とするものであるから，今後の金融機関による顧客情報管理システム等の整備次第では，全店一括順位づけ方式による預金債権の差押えが許容される余地があるのはいうまでもない。それと同時に，第三債務者において「速やかに，かつ，確実に」該当債権を識別することができないという問題状況が存する限り，平成23年最決で問題となった大規模な金融機関を第三債務者とする全店一括順位づけ方式による申立ての場合に限らず，同様の判断が妥当することになろう。

　(ウ)　債権者の迅速かつ効果的な権利実現に向けた方策について

　平成23年最決が全店一括順位づけ方式を否定したことに対しては，「債権者の迅速かつ効果的な権利実現は一層難しいものとな」り，「これは，債務者の執行逃れを助長することにもなり，権利実現を目的とする民事司法の機能不全を招くものである」との指摘[注12]もあるが，この問題は「差押債権の特定の解釈とは別に制度論として検討すべき問題であって，差押債権の特定を緩和した包括的な債権差押えを認めて……解決を図るべき問題ではない」[注13]というべきであろう。

　(注12)　髙田昌宏・民執・民保百選〈第2版〉103頁。
　(注13)　谷口・前掲（注7）627～628頁。

(3) 平成23年最決以後の裁判例

　平成23年最決によって全店一括順位づけ方式が否定された後に，実務上問題となったのが預金額最大店舗指定方式である。これは，金融機関の具体的な店舗を特定することなく，複数の店舗に預金債権があるときは，預金債権額合計の最も大きな店舗の預金債権を対象として差押金額に満つるまでの預金債権を差し押さえることを求める申立てである。

　この預金額最大店舗指定方式による差押債権の表示が許されるかについては，①差押債権の特定がされているとして，この方式による申立てを適法と認める決定例(注14)と，②平成23年最決が示した判断基準に従えば差押債権の特定を欠くとして，この方式による申立てを不適法とする決定例(注15)とに分かれていたが，最決平25・1・17（判タ1386号182頁・判時2176号29頁・金判1412号8頁）（以下「平成25年最決」という。）は，②説に立つ原審(注16)の判断を正当と是認した。もっとも，平成25年最決は，「原審の判断は，正当として是認することができる」と判示するのみであるため，原審の判断を以下に紹介する。

　原審は，預金額最大店舗指定方式による差押えを認めた場合，金融機関である第三債務者は，すべての店舗のすべての預金口座について債務者の口座の有無を検索したうえ，口座がある場合は当該店舗における差押命令送達時点での口座ごとの預金残高及びその合計額等を調査して，当該店舗が預金額最大店舗に該当するかを判定する作業が完了しない限り，差押えの効力が生ずる預金債権の範囲が判明しないことになり，平成23年最決が示した差押債権の特定の有無に関する基準を満たすとはいえないことなどを指摘して，預金額最大店舗指定方式による差押債権の表示は，差押債権が特定されていないから，同方式による申立ては，不適法であり却下すべきと判断した。このような預金額最大店舗指定方式による債権差押命令申立てについても，前記

(注14)　①説に立つ決定例として，東京高決平23・10・26判タ1368号245頁・判時2130号4頁・金判1380号52頁，名古屋高決平24・9・20金判1405号16頁がある。

(注15)　②説に立つ決定例として，東京高決平24・10・10判タ1383号374頁・金判1405号16頁・金法1957号116頁，東京高決平24・10・24判タ1384号351頁・金判1412号9頁・金法1959号109頁等がある。

(注16)　前掲（注15）東京高決平24・10・24。

の金融機関の預金債権管理及び差押え対応の現状に照らせば，送達を受けた第三債務者において「速やかに，かつ，確実に」差し押さえられた債権を識別することができるものとはいえず，やはり差押債権の特定は否定すべきであろう。

さらに，近時の下級審における決定例としては，大規模な金融機関である第三債務者に対して，送達場所である本店に差押命令が送達された時から1時間後において，東京都内の本店及び全支店のうち最も預金合計残高が多額である店舗が有する預金債権について，先行の差押えの有無や預金の種類等による順位を付して，差押債権額に満つるまでの差押え及び券面額で債権者に転付する旨の転付命令の申立てについて，「このような方式により差押債権を表示した債権差押命令が発せられると，差押命令送達から最短でも1時間が経過しないと差押債権の範囲を把握することができず，それ以上に時間を要する可能性もあるから，債権差押命令の送達を受けた本件第三債務者において，差押えの効力が上記送達の時点で生ずることにそぐわない事態とならない程度に速やかに，かつ，確実に，差し押さえられた債権を識別することができないといわざるを得ない」として，上記申立ては差押債権の特定を欠き不適法であるとされた事例[注17]があり，これも平成23年最決で示された一般論に沿う具体例を積み重ねるものとして，実務上参考になると思われる。

〔3〕 設例の検討

(注17) 前掲（注9）東京高決平26・7・24。

■記載例

仮差押債権目録

金〇〇万円
　債務者が第三債務者株式会社〇〇銀行（〇〇支店取扱い）に対して有する下記預金債権(注18)のうち，下記に記載する順序に従い，頭書の金額に満つるまで

記

1　差押えや仮差押えのない預金とある預金があるときは，次の順序による。
　(1)　先行の差押え，仮差押えのないもの
　(2)　先行の差押え，仮差押えのあるもの

2　円貨建預金と外貨建預金があるときは，次の順序による。
　(1)　円貨建預金
　(2)　外貨建預金（仮差押命令が第三債務者に送達された時点における第三債務者の電信買相場により換算した金額（外貨）。ただし，先物為替予約がある場合には原則として予約された相場により換算する。）

3　数種の預金があるときは，次の順序による(注19)。

(注18)　仮差押えの効力は預金元本のみならず，仮差押え時以後に発生する利息債権にも当然及ぶことになるが，仮差押命令の効力発生時に既に発生している利息債権は，元本債権から独立したものであり，元本と分離して譲渡，弁済等が可能であるから，既発生利息債権をも含めて仮差押えをするには，「預金債権」の後に「及び同預金に対する預入日から本命令送達時までに既に発生した利息債権」と記載しておく必要がある。

(注19)　預金の種類による順序を決めるにあたっては，保全の必要性から，概ね通常存する可能性のある預金債権のうち，預金としての固定性が高いものから，裏からいえば，債務者の当面の生活費や営業資金として必要と思われる可動性の高いものを後順位にするなどの配慮が必要であり，この記載例も，これに基づき普通預金や当座預金を後順位としている（東京地裁・実務（上）182頁〔江尻禎＝見目明夫〕）。

(1) 定期預金
(2) 定期積金
(3) 通知預金
(4) 貯蓄預金
(5) 納税準備預金
(6) 普通預金
(7) 別段預金
(8) 当座預金

4 同種の預金が数口あるときは、口座番号の若い順序による。
なお、口座番号が同一の預金が数口あるときは、預金に付された番号の若い順による。

(1) 設例前段について

Xは、預金債権の仮差押命令を申し立てるにあたり、仮差押債権目録に、①取扱店舗であるA銀行B支店及び②預金の種類及び額を記載する必要があるが、②については、■記載例のような順位づけが認められる。

(2) 設例後段について

平成25年最決及びその原審である前掲（注15）東京高決平24・10・24の判示内容を踏まえると、Xが、仮差押えの申立てに際して、A銀行でYの取引額が一番多い支店を取引支店と特定して、又は取引額の多い支店から少ない支店の順番で指定して、Yの預金債権の仮差押えを求めることはできないというべきである。

■参考文献
　脚注に掲載の文献。

13 （目的物）リゾートホテル会員権の仮差押え

小池　あゆみ

　Xは，Yがリゾートホテルの会員権を購入するため，Yに対して300万円を貸したが，Yは，これを返済しようとしない。Xは，Yが購入したリゾートホテルの会員権を仮差押えすることができるか。Yが購入したのが，預託金制のゴルフクラブ会員権であった場合はどうか。
　仮にその仮差押えができるとした場合，その保全執行はどのように行われるのか。

〔1〕　問題の所在

　民事保全における仮差押えは，債権者の金銭債権による将来の強制執行等を実効あらしめるため，債務者が財産を処分することを禁止し，その責任財産を確保しておくために行われる。
　民事執行手続における強制執行の対象とすることのできる財産は，原則として，仮差押えの目的物とすることができるところ，この強制執行の対象とすることのできる財産は，不動産（民執43条以下），船舶（民執112条以下），動産（民執122条以下），債権（民執143条以下）及びその他の財産権（民執167条1項）が予定され，強制執行の方法も，この区分に応じてそれぞれ定められている。
　民事執行法167条1項の「その他の財産権」であるというためには，それ自体が独立した財産的価値を有し，その換価により債権者に満足を得させることができるものであり，譲渡性を有することが必要であると解されている[注1]。そこで，Yが購入したとされるリゾートホテル会員権が強制執行の

（注1）　コンメ民保397〜398頁，今中利昭＝今泉純一『会員権問題の理論と実務〔全訂増補版〕』

対象とすることができる財産にあたるかを検討するに際し，同会員権の内容や法的性質等について検討する必要がある。

ここで，リゾートホテル会員権と同様，「会員権」とされるゴルフクラブ会員権については，実務上，主に預託金制のゴルフクラブ会員権についての仮差押えが認められているところであり，その法的性質，強制執行及び民事保全の問題についても，従来から，判例，学説等において論じられているところであるから，ゴルフクラブ会員権の法的性質や強制執行ないし民事保全における問題を検討し，これと比較する視点で設例について論ずることには意義があると思われる。

〔2〕 ゴルフクラブ会員権の仮差押えについて

(1) ゴルフクラブ会員権の内容及び法的性質

(a) 日本におけるゴルフクラブ発祥の経過

クラブとは，本来的な意味においては，共通の目的の達成のために結合した人間の集団であり，その目的達成に必要な経費を単に分担するのみならず，当該クラブの会員が，どのような原則や方法に従ってクラブを組織，運営し，必要な経費を分担するのかということは，クラブにとって，重要な問題である[注2]。

日本におけるゴルフクラブの誕生は，明治時代，神戸や横浜に居留していた外国人が，欧米のゴルフクラブを模範として，社団法人として設立したものとされており，その当時のゴルフクラブは，上記のような本来的なクラブとしての意味合いを有するものであったようである。その後，まもなくして，日本人を中心としたゴルフクラブも誕生し，社団法人や株主会員制のゴルフクラブとして運営されるようになった。

戦後の高度経済成長期を経て，ゴルフは従来の一部特権階級だけのもので

（民事法研究会，2001）329頁。
(注2) 服部弘志『ゴルフ会員権の理論と実務』（商事法務研究会，1991）20頁。

はなく，国民一般の趣味，娯楽の対象として普及するようになり，営利を目的とする企業によるゴルフ場の建設が飛躍的に増加した。それに伴い，ゴルフクラブには預託金制，すなわち，ゴルフ場建設資金の調達を，多数の者からの無利息の寄託金で賄い，寄託者をもって会員とし，会員に対しゴルフ場施設の利用権を与えることを内容とする方式が導入されるようになった(注3)。

(b) ゴルフクラブの経営形態

このように，ゴルフクラブといっても，様々な経営形態があり，主なものとしては，①ゴルフ会員が，ゴルフ場を経営する社団法人の構成員となる社団法人会員制，②ゴルフクラブに入会する会員が，ゴルフ場を経営する株式会社の株主になり，同時にゴルフクラブの会員になって施設を利用する権利を取得する株主会員制，③ゴルフ場の施設を会員として優先的かつ継続的に使用してゴルフをプレーすることを目的として，ゴルフ場を経営する会社が会員組織として作ったゴルフクラブに入会するときに，所定の入会手続を経るとともに預託金（入会保証金と称する場合もある。）を預託する預託金制，④ゴルフクラブに入会する会員が，ゴルフ場の施設を経営する会社から当該施設の共有持分を取得する施設共有制，⑤会費を支払えば当該施設が利用できる会費制があるといわれている(注4)。

上記の①ないし⑤の中で，現在，最も多く見られる経営形態は，③の預託金制であり，会員がゴルフ場の経営に関与せず，株主ではないから利益配当や残余財産分配請求権もなく，会員の預託金を無利息で利用できるという経営者側のメリットがあることによるものと思われる。預託金制のゴルフクラブにおいて，会員は，一定の預託金（入会保証金）を支払い，ゴルフ施設において優先的に施設の利用をすることができる権利，及び，入会に際して預託した預託金を，据置期間経過後，退会とともに返還請求できる権利を有する一方で，年会費等の納入義務を負う。

(注3) 服部・前掲（注2）48頁以下。
(注4) 今中＝今泉・前掲（注1）8頁，志田博文「ゴルフ会員権に対する執行手続」判タ760号17頁，河合伸一編代表『仮差押え―仮処分・仮登記を命ずる処分（新訂貸出管理回収手続双書）』（金融財政事情研究会，2011）596頁。

(c) 預託金制のゴルフクラブ会員権の内容，法的性質

このような預託金制のゴルフクラブ会員権は，上記(a)において述べたような，クラブとしての本来の性質を有しておらず，会員がクラブに入会するといっても，ゴルフ場の経営会社の定めた事務手続に従ってクラブに入会するという形式をとっているだけで，会員が主体的にゴルフクラブの運営を行うということは予定されておらず，また，ゴルフクラブの理事会も，通常，ゴルフ場の施設を経営する会社の代行機関にすぎず，ゴルフクラブ自体は，法人格ある団体には該当しないと判断される場合も多いと思われる。

預託金制のゴルフクラブ会員権は，会員とゴルフ場経営会社との上記のような契約上の地位を表すものであり[注5]，その譲渡，すなわち契約上の地位の移転も，性質上，譲渡が許されないものではなく，譲渡禁止にするかどうかは入会契約の当事者の合意に委ねられる。そして，ゴルフクラブのように，多数の会員が長期間にわたって組織するゴルフクラブの組織や運営に関する事項は，画一的かつ継続的に定められる必要があるから，その具体的内容は，ゴルフ場の経営会社又はその委任を受けたゴルフクラブの理事会等が制定する会則によって定められるのが通常であり，このように制定された会則の規定は，ゴルフクラブの入会契約の締結にあたっては，多数の入会者に画一的に適用される定型的契約条項（約款）としての性質を有するものと解される。そこで，会員がゴルフクラブに入会する際に，既に会則が制定されていた場合は，その会則の規定は，入会契約の際に反対の意思表示がなされない限りは，当然に入会契約を締結した会員とゴルフクラブの経営者との間の契約上の権利義務の内容を構成するものというべきである[注6]。

ゴルフクラブの会則では，会員権の譲渡について，ゴルフクラブの定款その他の規則によって定められた手続に従ってなされるゴルフ場会社又はゴルフクラブ理事会の承諾を要すると定めているのが通常であり，これは，ゴルフ競技の性質上，会員の多数にとって好ましくない者が会員に加わり，その

(注5) 最判昭50・7・25民集29巻6号1147頁・判タ327号185頁・判時790号55頁，その原審東京高判昭48・12・18判時734号48頁・金判409号7頁・金法722号33頁。

(注6) 最判平7・1・20判タ873号89頁・判時1520号87頁・金判965号14頁，東京地判平5・8・10判タ865号236頁，野村豊弘「民法判例レビュー（49）契約」判タ878号24頁以下。

雰囲気，品位，技術的レベル等が低下しないようにする趣旨であると解される。そうであれば，承諾のない譲渡はゴルフクラブの経営者に対してその効力を主張できないものとすれば，その目的を達するのに十分であり，譲渡の当事者間ではこれを自由に譲渡できると解すべきである(注7)。

(2) 預託金制のゴルフクラブ会員権に対する仮差押え

　上記(1)(c)の預託金制のゴルフクラブ会員権の法的性質及び権利内容に鑑みれば，同会員権が財産的価値を有するものといえるのは明らかであり，また，当事者の合意（会則）により譲渡が禁止されていない限り，譲渡性を有すること自体は肯定できる。したがって，同会員権は強制執行をすることができる「その他の財産権」にあたるから，仮差押えもまた可能であるということになる。

(a) 管轄，当事者の表示，主文，担保等

　預託金制のゴルフクラブ会員権を差し押さえた場合の強制執行は，「その他の財産権」に対する執行として，債権執行の例によることになる。仮差押えの執行もまた同様であり，債務者（会員）の普通裁判籍の所在地を管轄する地方裁判所か，これがないときには，第二次的に第三債務者の普通裁判籍の所在地を管轄する地方裁判所が，その執行裁判所となる。

　また，預託金制のゴルフクラブは，ゴルフ場の所有者ないし経営者とゴルフクラブとが別個であることが多いが，会員は，ゴルフクラブに入会し，その会則に従い施設利用権等を有しているものの，ゴルフクラブを自主的に組織・運営しているものではなく，ゴルフクラブはゴルフ場の経営会社の意向に沿って運営されており，ゴルフクラブ自体が独立して権利・義務の主体となるべき団体としての実態を備えていない場合が多いと思われるのは上記(1)(c)のとおりであるから，仮差押えをするゴルフクラブとゴルフ場の経営会社の関係いかんによって，ゴルフクラブの経営会社，あるいはゴルフクラブ

(注7)　契約上の地位の移転における一般的要件について，我妻栄『新訂債権総論（民法講義IV）』（岩波書店，1964）579頁以下，預託金制のゴルフクラブ会員権の譲渡の効力について，前掲（注6）最判平7・1・20，前掲（注6）東京地判平5・8・10，服部・前掲（注2）232頁以下，東條敬・最判解民昭和50年度378頁。

（法人格があると認められる場合）を第三債務者として，ゴルフクラブ会員権（預託金返還請求権及びゴルフ場の施設利用権）を仮差押えの目的とすることになる。

この場合の，仮差押決定の主文は，「債権者の債務者に対する前記請求債権の執行を保全するため，債務者の第三債務者に対する別紙目録記載のゴルフクラブ会員権は，仮に差し押さえる。債務者は，上記ゴルフクラブ会員権について，譲渡，質権の設定，預託金の返還請求その他一切の処分をしてはならない。第三債務者は，債務者に対し，上記ゴルフクラブ会員権について，預託金の返還をしたり，債務者の請求により，名義書換その他の一切の変更を加える手続をしてはならない。」等が考えられる[注8]。

上記のゴルフクラブ会員権の特定方法として，ゴルフ場の名称，登録者の氏名（法人名），会員番号，預託金額等を記載するものとされる[注9]。もっとも，会員番号や預託金額は，預託金証書がない限りは，債権者が知ることは難しいし，仮差えの目的物の特定としては，債務者及び第三債務者が他の会員権と識別できる程度で表示されていれば十分であるというべきであるから，これらは必要不可欠とまではいえないと考える[注10]。

担保についてはどうか。経済新聞に相場表が掲載されている場合には，その金額に依拠をすることができるが，業者がゴルフ雑誌やスポーツ新聞等の広告欄に掲載している相場は，必ずしも客観性を有しているとはいいがたく，また売値と買値とでかなり相場が異なることから，注意する必要があろう。

仮差押えの効力は，その執行がなされたときに生じ，ゴルフクラブ会員権の場合は，仮差押命令が第三債務者であるゴルフ場経営会社に送達された場合にその効力が生じる（法50条5項，民執145条4項）。

(b) 預託金返還請求権のみ，あるいは施設利用権のみの仮差押え

ところで，預託金制のゴルフクラブ会員権のうちの，預託金返還請求権のみ，あるいは施設利用権のみを仮差押えの目的とすることが許されるか。

先に見たように，預託金制ゴルフクラブ会員権は，ゴルフ場施設の優先的利用権及び預託金返還請求権等の権利と年会費等の支払義務を包括する契約

(注8)　丹野・実務137頁，河合編集代表・前掲（注4）597頁等。
(注9)　志田・前掲（注4）18頁。
(注10)　同旨のものとして，今中＝今泉・前掲（注1）334頁。

上の地位を表すものというべきであり，その内容の一部にすぎない施設利用権のみ，預託金返還請求権のみを仮差押えすることは，ゴルフクラブ会員権の財産的価値を損なうものといえ，債務者が退会していたり，ゴルフ場施設が閉鎖されるなどの特段の事情がない限り，許されないというべきである(注11)。

[3] リゾートホテル会員権の仮差押えについて

(1) リゾートホテル会員権の内容，法的性質

リゾートホテル会員権とは，会員権を取得することによって，リゾートホテルの宿泊施設，リゾート施設及びそれらの付帯施設の滞在（宿泊）利用権を，会員が一般よりも優遇された予約システムの下，会員料金により利用できる権利が証券化されたものである(注12)。

リゾートホテルの会員制の形態も，ゴルフクラブ会員権と同様，リゾートホテルの経営形態により様々である。主に，①当該施設（土地，建物）の所有権（持分権）を会員が取得してオーナーとなり，施設の利用ができる共有会員制，②会員が所定の預託金を払い込んでリゾートホテルのメンバーになり，施設の利用ができる預託金制（会員となる期間が定められている場合もある。），③施設の共有や預託金の預託をせずに，施設運営会社との利用契約に基づく利用権制等が見られるとされる。

①の共有会員制は，会員が不動産売買契約を結び，登記費用を負担し，登記の方法としては，不動産の共有持分を取得するものと，区分所有権を取得するものがある。会員は，自己の取得した所有権に対する固定資産税を毎年

(注11) 今中＝今泉・前掲（注1）36頁，志田・前掲（注4）18頁，香川保一監『注釈民事執行法(7)』（金融財政事情研究会，1989）25頁〔三村量一〕，三村量一・最判解民平成7年度847頁。
　　　これに対して，服部・前掲（注2）276頁は，預託金返還請求権の額が会員権相場を上回っている場合には，債権者はこれのみを分離して差押え等できるとするのが有益であり，これを否定すべき理由はないとしている。
(注12) 傳田喜久「共有制リゾートクラブ会員権と民事執行手続」判タ775号18頁。

支払う必要がある。

　上記の不動産の持分ないし区分所有権の売買契約と，会員契約との関係は，契約当事者間の具体的な合意内容いかんにより定まる。最判平 8・11・12（民集50巻10号2673頁・判タ925号171頁・判時1585号21頁）は，リゾートマンションの区分所有権の売買契約の締結と同時にスポーツクラブ会員権契約が締結された事案において，リゾートマンションの区分所有権を購入する際には，必ず上記スポーツクラブに入会しなければならず，入会しないで区分所有権を購入することはできないこと，区分所有権を他に譲渡したときは，譲渡人はクラブの会員たる地位を失い，譲受人が承認を受けて会員となることのできる地位を取得することとされ，他方，マンションの区分所有者でなくとも，クラブに入会することができるとされていたとの事実認定の下，上記売買契約と利用権契約とは全体として 1 個の契約であるとまではいえないとしながら，債権債務関係が形式的には 2 個の契約からなる場合であっても，それらの目的とするところが相互に密接に関連づけられていて，社会通念上，いずれかの契約が履行されるだけでは契約を締結した目的が全体としては達成されないと認められる場合には，利用契約上の債務の不履行を理由に，その債権者は，法定解除権の行使として上記契約と併せて売買契約をも解除することができる旨判示しており，参考となる[注13]。

　②の預託金制は，預託金の据置期間が満了し，会員が退会するときに預託金元本が無利息で返還されることになるが，一定の年限，率により消却され，減額されたものが返還される場合もある。

　①ないし③のいずれの場合も，会員が会員権を保有中は，一定の年会費や，維持管理費を負担する取り決めとなっているのが通常である。また，①の多くは，会員が共有ないし区分所有権を有する一施設のみではなく，施設経営者の所有する同系列の全国のリゾートホテルの施設を利用規定等に基づき相互利用することができるようになっている。

(注13)　近藤崇晴・最判解民平成 8 年度（下）950頁以下，山本豊「リゾートクラブ会員権契約上の債務不履行に基づくリゾートマンション売買契約の解除」判タ949号48頁以下。

(2) リゾートホテル会員権の仮差押え

(a) 仮差押えは可能か

　上記(1)に見たような，リゾートホテル会員権の法的性質及び権利の内容に鑑みれば，リゾートホテル会員権が財産的価値を有するものといえるのは明らかであり，また，当事者の合意（会則）により譲渡が禁止されない限り，譲渡性を有すること自体は肯定することができるから，仮差押えは可能であるということになる。

　上記(1)②の預託金制の場合は，会員権契約の内容は，会員が，一定の預託金を支払い，リゾートホテルにおいて優先的に施設の利用をすることができる権利，入会に際して預託した預託金を，据置期間が経過した後に，退会とともに返還請求することができる権利を有する反面，年会費等の納入義務を有するものであり，リゾートホテルの経営者に対するそのような契約上の地位を表すものであるといえるから，預託金制のゴルフクラブ会員権と類似の性質を有するといえる。

　また，上記(1)①の共有会員制の場合は，施設の共有持分権の売買契約も締結しているから，上記②で見たような契約上の権利に加えて，当該施設の共有持分権も仮差押えの対象となるものと思われる[注14]。

　上記(1)③の利用権制については，財産的価値が乏しく，実際上の仮差押えの実益は少ないと思料される[注15]。

(b) 仮差押えの主文，担保，執行方法について

　上記(1)②の預託金制のリゾートホテル会員権は，「その他の財産権」に対する仮差押えとして，民事保全法50条4項によって，同条1項，2項の債権仮差押えの執行方法が準用され，また，同条5項によって，その他の財産権に対する仮差押えの執行として，民事執行法167条1項が準用されることになる。この場合の仮差押えの主文や，リゾートホテル会員権目録の記載についても，上記〔2〕(2)の預託金制のゴルフクラブ会員権の場合と同様に考え

(注14)　河合編集代表・前掲（注4）598頁。
(注15)　河合編集代表・前掲（注4）599頁。

てよいものと思われる。

　上記(1)①の共有会員制のリゾートホテル会員権は，リゾートホテル施設の利用権に加えて，不動産の共有持分権ないし区分所有権を有するものであり，上記(1)で述べたように，契約当事者間の合意内容いかんにより，不動産売買契約と会員権契約とが全体として一個のものといえるか，別個のものといえるかが異なってくる。もっとも，一個の契約であると考えられる場合はもちろん，別個の契約であるとしても，前掲最判平 8・11・12の事案のように，個々の契約は相互に密接な関連性を有すると認定される場合が多いと予想され，そのような場合，不動産の共有持分ないし区分所有権の仮差押えのみ，あるいは，会員権（施設利用権ないし預託金返還請求権）の仮差押えのみの申立てを行うことができるかが問題となる。リゾートホテルの会員権は，リゾートホテルの施設を利用するための権利であり，共有権ないし区分所有権のみを切り離して仮差押えすることにより，その財産的価値が著しく低下するおそれがあり(注16)，また，個々の契約当事者間の合意内容として，共有権ないし区分所有権を他に譲渡したときは，譲渡人は，会員としての利用資格を失うとされている場合も多いであろうことに鑑みれば，不動産仮差押えのみ，あるいは会員権の仮差押えのみを行うことは，通常は許容しがたいと考えられる。

　では，不動産仮差押えと会員権の仮差押えを一体として行うためには，どのような仮差押えの申立てをすればよいか。この点，「その他の財産権に対する仮差押え」と同時に不動産仮差押えの申立てを行うという見解もあるが(注17)，不動産共有持分ないし区分所有権及び施設利用権を併せて「その他の財産権に対する差押え」として，差押命令を発令し，同差押命令を原因として不動産の登記嘱託をし，同差押命令を原因とする不動産の差押登記がされた例もあるようである（その執行方法は，執行官が不動産共有持分ないし区分所有権と施設利用権を併せて売却し，具体的な売却方法としては競り売りが想定される。）。上記のような共有会員制リゾートクラブ会員権の性格や，民事保全法50条 5

(注16)　傳田・前掲（注12）23頁。
(注17)　河合編集代表・前掲（注 4）600頁。

13 (目的物) リゾートホテル会員権の仮差押え

項によって、その他の財産権に対する仮差押えの執行として、民事執行法167条1項が準用されていることに照らせば、仮差押えについても、上記の執行の場面と同様に、不動産共有持分ないし区分所有権及び施設利用権を併せて「その他の財産権に対する仮差押え」として、その申立てを行うという方が適切であろう（ただし、実際にこのような仮差押えの申立てが行われた例は、東京地裁保全部においても少ないようであるから、申立ての際に、保全裁判所に対し、申立ての趣旨や保全執行の方法について協議をすることになると思われる。）。

仮差押えの主文は、ゴルフクラブ会員権の場合と同様に考えてよいが、リゾートホテル会員権目録は、施設利用権ないし売買契約の内容に応じ、例えば「債務者が第三債務者に対して有する下記リゾートホテル会員権（下記建物及び付属施設の利用権及び同権利と他施設との交換利用権並びに下記建物の共有持分権○○分の1）」などとして、会員権を特定するに足りる記載及び仮差押対象不動産の表示をすべきであろう。

担保についてはどうか。リゾートホテル会員権も、ゴルフクラブ会員権と同様、利用施設による市場価格の差が著しいと思われ、市場において公表されている取引相場を疎明させて判断する必要があろう。相場が形成されていないようなリゾートホテル会員権については、その財産的価値に疑問があることから、そもそもの仮差押え自体が難しい場合があると思われる。

■参考文献
　脚注に掲載の文献。

14 （目的物）信託受益権に対する仮差押え

中田　朋子

　Xは，Yに対して5000万円の貸金債権を有しているが，Yが返済期日に弁済しないので，貸金返還請求訴訟の提起に先立ち，Yを債務者として仮差押えしようと考えているが，次のような場合にはどうしたらよいか。
⑴　YがA銀行から投資信託を購入して保有している場合。
⑵　Yの父が委託者となり，B信託銀行を受託者として，Yの父の死後にYの生活を保障する信託目的の下に受益者をYとする金銭信託（7000万円）を設定した後，Yの父が死亡し，Yが受益者として，B信託銀行から定時定額（毎月1回，30万円）の金銭給付を受けている場合。
⑶　Yが居住している建物とその敷地（併せて「本件不動産」という。）の登記情報を調べてみたところ，いずれもYの夫（故人）から受託者Cに信託財産として所有権移転登記がなされており，その信託目録によれば，Yの老後の生活を保障する信託目的の下に，受益者をY（後妻）とし，Yは，生涯にわたり，建物の1階部分（コンビニに賃貸中）の賃料を原資とする収益を定期的に受け取り，2階部分に無償で居住することができるとされている場合（なお，信託契約においては，Yが死亡した場合には信託は終了し，その残余財産〔本件不動産の所有権など〕は，Yの夫と前妻との間の子に帰属するものと定められている。）。

〔1〕　信託受益権についての仮差押え

　信託（信託2条1項）とは，わかりやすくいえば，ある人（委託者）が，信託契約や遺言による信託など（信託行為）により，信頼できる人（受託者）に対

し，不動産や金融資産など財産の所有名義を移転し，受益者のために，その財産の管理・処分などを託す制度である。

信託を用いると，法形式上の財産の所有権が委託者から受託者に移転し，信託財産それ自体は，委託者，受託者及び受益者の誰の責任財産でもなくなる[注1]。信託された財産から実質的な利益を享受することのできる受益権が，受益者の責任財産を構成する（信託の転換機能）[注2]。

〔2〕 投資信託受益権に対する仮差押え

(1) 投資信託からの債権回収

投資信託は，多数の投資家から小口資金を集めて信託財産（ファンド）を形成し，専門家が有価証券等に対する高度な分散投資によりこれを運用する投資商品である。平成10年12月に銀行等の金融機関の窓口で販売が可能となって以降，顧客にとって預金と並んで重要な金融資産となっている。投資信託だけで160兆円を超える規模である（平成27年9月末現在。一般社団法人信託協会ホームページの「信託の受託概況」）。本項目では，証券投資信託（契約型）について検討する。

(2) 設例・小問(1)の検討

上場会社の株式などと同様に，平成19年1月から投資信託もペーパーレス化され（受益証券は発行されない），社債，株式等の振替に関する法律に基づく振替社債等の一つとなった（社債株式振替2条1項8号）ため，投資信託受益権（振替受益権）の権利の帰属は，振替機関等（社債株式振替2条5項の振替機関及び口座管理機関）に開設された振替口座簿（コンピュータ上の帳簿）の記載等によ

(注1) 財産の名義人である受託者の債権者も，信託財産について生じた権利である場合（信託財産責任負担債務）を除き，信託財産に対して強制執行・仮差押え等できない（信託23条1項）。英米法で信託財産は誰のものでもない財産（nobody's property）と呼ばれることがある（樋口範雄『入門・信託と信託法〔第2版〕』（弘文堂，2014）8頁）。
(注2) 四宮和夫『信託法〔新版〕』（有斐閣，1989）14頁・323頁。

り定められることになった（社債株式振替121条・66条）。

　振替社債等に関する強制執行，仮差押え及び仮処分の執行等の手続については，最高裁判所規則（社債株式振替280条），すなわち，民事執行規則150条の2～150条の8及び民事保全規則42条で定められている。

(a)　民事保全規則42条

　振替社債等に関する仮差押えの執行は，振替社債等に関し，保全執行裁判所が振替機関等に対し振替及び抹消を禁止する命令を発する方法により行う（規則42条1項）。

　仮差押命令は債務者及び振替機関等に送達され，その効力は仮差押命令が振替機関等に送達された時に生ずる（規則42条2項による民執規150条の3第3項・第4項の準用）。仮差押命令の送達を受けた振替機関等は，直ちに，発行者[注3]に対し，仮差押債権者及び債務者の氏名等，仮差押えの目的物である振替社債等の銘柄などの一定の事項を通知しなければならない（規則42条2項による民執規150条の3第5項の準用）。

(b)　当事者目録

　第三債務者は，「振替機関等」，すなわち，債務者が口座の開設を受けている振替機関及び口座管理機関（証券会社又は銀行等の販売会社が口座管理機関を兼ねるケースが多い。）である[注4]。

　小問(1)の債権者Xとしては，債務者Yが，A銀行から投資信託を購入して，A銀行の口座に保有しているらしいことを把握すれば，A銀行を第三債務者として，仮差押えを申し立てることになる。

(c)　投資信託受益権目録又は振替社債等目録

　投資信託の仮差押えの目録について裁判所から公表されている書式はないので，本差押えについて，東京地方裁判所民事執行センターが，さんまエクスプレス第40回で公表した次記「投資信託受益権目録」を参考にするか，ま

　(注3)　振替受益権の「発行者」は　投資信託委託会社との取扱いがなされている。新家寛ほか「投資信託にかかる差押え」金法1807号15頁。

　(注4)　投資信託受益権の当事者目録・投資信託受益権目録については，東京地方裁判所民事執行センター「さんまエクスプレス＜第40回＞債権執行書記官室の紹介（その1）債権受付係」金法1840号30頁・33頁。なお，東京地方裁判所民事執行センター「さんまエクスプレス＜第54回＞振替社債等に関する強制執行等事件の概況及び留意点」金法1890号39頁参照。

14 (目的物)信託受益権に対する仮差押え

■投資信託受益権目録

投資信託受益権目録

金　　　　　　　　円

　ただし，債務者が振替機関等の加入者(顧客)として有する投資信託受益権(元本受益権，収益受益権，その他一切の受益権者としての地位に基づく請求権)にして，下記順序に従い上記金額に満つるまで。

　投資信託受益権の評価額は，本差押命令が振替機関等に送達された日(その日が休日の場合は直近の取引日。なお，当日の基準価額算定前の場合はその前日の基準価額による。)の基準価額とし，換金時に受け取る元本超過額に対して源泉徴収が行われる場合は，その額及びその他の解約手数料等を差し引いた金額とする。

記

1　複数の銘柄の投資信託受益権があるときには，次の順序とする。(略)
2　数種の投資信託受益権があるときは，ISIN コードのうち，最初の二桁の国別コードと最後の一桁のチェックコードを除いた九桁の証券コードの若い順

たは，振替社債等と同じ目録[注5]で申し立てることになろう。

　(d)　発展問題：本差押え後の債権回収方法[注6]

　執行裁判所は，差押命令において，振替社債等に関し，債務者に対し振替

(注5)　東京地方裁判所民事執行センター実務研究会編著『民事執行の実務〔第3版〕債権執行編(下)』(金融財政事情研究会，2012)270頁以下。同書230頁において，投資信託振替受益権に対する強制執行は，振替社債等に関する強制執行手続によるのが相当であろうとされているからである(投資信託特有の書式は掲載されていない。)。佐々木宏之「実務に活かす投資信託からの回収 vol. 2　本来的回収方法たる強制執行の検討(1)——方針決定から仮差押え実行まで」銀法774号50頁以下も，振替社債等と同じ書式例を紹介している。

(注6)　佐々木宏之「実務に活かす投資信託からの回収 vol. 1　問題の所在〜投信からの回収方法概観」銀法773号40頁，金融財政事情研究会編『実務必携　預金の差押え』(金融財政事情研究会，2012)249頁。

もしくは抹消の申請又は取立てその他の処分を禁止し，並びに振替機関等に対し振替及び抹消を禁止しなければならない（民執規150条の3第1項）。なお，差押命令も仮差押え同様，債務者及び第三債務者に送達される（民執規150条の3第3項）。

その結果，債務者に対して差押命令が送達された日から1週間を経過したときは，差押債権者は，取立権に基づき（民執155条，民執規150条の5第1項），「取立てのために必要」なこととして（民執規150条の5第2項），販売会社（A銀行）に対し，投資信託解約実行請求をする。この場合，販売会社は，投資信託委託会社に対して解約実行請求の通知をし，当該委託会社は，受託者（信託銀行）に対して解約申入れ・解約金の販売会社への振込みを指図し，受託者が販売会社（A銀行）に送金すると，販売会社（A銀行）は，解約金を差押債権者に引き渡す。

なお，当該投資信託が元本償還期限前[注7]であるとき又は取立てが困難であるときは，執行裁判所に対する譲渡命令又は売却命令の申立てにより債権回収を図る（民執規150条の7第1項）。

〔3〕 金銭信託受益権に対する仮差押え

(1) 個人向けの遺言代用金銭信託の利用の広がり

信託銀行などが信託を用いて金銭を預かり有価証券などに運用する合同運用指定金銭信託（以下「金銭信託」）の受託残高が平成27年9月末に7兆4867億円に達している[注8]。金銭信託の受託残高の増加の一要因として，「遺言代用信託」の利用の広がりがあり，信託協会の統計によれば，平成23年度の新規受託件数は67件であったが，平成24年度に急増して1万7926件，平成25年度には前年度比約2.5倍増の4万5559件，平成26年度は4万1048件を新規に受託した[注9]。

(注7) 例えば，クローズドエンド型投信について，本差押えの段階で満期未到来のため解約できない場合等（佐々木宏之「実務に活かす投資信託からの回収 vol.3　本来的回収方法たる強制執行の検討(2)——本執行による回収手続」銀法775号52頁）。

(注8) 信託協会調べ。

遺言代用金銭信託の利用が広がった理由は，預金にはない魅力にある。例えば，①預金は，相続開始後に「凍結」されすぐには下ろせなくなる[注10]が，遺言代用の金銭信託にすれば，預金ではなく信託財産となり，信託契約において指定した受益者が，自らの受益権に基づき，受託者（信託銀行）から早く簡単に受け取れる[注11]。相続開始後すぐに必要になる葬儀費用等を，預金より早く受け取れる方法で，家族に遺すことができる。また，②預金であれば，相続開始時の残高をそのまますみやかに相続人又は受遺者に渡すしか方法はないが，金銭信託であれば自分亡き後の財産承継や財産管理の方針を立てたうえ，渡す方法（葬儀費用分は一時金で，残りは定時定額で少しずつ渡すなど）や渡す相手（まず妻に，妻亡き後は長男[注12]に，などのいわゆる受益者連続型信託など）を柔軟に決めることもできる[注13]。

(2) 設例・小問(2)の検討

Yの父が，浪費傾向のある子Yに財産を一括して相続させるとすぐに費消するおそれがあるので，Yの生涯にわたる生活保障のために，Yの父の死後，

(注9) 一般社団法人信託協会発行パンフレット『日本の信託（2015）』8頁。(http://www.shintaku-kyokai.or.jp/data/pdf/data04_01-2-2015.pdf)

(注10) 預金を解約するには，遺言がない場合，被相続人の相続人確定のための書類（被相続人の出生から死亡までの連続した戸籍謄本等）が必要である。しかも，銀行は，実務上，まず，相続人全員の署名押印を要求する。預金は，法律上可分債権（最判昭29・4・8民集8巻4号819頁）であり，相続人の1人が自己の相続分に相当する分割した預金を請求することも可能であるが，遺言の有無等を確認し相続人間のトラブルに巻き込まれることをできるだけ回避するためと思われる。畑中龍太郎ほか監修『銀行窓口の法務対策4500講〔Ⅰ〕』（金融財政事情研究会，2013）1229～1230頁。浅田隆「相続預金に関する改正提案──法制審議会民法（相続関係）部会における銀行界提案を中心に」金法2030号9～11頁も参照。

(注11) それは，信託の設定により，信託した財産（金銭）が相続財産から外れ，預けた金銭の所有権は「受託者」（信託銀行等）に移転し，受益者は固有の権利として受益権を原始取得するからである。権利取得の仕組みとしては，相続や遺贈ではなく，信託契約の定めに基づき受益者の固有の権利として，当初の受益者である委託者の死亡時に原始取得される点で，生命保険契約による財産承継に類似するともいえる。

(注12) 妻に対し，妻（第1受益者）亡き後の第2受益者（長男）を変更する権利（受益者変更権，信託89条）を与えておけば，自分の死後に妻の面倒を実際にみてくれた子に最終的に財産が渡るよう設計することもできる（今は長男が面倒をみると言っているが，実際には長女がみてくれた場合は，そのときに妻が第2受益者を長女に変更することが可能である。）。

(注13) 三菱UFJ信託銀行編著『信託の法務と実務〔6訂版〕』（金融財政事情研究会，2015）746～747頁。

定期的に少しずつ金銭給付する内容の金銭信託契約（信託金7000万円）をB信託銀行との間で締結した。Yの父が亡くなり，Yが，B信託銀行から，信託契約に基づき定時定額給付を受けていた途中で（既に1000万円受領済みであり，信託財産として6000万円が残っていると仮定），Yの債権者がYの受益権について仮差押えを行うと仮定する。

(a) 仮差押えの目的となる権利（一般論）

(ア) 受益権

受益権は，「信託行為に基づいて受託者が受益者に対し負う債務であって信託財産に属する財産の引渡しその他の信託財産に係る給付をすべきものに係る債権（以下「受益債権」という。）及びこれを確保するためにこの法律の規定に基づいて受託者その他の者に対し一定の行為を求めることができる権利」（信託2条7項）と定義され，株式が自益権と共益権から成るように，自益的な権利（受益債権）と共益的な権利（信託92条）から成る複合的な権利である(注14)受益権は，出資持分権や株式と同様に「その他の財産権」（法50条4項）と位置づけられ(注15)，債権仮差押えに準じた手続になる（同項により同条1項・2項を準用）。もっとも，受益権の仮差押えの効力は，財産権としての性格を有する権利（典型的には受益債権）に及ぶが，共益的な権利には及ばない(注16)。

(イ) 受益債権

そこで，債権者側の選択次第で，受益権のうち，受益債権部分（具体的な権利として確定的に発生したものや将来発生すべき具体的なもの）だけを明示して債権仮差押えすることもできる(注17)。

(b) 小問(2)における仮差押えの対象及び方法

(ア) 受益権を仮差押えする場合

(注14) 商事信託法研究会報告「信託受益権を巡る民事執行法・破産法上の諸問題」会報「信託」260号6頁。
(注15) 中央信託銀行信託研究会「信託受益権と強制執行(下)」金法1257号23〜24頁。東京地方裁判所民事執行センター実務研究会編著『民事執行の実務—債権執行編(下)』（金融財政事情研究会，2003）167頁。
(注16) 信託・前掲（注14）7頁。
(注17) 信託・前掲（注14）7頁。

14 （目的物）信託受益権に対する仮差押え

債権者が，受益権自体を仮差押えする場合は，債務者を受益者（Y），第三債務者を受託者（B信託銀行）として，「金銭信託受益権仮差押命令」を申し立てる。金銭信託受益権の仮差押命令書及び金銭信託受益権目録の書式は，東京地方裁判所民事執行センターの下記書式例（ただし，振替制度移行前の投資信託その他の金銭信託についてのもの）[注18]を参考とし，個々の事案における金銭信託受益権の内容に応じて適宜修正する。

金銭信託受益権目録は，信託受益権を特定したうえで，例えば，

■金銭信託受益権目録

金銭信託受益権目録

金5000万円
　ただし，債務者が第三債務者に対して有する下記金銭信託受益権（元本受益権，収益受益権，その他受益者としての地位に基づく請求権）にして頭書金額に満つるまで。

記

　Yの父〇〇〇〇（死亡時の住所△△△△）を委託者，債務者を受益者，第三債務者を受託者とする平成〇年〇月〇日付金銭信託契約書に基づく受益権

などと記載することになろうか。

この点，「受益権」との記載にとどめるか，「受益者としての一切の権利」と記載するかが問題となるが，前者でよいと考える。なぜなら，後者と記載すると，共益的な権利[注19]にまで仮差押え命令の効力が及ぶとの誤解を招くので，相当でないからである。

(注18)　東京地方裁判所民事執行センター実務研究会編著・前掲（注15）168～169頁。
(注19)　ただし，わが国の金銭信託（三菱UFJ信託銀行編著・前掲（注13）332頁参照）は預金類似のもの（元本補てん特約付又は予定配当率を明示したもの）が多いうえ，受託者が信託銀行で行政監督も受けているので，受益者から信託法92条の共益的な権利が行使されることは事実上ほとんどないと思われる。

共益的な権利が除かれるなら，受益権の仮差押えと受益債権の仮差押えは実質的に同じ意味かと思われるかもしれないが，そうではないと考える[注20]。なぜなら，受益権の内容は，信託行為の定め方により決まるところ，例えば，金銭信託契約の規定上，受益者は，定時定額払の金銭債権（受益債権）のみならず，契約内容（支払日や支払金額等）の変更[注21]や解約の申出[注22]を行う権利ないし契約上の地位[注23]を有する[注24]とされている場合があることから，個人的には，その実効性の確保をも考慮して，仮差押えの対象たる「受益権」には，このような権利ないし契約上の地位も含まれ得ると考えたい（後記(d)(イ)参照）。

　もっとも，受益権を仮差押えの対象とした場合だけでなく，受益債権のみを仮差押えの対象とした場合であっても，解釈上，債務者による契約内容の変更や解約の申出は禁止されているといえるであろう[注25]。債務者は，仮差押対象物の譲渡や処分が制限されるからである[注26]。この点を仮に仮差押命令の記載上明確にするとすれば，第三債務者（受託者）に対し，債務者による「支払期日や支払金額の変更や上記信託契約の解約の申出に応じてはならない。」と個別に明記するのが相当であろう。今後なお検討を要するところである。

　(イ)　受益債権を仮差押えする場合

　または，債権者が受益債権だけを仮差押えする場合は，債務者を受益者（Y），第三債務者を受託者（B信託銀行）として，債権仮差押命令を申し立て

(注20)　「受益権」は，「受益債権」を含む概念であり，他方，「受益債権」は，「受益権」に包含される各種の権利のうち，最も基本的な権利であるという関係にある（寺本昌広『逐条解説　新しい信託法〔補訂版〕』〔商事法務，2008〕274～275頁）。
(注21)　月額30万円の給付を月額100万円に増額する等。
(注22)　老人ホームに入居するため，解約して残額を一括で受け取る旨の申出等。
(注23)　信託・前掲（注14）14～15頁。
(注24)　ただし，これらの変更や解約は，信託契約上一般に，受益者単独の申出だけではできず，信託契約所定の同意者や受託者の同意を条件としている。なぜなら，受益者が単独で自由に変更や解約をして信託金を一括受領できるなら，委託者が，定期的に少しずつ給付するために信託した意味がなくなるからである。
(注25)　現存している信託財産6000万円のうち，仮差押えの効力が生じている5000万円の範囲についてである。
(注26)　仮差押命令（により）「債務者に対して債権の処分を相対的に禁ずる効力が生ずる」「解釈上は，仮差押宣言中に債務者に対する取立禁止命令の趣旨が含まれている」（注釈民保（下）114～115頁）。

る(注27)。債権を特定(注28)したうえで，仮差押債権目録に，例えば下記のように記載することになると思われる。

■仮差押債権目録

仮差押債権目録

金5000万円
　ただし，債務者が第三債務者から支給される，本命令送達日以降支払期の到来する下記受益債権にして，頭書金額に満つるまで。

記

　Yの父○○○○（死亡時の住所△△△△）を委託者，債務者を受益者，第三債務者を受託者とする平成○年○月○日付金銭信託契約書に基づき，毎月25日に支払われる月額30万円の金員

(c)　本件の受益権の特殊性
　(ア)　定期的給付
　将来債権のうち，給料その他の継続的給付債権（賃料等）は，債権発生の蓋然性が極めて高いため，明文で仮差押えが認められているが（法50条5項，民執151条），仮差押えはあくまで保全の必要性があるときの暫定的措置であるから，第1審判決までの平均審理期間を考慮して実務上1年程度の期間に見合う金額に限定されている(注29)。これによれば，本件は，360万円しか仮差押えできないことになる。
　しかし，この金銭信託の信託財産である金銭は，既にB信託銀行が一括し

(注27)　「金銭信託受益権は受益者の権利の総称であるが，基本的には金銭債権であり，民事執行法143条以下の債権執行の方法によることとなる」（片岡義広ほか「金銭信託受益権の差押えについて」金法1198号17頁）。中央信託銀行信託研究会・前掲（注15）23頁。
(注28)　一般的には，仮差押債務者，第三債務者，債権の種類，発生原因，給付の内容，数額などの記載によって特定する。東京地裁保全研究会編『書式　民事保全の実務〔全訂五版〕』（民事法研究会，2010）175頁。
(注29)　東京地裁・実務（上）183頁〔江尻禎＝見目明夫〕。

て受託・保有しており，同銀行に預金しているのと同じ経済的機能を有する（給料，賃料等に比し，給付されることが確実である）から，預金と同様，5000万円の限度で仮差押えできると考えられる。

　(イ)　債務者Yの死亡により消滅

　もっとも，預金と違う点は，仮差押え中又は本差押えに移行した後でも，債務者Y[注30]が死亡した場合は，金銭信託契約の定めにより，その時点でYの受益権（第1受益権）が消滅することである。

　新信託法（平成18年12月15日法律第108号）で新設された「受益者の死亡により，当該受益者の有する受益権が消滅し，他の者が新たな受益権を取得する旨の定め」のある後継ぎ遺贈型の受益者連続信託（信託91条）では，受益者が死亡すると，第1受益権が消滅し，第2受益権（例えば，Yの子が第2受益者と定められていれば，Yの子の受益権）が原始取得される。

　例えば，債務者Yが死亡した時点までに発生し，第三債務者が債務者に対し支払を控えていた金額が仮に累計1000万円であった場合は，1000万円だけが仮差押え及び本差押えの対象となる。

　(ウ)　譲渡禁止特約が付いている場合

　金銭信託契約に，「この受益権は譲渡又は質入れできない」旨の譲渡禁止特約が付されている場合であっても，一般的に，特約により差押えを排除できないと考えられているため，仮差押えは可能である[注31]。普通預金や定期預金規定にも，同様の譲渡禁止特約はあるが，仮差押命令の対象とされている。

　(d)　発展問題：本差押え後の債権回収方法

　Xが，Yに対する債務名義を得た後に，本執行に移行（受益権自体を対象とする本差押命令を取得）し，いまだYが生存中と仮定する。

　(ア)　本執行までに既に具体化した債権

　本執行のときまでに支払期が到来し，第三債務者（B信託銀行）が支払を控えていた金額が累計1000万円であれば，債権者は，1000万円を取り立てる

(注30)　信託・前掲（注14）21～22頁。
(注31)　中野貞一郎『民事執行法〔増補新訂6版〕』（青林書院, 2010) 654頁。信託・前掲（注14）9頁。

（民執167条1項・155条）ことにより債権を回収する。
　(ｲ)　本執行後に支払期が到来する債権
　残りの債権額4000万円の回収方法であるが，本執行のときまでに支払期が到来していないものについては，支払期が到来するつど（毎月30万円を10年以上かけて）取り立てることになる（ただし，途中でYが死亡すれば，その時点までに支払期が到来した金額までしか回収できない）。
　しかし，債権者としては，定時に定額を長期間にわたり取り立てるのは迂遠であると考え，取立てのために必要であるとして（民執規150条の5第2項），受益者の解約申出権を行使するなどして信託を終了させ，残余財産のうち4000万円を（受益者に代わって）一括して受領できるか。
　信託法上，委託者及び受益者は，いつでもその合意により，信託を終了することができる（信託164条1項）。ただし，信託行為に別段の定めがあるときは，その定めるところによる（同条3項）。
　信託契約（信託行為）で，委託者の死後は，受益者からの解約申出のみで信託を終了させることができない旨，例えば「信託の目的に照らしてやむを得ない事由があると（受託者が）認める場合にのみ合意解約（終了）できます」などと定めてある場合は，どうか[注32]。
　信託契約にこのような規定を置く趣旨が，受益権が差し押さえられたとしても，期限前に終了しないことを徹底することにあると考えられる場合は，差押債権者が（受益者の）「合意解約の申出権」を（代わって）行使することは直ちには認められないと考えられる[注33]。
　受託者は，委託者（故人）の意向である「信託の目的」（信託2条1項）（例えば受益者の生涯にわたる生活保障のため）を考慮して，（実務上，受益者自身が解約を希望し，解約してくれなければかえって生活に困窮する状況かどうかも聴取して）当該信託契約を解釈し，その事案が「やむを得ない事由」にあたり，解約申出に

[注32]　定期預金の場合，期限前払戻しは契約当事者の合意によることが契約で定められているが，実質的に形成権的に処理されているから（差押債権者による定期預金の期限前払戻請求もできる。反対の裁判例もあるが，責任財産の執行可能性を私人間の契約で制限するに等しい。中野・前掲（注31）699頁)，例えば委託者＝受益者である自益信託であって定期預金と同様の事情がある信託については，差押債権者は，終了権を行使することができることになろう。信託・前掲（注14）15頁。

[注33]　信託・前掲（注14）15頁。

応じて合意解約することが信託目的に反しないか（信託の本旨に従って信託事務処理を行う義務（信託29条1項）を果たしたことになるか）を判断することになる。

［4］ 不動産信託受益権に対する仮差押え

(1) 家族信託の活用への期待

新しい信託法により，後継ぎ遺贈型の信託（信託91条）が認められ，家族のための民事信託が幅広く活用できるようになった。例えば，後添えの配偶者と前婚の子がいる場合など，家産承継のために信託を活用する例も少なくない。後妻が存命中には信託財産である居住用不動産を住居として使用させ，その死亡後は先妻との子に，あるいは実家の甥など本家の誰かに帰属させるというものである[注34]。

この信託の利点は，後妻の死後の財産の承継先を決められる点にある。居住用不動産の所有権自体を遺言で後妻に相続させれば，後妻の死後の当該不動産の承継先は，後妻の遺言がなければ後妻のきょうだいや甥姪が相続することになる（後妻に遺言を書いてもらっても，遺言はいつでも書き換え可能（民1022条）なので，安心できない。）。

(2) 設例・小問(3)の検討

Yの夫は，後妻Yと前婚の子がいるが，自分の死後は，本件不動産（自宅）を生涯妻の居宅として無償使用させ，妻死亡後は実子に承継させたいと思い，小問(3)の信託を設定したとする（妻を収益受益者といい，実子を元本受益者という。）[注35]。

(注34) 遠藤英嗣『増補新しい家族信託 遺言相続，後見に代替する信託の実際の活用法と文例』（日本加除出版，2014）138頁。このような信託（遺言信託）の参考文例は同書461頁以下。

(注35) 新井誠『信託法〔第4版〕』（有斐閣，2014）222頁。収益受益者とは，信託期間中に信託財産に生じた収益の分配を受ける受益者である（村松秀樹ほか『概説 新信託法』（金融財政事情研究会，2008）209頁）。

(a) 信託の登記

信託を設定すると，次のように信託による所有権移転及び信託の登記がされ，信託条項の内容は，信託目録に記載され公示される。

■登記記録例(注36)

権利部（甲区）（所有権に関する事項）			
順位番号	登記の目的	受付年月日・受付番号	権利者その他の事項
2	所有権移転	平成○年○月○日 受付第○号	原因　平成○年○月○日売買 所有者　○市○町○丁目○番○号 　　　　Yの夫
3	所有権移転	平成○年○月○日 受付第○号	原因　平成○年○月○日信託 受託者　○市○町○丁目○番○号 　　　　C（株式会社）(注37)
	信託	余白	信託目録第○号

この信託目録により，債権者Xは，Yの受益権の内容を知ることができる。

(b) 本件受益権の仮差押えの可否（差押禁止となる受益権）

Yの本件受益権（収益受益権）は，Yの老後の生活を保障する信託目的の下に，Yの生涯にわたり，①建物の1階部分の賃料を原資とする収益を受託者から受け取る権利と②建物の2階部分に自らが無償で居住する権利である。

受益権については，特定の受益者の生活や療養などの保障を信託目的とする信託の場合，第三者が当該受益権に係る給付を得るときは，信託の目的の達成を阻害しかねないことになる。そのような信託の受益権は差押禁止として仮差押えが排除されるだろうか(注38)。

この点，小問(2)も信託目的はYの生活保障であったが，受益権の内容は定

(注36)　登記記録例及び信託目録の記載例は，信託登記実務研究会編著『改訂版　信託登記の実務』（日本加除出版，2012）160頁，遺言信託の場合は同書177頁。
(注37)　Cは親族又は信託会社と仮定する。個人の不動産の家族信託についての受託者は，親族に適任者がいない場合は，実務上，受託してくれる信託会社を探すことになる。信託の引受けを業として行う（信託業）には，内閣総理大臣の免許を受けた株式会社でなければならず（信託業3条～5条），弁護士等法律専門家も業として受託者になることはできない。信託銀行は，個人の不動産の家族信託の受託には消極的である（遠藤・前掲（注34）185頁）。
(注38)　信託・前掲（注14）8頁以下。

時定額の金銭給付であるから，第三者が差し押えて取り立てることも可能であり，既に金銭債権として発生している部分だけでなく，今後発生する部分についても，仮差押えの対象になると考えられる(注39)。

また，小問(3)も，信託目的はＹの老後の生活の保障であるが，このうち①１階部分の賃料を原資とする収益に相当する金銭給付を受託者から受け取る権利については，上記小問(2)と同様，仮差押えの対象になると考えられる。

しかし，小問(3)の②２階部分に「Ｙ自らが生存中に限り無償で居住する権利」は，Ｙの夫（委託者）としてはＹが居住することしか想定しておらず，「受益権の内容が人的性格のもので，主体の変更と相容れない」(注40)から一身専属的権利であり，性質上差押禁止債権ではないかと思われる(注41)。

したがって，ＸがＹの受益権の全部を目的として仮差押えを申し立てたとしても，裁判所から，Ｙの受益権のうち②２階の無償居住権については，仮差押え不適格と指摘されることになるであろう。

そこで，Ｘとしては，①１階の賃料を原資とする収益の金銭給付を受け取る受益債権のみを対象として仮差押えを申し立てることも考えられる。

この場合，前記のとおり，賃料債権など，将来債権のうち継続的給付債権（法50条5項，民執151条）の仮差押えは，保全の必要性が存するときに認められる暫定的な措置であるから，第１審判決までの平均審理期間を考慮して，実務上１年程度の期間に見合う金額に限定する取扱いを行っていることから，本件についても，１年程度の期間に見合う金額しか仮差押えできない可能性がある。

(注39) 信託・前掲（注14）11頁は，受益者の生涯にわたる生活保障のための信託の受益権も，「生計を維持するために支給を受ける継続的給付に係る債権」（民執152条1項1号）として差押禁止債権にあたる場合があり得るとする。もっとも，同条は将来の老後の生活保障まで含む趣旨ではなく，債務者の現在の生活の拠り所となっている場合に限られるとの指摘（倉部真由美「個人年金保険契約に基づく解約返戻金請求権の差押えの可否」ジュリ1276号160頁）も紹介している。
(注40) 四宮・前掲（注2）333頁。
(注41) 信託・前掲（注14）8頁以下。「そのような権利が他の主体に移転したのでは権利としてもはや成り立たないのであれば，売却の形で換価することができず，また，取立ての形で換価することもできないからである。」（信託・前掲（注14）9頁。）

15 （目的物）航空機等の仮差押え

山川　亜紀子
小林　貴

　航空機燃料等を販売しているＸ社は，航空業界に格安の運賃で参入して顧客を開拓しているＹ社に対して航空機燃料を販売してきた。ところが，Ｙ社は，他の格安航空会社との競争の激化や世界的なパイロット不足等の影響で，便数を増やすことができず，予定していたほどの収益が上がらないため，四半期ごとに支払うこととなっている航空機燃料の代金の一部の支払が遅滞している。Ｘ社としては，これまでの燃料代金の未払分と今期の売掛金との合計額が３億円を超えたことから，何らかの保全措置をとりたいと考えているが，Ｙ社が運行している大型旅客機はすべてリース物件であり，Ｙ社が所有している航空機は小型の中古ジェット機１機（転売すると約２億円程度のもの）だけである。また，Ｘ社がＹ社に販売した航空機燃料の一部が国内の数か所の空港内の燃料タンクに備蓄されている。Ｘ社は，Ｙ社が運行している航空機と備蓄されている燃料について，どのような保全処分をとることが考えられるか。

〔１〕　問題の所在

　本件でＸ社のとり得る保全処分としては，①小型中古ジェット機１機の仮差押え，②空港内の燃料タンクに備蓄されている航空機燃料の仮差押えが考えられる。大型旅客機はリース物件であり，Ｙ社の所有物ではないので，仮差押えをすることはできない。
　小型中古ジェット機については，日本で登録された航空機（以下，「内国航空機」という。）か，外国で登録された航空機（以下，「外国航空機」という。）かで，民事保全法上の取扱いが異なる。内国航空機については，船舶の仮差押

えの規定が準用される（民事保全法1条，航空法8条の4第2項に基づき規定されている民事保全規則34条，同条が準用する民事保全法48条及び民事保全規則33条）。他方，外国航空機についてはそのような規定がないため，動産仮差押えの規定が適用される(注1)。

　ところで，内国航空機か外国航空機かを問わず，航空機に対する仮差押えや仮処分の裁判例は見当たらない。そこで，本項目では，航空機に対する仮差押えを行おうとする場合に直面する実務上の主要な問題点を，本設例に基づき，内国航空機と外国航空機とに分けて検討する。

　その後，航空機燃料の仮差押えについて，実務上の問題点について検討する。

〔2〕　航空機の仮差押え

(1)　機体の特定

　設例では，Y社が所有している機材は小型中古ジェット機のみとされているが，実務上は，仮差押えを検討する場合，まずは，債務者である航空会社がどのような航空機を所有しているのかを確認する必要がある。航空会社は，一般的に，運行する航空機を公表していないことが多いが，民間の航空機トラッキングサービス会社(注2)や航空機愛好家のウェブサイト(注3)などで各社が運行する航空機の登録番号(注4)，型式（ボーイング式787型など），製造番号などを確認することができる。登録番号がわかれば，登録国がわかる。

　もっとも，これらのウェブサイトでは，各航空機がリース物件なのか，航空会社が所有しているのかまではわからない。そこで，ウェブサイトなどで

(注1)　注釈民保（下）77頁。
(注2)　Flightradar24（http://www.flightradar24.com），FlightAware（https://ja.flightaware.com）など。
(注3)　Fly team（http://flyteam.jp）など。
(注4)　機体番号，レジなどと呼ばれ，日本で登録された航空機の場合，「JA836J」のように「JA」から始まる番号が付されている。末尾のアルファベットは，例えば，「J」であれば日本航空，「AN」であれば全日本空輸というように，航空会社を表している。機体番号は航空機自体に大きく表示されているので，航空機を見れば容易に確認できる。

得た登録番号や形式をもとに，内国航空機であれば，国土交通省が管理している航空機登録原簿（航空5条）で所有者を確認する[注5]。外国航空機も同様にこれらのウェブサイトで登録番号等を確認したうえで，登録国で航空機登録原簿に相当する書類を確認することになる。

(2) 管　　轄

仮に差し押えるべき航空機を特定できたら，次に，どの裁判所に仮差押えの申立てを行うかが問題になる。

(a) 内国航空機

保全申立事件については，民事保全法12条1項は，「本案の管轄裁判所又は仮に差し押さえるべき物若しくは係争物の所在地を管轄する地方裁判所が管轄する。」と定めている。

(ア) 本案の管轄裁判所

本案が未係属の場合，本案について民事訴訟法等の規定により普通裁判籍又は特別裁判籍が認められる裁判所が，本案の管轄裁判所として取り扱われる[注6]。本設例では，X社のY社に対する未払代金請求訴訟が本案となるため，X社とY社の間の燃料供給契約に合意管轄の定めがあれば，それに従う（民訴11条1項）。合意がない場合には，被告となるY社の普通裁判籍の所在地を管轄する裁判所（民訴4条1項）や義務履行地を管轄する裁判所（民訴5条1号）が本案の管轄裁判所となる。

(イ) 目的物の所在地を管轄する裁判所

また，前記のとおり，本案の管轄裁判所に加えて，「仮に差し押さえるべき物」（小型中古ジェット機）の所在地を管轄する地方裁判所も管轄を有する（法12条1項）。「仮に差し押さえるべき物」の所在地は，それが物理的に存在する場所を指すと解されている[注7]。そして，管轄の有無は，申立て時を基準に判断される（法7条，民訴15条）から，債権者は，申立て時に，航空機が当該裁判所の管轄区域内に物理的に存在することを立証（疎明ではなく証明に

(注5) 航空機登録原簿は誰でも閲覧可能である（航空8条の2）。
(注6) 須藤＝深見＝金子・民事保全45頁。
(注7) 須藤＝深見＝金子・民事保全47頁。

よる立証(注8)しなければならない。

　ここで問題になるのは，航空機（特に旅客機や貨物機の場合）は，その性質上，頻繁に移動することである。内国航空機（航空3条の2）の航空機登録原簿には，「航空機の定置場」が記載される（航空5条4号）が，航空機は常にそこにあるのではなく，飛行していたり，他の空港に着陸している場合もある。例えば，日本の国内線の場合，早朝から深夜まで6，7フライト運行し，深夜から早朝までを除き，空港に停留しているのが1時間程度という場合も少なくない。国際線でも，夜に日本の空港に着陸して，翌朝には外国に飛び立ってしまうこともある。そこで，債権者は，航空機が「定置場」やその他の空港に着陸するタイミングを見はからって，その地を管轄する裁判所に仮差押えの申立てを行うことになる。なお，各航空会社は便名を事前に公表しているが，どの機体で運行するかまでは公表していない。前記の航空機トラッキングサービス会社は，各機体の運行履歴（いつ，どの空港からどの空港まで飛行したか）も提供しているので，その情報と航空会社の公表しているフライトスケジュールから次に到着する空港を予想することになろう(注9)。

　(ウ)　執行の便宜との関係

　このように，内国航空機の仮差押えの申立てについては，「本案の管轄裁判所」と「仮に差し押さえるべき物……の所在地を管轄する地方裁判所」に管轄がある。どちらの裁判所を選ぶかを決めるにあたっては，仮差押えの執行の便宜を考慮する必要がある。内国航空機に対する仮差押えの執行方法は，①仮差押えの登録をする方法，②航空機登録証明書その他の航空機の航行のために必要な書面（以下，「航空機登録証明書等」という。）の取上げを命ずる方法又は③その併用である（規則34条，法48条1項）。

　このうち，仮差押えの登録のみによる場合（①），仮差押命令を発した裁判所が管轄執行裁判所になり（法48条2項），保全執行の申立ては必要ない

(注8)　須藤＝深見＝金子・民事保全40頁。
(注9)　ちなみに，EU域内で飛行している航空機については，EU域内の航空交通管制の管理を行っているEUROCONTROL（欧州航空法安全機構）に照会することで航空機の所在地がわかる。同じく，米国では，Air Traffic Organization（連邦航空局の下部組織）に照会することが可能である。しかし，日本では，航空会社は，国土交通省に飛行計画を提出するものの，運行前や運行中に機材に関する情報を確認するシステムはない。

(規則31条ただし書)。したがって，この場合，本案の管轄裁判所と航空機の所在地を管轄する裁判所の中で，債権者にとって最も便利な裁判所を選べばよい。航空機の所在地を立証しなくてもよいという観点からは，本案の管轄裁判所（義務履行地を管轄する裁判所など）が便利な場合が多かろう。

　他方，航空機登録証明書等の取上げを利用する場合（上記②及び③），航空機の所在地を管轄する地方裁判所が管轄執行裁判所になり（法48条2項），別途，保全執行の申立てが必要になる。もっとも，仮差押命令の発令裁判所が航空機の所在地を管轄する地方裁判所である場合は，仮差押命令の申立てと併せて執行申立てをすることができる(注10)。したがって，航空機登録証明書等の取上げによる執行によりたい場合（どのような場合にこの方法によるべきかは後述のとおり），航空機の所在地を管轄する地方裁判所に保全命令の申立てをするのがよいように思われる。しかし，航空機の運行スケジュールによっては，仮差押えの申立てから執行の着手までの間，航空機が当該裁判所の管轄区域内にとどまっているとは限らない。そこで，まず本案の裁判所に仮差押命令を発令してもらい，その後，速やかにその時点での航空機の所在地の管轄裁判所に保全執行の申立てを行うのが最も現実的な方法と思われる。

　もっとも，Y社が外国の航空会社で，契約上も合意管轄裁判所が外国の裁判所であるような場合は，やはり航空機の所在地を管轄する裁判所に申立てをせざるを得ない。この場合，前記のとおり，仮差押えの申立てから執行の着手までの間，航空機が当該裁判所の管轄区域内にとどまっているとは限らないことが問題となる。この点，民事訴訟法上，訴え提起の時点で管轄が存在しなかったとしても，その後の事情変更によって管轄が生じた場合には管轄の治癒が認められている(注11)。このことからすれば，民事保全法上も，申立て時に管轄がなかったとしても，仮差押命令の発令直前までに航空機が管轄区域内に着陸していれば管轄の治癒を認める余地があるのではなかろうか。この点は，今後，実際の事件を担当する裁判所の判断に委ねられるが，事前に裁判所と十分に打ち合わせをしたうえ，当該航空機が裁判所の管轄区域内

(注10)　注釈民保（下）73頁。
(注11)　菊井維大＝村松俊夫原著／秋山幹男ほか『コンメンタール民事訴訟法Ⅰ〔第2版追補版〕』（日本評論社，2014）196頁。

に着陸したタイミングで仮差押命令を発令してもらい，直ちに執行官に連絡して執行に着手するといった方法を考えてもよいであろう。

(b)　外国航空機

外国航空機の仮差押えの申立ての管轄裁判所は，内国航空機の仮差押えと同様，「本案の管轄裁判所又は仮に差し押さえるべき物若しくは係争物の所在地を管轄する地方裁判所」であり（法12条1項），内国航空機について述べたところがそのまま当てはまる。ただし，外国航空機は，日本で登録されている内国航空機と異なり，「仮差押えの登録」により仮差押えの執行を行うことはできない。外国航空機は，動産として取り扱われ，これに対する仮差押えの執行は，「執行官が目的物を占有する方法」により行われる（法49条1項）。そのため，保全執行裁判所は航空機の所在地を管轄する裁判所になる。内国航空機と同様，迅速な保全を行う必要がある場合（当該外国航空機が日本に滞在する時間が短いような場合）には，あらかじめ本案の裁判所から保全命令の発令を受けたうえで，外国航空機が国内に着陸するタイミングを見はからって，着陸地を管轄する裁判所に執行を申し立てるべきであろう。

なお，民事保全法上，外国航空機は動産として取り扱われるため，目的物を特定して仮差押えの申立てをすることもできるが，目的物を特定しないで申立てをすることも可能である（法21条ただし書）。この場合，管轄との関係では，債務者の所有する動産が存在するであろう場所（債務者の住所，営業所，倉庫等）が申立てを行う地方裁判所の管轄区域内にあることを証明すれば足りる[注12]。したがって，外国航空機が到着する予定の空港に債務者の営業所などがある場合には，目的物を特定せずに仮差押えの申立てを行い，外国航空機が空港に着陸したタイミングで執行するという方法も考えられる。なお，執行官は，債務者が占有していると認められる動産については，債務者の所有に属するか否かを調査する必要がなく，外形上第三者の所有であることが明白でない限り，仮差押えの執行を行うことができる[注13]。航空機についても，航空機に付された航空会社のロゴや機体番号，駐機中の状況（例えば，

(注12)　須藤＝深見＝金子・民事保全47頁。
(注13)　東京地裁・実務（下）227頁〔小川直人〕。

債務者の運航する機体であることが周囲に表示されている場合など）から債務者の占有と認められる場合も多いであろう。

(3) 仮差押えの申立て

(a) 内国航空機

仮差押えの申立ては，債権者が管轄裁判所に申立書を提出して行う（法2条1項，規則1条1号）。内国航空機の仮差押えを申し立てる場合，申立ての趣旨は，次のようになる。

> 債権者の債務者に対する別紙目録記載の請求債権の執行を保全するため，別紙物件目録記載の債務者所有の航空機は，仮に差し押さえる。[注14]

申立書には，航空機登録原簿の謄本及び航空機の価額を証明する書面を添付しなければならない（規則20条3号）。航空機登録原簿の謄本は，国土交通省航空局総務課航空機登録担当官に請求して交付を受ける[注15]。価額を証明する書面としては，固定資産評価証明書が必ずしも価額を評価するのに適切な資料ではないことから，個別の事案に応じて適当なものを提出すべきであり[注16]，航空機であれば，第三者による鑑定評価書などが考えられる。

航空機の特定は，航空機登録原簿に基づき，航空機の型式，製造者，登録番号，登録年月日，定置場などを記載することにより行う[注17]。

なお，仮差押えの執行方法として，航空機登録証明書等の取上げを命ずる方法を選択する場合は，あらかじめその旨を申立書に記載しなければならない（規則34条・33条・32条2項）。

(b) 外国航空機

先述のとおり，民事保全法上，外国航空機は動産と同様に扱われ，目的物

(注14) 関口剛弘＝佐藤裕義『民事保全申立ハンドブック』（新日本法規出版，2013）340頁。
(注15) http://www.mlit.go.jp/koku/koku_tk1_000035.html
(注16) 東京地裁・実務（上）106頁〔小川直人＝間部泰〕。
(注17) 第一東京弁護士会編『保全処分の実務 主文例の研究2008』（ぎょうせい，2008）33頁。

を特定して仮差押えの申立てを行うことも，特定しないで行うことも可能である（法21条ただし書）。特定して申し立てる場合，申立書には，内国航空機に準じて，航空機の型式，製造者，登録番号，登録年月日などを記載して特定すべきであろう。ただし，外国航空機の場合は，外国で航空機登録原簿に相当する書類を入手するなどしてその詳細を特定することが困難な場合も考えられる。申立ての段階で特定が困難な場合には，目的物を特定せずに申立てを行うことになろう。

なお，目的物を特定しない場合であっても，担保額の決定の便宜や執行官が航空機の売得金の額が手続費用の額を超えること（法49条4項，民執129条1項）を容易に判断できるようにするためにも，上申書により執行を考えている外国航空機を型式や製造者により可能な限り特定することを検討すべきである[注18]。

(4) 担　保

(a) 内国航空機

保全命令申立事件において債権者に担保を立てさせるかどうかは，発令裁判所の自由な判断に委ねられている（法14条1項）。もっとも，実務上，担保を立てさせずに保全命令を発令する場合は極めて限られており[注19]，航空機に対する仮差押命令を申し立てる場合，債権者は担保を立てる用意をしておく必要がある。

この担保の性質は違法又は不当な保全命令によって債務者が被る可能性のある損害を担保するためのものである[注20]。具体的な担保額の算定についても裁判官の自由な裁量に委ねられている。裁判官は，個々のケースごとに債務者に生じる可能性のある損害を検討することになる[注21]。

〔1〕のとおり，航空機に対する仮差押命令申立事件は実務上ほとんど見

(注18)　債権者代理人が上申書によって執行を考えている動産の種類を事実上大まかに特定しておくことは実務上よくみられる（注釈民保（上）285頁参照）。
(注19)　加藤新太郎＝山本和彦編『裁判例コンメンタール民事保全法』（立花書房，2012）128〜129頁。
(注20)　須藤＝深見＝金子・民事保全67頁。
(注21)　東京地裁・実務（下）5頁〔齊木教朗＝平手健太郎〕。

られないため，一般的にどれくらいの担保が必要になるか事前に予測するのは困難である。もっとも，被保全債権を売買代金債権として自動車や船舶に対する仮差押えを行う場合，仮差押えの登録による場合は目的物の価額の15〜25％，自動車や船舶国籍証書等の取上げによる場合は目的物の価額の25〜30％，併用の場合は30〜40％程度といわれている。航空機の場合も，基本的には自動車や船舶に準じて考えて担保の準備をしておく必要があろう。

なお，仮差押えの登録のみによる場合は，債務者は引き続き航空機を使用できる（規則34条，法48条3項，民執46条2項）。他方，航空機登録証明書等の取上げ（又は登録との併用）による場合，債務者は航空機を使用することができなくなる（航空59条）。そのため，一般的には仮差押えの登録のみの場合と比べて航空機登録証明書等の取上げによる方が担保額は高くなろう。航空機の仮差押えの申立てにあたっては，予想される担保額も考慮に入れたうえで，どの執行方法によるべきかを十分検討する必要がある。

(b) 外国航空機

外国航空機の仮差押えの場合も，担保については，内国航空機の航空機登録証明書等の取上げに準じて考えればよいであろう。

(5) 仮差押えの執行方法

(a) 内国航空機

内国航空機に対する仮差押えの執行方法は，①仮差押えの登録をする方法，②航空機登録証明書等の取上げを命ずる方法又は③その併用である（規則34条，法48条1項）。いずれの方法によるかは債権者の選択に委ねられている[注22]。

仮差押えの登録をする場合，管轄執行裁判所は仮差押命令を発した裁判所で（法48条2項），保全執行の申立ては必要ない（規則31条ただし書）。この場合，執行裁判所の裁判所書記官が航空機登録原簿を管理する国土交通大臣に仮差押えの登録を嘱託し，国土交通大臣が仮差押えの登録をした後，登録原簿の謄本と登録済みの旨を記載した仮差押命令の正本を保全執行裁判所に送付す

(注22) 注釈民保（下）70頁。

る（規則34条，法48条3項・47条3項）。

　内国航空機については，航空機の使用を許すと債務者が航空機を海外に移動させるなどして本執行への移行が円滑に進まないおそれがある場合を除き(注23)，執行が容易なこの方法によることで目的を達することが多いと思われる(注24)。

　航空機登録証明書等の取上げの場合，航空機の所在地を管轄する地方裁判所が管轄執行裁判所になり（法48条2項），保全執行の申立てが別途必要になる。もっとも，前記のとおり，仮差押命令の発令裁判所が目的航空機の所在地を管轄する地方裁判所である場合は，仮差押えの申立てと併せて執行申立てをすることができる。なお，航空機登録証明書等には，航空機登録証明書のほかに，航空法59条1項所定の耐空証明書，航空日誌などが含まれる(注25)。航空機登録証明書等の取上げにあたっては，保全執行裁判所が執行官に対し航空機登録証明書等を取り上げて保全執行裁判所に提出すべき旨の職務命令（取上命令）を発する(注26)。そして，執行官は，航空機登録証明書等を取り上げ又はその引渡しを受けたときは，国土交通大臣にその旨を通知しなければならない（規則34条・33条，民執規75条）。なお，債務者に保管を任せると機体を移動させてしまったり，適切な保守管理を怠るおそれがある場合，保管人を置かなければならない。この場合，保管に要する費用は手続費用となり（規則34条，法48条3項，民執116条2項），その予納が必要となる（法46条，民執14条1項）。航空機は空港に駐機させて保守，管理を行うことになると考えられるが，空港によっては，それらの費用が高額になる可能性がある点に留意が必要である(注27)。

　また，航空機登録証明書等は，航空機のコックピットに収納されているた

(注23)　本執行にあたっては，航空機登録証明書等の取上げが必要になるため（民執規84条，民執120条），航空機が日本国内になければならない。
(注24)　注解民保（下）57頁。
(注25)　注釈民保（下）77頁。
(注26)　船舶の場合につき，加藤＝山本編・前掲（注19）447頁。
(注27)　停留料は，空港や機種によって様々である（例：成田空港 http://www.naa.jp/jp/b2b/fap/charge/charges.html，中部国際空港セントレア http://www.centrair.jp/business/airline/charge/，富士山静岡空港 http://www.mtfuji-shizuokaairport.jp/operator/20120214131156/index.html）。

め，空港に駐機している航空機から航空機登録証明書等を取り上げるためには，執行官が空港内に立ち入る必要がある。各空港の運営会社は空港内への立入りについて規程を設けて制限している。そのため，スムーズな執行ができるように空港の管理権者と事前に打ち合わせを行うことも必要であろう。なお，機長が航空機登録証明書等の引渡しを拒んだ場合，執行官は，コックピットに立ち入って捜索することができる（規則34条，法48条・46条，民執6条）。

以上から，内国航空機については，①仮差押えの登録をまず検討し，航空機の使用を許すと本執行への移行が円滑に進まないおそれがある場合に限り，②航空機登録証明書等の取上げ又は③併用を選ぶことになろう[注28]。

(b) 外国航空機

外国航空機の場合は，仮差押えの登録による執行はできず，「執行官が目的物を占有する方法」により執行する（法49条1項）。執行官が占有を取得する方法としては，航空機登録証明書等の取上げのほか，操縦室の封印，扉・ハンドルの封印，エンジンキーの保管，一定の場所における停留，監視人による監視などが考えられる[注29]。実務上は，当該外国航空機の運用実態を勘案し，執行官と協議しながら適切な占有取得方法を検討することになる。

〔3〕 航空機燃料の仮差押え

(1) 仮差押えの種類

空港内の燃料タンクに備蓄されている航空機燃料の仮差押えについては，目的物である燃料の占有状況に応じて，①動産の仮差押え，又は②債権（燃料引渡請求権）の仮差押えが考えられる。すなわち，①燃料を占有しているのが債務者（空港内の燃料タンクをY社が占有しているケース）である場合，又は第

(注28) なお，海外では，保全段階では，裁判所に航空機の国外への移動や処分を禁止する差止命令（freezing injunction）を出してもらい，債務者が命令に違反した場合には，刑事罰（罰金や懲役）による制裁や対象物の差押えを認めている国もある。

(注29) 強制執行における占有取得方法について，東孝行「外国航空機に対する強制執行の諸問題」判タ448号45頁参照。

三者（空港内の燃料タンクを第三者が占有しているケース）であっても提出を拒まない場合，当該燃料に対する仮差押えは，動産に対する仮差押えを申し立てることになる（法49条4項，民執123条・124条）。他方，②燃料を占有している第三者がその提出を拒む場合(注30)，動産の仮差押えの対象とすることができず，債権者としては，債務者が有する燃料引渡請求権の仮差押えを申し立てる必要がある(注31)。

以下では，①動産の仮差押えの場合と，②債権の仮差押えの場合の両方を検討する。

(2) 管　轄

航空機燃料について動産の仮差押えをする場合及び債権の仮差押えをする場合のいずれにおいても，管轄裁判所は，本案の裁判所又は仮に差し押さえるべき物の所在地を管轄する地方裁判所である（法12条1項）。仮に差し押さえるべき物が動産の引渡しを目的とする債権の場合，仮に差し押さえるべき物の所在地は，その動産の所在地となる（法12条4項ただし書）。したがって，本設例では，動産の仮差押えをする場合でも債権の仮差押えをする場合でも，本案の裁判所か航空機燃料が備蓄されている燃料タンクの所在地を管轄する地方裁判所に管轄がある。

執行方法との関係でいずれの裁判所に申立てをするべきか検討すると，債権の仮差押えの場合は，本案の裁判所の方が便利であろう。債権の仮差押えの執行は，保全命令を発令した裁判所が保全執行裁判所として（法50条2項）第三債務者に対して債務者への弁済を禁止する命令を発する方法によって行う（同条1項）。本設例で燃料は国内数か所の空港内の燃料タンクに所在するが，各所在地の管轄裁判所に債権仮差押えの申立てを行うのは手間であるし，また，物の所在地を管轄する裁判所に別途執行の申立てを行う必要もないので，本案の裁判所にまとめて申立てを行い，一挙に執行するのが便利だから

(注30)　実際には，申立て時点で第三者が任意に提出に応じるかどうかは不明であることが多く，第三者が占有している場合，債権者としては，債権の仮差押えを検討すべきであろう。
(注31)　燃料引渡請求権の仮差押えの場合，X社は，自身が第三債務者である債権について仮差押えを求めることになるが，このような申立ても可能である（注解民保（下）83頁）。

である。動産に対する仮差押えの執行は，動産の所在地を管轄する地方裁判所に所属する執行官に対して各別に申立てを行う必要があるので（執行官4条），本案の裁判所に申し立てる場合も，仮に差し押さえるべき物の所在地の裁判所に申し立てる場合も[注32]，債権の仮差えのような差異は生じない。

(3) 仮差押えの申立て

動産の仮差押えは，目的物を特定しないで申し立てることができる（法21条ただし書）。債権の仮差押えの場合は，目的物を特定しなければならない（法21条本文）。申立書には，第三債務者の氏名等（規則18条1項），債権の種類及び額その他の債権を特定するに足りる事項（規則19条2項1号）を記載しなければならない。

(4) 担　　保

仮差押命令の発令にあたって担保を立てることが要求されるのは，航空機の仮差押えの場合と同じである。

ただし，動産の仮差押えで目的物を特定しない場合，請求債権額が担保額決定の基準となる[注33]。具体的な額は発令裁判所の自由裁量に委ねられている。代金請求権を被保全債権として動産を特定せずに仮差押えを申し立てる場合，一般的には請求債権額の10～30％の担保が必要になるといわれているが，航空機燃料を差し押さえた場合，航空機が以後運行できなくなることもあり得ることから債務者に対して及ぼす影響が大きく，担保が高額になることも考えられる。

(5) 仮差押えの執行

動産に対する仮差押えの執行は，執行官が目的物を占有する方法により行

(注32)　動産の仮差押えの場合，目的物の特定は要求されていないので（法21条ただし書），債務者のなんらかの動産が申立てを行う地方裁判所の管轄区域内にあればよく，その地方裁判所が発令した仮差押命令で管轄区域外にある動産に対して執行することもできる（山崎・解説163頁）。
(注33)　瀬木・民事保全96頁。

う（法49条1項）。そのため，仮差押えの申立てに加えて，目的物の所在地を管轄する地方裁判所所属の執行官に対する執行申立てが必要である（規則1条6号）。具体的な執行方法としては，執行官が燃料タンク内の燃料を物理的に取得して別に保管することはあまり現実的といえないので，燃料タンクを封印したうえで（法49条4項，民執123条3項），債務者に保管させることになろう。執行官は，動産仮差押執行のために債務者の住居等債務者の占有する場所に強制的に立ち入ることができるが（法49条4項，民執123条2項），燃料タンクの置かれている空港は，「債務者の占有する場所」でないであろうから，空港内に立ち入るには空港の管理権者の許可を得なければならない。債権者代理人としては，迅速な執行を行うため，事前に執行官や空港とも打ち合わせを行っておく必要があろう。

　債権に対する仮差押えの執行は，先述のとおり，発令裁判所が保全執行裁判所となり（法50条2項），保全執行裁判所が第三債務者に対して債務者への弁済を禁止する命令を発する方法により行う（同条1項）。仮差押命令の申立てに加えて，保全執行の申立書を提出する必要はない（規則31条ただし書）。仮差押命令は，債務者及び第三債務者に送達され（法50条5項，民執145条3項），第三債務者に送達された時に仮差押えの効力が発生する（法50条5項，民執145条4項）。

16　（必要性）債権者代位権の行使による仮差押え

深見　敏正
中山　洋平

　Xは，A社に対して事業用地の購入代金として5000万円を貸し付けた。A社がその資金で購入した土地は，M市が造成した工業団地内の土地であったが，M市が想定していたほどの数の企業を誘致することができず，工業団地としての規模も縮小され，A社が購入した土地の価格も約半値程度に下落してしまったうえ，A社が予定していた工業団地内での原材料の調達や加工もできなくなり，A社の事業自体が赤字に転落し，運転資金を得るために，B社のために，その所有地に3000万円の抵当権を設定した。A社は，Y社と取引があり，Y社に対して3000万円の売掛債権を有している。A社の取引先であるY社もM市が造成した工業団地内にA社より広い工場用地を有しているが，工業団地事業の不振を受け，これを売却しようとしている。
　Xは，A社に対する5000万円の貸金債権を保全するため，どのような方法を講じることができるか。

〔1〕　問題の所在

　本設例では，XのA社に対する5000万円の貸金債権の保全が問題になっているところ，債権者の金銭債権による将来の強制執行に実効性をもたせるため，債務者の財産処分を禁止して，債務者の財産を確保するのは仮差押えであるので，本設例では仮差押えの可否が問題になる。
　ところで，Xが5000万円の貸金債権を有するのは，A社に対してであるが，問題文上，A社が有すると判明している資産は，土地の価格も約半値程度に

下落してしまった工業団地内の土地（以下「A社所有地」という。）とA社のY社に対する3000万円の売掛債権（以下「本件売掛債権」という。）であり，A社の債務者であるY社は，M市が造成した工業団地内の土地（以下，Y社の有する土地を「本件土地」という。）を売却しようとしている。A社所有土地は約半値程度に下落し，3000万円の抵当権が設定されているので，仮にA社がXからの借入れでのみでA社所有地を購入した場合，現在価格として担保余剰がない。そのうえ，Xとしては，A社がY社に対する本件売掛債権を取り立てようとしておらず，かつ，Y社が本件土地を売却してしまった場合には，財産が散逸して，A社に対する5000万円の貸金債権全額の取立てが困難になることも想定されるため，本件売掛債権を仮差押えするとともに，A社に対する債権者として，A社を代位してY社が処分しようとしている本件土地を仮差押えする必要があると思われる。

したがって，本設例においては，債権者代位権の行使による仮差押えの可否が問題になるので，以下では，債権者代位権の要件について検討を加えたうえ，仮差押えに特有の問題点についてさらに検討を進めていく。

〔2〕 本件土地についての仮差押えの当事者

債権者代位権の行使は，債権者が自己の名において債務者の権利を行使するものである。したがって，本設例の事例を前提にすれば，債権者代位権の行使による仮差押えの場合，仮差押えの請求債権となるのは，A社がY社に対して有する3000万円の売掛債権であり，仮差押えの債権者となるXがA社に対して有する5000万円の貸金債権は，債権者代位権の行使の適格要件である。

以上の法律関係を前提にすると，債権者代位権の行使による本件土地についての仮差押えの当事者は，Xが仮差押債権者であり，代位行使される債権である3000万円の本件売掛債権の債務者であるY社が仮差押債務者になるのであって，5000万円の貸金債権の債務者であるA社は，仮差押えに関する限り，当事者にはならず，申立外A社と呼ばれることになる。

〔3〕 債権者代位権の要件

 債権者代位権について定める民法423条1項は,「債権者は,自己の債権を保全するため,債務者に属する権利を行使することができる。ただし,債務者の一身に専属する権利は,この限りでない。」と定め,同条2項は,「債権者は,その債権の期限が到来しない間は,裁判上の代位によらなければ,前項の権利を行使することができない。ただし,保存行為は,この限りでない。」と定めている。

 したがって,債権者代位権の要件は,①保全すべき金銭債権が存在し,履行期が到来していること,②債務者が無資力であり,債権者が当該権利を行使していないこと,③行使される権利が一身専属でないことが挙げられる。①は保全される債権の属性であり,②は債務者に関することで,③は代位行使される債権の属性に係るものである[注1]。以下,以上の点について,格別に検討を加える。

 まず①について検討するに,債権者代位権に保全される権利は,制度の本来の趣旨からすれば,金銭債権が想定される[注2]。本設例においては,XがA社に対して有する5000万円の貸金債権であるので,この点については,問題がない。

 債権者が債権者代位権に保全される権利を有することは,債権者代位権における当事者適格の基礎となる事実(適格要件)である[注3]。すなわち,債権者が申立外人に対して債権を有していることは,債権者が他人の権利を行使することを正当化するものであり,訴訟の観点からすれば,債権者が他人間の権利について第三者による訴訟担当として当事者適格を有するために必要な訴訟要件であり,これがなければ,債権者が提起する訴えは当事者適格を

(注1) 内田貴『民法Ⅲ債権総論・担保物権〔第3版〕』(東京大学出版会,2005) 277頁。
(注2) 内田・前掲(注1) 177頁。もっとも,債権者代位権の転用事例もあり,民法423条の解釈,運用の面においては拡大されていることは,内田・前掲(注1) 277頁に記載されているとおりである。
(注3) 潮見佳男『債権総論Ⅱ債権保全・回収・保証・帰属変更〔第3版〕』(信山社出版,2005) 19頁。

欠くものとして却下を免れない(注4)。

　次に履行期が到来しているとの点について検討するに，債権者が有する債権者代位権に保全される権利が履行期未到来の場合には，債権者代位権を行使することはできない。本設例において，XがA社に対して有する5000万円の貸金債権の履行期は明らかではないが，仮に期限が未到来であれば，債権者代位権の行使の要件を欠くことになる。

　ところで，民事保全法20条2項によれば，仮差押えの被保全権利は，民事執行の場合と異なり，条件付き又は期限付きであっても差し支えないとされている(注5)。その一方で，民法423条2項本文によれば，債務者の財産管理権への介入は抑制的であるべきとの考慮から債権者代位権により保全される債権の履行期が到来していないときは，その行使ができないのが原則である(注6)。そこで，民法423条2項本文と民事保全法20条2項との関係が問題となるが，民法423条2項本文の立法趣旨に照らせば，XがA社に対して有する5000万円の貸金債権が期限未到来の場合には，そもそも債権者代位権を行使する要件を欠いていることになるから，仮差押えが時効中断のために必要であるというように，それが保存行為に当たる場合（民423条2項ただし書）を除き，民事保全法20条2項にかかわらず，仮差押えは許されないと解するのが相当であろう(注7)。

　次に②の要件について検討するに，債務者が既に問題の権利を行使している場合，債権者代位権の行使を許すことは，債務者の財産管理への不当な干渉となるから許されない(注8)が，債務者A社に対して権利の代位行使を催告する必要はない(注9)。債務者が権利行使をしていた場合に，債権者としてと

(注4)　東京地判昭45・11・18判時622号90頁，東京地判昭62・2・23判タ652号176頁。
(注5)　起訴命令制度が存することから，被保全権利が条件付き又は期限付きである場合には，一般の保全の必要性以外に，当該被保全権利について将来給付等の訴えを提起するだけの訴えの利益（民訴135条）があることを要するとされたり（注釈民保(上)276頁），将来成立すべき債権といっても，成立の時期がかなり先であったり，その時期を見通しすら立っていなかったりする場合には，現時点で仮差押えをする必要性に欠けるとされ（須藤＝深見＝金子・民事保全95頁），条件付き又は期限付きの被保全権利に基づく仮差押えは容易ではない。
(注6)　潮見・前掲（注3）24頁。
(注7)　古河謙一「債権者代位権の行使による仮差押えの問題点」門口＝須藤・民事保全95頁。
(注8)　潮見・前掲（注3）24頁。

るべき方策としては，①詐害行為取消権を行使して権利行使の結果を否認するか，②訴訟により権利行使をしている場合には，補助参加，当事者参加により自己の権利を守ることになる(注10)。

債務者の無資力も債務者の財産管理へ干渉を許す要件であるが，債権者代位権の転用事例では緩和されているものの，本設例で問題になっているのは，債権者代位権の転用事例ではないので，債務者が無資力であることを要する。

③の要件については，代位行使される債権がA社がYに対して有する3000万円の売掛債権である本設例に関しては問題にならない。

〔4〕 仮差押えの対象

A社所有地は，Xからの借入れにより購入されたものであり，約半値程度に下落し，しかも運転資金調達のため，B社のために3000万円の抵当権が設定されているから，担保余剰はないと考えられ，仮差押えの対象とはしがたい。

A社は，Y社に対して3000万円の本件売掛債権を有するから，これを仮差押えすることが考えられる。ところで，仮差押えにおいて，債権を対象とすることは不動産を対象とする場合に比して債務者に与える不利益が大きいため，実務では債権仮差押えの申立てを受けた場合には，債権者に，債務者が不動産を有しているか，有している場合には，その担保余剰があるかを明らかにしてもらっている(注11)。本設例ではA社所有地に担保余剰がないことは前記のとおりであり，その本社所有地の不動産が担保余剰がなかったり，賃貸物件であったりすれば，本件売掛債権を仮差押えの対象とすることは可能である。

Xが本件売掛債権を仮差し押さえしたとしても，Y社が工業団地事業の不

(注9) 大判昭7・7・7民集11巻1498頁。
(注10) 潮見・前掲（注3）24頁，内田・前掲（注1）286頁。
(注11) 須藤＝深見＝金子・民事保全112頁。福島政幸「東京地方裁判所民事第9部における保全事件および同部内民事第21部における代替執行事件等を中心とした概況」金法1967号47頁は，これをいわゆる「不動産優先の原則」と紹介し，同時点においても同原則が東京地裁民事第9部で採用されていることを明らかにしている。

振から本件土地を売却し，責任財産を減少した場合，本件売掛債権が3000万円の資産価値を有しなくなるおそれがある。そこで，Xとしては，本件売掛債権のため，Y社の責任財産を保全すべく，Yに対する本件売掛債権の債権者A社を代位して，本件土地を仮差し押さえすることも必要になる。債権の仮差押えについては，別の項目もあるので，子細はそちらに譲ることとし，本設例では，この本件土地に対する仮差押えを検討する。

なお，以上によれば，Xの貸金債権のうち，5000万円から3000万円を控除した2000万円については，未だ保全措置が講じられていないことになるので，A社の他の財産等に対する保全措置を検討することになる。

〔5〕 請求債権

債権者代位権を行使した仮差押えの場合，請求債権となるのは，申立外人（本設例ではA社）が仮差押債務者（本設例ではY社）に対して有する債権であり（本設例ではA社がY社に対して有する本件売掛債権），仮差押債権者（本設例ではX）が申立外人（A社）に対して有する債権（本設例ではXがA社に対して有する5000

■請求債権目録の記載例

請求債権目録

金3000万円
　ただし，申立外A社に対し，下記(1)の債権を有する債権者が，申立外A社に代位して行使する下記(2)の債権の内金

記

(1) 債権者が，申立外A社に対し，平成○年○月○日，弁済期を平成○年○月○日と定めて貸し渡した5000万円の貸金元金の内金3000万円
(2) 申立外A社が，債務者に対し，平成○年○月○日付け売買契約に基づき売り渡した○○の売買代金3000万円

万円の貸金債権）は債権者代位権の適格要件である。請求債権目録を作成するにあたっては，以上のことを留意する必要がある。

　ところで，債権者代位権は責任財産の保全を目的とするものであるが，判例(注12)，通説は，債権者代位権により保全される債権が金銭債権の場合に，代位債権者の有する債権の額が債権者代位権の行使の上限であると解している(注13)。したがって，請求債権についても，債権者が申立外人に対して有する債権額の範囲内に限られる。本設例の事案では，この点は問題にならないが，Xは，A社の他社への債権等が発見された場合に備えて債権者代位権により保全される債権は貸金債権の内金3000万円としてよいものと思われる。

　以上，検討したところを踏まえると，請求債権目録の記載は，■請求債権目録の記載例のようになる。

〔6〕　保全の必要性

　保全の必要性について検討するに，A社がXに対して負担する貸金債務の返済を滞り，かつ，事業それ自体が赤字となり，弁済能力に疑義があることは，設例文から明らかである。また，A社所有地には担保余剰がないことは，前記のとおりであるうえ，Y社も参加する工業団地事業は不振であること，Y社が本件土地を売却しようとしていることを併せて考えると，保全の必要性は十分に認められると思われる。

〔7〕　疎明の対象

　民事保全法13条2項は，「保全すべき権利又は権利関係及び保全の必要性は，疎明しなければならない。」と規定し，被保全権利及び保全の必要性の立証は，その迅速性，暫定性から，債権者の立証を軽減するため疎明で足り

(注12)　最判昭44・6・24民集23巻7号1079頁・判タ237号154頁・判時562号39頁。
(注13)　潮見・前掲（注3）47頁，内田・前掲（注1）287頁など。潮見・前掲（注3）47頁は，その理由について，代位債権者に事実上の優先弁済の効果が生じることを考慮して，行使権能の制限を図ったものと目されるとする。

ることを明らかにしている(注14)。その一方で，訴訟要件については，その立証を軽減する規定がないことから，原則どおり，債権者は，その存在を証明する必要がある。

したがって，被保全権利であるＡ社がＹに対して有する3000万円の売掛債権及び前記〔５〕で検討した保全の必要性については，疎明で足りる。一方，前記〔２〕で検討したとおり，ＸがＡ社に対して有する5000万円の貸金債権は，債権者代位権の行使の適格要件であり，立証の負担が疎明に軽減されることを明示する規定が存しないことから(注15)，証明が必要である(注16)。

(注14) 須藤＝深見＝金子・民事保全63頁。
(注15) 須藤＝深見＝金子・民事保全63頁。なお，訴訟要件について，疎明で足りるという見解とその当否については，須藤＝深見＝金子・民事保全64頁（注23）参照。
(注16) これが自由な証明であることについて，須藤＝深見＝金子・民事保全64頁参照。

17 （必要性と審理）仮差押えの必要性とその疎明等

古賀　大督

債権者から次のような仮差押えの申立てがなされた場合，裁判所はどのような点に留意して審理及び判断をすべきか。
(1)　連帯保証人を債務者とする仮差押命令の申立て
(2)　いわゆるヴァーチャル口座に関する預金債権を被仮差押債権とする仮差押命令の申立て
(3)　将来発生する社会保険診療報酬支払請求権に対する仮差押命令の申立て

〔1〕 審理及び判断上の留意点

(1)　設例・小問(1)について

(a)　連帯保証人のみを債務者とする仮差押命令の申立てがなされた場合
　実務上，主債務者について，次の主張及び疎明が必要であるとされることが多い[注1]ことに留意する（一般に，このような主張及び疎明の前提となる不動産に関する調査を，単に「不動産調査」ということがあるが，以下では，同調査を前提とした主張及び疎明も含めて，「不動産調査」ということとする。）。

(ｱ)　主　　張
①　住所地（法人の場合，その本店所在地や支店所在地[注2]。以下，併せて「住所地等」という。）の土地，建物を所有していないこと

(注1)　東京地裁・実務（上）226頁〔野口忠彦＝脇村真治〕。
(注2)　支店所在地の土地建物まで疎明資料を求めるかについては，事案により，また，各裁判官の判断により異なるところと思われる。

② 仮に所有不動産があったとしても，その評価額が被保全債権(注3)額に満たないか，既に担保権が設定されており実質的な担保価値が十分でないこと

(イ) 疎　　明
① 住所地等の土地，建物の登記事項証明書
② 仮に当該不動産の登記事項証明書上の地番が住居表示と異なる場合は，原則として，当該不動産に関する株式会社ゼンリン発行のブルーマップ（住居表示地番対象住宅地図），又は住宅地図及び公図の写し
③ 仮に所有不動産がある場合は，さらに，その固定資産評価証明書等

(b) 主債務者とともに連帯保証人を債務者とする場合

実務上，主債務者について不動産調査を行うことに加え，仮差押えの各目的物の評価額の合計が，主債務の額を超過しないよう，目的物（債権の場合，仮差押債権額）を限定する必要があるとされることが多い(注4)ことに留意する。

(2) 設例・小問(2)について

まず，いわゆるヴァーチャル口座が開設されたヴァーチャル支店を特定してなされた預金債権の仮差押命令の申立て(注5)には，仮差押えの必要性が認めがたいこと，他方，同口座に関連づけられた実在する口座（以下「入金指定口座」という。）がある本支店を特定して仮差押えをする余地があることに留意する（その場合の仮差押債権目録の記載例としては，本項目末尾記載の目録参照。）。

また，その場合，同目録記載のとおり，仮差押債権目録にヴァーチャル口座番号を明示して，ヴァーチャル口座ごとに仮差押債権を特定する必要があり，複数のヴァーチャル口座に関する預金債権の仮差押えをする場合，仮差押債権額の総額が請求債権額を超えないように仮差押債権額を割り付けることが必要であると考えられることに留意する。

その他，実務上，上記預金債権の仮差押命令の申立てがなされた場合，債

(注3) 仮差押えの場合，被保全権利が金銭債権となるため，仮差押えにおける被保全権利を，上記のとおり，単に「被保全債権」ともいう。
(注4) 東京地裁・実務（上）226頁〔野口忠彦＝脇村真治〕。
(注5) 須藤＝深見＝金子・民事保全109頁。

務者について不動産調査を行うことが必要であり，また，金融機関の複数の取扱店舗の預金債権を仮差押えする場合，取扱店舗ごとに仮差押債権を特定し，かつ，仮差押債権額の総額が請求債権額を超えないように仮差押債権額を割り付けることが必要であるとされることが多いことに留意する。

(3) 設例・小問(3)について

将来発生する社会保険診療報酬支払請求権に対する仮差押命令の申立てがなされた場合，他の事案と比較して，より慎重に仮差押えの必要性を審理する必要があること，また，実務上，仮差押債権の範囲を仮差押命令送達後1年程度に限定する必要があるとされることが多いことに留意する。

さらに，上記仮差押えについても，小問(2)同様，債務者について不動産調査を行う必要があるとされることが多いことにも留意する。

〔2〕 解 説

(1) 仮差押えの必要性について

(a) 仮差押えの必要性の基本的内容

民事保全法上，保全命令の申立てをする場合，被保全権利及び保全の必要性を明らかにし，これらを疎明しなければならないとされており（法13条），また，仮差押えの必要性の具体的内容として，金銭債権（被保全債権）について，強制執行をすることができなくなるおそれ又は強制執行をするのに著しい困難を生ずるおそれのあること（以下，これらを特に「本執行保全の必要性」ともいうこととする。）があげられている（法20条1項）。

もともと，仮差押命令は，本案の裁判を債務名義として行う強制執行（以下「本執行」という。）を保全するための手続であり，保全執行が，上記債務名義獲得前に[注6]，被保全権利の主張と疎明に基づいて行われるのは，本執行

(注6) なお，既に債務名義を取得している場合であっても，直ちに差押えの申立てができないような場合には，保全の必要性を認め得るとされている（丹野・実務31頁，東京地裁・実務（上）232頁〔野口忠彦＝徳田祐介〕）。なお，この点は，権利保護の利益の問題である

保全の必要性が認められるからにほかならない。

　それゆえ、仮差押えの必要性は、仮差押命令の本質的要件であり、本執行保全の必要性はその基本的内容であるということができる(注7)。

(b)　仮差押えの相当性

　もっとも、本執行保全の必要性が認められる場合であっても、仮差押えが、本執行保全のために暫定的に認められるものにすぎないことから、債務者に対して過度の不利益を及ぼすような不相当な仮差押えについては、仮差押えの必要性が認められないものと考えられている。

　例えば、債務者が、それぞれ被保全債権額を上回る複数の財産を有している場合、本執行の段階であれば、債権者はそのいずれに対しても本執行をすることができるが、仮差押えの段階では、実務上、仮にそのいずれもが本執行を待っていたのでは散逸するおそれがある場合であっても、そのうち債務者の被る不利益の少ない財産についてのみ、仮差押えの必要性が認められるとされることが多く、また、当該財産が可分である場合、被保全権利の額に満つる範囲でのみ、仮差押えの必要性が認められるものとされている(注8)。さらに、例えば、不動産の仮差押えについては、登記をする方法と強制管理の方法があるが（法47条）、一般に、後者は前者と比べ、債務者に与える不利益が大きいため、実務上、本執行保全のための方法としては、後者による仮差押えの必要性は認めがたいものとされている(注9)。

　以上のとおり、仮差押えの必要性においては、その相当性についても考慮されているものと考えられる(注10)。

　　　　とする説もある（西山・概論47～48頁、瀬木・民事保全138頁）。
(注7)　須藤＝深見＝金子・民事保全20頁。
(注8)　丹野・実務32頁、東京地裁・実務（上）229頁〔野口忠彦＝徳田祐介〕。
(注9)　大阪地決平12・9・29判タ1051号324頁・金法1607号55頁、裁判例コンメンタール161頁。
(注10)　なお、この点について、丹野・実務32頁では、「必要性の範囲」と表現されているが同趣旨であると思われる。また、東京地裁・実務（上）229頁〔野口忠彦＝徳田祐介〕では、「目的物選択の相当性」と表現されているが、前述のとおり、仮差押えの方法についても同様の考慮が必要であるため、より広い概念として捉えるのが相当であると考える。他方、債務者側の事情が保全の必要性に影響を与えるかにつき、これを消極的に解するものとして西山・概論80頁がある。

(c) 主張及び疎明の内容並びにその判断方法

　仮差押えの必要性は，抽象的な評価概念であるため，これを基礎づける具体的事実の主張と疎明が必要となる。もっとも，どのような事実があれば仮差押えの必要性が認められるかについては，一義的に特定することはできず，個別事案ごとに，被保全権利の額・性質，債務者の職業・経歴・信用状態・資産状況，目的物の評価額・性質，債務者に与える損害の程度，仮差押えの方法等を総合的に考慮して判断するほかない。

　例えば，仮差押えの必要性を基礎づける具体的事実としては，現時点で仮差押えをしておかなければ，債務者の責任財産が濫費，廉売，毀損，隠匿，放棄等により，量的又は質的に減少する，換価しがたい財産のみが残る，担保権が設定される，債務者の逃亡やたび重なる転居により執行に事実上の障害が生じるおそれがあること等の具体的事実があげられ，それらの事実につき，債権者の主観的な危惧感にとどまらず，債務者の職業，経歴，態度，信用状態，資産状況等から，客観的に疎明されることが必要であるとされている(注11)。

　なお，実務においては，単に，債務者が弁済しないことのみを主張する例が散見されるが，弁済拒絶に正当な理由がある場合や，資力はあるが，弁済したくないから弁済しないといった場合も少なくないから，上記事情のみから直ちに仮差押えの必要性を認めるのは相当でない(注12)。どのような理由から弁済を拒絶しているのかを確認する必要があると思われる(注13)。

(2) 連帯保証人を債務者とする仮差押命令の申立てについて

(a) 連帯保証人のみを債務者とする仮差押命令の申立てがなされた場合

(ア) 問題となる典型的事例

　例えば，貸金債務の主債務者には十分な資力があるが，当該債務の連帯保証人が，唯一の資産である不動産を，自己に対する保証債務履行請求権に基

(注11)　西山・概論41頁。
(注12)　西山・概論42頁，東京地裁・実務（上）231頁〔野口忠彦＝徳田祐介〕。
(注13)　例えば，債務者が，自ら，資力がないため支払えない旨述べているような事情があれば，比較的，本執行保全の必要性は認められやすいと思われる。

づく強制執行を免れるために処分しようとしていたとき，そのことを理由に，当該不動産に対する仮差押命令の申立てをした場合，被保全債権は，上記保証債務履行請求権であり，少なくとも同請求権に基づく本執行は困難となるが，裁判所は，主債務者の上記資力を考慮せずに，仮差押えの必要性を認めるべきであろうか。また，そもそも債権者に対し，主債務者の資力について主張及び疎明を求めるべきであろうか。

(イ)　単純な保証人，不真正連帯債務者及び手形上の債務者の場合

同様の問題は被保全権利と経済的目的を共通にする債務が他にある場合に一般に生じるものであるが，単純な保証人，不真正連帯債務者及び手形上の債務者に対する仮差押えについては，学説上ほとんど争いがないため，まずそれらについて紹介する[注14]。

単純な保証人の場合，保証人は，催告の抗弁権（民452条）及び検索の抗弁権（民453条）を有しており，主債務者が債権者から請求を受けたにもかかわらず，これを弁済する資力がない場合に，初めて履行の責めに任ずることが予定されている立場にあることから，主債務者に十分な資力がないこと[注15]が，仮差押えの必要性の要件とされている[注16]。

他方，不真正連帯債務者や手形上の債務者の場合，実体法上も社会通念上も各債務者間に優先順位は付けられないことから，原則として，他の債務者の資力は，仮差押えの必要性において考慮されないとされることが多い[注17]。もっとも，もともと超過差押えを許すのは相当ではないから，硬直的に考え

(注14)　なお，十分な人的担保がある場合，権利保護の必要性を欠くとする見解もあるが（西山・概論48頁），現在は，保全の必要性の問題として捉える見解（丹野・実務43頁ほか）が多数である。

(注15)　この点については，一般に主債務者の「無資力」として表現されることが多いが，必ずしも資力が一切ないことが求められているわけではないため，ここでは上記のとおり表現することとする。

(注16)　澤田忠之「仮差押えの必要性（連帯関係にある債務者に対する場合）」塚原朋一＝羽成守編『現代裁判法大系(14)民事保全』（新日本法規出版，1999）186頁，理論と実務（上）171頁〔佐賀義史〕（「保全の必要性」）。

(注17)　瀬木・民保全270頁，不真正連帯債務者に対する仮差押えの事案において，他の連帯債務者の資力を考慮する必要はないとした裁判例として東京高決平4・11・25判タ816号241頁・判時1444号76頁，また，約束手形の振出人に対する仮差押えの事案において，裏書人の資力を考慮する必要はないとした裁判例として東京高決昭60・3・28判タ556号120頁・判時1152号143頁。

るべきではなくケース・バイ・ケースの判断が肝要であろう[注18]。

(ウ) 連帯保証債務の場合

以上に対し，連帯保証人については，学説上，争いがある。

このうち，主債務者の資力を考慮すべきでないとする説の主たる根拠は，連帯保証人が催告の抗弁権及び検索の抗弁権を有しない点にあるものと思われる[注19]。しかしながら，保証債務の補充性は，本来，被保全債権に対する抗弁が成立するか否かの問題であり，仮差押えの必要性について，補充性の有無のみで，直ちに，単純な保証人の場合と区別するのは相当でない[注20]。

そして，連帯保証人も，社会通念上は，主債務者が支払をできない場合等に初めて法的な手続がとられるものと考えられていることが多く，実務上も，主債務者に資力がある場合，主債務者から手続が進められるのが通常であることから，民事保全の実務上も，原則として，主債務者に十分な資力ないことが保全の必要性の要件とされることが多い[注21]。

(エ) 理論的根拠

実務における以上の結論は，バランスの取れたものであり，相当な処理であると思われるが，上記理由づけのみでは，単純な保証人や連帯保証人の場合に，なぜ，被保全債権である保証債務履行請求権について本執行が困難となる場合に，仮差押えの必要性が否定されるのかについて，必ずしも十分な理論的根拠が示されていないように思われるため，以下付言する。

この点については，被保全債権について将来の強制執行が予想されない場合には，あらかじめそれに備えて財産を保全しておく意味はなく，保全の必要性はないとして，保全の必要性を否定する見解がある[注22]。しかしながら，この見解によると，理論上，債務者間の関係を考慮することは困難であり，

(注18) 上記の場合であっても，他の一方の債務の弁済や強制執行により，経済的目的達成が間近に確実であるような場合にまで，仮差押えを認めるのは相当でなく，このような場合には，仮差押えの必要性を否定し得るというべきである（前掲（注17）東京高決平4・11・25）。
(注19) 原井龍一郎＝河合伸一編著『実務民事保全法〔3訂版〕』（商事法務，2011）57頁。
(注20) 武笠圭志「連帯保証人に対する仮差押え—主債務者の無資力の要否」萩尾保繁＝佐々木茂美編『民事保全法の実務の現状100』〔判タ臨増1078号〕94頁。
(注21) 東京地裁・実務（上）226頁〔野口忠彦＝脇村真治〕，東京地判昭50・9・3判時814号130頁。
(注22) 武笠・前掲（注20）94頁。

不真正連帯債務者等の場合も含め，一律に保全の必要性が否定されかねず，柔軟な解決が図れないため，妥当でないように思われる。

そこで，検討するに，前述のとおり，仮差押えの必要性においては，その相当性も考慮されているところ，本来，ある債務者から債権を回収すべきであり，かつ，それが可能であるのに，他の債務者の財産に対して仮差押えをすることは，保全段階において，仮差押えの債務者に過度の不利益を及ぼすものであって，仮差押えの暫定性に照らして，相当性を欠くものというべきであり，この点で，保全の必要性が否定されるものと考えられる。

そして，保証人や連帯保証人の場合，前記のとおり，本来，まず主債務者から債権を回収すべき関係にあるから，同人に十分な資力がある場合，保証人に対する仮差押えの必要性を欠くものということができる[注23]。

(オ) 主張，疎明について

もともと，債権者が，主債務者の完全な無資力について主張及び疎明することは困難であり，このような困難を強いることは，本執行前に迅速に債務者の財産を保全するという仮差押えの趣旨を没却しかねず，妥当でない。

そこで，実務上，債権者は，主債務者について前記の不動産調査を行う必要があり，かつ，それで足りるものと考えられている[注24]。

(b) 主債務者と連帯保証人の双方を債務者とする場合

この場合も，主債務者について不動産調査を行う必要があることは前記(a)の場合と同様であるが，実務上は，これに加え，主債務と連帯保証債務が経

[注23] 須藤＝深見＝金子・民事保全112頁，なお，瀬木・民事保全270頁では，この問題について，保全の必要性の審査において，当該被保全権利以外の事情をも考慮してよいかという問題として論じられており，前の版から修正が加えられ，「当該被保全権利に関する事情以外の事情をも保全の必要性として考慮してよいという一般論は，やはり無理が大きい。」，「債権者には，他の債務者の無資力を疎明する必要は原則としては……ないと考える。」とされているが，連帯保証人に関しては，前の版のまま，主債務者に十分な資力がないことを仮差押えの必要性の要件とすることに肯定的な記述が残されている。仮差押えの必要性において，債務者側の事情等を踏まえ，その相当性も考慮すべきとする見解からは，この問題についても同様の考え方から説明することができると思われる。

[注24] 東京地裁・実務（上）226頁〔野口忠彦＝脇村真治〕。なお，主債務者が，破産手続開始の申立てをしている場合等，経済的破綻が明らかな事情があれば，不動産調査をするまでもなく，保全の必要性が認められることが多いと思われる（東京地裁・実務（上）230頁〔野口忠彦＝徳田祐介〕）。このことは，後述する不動産調査を要する場合に，一般に妥当する。

済的目的を共通にすることから，仮差押えの各目的物の評価額の合計が，主債務の額を超えるような仮差押えについては，原則として仮差押えの必要性を欠くとし，このような超過が生じないよう，目的物（債権の場合，仮差押債権額）を限定する必要があるとされることが多い[注25][注26]。

なお，同一の被保全債権に基づき，複数の目的物に対して，別々に仮差押えをする場合，目的物ごとに異なる保全の必要性が認められ得る[注27]ことに鑑み，仮差押えごとに請求債権額を制限させる必要はないと考えられている[注28]。そのため，本設例の場合も，主債務者と連帯保証人では被保全債権の内容が異なるため，当然，別々に請求債権を記載することになるが，各請求債権額は，必ずしも，その合計額が主債務の額を超えないように割り付けさせる必要はなく，それぞれ全額が記載してあってもかまわないものと考えられる。

(3) いわゆるヴァーチャル口座に関する預金債権を被仮差押債権とする仮差押命令の申立てについて

(a) ヴァーチャル口座について

ヴァーチャル口座とは，割賦販売業者や消費者金融機関等（以下「収納者」という。），多数の小口振込みを受ける業態において，各顧客からの振込みの有無の確認作業を簡易化するために利用されている，銀行に実在しない被振込専用ヴァーチャル支店（例えば，「しらぎく支店」や「すずらん支店」等，一見してそれとわかる命名がされることが多い。）に開設された被振込専用口座のことである[注29]。

ヴァーチャル口座の特徴は，各顧客が，ヴァーチャル口座番号宛てに振込

(注25) 東京地裁・実務（上）226頁〔野口忠彦＝脇村真治〕。ただし，目的物が不可分な財産（例えば不動産）であり，他に相応の財産がなく，当該財産に対する仮差押えをしないと，満足を得られない場合，例外的に，一定程度，主債務の額を上回ることはやむを得ないと思われる。
(注26) なお，この点も，相当性の問題として整理すべきものと思われる。
(注27) 最決平15・1・31民集57巻1号74頁・判タ1114号153頁・判時1812号84頁。
(注28) 杉浦正典「東京地裁保全部における仮差押命令申立事件の運用の変更点（上）」金法1753号28頁。
(注29) 詳しくは，三上徹「ヴァーチャル口座に対する差押命令」金法1899号4頁。

みをしても，実在しないヴァーチャル口座には入金されず，同口座に関連づけられた実在する口座（入金指定口座）に入金される点にある(注30)。

(b) 仮差押債権の特定

(ア) 預貯金債権の場合

仮差押命令は，特定の物について発しなければならず（法21条），債権仮差押えの場合，対象となる債権について，仮差押命令の送達を受けた第三債務者において，直ちにとはいえないまでも，仮差押えの効力が上記送達の時点で生ずることにそぐわない事態とならない程度に速やかに，かつ，確実に，当該債権を識別することができる程度に特定されなければならない(注31)。

そして，金融機関の複数の取扱店舗の預貯金債権を仮差押えする場合，現在の金融機関の体制に鑑みれば，金融機関である第三債務者のすべての取扱店舗を対象として順位づけをし，先順位の取扱店舗の預貯金債権の額が仮差押債権額に満たないときは，順次予備的に後順位の取扱店舗の預貯金債権を仮差押債権とする，いわゆる全店一括順位づけ方式による仮差押えは，仮差押債権の特定を欠き，不適法であるというべきであり，東京地裁を初めとする多くの庁では，取扱店舗ごとに仮差押債権を特定することを求めている（この点については，本書項目12参照）。

(イ) ヴァーチャル口座に関する預金債権の場合

ところが，ヴァーチャル口座に関しては，例えば，収納者と顧客との間でトラブルが生じ，顧客が収納者の預金債権の仮差押えをする場合，上記のとおり，金融機関である第三債務者の取扱店舗を特定する必要があるが，顧客は，通常，ヴァーチャル支店のヴァーチャル口座のみしか知らされておらず，入金指定口座を調査することも困難であるため，ヴァーチャル支店を特定して仮差押えをすることが考えられるが，前記のとおり，ヴァーチャル口座には入金がされないため，効を奏しないこととなるし，そもそも，このように，およそ実体のないヴァーチャル口座に関する預金債権に対して仮差押えをする必要性も認めがたいというべきである(注32)。

(注30) この点で，ネット専業銀行や普通銀行のインターネット支店の口座とまったく異なる。
(注31) 債権差押えについての判例として，最決平23・9・20民集65巻6号2710頁・判タ1357号65頁・判時2129号41頁。

そのため，入金指定口座に関する預金債権の仮差押えを行う方法が検討されるところ，現在，①ヴァーチャル口座を取り扱っている金融機関では，ほとんどの場合，ヴァーチャル口座と入金指定口座を1対1で対応させていること，②ヴァーチャル口座を利用する収納者数が限られていること，及び③当該口座がヴァーチャル口座であることは金融機関にとっても明らかであることに鑑みれば，ヴァーチャル口座を特定したうえで，これと関連づけられた入金指定口座を特定することは可能であると考える(注33)。

ただし，複数のヴァーチャル口座が存在する場合，ヴァーチャル支店が同一でも，入金指定口座が別々の取扱店舗に存在する可能性があるため，ヴァーチャル口座番号を明示して，ヴァーチャル口座ごとに仮差押債権を特定する必要があると考える(注34)。

以上の結果，本項目末尾記載の■仮差押債権目録のような記載をすることで，第三債務者である金融機関としても，迅速かつ確実に当該債権の識別をすることが可能であり，仮差押債権の特定としては十分であると考えられる(注35)。

なお，この場合，当事者目録には，第三債務者に対する送達先として，ヴァーチャル支店（商業登記事項証明書に記載されている当該ヴァーチャル支店の所在地）又は債権者が特定したヴァーチャル口座を管理する部署を記載すれば足

(注32) なお，仮差押債権の存在の疎明は，仮差押命令の要件となってはいないが（須藤＝深見＝金子・民事保全108頁），その不存在が明らかである場合にまで，仮差押えの必要性が認められるとは考えがたい。

(注33) 三上・前掲（注29）4頁。ただし，上記の前提（特に，①）を欠く場合には，再考の必要があると思われる。

(注34) 東京地方裁判所民事執行センター「いわゆるヴァーチャル口座に関する預金債権に対する差押え」金法1930号86頁。これに対し，「複数の店舗に入金指定口座があるときは，第三債務者が随意に定める順序による」という順位を付して特定することは仮差押債権の特定として不十分である（債権差押えの事例につき同旨の判断をした裁判例として，東京高決平24・4・25判タ1379号247頁・金法1956号122頁。また，債権差押えの事例であるが，「①Aの甲支店（ヴァーチャル支店），②Yが甲支店に有する口座が被振込専用口座であって，即座に振り返られる入金指定口座が別に存する場合は，Yが甲支店に有する口座から即座に振り替えられる入金指定口座の存する本店又は支店，③前記②に該当しない場合は本店」という順位づけをして特定することが差押債権の特定を欠くものとして扱われた事例を紹介するものとして，加藤新太郎「講演・裁判所から見た銀行関係訴訟」銀法729号4頁（該当部分は16頁以下））。

(注35) 須藤＝深見＝金子・民事保全110頁，東京地方裁判所民事執行センター・前掲（注34）89頁。

り，送達先に関する資料としては，上記ヴァーチャル支店の所在地が記載されている商業登記事項証明書又はヴァーチャル口座を管理する部署に関する上申書を提出すれば足りると考える(注36)。

(c) 仮差押えの必要性に関して

(ア) 預金債権の順位づけ

本項末尾記載の仮差押債権目録には，同一の取扱店舗内において複数の預金債権が存在する場合の順位づけをしているところ，これは，他の一般の預金債権を仮差押えする場合の例(注37)に倣ったものである。

この順位は，全国銀行協会連合会の意見を聴取したうえ，債務者にとって不利益の少ないものから仮差押えの対象となるように定められたものであるから(注38)，これと異なる順位で仮差押債権を特定した場合，相当性に問題があり得るため，別途，仮差押えの必要性について検討する必要がある。

(イ) 取扱店舗ごとの仮差押債権額の割付け

金融機関の複数の取扱店舗の預金債権を仮差押えする場合，前記のとおり，取扱店舗ごとに仮差押債権を特定する必要があるところ，仮差押えの相当性の観点からすれば，取扱店舗ごとに仮差押債権額の総額が請求債権額を超えないように仮差押債権額を割り付ける必要がある。

(ウ) ヴァーチャル口座ごとの仮差押債権額の割付け

ヴァーチャル口座が複数ある場合，前記のとおり，ヴァーチャル口座番号を明示してヴァーチャル口座ごとに仮差押債権を特定する必要があるところ，仮差押えの相当性の観点からすれば，複数の取扱店舗の預貯金債権の仮差押えをする場合と同様，仮差押債権額の総額が請求債権額を超えないように仮差押債権額を割り付ける必要がある(注39)。

なお，上記目録は，その記載内容から明らかなように，必ずしも，顧客が，

(注36) 東京地方裁判所民事執行センター・前掲（注34）86頁。
(注37) 東京地裁保全研究会編『書式民事保全の実務〔全訂5版〕』（民事法研究会，2010）176頁。
(注38) 東京地裁保全研究会「預金債権仮差押えにおける仮差押債権目録（新様式）について」金法1409号142頁，奥山豪「預金債権等に対する仮差押え」塚原＝羽成編・前掲（注16）170頁。
(注39) 東京地方裁判所民事執行センター・前掲（注34）86頁。

自ら入金した分の預金債権の仮差押えをするものではなく，他のヴァーチャル口座を経由して入金された分も含め，入金指定口座がある本店又は支店で取り扱われている預金債権の仮差押えをするものであるが，一般に，当事者間に取引関係があったとしても，債権仮差押えにおいて，取引に関係した預金債権から優先的に，あるいはそれに限定して，仮差押えをしなければならないとは考えられていないのであるから，特に，この点に関し，一般の預金債権の仮差押えと異なる配慮をする必要ないものと考える[注40]。

(エ) 仮差押えの対象となり得る不動産がないこと

一般に，預金債権の仮差押えを受けると，債務者は，当該預金債権を第三債務者から取り立てられなくなるだけでなく，第三債務者である取引金融機関との間で信用不安が生じ，また，銀行取引約定書等では仮差押えが期限の利益喪失事由となっていることから，上記仮差押えにより，取引停止や期限の利益喪失が生じることにもなりかねない。

それに対して，不動産の仮差押えを受けても，一般的に，当該不動産に仮差押えの登記がされる限りにおいては，債務者の被る不利益は小さい[注41]。

そのため，債務者が仮差押えの対象となり得る不動産を有している場合，原則として，債権仮差押えの必要性（相当性）は認められないこととなる。

そこで，債権仮差押えの申立てに際しては，実務上，原則として，債務者について不動産調査を行うことが必要であるとされることが多い[注42]。

(4) 将来発生する社会保険診療報酬支払請求権に対する仮差押命令の申立てについて

(a) 仮差押えの可否ついて

社会保険診療報酬支払請求権は，法律の規定（健保63条3項1号等）に基づき保健医療機関としての指定を受けた病院又は診療所が，被保険者に対して診

(注40) なお，この点に関して，債権者間の平等を害することにならないか等の疑問を呈するものとして，須藤＝深見＝金子・民事保全110頁。
(注41) ただし，同じ不動産であっても，不動産の売買や投機等を目的とする会社が営業用に取得した不動産については，これを仮差押えされることにより被る債務者の不利益は大きいといえ，常に，債権仮差押えに比して不動産仮差押えの不利益が小さいとまではいえない。
(注42) 東京地裁・実務（上）229頁〔野口忠彦＝德田祐介〕。

察等の療養の給付をした場合に，法律の規定（社会保険診療報酬支払基金法15条1項）に基づき，診療担当者として，保険者から委託を受けた社会保険診療報酬支払基金（以下「基金」という。）に対して取得する権利である。

そして，上記の診療担当者として診療報酬を請求し得る地位は，法律の規定に基づき保健医療機関としての指定を受けることにより発生し，継続的に保持される性質のものであるため，上記指定を受けた病院等は，被保険者に対し診察等の療養の給付をすることにより，支払基金から定期的にその給付に応じた診療報酬の支払を受けることができる。

そうすると，社会保険診療報酬支払請求権は，基本となる同一の法律関係に基づき継続的に発生するものであり，民事執行法151条に規定する「継続的給付に係る債権」にあたるというべきである[注43]。

そして，民事保全法50条5項は，民事執行法151条を準用するから，債権者は，請求債権額を限度として，将来発生する社会保険診療報酬支払請求権に対して仮差押えすることができるものと解される[注44]。

(b) 仮差押えの必要性に関して

(ｱ) 債務者の職業等に対する配慮

社会保険診療報酬支払請求権の仮差押えが問題となる典型的事例は，債務者が医師である場合である。また，前記のとおり，社会保険診療報酬支払請求権は，通常，将来にわたって継続的に発生するものである。

このような債務者の職業や収入等に鑑みれば，そもそも，社会保険診療報酬支払請求権に対する仮差押えにつき，本執行保全の必要性が認められるかは，他の事案に比べ，より慎重に検討する必要があると思われる[注45]。

(注43) なお，最決平17・12・6民集59巻10号2629頁・判タ1205号158頁・判時1925号103頁は，同様の理由から，社会保険診療報酬支払請求権が，民事執行法151条の2第2項に規定する「継続的給付に係る債権」にあたる旨判示したものであるが，同判決の解釈は，同法151条に規定する「継続的給付に係る債権」の解釈にもそのままあてはまるものと考えられている（髙橋譲・最判解民平成17年度（下）894頁）。

(注44) なお，ここでは詳論しないが，最判昭53・12・15集民125号839頁・判時916号25頁・金判566号11頁が将来の社会保険診療報酬支払請求権の譲渡性を認める以前には，同請求権の差押えの可否について，実務上も争いがあった（髙橋・前掲（注43）888頁）。

(注45) 社会保険診療報酬支払請求権の保全の必要性が認められなかった例として，東京地判平2・12・11判タ764号261頁。

(イ) 期間制限

　仮差押えは本執行を保全するためのものであり，通常，保全命令が出された後（あるいはそれ以前から），速やかに本案を提起し，本案判決獲得に向けて手続を進めること，また，本案判決が出された以降は，速やかに，それに基づいて本執行をすることが予定されている（法37条等）。そのため，将来発生する継続的給付に係る債権の仮差押えについて，本執行保全の必要性が認められるのは，原則として，本案判決までに要する期間に限られる。

　また，もともと，債務者の経済状態は，その時々によって異なるというべきであって，遠い将来の債務者の経済状態を保全命令発令時に推認することは困難であるから，遠い将来発生する債権の仮差押えについては，本執行保全の必要性が認められないというべきである。

　このような観点から，実務上，将来発生する継続的給付に係る債権の仮差押えについては，第1審判決までの平均審理期間等を考慮して，仮差押命令送達後，1年程度に限定して，仮差押えの必要性が認められることが多い(注46)。

(ウ) 仮差押えの対象となり得る不動産がないこと

　社会保険診療報酬支払請求権の仮差押えも，第三債務者である基金に仮差押命令が送達されることに鑑みれば，債務者の信用不安を招きかねず，一般的に，不動産の仮差押えに比べ，債務者の被る不利益は大きいと思われる。

　そこで，前記(3)(c)(エ)と同様の不動産調査が必要であると考えられる。

(注46)　須藤＝深見＝金子・民事保全107頁，東京地裁・実務（上）182頁〔江尻禎＝見目明夫〕。なお，上記期間経過後も，現実には本案判決が出されていない場合は，その時点で，改めて保全命令の申立てをする余地はあるとの見解（瀬木・民事保全279頁）もある。

■仮差押債権目録

仮差押債権目録

金〇〇〇万円
　ただし，債務者が第三債務者株式会社〇〇銀行（〇〇支店（※ヴァーチャル支店）の債務者名義の被振込専用口座（口座番号〇〇〇〇（※ヴァーチャル口座番号））からの債務者名義の入金指定口座がある本支店扱い）に対して有する下記預金債権のうち，下記に記載する順序に従い，頭書金額に満つるまで

記

1　差押えや仮差押えのない預金とある預金があるときは，次の順序による。
　(1)　先行の差押えや仮差押えのないもの
　(2)　先行の差押えや仮差押えのあるもの

2　円貨建預金と外貨建預金とがあるときは，次の順序による。
　(1)　円貨建預金
　(2)　外貨建預金
　　　ただし，仮差押命令が第三債務者に送達された時点における第三債務者の電信買相場（先物為替予約がある場合にはその予約相場）により換算した金額

3　数種の預金があるときは，次の順序による。
　(1)　定期預金
　(2)　定期積金
　(3)　通知預金
　(4)　貯蓄預金
　(5)　納税準備預金
　(6)　普通預金
　(7)　別段預金

(8) 当座預金
4 同種の預金が数口あるときは，口座番号の若い順序による。
　なお，口座番号が同一の預金が数口あるときは，預金に付せられた番号の若い順序による。

以上

IV

不動産に関する仮処分

18 （占有移転禁止）賃貸借契約の終了に基づく仮処分

山門　優

　Xは、飲食店を営むYに対し、所有する庭付きの住居と駐車場を賃貸したが、Yは程なく家賃を滞納するようになり、滞納金額は半年分にも達した。Xは、Yに対して賃料の支払を催告したうえ、家賃の不払いを理由に上記賃貸借契約を解除したが、Yは、その住居に氏名等がわからない外国人の従業員を居住させていることが判明した。Xは、将来の明渡しの強制執行を保全するため、どのような仮処分を申し立てるべきか。また、複数の従業員が頻繁に入れ替わって居住し、掃除もせず、賃貸した住居の室内にゴミが山積みになっている様子が外からもわかる場合、Xは、Yに対して直ちに本件住居の明渡しを求めることはできるか。
　YがXの承諾もないのに、勝手に庭にプレハブの部屋を増設しようとしている場合はどうか。

〔1〕 占有移転禁止の仮処分

(1) 被保全権利

　XY間の本件住居に係る賃貸借契約は、Xの解除により終了している。したがって、Xは、Yに対し、賃貸借契約の終了に基づく本件住居の明渡請求権を有しており、Yが本件住居を任意に明け渡さない場合、Yに対し、本件住居の明渡しを求める訴えを提起することができる。なお、Yが本件住居に居住させている外国人の従業員（以下「A」という。）は、同人が独立の占有をなすものではなく、Yの占有補助者（Yの占有の下で本件住居を占有機関として所持している者）にすぎない場合[注1]は、Xに対して本件住居の明渡義務を負う

ものではない(注2)。

　他方，AがYから本件住居を借り受けているなど独立の占有(注3)を有するものである場合は，XとAとの間には契約関係は存在しないから，Xは，Aに対して契約上の明渡請求権を主張することはできないものの，所有権に基づく本件住居の明渡請求権を有しており，Aに対して本件住居の明渡しを求める訴えを提起することができる（ただし，訴えの提起にあたっては，Aの氏名を特定する必要がある〔民訴133条2項1号，民訴規53条4項〕。）。

(2) 保全の必要性

　以上のとおり，Xは，本件住居の占有者であるY又はA（YとAが共同占有者である場合はY及びA。以下，これらの者を総称して「Yら」という。）に対し，本件住居の明渡しを求める訴えを提起することができる。Xが上記裁判に勝訴した場合，Xは，Yらに対して本件住居の明渡しを求めることができ，Yらがこれに応じないときは，建物明渡しの強制執行をすることができる。

　もっとも，Yは，本件住居の賃貸借契約を賃料不払いのため解除されたにもかかわらず，本件住居を任意にXに明け渡さず，かえって，Xに無断で本件住居にAを住まわせていることからすると，上記裁判中に更に第三者を本件住居に住まわせるなどして，Xが本件住居の明渡しを受けることを困難にするおそれがある。すなわち，我が国の民事訴訟法は，訴えの提起によって当事者を恒定する当事者恒定主義を採らず，訴訟承継主義を採っているため（民訴49条・50条・115条1項3号，民執23条1項3号参照），口頭弁論終結前に被告以外の第三者が本件住居を占有するようになった場合，本案判決の効力は第

(注1)　占有補助者と直接占有者との相違については，川島武宜＝川井健編『新版注釈民法(7)』（有斐閣，2007）19頁以下〔稲本洋之助〕，伊藤滋夫「民事占有試論（下）――占有の要件についての一考察」ジュリ1060号84頁以下を参照。

(注2)　最判昭35・4・7民集14巻5号751頁・判時219号22頁（「使用人が雇主と対等の地位において，共同してその居住家屋を占有しているものというのには，他に特段の事情があることを要し，ただ単に使用人としてその家屋に居住するに過ぎない場合においては，その占有は雇主の占有の範囲内で行われているものと解するのが相当であり，反証がないからといって，雇主と共同し，独立の占有をなすものと解すべきではない。」としたもの）参照。

(注3)　占有の概念については，須藤＝深見＝金子・民事保全134頁以下で説明されている。

三者に及ばず，原告は，あらかじめ第三者に対して訴訟を引き受けさせる必要がある。もっとも，占有者が変更した事実を早期に把握するためには，原告において常に目的物の占有状態に注意していなければならず，多大な手間がかかるうえ，注意をしていても占有者の変更に気づかないこともある。また，訴訟引受けが可能なのは第三者が被告から占有を承継した場合に限られるので，そもそも，被告からの承継によらずに第三者が本件住居の占有を取得した場合には，原告は，改めて第三者を被告として訴訟を提起しなければならず，新しい訴えを提起しても，訴訟係属中に他の者に占有を移転されれば，同じことの繰り返しとなってしまう。

このような事態を防ぎ，本件住居に対するＹらの占有の移転を禁止して，将来の本件住居の明渡しの履行を確保するために，Ｘは，Ｙらが本件住居の占有を第三者に移転するおそれがある場合には，Ｙら（ただし，Ｙが間接占有者である場合（Ａに賃借している場合等）は除く。その理由は後述する。）に対し，占有移転禁止の仮処分命令（法62条1項）の申立てをするのが相当である[注4]。

(3) 仮処分命令の内容

(a) 仮処分命令の規定

占有移転禁止の仮処分命令とは，係争物の引渡し又は明渡しの請求権を保全するための仮処分命令（法23条1項）のうち，①債務者に対し，係争物の占有の移転を禁止し，及び係争物の占有を解いて執行官に引き渡すべきことを命じること，②執行官に，係争物の保管をさせ，かつ，債務者が係争物の占有の移転を禁止されている旨及び執行官が係争物を保管している旨を公示させること，を内容とするものをいう（法25条の2第1項。なお，占有移転禁止の仮処分命令は，民事保全法（平成元年法律第91号）が平成3年1月1日に施行される以前の旧法下でも，実務上認められていたが，その要件や効力について明文の規定がなかったため，その解釈について諸説が対立していた。）。

(b) 仮処分命令の主文

占有移転禁止の仮処分命令の主文は，次のとおりとするのが一般的であ

(注4) 当事者恒定効につき，須藤＝深見＝金子・民事保全127頁以下参照。

る(注5)。

> ①　債務者は，別紙物件目録記載の物件に対する占有を他人に移転し，又は占有名義を変更してはならない。
> ②　債務者は，上記物件の占有を解いて，これを執行官に引き渡さなければならない。
> ③　執行官は，上記物件を保管しなければならない。
> ④　執行官は，債務者に上記物件の使用を許さなければならない。
> ⑤　執行官は，債務者が上記物件の占有の移転又は占有名義の変更を禁止されていること及び執行官が上記物件を保管していることを公示しなければならない。

　なお，①につき，民事保全法25条の2第1項が規定するのは占有移転の禁止のみであるが，現実に占有の移転がなくとも，占有名義の変更（第三者名義の表札や看板を掲げることにより，占有が移ったような外観を呈させること）があると，事実上強制執行を円滑に行うことができなくなるため，旧法当時から，占有移転禁止の仮処分命令においては，現実の占有移転に加えて占有名義の変更も禁止の対象とするのが通例である(注6)。

　②につき，占有移転禁止の仮処分の執行は，仮処分命令を債務名義とみなし（法52条2項），係争物に対する債務者の占有を解いて執行官に引き渡す部分につき，不動産の引渡し等又は動産の引渡しの強制執行の例によるものとされる（同条1項，民執168条・169条）。これらの執行は，債務者が係争物に対して有する直接の支配を執行官が取り上げて行うことを予定しているので，対象となる占有は直接占有に限られ，間接占有は該当しない（間接占有者を債務者とする申立ては認められない。）と実務上解されている(注7)。

(注5)　須藤＝深見＝金子・民事保全129頁以下に性質の分析がある。なお，東京地裁・実務（下）403頁参照。
(注6)　法曹会編・ほうそう講座民事保全法（法曹会，1994）168頁，理論と実務（下）544頁〔塚原朋一〕（「占有移転禁止の仮処分の運用上の諸問題」）。
(注7)　東京地裁・実務（上）302頁以下〔須藤典明＝間部泰〕（「間接占有者に対する占有移転禁止の仮処分」），佐藤隆幸「不動産の占有移転禁止の仮処分（一般）」菅野博之＝田代雅彦編『民事保全の実務』（商事法務，2012）91頁以下を参照。

④につき，占有移転禁止の仮処分は，仮処分執行後の係争物の保管方法の違いにより，債務者使用許可型（係争物の占有を解いた執行官が，その保管を債務者に命じ，債務者に使用を認めるもの），執行官単純保管型（執行官自身が保管を継続するもの），債権者使用許可型（執行官が，その保管を債権者に命じ，債権者に使用を認めるもの）の3類型がある。占有移転禁止の仮処分命令の主たる目的は，前記のとおり，債務者に対して当該物件の占有の移転を禁じ，将来の同物件の引渡し又は明渡しの履行を確保することにあるところ，同命令には後記のとおり当事者恒定効があるため，特に不動産については，当該物件から直ちに債務者を排除しなくとも上記目的を達成することが可能であり，債務者の被る損害も少ないものと思われる。そのため，実務上は，債務者使用許可型の命令が大半を占めている。なお，債権者使用許可型の場合には，④の主文は，「執行官は，債権者に上記物件の使用を許さなければならない。」となる。

(4) 仮処分命令申立事件の審理

(a) 被保全権利の疎明

債権者は，被保全権利の存在を疎明しなければならない（法13条）。

Yを債務者とする場合には，Xは，XがYとの間で本件住居の賃貸借契約を締結したこと，Yが賃料を半年分滞納したこと，XからYに対して賃料支払いの催告及び賃貸借契約の解除の通知をしたこと，Yが（Aを占有補助者として）本件住居を直接占有していること，について疎明する必要がある。

Aを債務者とする場合には，Xは，Xが本件住居の所有権を有すること，Aが本件住居を占有していること，について疎明する必要がある[注8]。

(b) 保全の必要性の疎明

債権者は，保全の必要性を疎明しなければならない（法13条）。

本件では，Xは，債務者（Y又はA）が本件住居の占有を第三者に移転するおそれについて疎明する必要がある。具体的には，Xが本件住居の賃貸借契約を解除した経緯，解除後の本件住居の占有状況，XY間の従前の交渉に

(注8) 本件のような場合における具体的な疎明資料については，佐藤・前掲（注7）98頁以下を参照。

おけるY及びAの言動等を具体的に摘示して，これらの事情を踏まえると債務者による本件住居の占有移転のおそれがある旨を疎明していくことになると思われる(注9)。

(c) 債務者に対する審尋の要否

占有移転禁止の仮処分は，係争物に関する仮処分であり，仮の地位を定める仮処分ではないため，口頭弁論又は債務者が立ち会うことのできる審尋の期日を経なくとも発することが可能である（法23条2項・4項参照）。もっとも，占有移転禁止の仮処分のうち，執行官単純保管型及び債権者使用許可型については，債務者の現実の占有を直ちに排除するものであり，債務者は相当大きな損害，場合によっては回復不可能な損害を被るおそれがあるため，実務上は，債務者審尋を必要的とする民事保全法23条4項の趣旨が妥当するものと解して，債務者審尋を行うことを原則とする運用が行われている(注10)。

(5) 仮処分の効力

(a) 当事者恒定効

占有移転禁止の仮処分は，前記のとおり，仮処分債務者が係争物の占有を他に移転することを禁止することにより，本案訴訟の確定判決に基づく係争物の引渡し又は明渡しの執行を保全することを目的とする。

そのため，仮処分が執行されると，本案訴訟（係争物の引渡又は明渡訴訟）の被告は同仮処分の債務者に恒定される。すなわち，債務者が同決定に違反して第三者に係争物の占有を移転したとしても，本案訴訟において，債務者は債権者に対してその占有喪失を主張することは許されず，債権者は，その後の占有関係の変更に煩わされることなく，債務者を被告としたままで訴訟を追行することができる(注11)。

(b) 効力が及ぶ者の範囲

占有移転禁止の仮処分命令の執行がされた場合，債権者は，本案の債務名

(注9) 佐藤・前掲（注7）100頁以下を参照。
(注10) 佐藤・前掲（注7）105頁。
(注11) 旧法下のものであるが，占有移転禁止の仮処分命令の当事者恒定効について判示したものとして，最判昭46・1・21民集25巻1号25頁・判時621号36頁がある。

義に基づき，債務者に対し，係争物の引渡し又は明渡しの強制執行をすることができる。

また，仮処分執行後に係争物の占有者に変更があった場合でも，債権者は，本案の債務名義に基づき，①当該仮処分命令の執行がされたことを知って当該係争物を占有した者，②当該仮処分命令の執行後にその執行がされたことを知らないで当該係争物について債務者の占有を承継した者に対し，係争物の引渡し又は明渡しの強制執行をすることができる（法62条1項。なお，旧法下においては，債務者からの承継によらずに占有を取得した者に対しては占有移転禁止の仮処分の効力が及ばないと解するのが実務の大勢であったため，非承継占有者が現れた場合には，債権者は別訴を提起しなければならないという問題があった。本項1号は，仮処分の効力が及ぶ対象を悪意の非承継占有者にも拡張したものである[注12]。）。

(c) 悪意の推定

債権者が，債務者に対する本案の債務名義に基づき，承継占有者又は悪意の非承継占有者に対して強制執行を行う場合は，債権者において，強制執行の債務者となる者が承継占有者又は悪意の非承継占有者であることを証する文書を提出して，本案の債務名義に執行文の付与を受ける必要があり（民執27条2項），上記文書を提出することができないときは，執行分付与の訴えを提起する必要がある（民執33条）。この点につき，占有移転禁止の仮処分では，同仮処分命令の執行後に当該係争物を占有した者は，その執行がされたことを知って占有したものであると推定することにより（法62条2項），債権者の証明責任の大幅な軽減が図られている。そのため，債権者において，仮処分の執行調書及び現在の占有関係を証する文書（仮処分債務者に対する本執行の執行不能調書，現在の占有状況を撮影した写真を添付した債権者の報告書等）を提出するなどして，強制執行の債務者が仮処分命令の執行後に当該係争物を占有した

(注12) 前記のとおり，民事訴訟法及び民事執行法の建前では，仮処分の効力も，口頭弁論終結後の目的物の承継占有者にしか及ばないこととなる。占有移転禁止の仮処分において，悪意の非承継占有者に対しても効力の拡張を認めた根拠については，占有移転禁止の仮処分では，債務者が占有の移転を禁止されている旨及び執行官がその物を保管している旨を公示することになっており，非承継占有者であっても，仮処分が執行されたことを知って占有を開始したのであれば，その者に対し仮処分の効力を拡張しても不意打ちとはならず，その法的地位を不当に害することにはならないなどと説明されている（山崎・解説401頁等）。

ものであることを証明すれば，比較的容易に強制執行を行うことができる（なお，旧法下においては，前記のとおり，占有移転禁止の仮処分の効力が及ぶ者は承継占有者に限られ，かつ，上記のような推定規定もなかったため，多くの場合，債権者にとって，占有者が承継占有者であることを文書で証明することは困難であり，結局，占有者に対し，執行文付与の訴えや，別途係争物の引渡し又は明渡しの訴えを提起しなければならないという問題があった[注13]。）。

(6) 仮処分申立時に占有者を特定することが困難な場合の対応

(a) 債務者を特定しないで発する仮処分

保全命令の申立書には，申立ての趣旨及び理由のほか，当事者の氏名又は名称及び住所を記載しなければならないのが原則である（規則13条1項）。したがって，XがAを債務者として占有移転禁止の仮処分を申し立てる場合は，XにおいてAの氏名を調査のうえ，これを特定する必要がある（なお，自然人は住所及び氏名で特定されるが，住所は係争物所在地での特定が可能である。また，氏と名の双方が判明している限りは，それが通称名である場合や読み仮名しかわからない場合であっても，債務者の特定に欠けるところはないと解されている[注14]。）。

しかしながら，Yにおいて，Xが本件住居の明渡しを受けることを妨害する目的で，あえて氏名等のわかりにくい外国人を居住させたり，占有者を頻繁に入れ替えるなどしている場合は，Xにおいて通常行うべき調査を行ったとしても，仮処分命令の申立てまでにAの氏名を特定することができないこともあり得る。

このように，占有移転禁止の仮処分の執行前に債務者を特定することを困難とする特別の事情があるときは，債務者を特定しないで発する占有移転禁止の仮処分命令（法25条の2第1項）の申立てをするのが相当である。

(b) 民事保全法25条の2が新設された経緯

従前の民事保全及び民事執行の実務では，①債権者が，不動産登記簿，表札の有無等の外観，居住者への質問の試みなどの通常の調査を行っても，不

(注13) 原井龍一郎＝河合伸一編『三訂版　実務民事保全法』（商事法務，2011）381頁以下参照。

(注14) 東京地裁・実務（上）305頁〔德田祐介〕（「債務者不特定の占有移転禁止の仮処分」）。

動産の占有者を特定するに足りる情報を取得できない場合があるほか，②次々に占有者を入れ替える方法等による執行妨害が行われているときは，現在の占有者を特定することが著しく困難であるうえ，仮に申立て前の一時点における占有者を特定することが可能であったとしても，その者に対する保全処分を発して執行に至るまでに占有者が入れ替わることが想定されるような事例もあり，このような場合に通常どおり債務者の特定が必要であるとすれば，事実上保全処分の申立てができなくなってしまうという問題点が指摘されていた。

そこで，その対策として，平成15年の民事執行法等の改正（担保物権及び民事執行制度の改善のための民法等の一部を改正する法律〔平成15年法律第134号〕による改正，平成16年4月1日施行）により，民事保全法25条の2を新設し，占有移転禁止の仮処分命令のうち，「係争物が不動産であるもの」については，「その執行前に債務者を特定することを困難とする特別の事情があるとき」は，裁判所は債務者を特定しないで占有移転禁止の仮処分命令を発することができるものとされた[注15]（占有移転禁止の仮処分においては，前記のとおり，発令前の債務者の審尋は必要的でなく，仮処分命令をその執行前に債務者に送達する必要もないため（法43条3項），仮処分命令の執行時において債務者が特定され，その者に対して不服申立ての機会が与えられる限り，通常どおり債務者を特定して保全処分が発せられた場合と同程度の手続保障が確保されるものと考えられている[注16]。）。この場合，債務者は，「本件仮処分命令執行の時において別紙物件目録記載の不動産を占有する者」などと表示され，住所欄の記載は不要とされる。

(c) 「債務者を特定することを困難とする特別の事情」

債務者を特定しないで発する占有移転禁止の仮処分命令は，特定の相手方にのみ裁判の効力が及ぶという原則の例外をなす制度であるから，保全裁判所では，「特別の事情」という要件の解釈を厳格に行っており，その証明を求めている。具体的には，債権者において事前に現地調査を行い，占有者の有無及びその徴表（電気・ガスメーターの稼働状況，建物内部に人の存在する気配の

(注15) 谷口園恵ほか「担保物権及び民事執行制度の改善のための民法等の一部を改正する法律の解説(5)」NBL773号50頁，「同(6)」NBL774号40頁参照。
(注16) 谷口ほか・前掲（注15）NBL774号40頁。

有無等), 表札, 外部から見える郵便物等を確認するほか, 建物に人の居住する気配がある場合には, その人物に面接し, 氏名, 占有権限等について質問すること, 住民票の取得, 近隣の居住者や建物の管理人に対する事情聴取, 1回目の調査で目的を達することができなかったときには時間帯を変えて再調査を実施することなどが求められ, 調査結果をまとめた書面を証拠として保全裁判所に提出することが必要とされる[注17][注18]。また, この仮処分は, 債務者を特定しないで仮処分命令を発することを認めたにすぎず, 仮処分命令の執行によって係争物である不動産の占有を解かれた者が債務者となると定めて (法25条の2第2項), 執行段階においては債務者が特定されることを必要としており, 仮処分命令の執行時に債務者を特定することができなければ執行不能となる。そのため, 債権者としても, 申立て前に可能な限り債務者を特定するための調査を尽くす必要があると思われる[注19]。

以上のような調査を尽くしてもなお, 係争物の占有者の氏名や通称名が明らかにならなかったり, 調査のたびに占有者が入れ替わるなどしている場合は,「債務者を特定することを困難とする特別の事情」があるといえよう。

(d) 仮処分の執行

仮処分命令の執行にあたり, 執行官は, 係争物の占有者を特定する必要があるときは, 当該不動産に在る者に対し, 当該不動産又はこれに近接する場所において, 質問をし, 又は文書の開示を求めることができ (法52条1項, 民執168条2項), 執行官の質問等に対する陳述等の拒絶には刑事罰が科される(法67条)。また, 執行官は, 当該不動産に立ち入り, 必要があれば, 閉鎖した戸を開くため, 必要な処分 (解錠等) をすることができる (民執168条4項)。執行官の調査によっても占有者を特定することができなければ, 仮処分の執行に着手することはできず, 保全執行は不能となる (法54条の2)。

(注17) 東京地裁・実務 (上) 306頁 [徳田祐介], 佐藤隆幸「債務者を特定しないで発する不動産の占有移転禁止仮処分」菅野＝田代編・前掲 (注7) 117頁以下, 鬼澤友直「債務者を特定しない不動産占有移転禁止仮処分に関する東京地方裁判所保全部の運用イメージについて」判タ1141号69頁参照。
(注18) 仮処分命令申立書の書式については, 東京地裁・実務 (下) 389頁以下を参照。
(注19) 須藤＝深見＝金子・民事保全137頁は, この「特別な事情」をあまり厳格に運用するのは相当ではないが, 債権者の代理人の中にはろくな疎明資料も用意しないまま申し立てる例も見受けられるから, 注意を要するとしている。

なお，占有移転禁止の仮処分命令の執行後，本案の債務名義の執行までの間に当該係争物の占有者に変更があった場合，債権者において，強制執行の債務者となる者が承継占有者又は悪意の非承継占有者であることを証する文書を提出して，本案の債務名義に執行文の付与を受ける必要があることについては，前記(5)(c)のとおりである。このような執行文付与の申立て及び付与の処分も，本来，債務者をその氏名等をもって特定する必要がある。もっとも，執行文付与の段階においても，前記(b)で述べたような執行妨害は起こり得るものであることから，そのような妨害行為に対し的確に対処できるようにする必要があることについては，占有移転禁止の仮処分命令の発令段階と同様である。そのため，前記(b)の改正法により，不動産を係争物とする占有移転禁止の仮処分命令が執行され，かつ，民事保全法62条1項の規定により当該不動産の占有者に対して当該債務名義に基づく当該不動産の明渡し等の強制執行をすることができる場合等において，債務者（承継人等の占有者）を特定することを困難とする特別の事情があるときは，債権者がこれを証する文書を提出したときに限り，債務者を特定しないで執行文を付与することができる旨を，新たに規定している（民執27条3項1号）[注20]。

〔2〕 建物明渡断行の仮処分

(1) 保全の必要性

　債務者に対して係争物の占有の移転を禁じ，将来の同物件の引渡し又は明渡しの履行を確保するためには，債務者使用許可型の占有移転禁止の仮処分で足りる場合が多いと考えられることについては，前記〔1〕(3)のとおりである。しかしながら，設例のように，複数の従業員が頻繁に入れ替わって居住し，掃除もせず，賃貸した住居の室内にゴミが山積みになっている様子が外からもわかるような状況にある場合には，そのまま債務者の使用を許していると，本件住居の原状回復を困難にし，その経済価値を損ない，Ｘに著し

(注20)　谷口ほか・前掲（注15）NBL774号41頁以下を参照。

い損害を生じるおそれがあるといえる。また，仮に，本件住居の占有者に対し，室内にゴミを山積みすることを禁じる仮処分命令を発しても，同命令を遵守する見込みが乏しいケースもあり得ると思われる。

このような事態を防ぎ，将来の本件住居の明渡しの履行を確保するために，Xは，本件住居の占有者に対し，執行官単純保管型もしくは債権者使用許可型の占有移転禁止の仮処分，又は本件住居を仮に明け渡すよう求める仮の地位を定める仮処分命令の申立て（法23条2項）をするのが相当である。

(2) 占有移転禁止の仮処分（執行官単純保管型，債権者使用許可型）

執行官単純保管型及び債権者使用許可型の占有移転禁止の仮処分の内容並びに仮処分命令申立事件の審理については，前記〔1〕(3)(4)で説明したとおりであり，原則として債務者審尋が実施されている。これらの仮処分の執行により，Xは，本件住居に係る債務者の占有を現実に取り上げることができるので，前記のような債務者の不適切な建物の使用を確実に防ぐことができる。他方，これらの仮処分が執行されると，前記のとおり，債務者が大きな損害を被るおそれがあるので，保全の必要性は高度のものが求められる。なお，債権者は，債権者使用型の仮処分命令を受けた場合でも，当該係争物の使用を許されているにすぎないものであるから，係争物の現状を自由に変更したり，売却等の法律的処分をすることができるわけではない。

(3) 明渡断行の仮処分

執行官保管の必要がない，又はそれが相当でない場合（前記のとおり，債権者において，係争物の現状を変更したり，係争物を処分する必要がある場合等）は，本件住居の明渡しを命ずる仮処分命令の申立てをすることも可能である[注21]。この場合の申立ての趣旨は，「債務者は，債権者に対し，別紙物件目録記載の建物を仮に明け渡せ。」となる。

(注21) 須藤＝深見＝金子・民事保全159頁。なお，具体的にどのような場合に保全の必要性が認められるかについては，小松秀大「不動産明渡断行仮処分」菅野＝田代編・前掲（注7）169頁以下，東京地裁・実務（上）322頁以下〔森剛〕（「建物明渡し等の断行の仮処分」）を参照。

仮の地位を定める仮処分は，原則として，口頭弁論又は債務者が立ち会うことができる審尋の期日を経なければ，これを発することができない（法23条4項）。また，これらの仮処分が執行されると，前記のとおり，債務者が大きな損害を被るおそれがあるので，保全の必要性は高度のものが求められると解されている。具体的には，強制執行（本執行）による権利の実現を待てないような事情，債務者使用許可型の占有移転禁止の仮処分命令を得るだけでは満足できない事情について疎明することが求められる。

〔3〕 工事禁止の仮処分

(1) 保全の必要性

設例のように，Yが，Xの承諾もないのに，勝手に庭にプレハブの部屋を増設しようとしている場合には，これを放置すると，本件住居の原状回復及び明渡しを困難にするおそれがあるので，これを防止する必要があるといえる。

(2) 占有移転禁止の仮処分命令によることの可否

占有移転禁止の仮処分は，前記のとおり，係争物に関する仮処分である。係争物に関する仮処分命令は，「その現状の変更により，債権者が権利を実行することができなくなるおそれがあるとき，又は権利を実行するのに著しい困難を生ずるおそれがあるときに発することができる。」（法23条1項）ものであるところ，民事保全法は，占有移転禁止の仮処分命令の効力として，係争物の占有主体の変更（主観的変更）を禁止することを明記しているが，係争物の現状の物理的変更（客観的変更）を禁止することについては，これを明記した規定はなく，解釈に委ねられている。仮に，客観的変更の禁止効も認められるのであれば，前記のとおり，実務上，占有移転禁止の仮処分命令の大半を占める債務者使用許可型の仮処分命令は，保全の必要性が厳格に求められるものではなく，債務者審尋も必要的でないことから，比較的発令を得やすいため，債権者にとって有利なものとなる。

この点については，旧法当時から議論のあったところであり，占有移転禁止の仮処分命令に基づく執行官による係争物の保管は執行機関としての行為であると解されることや，仮処分命令の内容に現状変更禁止の趣旨が含まれると解されること等を根拠として，債務者が当該係争物の同一性を害するような変更行為をした場合に，執行官の点検執行（法52条1項，民執規108条1項参照）により，又は仮処分命令自体を根拠として，その現状を変更した部分の除去等の原状回復や，債務者を強制退去させる措置をとることができるとする説も，かつて有力に主張されていた[注22]。しかしながら，これらの説に対しては，仮処分命令の執行機関としての執行官の行為は，係争物に対する債務者の占有を解いて執行官の占有に移した時点で終了し，それ以降の執行官による保管行為は，執行機関としての保管ではなく，国家の補助機関としてのものにすぎないから，点検執行をすることはできないとの批判や，仮処分命令の主文の内容から上記のような趣旨を読み取ることはできないとの批判がなされており，現在は，占有移転禁止の仮処分命令に客観的変更の禁止効はなく，債権者は別途増改築工事禁止，原状回復，明渡断行等の仮処分命令を求めなければならないとする否定説[注23]が通説化し，実務上も同様の取扱いがされている[注24]。執行官単純保管型及び債権者使用許可型についても，

- [注22] なお，旧法下の東京地方裁判所における実務では，昭和37年頃まで，債務者使用許可型の仮処分命令の主文につき，「執行官は，現状を変更しないことを条件として債務者に上記物件の使用を許さなければならない」とする記載が広く用いられていた。
- [注23] 東京高決昭37・1・20高民15巻2号80頁・判タ127号105頁・判時285号11頁・判時294号37頁は，「上記仮処分命令の文言のみによれば，債務者が本件建物の現状を変更した場合には，使用を許さない趣旨と読むことができるようである。しかしながら，上記仮処分命令は本件建物の占有状態の現状を維持し，土地明渡請求権を保全することを目的としてなされたものであるから，債務者両名に本件建物の占有を取り上げて，使用を許さないとのいわゆる断行的仮処分とは，その性質を異にするものと解さなければならない。実務の取扱においても，この種仮処分は現状不変更を目的とするものであるから，比較的緩やかな疎明及び低額の保証金をもつて許されるのが普通であるが，いわゆる断行的仮処分命令はその必要性と疎明が十分である場合で，しかも相当十分な保証金を立てることを条件として許容されていることは，当裁判所に顕著なところである。従つて，上記のように，債務者が現状を変更した場合には明渡ないし引渡しの断行ができる趣旨の命令をも当然に含めてなされたものであると解することは，字句の末のみにとらわれた無理な推論であるといわなければならない。」と判示し，これらの否定的な判断が多勢となっていった。
- [注24] 裁判例コンメンタール584頁以下〔野村秀敏〕，東京地裁・実務（下）347頁以下〔岩崎邦生〕（「占有移転禁止の仮処分の効力(3)」），山崎・解説398頁以下。この点に関する議論の詳細については，注釈民保（下）292頁以下〔瀬木比呂志〕等を参照。

執行官による目的物の保管は執行機関としての占有ではない以上，債務者使用許可型と別異に解する理由はなく，仮処分命令に違反したことを理由に原状回復等をすることはできないと解される。

以上のとおり，債権者は，債務者が係争物の客観的現状に変更を加えても，占有移転禁止の仮処分命令の効力として，当該変更行為を阻止したり，原状回復させたり，債務者の占有を排除したりすることはできない。

(3) 工事禁止の仮処分

Xは，Yによる増築工事が継続している場合（増築工事が未完成の場合）には，Yを債務者として，増築工事の禁止を求める仮の地位を定める仮処分を申し立てるのが相当である。同仮処分は，Yに相当の損害を与えるおそれがあるので，保全の必要性は高度のものが求められる。また，債務者の審尋が必要的となる。

なお，Yにおいて，増築工事の禁止を求める仮処分命令に容易に従わないことが予想されたり，Xにおいて，強制執行（本執行）による権利の実現を待てないような事情がある場合には，本件住居の明渡し等の断行の仮処分，原状回復の断行の仮処分等を申し立てることも考えられる。

■参考文献
脚注に記載の文献のほか
(1) 一木文智「賃貸借の終了に基づく仮処分の問題点」門口＝須藤・民事保全124頁以下。
(2) 裁判実務大系404頁以下〔富越和厚〕（「占有移転禁止の仮処分の効力」）。
(3) 例題解説（二）167頁以下。
(4) 裁判例コンメンタール275頁以下〔一木文智〕。

19 （処分禁止）土地の一部についての処分禁止の仮処分

早山　眞一郎

> 広い一筆の土地（甲土地）の一部を買い受けたＸが，売主Ｙに対し，その買い受けた部分について所有権移転登記請求権を保全するため，その部分について処分禁止の仮処分を求めることができるか。また，この場合に，甲土地の全部について処分禁止の仮処分を求めることは許されるか。

〔１〕　一筆の土地の一部についての処分禁止の仮処分

(1)　前提としての一筆の土地の一部の処分可能性

(a)　一物一権主義と登記制度による土地の区分・特定の尊重

　かつて，一筆の土地の一部については処分の対象とすることはできないとする見解が存在した。すなわち，土地は，一筆をもって所有権の客体の単位となるのであって，一筆の土地の所有者がこれを分割して数筆の土地とするには，法令に従って分筆の手続を経なければならず，それを経てはじめて各分割地の独立性が公認される。私に区分したり，他人と合意のうえ区分したりしても，それだけでは独立の所有権の客体を生じさせることはできない。したがって，事実上分割されたといっても，分筆手続未了の土地については，独立の所有権を成立させることは認められないとする[注1]。

　この見解の根底には，国家が，多大な費用と労力をかけて，不動産取引の活性化を図るため，全国の土地を測量して正確な地図を作り，土地を区分して，一筆の土地ごとに地番を付し，地目を定め，広さを表示する登記簿を設

(注1)　大判大11・10・10民集1巻575頁。

け，そこに土地をめぐる権利関係を記載して公示する制度を採用・維持しているのであるから，所有権の対象となる1個の土地は，登記簿上で特定されている一筆の土地であると厳格に捉えるべきであるとの考え方がある[注2]。

(b) 現在の通説，判例

しかし，現在，一筆の土地の一部の処分は，その一部が特定されている限り可能であるという見解が支配的である[注3]。その理由とするところは，①登記簿は，土地が元来無限に連続するものであるから，便宜上，これを人為的に区分して，それに地番を付して一筆の土地として独立性をもたせているにすぎないので，一筆の土地は，本来の性質としては常に区分が可能であるから，所有者の行為によって独立した数個の土地に分割し得る。また，区分した部分を種々の方法により外形上明確にすることも可能であるから，一筆の土地の所有者は，その土地の一部を外形上明らかなように特定すれば，その部分のみを譲渡の目的とすることができる。②このように，一筆の土地の一部の譲渡は，その一部が特定されている以上，当事者間においては分筆の登記を経ずしてその効力を生ずることとなるが，この権利変動を登記するためには，まず分筆の手続を経なければならず，これなくして第三者に対抗することができないから，一筆の土地の一部の処分を有効としても土地取引の安全を害することはないし，このように解することが，不動産物権変動について民法が採用する対抗要件主義に合致するという点にある[注4]。

(2) 土地の一部についての処分禁止の仮処分

(a) 保全処分の必要性

このように，一筆の土地の一部の処分も有効であるとすると，本設例のXのように，甲土地の一部を買い受けた者が，未だその部分の所有取得登記を経ないうちに売主Yによって二重譲渡等がされるリスクを懸念して，買い受

(注2) 我妻栄『聯合部判決巡歴Ⅰ』（有斐閣，1958）26頁。
(注3) 我妻栄＝有泉亨補訂『新訂物権法（民法講義Ⅱ）』（岩波書店，1983）13頁等。
(注4) 浦野雄幸「土地または建物の一部の売買と登記請求権」判タ177号50頁，大連判大13・10・7民集3巻476頁，最判昭30・6・24民集9巻7号919頁，最判昭30・10・4民集9巻11号1521頁等。

けた部分について所有権移転登記請求権を保全するため処分禁止の仮処分をする必要性が生まれてくる。

(b) 一筆の土地の一部を対象とする仮処分の可否

ところで，処分禁止の仮処分の執行は，処分制限の登記を付す方法による（法53条1項）。

ただ，買主が，一筆の土地の一部を譲り受けた時点においては，売買対象部分は，登記簿上一筆の土地とされている土地の一部にすぎないから，仮に一筆の土地の一部に対する処分制限命令が発令されても，それに基づいて，一筆の土地全部について処分制限の登記を嘱託することはできない（不登25条6号）。

そこで，被保全権利が一筆の土地の一部についての登記請求権であっても，執行を実現するための必要性から，一筆の土地全部を処分禁止の仮処分の対象とすることも許されるという考え方も存在した[注5]。

しかし，①仮処分の対象範囲は，保全すべき権利の対象範囲に限定されるのが原則であるから，それ以外の範囲に仮処分の効力を及ぼすことは，それが権利保全のために必要不可欠とされる場合でない限り許されない，②このように解しても，譲受人は，後述のとおり，譲渡人に代位して分筆登記手続を行う方法が認められており，債務者の協力なくして保全執行が可能であるから，一筆の土地の全部について処分禁止の仮処分を認める必要はないとする見解が通説となっており，判例のとる立場と理解されている[注6]。

(c) 代位による分筆登記

土地についての分筆の登記は，登記簿の表題部に記載された所有者（所有権保存の登記がされていない場合）又は所有権の登記名義人（所有権取得の登記がされている場合）のみがし得るものであるから（不登39条1項）[注7]，仮処分命令の債権者が直接することはできない。しかし，債権者は，一筆の一部の処分

(注5) 最判昭28・4・16民集7巻4号321頁の原審である札幌高判昭24・12・20民集7巻4号333頁はこの見解に立つ。

(注6) 前掲（注5）最判昭28・4・16，小笠原昭夫「一筆の土地の一部についての賃借権を保全する仮処分」保全判例百選〔別冊ジュリ22号〕32頁，野村高弘「処分禁止の仮処分」塚原朋一＝羽成守編『現代裁判法大系(14)民事保全』（新日本法規出版，1999）202頁。

(注7) 前掲（注4）最判昭30・6・24参照。

禁止を命ずる仮処分決定正本を代位原因を証する書面として，債務者（所有名義人）に代位してその部分の分筆の登記を申請することができる（民423条，不登59条7号）^(注8)。

このようにして，債権者は，代位による分筆登記手続完了後，裁判所に申し出て，処分禁止の仮処分の対象となっている分割，区分した不動産について処分制限の嘱託登記を経由することが可能となる。

(d) 一筆の土地全体についての仮処分命令

以上のとおり，債権者は，代位による分筆登記という手段によって，権利の対象となる土地の一部について処分禁止の登記を得ることができるから，通常，土地の全体について，処分禁止の仮処分決定を申し立てることは，自らの有する被保全権利を超える地位を求めるものとして必要性が認められないと解するのが通説，判例である。

したがって，本設例における債権者Ｘは，甲土地の一部についての登記請求権を保全するために，一筆の土地の一部について処分禁止の仮処分の申立てをすることができるし，その反射的効果として，一筆の土地全部についての処分禁止の仮処分の申立ては原則として許されないということとなる。

なお，債権者としては，代位による分筆登記を前提に，一筆の土地の一部について処分禁止の仮処分を申請する場合には，その一部を分筆できる程度に具体的に特定しておくことが必要であり，通常，物件目録には一筆の土地の所在，番地，地目，地積を記載し，「右土地のうち別紙図面の○○○○を直線で結んだ範囲内の土地○○平方メートル」という形式で記載している。この場合，仮処分命令の正本を代位原因証書として，債務者に代位し，分筆登記を申請することになるため，仮処分命令正本の添付図面と代位による分筆登記申請書の添付図面とが一致しないと受理されないことになるから（平成16年改正前不登49条7号），仮処分申請書に添付する図面は，分筆登記の際に必要となる地積測量図と一致させておくべきである。

(注8) 昭27・9・19民事甲第308号民事局長回答先例集（下）1926頁，登記研究59号26頁。

〔2〕 一筆の土地全部についての処分禁止の仮処分

(1) 例外を認める裁判例の出現

近時，前記通説，判例の判断枠組みについて，例外を肯定する裁判所の判断(注9)（以下「本高裁決定」という。）が示された。

本高裁決定は，一筆の土地の一部についてのみ被保全権利を有する債権者の，土地全体についての処分禁止の仮処分申立てを認める判断をした。

(2) 背景としての分筆登記手続の変容

前述のとおり，分筆登記手続を履践するためには，登記の申請に地積測量図を添付することが求められる（不登令3条・7条・別表8項）。

この地積測量図には，分筆前の土地を図示し，分筆線を明らかにし，方位，地番，地積及び求積の方法を記載し，かつ土地の筆界に境界標があるときはこれを地番区域の各名称等とともに記載しなければならない（不登則77条・78条）。

従前，この地積測量図は，分筆登記の後に提出することも許されていたが（旧土地台帳法29条1項），昭和35年の旧不動産登記法の改正によって，分筆登記申請の際に添付すべきと改められた。

さらに，現在，地積測量図の添付に加えて，その筆界が明確にされたうえで地積測量図が作成されたことを担保するために，分筆地の隣地所有者の筆界確認書，立会証明書，印鑑証明書の添付が要求されている(注10)。

このような分筆登記実務の運用の下においては，債権者は，被保全権利の対象部分である土地の一部のみについて仮処分決定を得た後，これを代位原因として，本件対象部分を含む当該筆全体の周囲の隣地所有者に境界立会を

(注9) 大阪高決平23・4・6判時2123号43頁。
(注10) 山野目章夫「ビジネス＆ロー新しい不動産登記(8)」NBL825号60頁，大塚明「一筆の一部の土地の所有権移転請求訴訟－仮処分と本訴と分筆登記との関連」神戸学院法学41巻3・4号110頁以下。

求め，境界確認書類に実印の押捺を得たうえで，その印鑑証明書を添付して分筆登記申請を行い，その分筆後に仮処分の登記を裁判所からの嘱託により行うこととなる。

(3) 本高裁決定の判断枠組

(a) 原審の判断

原審[注11]は，前掲（注5）最判昭28・4・16を引用して，土地全部について処分禁止の仮処分をすることは，特段の事情がない限り必要性を欠くという原則を示したうえで，概要次のとおりの理由で，処分禁止の仮処分の申立てを却下した。

すなわち，確かに分筆登記に関しては，従前よりも厳格な手続を要するようになっているけれども，仮処分債権者が代位して分筆登記をすることが法律上不可能になっているわけではないから，分筆登記手続が厳格化されたことのみから直ちに被保全権利を超えた処分禁止の仮処分が容認されるものではない。被保全権利を超えた処分禁止の仮処分を認めなければ保全の目的を達成できないような必要性があるかどうかを個別の事案において判断することが必要となる。

本件についてみるに，債権者ら及び債務者らは，数十年間にわたって本件一筆の土地及び債権者等が被保全権利を有するその一部を現状のままで放置してきたのであり，この状況に変更が加えられるような具体的危険をうかがうことはできない。

したがって，本件においては，被保全権利を超えて処分禁止を求めることの必要性について疎明があったとはいえない。

(b) 本高裁決定の判断

これに対して，本高裁決定は，原則論としては，前掲（注5）最判昭28・4・16の立場を引用しながら，概要次の2点を根拠に，一筆の土地の一部についての被保全権利をもとに一筆の土地全体についての処分禁止の仮処分を肯定し，担保額の決定のために，本件を差し戻した。

(注11) 神戸地決平22・7・21判時2123号45頁。

① 現行登記実務においては，実際には，分筆登記のためには，既に地積測量図が作成されているような場合を除いて，隣地所有者立会のうえ作成された筆界証明書，立会者の印鑑登録証明書の提出が要求され，一筆の土地の一部についての処分禁止の仮処分を認められた仮処分債権者が仮処分発令後に分筆のための手続を履践していると，測量等に相当の時間を要するばかりでなく，その密行性を保てなくなるおそれがあり，その間に債務者等が土地を一筆ごと転売するなどして，仮処分の目的が達成されなくなることも十分考えられる（前掲（注5）最判昭28・4・16は，分筆登記にこのような厳格な手続が要求されていなかった時期における判例である。）。

② 係争地は，一筆の土地の約80パーセントを占めることが認められ，残余部分の処分を制限されることにより債務者等が被る不利益は小さいといえる。

(c) 若干の分析

上記①の点は，前記(2)の分筆登記手続の運用がより厳格に変容したという事情から，債権者が債務者の関与なく分筆登記を経ることが事実上困難になっていることに配慮しているといえる。分筆の代位登記が法的に可能であっても，事実として，密行性が損なわれるのであれば，結局，権利保全の機会を逸する可能性が高まるのであるから，この点の判断は相当といえるであろう。

一方で，②の点については，仮の地位を定める仮処分の場合はさておいて，仮差押えや係争物に関する仮処分の場合には，保全の必要性の有無は，基本的には，債務者側の事情として保全の必要性の判断を推認させる事実があるかどうかを問うものであり，債務者に生じるべき損害の有無そのものが直接的に保全の必要性の判断に影響してくるとまでみるのは疑問であるとの指摘がある[注12]。ただ，本高裁決定は，一筆の土地全部について処分禁止の仮処分を認めることは，被保全権利以上の負担を債務者に負わせることになるという従前からの立場の根拠に対して，一定の回答をするためにこの理由づけ

(注12)　瀬木比呂志『民事保全法〔第3版〕』（判例タイムズ社，2009）244頁。

を付したとも考えることができよう。また，一筆の土地の小さな部分にのみ被保全権利が認められる場合においても，上記分筆登記手続の厳格性という点からすれば，一筆の土地全体についての処分禁止の仮処分の必要性があることは，一部がほぼ一筆の土地の全体を占める場合とで変わりはない。しかし，このような小さな一部の場合にも，一筆の土地全体について処分禁止の仮処分を許容することは，やはり債務者に与える影響が大きすぎて，結果として妥当とはいえないという素朴な感覚は否定できない。

(4) 一筆の土地全体についての処分禁止の仮処分が認められるための要件

本高裁決定は，一筆の土地全体について処分禁止の仮処分を許容する判断を示したが，この判断の枠組に従って，一筆の土地全体についての仮処分が肯定されるための保全の必要性の要件を整理すれば，次のとおりとなる。

① 対象となる土地について，地積測量図が作成されておらず，仮処分命令発令後に隣地所有者（債務者を含む。）立会のうえ作成された筆界確認書，立会者の印鑑登録証明書の徴収，地積測量図を作成していては，相当の時間を要し，かつ密行性を保てなくなるおそれがあること。

② 被保全権利の対象となる土地の部分が一筆の土地の大部分を占めていること。

したがって，本設例の債権者Xにおいては，甲土地の一部についての登記請求権の保全のために，被保全権利の疎明と併せて，上記①②について必要な疎明を尽くせば，甲土地全体について処分禁止の仮処分の発令を得ることができ，分筆登記手続を経ずに保全執行を行うことができる。

■参考文献
本文中に掲げたもののほか
(1) 津田聿弘「土地の一部を対象とする保全処分」裁判実務大系125頁。
(2) 本多藤男「土地の一部についての処分禁止の仮処分」山﨑・基礎知識46頁。
(3) 野村秀敏「一筆の土地の一部についての権利を保全するため当該一筆の土

地全部について処分禁止の仮処分の申立てをすることは，保全の必要性を欠くとして理由はないが，仮処分登記をする前提として，債務者に代位して当該部分の分筆のための手続を履践していると仮処分の目的が達成されなくなるおそれがあるときは，申立ては理由があるというべきであるとして，原決定を取り消して事件が原審に差し戻された事例」判時2142号168頁。

(4) 浦野雄幸「不動産の一部に対する処分制限の登記の可否」不動産登記先例百選〔第2版〕〔別冊ジュリ75号〕206頁。

20 （処分禁止）仮登記権利者に対する仮処分

倉澤　守春

　Aは事業に失敗して多額の負債を抱えたが，担保余力のある自宅の土地及び建物（以下「本件不動産」という。）を再起のために残したいと考え，友人のBに相談したところ，Bへの売却を仮装することを提案された。そこで，Aは，本件不動産につき売買契約を理由にBへの所有権移転の仮登記をしたところ，直ちにBは本件不動産を第三者Cに譲渡し，Cのために上記仮登記を移転するための附記登記をして行方不明になった。Aは，愚かなことをしたと反省し，債権者のためにも本件不動産を元の状態に戻したいと考えているが，Cがさらに本件不動産を他の者に譲渡するなどして権利関係が複雑にならないように，どのような保全処分を求めることができるか。

〔1〕　本設例におけるABC間の法律関係

　Cは，AのBに対する所有権移転の仮登記がされた本件不動産について，仮登記を移転するための附記登記を取得している。

(1) 仮登記

　仮登記（不登105条）とは，本登記をするために必要な実体的又は手続的要件が完備していない場合に，将来その要件が備わったときにされる本登記のために，あらかじめその順位を保全する目的でされる予備的な登記である。
　仮登記には，実体法上の権利変動は既に生じたが，登記の申請をするために登記所に提供しなければならない情報を提供することができないときにされるもの（不登105条1号）（この場合になされる仮登記は，「1号仮登記」と呼ばれ

る。）と，権利変動に関する債権的請求権を保全しようとするときにされるもの（不登105条2号）（この仮登記は，「2号仮登記」と呼ばれる。）がある。後者の2号仮登記がされる場合としては，実体上の権利変動がまだ生じていないがその権利変動を目的とする請求権を有する場合，及び請求権が始期付き又は停止条件付きのものその他将来確定することが見込まれるものである場合があげられる。実体上の権利変動そのものが始期付き又は停止条件付きのものその他将来確定することが見込まれるものである場合にも，仮登記が許容される。古い判例は，これを1号仮登記によるべきものとするが[注1]，有力説及び最近の裁判例は，これを2号仮登記によるべきものとする[注2]。

登記官は，権利部の相当区に仮登記をしたときは，その次に当該仮登記の順位番号と同一の順位番号により本登記をすることができる余白を設けなければならない（不登則179条1項）。仮登記に基づいて本登記をした場合，当該本登記の順位は，当該仮登記の順位による（順位保全的効力）（不登106条）。他方，仮登記は，本登記に必要な情報を提供できないか（1号仮登記），物権変動が生じていない（2号仮登記）場合にされるものであり，本来の対抗要件を具備した場合と同じ効果を与えることはできないため，対抗力は認められない[注3]。

(2) 仮登記上の権利の処分の公示方法

仮登記上の権利は一種の財産権として扱われ，これを処分し，登記することができる[注4]。その公示方法は，1号仮登記の場合と，2号仮登記の場合とで異なっており，1号仮登記をした権利の移転の登記は，主登記による仮登記をもって行い，2号仮登記をした請求権の移転の登記は，附記登記によって行う[注5]。したがって，AからBへ仮登記がされ，その権利がCに移転

(注1)　大判昭11・8・4民集15巻1616頁，大判昭11・8・7民集15巻1640頁。
(注2)　大阪高判昭52・2・15判タ350号289頁・金判519号17頁，山野目章夫『不動産登記法〔増補〕』（商事法務，2014）332頁，幾代通＝徳本伸一補訂『不動産登記法〔第4版〕』（有斐閣，1994）213頁。
(注3)　仮登記に基づいて本登記がされて初めて対抗力が付与される。山野目・前掲（注2）333頁，幾代＝徳本補訂・前掲（注2）450頁。
(注4)　昭32・8・8民事甲第1431号民事局長通達・登記関係先例集追加編Ⅱ147頁。
(注5)　昭36・12・27民事甲第1600号民事局長通達・登記関係先例集追加編Ⅲ743頁。なお，石

され，その後本登記がされた場合，AからBへの仮登記が1号仮登記のときは，本登記された当初の1号仮登記によりAからBへの権利移転が公示され，本登記されたBからCへの権利移転の仮登記によりBからCへの権利移転が公示されることになる。これに対し，AからBへの仮登記が2号仮登記のときは本登記された2号仮登記により，AからCへの権利移転が公示されることになる。附記登記がされた場合，附記登記の名義人が主登記の登記名義人になると解されるからである[注6]。

このような違いが生ずるのは，1号仮登記の場合には，必要な情報を提供できないため本登記できないものの，実体的権利変動は既に生じており，AからB，BからCへの権利移転を登記上明らかにすべきであるといえるのに対し，2号仮登記の場合には，そもそも実体的権利変動はまだ発生しておらず，仮登記上の請求権に係る条件が成就し又は期限が到来したときに，実体的権利が，AからCに直接移転すると解されるからである[注7][注8]。

本設例では，Cのために仮登記を移転する附記登記がされたことから，Bへの所有権移転の仮登記は，2号仮登記であったと考えられる。そして，この仮登記について本登記がされた場合には，AからCへの所有権移転が公示されることになる。

(3) 仮登記の抹消登記請求の相手方

このように権利移転の登記がされた仮登記を抹消するために，誰に対し抹消登記請求をすべきかが問題となる[注9]。

1号仮登記の場合，その後の権利移転の仮登記は主登記なので，一般の権

田喜久夫・不動産登記先例百選〈第2版〉162頁参照。
- (注6) 最判昭44・4・22民集23巻4号815頁・判タ235号109頁・判時558号48頁。以下「昭和44年最判」という。
- (注7) 法務省民事局内法務研究会編『新訂不動産登記実務総覧（下）』（民事法情報センター，1998）1014頁。
- (注8) このように2号仮登記について移転の登記がされる場合，移転する請求権自体は債権であるが，譲渡の対抗要件としては附記登記で足り，ほかに債権譲渡の対抗要件を具備する必要はない（最判昭35・11・24民集14巻13号2853頁・判時243号18頁）。
- (注9) この点は，主として抵当権が移転した場合について議論されているが，仮登記の場合も同様に解することができる。吉井直昭・最判解民昭和44年度456頁（注1），浦野雄幸『判例不動産登記ノート(1)』（テイハン，1988）513頁。

利移転登記の場合と同様に，最終順位の名義人に対する権利移転の仮登記から順番にさかのぼって，効力が争われている仮登記までを，順次抹消する必要がある。この場合，各仮登記の名義人に対し，抹消登記を請求することになる。したがって，当初の1号仮登記についてはB，その後の所有権移転の仮登記についてはCに対し，抹消登記請求することになる。

2号仮登記の場合には争いがある。1号仮登記の場合と同様に，仮登記及び附記登記の各名義人に対して，抹消登記請求すべきであるとするのが学説の多数説である[注10]。この立場は，附記登記もまた一つの独立した登記であるという登記の性質論，及び仮登記権利者（B）を当事者とすることなく仮登記の抹消を認めることはBの保護に欠くという実質論を根拠とする。

しかしながら，判例（昭和44年最判）及び登記実務は，最終の登記名義人であるCに対し，AB間の仮登記の抹消請求をするべきであるとする。その根拠は，BのCに対する権利移転の効力が争われている場合（この場合には，上記学説と同様，附記登記の効力を争うBが附記登記上の権利者であるCに対し抹消登記請求をすることになる。）と，AのBに対する仮登記そのものの効力が争われている場合は区別されるべきであり，後者の場合，AB間の仮登記とCへの附記登記があいまってCの権利を公示しており，したがって，Aの所有権を侵害しているのは，附記登記により主登記の名義人となったCであること，BはCに対し権利を譲渡して仮登記に係る法律関係から離脱しており，Bを抹消登記請求の相手方とする必要性は乏しいこと[注11]，Bが抹消登記請求の相手方とならなかったとしても，AC間の抹消登記請求訴訟の既判力はBに及ばないので，Bは，必要があれば抹消回復登記請求をすることができること等である。

判例及び登記実務を前提とした場合，仮登記の抹消を求めるAは，Cを被

(注10) 浦野・前掲（注9）522頁，吉井・前掲（注9）453頁，幾代通『登記請求権』（有斐閣，1979）158頁，石外克喜・判評331号〔判時1282号〕23頁，滝沢聿代・判評340号〔判時1312号〕31頁。

(注11) 仮登記が抹消された場合には，附記登記は職権により抹消されることになる。法務省民事局第三課職員『改訂不動産登記書式精義（下）』（帝国判例法規出版社，1964）568頁，法務省民事局内法務研究会『新訂不動産登記実務総覧（上）』（民事法情報センター，1998）528頁。

告として，仮登記抹消登記請求訴訟を提起すれば足りることになる[注12]。

　もっとも，この場合，AC間の訴訟の既判力はBに及ばないことから，後日，Bが抹消登記請求を求めて訴訟を提起するおそれがある。これを防ぐために，Aが，Cに対する抹消登記請求訴訟と併せてBに対する抹消登記請求訴訟を提起することも認められるべきである[注13]。

　そして，以上の見解によれば，AはCを被告とすれば足りる以上，Bのみを被告とすることは認められないこととなる[注14]。ただし，これが認められる事案もある。主登記である仮登記によって表示された所有権移転請求権について，本登記としての権利移転の附記登記でなく，権利移転請求権仮登記による附記登記（いわゆる附記の仮登記）がされる場合である。この場合，登記簿上は依然として，主登記である仮登記の名義人（B）が所有権移転請求権を有していることが表示されており，附記の仮登記の名義人（C）は，この所有権移転請求権について移転請求権を有しているにすぎない。したがって，附記の仮登記の名義人がその仮登記に基づく本登記をするためには，まず，主登記である仮登記（AのBに対する仮登記）を本登記し，その後，附記の仮登記（BのCに対する附記の仮登記）の本登記をする必要がある。この場合，本登記である仮登記と附記登記があいまって譲受人の所有権移転請求権を表示するわけではなく，むしろ，所有権が順次移転した場合に類似する[注15]。そのため，この場合には，主登記である仮登記の名義人Bのみを被告とする訴訟の提起が認められているのである[注16]。

(注12)　ただし，昭和44年最判が引用する大判昭7・8・9民集11巻1707頁及び大判昭13・8・17民集17巻1604頁はいずれも主登記の抹消登記請求のみならず，附記登記の抹消登記請求を認容した事案であり，このような請求も許されないわけではないと思われる。近年の裁判例にも，このような事案が少なくない。

(注13)　大阪高判昭52・3・1判タ355号287頁・判時855号74頁・金判514号20頁，吉井・前掲（注9）456頁。

(注14)　このような立場から請求を棄却した裁判例として，東京高判昭60・10・14判時1776号95頁。

(注15)　東京地判昭60・7・16判時1211号64頁参照。

(注16)　このような事案に係る請求を認容した裁判例として，東京高判昭51・12・16下民27巻9～12号797頁・判タ349号213頁・判時844号33頁。なお，前掲（注15）東京地判昭60・7・16は，前者の事案（附記登記が本登記による場合）に係る請求を棄却し，後者の事案（附記の仮登記の場合。ただし，賃借権の事案）に係る請求を認容した。滝沢・前掲（注10）が詳しい。

本設例では，抹消を求める主登記は2号仮登記であるところ，BC間の権利移転の附記登記も本登記であり，附記の仮登記ではないと解されるので，AはC，又はCとBを被告とすることになる。

〔2〕 保全処分の検討

(1) 処分禁止の仮処分

AがCを被告として仮登記の抹消登記請求訴訟を提起しても，Cがその権利を更に第三者に移転してしまうと，Aは，その目的を達することができなくなる。のみならず，Cがその仮登記を本登記にし，善意の第三者に本件不動産を譲渡した場合，Aは，民法94条2項により，本件不動産の所有権を実体法上失うおそれもある。そこで，Aとしては，Cに対する処分禁止の仮処分（法53条）を求めることが考えられる。この場合の主文は，「債務者は，別紙物件目録記載の不動産について，別紙登記目録記載の登記に係る仮登記上の権利の譲渡その他一切の処分をしてはならない。」というものになる[注17]。

不動産の登記請求権を保全するための処分禁止の仮処分の執行は，処分禁止の登記をする方法によって行う（法53条1項）。この登記があると仮処分の債権者は，仮処分の債務者を登記義務者とする登記を申請する際に，処分禁止の登記に後れる登記の抹消を単独で申請することができる（不登111条1項・2項）。

なお，2号仮登記について権利移転の附記登記を受けたCが，同附記登記を抹消し[注18]，仮登記上の権利をBに復帰させると，Bがそれを第三者に処分する可能性がある。そして，Cに対する処分禁止の仮処分の効力によって，附記登記の抹消登記の効力を否定し，この抹消登記自体を抹消することはできない。そのため，Bに対しても処分禁止の仮処分を得ることが望ましいようにもみえる[注19]。しかしながら，Bは現在，登記名義人でないので，同人

[注17] 門口＝須藤・民事保全170頁〔植田智彦〕（「仮登記権利者に対する仮処分」）。
[注18] 本設例ではBが行方不明なので，不動産登記法70条1項，2項により，除権決定を得ることになる。

に対し処分禁止の仮処分を得る保全の必要性が認められるかどうかという点や（本設例に限っていうと，Bは行方不明なので，本件不動産を更に第三者に処分するおそれは限られているかもしれない。），処分禁止の登記の嘱託においては，登記義務者は所有権等の登記名義人でなければならない[注20]点などが問題となる。むしろ，Cに対し処分禁止の仮処分を得たうえで，B及びCを被告として，抹消登記請求訴訟を提起することなどが考えられないだろうか。

(2) 処分禁止の仮処分の効力が及ぶ範囲

以上のようにして，Aは，処分禁止の仮処分を得ることによって，Cが仮登記上の権利を第三者に譲渡することを禁止することができる。

ところで，仮登記の場合には，本案判決がされるまでの間に登記に係る権利が処分されるおそれがあるのみならず，仮登記が本登記されるおそれもある。ところが，仮登記に基づく本登記によって仮登記上の権利が第三者に移転するわけではないので，本登記手続は仮登記された権利の処分にあたらない。したがって，処分禁止の仮処分によって，仮登記の本登記手続を禁止することはできない。そこで，仮登記に対する処分禁止の仮処分によって，本登記後の本登記上の権利の処分が禁止されるかどうかを検討する必要がある。

本登記されたのが1号仮登記の場合，本登記をするために必要な情報を提供できないだけであり，物権変動は既に生じているから，仮登記上の権利は，本登記上の権利と同一であるといえる。したがって，仮登記に対する処分禁止の仮処分によって，本登記上の権利の処分も許されないと解することができる[注21]。

これに対し，2号仮登記上の権利は請求権にすぎず，条件が成就し又は期限が到来することによってはじめて物権変動が発生し，本登記はこのように

(注19) 門口＝須藤・民事保全161頁〔植田智彦〕参照。
(注20) 法務省民事局内法務研究会・前掲（注7）971頁・1494頁。
(注21) 賀集唱「仮登記仮処分及び仮登記上の権利の処分禁止・本登記禁止の仮処分」村松俊夫裁判官還暦記念論文集『仮処分の研究（下）（各論）』（日本評論社，1966）68頁，山崎潮「仮登記に基づく本登記禁止の仮処分の登記の可否」香川最高裁判事退官記念論文集『民法と登記（下）』（テイハン，1993）145頁。田中哲郎「仮登記上の権利に対する仮処分」丹野達＝青山善充編『裁判実務大系(4)保全訴訟法』（青林書院新社，1984）138頁は反対か。

して発生した権利を公示することになる。このように仮登記上の権利と本登記上の権利は異なるので、仮登記に対する処分禁止の仮処分によって、本登記上の権利の処分が禁止され得るかどうかが問題となる。

この問題は、後述する本登記禁止の仮処分の発令の可否及びその効力と関連する。もともと、登記実務は、登記行為を禁ずる仮処分の登記を認めており[注22]、仮登記の抹消登記を求める者は、仮登記抹消登記請求権を被保全権利として、仮登記に基づく本登記を禁止する旨の仮処分（以下「本登記禁止の仮処分」という。）を求め、これを登記することができるとされていた。そして、処分禁止の仮処分と本登記禁止の仮処分を併用することによって、登記上も、仮登記上の権利が処分されたり、本登記されたりすることを防ぎ、仮登記を現状のまま保全することができた。しかしながら、昭和30年に出された通達（以下「昭和30年通達」という。）[注23]は、上記（注22）の回答及びこれに基づく登記実務を変更し、本登記禁止の仮処分の登記嘱託を受理しないこととした。そして、判例（以下「昭和38年最判」という。）[注24]も、この扱いを是認した。そのため、仮登記に対する処分禁止の仮処分によって、本登記上の権利の処分が禁止され得るかどうかが論じられるようになった。

この問題については、次のとおり、消極説と積極説がある。

(a) 消極説

仮登記に対する処分禁止の仮処分によって、本登記後の本登記上の権利の処分を禁止することはできないとする消極説は、以下の点を論拠とする。消極説からは、このような場合、本登記手続がされた後、通常の処分禁止の仮処分を求めるほかないことになる。

(ア) 仮登記と本登記が性質上別のものであるとするならば、仮登記上の権利に対して処分禁止の仮処分を得て、これを登記しても、それは本登記を処分することまで禁止するものでないというべきである。すなわち、仮登記は本登記との関係でいえば本来順位を保全するための登記にすぎないことからすると、本登記の対象となる権利そのものが、仮登記によって公示されてい

（注22）　大4・2・20民第226号法務局長回答・登記関係先例集（上）396頁。
（注23）　昭30・8・25民事甲1721号民事局長通達・登記関係先例集追加編Ⅰ451頁。
（注24）　最判昭38・12・3民集17巻12号1577頁・判時362号57頁。

るということはできず，本登記がされることによって，はじめて公示されるものというべきである。したがって，本登記上の権利に対する処分禁止の公示は，本登記に関連づけて行うべきであり，仮登記を足がかりにして本登記上の権利に対する処分禁止の仮処分を認めることは行き過ぎであるということになる[注25]。

(イ) 仮登記上の権利が輾転譲渡され，複数の仮登記がされた後[注26]，処分禁止の仮処分がされ，更にその後，これらの仮登記について順次本登記がされた場合，処分禁止の仮処分とその目的となる権利の関係を登記上読み取ることが困難となる[注27]。

(b) 積 極 説

これに対し，以下の論拠から，処分禁止の仮処分によって，本登記によって公示される権利の処分も禁止されると解する積極説もある。積極説による場合，本案訴訟における請求の趣旨には，本件訴訟中に仮登記が本登記とされる可能性があることを考慮して，仮登記の抹消を求める請求とともに，「仮登記が本登記になったときは，本登記の抹消登記手続をせよ。」という将来給付の請求を併合することが必要になる[注28]。

(ア) 1号仮登記の場合には，本登記し得る権利は仮登記当時から存在していたのであるから，本登記になったからといって，権利の同一性に変わりがあるわけではない。したがって，1号仮登記の仮登記上の権利の処分禁止の仮処分は，本登記上の権利にも及ぶということができる。これに対し，2号仮登記の場合，仮登記当時は本登記し得る権利が存在していないが，仮処分については，将来の権利であっても保全することができるのであるから（法23条3項・20条2項参照），仮登記上の権利に対する処分禁止には，仮登記上の権利そのものについて現実に処分又は処分禁止するものと，将来その権利が本登記し得る権利となったときに，直ちに効力を生ずるような方法で処分

(注25) 田中・前掲（注21）138頁。
(注26) このような仮登記について，小倉馨「一号の仮登記」香川最高裁判事退官記念論文集『民法と登記（下）』（テイハン，1993）202頁参照。
(注27) 田中・前掲（注21）138頁。
(注28) 賀集・前掲（注21）68頁，山崎・前掲（注21）147頁，門口＝須藤・民事保全170頁〔植田智彦〕。

し，又は処分禁止するというものの2つが含まれており，いずれにおいても，主文は同一であるから，2号仮登記上の権利が物権になり本登記を経た場合には，何ら訴訟上の手続を要することなく，仮登記上の権利の処分禁止の仮処分の効力が本登記上の権利の上に及ぶということができる[注29]。

(イ)　処分禁止の仮処分は，観念的に，その登記がされた時点で権利関係を固定する効果を生じさせることを目的とするから，債権者が本案訴訟において勝訴の確定判決を得た場合には，上記の時点で債権者と債務者との間の権利変動がつながるべきものであり，たまたま仮処分登記後に第三者の登記があっても，それは，債権者と債務者との間の権利変動に対する関係では無に等しいものである。つまり，第三者が入る余地をなくすことがこの仮処分のねらいであり，その関係においては，被保全権利が物権的請求権であるか債権的請求権であるかは問題とならない[注30]。

(ウ)　登記面においては，仮登記上の権利の処分禁止の仮登記である旨記載されているのであり，この記載と当該仮登記の余白にされる本登記の記載とを突き合わせてみれば，仮登記上の権利の処分禁止の仮処分が本登記上の権利の処分禁止の仮処分となった経緯を読み取ることはさほど困難でなく，仮処分登記を改めてやり直す必要がないから，仮登記上の権利の処分禁止の仮処分登記が，その後は本登記上の処分禁止の仮処分登記として効力を持続すると解して差し支えない[注31]。

(エ)　この点を消極に解すると，債務者が仮登記を本登記した場合には，その後，再度本登記上の権利に処分禁止の仮処分をするしかないことになるが，この結論は，現実には仮登記に基づく本登記とその権利の処分が同時になされるであろうことからすれば，債権者はまったく保護されないというのと同様の結論になる[注32]。

[注29]　賀集・前掲（注21）60頁以下，筧康生「不動産の売買をめぐる紛争の際の保全処分」中川善之助＝兼子一監修『実務法律大系(8)仮差押・仮処分』（青林書院新社，1972）292頁，山崎・前掲（注21）147頁。
[注30]　西山・概論339頁。
[注31]　法務省民事局第三課職員・前掲（注11）384頁，山崎・前掲（注21）147頁，裁判実務大系132頁〔松井千鶴子〕（「仮登記上の権利に対する仮処分」）。
[注32]　門口＝須藤・民事保全169頁〔植田智彦〕。

(c) 検　討

　消極説は，仮登記は本登記との関係でいえば本来順位を保全するための登記にすぎない点を指摘するが，仮登記仮処分命令に基づく仮登記と破産法上の否認に関する判例[注33]が，仮登記を，対抗力を充足させる行為に準ずるものとして，否認権行使の対象としていることなどからすると，この点は必ずしも決め手にならないと考えられる[注34]。

　かえって，仮登記上の権利に対する処分禁止の仮処分によって，本登記上の権利の処分も禁止すると解さないと，権利関係が複雑になり，当該登記の抹消を求める者（A）の訴訟追行が困難になる可能性がある。のみならず，本登記上の権利が処分されると，Aが実体法上も権利を失うおそれがある。そして，本登記が仮登記の後に設けられた余白にされることからすると，積極説によっても，処分禁止の仮処分と本登記上の権利の関連が読み取れるといえよう。そうすると，積極説が相当であると考えられる。

　しかしながら，昭和30年通達及びこれを是認した昭和38年最判以降，この点に関する登記先例又は判例は見あたらない[注35]。そのため，現在の登記実務において，仮登記上の権利に対する処分禁止の仮処分により，本登記後の権利移転登記を抹消できるかどうかは明らかといえない。

(3) 本登記禁止の仮処分

　そこで，改めて，本登記禁止の仮処分について検討する必要が生ずる。前記のとおり，昭和30年通達までは，本登記禁止の仮処分と処分禁止の仮処分を併用することによって，仮登記の現状を保全することができた。これに対し，昭和38年最判は，本登記の禁止が，不動産登記法上登記できると定められている「権利の保存，設定，移転，変更，処分の制限又は消滅」（現行不登3条）のうちの「処分の制限」にあたらないとした[注36]。そのため，本登記

（注33）　最判平8・10・17民集50巻9号2454頁・判タ934号227頁・判時1596号59頁。
（注34）　田中・前掲（注21）139頁も消極説に対しては，仮登記が仮登記上の権利の処分又は処分の制限の公示にも役立っている旨の反論が可能である旨指摘する。
（注35）　冨上智子「仮登記権利者に対する仮処分」萩尾保繁＝佐々木茂美編『民事保全法の実務の現状100』〔判タ臨増1078号〕137頁，門口＝須藤・民事保全170頁〔植田智彦〕，山崎・前掲（注21）147頁参照。

禁止の仮処分を登記して，本登記手続を阻止することはできなくなった。

しかしながら，民事保全法24条は，仮処分命令の申立ての目的を達するため必要な処分をすることができる旨定めている。そこで，本登記禁止の仮処分を，不作為を命ずる仮処分として発令できないかが問題となる[注37]。これについて，消極説と積極説がある。

(a) 消極説

本登記禁止の仮処分の発令を認めない消極説は，仮登記上の権利に対する処分禁止の仮処分の効力が本登記された後の権利移転も禁止するとの立場を前提として，これによってAの目的は達せられるから，本登記禁止の仮処分は保全の必要性を欠くこと[注38]，又は，仮登記上の権利に対する処分禁止の仮処分の効力が本登記後の権利に及ばないとする立場をとりつつ，発令しても登記ができないことから，このような仮処分を求める法律上の利益がないこと等を根拠とする[注39]。

(b) 積極説

これに対し，本登記禁止の仮処分の発令を認める積極説は，仮登記が無効な場合において，債権者が仮登記の抹消登記請求のために現状をそのまま保全するには，仮登記上の権利に対する処分禁止の仮処分と併せて本登記禁止の仮処分を求めるほかないこと，本登記禁止の仮処分は単なる不作為命令なので保全手続の債務者が受ける損害もそれほど大きくないこと，仮登記が本登記されたときの抹消登記請求という将来の給付請求を併合しておくことはかえって迂遠であること，仮登記上の権利に対する処分禁止の仮処分が本登記後の権利に対する処分禁止の仮処分として存続するという考え方が実務を支配しているとはいいがたい以上，本登記禁止の仮処分の実務上の必要性を肯定すべきであることなどを根拠とする[注40]。

(注36) 吉井直昭・不動産登記先例百選〈第2版〉164頁参照。
(注37) 東京地裁・実務（上）260頁〔谷村武則〕（「仮登記請求権を保全するための処分禁止の仮処分」），冨上・前掲（注35）138頁。
(注38) 賀集・前掲（注21）68頁。本案の仮登記の抹消登記請求に「仮登記が本登記になったときは，本登記の抹消登記手続をせよ。」との条件付きの将来給付の請求を併合しておけば，本登記されても困らないとする。
(注39) 菊井＝村松＝西山・仮差押・仮処分269頁。
(注40) 田中・前掲（注21）142頁，門口＝須藤・民事保全173頁〔植田智彦〕，西山・概論338頁，

(c) 検　討

　仮登記上の権利に対する処分禁止の仮処分により本登記後の権利の処分が禁止されるならば，これに加えて本登記禁止の仮処分を得る必要はないともいえそうである。かえって，このような場合，仮処分により本登記ができないことになると，債務者（仮登記権利者）に負担が生じるおそれがある。仮登記は，順位保全的効力はあるが，仮登記のまま本登記手続をしないと第三者の登記を阻止することができず，いったんなされた第三者の登記を抹消するためには，当該第三者の承諾又はこれに代わる承諾訴訟の確定した判決正本が必要となる（不登109条１項）からである。

　しかしながら，前記のとおり，登記先例及び判例からは，同仮処分のみによって，仮登記の現状を保全するという申立ての目的が達せられるかどうか必ずしも明らかでない。そして，前記のとおり，仮登記について本登記がされ，登記上の権利が第三者に譲渡されると，仮登記の抹消登記を求める者（A）が，実体法上権利を失うおそれがあることに鑑みると，本登記禁止の仮処分の必要性がないとはいえないと考えられる。また，債務者が本登記できないことによって受けるおそれがある損害については，担保金の決定の際に考慮すれば足りるとも考えられる。このような状況を前提とすると，少なくとも実務上は，積極説によるべきであると思われる[注41]。

　この場合の主文は，前記処分禁止の仮処分の主文に仮登記上の権利の行使を禁止する旨（「行使並びに」と追加する。）を加えることになるので，「債務者は，別紙物件目録記載の不動産について，別紙登記目録記載の登記に係る仮登記上の権利の行使並びに譲渡その他一切の処分をしてはならない。」となる。その場合の登記嘱託の禁止事項には，「別紙登記目録記載の所有権移転登記請求権の譲渡その他一切の処分」とのみ記載し，「権利の行使」の文言

　　裁判実務大系140頁〔松井千鶴子〕，鈴木忠一＝三ケ月章＝宮脇幸彦編『注解強制執行法(4)』（第一法規出版，1978）491頁〔奈良次郎〕。

(注41)　登記できない処分禁止の仮処分の効力について，吉永順作「処分禁止の仮処分について(2)」判タ162号10頁，瀬木比呂志＝高瀬順久＝齋藤憲次「賃借権に基づく不動産の引渡請求権を被保全権利とする処分禁止の仮処分の可否」判タ941号12頁参照。

は記載しない[注42]。

(注42)　裁判実務大系141頁〔松井千鶴子〕、門口＝須藤・民事保全173頁〔植田智彦〕。昭38・8・2民事三発第528号民事局第三課長電報回答・登記関係先例集追加編Ⅲ1130の304頁は、本登記手続禁止及び権利譲渡禁止の仮処分の登記の嘱託について、同嘱託中「本登記手続の禁止」に関する部分が削除補正されない限り、却下すべきものとしている。

21 （処分禁止＋占有移転禁止）詐害行為取消権に基づく仮処分

森田　浩美

　A銀行は，Cを連帯債務者として，Cが経営しているB社に対して5000万円を貸し付けたが，B社は手形の不渡りを出して倒産した。A銀行は，Cから少しでも貸付金を回収したいと考えているが，Cは，妻のDと協議離婚し，めぼしい唯一の財産である自宅の土地建物（以下「本件建物」という。）をDに対して財産分与として譲渡してしまった。ところが，Cは，その後もDと一緒に本件建物に住んで，従前と変わらない生活を送っていることが判明した。A銀行は，誰を債務者として，どのような内容の保全処分を申し立てることができるか。その際に注意すべきことは何か。

〔1〕　問題の所在

　設例において，B社の連帯債務者であるCは，B社が手形の不渡りを出して倒産したにもかかわらず，めぼしい唯一の財産である自宅（本件建物）をDに対して財産分与として譲渡したというのであるから，A銀行は，財産分与が詐害行為に当たると主張して，詐害行為取消権を行使することが考えられる。

　この場合，A銀行が，詐害行為取消権を被保全権利として，誰に対し，どのような保全処分を申し立てることができるかは，詐害行為取消権の法的性質の捉え方によって異なることとなる。また，A銀行が，詐害行為取消権の行使の結果，現物返還請求権を取得するか，価格賠償請求権を取得するかによって，保全処分の態様も異なることとなる。

〔2〕 詐害行為取消権の法的性質

　詐害行為取消権は，債務者の詐害行為により，債務者の責任財産から逸出した財産を原状に回復させることにより，一般債権者の保護を図る制度である。

　詐害行為取消権の法的性質については，取消権行使の相手方や取消権の内容と関連して，形成権説，請求権説，折衷説，責任説のほか，訴権説等の見解がある。

　判例・通説は，折衷説に立つと解されている。折衷説によれば，詐害行為取消権は，債務者の責任財産を保全するために必要な範囲内で，一般債権者を害する詐害行為を取り消してその効力を否認するとともに，受益者又は転得者に対し，債務者の責任財産から逸出した財産の取戻しを請求する権利であるとされる。そして，詐害行為の取消しの効果は，債務者の責任財産から逸出した財産を取り戻して債権を保全するために必要な範囲内で，取消債権者と受益者又は転得者との関係でのみ認められる相対的なものであり，訴えの被告となるのも，返還を求める相手方である受益者又は転得者であるとされる。

　折衷説においては，詐害行為取消権自体の内容として，責任財産から逸出した財産の返還請求権（金銭債権又は金銭以外の特定物に対する給付請求権）を包含していると解されるから，詐害行為取消権を被保全権利として，仮差押えや係争物に関する仮処分の申立てをすることができることとなる。

　請求権説においても，折衷説と同様，詐害行為取消権自体が仮差押えや係争物に関する仮処分の被保全権利となる。

　これに対し，形成権説は，詐害行為取消権は債務者と受益者との間の法律行為を取り消すという形成権であり，取消しの効果は絶対的に無効であるとする。この立場によれば，取消しの訴えは形成訴訟であり，詐害行為取消権自体が被保全権利となることはなく，取消し後に予定される現物返還請求権又は価格賠償請求権が被保全権利となり得るにすぎない。もっとも，この立場によっても，仮の地位を定める仮処分（法23条2項）の余地はあるとされ

る(注1)。

　また，責任説は，詐害行為取消権をもって責任的無効という効果を生ずる一種の形成権とみるので，形成権説と同様，詐害行為取消権は仮差押えや係争物に関する仮処分の被保全権利とはならない。もっとも，責任説によれば，詐害行為取消訴訟の後又はこれと併合して責任訴訟を提起し，受益者又は転得者に対して執行の忍容を求め，これを責任名義として受益者又は転得者名義の財産の差押えをするから，その保全のために仮差押えをするとされる(注2)。

〔3〕 保全処分の態様等

(1) 現物返還の原則

　前記のとおり，折衷説の立場によれば，詐害行為取消権自体の内容として，責任財産から逸出した財産に対する給付請求権を包含しているものである。

　判例は，逸出財産が金銭以外の動産，不動産等であり，現物返還が可能なときには，原則として現物返還によるべきであるとする(注3)。その根拠は，詐害行為取消権が責任財産の保全のための原状回復を目的とする制度であることからすると，可能な限り現物返還を認めることが，総債権者の利益のために適当であり，受益者又は転得者にとっても，必ずしも現物返還が不利益であるとはいえないというものである。

　そして，現物返還が不可能又は著しく困難な場合に限り，例外的に価格賠償を請求する権利が認められることとなる(注4)。

(注1)　中野貞一郎「債権者取消訴訟と強制執行」同『訴訟関係と訴訟行為』（弘文堂，1961）169頁。
(注2)　中野・前掲（注1）207頁。
(注3)　大判昭9・11・30民集13巻23号2191頁，最判昭54・1・25民集33巻1号12頁・判タ380号81頁・判時918号69頁。
(注4)　大判昭7・9・15民集11巻1841頁。

(2) 価格賠償による場合

債権者が現物返還を請求できず，価格賠償を請求する場合としては，以下の場合が考えられる。

(a) 詐害行為の目的物が滅失した又は特定性を欠いた場合

詐害行為の目的物が物理的に滅失し，あるいは特定性を失って受益者又は転得者の一般財産に混入したときには，詐害行為取消権を行使して，物理的に目的物を債務者の責任財産に復帰させることはできない。このような場合，債権者は，目的物の返還に代えて，価格賠償を請求することができる。

(b) 善意の転得者に対して転売された場合

詐害行為取消権が発生するためには，債務者が債権者を害することを知って法律行為をしたことに加えて，受益者又は転得者が，債権者を害すべき事実を知っていたことを要する。受益者が悪意であっても，転得者が善意である場合には，債権者は，転得者に対し，現物返還を請求することができず，受益者に対し，現物返還に代わる価格賠償を請求することができるにとどまる。

(3) 保全処分の態様

以上によれば，詐害行為取消権を被保全権利とする保全処分の態様は，現物返還の請求が可能であるときは，係争物に関する仮処分（処分禁止の仮処分，占有移転禁止の仮処分等）の申立てをすることとなる。他方，現物返還を請求することができず，価格賠償を請求することができるにとどまるときは，価格賠償請求権を被保全権利として仮差押えの申立てをすることとなる。

受益者及び転得者がいずれも悪意であるときは，債権者は，受益者に対して価格賠償請求権を被保全権利として仮差押えの申立てをするか，転得者に対して現物返還請求権を被保全権利として処分禁止の仮処分の申立てをするか，いずれかを選択することが可能である[注5]。もっとも債権者が債権を保全するためには，いずれか一方の請求権が保全されれば十分であるとも解され，上記各保全処分を二重に申し立てるとすれば，保全の必要性が問題にな

(注5) 大連判明44・3・24民録17輯117頁。

ると考えられる。債権者としては，より緊急性が高い保全処分の申立てを検討するのが相当であろう。

(4) 設例について

本件建物につき，Dに対して財産分与を原因とする所有権移転登記がされているとすれば，A銀行は，当該登記の抹消登記手続請求の当事者を恒定するため，Dを債務者として処分禁止の仮処分を申し立てるとともに，登記名義回復後の強制執行を保全するため，Cを債務者として本件建物の仮差押えを申し立てることが考えられる。

なお，逸出財産が不動産の場合には，動産の場合とは異なり，第三者の善意取得が問題にはならないうえ，債権者が債務者の不動産に対して金銭執行をするには，債務者が当該不動産を占有していることは要件ではないから，特段の事情のない限り，受益者が占有している逸出財産を債務者に返還することはできないと解される[注6]。したがって，A銀行は，Dを債務者とする占有移転禁止の仮処分については，申し立てることができないと考えられる。

〔4〕 被保全権利

(1) 詐害行為の実体的要件

詐害行為取消権を被保全権利として保全処分の申立てをする場合には，その実体的要件について主張・疎明をする必要がある。

詐害行為の実体的要件は，①客観的要件として，一般債権者を害する法律行為の存在，②主観的要件として，債務者の詐害の意思，受益者又は債務者の悪意である。

具体的には，詐害行為が存在することのほか，詐害行為が取消債権者の債権発生後にされたものであること[注7]，詐害行為時において債務者が無資力

(注6) 飯原一乗『詐害行為取消訴訟』（悠々社，2006）476頁。
(注7) 最判昭55・1・24民集34巻1号110頁・判タ409号72頁・判時956号48頁。

であること又は詐害行為の結果債務者が無資力となったこと，受益者又は転得者が債権者を害すべき事実を知っていたことが要件となる。

(2) 離婚に伴う財産分与

　離婚に伴う財産分与には，夫婦の共同財産の清算的要素，離婚に伴う慰謝料的要素，離婚後の扶養的要素がある。

　最判昭58・12・19（民集37巻10号1532頁・判タ515号93頁・判時1102号42頁）は，離婚に伴う財産分与は，民法768条3項の規定の趣旨に反して不相当に過大であり，財産分与に仮託してされた財産処分であると認めるに足りるような特段の事情のない限り，詐害行為とはならないとした（婚姻が29年間継続し，二男三女をもうけた夫婦が，夫の不貞行為を原因として協議離婚し，夫にとって実質的に唯一の不動産に近い土地2筆を妻に財産分与した事案。もともと妻は当該土地につき夫より大きな共有持分権を有していたこと，妻及び子らにとって当該土地が生活の基盤となっていることなどから，財産分与として相当なものであるとした。）。これは，財産分与は，扶養料，慰謝料の支払の性質をもつ部分については，本来の金銭債権に代えて不動産を譲渡するという性格がないではないが，実質上夫婦財産の清算の性質をもつ部分については，実質上共有関係にあった財産をその持分に応じて分配するというものであるうえ，財産分与は分与者が民法768条に基づいて負担する法律上の義務の履行であるから，分与の額が上記義務の履行として認められる相当な限度を超えない限り，たとえそれが分与者の債権者の共同担保を減少させる結果になるとしても，詐害行為とはならないという考え方によるものである[注8]。

　そして，最判平12・3・9（民集54巻3号1013頁・判タ1028号168頁・判時1708号101頁）は，離婚に伴う財産分与として金銭の給付をする旨の合意は，前記の特段の事情があるときは，不相当に過大な部分について，その限度において詐害行為として取り消されるべきであるとした（婚姻関係が短く子のない夫婦間において，夫が妻に対して生活費補助〔妻が再婚するまで毎月10万円〕及び慰謝料2000万円を支払う旨の合意が問題となった事案）。

(注8)　塩崎勤・最判解民昭和58年度552頁。

これらの判例法理を受けて，大阪高判平16・10・15（判時1886号52頁）は，夫に不貞行為等がなく，離婚後も同居している事案について，建物は実質上夫婦の共同財産であるから，財産分与としては2分の1又はそれに相当する金員を給付すれば足り，それ以上は不相当に過大であるとして，分与の評価額と上記2分の1の評価額との差額について価格賠償を命じた。

なお，財産分与については，当事者間に協議が調わないとき，又は協議をすることができないときには，家庭裁判所に対して協議に代わる処分を請求することができるが，これによって分与の方法及び額が決められたときには，当該財産分与を詐害行為として取り消すことはできないであろう[注9]。

(3) 設例について

A銀行としては，詐害行為の実体的な要件に加えて，前記の特段の事情について，主張・疎明をする必要がある。前記の特段の事情としては，婚姻期間，離婚に至る事情，本件建物の取得時期，被分与者の年齢・資力，本件建物の価格等の諸般の事情を考慮すべきこととなろう。

〔5〕 取消しの範囲

詐害行為取消権は，取消権者の債権の保全を目的とする制度であるから，詐害行為取消権の行使の範囲は，原則として，詐害行為時における取消権者の債権額の範囲に限られる。

したがって，詐害行為の目的物の価格が，取消権者の債権額より過大であり，目的物が可分なときは，取消権者の債権額に相当する限度で詐害行為の一部を取り消して現物返還を求めることとなり，その部分についてのみ処分禁止の仮処分を求めることができる。

他方，判例は，詐害行為の目的物が不可分なときは，詐害行為の目的物の価格が取消権者の債権額より過大な場合であっても，詐害行為の全部を取り消すことができるとしている[注10]。

(注9) 飯原・前掲（注6）260頁。

このような場合，債務者の利益が不当に侵害されないかが問題となるが，仮処分解放金（法25条1項）を定めるにあたって，目的物の価格ではなく，取消権者の債権額と同額とすることにより，債権者と債務者との間の利害の調整を図ることが考えられる[注11]。

〔6〕 保全の必要性

詐害行為取消権を被保全権利として処分禁止の保全処分の申立てをする場合，保全の必要性として，相手方（受益者又は転得者）が目的物を他に売却するおそれがあること，相手方の無資力等の事情を，具体的に主張・疎明する必要がある。

また，特定物の移転を伴う詐害行為について，現物返還請求が認められず，価格賠償請求権に基づく仮差押えの申立てをする場合，当該詐害行為の目的物以外の財産に対して仮差押えをすることができるかが問題となる。逸出財産の取戻しという詐害行為取消権の性質を考慮すると，原則として，仮差押えの対象は当該目的物に限るのが相当であるとする見解がある。しかし，価格賠償によるべきものとして仮差押えを認める以上，仮差押えの対象を当該目的物に限定すべき根拠があるとはいえず，金銭債権の保全という目的を達することができるのであれば，詐害行為の目的物に限定する必要はないといえよう。

〔7〕 仮処分解放金

詐害行為取消権を被保全権利とする場合には，保全すべき権利が金銭の支払を受けることをもってその行使の目的を達することができる場合に当たるので，債権者の意見を聴いて，仮処分解放金を定めることができる（法25条1項）。債務者が仮処分解放金を供託した場合には，仮処分の執行は取り消

(注10) 最判昭30・10・11民集9巻11号1626頁・集民20号93頁・判タ53号37頁，前掲（注3）最判昭54・1・25。
(注11) 須藤＝深見＝金子・民事保全145頁。

されることとなる（法57条）。

　詐害行為取消権は，債務者の責任財産保全のための制度であって，取消債権者に優先弁済権を与えるものではないから，保全債務者が供託すべき仮処分解放金についても，保全債権者が他の債権者に優先して取得することはできない。そこで，民事保全法65条は，詐害行為取消権を被保全権利とする仮処分命令において仮処分解放金が定められた場合，仮処分解放金として供託された金員の還付請求権は，民法424条1項の債務者が取得するものとしている。この場合において，他の一般債権者が保全債権者に先んじることを防ぐため，他の一般債権者は，保全債権者が同項の債務者に対する債務名義によりその還付請求権に対し強制執行をするときに限り，権利行使することができるものとしている。

〔8〕管　轄

　保全命令事件の管轄は専属管轄であり（法6条），本案の管轄裁判所又は仮に差し押さえるべき物もしくは係争物の所在地を管轄する地方裁判所の管轄に属する（法12条1項）。

　詐害行為取消権の目的物が不動産であり，その返還請求権を被保全権利として処分禁止の仮処分命令を申し立てる場合には，債務者の住所地（民訴4条1項）のほか，義務履行地（民訴5条1号），不動産の所在地（同条12号），登記をすべき地（同条13号）等を管轄する裁判所が本案の管轄裁判所となる。

　ここで，義務履行地とは，詐害行為の取消しによって形成される法律関係に関する義務履行地，すなわち取戻しを求める財産の返還義務の履行地としての目的物の所在地をいうものと解される(注12)。したがって，債権者が詐害行為取消権を被保全権利として受益者又は転得者に対して不動産の処分禁止の仮処分を申し立てる場合には，債権者の住所地ではなく，目的物の所在地が義務履行地となることに注意を要する。

　また，本案訴訟においては，受益者及び転得者を共同被告として，目的不

（注12）　東京高決昭40・1・28下民16巻1号133頁。

動産につき抹消登記手続請求訴訟を提起することが考えられるが，保全命令事件においては，併合管轄の規定の適用がない（法6条，民訴13条・7条）から，原則として，受益者と転得者の双方について管轄が認められることが必要となる。ただし，受益者と転得者の一方にしか管轄原因がない場合でも，保全命令の申立ての際に，受益者と転得者を共同被告として当該裁判所に訴えを提起したことを証する本案訴訟の受理証明書を添付すれば，双方を債務者として保全命令の申立てをすることができるという運用もされている[注13]。

■参考文献
(1) 一木文智「詐害行為取消権に基づく仮処分の問題点」門口＝須藤・民事保全149頁。
(2) 澤田久文「詐害行為取消権を被保全権利とする処分禁止の仮処分」東京地裁・実務（上）272頁。
(3) 東京地裁・諸問題59頁。
(4) 浅田秀俊「詐害行為取消権に基づく民事保全」萩尾保繁＝佐々木茂美編『民事保全法の実務の現状100〔判タ臨増1078号〕』133頁。
(5) 飯原一乘「詐害行為取消権に基づく民事保全」中野貞一郎ほか『民事保全講座(3)仮処分の諸類型』（法律文化社，1996）118頁。
　　善元貞彦「詐害行為取消権に基づく仮処分」塚原朋一＝羽成守編『現代裁判法大系(14)民事保全』（新日本法規出版，1999）224頁。
(6) 清水光「詐害行為取消権保全のための処分禁止仮処分」菅野博之＝田代雅彦編『裁判実務シリーズ(3)民事保全の実務』（商事法務，2012）148頁。

(注13)　東京地裁・実務（上）273頁〔澤田久文〕。

22 （占有移転禁止＋仮地位仮処分）抵当権に基づく占有排除の仮処分の可否

酒井　良介

　A銀行は，取引先のBに対し，B所有の土地及び建物（以下「本件不動産」という。）に抵当権を設定したうえ，分割弁済の約定で5000万円を貸し付けたが，Bは事業の悪化により返済が滞るようになった。Aは，Bの期限の利益を喪失させて，抵当権を実行しようと考えているが，Bは，Aの知らないCに対して本件不動産を相場の半値である月額20万円で賃貸した。Cは，1階部分と2階部分をつなぐ内階段を閉鎖し，2階には外から直接入れる外階段を設置するなどして，それぞれ店舗として賃貸しようとしている。Aは，Cが計画どおりに1階部分と2階部分とをバラバラに転貸すると，さらに新たな占有者が生じて権利関係が錯綜して本件不動産の評価額が下がることを懸念している。Aはどのような保全手段をとることができるか。また，このような担保権の実行を保全するため，民事執行法ではどのような制度が用意されているか。民事保全法による保全措置とは，どのような違いがあるか。

〔1〕　問題の所在

(1)　多発する執行妨害を背景とした判例変更と法整備

　抵当権は，目的物の交換価値を把握する担保物権であり，抵当権者は，本来，抵当不動産の所有者が当該不動産を使用，収益又は処分することを阻止する権利を有しない。他方において，抵当不動産の所有者又は占有者の行為によって抵当不動産の価値が不当に減少し，又は，競売手続の進行が阻害さ

れると，抵当権者は，抵当不動産からの優先弁済を受けることができなくなる。不動産執行事件は，バブル経済の崩壊に伴い平成3年頃から平成10年頃にかけて飛躍的に増加したが，他方において，執行妨害によって利益を得ようとする者が後を絶たず，競売手続を円滑に進行させる必要性が極めて高い状況にあった。このため，抵当権者に対しても，抵当不動産の価値を不当に減少させ，又は，競売手続の進行を阻害する行為を防止するための法的手段を付与する必要性が生じた。

このような状況を背景に，最高裁は，後記のとおり，平成11年及び平成17年に従前の判例を変更して，抵当権者による妨害排除請求を認めるに至った。

他方，民事執行法においても，制定当初から，売却のための保全処分（民執55条）及び最高価買受申出人又は買受人のための保全処分（民執77条）の規定が設けられていたが，保全処分の相手方とすることができる者が債務者（担保権実行としての競売においては債務者及び所有者）に限られていたため，債務者以外の者による執行妨害を防ぐことはできなかった。その後，平成8年法律第108号（以下「平成8年改正」という。）により，売却のための保全処分などの相手方の拡大（民執55条・77条），引渡命令の強化（民執83条），担保不動産競売の開始決定前の保全処分の制度の新設（民執187条〔新設当時は187条の2〕）などの改正がされ，さらに，平成15年法律第134号（以下「平成15年改正」という。）により，実体法の面からは，滌除及び短期賃貸借制度の廃止，担保権消滅請求及び明渡猶予制度の創設などの改正がされ，手続法の面からは，民事執行法上の保全処分の発令要件の緩和，相手方を特定しないで発する売却のための保全処分（民執55条の2）の新設など，執行妨害対策のための強力な法整備がされた[注1]。

(2) 設例の事案における問題点

設例の事案においては，Bの返済が滞っており，Aによる抵当権実行が見込まれる時期になっている。そのような時期において，Bが本件不動産につ

(注1) 浦野雄幸編『基本法コンメンタール民事執行法〔第6版〕』（日本評論社，2006）176頁，福永有利『民事執行法・民事保全法〔第2版〕』（有斐閣，2011）14頁。

いて新たに賃貸借契約を締結することは、それが被担保債権の弁済に有用なものであれば、一概に否定すべきものではないが、設例の事案からはそのような事情はうかがわれず、執行妨害を疑わせる事情があるといえる。

以下において、抵当権者が行使し得る実体法上の妨害排除請求権と民事執行法上の保全処分の要件及び効果を踏まえて、設例の事案において抵当権者がとり得る法的手段を検討する。

[2] 抵当不動産の占有者に対する抵当権に基づく妨害排除請求の可否

(1) 平成3年最判

最判平3・3・22（民集45巻3号268頁・判タ754号70頁・判時1379号62頁）（以下「平成3年最判」という。）は、抵当権者が、抵当不動産（土地建物）を差し押さえた後、民法395条（平成15年改正前のもの）の規定により解除された短期賃貸借ないしこれを基礎とする転貸借に基づき抵当不動産を占有する者に対し、抵当権に基づく妨害排除請求又は債務者（所有者）の占有者に対する所有権に基づく返還請求権の代位行使により、抵当建物の明渡しを求めた事案である。

1審、2審は、抵当権者の請求を認容したが、上告審は、「抵当権者は、短期賃貸借が解除された後、賃借人等が抵当不動産の占有を継続していても、抵当権に基づく妨害排除請求として、その占有の排除を求め得るものでないことはもちろん、賃借人等の占有それ自体が抵当不動産の担保価値を減少させるものでない以上、抵当権者が、これによって担保価値が減少するものとしてその被担保債権を保全するため、債務者たる所有者の所有権に基づく返還請求権を代位行使して、その明渡しを求めることも、その前提を欠く。」と判示して、解除された短期賃貸借に基づく賃借人からの転借人に対する抵当権に基づく妨害排除及び債務者の所有権に基づく返還請求権の代位行使を根拠とする抵当建物の明渡請求をいずれも認めなかった。

平成3年最判は、抵当権ドグマに立脚するものであるとして、これに対す

る論評の多くは批判的であった[注2]。そして, バブル経済の崩壊によって不動産価格が急落して担保価値が下落した状況を背景に, このころから民事執行法上の保全処分の申立てが増加した[注3]。

(2) 平成11年最大判

最大判平11・11・24（民集53巻8号1899頁・判タ1019号78頁・判時1695号40頁）（以下「平成11年最大判」という。）は, 抵当権者が, 抵当不動産（土地建物）を差し押さえた後, 所有者の不法占有者に対する妨害排除請求権を代位行使して, 抵当建物を直接抵当権者に明け渡すよう請求した事案である。

上告審は,「第三者が抵当不動産を不法占有することにより, 競売手続の進行が害され適正な価額よりも売却価額が下落するおそれがあるなど, 抵当不動産の交換価値の実現が妨げられ抵当権者の優先弁済請求権の行使が困難となるような状態があるときは, 抵当権者は, 抵当不動産の所有者に対して有する右状態を是正し抵当不動産を適切に維持又は保存するよう求める請求権を保全するため, 所有者の不法占有者に対する妨害排除請求権を代位行使することができる。」「建物を目的とする抵当権を有する者がその実行としての競売を申し立てたが, 第三者が建物を権原なく占有していたことにより, 買受けを希望する者が買受け申出をちゅうちょしたために入札がなく, その後競売手続は進行しなくなって, 建物の交換価値の実現が妨げられ抵当権者の優先弁済請求権の行使が困難になる状態が生じているなど判示の事情の下においては, 抵当権者は, 建物の所有者に対して有する右状態を是正するよう求める請求権を保全するため, 所有者の不法占有者に対する妨害排除請求権を代位行使し, 所有者のために建物を管理することを目的として, 不法占有者に対し, 直接抵当権者に建物を明け渡すよう求めることができる。」と判示し, 平成3年最判を変更した。

(3) 平成17年最判

(注2) 滝澤孝臣・最判解民平成3年度99頁。
(注3) 松丸伸一郎「売却のための保全処分の相手方」東京地裁民事執行実務研究会編『民事執行法上の保全処分』（金融財政事情研究会, 1993）72頁以下。

最判平17・3・10（民集59巻2号356頁・判タ1179号180頁・判時1893号24頁）（以下「平成17年最判」という。）は，抵当権者が，抵当不動産（土地建物）を差し押さえた後，抵当不動産の所有者からの転借人に対し，抵当権に基づく妨害排除請求として，抵当建物を直接抵当権者に明け渡すよう請求した事案である。

上告審は，「抵当不動産の所有者から占有権原の設定を受けてこれを占有する者であっても，抵当権設定登記後に占有権原の設定を受けたものであり，その設定に抵当権の実行としての競売手続を妨害する目的が認められ，その占有により抵当不動産の交換価値の実現が妨げられて抵当権者の優先弁済請求権の行使が困難となるような状態があるときは，抵当権者は，当該占有者に対し，抵当権に基づく妨害排除請求として，上記状態の排除を求めることができる。」「抵当不動産の占有者に対する抵当権に基づく妨害排除請求権の行使に当たり，抵当不動産の所有権において抵当権に対する侵害が生じないように抵当不動産を適切に維持管理することが期待できない場合には，抵当権者は，当該占有者に対し，直接自己への抵当不動産の明渡しを求めることができる。」と判示した。

(4) 判例理論の整理

平成11年最大判は，無権限占有者に対し，抵当権者において，所有者の物上請求権を代位行使する方法による抵当建物の明渡請求を認めたものであるが，かかる法律構成が使えない有権原請求者に対しても妨害排除請求を認めるべき場合があることを踏まえ，傍論として，「第三者が抵当不動産を不法占有することにより抵当不動産の交換価値の実現が妨げられ抵当権者の優先弁済請求権の行使が困難になるような状態があるときは，抵当権に基づく妨害排除請求として，抵当権者が右状態の排除を求めることも許される」と判示した。

平成17年最判は，上記傍論を踏まえたものであり，これにより，無権限占有者と有権原占有者のいずれに対しても，抵当権に基づく妨害排除請求が認められることになったが，占有権原設定の際には競売手続妨害目的がなかったが占有継続中に第三者に競売手続妨害目的が生じた場合や，抵当不動産を占有する所有者自身に競売手続妨害目的がある場合などにおける法的処理が

問題として残っている(注4)。

〔3〕 民事保全法に基づく保全処分

(1) 総　説

〔2〕のとおり，平成11年最大判及び平成17年最判により，抵当権者は，一定の場合には，占有者に対する妨害排除請求権を行使できるようになった。そこで，以下において，設例の事案に即して，上記請求権を被保全権利とする占有移転禁止の仮処分や，明渡断行の仮処分の可否やその具体的問題点について論じることとしたい。

(2) 被保全権利

(a) 執行妨害目的の有無

まず，占有移転禁止の仮処分(注5)についてであるが，設例の事案においては，Cが賃借権に基づいて占有しているため，占有権原の設定に抵当権の実行としての競売手続を妨害する目的が認められることを要する。

平成17年最判においては，所有者の代表取締役でありかつて転借人（占有者）の代表取締役だったこともある者が，抵当権者に対し，被担保債権の額は17億円余りであったにもかかわらず，100万円の支払と引き換えに抵当権を放棄するよう要求したという事情があり，そのような事情があれば，比較的容易に競売手続を妨害する目的を認めることができるが，設例の事案においては，そのような事情の有無は不明である。また，平成17年最判においては，転貸賃料が適正賃料額の5分の1以下であり，契約上敷金1億円を交付したとされていることなどの事情があり，同事案と比較すると，設例の事案は，執行妨害目的を有していることを推認する事情に乏しい感が否めない。

したがって，Aにおいて，BやCとの間で円滑な抵当権実行に向けて協力を求める旨の交渉をし，交渉経過において不誠実な態度がみられれば，こ

(注4)　戸田久・最判解民平成17年度（上）153頁。
(注5)　須藤＝深見＝金子・民事保全132頁。

れを記録化して疎明を補充すれば，執行妨害目的を推認できる場合もあろう。また，審尋期日におけるＣの主張態度なども審尋の全趣旨として斟酌される。

なお，客観的状況の疎明は，不動産登記事項証明書（賃借権設定登記がされている場合），建物の表札や看板の写真，ライフラインについての弁護士照会に対する回答書，近隣住民等からの事情聴取書，写真撮影報告書などによって行うことが考えられる。

(b) 優先弁済請求権の行使が困難であることを基礎づける事情

平成11年最大判及び平成17年最判は，不法占有者がいること又は占有者が執行妨害目的を有していることのほかに，抵当不動産の交換価値の実現が妨げられて抵当権者の優先弁済請求権の行使が困難になる状況にあることを要件とする旨判示している。平成11年最大判は，第三者が抵当不動産を不法占有することにより，入札がなく，競売手続の進行が害され適正な価額よりも売却価額が下落するおそれがあったという事情があり，平成17年最判は，転貸借契約の内容が前記(a)のとおりであり，最低売却価額（現行法においては売却基準価額）が約25％引き下げられたが，なお抵当不動産の競売手続による売却が進まないという事情があった。

上記のように，競売手続の進行が現実的に害されていれば，優先弁済請求権の行使が困難であることを基礎づける事情があるといえる。また，期間入札が行われる前であっても，Ｃが暴力団であることを誇示しているなどの状況があれば，上記事情があるといってよいであろう。

設例の事案においては，いまだ返済が滞っているというにとどまっているから，Ａの優先弁済請求権の行使が困難であることを基礎づける事情が存するとまではいいがたいが，事前交渉におけるＢやＣの態度などによっては，かかる事情があると解することができる場合もあろう。

また，抵当権の実行により配当を受ける見込みがない場合には，優先弁済請求権の行使が困難であるとはいえないから，先順位抵当権者の存否などに関する疎明資料を提出することが考えられる。

(c) 所有者による抵当不動産の適切な維持管理が期待できないこと

抵当権に基づく妨害排除請求権を保全するために当事者恒定効[注6]を生じさせることを目的とするのであれば，占有移転禁止の仮処分で足りる。しか

し，設例の事案においては，所有者が，債務の履行が滞っている状況において，建物を相場の半値で新たに賃貸しているのであるから，Bによる本件不動産の適切な維持管理が期待できず，Aにとっては，自らへの明渡しを求める必要性があるということができる。

(3) 保全の必要性

占有移転禁止の仮処分における保全の必要性は，設例の事案においては，当事者恒定効を及ぼす必要から容易に認められるであろう。

明渡断行の仮処分における保全の必要性については，従来から類型化が試みられており，①債務者の行為が執行妨害的と評価される場合，②債権者の占有を債務者が暴力的に侵奪した場合，③債務者の目的物使用の必要性が著しく小さい場合，④債権者の受ける損害が著しく多い場合，⑤債務者の行為が重大な公益侵害となる場合には，保全の必要性があるものと解されている[注7]。

設例の事案においては，前記(2)(a)の疎明がされれば，①も同時に疎明されたことになるであろう。

また，設例の事案においては，Aは，Cによる建物の占有さえ排除すれば，保全の目的を達成できるから，土地の明渡請求は原則として認められない[注8]。

抵当権に基づく妨害排除請求権を行使し得る時期は，平成11年最大判及び平成17年最判によれば，「抵当不動産の交換価値の実現が妨げられて抵当権者の優先弁済請求権の行使が困難となるような状態」になったときであり，そのような状態の有無に関する各種の事情を総合的に考慮して判断すべきところ，競売が現に開始されていることの要否，被担保債権の弁済期の到来の要否などについて見解が分かれるところであるが，被担保債権の弁済期が到

(注6) 須藤＝深見＝金子・民事保全128頁。
(注7) 東京地裁・実務(上)322頁〔森剛〕。ただし，現在においてもなお全面的に妥当するかどうかについては，検討の余地がないわけではないとされる。
(注8) 引渡命令(民執83条)は，実務上，競売の対象が土地及び建物であっても，建物のみを対象とするのが通常である。東京地方裁判所民事執行センター実務研究会編著『民事執行の実務不動産執行編(下)〔第3版〕』(金融財政事情研究会，2012)117頁。

来していない場合は，少なくとも保全の必要性を欠くことになろう[注9]。

(4) 保全処分の債務者

占有移転禁止の仮処分は，目的物の現実の引渡し又は明渡しの執行を保全するためのものであるから，債務者は直接占有者であることを要し，間接占有者は含まれないと解されている[注10]。明渡断行の仮処分においても，債権者（抵当権者）への直接の明渡しを求めるのであれば，それによって保全の目的を達成することができるから，所有者を債務者とする必要はない。

(5) 審　　理

明渡断行の仮処分は，仮の地位を定める仮処分命令に該当するから，口頭弁論又は債務者が立ち会うことができる審尋の期日を経なければ，これを発することができない（法23条4項）。ただし，その期日を経ることにより仮処分命令の申立ての目的を達することができない事情があるときは，この限りでないとされているが（同項ただし書），そのような場合に該当するのは，一般的には，債権者の疎明の程度が確実であり，債務者の意見を聴いている時間もないくらいに危険が切迫している場合や，債務者を審尋することにより，債務者が執行を妨害する行為をするおそれがあるような場合と解されているうえ[注11]，現在の実務では，週刊誌などの出版差止めの仮処分を求める事案で，債権者側が，時間的制約を理由に審尋を経ない発令を求めるような場合であっても，裁判官が債務者である出版社に電話するなどして即日審尋を行い，可能な解決を探るということも行われており[注12]，ただし書が適用される例外的場合は厳格に解されている。

設例の事例においては，Cが第三者に本件不動産を転貸するなどして執行妨害をする可能性は抽象的なものにとどまり，Cの主張を確認しないまま執行妨害目的があると判断できるほどの確実な疎明をすることは困難であり，

(注9)　八木一洋・最判解民平成11年度（下）851頁，東京地裁・実務（上）318頁〔今井和桂子＝井出弘隆＝小松秀大〕。
(注10)　コンメ民保495頁。
(注11)　山崎・解説171頁，須藤＝深見＝金子・民事保全160頁。
(注12)　東京地裁・実務（上）142頁〔谷有恒〕。

審尋期日を経ないで明渡断行の仮処分命令を発令することはできないというべきであろう。

これに対し、債務者使用型の占有移転禁止の仮処分は、当事者恒定効が生じるにとどまり、明渡断行の仮処分と比較すると債務者の不利益の程度が相対的にみて高くないことから、高度の疎明までは要求されず、債務者審尋も必要的でないから、債権者提出の資料で被保全権利及び保全の必要性が疎明されれば、無審尋で発令されることが一般である。

(6) 抵当権者による占有の性質

抵当権者への直接の引渡しを求めることができる場合の抵当権者による占有は、「いわゆる管理占有」とされる[注13]。その意味は、抵当権者がその名においてする抵当不動産の直接占有で、所有の意思をもってするものではなく、もっぱら所有者のために抵当不動産を維持又は保存する目的のものであって、可能な行為の範囲もこの目的に沿うものと解されている[注14]。

したがって、設例の事案において、抵当権者が自ら建物の原状回復工事をすることはできない。

〔4〕 民事執行法上の保全処分

(1) 総　説

民事執行法上の保全処分として、売却のための保全処分（民執55条）、買受けの申出をした差押債権者のための保全処分（民執68条の2）、最高価買受申出人又は買受人のための保全処分（民執77条）、担保不動産競売の開始決定前の保全処分（民執187条）が設けられているが、設例の事案において考えられるものは、売却のための保全処分及び担保不動産競売の開始決定前の保全処分である。以下において、両者の要件と効果について説明する。

(注13)　平成11年最大判の奥田昌道判事補足意見。
(注14)　八木・前掲（注9）861頁。

(2) 売却のための保全処分

(a) 適用範囲

民事執行法制定当初，売却のための保全処分の相手方は債務者に限定されていたが[注15]，平成8年改正により，占有者も相手方とすることができるようになった（ただし，債務者以外の占有者については，差押債権者などに対抗することができる者は含まれない。）。

(b) 要件

㋐ 当事者

申立人となることができる者は，差押債権者である（配当要求の終期後に強制競売又は競売の申立てをした差押債権者は除く。）。したがって，競売の申立てをしたうえで，又は競売の申立てとともに，売却のための保全処分を申し立てる必要がある。また，買受人が代金を納付した後に売却のための保全処分を申し立てることはできない。

相手方は，債務者（所有者）又は占有者である。ただし，執行官保管の保全処分及び占有移転禁止の保全処分については，①債務者が不動産を占有する場合，②占有者の権限が差押債権者，仮差押債権者又は民事執行法59条1項の規定により消滅する権利を有する者に対抗することができない場合のいずれかに限られる（民執55条2項）。占有者を相手方とする場合は，民事保全における前記〔3〕(4)と同じ趣旨が妥当し，直接占有者であることを要すると解すべきであろう。

㋑ 価格減少行為

(ⅰ) 売却のための保全処分の要件は，価格減少行為（不動産の価格を減少させ，又は減少させるおそれがある行為）である。この点，価格を減少させる行為をするおそれがあるだけでは足りないとする説と，価格を減少させる行為をするおそれのある状況があれば足りるとする説があるが，実際上はさほどの差異がないと説明されている[注16]。

(注15) もっとも，実務上，第三者である占有者を所有者の占有補助者と同視するなどして，相手方の範囲を拡張する解釈がされてきたことにつき，松丸・前掲（注3）72頁。
(注16) 杉原麗「価格減少行為の意義」東京地裁民事執行実務研究会編・前掲（注3）60頁。

(ii)　価格減少行為は，その態様によって物理的価格減少行為と競争売買阻害価格減少行為に分類される(注17)。

　物理的価格減少行為は，物理的な行為により目的不動産の価値を減少させる行為をいう。物理的な行為には作為だけでなく不作為も含まれる。作為によるものとしては，目的建物の取壊しや更地である目的土地への土砂の搬入といった目的不動産に対する物理的な行為のほか，目的不動産から公道へ通じる通路への障害物の設置といった目的不動産そのものには物理的な行為を加えない場合も含まれる。不作為によるものとしては，風雨などにより不動産が損傷するような状態で放置する行為や，施錠せずに建物を去り，建物内に残留家財・衣類などが散乱し，無断侵入者のたまり場となるままに放置する行為があげられる。

　競争競売阻害価格減少行為とは，買受希望者の入札意欲を削ぎ，買受希望者を減少させて競争競売を阻害することにより価格を減少させる行為をいう。暴力団が占有していることを誇示して買受け申出をちゅうちょさせる行為，虚偽の留置権の主張などがあげられる。さらに，競争競売阻害価格減少行為は，行為の客観的性質により買受けをちゅうちょさせる類型のもの（後記(iii)）と，行為者の主観的目的（執行妨害目的）により買受けをちゅうちょさせる類型のもの（後記(iv)）に分けられる(注18)。

　(iii)　抵当土地が更地である場合に，同土地上に新たに建物を建築する行為は，被担保債権の弁済が困難な状況で行われたものであれば，正当な権利の行使とは解しがたいし，法的に収去が可能であっても費用と時間の負担のために買受けをちゅうちょさせるものであるから，価格減少行為に該当すると解される。

　(iv)　抵当不動産の賃貸は，抵当権が目的物の交換価値を把握する担保物権であり所有者は自由に使用収益することができること，売却によって効力を失うため（民執59条2項），賃借人は，買受人に対して賃借権を対抗することができず，買受人は，引渡命令の申立てによって容易に明渡しを受けるこ

　(注17)　山本和彦ほか編『新基本法コンメンタール民事執行法』（日本評論社，2014）154頁。
　(注18)　杉原・前掲（注16）63頁。

とができることからすれば，原則として価格減少行為にあたらない。しかし，占有者が，買受けの申出をちゅうちょさせて，不当に価格を減少させる目的を有しているといった事情があるときは，価格減少行為に該当するものと解される。

もっとも，借地権付き建物の競売開始決定がされた後，土地の前面の通りの地下の鉄道工事の用に供するために土地の一部を賃貸する行為について，執行妨害目的の有無について判断せずに売却のための保全処分を認めた裁判例[注19]，新築分譲用マンションの全室を転貸目的で所有者から一括して賃借し，それらを第三者に使用させようとした者に対して，執行妨害目的があることを要件とせずに売却のための保全処分を認めた裁判例[注20]も存する。

(v) 当該価格減少行為による価格の減少又はそのおそれの程度が軽微であるときは，保全処分を発令することができない（民執55条1項柱書）。

(vi) 設例の事案においては，債務の返済が滞った状況において，相場の半分の賃料で新たに建物を賃貸したこと，賃借人が，建物に改変工事をして容易に転貸することができる状況を作出したことに鑑みれば，執行妨害目的がうかがわれるから，競争競売阻害価格減少行為の存在を疎明することが考えられる。

価格減少行為及び執行妨害目的の疎明の具体的方法については，民事保全法上の保全処分と同様である（前記〔3〕(2)(a)）。

なお，競売手続がある程度進行していれば，現況調査報告書の写しを提出することが考えられるが，設例の事案は，競売申立て前の段階であり，現況調査が行われ，更に現況調査報告書の閲覧謄写が可能になるまでには相当の期間を要する[注21]。

(c) 保全処分の内容

作為・不作為命令（民執55条1項1号），執行官保管命令（同項2号），占有移

(注19) 東京高決平10・8・21判タ990号267頁・判時1659号64頁・金判1057号36頁。
(注20) 東京高決平20・7・30判タ1288号295頁・金法1862号44頁。
(注21) なお，東京地裁においては，現況調査報告書の提出期限を原則として6週間後としており，また，売却基準価額決定がされるまでは，利害関係人であっても現況調査報告書の閲覧謄写を認めない運用である。東京高決平3・10・11判タ784号261頁・判時1405号54頁・金法1320号60頁。

転禁止の保全処分（同項3号）に限定されている。抵当権に基づく妨害排除請求と異なり，差押債権者に対して直接明け渡すよう求めることはできない。

設例の事案において考えられる保全処分は次のとおりである。

(ア)　Cは，1階部分と2階部分をつなぐ内階段を閉鎖し，2階には外から直接入れる外階段を設置するなどの工事をしているが，当該工事が完了していない段階であれば，工事禁止を命ずる旨の不作為命令が考えられる。

(イ)　当事者恒定効を生じさせるため占有移転禁止の保全処分及び公示保全処分が考えられる。

(ウ)　所有者又は賃借人の態度に鑑みて更なる改変工事や転貸がされるおそれが高く，上記(ア)や(イ)によっては保全の目的を達成することができないような場合には，占有者に対し，不動産に対する占有を解いて執行官に引き渡すことを命じ，執行官に不動産の保管をさせることを内容とする保全処分が考えられる。

なお，執行官保管又は占有移転禁止を内容とする保全処分は，保全処分の相手方となる債務者が不動産を占有する場合又は保全処分の相手方となる占有者の占有権原が，差押債権者などに対抗することができない場合でなければ，発令することができないところ（民執55条2項），設例のCについては，同要件を満たしている。

(d)　審　理

民事執行法上の保全処分は，債務者以外の占有者に対し発令する場合で必要があると認めるときは，その者を審尋しなければならないと定めるのみであって（民執55条3項），審尋の方法についても特段の定めを設けていない（したがって，書面審尋によることもできる。）。実務上は，密行性の要請から，相手方に対する審尋がされることはあまりない[注22]。執行官保管命令の申立てがあった場合であっても，申立人の提出した疎明資料によって執行妨害目的が明らかであるときは無審尋で発令し，そうでない場合は，取下勧告をし，これに応じなければ申立てを却下することが多いと思われる。

(注22)　東京地方裁判所民事執行センター実務研究会編著・前掲（注8）296頁。

(3) 担保不動産競売の開始決定前の保全処分

(a) 制度新設の趣旨

平成8年改正により担保不動産競売の開始決定前の保全処分の制度が新設された趣旨は，その当時，滌除権者に対しては抵当権実行通知をしなければならず，同通知の到達後1か月間競売申立てをすることができなかったこと（平成15年法律第134号による改正前の民法381条・382条2項・387条）から，その間にされた執行妨害に対処するための法的手段が必要だったことにある。平成15年改正により，滌除に代わって抵当権消滅請求の制度が設けられるとともに，同請求権者に対する抵当権実行通知をする必要がなくなったため，同保全処分が用いられるべき局面は減少した。

(b) 要件

(ア) 担保不動産競売の開始決定前の保全処分は，抵当権者についてのみ認められ，一般債権者については，債務名義を有していても認められない（民執187条1項）。

(イ) 売却のための保全処分と同様，価格減少行為の存在が必要である（民執187条1項）。

(ウ) 担保不動産競売の開始決定前の保全処分は，売却のための保全処分の要件のほかに，「特に必要があるとき」の要件を満たす必要がある（民執187条1項）。競売開始決定前の段階において保全処分を認める必要があり，競売開始決定後に保全処分を発令していたのでは目的不動産の価値が減少してしまう場合がこれにあたる。

設例の事案においては，抵当権を実行するに先立ち期限の利益を喪失させる通知をする必要があるが，同通知が容易に到達しないにもかかわらず，改変工事が進んでいるような場合は，売却のための保全処分を用いることができないから，上記要件を満たすということができるであろう。

■参考文献

脚注に掲載の文献。

23 （仮地位仮処分）建物賃借権を保全するための仮処分

髙橋　文清

　本件建物の賃借人であるXは，家主であるYとの間で本件建物の修繕をめぐって意見が対立しているため，家賃の支払を拒否していた。たまたまXが仕事で1週間の出張に出かけて帰って来たところ，その間にYは，本件建物内に置かれていたXの所有物等を勝手に運び出して隣地内のガレージに置いたうえ，玄関ドア等の鍵を取り換えてしまい，Xが本件建物の内部に立ち入ることができないようにした。Xは，早期に元の状態を回復したいと考えているが，どのような手段をとることができるか。

　仮に，Xの不在中に，YがXの荷物を無断で搬出して，第三者のZに本件建物を貸してしまい，現在はZが本件建物に居住している場合はどうか。

〔1〕　問題の所在

(1)　はじめに

　本設例では，前段も後段も，Xが賃貸人Yから本件建物の引渡しをいったん受けたが，現在は本件建物内にあったXの所有物等がすべて搬出され，Xは本件建物の占有を失い，前段の場合はYが空き家の状態で本件建物を占有しており，後段の場合はZが本件建物を占有しているとみられる。

　実体法上の法律関係をみると，Xは，Yに対し，賃貸借契約に基づく本件建物引渡請求権を有するが，本件建物の所有権が第三者に移転した場合には，対抗要件を具備していない限り，賃借権を当該第三者に対抗することができない。また，本設例後段の場合，XとZとの間には直接の契約関係がなく，XとZはともに本件建物の賃借人同士であり，両者の対抗関係が問題にな

る(注1)。そして，賃借権の対抗要件である賃借権設定登記（民605条）又は建物の引渡し（及び引渡し後の占有）（借地借家31条1項）は，対抗問題が生ずる第三者が出現した時に存続していなければならないとされている(注2)。

賃借権設定登記（民605条）を既にXが得ている場合には，Xは，本件建物の所有権を取得した者及び後から賃貸借契約を締結した者のいずれに対しても，賃借権を対抗することができる。したがって，前段の場合にはYに対する引渡し，後段の場合にはZに対する明渡しの各執行を確保するには，本件建物の占有が第三者に移転することを防ぐために，賃貸借契約に基づく建物引渡(明渡)請求権又は賃借権に基づく妨害排除請求権としての建物引渡(明渡)請求権を被保全権利とする占有移転禁止の仮処分を得ておけば足りる(注3)。また，XとYとの間で賃借権設定登記をする旨の合意があるにとどまる場合には，賃貸借契約に基づく賃借権設定登記請求権を被保全権利とする保全仮登記併用型の処分禁止の仮処分（法53条）をすることができる。

以上に対し，賃借権設定登記もその合意もない多くの場合には，Xが賃借権を保全するために，どのような本案を予定し，どのような民事保全を申し立てることができるかが問題であり，これが本項目の主要な検討課題である。また，対抗要件の有無を問わず，本案判決を得る前に本件建物の占有を回復するために，建物引渡(明渡)断行の仮処分ができるかも問題となる。検討にあたっては，対抗問題が生ずる第三者が出現した時に対抗要件が存続していなければならないとされることから，Xの本件建物の占有の回復の必要は，事実上の必要だけではなく，法律上の必要があることにも留意する必要がある(注4)。

(注1) 用益権者間の対抗関係については学説上の議論があるが，妨害排除請求をすることができることは，確立した判例であるとされている。幾代通＝広中俊雄編『新版注釈民法(15)債権(6)』（有斐閣，1989）198頁，201頁〔幾代通〕。
(注2) 幾代＝広中編・前掲（注1）688頁〔幾代通〕。
(注3) 本設例前段の場合は，本件建物は空家状態になっているので「引渡」請求をすることになり，後段の場合は，Zが居住しているから「明渡」請求をすることになる。
(注4) もっとも，借家人が，建物の占有を奪われたが，占有回収の訴えによって占有を回復した場合には，占有の継続が擬制される（民203条ただし書。星野英一『借地・借家法』（有斐閣，1969）640頁）。

(2) 検討すべき事項

　本設例前段の場合には，Xは，Yに対して有する賃貸借契約に基づく目的物引渡請求権を訴訟物とする訴えを提起することができる。また，Xは，Yによって本件建物の占有を奪われたのであるから，占有回収の訴えによることも考えられる。しかし，これらの訴えで勝訴判決を得る前に本件建物の占有が第三者に移転すると，建物引渡しを命じる債務名義を得ても，当該第三者に対して強制執行をすることができないので，建物の占有移転禁止仮処分を得ておく必要がある(注5)。

　また，Xが前記訴えによって占有を回復する前に，Yが本件建物の所有権を第三者に移転すると，Xは，賃借権をその第三者に対抗することができないので，占有移転禁止仮処分と併せて建物の処分禁止の仮処分を得る必要があるが，それが可能かが問題となる。さらに，建物引渡断行の仮処分を得ることができるかも問題となる。

　本設例後段の場合には，Xは，判例によれば賃借権に基づく妨害排除請求権を訴訟物とする訴えを提起することができないから(注6)，占有回収の訴えによるか，又は，債権者代位権（民423条）により，賃貸借契約に基づく建物引渡請求権を被保全債権として，賃貸人である所有者Yが有する物権的請求権を代位行使して，Zに対して，Yの所有権に基づく妨害排除請求権としての建物明渡請求権に基づく明渡請求の訴えによることになる。これらの訴えの提起を前提に，どのような仮処分を申し立てることができるかが問題であり，仮処分の方法については，本設例前段の考え方に準ずることになる。

　以下では，本設例前段の場合について基本的な考え方を含めて検討し，後段の場合について補足的に説明する。

　（注5）　物の引渡請求権の保全のためには，通常，占有移転禁止の仮処分で足りるとされている（竹下＝藤田・民保349頁〔福永有利〕）。
　（注6）　判例は，対抗力のない賃借権には妨害排除請求権がないとする。賃借権に基づく妨害排除請求権についての学説・判例の状況は，廣谷章雄編著『借地借家訴訟の実務』（新日本法規出版，2011）389頁〔中山幾次郎〕及びそこに引用されている文献参照。

〔2〕 基本的枠組み——裁判所の裁量とその制約

　民事保全法24条は仮処分の内容について裁判所に裁量権を認めるが，その裁量には一定の制約があるとされている[注7]。

　処分権主義や仮処分の方法の適法性という一般的な制約のほか，民事保全ないし仮処分について特に問題となるのは，次の３点である。

　第１に，仮処分は，本案の訴えによって実現される法的状態以上の状態をもたらすものであってはならない（法１条）。本案の権利もしくは権利関係の保全又は現在の損害，危険の回避を目的とする暫定的措置だからである。すなわち，仮処分は，本案請求の範囲内でなければならず，本案の訴えで適法な請求を定立できないような権利又は権利関係を被保全権利とすることはできない。また，仮処分の方法も本案請求の範囲による制約がある[注8]。

　この制約は，実体法上債権者に認められる範囲を超える地位ないし権能を認めることはできないというものであるが，仮処分命令又はその保全執行が，被保全権利と同一の内容又はそれに内包されるものでなければならないということまでは意味しない[注9]。そのため，この制約の範囲を一義的に定めることは難しく，一般論としては，仮処分の方法は，本案の債務名義に基づく強制執行との関係で決定され，仮処分で確保される法律上又は事実上の状態を前提とすれば，強制執行が確実に行われる，あるいは，通常の場合と比較して債権者に過度の負担を掛けずに強制執行ができると考えられるときは，そのような状態を実現することが仮処分の内容となるといえるが[注10]，申立てに応じて具体的に検討するほかはない。

　第２に，仮処分命令は本案の訴えによる権利確定前の暫定的措置として発

(注7)　西山・概論139頁，竹下＝藤田・民保189頁〔藤田耕三〕，丹野・実務270頁など。
(注8)　竹下＝藤田・民保28頁〔吉村徳重〕。
(注9)　例えば，不動産の登記請求権を保全するための処分禁止の仮処分や建物収去土地明渡請求権を保全するためにする建物の処分禁止の仮処分の執行のように（法53条・55条），本案請求権には当然には含まれない権能，作用が仮処分の方法として認められている。裁判実務大系261頁〔山本博〕（「債権的請求権に基づく仮処分の可否」），竹下＝藤田・民保191頁〔藤田耕三〕。
(注10)　西山・概論143頁。

令されるものであり，仮処分は債務者に不利益を与える場合が多いから，その目的を達するのに必要な限度を超えてはならない[注11]。

第3に，仮処分命令は，原則として保全執行を予定しているから，民事執行法や民事保全法等によって執行可能なものでなければならず，法令の認めない執行方法や執行官の職務権限に属さない行為を命ずることはできない。

〔3〕 占有移転禁止の仮処分

(1) 賃借権に基づく引渡請求権を被保全権利とする場合

(a) 被保全権利

占有移転禁止の仮処分の被保全権利は，物の引渡（明渡）請求権であることを要し，かつ，それで足り，物権的請求権であるか債権的請求権であるかも，第三者対抗要件を具備しているか否かも問わないとされている[注12]。したがって，賃借権に基づく引渡請求権を被保全権利とすることができることには問題がない。

本案の訴えとの関係で，検討すべき2つの問題がある。第1は，建物について二重に賃貸借契約が締結されるような場合，この仮処分を得た賃借人が他の賃借人に対抗できる結果となり，本案請求の範囲を超えるのではないかというものである[注13]。しかし，賃借人は，本案の訴えで勝訴し，建物の引渡しを受けてはじめて対抗力を取得するのであって，仮処分によって対抗力を得るのではなく，また，建物引渡請求が債権的請求権に基づくものであっても物権的請求権に基づくものであっても執行方法は同じであるから，それを保全する仮処分の方法を区別する理由はない。したがって，この指摘はあたらない[注14]。

(注11)　債権者の実際上の必要性を強調する主張が実務上時折見られるが，そのような主張は，本案請求の範囲や債務者の不利益についての考慮が不足しているというべきである（瀬木・民事保全489頁）。
(注12)　注解民保（上）224頁〔橘勝治〕，注解民保（下）290頁〔福永有利〕。
(注13)　小野寺規夫「賃借権に基づく占有移転禁止の仮処分」判夕207号58頁。
(注14)　西山・概論143頁，裁判実務大系262頁〔山本博〕。

第2は，本件建物の所有権が第三者に移転すると，賃借人は新所有者に対してその賃借権を主張することができないから，この仮処分の実効性がないという指摘である(注15)。しかし，この仮処分を得ておけば，本案の勝訴判決に承継執行文の付与を受けて，仮処分後に占有を承継した者に対しては強制執行をすることができるのであるから，実効性がないというのは必ずしも適切ではないと思われる(注16)。

(b) 必要性と類型

占有移転禁止の仮処分は，いわゆる債務者使用型が基本型であり(注17)，保全の必要性の程度に応じて執行官保管型又は債権者使用型が選択される(注18)。具体的事案では，これらの類型のいずれの仮処分を求めるかは，被保全権利及び保全の必要性の疎明の程度が異なるとされることを考慮して，検討することになる(注19)。例えば，債務者が倒産状態であり，いわゆる整理屋ないし占有屋によって占拠されるおそれがあるなど，将来占有の実態の把握が困難になるような場合には執行官保管型が認められ，債権者使用型が認められるのは，そのような事情に加えて，執行官保管型では占有を奪取されるおそれがあって，警備業者を依頼する必要があるなど過大な費用を要することが見込まれるような場合であるとされる(注20)。

いずれの類型についても，いわゆる当事者恒定効（法62条）を認めるのが

(注15) 山崎・基礎知識56頁〔齋藤憲次〕（「建物賃借権保全のための仮処分」）。
(注16) このような意味での「実効性」がないことを理由として，仮処分の申立てを却下することはできないと考えられる。
(注17) 西山・概論307頁，丹野・実務272頁，竹下＝藤田・民保347頁〔福永有利〕，須藤＝深見＝金子・民事保全127頁。原井龍一郎＝河合伸一編著『実務民事保全法〔3訂版〕』（商事法務，2011）374頁〔平岡建樹〕は，保全執行として公示書を掲示すること（規則44条1項）などを定めた現行法下では，占有移転のおそれのみを理由として執行官保管型又は債権者使用型の仮処分は認められることは少ないであろうとする。
(注18) 丹野・実務273頁。
(注19) 竹下＝藤田・民保349頁以下〔福永有利〕。
(注20) 丹野・実務253頁，原井＝河合編著・前掲（注17）380頁〔平岡建樹〕。なお，東京地裁・評論147頁〔瀬木比呂志〕（「占有移転禁止の仮処分に関する理論上，実務上の諸問題(1)」）は，債務者の占有が暴力的侵害（侵奪）による場合には，債権者使用型が認められることが比較的多く，目的物を破壊するなど債務者の行為が重大な公益侵害となる特殊な場合には債権者使用型が認められることがあるが，債務者の目的物使用の必要性が著しく小さい場合には，執行官保管型や債権者使用型が認められることは少ないとする。この説明は，従来の見解とニュアンスを異にするようにも思われる。

多数説である(注21)。

以上によれば，本設例前段の場合には，債務者使用型によることが基本になるが，Yは本件建物の占有を侵奪したのであるから，本件建物の修繕をめぐる紛争の状況やXの賃料不払の程度に照らして，Yが直ちにXとの賃貸借契約を解除できる状況であったか，Yが本件建物を第三者に賃貸しようとしているかなどの事情を総合考慮して，債務者使用型では将来の強制執行を確実に行うことができないと認められる場合には，その事情に応じて執行官保管型や債権者使用型が選択されることもあり得よう。

(2) 占有回収の訴えを本案とする場合(注22)

占有の訴えは本権に関する理由に基づいて判断することはできない（民202条2項）。そして，占有保持の訴えを本案とする不動産への立入禁止及び占有妨害禁止の仮処分を占有者が申請した事案について，もっぱら占有関係によってのみ判断すべきであって，本権の理由によることはできないとした判例がある(注23)。このように，占有回収の訴えを本案とする仮処分をすることができることについてはほぼ争いがない(注24)。

もっとも，占有の訴えの係属中に反訴として本権に基づく訴えを提起する

(注21)　竹下＝藤田・民保349頁〔福永有利〕は，執行官（直接）保管型及び債権者使用型では，第三者へ占有移転がされるということは通常生じないと考えられるから，当事者恒定効は必要ではないとする。しかし，事実上，目的物の占有が第三者に移転することがないわけではなく，民事保全法62条の規定から，この効力ないし機能を肯定するのが多数説である（山崎・解説407～409頁，原井＝河合編著・前掲（注17）374頁〔平岡建樹〕，注釈民保（下）339頁〔瀬木比呂志〕，注解民保（下）286頁〔福永有利〕，東京地裁・詳論145頁〔瀬木比呂志〕など）。

(注22)　裁判例コンメンタール186頁，注解民保（上）224頁〔橘勝治〕，占有権に基づく仮処分については，裁判実務大系185頁〔五十部豊久＝青山善充〕（「占有権に基づく妨害禁止の仮処分」），実務ノート246頁〔栗原壯太〕（「占有権に基づく仮処分」），丹野・実務249頁など。

(注23)　最判昭27・5・6民集6巻5号496頁。

(注24)　被保全権利は，占有訴権ないし占有保護請求権であり，より具体的には，占有権に基づく返還請求権である。なお，占有回収の訴えの民法学上の要件は，占有者がその占有を奪われたことであるとされるのが一般的である（川島武宜＝川井健編『新版注釈民法(7)物権(2)』（有斐閣，2007）263頁〔広中俊雄＝中村哲也〕）が，大判大4・10・22民録21輯1746頁，大判大8・5・17民録25輯780頁によるならば，占有の取得が奪取によるものではないことが消極的要件となるとの指摘がある（佐久間毅『民法の基礎(2)物権』（有斐閣，2006）293頁）。占有回収の訴えの民法学上の要件に関しては，後記〔6〕(2)の問題もある。

ことはでき，本訴，反訴ともに理由があるときは，これらはともに認容される(注25)。そのため，本権のない占有者は最終的には占有を維持することができないことから，保全の必要性がないのではないかが問題とされ，事案ごとに検討すべきであるとされるが(注26)，占有権を被保全権利とする占有移転禁止の仮処分が発令されることは稀であるとされる(注27)。

本設例前段では，意見が対立したという修繕が，本件建物の使用及び収益に必要なものか，保存に必要なものか（民606条）や，本件建物の修繕をめぐる紛争の状況やXの賃料不払の程度に照らして，Yが直ちにXとの賃貸借契約を解除できる状況であったかなどの事情を総合して，保全の必要性の有無を判断することになる。

〔4〕 処分禁止の仮処分

(1) 問題状況

建物の引渡しを受けていない賃借人が，賃貸借契約に基づく目的物引渡請求権を被保全権利として，賃貸人である所有者を債務者として，当該建物について処分禁止の仮処分ができるかが旧法当時から議論されてきた（前記〔1〕(2)参照）。

処分禁止の仮処分の可否をめぐっては，旧法下では，これを肯定する裁判例(注28)と否定する裁判例(注29)があり(注30)，本案請求の範囲や執行可能性（前記〔2〕）をめぐって，学説も分かれていた(注31)。

(注25) 最判昭40・3・4民集19巻2号197頁・判タ175号104頁・判時406号50頁。
(注26) 実務ノート258頁〔栗原壯太〕，東京地裁・諸問題222頁。
(注27) 実務ノート247頁〔栗原壯太〕。
(注28) 最判昭28・4・16民集7巻4号321頁，最判昭35・10・28集民45号523頁，最判昭51・2・6集民117号47頁・判時807号24頁。
(注29) 東京高決昭39・9・22下民15巻9号2237頁。
(注30) このような判例にかかわらず，旧法下の実務は，一般的にいえば否定説に立っていたとされる（東京地裁・詳論198頁〔瀬木比呂志＝高瀬順久＝齋藤憲次〕（「賃借権に基づく不動産の引渡請求権を被保全権利とする処分禁止の仮処分の可否」））。
(注31) 旧法下の否定説として，浜田正義「抵当権に基づく仮処分その二」近藤完爾＝浅沼武編『民事法の諸問題(1)』（判例タイムズ社，1995）331頁，笹本忠男「債権的請求権保全の仮

(2) 否定説

否定説は，①仮処分の方法が，被保全権利ないし本案請求の内容を超えること，②申立ての目的を達成するために必要かつ十分な執行方法がないことを根拠とする[注32]。

①を敷衍すると，本設例前段における被保全権利は賃貸借契約に基づく建物引渡請求権であり，その強制執行は本件建物の占有を移転するものであるから（民執168条1項），本件建物について処分禁止仮処分の登記がされても，占有を移転する強制執行に直接結びついているわけではなく[注33]，本案請求の範囲を超えるとする（前記〔2〕の第1）。

②を敷衍すると，民事保全法53条1項が定める処分禁止の仮処分の登記は，その登記に抵触する登記を抹消することを目的とするものであるから，それとは異なる効果を予定して，同条項を準用することはできないとする[注34]。また，民事保全法55条が定める処分禁止の仮処分の登記は，本案の債務名義が実現すれば建物は収去されてその登記簿は閉鎖されるから，保全執行が残ることはないが，賃貸借契約に基づく建物引渡請求権保全のための処分禁止の仮処分の登記は何らかの手続をとらない限り残存し，同条が前提とする状態とは異なるから，類推適用は難しいとする[注35]（前記〔2〕の第3）。

(3) 肯定説[注36]

肯定説は，民事保全法23条1項及び24条から，裁判所は仮処分命令の申立

処分」判タ197号50頁，中川善之助＝兼子一編『実務法律大系(8)仮差押・仮処分』（青林書院，1972）78頁〔太田豊〕等。肯定説として，西山・概論143頁，丹野達『保全訴訟の実務Ⅰ普通保全訴訟』（酒井書店，1986）265頁，裁判実務大系265頁〔山本博〕等。

(注32) 山崎・解説374頁，注釈民保（下）149頁〔山崎潮〕。

(注33) 否定説から肯定説に対する批判としては，処分禁止の仮処分の登記を建物賃貸借契約の終了まで存置しなければならなくなり，強制執行保全に必要な限度を超えるというものもあるが（例，注釈民保（下）149頁〔山崎潮〕），肯定説にも，目的建物の引渡しがあり次第，仮処分登記は抹消されるべきであるとするものもあり（東京地裁保全研究会編著『民事保全の実務』（民事法情報センター，1992）178頁〔中本敏嗣〕181頁），必ずしも当たらないと思われる。

(注34) 登記請求権を保全するためと明文で定める民事保全法53条2項も，準用ないし類推適用することはできないとされる（瀬木・民事保全492頁）。

(注35) 山崎・解説374頁，注釈民保（下）149頁〔山崎潮〕。

ての目的を達するために必要な処分をすることができるとし，同法53条，54条及び55条が3種類の被保全権利について処分禁止の仮処分の執行方法を定めたのは，すべての仮処分について規定を置くことができないからであって，その他の類型の処分禁止の仮処分が許されないとはいえないとする。

その執行方法については，民事保全法53条1項の準用による見解（処分禁止の登記のみの方法によるとするもの）(注37)や，同法55条の類推適用による見解（登記の目的に被保全権利を付記する方法によるとするもの）(注38)がある。

目的物の引渡し完了後の仮処分登記の抹消については，前者の見解は，賃貸借契約終了後に，民事保全規則48条に基づき，債権者の申立てによって抹消登記手続の嘱託をする方法，又は債務者が事情の変更による保全取消しを申し立て，その決定に基づく抹消登記手続の嘱託によるとし，後者の見解は，債務者申立てに係る事情の変更による保全取消しの決定に基づく抹消登記手続の嘱託によるとする。

(4) 小　括

以上のとおり，建物引渡執行の保全のために建物の処分を禁止する登記をすることが有益であること自体は共通の認識であるが，見解の対立は，本案請求の範囲と執行方法に関する見解の相違に由来し，必ずしもかみ合っていないとも評される(注39)。

現在の実務の大勢は，否定説によっているように思われる(注40)。

(注36)　松浦馨「不動産の処分禁止仮処分」ジュリ969号135頁，東京地裁保全研究会編著・前掲（注33）178頁〔中本敏嗣〕，裁判実務大系259頁〔山本博〕，原井＝河合編・前掲（注17）333頁〔仲田哲〕。

(注37)　竹下＝鈴木・民保構造205頁〔藤田耕三〕（「仮処分の方法とその許容性」）。

(注38)　松浦・前掲（注36）135頁，東京地裁保全研究会編著・前掲（注33）180頁〔中本敏嗣〕，裁判実務大系265頁〔山本博〕。

(注39)　中野＝原井＝鈴木・講座(3)455頁〔髙橋宏志〕（「不動産の処分禁止仮処分」）。なお，同書は，法律論としては否定説に分があるとする。

(注40)　岨野悌介ほか「大阪地裁保全部における民事保全事件の処理の実情」判夕820号22頁，倉地真寿美「賃借権に基づく不動産の引渡請求権を被保全権利とする処分禁止の仮処分」萩尾保繁＝佐々木茂美編『民事保全の実務の現状100』〔判夕臨増1078号〕132頁，須藤＝深見＝金子・民事保全142頁，東京地裁・実務（上）279頁〔須藤典明〕。なお，中野＝原井＝鈴木・講座(3)456頁〔髙橋宏志〕は，肯定説が有力だとしているが，執筆時期による評価であると思われる。

(5) 任意の履行に期待する仮処分(注41)

処分禁止の仮処分を否定する説の中にも、任意の履行に期待する処分禁止の仮処分は認められるとする見解が有力である(注42)。

なお、「任意の履行に期待する仮処分」とは何かは、必ずしも明確ではなかったとの指摘がされているが(注43)、賃借権に基づく処分禁止の仮処分のような「本案請求に対して手段的な関係に立つ仮処分」が許されることについては異論をみないとの評価もある(注44)。

〔5〕 引渡断行の仮処分

被保全権利に格別の制限はなく、権利関係が裁判によって確定されていない状態にあれば足り、相手方が義務を認めていながら履行しない場合も含まれるとされる。

保全の必要性は、通常手続による権利実現の遅延のために生ずる著しい損害又は急迫な危険を避けるため、暫定的な法律状態を形成し、権利関係を規制する必要がある場合に認められるとされる。損害の発生について、債権者にも原因があることや(注45)、債権者が紛争解決への努力をしないことは必要性の減殺要因になり(注46)、また、仮処分によって債務者に生ずる損害も考慮せざるを得ないが、債権者が債務者に対する損害賠償請求権を取得し、債務

(注41) 任意の履行に期待する仮処分については、次の文献及びそこに引用されている文献を参照されたい。否定説として、西山・概論148頁、153頁、丹野・実務268頁。肯定説として、菊井＝村松＝西山・仮差押・仮処分197頁、注解民保（上）275頁〔藤田耕三〕、裁判実務大系547頁〔杉本正樹〕（「任意の履行を求める仮処分」）、東京地裁・詳論340頁〔山口浩司＝江原謙司〕（「任意の履行に期待する仮処分の諸問題」）、上原敏夫ほか『民事執行・保全法〔第4版〕』（有斐閣、2014）317頁〔長谷部由起子〕。
(注42) 東京地裁・実務（上）279頁〔須藤典明〕。
(注43) 裁判実務大系547頁〔杉本正樹〕、瀬木・民事保全313頁。
(注44) 瀬木・民事保全315頁。
(注45) 最判昭35・3・31民集14巻4号562頁・判時221号26頁。
(注46) 具体的事情次第であるが、一般論として、債権者があらかじめ占有移転禁止の仮処分を得なかったことを債権者の落ち度とみるかについては争いがある。これを肯定する見解として瀬木・民事保全597頁、疑問視する見解として小松秀大「不動産明渡断行仮処分」菅野博之＝田代雅彦編『民事保全の実務』（商事法務、2012）171頁。

者に十分な資力があることは，必要性の判断に影響しないとされる[注47]。

　本設例前段の場合には，Xは，占有移転禁止の仮処分（場合によって，任意の履行に期待する処分禁止の仮処分）を得ることで目的を達することができ，上記に当てはまる特段の事情のない限り，断行の仮処分の必要性は認められないと思われる。

##〔6〕 本設例後段の場合

(1) Yの所有権に基づく建物明渡請求権を被保全権利とする仮処分

　Yは，Zに対して，所有権に基づく妨害排除請求としての建物明渡請求権を有する。そこで，Xは，賃貸借契約に基づく引渡請求権を被保全債権とする債権者代位により，この建物明渡請求権を被保全権利とする仮処分を申し立てることができないかが問題となる。

　被保全権利の審理においては，債務者の抗弁となる事項であっても，それが債権者の主張から当然に予想される場合には，債権者はあらかじめその否認の事情又は再抗弁となる事実を主張・立証（疎明）すべきである[注48]。

　本設例後段のような事案では，通常は，Xは，本件建物に戻ったときにZやYから事情を聞くはずであるから，申立書等における間接事実の主張や陳

(注47)　丹野・実務479頁以下，注釈民保（上）246頁〔橘勝治〕，小松・前掲（注46）166頁。旧法当時以来，必要性が肯定される場合として，①債務者の行為が執行妨害的である場合，②債務者が債権者の占有を暴力的に侵奪した場合，③債務者の目的物使用の必要性が著しく低い場合，④債権者の受ける損害が著しく大きい場合，⑤債務者の行為が重大な公益侵害となる場合などがあげられることが多い（満田明彦「最近における東京地裁保全部の断行仮処分認容事例の研究(上)(中)(下)」判時794号7頁・799号10頁・802号16頁）が，占有移転禁止の仮処分の効力が強化された現行法の下では，検討の余地がある（小松・前掲（注46）170頁）。

(注48)　実務の処理・運用については，異論はないものと思われる。ただし，主張立証責任の原則との関係をどのように説明をするかについては，論者により説明振りが異なる。西山・概論101頁，丹野・実務28頁・58頁，竹下＝藤田・民保181頁〔藤田耕三〕，原井＝河合編・前掲（注17）147頁〔原井龍一郎〕，裁判実務大系54頁〔竜嵜喜助〕（「保全訴訟における主張・立証責任」），中野＝原井＝鈴木・講座(2)54頁〔松本博三〕（「民事保全における疎明責任とその分配」），注解民保（上）143頁〔髙野伸〕等。

述書に，YZ間に賃貸借契約が締結されたことが表れるのが通常であろう。したがって，YZ間の賃貸借契約が直ちに覆るような事実を主張し，疎明できない限り，Yの物権的請求権を被保全権利とする仮処分の必要性を認めることはできないと思われる。

(2) 占有回収の訴えを本案とする仮処分

占有回収の訴えを本案とする仮処分についての基本的考え方は前記〔3〕(2)のとおりであるが，民法200条2項によれば，占有回収の訴え（占有権に基づく返還請求権）は，占有を奪取した者の特定承継人が生じた場合でも，その承継人が侵奪の事実を知っていたときは認められるが，承継人がこれを知らなかったときには認められない。特定承継人には，賃借人も含まれると解されている[注49]。

そうすると，ZがYの侵奪の事実を知っていた場合には，XのZに対する占有回収の訴えを認めることができるから，これを本案（被保全権利）として，占有移転禁止の仮処分を申し立てることができる。しかし，ZがYの侵奪の事実を知らなかった場合には，Xの占有回収の訴えは認められないから，占有移転禁止の仮処分を申し立てることができない。そして，実務的には，Zが特定承継人であることはXの主張に表れるから，Xは，Yによる占有侵奪をZが知っていたことまで主張し，疎明しなければならない（前記(1)）。具体的事情次第であるが，本設例後段では，Xが出張で不在であった1週間の間に，Xの荷物が搬出され，Zが賃貸借契約を締結して入居したというのであるから，Zが悪意であったこともあり得えよう。

(3) 小　　括

以上のとおり，実際上は仮処分が発令される場合は多くはないと考えられるが，例外的に必要性や本案を肯定できる場合には，前記〔3〕ないし〔5〕に準じて検討することになる。

(注49)　川島＝川井編・前掲（注24）265頁〔広中俊雄＝中村哲也〕。

■参考文献
(1) 山本博「債権的請求権に基づく仮処分の可否」裁判実務大系259頁。
(2) 齋藤憲次「建物賃借権保全のための仮処分」山崎・基礎知識53頁。
(3) 瀬木比呂志＝高瀬順久＝齋藤憲次「賃借権に基づく不動産の引渡請求権を被保全権利とする処分禁止の仮処分の可否」東京地裁・詳論190頁。
(4) 島岡大雄「賃借権に基づく不法占有者に対する占有移転禁止の仮処分」萩尾保繁＝佐々木茂美編『民事保全法の実務の現状100』〔判夕臨増1078号〕118頁。
(5) 安東章「賃借権に基づく不法占有者に対する仮処分の可否」門口＝須藤・民事保全133頁。

24 （仮地位仮処分）競売手続停止，抵当権実行禁止の仮処分

上原　卓也

(1)　Aは，Bから名誉毀損による損害賠償請求訴訟を起こされ，敗訴して金銭の支払を命じられ，確定したため，Bに対して敗訴に係る損害賠償額を遅延損害金を含めて支払った。それにもかかわらず，Bが確定判決を債務名義としてAの自宅に対して強制執行の開始を申し立て，開始決定がなされた。Aは，Bの強制執行を止めるために仮処分を求めることができるか。

(2)　Cは，Dから融資を受けた際，その所有不動産にDを債権者として抵当権を設定した。その後，Cは，Dに対して抵当権の被担保債権の全額を返済したが，所有不動産に設定された抵当権を抹消しないでいたところ，DがCの所有不動産に対して競売を申し立てた場合であれば，どうか。

〔1〕 債務名義に基づく強制執行を停止するための仮処分の申立ての可否（設例・小問(1)）

(1) 問題の所在

小問(1)は，Bが確定判決を債務名義（民執22条1号）として，Aの不動産に対して強制執行の開始の申立てをした場合（民執43条以下），Aが強制執行を止めるために仮処分の申立てをすることができるかどうかを問うものである。

この点については，民事執行法上，強制執行の停止については仮の救済の規定を置いている（民執36条・38条）ことから，それ以外に，仮処分の方法によることができるかが問題となる。

(2) 仮処分の方法によることの可否

かつては，上記のような民事執行法上に規定された規定によって強制執行の停止を図ることができない例外的な場合には，仮処分の方法によることが許されるとする限定的な積極説も存在した。

しかし，民事執行法36条は，執行文付与に対する異議の訴え（民執34条）や請求異議の訴え（民執35条）の提起があった場合に，異議のため主張した事情が法律上理由があるとみえ，かつ，事実上の点について疎明があったときに，受訴裁判所が，終局判決がされるまでの間，担保を立てさせ又は立てさせないで，強制執行の停止を命ずることができる旨を規定しており，その前提となる同法34条，35条において，債務名義による強制執行の不許を求めることができる者などについて定めている。また，同法38条3項においても，第三者異議の訴えの提起があった場合の執行停止について，同法36条を準用している。

このように，民事執行法は，特別な仮の措置として上記のような強制執行の停止の方法をあえて規定しているのであるから，それ以外の方法による強制執行の停止を認めることは，上記のような強制執行の停止の方法について規定した趣旨を没却してしまうといえよう。よって，民事執行法が上記の方法を規定した趣旨に照らし，それ以外の方法である民事保全法に基づく仮処分の方法によって強制執行の停止を求めることはできないと解すべきであり，実務上もそのように運用されている。判例も，旧法下での判示であるが，確定判決に基づく強制執行を停止することができる場合についての強制執行編の規定は，制限的な列挙であり，これらの場合を除き，一般の仮処分の方法で強制執行を停止することは許されないとしている[注1][注2]。

(注1) 最判昭26・4・3民集5巻5号207頁。
(注2) 東京地裁民事執行実務研究会編『改訂不動産執行の理論と実務（上）』（法曹会，1999）110頁，東京地方裁判所民事執行センター実務研究会『民事執行の実務 不動産執行編（上）〔第3版〕』（金融財政事情研究会，2012）138頁参照。

(3) 結　論

以上のとおり，小問(1)については，Aは，Bの強制執行を止めるために，仮処分を求めることはできない。Aとしては，請求異議の訴えを提起して，これに伴う強制執行の停止の手続を検討すべきである。

〔2〕 担保不動産競売を停止するための仮処分の申立ての可否及び要件等（設例・小問(2)）

(1) 問題の所在

小問(2)は，Dが抵当権の実行として担保不動産競売（民執180条1号）の申立てをした場合，Aがその競売を止めるために仮処分の申立てをすることができるかどうかを問うものであり，また，できる場合はその要件等も検討することとする。

(2) 仮処分の方法によることの可否

まず，登記された担保権に基づく担保不動産競売は，担保権の登記に関する登記事項証明書等に基づき行われる（民執181条1項）ものであり，債務名義に基づき行われるものではないから，小問(1)で検討した民事執行法上の仮の救済の規定である同法36条は適用されない（ただし，同法38条の第三者異議の訴えについては，同法194条において準用が規定されている。）。

次に，担保不動産競売の開始決定に対し，債務者又は不動産の所有者は，担保権の不存在又は消滅を理由として執行異議の申立てをすることができ（民執182条・11条1項），これに伴う執行停止（民執11条2項・10条6項前段）がされれば，その裁判書の提出をもって，不動産担保権の実行の手続が停止される（民執183条1項6号）。ただし，執行異議の審理は，実務上，書面審理を中心とした簡易迅速なものであり，立証を要する程度によっては，執行異議の審理になじまない場合が多いと思われる。

これに対し，抵当権設定者が抵当権の実行禁止又は競売手続の停止を求め

る方法としては，実務上，一般の仮処分による方法により行われることが旧法下で運用として定着していた(注3)(注4)ところ，民事執行法183条1項は，不動産担保権の実行の手続の停止等をする場合として，担保権のないことを証する確定判決の謄本（民執183条1項1号）や担保権の登記を抹消すべき旨を命ずる確定判決の謄本等（同項2号）の提出のほか，不動産担保権の実行の手続の一時の停止を命ずる旨を記載した裁判の謄本（同項6号）や担保権の実行を一時禁止する裁判の謄本（同項7号）の提出も規定しているのであって，これらは，担保権の実行を一時停止，禁止する旨の仮処分が許されることを前提としているといえる。よって，民事保全法による抵当権の実行の一時停止，禁止を求める仮処分には，法律上の根拠があり，これが認められるということになる。

(3) 仮処分の申立ての方法，要件等

(a) 申立ての趣旨

仮処分の方法をとる場合，民事保全事件における申立ての趣旨としては，①具体的な不動産競売事件を対象としてその停止を求める方法（「債権者の申立てによる別紙物件目録の不動産に対する□□地方裁判所平成□□年（ケ）第□□号不動産競売手続は，これを停止する。」とするもの），②具体的事件を対象とせずに一般的に抵当権の実行禁止を求めるもの（「債務者は別紙物件目録記載の不動産について別紙抵当権目録記載の抵当権の実行をしてはならない。」とするもの），③これら両方を併記するもの，が考えられる。そのうち，債務者（抵当権者）が競売を申し立てる前には，具体的事件を対象とすることはできないから，②の抵当権実行禁止の方法によることになる。これに対して，既に債務者（抵当権者）が競売を申し立てた後においては，執行裁判所の検索の便宜も考慮して，事件番号を特定した①の競売手続停止の方法か，③の併用する方法によるのが相当であろう。なお，③の併用方式のメリットは，抵当権者がいったん競売を取り下げるなどした後の再度の競売申立てをも阻止できることにあるが，

(注3) 東京地裁・諸問題207頁。
(注4) 大判明43・2・17民録16輯104頁参照。

実際上，抵当権者が再度の競売申立てをすることはほとんどないであろうから，通常は①の方法で足りると考えられる(注5)。

小問(2)では，既にDにより競売の申立てがされていることから，①の競売手続停止を申立ての趣旨とすることになる。

(b) 被保全権利

競売手続停止・抵当権実行禁止の仮処分における被保全権利としては，仮の地位を定める仮処分にいう「本案の権利関係」(法1条) として，所有権に基づく物権的請求権(妨害排除請求権)としての抵当権設定登記抹消登記手続請求権や，抵当権不存在確認請求権が典型的である。具体的には，①抵当権設定契約の不存在又は無効，②被担保債権の不発生又は消滅(による附従性による抵当権の不発生又は消滅)を理由として，抵当権設定者が抵当権の不存在を主張するものである。

いずれの理由であっても，契約の成立要件や債権の発生原因についての疎明を要することになり，一般の意思表示や債権をめぐる攻撃防御方法における議論が当てはまることとなる。ただし，弁済や相殺などによる被担保債権の消滅を主張する場合，抵当権には不可分性がある(民372条・296条)から，被担保債権の全部を消滅させる必要があり，一部の消滅では足りない。そのため，債権者の主張によっても被担保債権が一部残存する場合，残存部分について弁済供託等により被担保債権を消滅させたことを証する書面を提出して，被保全権利を疎明する例がある(注6)。また，根抵当権の場合は，上記①の主張の場合は抵当権と同様であるが，上記②の主張の場合は，元本確定前の根抵当権では付従性が緩和されている(民398条の2)ことから，元本確定事由(民398条の6・398条の19・398条の20等)の疎明も必要である。

このほか，被保全権利としては，抵当権設定者の一般債権者が，抵当権設定行為が詐害行為にあたるのでこれを取り消すとして，抵当権設定登記抹消登記手続請求権を被保全権利として競売手続の停止の仮処分を求める場合や，抵当権付債権の譲渡をめぐって抵当権の帰属が争われ，一方の債権者が，自

(注5) 東京地裁・諸問題208頁。
(注6) 東京地裁・諸問題209頁。

己に帰属する抵当権を被保全権利として，他方の債権者による競売手続の停止の仮処分を求める場合などもある[注7]。

小問(2)では，CはDに対して抵当権の被担保債権の全額を返済したとのことであるので，上記②の場合であり，被担保債権の全額返済につき，領収書（証）や銀行振込みを証する書類，陳述書などによって疎明することになる。なお，その際，当事者間に複数の債権債務があって充当関係が問題となる場合や，一定期間にわたって分割弁済を継続した場合など，弁済関係が複雑な場合は，迅速な審理の要請から，適宜，申立書や陳述書に充当関係を整理した一覧表や計算書を添付するなどして，全額返済されていること（及びそのうち何が争点になるのか）を容易に理解できるように工夫することが望ましい。

攻撃防御の中心となる要件事実の概略は以下のとおりである[注8]が，迅速な審理の要請から，Cとしては，申立書の段階から，請求原因のみならず，予想される抗弁を前提とした再抗弁も記載すべきである[注9]。

＜請求原因（Cの主張）＞
① Cは本件不動産を所有している。
② 本件不動産に，Dを抵当権者とする抵当権設定登記がある。
＜抗弁（Dの主張）＞
③ Dは，Cに対し，□年□月□日，□□円を貸し付けた。
④ Dは，Cとの間で，□年□月□日，上記④の債権を被担保債権として，本件不動産に抵当権を設定する旨の契約を締結した。
⑤ ④の当時，Cは本件不動産を所有していた。
⑥ 上記②の抵当権設定登記は，上記④に基づきされた。
＜再抗弁（Cの主張）＞
⑦ Cは，Dに対し，□年□月□日，上記③の貸金への全額の返済として，□□円を支払った。

(注7) 甲良充一郎「競売停止の仮処分，抵当権実行禁止の仮処分」井上治典ほか編『差止めと執行停止の理論と実務』〔判タ臨増1062号〕294頁。
(注8) 門口＝須藤・民事保全194頁〔古閑裕二〕（「競売手続停止・抵当権実行禁止を求める仮処分」）参照。
(注9) 東京地裁・実務（上）95頁〔清水朋子〕（「申立書の記載事項」）。

(c) 保全の必要性

　競売手続停止・抵当権実行禁止の仮処分は，仮の地位を定める仮処分であるから，保全の必要性として，「争いがある権利関係について債権者に生ずる著しい損害又は急迫の危険を避けるためこれを必要とするとき」に限り認められる（法23条2項）。具体的に「債権者に生ずる著しい損害」とは，競売によって不動産が売却されて抵当権設定者が所有権等を喪失するおそれがこれに当てはまる。

　ただし，担保不動産競売における代金の納付による買受人の不動産の取得は，担保権の不存在又は消滅により妨げられない（民執184条）とされていることから，売却許可決定がされて代金納付がされた後は，抵当権設定者は，買受人の不動産取得による自己の所有権等の喪失を阻止できなくなる。そして，売却決定期日が終了した後は，売却許可決定が取り消されるなどの特別な事情がない限り，競売手続を停止することはできない（民執188条・72条1項・2項）。

　よって，保全の必要性が認められるのは，具体的には，売却決定期日までであり，同期日までに，競売手続停止の仮処分の裁判書の謄本を執行裁判所に提出しなければならない。

　小問(2)では，Dは既に競売を申し立てたとのことであり，その競売の進行状況は明らかではないが，Cとしては，競売手続の進行状況に留意して，売却決定期日までに仮処分の裁判書の謄本を執行裁判所に提出できるよう，仮処分の審理に要する期間も念頭に置いたうえで，なるべく早期に仮処分の申立てをする必要がある。

(d) 仮処分の審理

　(ｱ) 管　　轄

　競売手続停止・抵当権実行禁止の仮処分は，仮の地位を定める仮処分であるから，その申立てをすべき管轄裁判所は，本案の管轄裁判所又は係争物である不動産の所在地を管轄する裁判所に専属する（法12条・6条）。本案は，上記(b)で述べた抵当権設定登記抹消登記請求訴訟であれば，被告となる抵当権者の普通裁判籍の所在地又は不動産の所在地を管轄する裁判所である（民訴4条・5条12号）。競売事件の執行裁判所は不動産の所在地を管轄する地方

裁判所である（民執44条1項）から，執行裁判所と同一の地方裁判所（裁24条1号）に本案提起や仮処分申立てをすることができる。

　(イ)　審　　尋

　競売手続停止・抵当権実行禁止の仮処分は，仮の地位を定める仮処分であるから，原則として，「口頭弁論又は債務者が立ち会うことができる審尋の期日を経なければ，これを発することができない。」（法23条4項）とされている。実務上，口頭弁論が開かれることはまれであるから，債権者及び債務者の双方が立ち会える審尋期日を開くのが通例である（いわゆる「要審尋事件」と呼ばれる。）。

　この点，実務上，債権者が前記(C)記載のとおり保全の必要性が認められる終期である売却決定期日の直前に仮処分の申立てをする場合が存する。この場合，債権者が裁判所に対し，急を要する状況であり債務者が立ち会うことができる審尋の「期日を経ることにより仮処分命令の申立ての目的を達することができない事情がある」（法23条4項ただし書）と主張して，無審尋での発令を求める場合がある。しかし，債権者は，競売手続が開始されたことにつき競売手続の債務者として競売開始決定の送達を受けて認識していたはずであり（民執188条・45条2項），競売開始決定から売却決定期日までは相当期間を要するのが通常であるから，急を要する状況を招いたのは債権者自身の責任であるのが通常である。また，被保全権利の疎明の成否については，債務者が立ち会うことができる審尋期日を経たうえでなければ適切に判断できない場合も多い。よって，このような場合であっても，審尋は省略されるべきではなく，そのため，被保全権利の疎明が十分でなく，又は保全の必要性が認められないとして，仮処分の申立てが認められないことも覚悟すべきである[注10]。

　小問(2)では，Cは，前記(C)記載のとおり競売手続の進行状況に留意して申立てをする必要があるが，特に，競売手続停止の仮処分は要審尋事件であり，申立て後，裁判所から債務者への審尋期日のための連絡，債務者が立ち会うことができる審尋期日を経て，発令見込みの場合は担保決定がされ，担保提

　（注10）　東京地裁・諸問題209頁，瀬木・民事保全229頁・615頁。

供後に仮処分命令が発令されることになるので，これら一連の手続には一定の日数を要することを踏まえ，疎明資料の収集整理，見込まれる担保の確保等の準備をしたうえで，申立てをする必要がある。

　㋒　担　　保

　競売手続停止・抵当権実行禁止の仮処分によって担保されるべき債務者の損害は，競売が停止することで売却が遅れることにより生じる損害である。よって，担保の額を決める際には，被担保債権額，不動産の価格，遅延損害金の割合，本案訴訟に要する期間の見込み，債権者の勝訴の見込み（被保全権利の疎明の程度）等を勘案して算定される[注11]。

(4)　結　　論

　以上のとおり，小問(2)については，Cは，Dの競売を止めるために，仮処分を求めることができる。その仮処分の具体的内容，要件，審理等については，上記(3)記載のとおりである。

■参考文献

　本文脚注に掲記のもののほか，以下の文献も，近時，本設例と同趣旨の点について論じたものであり，適宜参照されたい。
(1) 田中康郎「強制執行又は競売手続を停止する仮処分」山崎潮編『法律知識ライブラリー(6)民事保全の基礎知識』（青林書院，2002）57頁。
(2) 深見敏正＝福田敦「競売手続停止の仮処分」東京地裁・実務（上）393頁以下。
(3) 北村治樹「競売手続停止仮処分」菅野博之＝田代雅彦編『裁判実務シリーズ(3)民事保全の実務』（商事法務，2012）199頁以下。
(4) 須藤＝深見＝金子・民事保全165頁以下。

(注11)　瀬木・民事保全614頁参照。

V

建築紛争に関する仮処分

25 日照や良好な居住環境に対する被害の発生等を理由とする建築禁止の仮処分

宮崎　謙

(1) Aは，第一種住居専用地域内に自宅を建てて居住しているが，道路を隔てて向かいの近隣商業地域に，Bが9階建てのビルを建築しようとしている。日影図では，そのビルが建つと，隣のビルの影響もあって，冬場にはAの自宅にはほとんど日照がない状況になる。Aは，どのような仮処分を申し立てることができるか。

(2) Cは，第一種住居専用地域内に自宅を建てて住んでいるが，周囲はすべて2階建ての建物であるのに，同じ街区の並びのDが3階建ての建物を建築しようとしていることを知り，苦々しく思っていたが，その建物の外壁が，すべて赤と黄色のまだら模様に塗装されることを知り，せっかくの街並みの美しさが害され，ひいては街区全体の地価が下がってしまうと考えた。Cは，Dに対して，外壁を赤と黄色のまだら模様に塗装することを禁止する仮処分を申し立てることができるか。

［1］ はじめに

　本設例の各事例のAやCは，自宅の近隣に問題の建物が建つと私生活上の不利益を被ることになるから，民事保全による救済としては，建築禁止仮処分を申し立てることになる。

　近隣等での建築行為に関する紛争の類型としては，①敷地利用に関する権利をめぐる紛争，②生活環境をめぐる紛争，③相隣関係をめぐる紛争，④通行権をめぐる紛争，⑤建築請負契約の解除をめぐる紛争があるとされている[注1]。

　これらの紛争では，建物が完成してしまうと，その撤去を求める本案訴訟

で勝訴判決を得ても，任意の履行が必ずしも期待できないばかりか，相手方の資力如何では，間接強制が奏効せず，代替執行で撤去を実現しても費用を相手方から回収できなくなるおそれがあり，被害者側は，本案訴訟に際して，費用負担のリスクを覚悟のうえで撤去を求めていくのか，代替手段として損害賠償請求をするのか，という困難な選択を迫られることもあり得る。このため，建築前ないし工事中に建築行為を差し止める必要性は強く，建築禁止仮処分は，仮の地位を定める仮処分の一類型として実務に定着しており，また，当事者間の利害対立も先鋭で紛争性が高い。

　日照や街並みの美しさは，このうち生活環境に属する利益であるが，これを根拠とする仮処分申立ては，問題となる被侵害利益ごとに，被保全権利や申し立てるべき差止めの内容を各別に検討する必要がある。

〔2〕 日照阻害を理由とする建築禁止仮処分

(1) 被保全権利

　「日照権」という用語は，法律実務家によっても違和感なく使用されてはいるものの，判例上，私法上の権利としては承認されていない。ただ，居宅の日照が，通風とともに，快適で健康な生活に必要な生活利益として不法行為上の被告侵害利益となり得ることは，最高裁判所も早くから認めている(注2)。

　そして，日照阻害が，被保全権利である差止請求権を生じさせる法的根拠としては，理論的には諸説あるものの，裁判実務上は，物権的請求権ないし人格権を主張すれば十分であり，この点が争われることはまずない。

(2) 判断枠組み

　土地利用の高度化が進んだ現代社会では，建物が敷地外の近隣土地に日陰

(注1)　東京地裁・諸問題299頁。
(注2)　最判昭47・6・27民集26巻5号1067頁・判タ278号110頁・判時669号26頁。

を生じさせることは避けられず，程度の低い日照阻害を理由に建築行為を禁止したり，これを違法とすることは，土地の社会的効用を損なうことになるから，一定程度の日照阻害は，内在的制約として許容されなければならない。そこで，裁判所における建築禁止仮処分の判断では，判断枠組みとして，加害者と被害者の利益を衡量し，被害者の被害状況が社会生活上一般に受忍すべき限度を超えている場合に違法として差止めの対象となるという受忍限度論が採用されている。

また，その違法性判断にあたっては，不法行為上の損害賠償請求が認められるための違法性より，侵害行為の違法性が高くなければならないとする，いわゆる違法性段階説が，実務一般の取扱いとされている[注3]。

(3) 公法規制との関係

(a) 規制の概要

昭和51年改正により，建築基準法56条の2が新設され，この規定及びこれをうけた条例によって，敷地外に深刻な日照阻害を生じさせる建築物の建築は制限されている（以下「日影規制」という。）。

建築基準法56条の2及び同法別表第4は，まず，建築物の敷地が所在する区域に着目し，都市計画法8条1項1号に掲げられる12種類の用途地域の区分のうち，商業地域，工業地域及び工業専用地域の3区分は日影規制の対象外とし，その余の9区分及び用途地域の指定のない地域のうち条例で指定されたものを，規制の対象区域としている。

そして，規制対象建築物に関しては，建築基準法別表第4により，敷地の用途地域区分ごとに，規制の対象となる建築物の高さ等と，日影の測定地点及び許容される日影時間の上限が定められている。ただし，建築物が，冬至日に，当該建築物がある区域以外の日影規制対象区域の土地に日影を生じさせる場合には，後者の区域に建築物があるものとして日影規制が適用される（建基56条の2第5項，建基令135条の13）。

[注3] 裁判実務大系288頁〔山本博〕（「日照阻害を理由とする建築禁止仮処分」），坂本慶一「日照等妨害と不法行為責任」山口和男編『裁判実務大系(16)不法行為訴訟法(2)』（青林書院，1987）106頁。

(b) 日影規制と建築禁止仮処分

(ア) 日影規制は，建築確認の場面で適用される公法上の規制であり，その適合不適合が，建築行為の私法上の違法性判断を直接左右するものではない。

しかし，建築基準法の日影規制は，建築物が他の土地に与える悪影響を最低限必要な範囲で抑制する利害調整が本質であるから（建基1条参照），その規制内容は，私人対私人の場面でも，許容しがたい日照阻害の目安になると考えてよい。したがって，建築建物が日影規制に違反しているときには，社会生活上許容できない日照阻害を生じさせているものとして，私法上違法との判断を受ける可能性が高いといえる。

(イ) 日影規制に適合した建物については，原則的に差止めは困難であるとされており(注4)，他に特段の事情がなく，そのような判断に落ち着く事例も多い。ただし，日影規制が上記のとおり最低限の規制である以上，規制適合性が直ちに私法上適法との評価に結びつくと考えるべきではなく，受忍限度を超えない方向での考慮要素として位置づけたうえ，受忍限度を超えるか否かは，なお他の事情を検討して，総合的に判断するのが相当である。

また，日影規制の適用対象外建物についても，いかなる日照阻害を与えても許されるものでないことは当然であり，公的規制の網が掛けられていないことを念頭に置きつつ，他の要素を考慮して判断することになる。

(ウ) 日影規制の最低限の規制としての性格は，いわゆる複合日影の場合に顕著に現れるが，この問題は後述する。

(4) 受忍限度の判断

(a) 考慮要素

日照阻害が受忍限度を超えるか否かを判断するにあたって考慮すべき要素としては，①被害の程度，②地域性，③加害回避可能性，④被害建物の配置・構造と被害回避可能性，⑤被害建物の用途，⑥建築建物の用途，⑦先住関係，⑧建築建物の公法規制違反の有無，⑨交渉経過があげられ，そのうち

(注4) 裁判実務大系297頁〔山本博〕，東京地裁・諸問題301頁。

①と②が判断上重要とされている(注5)。

　(b)　被害の程度
　　(ア)　把握方法
　日照阻害による被害の程度を客観的に把握することは、受忍限度の判断の大前提となる最重要ポイントといってよい。裁判実務上は、建築基準法の日影規制にならい、最も日照が妨げられる冬至日を基準に、建築建物が被害建物にもたらす日照阻害の時間数によって被害程度を表すのが一般的であり、測定時間帯としては、日照の実際の効用に乏しい早朝や日没直前を除く趣旨で、日影規制に準じて午前8時から午後4時までの8時間を採用することが多い。測定場所は、建物の受ける実際の日照阻害時間を問題にするため、日影規制とは異なり、現に存する被害建物の主要開口部分が基準とされる。

　時間数以外の具体的な事実関係として、日照阻害の生じる時間帯、開口部の位置と大きさ、各建物の配置等は、被害程度を評価するための考慮事情となるし、春分秋分の日照状況も参考にされることがある。

　　(イ)　複合日影と被害の程度
　複合日影とは、複数の建物による日照阻害が複合している状態をいう。建築基準法上の日影規制は、原則として建築確認の対象である建築物単体での日影時間に着目して行われるし(注6)、建築禁止仮処分の審理上の被害程度の把握も同様であるため、複合日影によって程度の重い日照阻害が生じることになる事案だと、通常の審理手法では被害実態を正しく酌み取れず、救済として不十分となる。実務上も、複合日影の事案は、既存建物によって限られた日照しか享受していない状態から、日影規制に適合した建築建物が更に日照を奪う構図であることから、利害対立が深刻で、建築禁止仮処分の中でも解決が困難な類型とされる。

　複合日影は、建築建物単体の日照阻害のみで被害をみると複数の建物によ

(注5)　坂本・前掲（注3）108頁、山口和男編『日照権訴訟の実務』（新日本法規出版、1980）18頁以下。
(注6)　ただし、建築基準法56条の2第2項は、同一の敷地内に複数の建築物がある場合には、その全体を一つの建築物とみなして日影規制を適用することを定めている。また、日影規制上、日影の測定地点が複数箇所であること（同法別表第4の（に）欄参照）も、複合日影の問題に対処する趣旨であると説明されている。

る深刻な日照阻害に目をつぶる結果になる一方，実際の日照阻害結果を重視して建築を制限すると，公法上許容されている土地利用を著しく制限する結果となり，既存建物との間で生じる不公平も大きい。別途の考慮によって，建築建物のもたらす日照阻害の程度を適正に量る必要がある。

　一つには，既存建物と，建築建物又は被害建物との関係に着目する方法が考えられる。既存建物の所有者と建築建物を建築しようとする者が同一であったり，両建物が同一の敷地にあるなど，建物の関連性が強い事案では，その全体を一つの建物とみて被害程度を判断することも許されようし（建基56条の2第2項参照），反対に，被害建物と既存建物が同一の主体により建築されたとか，被害建物所有者が既存建物の建築に関与していたような事情があれば，建築建物単体で被害程度をみることも正当化され得るであろう。既存建物と被害建物の建築の先後関係も，しん酌が必要である。

　これに対し，考慮すべき特段の事情がない事案では，折衷的に，既存建物による日照阻害を，建築建物の建築者と被害建物所有者が双方で負担する発想で，建物建築の一部を制限する解決を検討せざるを得ないであろうし[注7]，そのような状況では，仮処分手続上の和解で柔軟な解決を目指すことも一つの選択肢といえる。その場合には，被害建物が確保する日照時間の長さや時間帯，建物建築の一部制限の具体的態様等を双方の意向を踏まえて調整したり，金銭補償によるバランス調整や天窓設置費用の補償等の代替的措置を講じるなど，様々な方策を探っていくことになる。

(c)　地　域　性

　地域性とは，当該地域における土地利用の方法及び日照に関する規範意識や社会的経済的要請であり[注8]，日照の要保護性の程度を基礎づける。

　地域性の検討は，都市計画法上の規制，すなわち前記12種類の用途地域区分のいずれであるかや容積率・建ぺい率の制限，高度規制等と，地域の現況

（注7）　具体的な方法として，小林克己「〈講演記録〉日照事件の最近の動向について」判タ363号35頁。裁判実務大系290頁〔山本博〕にも当該部分が簡潔に要約されている。この方法を採用した裁判例として，東京地決昭54・5・29下民30巻5～6号241頁・判タ386号63頁・判時933号97頁。

（注8）　裁判実務大系292頁〔山本博〕。

とから行う。用途地域の指定は、当該地域のあるべき土地利用に対する公的社会的認識であり、地域の将来の土地利用に影響を与えるものであって、判断上重要である。地域の現況は、用途地域指定で表現し尽くされない土地利用の実情であるが、現状のみならず、今後変化が予想される場合には、将来長期にわたり存立する建物のあり方を判断する以上、このことも考慮に入れられるべきである。

(5) 保全の必要性、主文

建築建物による日照阻害が受忍限度を超えていると判断される場合、その建築を禁止しなければ、本案訴訟確定まで被害を防止することはできない以上、保全の必要性も肯定されることになる。ただし、審理中に工事が進行し、躯体や外壁の工事が完了する段階に至ったときは、建築（続行）禁止によっても日照阻害は防止できないので、保全の必要は失われ、別途、建物撤去を求めることが必要となる。

また、日照阻害の建築禁止仮処分では、保全の必要性は、建物全体ではなく、受忍限度を超える日照阻害をもたらす部分に限り認められるのが通常であるから、申立ての趣旨ないし保全命令の主文も、審理段階から、受忍限度に関する疎明の状況を踏まえながら、階層制限、境界線からの距離の確保等、いかなる方法・態様での建築の一部禁止とするのかを検討しておく必要がある。

(6) 本設例・小問(1)への当てはめ

Aの自宅は、第一種住居専用地域内にあり、日照を保護すべき必要性は一般には高く、複合日影としての日照阻害の程度も大きい。一方、Bが建てるビルは、近隣商業地域内であるものの、冬至日にA宅敷地に日影を生じさせることから、A宅と同じ用途地域内にあるものとして日影規制が適用され、9階建てであることから、第一種中高層住居専用地域であっても、高さが10mを超える建物として規制対象となる。このビルに建築確認が得られている場合、建物単体では規制に適合していることになるし、ビルの敷地そのものは近隣商業地域にあり、A宅も、道路を挟んでこれに接面していることから、

Bのビル建築を大幅に制限する仮処分申立てが認容される余地は限られている。

とはいえ，Aとしては，複合日影による全体の日影阻害の深刻さとともに，Bのビルと隣のビルの個別の日照阻害状況といった被害の程度を明らかにしつつ，地域性等に関する自己に有利な事情を主張して，Bのビル建築の一部を制限し，冬場の日照を一部でも確保するような内容の建築禁止仮処分を申し立てることになる。

〔3〕 景観が害されることを理由とする建築禁止仮処分

(1) 被保全権利

(a) 景観利益についての平成18年最判

景観利益が個人の法的利益として民事上の救済対象になるか否かについては，救済が認められる傾向にあった眺望利益とは対称的に，これを消極に解するのが下級審の趨勢であったが(注9)，最判平18・3・30（民集60巻3号948頁・判タ1209号87頁・判時1931号3頁）（以下「平成18年最判」という。）は，景観利益の侵害が不法行為上違法と評価され得ることを認めた。

㋐　事案は，マンション販売等を業としている会社が国立市内の公道沿いに建築した地上14階建てマンション（最高地点の高さ40m余り）について，地域住民等が，景観利益を違法に侵害されているなどと主張して，この会社及びマンションの区分所有者らに対し，高さ20mを超える部分の撤去を求めるなどしたものである。第1審である東京地判平14・12・18（判タ1129号100頁・判時1829号36頁）が，一部原告との関係で，公道に面した棟についての20mを超える部分の撤去を求める限度で撤去請求を認容した後，控訴審の東京高判平16・10・27（判タ1175号205頁・判時1877号40頁）が原判決を取り消して請求を棄却し，第1審と控訴審とで，景観利益を個人の利益として保護救済の対象

(注9) 平成18年最判の調査官解説（髙橋譲・最判解民平成18年度（上）440頁以下）に下級審裁判例が紹介されている。

とするか否かについて判断が分かれていた。

　(イ)　上告審である平成18年最判は，上告受理決定をしたうえ，上告受理申立ての理由中，景観権ないし景観利益の侵害による不法行為をいう点について判断し，「良好な景観に近接する地域内に居住し，その恵沢を日常的に享受している者……が有する良好な景観の恵沢を享受する利益」を景観利益と定義しつつ，これは法律上の保護に値するとし，その侵害が不法行為を構成し得ることを認める一方，景観権なる私法上の権利性は否定した。

　(b)　差止請求権の法的根拠

　平成18年最判は，景観利益の法的性質を明示していないものの，その調査官解説[注10]では，人格的な利益と位置づけているのではないかと説明されており，被保全権利の主張としても，景観利益の侵害が人格権侵害を構成するとして差止請求権を基礎づけるのが相当であろう。

(2)　判断枠組み

　平成18年最判は，景観利益が認められる主体を，上記のとおり「良好な景観に近接する地域内に居住し，その恵沢を日常的に享受している者」と位置づけたうえ，景観利益の侵害が不法行為上違法であるかを判断するための枠組みとして，まず，「被侵害利益である景観利益の性質と内容，当該景観の所在地の地域環境，侵害行為の態様，程度，侵害の経過等を総合的に考察して判断すべき」との一般論を提示し，続けて，「ある行為が景観利益に対する違法な侵害に当たるといえるためには，少なくとも，その侵害行為が刑罰法規や行政法規の規制に違反するものであったり，公序良俗違反や権利の濫用に該当するものであるなど，侵害行為の態様や程度の面において社会的に容認された行為としての相当性を欠くことが求められると解するのが相当である」と判示した。

　日照が，およそ誰もが享受する利益であるのに対し，景観利益は，万人に認められるものではないことが明らかにされたことから，日照権の事案とは異なり，保護を受けるべき利益の存否自体も審理判断が必要となる。

　(注10)　髙橋・前掲（注9）447頁。

また，日照が，日常生活の質や人の健康に影響するのに対し，景観利益は，平成18年最判において，「〔景観が〕良好な風景として，人々の歴史的又は文化的環境を形作り，豊かな生活環境を構成する場合に」認められる客観的価値とされており，景観利益の侵害によってもたらされるのは，生活環境の豊かさの低下にとどまる。このような被侵害利益の性質の違いや，そもそも景観の利益が日照ほどに強固な法的利益として承認されてはいないことから，景観利益侵害に関する判断枠組みとして，受忍限度論は妥当せず，違法性判断の要素を総合的に考慮する手法が採用されたものであり，違法性が認められる判断基準としても，相当に高いものが求められたものといえる。

　さらに，日照権に関して承認されている違法性段階説は，景観利益についても妥当するであろうから，その観点からは，平成18年最判の提示した基準よりいっそう強い違法性が求められることになる。

(3) 本設例・小問(2)への当てはめ

　Cの自宅は，第一種住居専用地域内にあり，また周囲はすべて2階建ての建物であるものの，そのような街並みは各地の住宅地に珍しくなく，高さが揃っていることのみを指して「良好な景観」に当たるとはいえないであろう。また，建物の色彩に関しては，条例等による規制や地域住民間での取決めによって地域内で統一が図られているという事情があればともかくも，常識の範囲内でありながら様々な色彩の建物が存立するような状況にとどまっている限り，「良好な景観」と評価するには無理がある。平成18年最判の事例との比較からも，Cに景観利益があるものと認めるのは難しいと思われる。また，侵害行為についてみても，2階建て建物が建ち並ぶ中で3階建て建物を建てたり，外壁を奇抜な色彩で塗装することは，刑罰法規違反でも行政法規違反でもないであろうし，公序良俗違反や権利の濫用と評価される見込みも乏しい。このほか，Cが考えている街区全体の地価下落は，これを財産権侵害と位置づけて差止請求権を構成することは可能としても，侵害の違法性を基礎づけるのは困難である。

　以上からすれば，Cが建築禁止仮処分を求めて申立てをしても，通常これが認容されることはないものと考えられる。

なお，小問(2)と類似した，東京地判平21・1・28（判タ1290号184頁）の事案は，第一種低層住居専用地域として整備された武蔵野市内の閑静な住宅街で，赤と白のストライプに外壁を塗装し，円塔を配置した2階建て居宅が建築されたというものである。近隣の住民らが，建築主である所有者を被告として外壁の撤去等を請求したのに対し，裁判所は，平成18年最判が提示した判断枠組みに基づいて検討を行い，原告らが景観利益を有することを否定し，さらに，建物の色彩についても権利濫用や公序良俗違反には当たらないと判断し，請求を棄却している（確定）。

26 いわゆる迷惑施設に関連する建設差止めの仮処分

眞鍋　美穂子

　次のような施設が建設されようとしている場合，近隣の住民は，どのような手続でどのような仮処分を求めることができるか。
　(1)　ペットの霊園がペットの火葬場を併設しようとしている場合。
　　　ペットの霊園が開設される前から居住している住民と既に開設されているのを知って居住を開始した住民とで，その差止めを求める場合に違いが生じるか。
　(2)　駅から住宅地に抜ける商業地域内に，いわゆる場外馬券等売場の出店が計画されている場合。
　(3)　下流域の水源になっている川沿いに大規模な産業廃棄物の処理場が計画されている場合。

[1]　はじめに

　いわゆる迷惑施設といわれるものが建設される際には，周辺住民から様々な理由で建築差止めが求められることが多いが，ごみ焼却場，火葬場，廃棄物処理場などのように，大気汚染や土壌汚染，水質汚染等により，周辺住民の健康被害に影響を与えるとのおそれを抱かせるもの，競馬，競輪など公営ギャンブルの場外馬券等売場のように，客が集中することによって，交通渋滞を引き起こし，周辺の平穏な生活環境を変えたり，ギャンブルのための施設という性格上，周辺に犯罪が増えて治安が悪化したり，教育環境が悪化したりするとのおそれを抱かせるものなどがある。そのため，迷惑施設の建設に対しては，財産権，安全，平穏，快適な生活利益の侵害等を理由に，被保全権利を物権的請求権（所有権，占有権，物権化した不動産賃借権に基づく妨害排除

請求権又は妨害予防請求権），不法行為に基づく差止請求権あるいは人格権に基づく差止請求権(注1)として，民事保全手続により建設差止め，建設禁止の仮処分命令（以下「建設禁止の仮処分命令」という。）を申し立てることが考えられる(注2)。

〔2〕 設例・小問(1)について

(1) ペット霊園が新たに建設される場合

(a) 被保全権利について

ペット霊園も，霊園という施設の性質上，それが新設される場合，近隣住民は，①霊園があるために景観が害されること，②霊園があること自体で周辺土地のイメージが低下し，不動産価格の下落をもたらすし，心情的に快適な居住環境が害されること，③屋外に墓石等がある場合には，(a)線香の煙等による健康被害，(b)線香やろうそくを使うことで火災が生じる危険が増えること，(c)お供え物などに鳥が群がることなどにより騒音が生じたり，衛生環境が悪化することなどを主張して，物権的請求権，人格権に基づく差止請求権を被保全権利として，建設禁止の仮処分命令を申し立てることが考えられる(注3)。

(注1) 人格権に基づく差止め請求権については，人格権としての名誉権に基づく差止請求権が認められていることもあり（最大判昭61・6・11民集40巻4号872頁・判タ605号42頁・判時1194号3頁），一般に肯定されているが（大内俊身・最判解民平成5年度（上）307頁，田中豊・最判解民平成7年度（下）737頁は，いずれも，最高裁は人格権に基づく差止請求権を是認する趣旨であろうと記載している。），不法行為に基づく差止請求権については，実体法上の根拠に乏しいとして，これを否定する見解が強いようである。したがって，以下，被保全権利は，物権的請求権と人格権に基づく差止請求権を中心に検討することとする。

もっとも，瀬木・民事保全624頁は，日照妨害に関する仮処分においては，人格権，物権的請求権（所有権）という構成が，近年の事案の実態とかなり乖離しており，むしろ，環境権的な要素をも加味した何らかの新しい原理と基準が提唱されてしかるべきではないかと感じられると記載している。

(注2) 林豊「し尿処理場，火葬場等公共施設と不法行為責任」山口和男編『裁判実務大系(16)不法行為訴訟(2)』（青林書院，1987）170頁，松山恒昭「環境破壊（環境権）と不法行為責任」同書193頁。

(注3) 現行法制では，ペット霊園については，地方自治体が条例等で定めている場合を除いて

(b) 被保全権利の存否の判断枠組みについて

(ア) ペット霊園の建設禁止の仮処分命令が申し立てられた場合，物権的請求権，人格権に基づく差止請求権といった被保全権利が認められるかどうかについては，その侵害行為が一般通常人が社会共同生活を営むうえで当然受忍すべき限度を超えたといえることが必要とされており，具体的には，被害者側の利益と加害者側の利益を考慮し，社会一般が保護に値すると考えるかどうかという見地から判断すべきであるとされている。

この判断にあたっては，ごみ処理施設，廃棄物処理場，下水道施設や火葬場などは，いわゆる迷惑施設という面もあるものの，国民生活にとって必要不可欠な施設であるといえるが，ペット霊園は，ペット愛好家にとっては，家族の一員ともいえるペットを弔い，供養する重要な施設である反面，ペットを飼わない者にとっては，生活に必要不可欠な施設とはいえないことが指摘でき，この観点からの考慮も必要となると考えられる。

そのため，ペット霊園の建設者側も，通常の霊園等とは異なり，施設の設置方法（屋内施設を中心にするなど）の配慮をより求められることになると考える。

(イ) 上記(a)①の景観利益については，いわゆる国立高層マンション景観訴訟の最判平18・3・30（民集60巻3号948頁・判タ1209号87頁・判時1931号3頁）は，景観権の権利性自体は否定したが，当該建物の一定の範囲の住民については，景観利益が法律上，保護に値するものであることを認め，ある行為が，景観利益に対する違法な侵害にあたるといえるためには，少なくとも，その侵害行為が刑罰法規や行政法規の規制に違反するものであったり，公序良俗違反や権利の濫用に該当するものであるなど，侵害行為の態様や程度の面において社会的に容認された行為としての相当性を欠くことが求められるという判断基準を示している。しかしながら，この判断基準に従って，ペット霊

は，行政上の規制はほとんどないとされている。もっとも，悪臭防止法3条（都道府県知事等が悪臭を防止する必要があると認める地域を指定することができ，規制地域内ではすべての工場その他の事業場が規制の対象となる。）の要件を満たすときはその規制がかかってくるし，大気汚染防止法においては，一定規模以上の動物の死体を焼却する施設については，同法6条に基づく都道府県知事等への届出や，排気口から排出されるばい煙，有害物質等の排出基準の遵守などの規制が課せられることになる。

園の設置が景観利益を害するものと判断されるとしても，そのことから直ちに差止請求権が認められるかについては，差止請求権の根拠を何に求めるのかなど，別途検討が必要となる[注4]。

上記(a)②の周辺土地のイメージの低下等については，ペット霊園の設置方法にもよるが，その施設の外観が，霊園をイメージさせないものなどとなっているような場合には，財産権（所有権，占有権あるいは物権化した不動産賃借権）や人格権侵害が認められないことが多いと考えられるため，物権的請求権や人格権に基づく差止請求権が認められるのは困難であるといえそうである。

上記(a)③の(a)ないし(c)は，屋外に墓石等が設置される場合に生じ得る問題ではあるが，ペット霊園の場合は，費用のこともあり，屋外に多数のペット用の墓石が設置されることはそれほどないと考えられるため，上記③の(a)ないし(c)のような被害は，通常の墓地ほど周辺住民には影響を与えないと思われる。したがって，上記③(a)ないし(c)を理由とする物権的請求権や人格権に基づく差止請求権が認められることは多くないと考えられる。

(c) 保全の必要性について

建設差止めの仮処分命令申立事件は，当該施設が完成してしまうと財産権や人格権が侵害されることを理由とするものである。このうち，財産権侵害（不動産価値の低下）のみを理由とするときは，後に金銭賠償によって填補可能ということであれば，保全の必要性が認められないということもあり得るが，人格権侵害を理由とするような場合は，後で金銭賠償することによっても償えないことが多いこと，当該施設を建設後に除去することには費用も時間も要することから，人格権に基づく差止請求権が認められるときには，保全の必要性が認められることが多いと解される。

(2) ペット霊園が火葬場を併設しようとする場合

(a) 被保全権利について

既に設置されているペット霊園が火葬場を併設しようとする場合に，火葬場の建設差止めを求めることができるか[注5]。

(注4) 髙橋譲・最判解民平成18年度455頁。

既にペット霊園が設置されているため，火葬場の併設により，財産権あるいは人格権が更に侵害されるのかという問題となり，具体的には，④火葬場を併設することにより，その排出ガス等のため，生活環境が悪化することになるのか（健康被害が生じるおそれがあるのか），⑤火葬場を併設することにより，イメージが低下し，周辺土地の不動産価格の下落等を生じさせるのかという点で問題となると解され，被保全権利としては，物権的請求権あるいは人格権に基づく差止請求権が主張されるものと考えられる。

(b) 被保全権利の存否について

上記(a)④については，火葬場からの排出ガスにより，周辺の一酸化炭素濃度が上昇し，それにより，近隣住民が，強烈な刺激臭に悩み，また，煙や悪臭による健康被害が生じる可能性が高いことが疎明されるときは，人格権に基づく差止請求権が認められることになる（そのような土地であることにより，財産権侵害も認められる可能性もある。）。ただし，債権者である周辺住民等は，債務者である設置者に対し，火葬場の施設概要や機械の性能などの情報の開示を求め，当該施設が生命身体への被害を与えるおそれがあることを科学的見地から疎明しなければならないことになる。

他方，上記⑤については，既にペット霊園が設置されていた場所であるから，火葬場が併設されたことにより，更にイメージが低下して周辺土地の不動産価格を下落させるといえるかには疑問があり，上記⑤のみを理由として物権的請求権（あるいは人格権に基づく差止請求権）が認められることはそれほど多くないと思われる。

(c) 保全の必要性について

上記(1)(c)の場合と同様に，人格権に基づく差止請求権が認められるようなときには，保全の必要性が認められることが多いと解される。

(注5) 東京地決平22・7・6判時2122号99頁参照。同決定の事案は，ペット霊園の火葬場が操業した後，周辺住民に煙や悪臭被害を与えたものであり，ペット火葬炉の使用の差止めが認められたものである。

(3) ペットの霊園が火葬場を併設する場合に，ペット霊園が開設される前から居住している住民と既に開設されているのを知って居住を開始した住民とで，建設差止めを求める場合に違いが生じるか[注6]

(a) ペット霊園が開設されているのを知って居住を開始した住民について

ペット霊園が開設されているのを知って居住を開始した住民であっても，火葬場の設置により，上記(2)(a)④のような健康被害が生じる可能性があるようなときは，健康被害を受けることまでは受忍しているとはいえないため，健康被害を受けるおそれがあることの疎明がされたのであれば，建設禁止の仮処分が認容されることになると考えられる。

他方，ペット霊園が開設されているのを知って居住を開始した住民であれば，上記(2)(a)⑤の場合には，物権的請求権あるいは人格権に基づく差止請求権が認められる可能性はそれほど高くないといえる。

(b) ペット霊園開設前から居住している住民について

ペット霊園開設前から居住している住民が，ペット霊園設置者との間でペット霊園開設に関し協定を結ぶなどし，将来の火葬場設置も容認していたとき，(a)の場合と異なる結果になるだろうか。

この場合も，上記(2)(a)④のように健康被害が生じるおそれがあるようなときは，仮に，ペット霊園開設にあたり協定を結び，その協定で将来の火葬場の併設も容認しているとしても，健康被害を与えるような火葬場の設置まで容認しているとはいえないから，それは受忍限度を超えるものとして，建設差止め等が認められることになると考える。

他方，上記(2)(a)⑤のように景観利益等を根拠とするような場合には，上記協定等により，火葬場の設置を容認していたことになるから，このような被

(注6) ペット霊園の設置に関する条例を定めている地方自治体においては，ペット霊園設置に関し，一定距離の範囲内にある住民と協定を締結することを設置の要件としているものがあるようであり，このような場合，近隣住民の中には，ペット霊園設置前からの住民であるためにペット霊園設置にあたり，設置者と協定を締結している住民と，ペット霊園設置後の住民であるため，協定を締結していない住民がいることになる。

害者側の態度は，受忍限度の判断において，住民側に不利に働く可能性があると考える。

〔3〕 駅から住宅地に抜ける商業地域内に，いわゆる場外馬券等売場の出店が計画されている場合

(1) 被保全権利について

　場外馬券等売場には，開催日を中心に多数の客が集中し，周辺に交通渋滞を引き起こしたり，路上駐車も増えること，競馬等のギャンブルの本質は賭博であることから，教育環境，生活環境が破壊されること，犯罪も増えるおそれがあることなどを主張して，物権的請求権あるいは人格権に基づく差止請求権を被保全権利として，建設差止めの仮処分を申し立てることが考えられる。

　なお，場外車券等売場の設置は，監督大臣の承認あるいは許可を要件としているため[注7]，行政事件訴訟法25条2項に基づき，当該処分の取消しの訴えを提起したうえで，処分，処分の執行又は手続の続行により生ずる重大な損害を避けるため緊急の必要があるとして，当該処分の効力，処分の執行又は手続の続行の全部又は一部の停止をすることも考えられなくはないが，以

（注7）　いわゆる公営ギャンブルには，競馬，競輪，オートレース，モーターボートがある。
　　これらの公営ギャンブルの場外馬券等売場については，監督官庁の大臣の承認又は許可が必要であり（農林水産大臣の承認・競馬法施行令2条・17条の7。経済産業大臣の許可・自転車競技法5条，小型自動車競走法8条。国土交通大臣の許可・モーターボート競走法5条），その承認又は許可にあたっては，「学校その他の文教施設及び病院その他の医療施設から適当な距離を有し，文教上又は保険衛生上著しい支障をきたすおそれがないこと」（農林水産大臣の承認の基準として旧競馬法施行規則16条の規定に基づく場外設備の位置，構造及び設備の基準に関する平4・12・21農林水産省告示第1309号。経済産業大臣の許可の基準として自転車競技法施行規則15条，小型自動車競走法施行規則12条。国土交通大臣の許可の基準としてモーターボート競走法施行規則12条）や，「施設の規模，構造及び設備並びにこれらの配置が，入場者の利便及び車券の発売等の公正な運営のため適切なものであり，かつ，周辺環境と調和したものであって，大臣が告示で定める基準に適合するものであること」（経済産業大臣の許可の基準として自転車競技法施行規則15条，小型自動車競走法施行規則12条），あるいは「告示で定める基準に適合するものであること」（国土交通大臣の許可の基準としてモーターボート競走法施行規則12条）などを定めている。

下，民事上の仮処分を求める場合について検討することとする。

(2) 被保全権利の存否についての判断枠組みについて

(a) 近隣住民による申立てについて

物権的請求権あるいは人格権に基づく差止請求権を被保全権利とするのであれば，場外馬券等売場が建設されることにより，被害者が受ける被害が受忍限度を超えるかどうかを検討することになる(注8)。

監督大臣が場外車券等売場の設置の承認又は許可をするにあたっては，文教上又は保健衛生上著しい支障を来すおそれがない場所であることや，施設の規模，構造及び設備並びにこれらの配置が，周辺環境と調和したものであることなどが要件となっている。そのため，設置者側は，周辺環境にどのような影響を与えるか，それに対してどのような対応をとるのか等を事前に検討していることになる。したがって，債権者となる近隣住民らは，設置者側が考慮した周辺環境に対する対策等では不十分であり，場外車券等売場の設置により，財産権侵害や人格権侵害が生じるおそれがあることを疎明していくことになる。

(b) 商業地域内の店舗等の利用者による申立てについて

場外馬券等売場が住宅地に抜ける商業地域内に設置されることから，新設される場外馬券等売場の近隣住民だけでなく，当該商業地域の店舗等を利用する者らが，人格権侵害を理由に建設差止めを求めることも考えられる。

商業地域内の店舗等の単なる利用者も，もちろん，日々利用する商業地域内に場外馬券等売場が設置されることにより，交通渋滞等による影響や，治安の悪化などの不安をいだくことが考えられる。しかしながら，人格権が公共の利益という制限を受けるものではあるが，排他的な権利であるとされていることからすると，商業地域内の店舗等の単なる利用者の上記のような利

(注8) 場外馬券売場等の設置差止めを求めた仮処分命令申立事件としては，高松地決平5・8・18判夕832号281頁（生命，身体，快適な環境等についての具体的な人格権の被害発生の疎明がないとして，場外馬券売場設置の差止め仮処分申立てを却下した。），那覇地沖縄支決平7・12・26判夕907号272頁（教育環境の破壊，生活環境の破壊，犯罪の発生，沖縄市のイメージダウンという人格権侵害の蓋然性の発生の疎明がないとして，場外車券売場設置の差止め仮処分申立てを却下した。）がある。

益までをも人格権に含めたり，法的保護に値する利益であるとすることは，法的保護に値する利益を広範に認めすぎることになり，採用しがたいと解される。

(3) 保全の必要性について

人格権に基づく差止請求権が認められる場合に保全の必要性が認められることになると考えられることについては，〔2〕(1)(c)の場合と同様である。

〔4〕 下流域の水源になっている川沿いに大規模な産業廃棄物の処理場が計画されているときにその下流域の水源を利用する者が建設禁止を求める場合

(1) 問題の所在

産業廃棄物処理場の建設は，産業廃棄物処理業者による場合と，地方公共団体による場合の2つの場合が考えられる。このうち，前者について，産業廃棄物処理業者は，都道府県知事の許可を得ることが必要となっているため（廃棄物8条・15条等）(注9)，その許可処分の取消しを求めたうえで，行政事件訴訟法25条の執行停止を求めることも考えられるが，以下，民事上の仮処分を求める場合について検討することとする。

(注9) 都道府県知事がこの許可をするにあたっては，①その一般廃棄物処理施設の設置に関する計画が環境省令で定める技術上の基準に適合していること，②その一般廃棄物処理施設の設置に関する計画及び維持管理に関する計画が当該一般廃棄物処理施設に係る周辺地域の生活環境の保全及び環境省令で定める周辺の施設について適正な配慮がなされたものであること，③申請者の能力がその一般廃棄物処理施設の設置に関する計画及び維持管理に関する計画に従って当該一般廃棄物処理施設の設置及び維持管理を的確に，かつ，継続して行うに足りるものとして環境省令で定める基準に適合するものであることなどの要件を満たすことを確認する必要があるうえに，④都道府県知事は，ごみ処理施設の設置によって，ごみ処理施設又は産業廃棄物処理施設の過度の集中により大気環境基準の確保が困難となると認めるときは，許可をしないことができるとされている（廃棄物8条の2・15条の2など）。

(2) 被保全権利について

　下流域の水源を利用する者が，上流に設置される産業廃棄物の処理場の建設について，設置業者（債務者）に対し，①土壌汚染，水質汚染，大気汚染などによる健康被害を理由とする人格権に基づく差止請求権により，②上流に産業廃棄物処理場が設置されることにより，自ら所有するその下流域の土地に土壌汚染，水質汚染，大気汚染等が生じるおそれがあるとして，物権的請求権により，③上記①，②が生じるため地価が下落したり，景観利益が害されることを理由として，物権的請求権あるいは人格権に基づく差止請求権により，建設差止めの仮処分命令を申し立てることが考えられる。

(3) 被保全権利の判断枠組みについて

　物権的請求権あるいは人格権に基づく差止請求権を被保全権利とするのであれば，産業廃棄物処理場が建設されることにより，被害者が受ける被害が受忍限度を超えるかどうかについて検討することになる[注10]。

　しかしながら，廃棄物の処理及び清掃に関する法律上，産業廃棄物処理場の設置については都道府県知事の許可が必要であり，都道府県知事が許可を与えるにあたっては，当該施設が周辺に与える影響を考慮すべきであるとされているから，債権者となる近隣住民らは，当該施設の処理能力等からして，当該施設の建設，操業が財産権や人格権を侵害するものであること（受忍限度を超えること）を疎明していくことになる。

(注10)　産業廃棄物処理場の建設差止めを求めた仮処分命令申立事件としては，仙台地決平4・2・28判タ789号107頁・判時1429号109頁（新たに設置される産業廃棄物最終処分場の周辺住民らが，水質汚濁，地盤崩壊，交通事故発生等の差し迫った危険が存在するとして生活環境権，人格権，物権的請求権，不法行為に基づく差止請求権を被保全権利として当該処理場の使用操業差止めの仮処分を申請したところ，飲用水・生活用水として使用している井戸水・沢水が当該処理場の操業により汚濁されて人格権が侵害される高度の蓋然性が認められ，保全の必要性も認められるとして，当該処理場の使用操業の禁止を命じた。），大分地決平7・2・20判タ889号257頁・判時1534号104頁（産業廃棄物処理場の周辺住民らが，水質汚濁，地盤崩壊の危険性等が存在するとして，所有権ないし人格権に基づく差止請求権を被保全権利として当該処理場の使用，操業の差止めの仮処分を申し立てたところ，地盤崩壊の危険性を認め，所有権侵害と平穏かつ安全な生活，生命，身体の安全が害されたとして，使用，操業の差止めを認めた。）がある。

(4) 保全の必要性について

　人格権に基づく差止請求権が認められるときには保全の必要性も認められることが多いと考えられることは，上記〔２〕(1)(c)と同様である。

(5) 他の産業廃棄物処理業者による請求について

　近隣住民だけでなく，他の産業廃棄物処理業者も建設差止めを求めることができるか。

　最判平26・1・28（民集68巻1号49頁・判タ399号78頁・判時2215号67頁）は，廃棄物処理業者の許可処分等の対象とされた区域につき既にその許可等を受けている廃棄物業者（以下「既存の許可業者」という。）について，廃棄物の処理及び清掃に関する法律は，他の者からの一般廃棄物処理業の許可等の申請に対して，市町村長が既存の許可業者の事業への影響を考慮してその拒否を判断することを通じて当該区域の衛生や環境を保持するうえでその基礎となるものとして，個々の既存の許可業者の事業に係る営業上の利益をその個別的利益として保護すべきものであるとする趣旨を含むものであるとした。これによると，他の産業廃棄物処理業者は，営業上の利益が侵害されるおそれがあることを理由に産業廃棄物処理場の建設差止めを求めることも考えられるが，このような営業上の利益侵害による損害自体は，後になって損害賠償請求権により塡補され得るものであることからすると，保全の必要性が直ちに認められることにはならないと考えられる。

27　アスベストの撤去工事の禁止を求める仮処分

沖中　康人

　次のような場合，A，Eは，誰に対してどのような仮処分を求めることができるか。
(1)　Aは，住んでいる自宅の2軒先にかなり古い倉庫があり，これを所有しているB社が，その倉庫の解体工事を建設会社Cに発注して取り壊して，マンションに建て替える計画があるのを知ったが，旧い倉庫には防火のために大量の石綿（アスベスト）材が使用されているはずであり，解体作業に伴って大量のアスベストの飛沫が飛んできて，Aに健康被害が及ぶのではないかと心配である場合
(2)　(1)の事例で，倉庫の解体工事を請け負ったC社の下請会社Dの作業員であるEは，室内での解体作業に際して大量のアスベスト飛沫に曝露され，健康を害されるおそれがあると考えている場合

〔1〕 アスベストについて

　アスベスト（石綿）とは，ほぐすと綿のようになる一群の繊維状鉱物の総称である。アスベストは，紡織性，拡張力，耐熱性等が優れており，古くから紡織品，建築材料等に広く使用されてきた。
　一方，アスベスト関連疾患には，石綿肺，肺がん，中皮腫等がある。アスベスト関連疾患に関する医学的知見は，時代を追うにつれて進展してきた。
　我が国では，高度経済成長に伴ってアスベストの使用量が大きく伸び始め，昭和40年代半ばから60年代にかけて大量消費が続いたが，平成2年頃から急激に消費量が減少した。平成18年9月には，アスベスト含有製品の製造，使用等がほぼ全面的に禁止され，アスベストの消費はほとんどなくなった[注1]。

なお，従来，アスベストによる健康被害は職業性の曝露に限定されると考えられてきたところ，平成17年6月，株式会社クボタの尼崎市に所在する旧工場の周辺住民が中皮腫に罹患していることが同社から公表されたため，日本全国に衝撃を与え（いわゆるクボタ・ショック），これを契機に，種々の立法が速やかに行われたものである(注2)。

したがって，一般に，大量のアスベスト飛沫に人体が曝露されれば，健康を害するおそれが高いといえよう。以上を前提に，各小問において考えられる仮処分を検討する。

〔2〕 設例・小問(1)について

(1) 公害ないし生活妨害

小問(1)では，Aが居住する自宅の2軒先にある古い倉庫（以下「本件倉庫」という。）の解体工事（以下「本件解体工事」という。）が計画されているところ，Aは，本件解体作業に伴って大量のアスベストの飛沫が飛んできて，自らに健康被害が及ぶことを心配している。

仮に，Aが心配しているように，本件倉庫の解体に伴い，大量のアスベスト飛沫が周辺に飛散するという事態が生ずれば，それはいわゆる公害ないし生活妨害（ニューサンス）にあたり得る。なお，環境基本法では，公害を「環境の保全上の支障のうち，事業活動その他の人の活動に伴って生ずる相当範囲における大気の汚染，水質の汚濁（……），土壌の汚染，騒音，振動，地盤の沈下（……）及び悪臭によって，人の健康又は生活環境（人の生活に密接な関係のある財産並びに人の生活に密接な関係のある動植物及びその生育環境を含む。以下同じ。）に係る被害が生ずることをいう。」と定義している（環境基2条3項）。

(注1) 以上について，いわゆる泉南アスベスト訴訟に係る最判平26・10・9民集68巻8号799頁・判タ1408号32頁・判時2241号3頁を参照。
(注2) 大塚直『環境法〔第3版〕』（有斐閣，2010）649頁。

(2) 差止請求の根拠

公害については，健康被害や環境汚染の差止めが重要であるところ，差止請求権の根拠としては，①所有権等の物権的請求権，②人格権，③不法行為，④環境権があげられている[注3]。なお，環境権説では，良い環境が侵害される危険があれば，当該地域の住民であれば，当該個人に具体的被害が生じていなくても，原則として差止請求ができるとするようだが，かかる見解は，多数説とはいいがたい[注4]。当該個人の私的権利・利益の救済を目的とする民事訴訟において，このような見解を採用することは難しいと思われる。

(3) 加害行為の違法性判断

公害ないし生活妨害について，加害行為の違法性の有無を判断する際には，一般に，加害行為及び被侵害利益をめぐる諸般の事情を総合的に考慮するという「受忍限度論」が採用されている。すなわち，「この種の侵害は，人が社会生活をするかぎりは，厳密にいえば，必然的に多少とも互いに与えあっているものである。ただ，それらが社会生活上のある合理的な限度を超えるとみられる場合には，違法な侵害行為として不法行為になるといわなければならないものである。……そして，侵害が右の合理的な限度を超えて違法なものと認められるか否かを分かつ判定にあたっては，そこでの被侵害利益を概括的にどのように性格づけ名づけるにもせよ，……諸般の状況を総合しての利益衡量が重要な要素として働くことを否定できないのである」[注5]。なお，損害賠償に比べて差止めは，相手方の事業等に与える影響がより深刻であり，社会的な利益にも影響を与え得るため，差止めの前提としての違法性は，損害賠償の前提としてのそれよりも，高いものが求められる（違法性段階説）とするのが一般的である。

具体的にみると，差止請求の成否をめぐる裁判例では，「(i)実質的被害を

(注3) 幾代通＝徳本伸一補訂『不法行為』（有斐閣，1993）83頁・317頁，大塚・前掲（注2）682頁。
(注4) 大塚・前掲（注2）682頁。
(注5) 幾代＝徳本補訂・前掲（注3）83頁・317頁。

前提としつつ，(ii)加害者の利用方法の地域性への適合の有無，(iii)加害者の被害防止対策（経済的期待可能な措置）実施の有無，(iv)加害行為の公共性の有無・程度，(v)環境影響評価や住民への説明などの手続履践の有無，(vi)法規違反の有無，(vii)（日照妨害については）加害者と被害者の先住後住関係などが考慮されてきた」[注6]ものである。

　もっとも，受忍限度論を採用しても，人の健康被害が発生する高度の蓋然性がある場合には，加害行為の公共性が高度であったとしても，差止めが認められるとするのが，一般的な理解であろう[注7]。

(4) 小問(1)における被保全権利

　小問(1)では，Aは，自らが居住する自宅の2軒先にある古い倉庫（本件倉庫）の解体工事（本件解体工事）に伴って大量のアスベストの飛沫が飛んできて，自らに健康被害が及ぶことを心配している。この場合，Aとしては，本件解体工事に伴い，自らの健康に被害が及ぶ程度のアスベスト飛沫が飛散するおそれが高いことを主張・立証して，人格権等に基づき，本件解体工事の差止請求，あるいは，本件解体工事におけるアスベスト飛沫の飛散防止措置の請求等をすることが考えられる。

　人格権等の侵害行為者としては，本件倉庫を所有しており，かつ，本件解体工事を発注したBと，本件解体工事を受注し，本件解体工事を実施する予定である建設会社C社があたり得るので，これらの者が請求の相手方となろう。

　本件解体工事の公共性としては，大量のアスベストを含有する本件倉庫が残存したまま放置される事態を避けるという社会的利益等が考えられるが，小問(1)では，Aの主張を前提とすれば，Aの健康被害が生じるおそれが高いというのであるから，前述の受忍限度論や違法性段階説を前提としても，Aの主張内容が認められれば，通常は，加害行為の違法性が認定されることになろう。

(注6)　大塚・前掲（注2）684頁。
(注7)　大塚・前掲（注2）684頁。

(5) 小問(1)における保全の必要性

　本件解体工事の差止めを求める仮処分や，本件解体工事におけるアスベスト飛散防止措置を求める仮処分は，仮の地位を定める仮処分であり，その中でも，本案請求が認容されたのと同様の状態を実現するいわゆる断行の仮処分である。このような仮処分については，被保全権利につき高度の疎明が要求されるとともに，保全の必要性についても高度なものが要求される。

　もっとも，Aの主張を前提とすれば，Aの健康被害が生じるおそれが高いというのであるから，被保全権利についての十分な疎明があるといえる場合には，通常は，断行の仮処分であっても，保全の必要性の疎明もあることになろう。

〔3〕 設例・小問(2)について

(1) 問題の所在

　小問(2)では，本件倉庫の解体工事を請け負ったC社の下請会社Dの作業員であるEが，室内での解体作業に伴って大量のアスベスト飛沫に曝露され健康を害されるおそれがあると考えている。

　Eは，本件解体工事を請け負ったC社の下請会社Dの作業員であるから，小問(1)における周辺住民Aとは立場が異なる。C社及びD社は，本件工事請負契約により本件解体工事を完成させるべき義務を負っており，EはD社との雇用契約（労働契約）によりD社の業務に就労すべき義務を負っているからである。

　例えば，仮に，作業員Eが解体作業現場でマスクを着用すれば健康上の問題が生じないとすると，労働契約の内容次第ではあるが，一般的には，Eはマスクを着用して就労すべき義務があり，Eが損害賠償を求めることはできないことになると思われる。一方，周辺住民Aが同様にマスクを着用すれば健康上の問題が生じない場合であっても，Aとしては，マスクをして生活することを受忍すべき理由はないと考えられよう。

したがって，Eについては，Aとは異なり，D社との間の労働契約の内容を踏まえた被保全権利の検討が必要である。

(2) 安全配慮義務

小問(2)のような場合には，いわゆる安全配慮義務が問題となる。すなわち，使用者は労働者に対し，労働契約に基づく付随義務として，労働者の生命，身体，健康等を危険から保護するよう配慮すべき義務（安全配慮義務）を負っていると解される。

判例上も，まず公務員について，「国は，公務員に対し，国が公務遂行のために設置すべき場所，施設もしくは器具等の設置管理又は公務員が国もしくは上司の指示のもとに遂行する公務の管理にあたって，公務員の生命及び健康等を危険から保護するよう配慮すべき義務（以下「安全配慮義務」という。）を負っているものと解すべきである。……けだし，右のような安全配慮義務は，ある法律関係に基づいて特別な社会的接触の関係に入った当事者間において，当該法律関係の付随義務として当事者の一方又は双方が相手方に対して信義則上負う義務として一般的に認められるべきものであって，国と公務員との間においても別異に解すべき論拠はなく，公務員が前記の義務を安んじて誠実に履行するためには，国が，公務員に対し安全配慮義務を負い，これを尽くすことが必要不可欠であり，また，国家公務員法93条ないし95条及びこれに基づく……災害補償制度も国が公務員に対し安全配慮義務を負うことを当然の前提とし，この義務が尽くされたとしてもなお発生すべき公務災害に対処するために設けられたものと解されるからである。」[注8]とされた。その後，公務員以外の労働者についても，同様の判例が形成されている。

そして，判例は，使用者以外の第三者についても，安全配慮義務を拡張している。すなわち，三菱重工神戸造船所で稼働していたが，元請人である三菱重工と直接の契約関係はなく，下請人の被用者という立場にある者が，元

(注8) いわゆる自衛隊車両整備工場事件に係る最判昭50・2・25民集29巻2号143頁・判時767号11頁。

請人（上告人）に対して安全配慮義務違反に基づく損害賠償請求をした事案について、「上告人の下請企業の労働者が上告人の神戸造船所で労務の提供をするに当たっては、いわゆる社外工として、上告人の管理する設備、工具等を用い、事実上上告人の指揮、監督を受けて稼働し、その作業内容も上告人の従業員であるいわゆる本工とほとんど同じであったというのであり、このような事実関係の下においては、上告人は、下請企業の労働者との間に特別な社会的接触の関係に入ったもので、信義則上、右労働者に対して安全配慮義務を負うものであるとした原審の判断は、正当として是認することができる。」(注9)とされた。

(3) 就労義務の免除

また、そもそも、労働者であっても、雇用契約の想定を超えた危険な労働については、雇用契約上の就労義務を免れることになる。具体的には、「生命・身体に対する重大な危険の存在のゆえに、労働義務の本来的限界として就労義務を負わない場合」と「使用者が（労働安全衛生法）上の安全衛生措置を講じていないために当該作業に生命・身体に対する重大な危険が生じている場合」の2つの場合があげられている(注10)。

判例上も、日韓間海底ケーブルの故障修理のため朝鮮海峡に出動を命ぜられた電電公社の海底線敷設船について、その出航を一時遅延させた乗組員に対する解雇の有効性が争われた事案（いわゆる千代田丸事件）について、「本件千代田丸の出航についても、米海軍艦艇の護衛が付されることによる安全措置が講ぜられたにせよ、これが必ずしも十全といえないことは、前記……実弾射撃演習との遭遇の例によっても知られうるところであり、かような危険は、双方がいかに万全の配慮をしたとしても、なお避け難い軍事上のものであって、海底線敷設船たる千代田丸乗組員のほんらい予想すべき海上作業に伴う危険の類いではなく、また、その危険の度合いが必ずしも大でないとしても、なお、労働契約の当事者たる千代田丸乗組員において、その意に反

(注9) 最判平3・4・11集民162号295頁・判タ759号95頁・判時1391号3頁。
(注10) 菅野和夫『労働法〔第10版〕』（弘文堂、2012）408頁。

して義務の強制を余儀なくされるものとは断じ難いところである。」(注11)として，上記解雇が無効と判断されている。

(4) 小問(2)における被保全権利

(a) 危険防止措置請求

以上を前提にすると，小問(2)では，本件倉庫の解体工事を請け負ったＣ社の下請会社Ｄの作業員であるＥは，何ら危険防止措置を行わなければ，室内での解体作業に伴って，自らの健康に被害が及ぶ程度のアスベスト飛沫に曝露するおそれが高いことを主張・立証して，安全配慮義務に基づき危険防止措置を行うよう請求することが考えられる。例えば，仮に，作業現場に排気装置を設置することにより危険を除去できるのであれば，安全配慮義務に基づき，作業現場における排気装置の設置請求をすることが考えられよう。

なお，安全配慮義務に基づく危険防止措置請求において，Ｅが，直接の契約関係にある下請会社Ｄ社に加えて，元請会社Ｃ社に対しても請求するのであれば，Ｅは，「本件解体工事を行うにあたり，元請会社Ｃ社の管理する設備，工具等を用い，事実上Ｃ社の指揮，監督を受けて稼働し，その作業内容もＣ社の従業員とほとんど同じである」というような事実関係に基づき，Ｃ社がＥとの間に「特別な社会的接触の関係に入った」ことを主張・立証する必要がある。

(b) 就労義務不存在確認の訴え等

前述したところによれば，作業員Ｅが解体作業を行うにあたり，危険防止措置をとってもなお，Ｅの健康に被害が及ぶ程度のアスベスト飛沫に曝露する具体的なおそれが避けられない場合には，Ｅとしては，解体作業に従事すべき就労義務を免れることになろう。

したがって，このような場合には，被保全権利（本案訴訟）として，就労義務不存在確認の訴えが考えられる。もっとも，このような確認請求については，確認の利益や保全の必要性が認められるのかについて疑問がある。この点は，後述する。

(注11) 最判昭43・12・24民集22巻13号3050頁・判タ230号191頁・判時542号31頁。

Eが，自らの健康に被害が及ぶ程度のアスベスト飛沫に曝露するおそれがあるとして，解体作業に従事しなかった場合，使用者Dが，業務命令違背を理由として，Eに対して，解雇や減給を行うことも考えられよう。この場合には，被保全権利（本案訴訟）として，解雇無効確認の訴えや未払賃金請求が考えられる。

(5) 小問(2)における保全の必要性

(a) 危険防止措置を求める仮処分

　危険防止措置を求める仮処分（例えば，作業現場における排気装置の設置を求める仮処分）は，仮の地位を定める仮処分であり，その中でも，本案請求が認容されたのと同様の状態を実現するいわゆる断行の仮処分であるから，前述のように，被保全権利につき高度の疎明が要求されるとともに，保全の必要性についても高度なものが要求される。

　もっとも，Eの主張によれば，健康被害が生じるおそれが高いというのであるから，被保全権利についての十分な疎明があるといえる場合には，通常は，断行の仮処分であっても，保全の必要性の疎明もあることになるのは，前記と同様である。

(b) 就労義務不存在を仮に定める仮処分等

　Eは，就労義務不存在確認請求を被保全権利として，「Eが本件倉庫の解体作業現場において就労する義務のないことを仮に定める。」といった仮処分を求めることができるだろうか。また，解雇無効確認の訴えを被保全権利として，「EがD社の従業員たる地位にあることを仮に定める。」といった仮処分を求めることができるだろうか。

　このような仮処分命令が発令されても，それに基づく具体的な強制執行は考えられない。このようないわゆる「任意の履行に期待する仮処分」の許否（このような仮処分について保全の必要性が認められるか否か）については，特に，従業員たる地位保全の仮処分について多く議論されており，見解が分かれている。

　思うに，民法623条に「雇用は，当事者の一方が相手方に対して労働に従事することを約し，相手方がこれに対してその報酬を与えることを約するこ

とによって，その効力を生ずる。」と規定されているように，労働契約においては，労働者の主たる義務は就労義務であり，主たる権利は賃金請求権である（就労請求権は一般的には認められないだろう。）。そうすると，労働者が仮処分を申し立てることによって保全すべき主たる権利は，賃金請求権であるから，その目的を達成するためには，強制執行が不可能である地位保全の仮処分を申し立てるという迂遠な方法によるよりも，むしろ賃金仮払仮処分を申し立てる方がより直接的かつ実効的であるといえよう。そうすると賃金仮払仮処分では目的を達することができない特段の事情がない限り，従業員たる地位保全の仮処分については，保全の必要性が認められないことになると考えられる(注12)。なお，裁判例の傾向についても，「従業員たる地位そのものを保全する必要性があるかがしばしば問題となる。事案の内容にもよるが，最近では，この種の仮処分が任意の履行を期待する仮処分であることなどから，賃金仮払を命ずれば足りるとして，保全の必要性を否定する裁判例が目立っている。」(注13)と指摘されている。

また，就労する義務のないことを仮に定める仮処分についても，任意の履行に期待する仮処分であることに変わりはなく，実際には，不就労により減給等がされた時に，賃金仮払仮処分を申し立てれば足りる場合がほとんどとなるのではないか。

(c) 賃金仮払仮処分

したがって，Eとしては，基本的には，解体作業への不就労を理由として解雇や減給がされた場合には，賃金請求権を被保全権利として，賃金仮払仮処分を求めるのが相当と考えられる。なお，賃金仮払仮処分における保全の必要性についても，いろいろな見解が分かれている(注14)。実務の傾向については，「近年には，従前の賃金全額ではなく，債権者と家族の生活に必要な限度の仮払額を限定するとともに，仮払期間に関しても，将来分については

(注12) 東京地裁・詳論〔山口浩司ほか〕（「任意の履行に期待する仮処分の諸問題」）や長門栄吉「地位保全仮処分の必要性」渡辺昭＝小野寺規夫編『裁判実務大系(5)労働訴訟法』（青林書院，1985）も同旨。
(注13) 菅野・前掲（注10）901頁。
(注14) 詳細については，飯島健太郎「賃金仮払仮処分の必要性」林豊＝山川隆一編『新・裁判実務大系(16)労働関係訴訟法Ⅰ』（青林書院，2001）を参照。

本案1審判決言渡しまでとするものが比較的多く（東京地裁では，原則として1年間に限定する運用がなされている），過去分についても慎重に判断する傾向がみられる。」^(注15)と指摘されている。

　(d)　結　　論

　したがって，Eとしては，事案に応じて，危険防止措置を求める仮処分や賃金仮払仮処分を求めるのが相当であろう。

(注15)　菅野・前掲（注10）902頁。

28 建築妨害禁止の仮処分

西森 政一

　建設業を営む株式会社E社が，マンション販売会社であるFの依頼を受けて，15階建てで総戸数300の大型マンションとなる建物の建設に着工するため，建築許可を得て公示したところ，以前からマンションの建設によって風害が生ずるなどと主張していた近隣の住民で組織する「G街の暮らしを守る会」のメンバーが，F社が設けたモデルルームの周辺で，入れ替わり立ち替わり，モデルルームを見に来た人たちに建設反対のビラを配ったり，基礎工事のための資材等を搬入する工事用車両が通行する道路に立ちふさがって実力で阻止しようとしたりしている。このまま放置しておくと，F社のマンションの販売計画に悪影響が出るだけではなく，建設工事が遅れて，F社だけではなく，E社の資金繰りにも支障を来すおそれがある。E社やF社は，どのような仮処分を申し立てることができるか。

[1] はじめに

　大型マンションの建築にあたり近隣住民との間で建築の是非をめぐって紛争が生じ，近隣住民が大型マンションの建築を計画した施主等を相手方として，建築工事の禁止を求めて建築禁止の仮処分命令を申し立てることがある[注1]。他方，近隣住民がそのような法的紛争解決手段を選択せずに実力行使を選択したため，建築を計画した施主等が建築に反対する近隣住民を相手方として，建築妨害禁止の仮処分命令を申し立てることがある。
　本設例では，建築妨害禁止の仮処分命令の債権者として建設業者E社及びマンション販売業者F社，債務者として「G街の暮らしを守る会」の構成員，

（注1）　最近の文献として，須藤－深見－金子・民事保全171頁がある。

禁止を求める行為として建設反対のビラを配ったり，道路を塞いで工事車両の通行を妨げたりする行為が，それぞれ想定されている。以下検討する。

〔2〕 申立ての趣旨

建築妨害禁止の仮処分命令で通常用いられる主文は，「債務者は，債権者が別紙目録記載○の土地上に同目録記載○の建物を建築することを妨害してはならない。」というものである[注2]。「○○をして建物を建築することを妨害してはならない。」，あるいは「○○するなどして，建物を建築することを妨害してはならない。」とすると，禁止される行為が明確になる反面，禁止される行為が限定されるおそれがあるから注意を要するが[注3]，私道の通行を妨害するような場合には，「債務者は，債権者が別紙目録記載の土地を通路として使用することを妨害してはならない。」などとする通行妨害禁止の仮処分命令の申立て[注4]をすることが必要な場合も考えられる。

〔3〕 被保全権利

(1) 問題の所在

差止請求権の根拠となるのは，所有権などの物権，知的財産権，会社法や不正競争防止法等の個別的な規定に基づく差止請求権，人格権（名誉，肖像など）ないしこれに準じる権利（日照権，プライバシー権，私道の通行権など），契約に明記された規定に基づく不作為請求権が考えられている[注5]。これに対し，ある行為が不法行為に該当しても，直ちにその行為の差止めを請求することは困難と考えられている[注6]。

(注2) 主文例集18頁。
(注3) 田代雅彦「工事妨害禁止仮処分」菅野博之＝田代雅彦編『裁判実務シリーズ(3)民事保全の実務』(商事法務，2012) 234頁。
(注4) 主文例集18頁。
(注5) 瀬木・民事保全299頁。
(注6) 門口＝須藤・民事保全215頁〔若林弘樹〕（「いわゆる嫌忌施設に関連した建設差止めの

本設例において，建設業者E社，あるいはマンション販売会社F社が建設予定敷地の所有者であれば，土地所有権に基づく妨害排除請求権を被保全権利とすることができる。前記のとおり，名誉は差止請求の根拠となり，法人にも認められるから(注7)，業務妨害行為が法人の名誉毀損を伴う態様で行われた場合には，法人の名誉を被保全権利とすることが考えられる。また，マンションの建設はE社及びF社の営業活動であり，反対運動が続くと，F社のマンションの販売計画に悪影響が出るほか，E社の資金繰りにも支障を来すおそれがあるとされていることからすると，営業権を被保全権利として，妨害行為の差止めを求めることができるかどうかが問題となる。

(2) 営業権に基づく差止請求

営業権が差止請求の根拠となるかどうかは，争いがある。営業の性質及びその内容等は必ずしも明確ではないから，不正競争防止法や独占禁止法などの法律による明文の規定もないのに，営業の利益や営業権に，物権ないし物権類似の排他的な権利を与えることには否定的な裁判例(注8)があり，同旨の見解も存する(注9)。

しかし，販売活動の妨害に対し，営業権が被保全権利とされることが多いとの指摘もあり(注10)，現に，営業権や業務執行権を根拠に差止請求を認めた裁判例も存する(注11)。また，東京高決平20・7・1（判タ1280号329頁・判時

　　　　　仮処分の問題点」）。
(注7)　最判昭39・1・28民集18巻1号136頁・判時363号10頁。
(注8)　大阪高決昭41・6・3下民17巻5＝6号478頁，岐阜地判昭52・10・3判時881号142頁。
(注9)　島戸真「営業権に基づく営業妨害禁止の仮処分」萩尾保繁＝佐々木茂美編『民事保全法の実務の現状100』〔判タ臨増1078号〕194頁。
(注10)　倉澤守春「建築反対住民に対する建築妨害禁止の仮処分」萩尾＝佐々木編・前掲（注9）150頁。
(注11)　①東京地判平7・9・11労判682号37頁は，土地建物の所有権並びに医療業務及びこれに関する一切の業務を円滑に行う権利に基づいて，病院施設内の立入り，その周辺における「解雇撤回」等の連呼，ビラ配り，ゼッケン着用，旗・プラカード・横断幕等の掲示，その他一切の医療業務の妨害行為の禁止，②大阪地決平4・1・13労判623号75頁は，営業権に基づいて，街宣車両による街宣行為の禁止，③大阪地決平2・11・6労判573号16頁も，営業権に基づいて，生コン出荷，セメント搬入阻止行為等の禁止をそれぞれ求めることができるとした。また，④京都地決平12・6・28金判1106号57頁・金法1592号47頁は，総会を混乱させることなく，総会の議事を円滑に運営し，終了させる権限に基づいて，特定株主が株主総会に出席することの禁止，⑤岡山地決平20・6・10金判1296号60頁・金

2012号70頁）は，面談禁止等仮処分命令申立却下決定に対する抗告事件で，法人の財産権及び法人の業務に従事する者の人格権を含む総体としての保護法益＝「業務遂行権」が，差止請求権の根拠になるとした。裁判所は，「法人に対する行為につき，①当該行為が権利行使としての相当性を超え，②法人の資産の本来予定された利用を著しく害し，かつ，これら従業員に受忍限度を超える困惑・不快を与え，③『業務』に及ぼす支障の程度が著しく，事後的な損害賠償では当該法人に回復の困難な重大な損害が発生すると認められる場合には，この行為は『業務遂行権』に対する違法な妨害行為と評することができ，当該法人は，当該妨害の行為者に対し，『業務遂行権』に基づき，当該妨害行為の差止めを請求することができると解するのが相当である。」と判示している。

上記東京高決平20・7・1が掲げた基準は，建築妨害禁止の仮処分命令申立事件でも参考になるものであり，本設例のE社及びF社も，法人の人格権に準ずる業務遂行権を被保全権利と構成する余地がある。

(3) 通行妨害の差止め

本設例では妨害行為として，道路を塞いで工事車両の通行を妨げる態様が想定されている。建築主側が当該道路の所有権や共有持分権を有していればよいが，当該道路が公道であったり，所有権等を有しない私道であったりした場合，建設工事のために当該道路を使用する権利があるかどうか疑義が生じる。

(a) 公道の場合

公道における妨害が所有土地の円滑な行使を妨げている場合，妨害を受けた所有者は，妨害者に対し，直接，土地所有権に基づいて妨害排除を求めることができる。また，公道等の公共用物を使用する一般の人々は，他の使用者の有する利益ないし自由を侵害しない限度で，自己の生活上必須の行動を自由に行うことができる使用の自由権を有しており，その権利が侵害された

1843号50頁は，株主総会秩序維持権に基づいて，所持品検査を受け，武器類を所持しないことを証明しない限り，株主総会への出席を認めないとする仮処分をそれぞれ求めることができるとした。

ときは，その排除を求める権利を有するから[注12]，この使用の自由権に基づいて，妨害者に対し，妨害排除請求をすることができる[注13]。

そこで，妨害行為が公道で行われた場合，E社及びF社は，前記検討した被保全権利から直接，あるいは使用の自由権を通して，妨害排除請求が肯定され得ることになるから，前記被保全権利の問題とは別に公道の使用権の有無が問題となる余地は乏しいものと考えられる。

(b) 私道の場合

私道の場合，民法上，囲繞地通行権，通行地役権が定められており，それ以外に債権契約に基づく通行権が考えられる[注14]。また，道路位置指定を受け現実に開設されている道路を通行することについて日常生活上不可欠の利益を有する者は，その道路の通行をその敷地所有者によって妨害され，又は妨害されるおそれがあるときは，敷地所有者がその通行を受忍することによって通行者の通行利益を上回る著しい損害を被るなど特段の事情がない限り，敷地所有者に対してその妨害行為の排除及び将来の妨害行為の禁止を求める権利（人格的権利）を有するとされている[注15]。その基準から明らかなとおり，日常生活上不可欠の利益がなければ，通行権は否定される[注16]。

そこで，妨害行為が私道で行われた場合，E社及びF社は，前記被保全権利の問題とは別に私道の使用権の有無が問題とされる余地がある。

〔4〕 審理・判断

(1) 仮処分の審理

建築妨害禁止の仮処分は，仮の地位を定める仮処分であるから，「争いが

(注12) 村民の村道使用関係の性質につき，最判昭39・1・16民集18巻1号1頁・判時394号26頁。

(注13) 寶金敏明『里道・水路・海浜〔4訂版〕』（ぎょうせい，2009）355頁，牧賢二「通行の自由権について」判タ952号26頁各参照。

(注14) 須藤＝深見＝金子・民事保全169頁。

(注15) 最判平9・12・18民集51巻10号4241頁・判タ959号153頁・判時625号41頁。

(注16) 私道を自動車で通行する権利を否定したものとして，最判平12・1・27判タ1025号118頁・判時1703号131頁がある。

ある権利関係について債権者に生じる著しい損害又は急迫の危険を避けるためこれを必要とするときに」限り発することができるものであり（法23条2項），原則として口頭弁論又は債務者が立ち会うことができる審尋の期日を経なければならず（同条4項），実務上，審尋の手続によって審理される[注17]。

本設例のような類型の事案では，仮処分命令申立事件の手続内で抜本的な解決をする必要性が高い場合も多く，和解による解決も並行して模索される。債務者から債権者に対し，建築禁止仮処分命令の申立てがされることも想定されるが，債権者の同意のない限り，両事件を実質的に併合するような形で審理の足並みをそろえたり，判断を同一時点にしたりすることは好ましくないとの指摘もある[注18]。債務者の妨害行為が著しく不相当な方法によるものであり，建築禁止仮処分命令申立事件の進行を待つ間，建築妨害禁止の仮処分命令申立事件の決定を見合わせることによって債務者の実力行使を事実上容認する結果になる場合には，建築禁止仮処分命令申立事件の審理の結果を待たずに，建築妨害禁止の仮処分決定をすることが考えられる。

(2) 仮処分の相手方

反対運動の主体が，近隣住民で組織する「G街の暮らしを守る会」のメンバーであり，入れ替わり立ち替わり，妨害行為がされている場合，債務者の選択や特定が問題となる。

具体的には，建築妨害行為をした具体的な行為者かその首謀者，あるいはその双方を仮処分命令申立事件の債務者とすることが考えられるが，特定が容易でない場合もあり，事案によっては，妨害を行っている状況の写真や動画等を撮影するなどして，債務者特定のための準備をすることが必要となる。

また，「G街の暮らしを守る会」が権利能力なき社団の実質を備えている場合，同会を債務者とすることも考えられるが（法7条，民訴29条），建築主側が，近隣住民で組織された団体を権利能力なき社団の実質を備えた団体であるとして仮処分命令の申立てをするのは，実際上あまり想定できない。

(注17) 日照被害に基づく建築禁止の仮処分につき，東京地裁・実務（上）337頁〔深見敏正〕。
(注18) 田代・前掲（注3）239頁。

(3) 判断の諸事情

「G街の暮らしを守る会」によるマンション建築工事の反対運動は，住民運動の一環としてされていることから，地域性，住民側に予想される被害の内容・程度，反対運動の態様，建築予定建物の規模・構造・性格・法令違反の有無，建築主の対応，急迫性等を指標にしながら，妨害禁止の差止めがいかなる場合に認められるか，慎重に検討されることになる[注19]。

以下，建築妨害行為が問題となった裁判例を取り上げる。本設例のようにモデルルームを見に来た人たちに建築反対のビラを配る行為は，近隣住民の表現行為にあたるので，近隣住民の表現の自由に配慮する必要がある。概して，その表現行為が，近隣住民の立場から建築反対を訴える趣旨にとどまる限り違法とされることはないが，虚偽の事実を摘示したり，相手方を侮辱する内容のものであったりした場合には違法とされ得る。他方，基礎工事のための資材等を搬入する工事車両が通行する道路に立ちふさがる行為は，建築工事を実力で阻止するものであるから，特段の事情がない限り，違法とされる可能性が高い。しかし，近隣住民の行動が，表現行為にとどまる要請行動から，実力行使による妨害行為へとエスカレートした背景や，その妨害行為の態様・程度によっては，違法とされない場合もある。

上記は，不法行為に基づく損害賠償請求の成否を含めたものであるが，建築妨害禁止の仮処分では，保全の必要性を別途検討する必要がある。仮の地位を定める仮処分は，債権者に生じる著しい損害又は急迫の危険を避けるために現在の権利関係を調整するもので，債務者に対し直接影響を及ぼすものである。その保全の必要性の判断にあたっては，仮処分によって債権者の受ける権利と債務者の被る不利益ないし損害とが比較され，前者の方がかなりの程度大きい場合に保全の必要性が肯定されると解されている[注20]。その判

(注19) 上記指標は，髙山浩平「住民運動と不法行為責任」山口和男編『裁判実務大系(16)不法行為訴訟法2』（青林書院，1987）133頁を参照した。
(注20) 瀬木・民事保全210頁。ただし，筆者はこの比較衡量について，より柔軟な判断を行う余地が事案によってはあり得るとしている。須藤＝深見＝金子・民事保全148頁以下も，類型別の研究が重要であるとしている。

断にあたっては，債権者に事後の損害賠償によって償えないほどの損害を与えるかどうかも考慮の対象とされるから，妨害行為の態様・程度によっては，後に不法行為の損害賠償が認められる余地があるとしても，建築妨害禁止の仮処分命令の申立ては却下されることもあり得る。また，妨害行為が，債権者の行動によって触発された一過性のもので，再発のおそれがないような場合にも，建築妨害禁止の仮処分命令の申立ては却下され得る。

(a) 表現行為が問題となった事例

(ア) 不法行為に基づく損害賠償が問題となった事案であるが，マンションの建設予定地の近隣住民による，ミニコミ誌やインターネット掲示版での当該建物の建築に反対する趣旨の表現行為について，建築業者の名誉・信用を毀損するものとは認められないとされたものがある[注21]。問題となった表現に，「危険を招くマンション計画」，「そう数年前に線路上に崩落を起こし，あわや大惨事……と心配させた丘です」などのマンションの建設予定地が危険であるとするもの，「予定地は建築協定地域内にあり，10階建てマンションなどもっての外」などの建築予定地が建築協定地域内にあり，10階建ては許されないとするもの，「説明会に行ったところ，強引に計画を進めている割には顔ぶれがお粗末，説明会の体をなさないのです」などの住民への説明が不十分であるとするものがあった。裁判所は，表現行為の内容がマンション建築に反対する趣旨の意見の表明の範囲内にとどまるものである限り，通常の読み手は，対立関係にある一方当事者の側から一方的に発信された意見表明にすぎないものと受け取るから，直ちに原告の社会的評価を低下させる性質の行為とはいえないとして，上記表現行為は，いずれも原告の名誉・信用を違法に毀損するものと認めることはできないと判示した。

(イ) マンション建築に反対するため，陳情，垂幕・立看板等の掲示，ビラの配布等を行った近隣住民を被告として，建築業者が原告となって財産上の損害の塡補や慰謝料の支払に加え，垂幕・立看板の撤去等を求め（本訴），被告とされた近隣住民が，原告となった建築業者に，その訴えが不法行為にあたるとして損害賠償金の支払を求めて反訴を提起した事案について，本訴

(注21) 横浜地判平15・9・24判タ1153号192頁。

及び反訴のいずれも棄却したものがある[注22]。問題となった表現行為に，「4階建反対」，「○○建設の不当訴訟反対，即時取り下げよ」とする看板の設置，「○○建設は第1住宅から出て行け」とする垂幕の掲示，「○○建設もそうした無秩序開発を狙うものの1人だ」とするビラの配布があった。裁判所は，多少表現方法が穏当でない嫌い（最後の表現を指している。）があるとしても，原告の主張を反駁することを意図した意見・立場の表現であることを斟酌すると，必ずしも不当な記載であると断定することはできないなどとして，違法性を否定した。

(ウ) 同様に，マンションの建築主から建築反対運動をした近隣住民に対して提起された損害賠償請求が，その運動に違法性がないとして棄却されたものがある[注23]。問題となった表現行為に，「コソコソするな，堂々とやれ」，「社会常識をもて」，「住民の生活を乱すな」と記載した看板の設置があった。裁判所は，その記載は決して穏当なものではなかったが，原告及び被告ら双方が弁護士を代理人に選任して交渉がされ，話合いの結論が出ていない段階で，原告が建築を強行しようとしたため，話合いの継続を要請する趣旨のものであったとして，違法性を否定した。

(エ) 仮処分の事例としては，巨大高層マンションの建築により，日照を奪われる商業地域に居住する近隣住民が，建設販売会社の住宅展示場付近の道路等で，建設反対のビラを配布するなどした行為について，販売会社の表現行為の差止めを求める仮処分命令の発布が認められなかったものがある[注24]。問題となった表現行為に，「人間性無視の○○は買いません」，「他人の日照権を奪う○○は買いません」と記載したプラカードの掲示があった。

(オ) これに対し，マンション建築に反対する近隣住民が行ったビラ・看板の掲出行為などが不法行為を構成するとして損害賠償金の支払が命じられたものがある[注25]。違法とされたのは，「悪徳業者は営業停止を」，「悪質業者関係者は○町立入りお断り」，「悪徳業者の暗躍を許すな」などと記載した

[注22] 浦和地川越支判平5・7・21判夕848号259頁・判時1479号57頁。
[注23] 横浜地判平4・1・31判夕793号197頁。
[注24] 名古屋地決平14・7・5判夕1110号235頁・判時1812号123頁。
[注25] 東京高判昭60・3・26判夕556号87頁・判時1151号12頁。

看板やビラの掲出である。裁判所は，一般的にいってかかる行為が適法とされるためには，少なくとも当該非難に値するような行為があったことを要し，そうでない限り，違法たるを免れないところ，本件では違法性を阻却する事由があるとは認められないと判示した。

(b) 実力行使が問題となった事例

(ア) マンション建築に反対する近隣住民の工事妨害行為が違法なものであるとまではいえないとして，損害賠償請求が棄却されたものがある[注26]。問題となった抗議行動の一つに，工事現場にミキサー車を搬入しようとしたところ，近隣住民約20名が道路上に群がり，拡声器を使用して，あるいは住民が声を合わせて「工事を直ちに止めろ」，「強行着工絶対反対，地域住民の声を無視するな。帰れ。地域住民に説明しなさい。工事を止めて帰りなさい。」などと叫んだりして，ミキサー車を強引に侵入させようとすると住民に接触するなどして人身事故を起こしかねない状況になり，工事続行を断念させたというものがあった。裁判所は，単なる要請行為とは質的に異なり実力行使ともいうべき態様のものであり，原告の工事の施工を社会通念上不可能にするものであるが，そのようにエスカレートしたのは，原告が工期の点で工事の早期進行を迫られていたという事情から，「住民の理解を得ようとは思わない。自分の土地に何を立てようと勝手である。」との基本的な考え方に基づき，近隣住民の理解を得るよう十分な努力を払わず，かえって，近隣住民の不信感を増大させるような行動をとったまま，工事を本格的に開始したことに原因があるとして，違法な行為であるとまで断定することはできないと判示した。また，同事件では，ダンプカーが道路に入ろうとした際，その進入口付近で「反対，帰れ」などと口々に言いながら，「○○建設反対」，「違法建築は許さない」などと記載した横断幕やプラカードを掲げて進入口を塞いだ抗議行動も問題とされた。裁判所は，行為態様によっては違法となる場合があるとしつつ，今回の行為は短時間行われたにすぎず，その後継続して行われたことはなかったこと，このような行動に至った経緯に照らし，やや行き過ぎの感は否めないにしても，未だ違法な行為であるとまで断ずる

(注26) 大阪地判平11・2・26判タ1025号221頁。

ことはできないと判示した。なお，同事件では，原告は，通行を妨害された道路に共有持分を有していた。

　(イ)　前掲（注23）横浜地判平4・1・31では，前述した看板の設置のほか，建設業者が解体工事に着手した際，近隣住民約11名がその周辺に集まり，工事を中止するよう要請し，うち1名がすぐに退去したもののいったん敷地内に入るなどした行為が問題とされた。裁判所は，原告と被告らとの話合いがまだ継続中にもかかわらず，原告が解体工事に着手したためにされたもので，1人が敷地内に入ったもののすぐに退去しており，その抗議形態はあくまで口頭による要請であって，実力で阻止しようとしたものではなく，抗議行動も長時間に及ばず，解体工事自体は遅延することもなく終了したとして，違法性を否定した。

　(ウ)　前掲（注25）東京高判昭60・3・26では，作業員が木の伐採作業をしたところ，その前に立ちふさがって伐採を妨害した行為や，工事車両（ダンプカー）の下にもぐり込んで進入を阻止した行為などが問題とされた。裁判所は，いずれの行為も建築業者の工事着工を実力で阻止しようとしたもので，特段の事情がない限り違法性を帯びるものであるとしたうえ，各行為をした住民の不法行為を肯定した。

[5]　仮処分の執行

　設例で想定されている妨害行為によれば，不作為を命ずる仮処分となるので，間接強制（民執172条），代替執行による義務違反物の撤去，将来のための適当な処分（民414条3項，民執171条）によることが考えられる。

　最初から不履行が予測される場合には，仮処分命令中に間接強制の内容をあらかじめ定めておくことが考えられるが，実務上，それが肯定されるのは，債務者の不履行がほぼ間違いなく確実である場合，債務者が従前から何度も同様の違反行為を繰り返しており，あらかじめ間接強制の決定の内容を仮処分命令に織り込まないと命令の実効性が担保できない例外的な場合に限るとされており[注27]，建築妨害禁止の仮処分で，間接強制命令まで認容されるケースは，多くないものと考えられる。

不作為命令の公示は，暴力団組事務所の使用禁止等の仮処分命令で公示が認められた裁判例があり[注28]，債務者以外の第三者が関係してくる場合等に不作為命令の公示が必要とされる場合があるとの指摘もあるが[注29]，一般には，不作為を命ずる仮処分は命令正本を債務者に送達することによって効力を生じており，仮処分の当事者以外の第三者に公示することは無意味とされている[注30]。建築妨害禁止の仮処分では，不作為命令を公示すること自体，当該建築に近隣住民が強く反対していることを第三者にも明らかにすることになるから，そのような申立てをする例は多くないと思われる。

(注27)　瀬木・民事保全311頁。
(注28)　東京地決平10・12・8 判タ1039号271頁・判時1668号86頁。
(注29)　注解民保（上）300頁〔藤田耕三〕。建築禁止の仮処分における建築業者，通行禁止の仮処分における債務者の通行権をいわば援用して通行している第三者（店舗等の顧客）に対する注意，警告として，かつ，仮処分の実効性を収めるために必要とされる場合があるとされている。
(注30)　東京地裁・実務（上）389頁〔岩﨑邦夫〕。

29 建築紛争に関する仮処分事件と和解

齊藤　顕

> 住民らが申し立てた建築禁止等の仮処分を認めることが難しい場合，保全裁判所はどのような対応をとることが考えられるか。

〔1〕 問題の所在

　建築紛争に関する民事保全には，住民らが，建築主や工事業者を債務者として，計画している建物についての建築工事の禁止を求める仮処分（建築禁止仮処分）と，工事業者が，反対運動等を行っている住民らを債務者として，建築工事の妨害を禁止する仮処分（建築妨害禁止仮処分）がある。これらの事件の審理，判断は必ずしも容易なものではなく，審理も長期化しがちである。

　しかし，これらの事件の多くは，決定に至ることなく，和解や取下げで終了しているのが実情であり，また，保全事件終了後，本案訴訟が提起されることも多くないように思われる。その理由として，保全段階での審理を通じて，紛争は収束し，もしくは収束の途についていることが考えられる。

　そこで，本項目では，住民らが申し立てた建築禁止仮処分を認容することができない場合，保全裁判所がとるべき対応として考えられる和解による解決について検討する。

〔2〕 保全事件における和解

(1) 建築禁止仮処分における債務者審尋

　(a)　民事保全には，「仮差押え」，「係争物に関する仮処分」及び「仮の地位を定める仮処分」がある（法1条）ところ，建築禁止仮処分は「仮の地位

を定める仮処分」に当たる。

　民事保全のうち，「仮差押え」及び「係争物に関する仮処分」は，迅速性（緊急性）や密行性の要請から，口頭弁論や債務者が立ち会うことができる審尋（債務者審尋）の期日を経ることなく，発令される。

　これに対し，「仮の地位を定める仮処分」は，口頭弁論や債務者審尋の期日を経なければ，発令できないものとされている（法23条4項）。これは，「仮差押え」及び「係争物に関する仮処分」が将来の強制執行の保全を図る制度であるのに対し，「仮の地位を定める仮処分」は，争いがある権利関係について債権者に生じる著しい損害又は急迫の危険を避けるために必要があるときに許されるもの（同条2項）であって，「仮差押え」及び「係争物に関する仮処分」とは性質を異にしているうえ，その発令は，債権者に満足的利益を与える一方，債務者に重大な不利益をもたらすことになるから，双方の言い分を公平に聴取し，主張・立証を踏まえたうえで発令の可否を検討するのが相当であることに基づくものと解される。

　なお，「仮の地位を定める仮処分」について，口頭弁論の期日が指定されることはほとんどなく，審尋の期日が指定されるのが通常である。

　(b)　もっとも，「仮の地位を定める仮処分」について定めた民事保全法23条4項ただし書は，「その期日を経ることにより仮処分命令の申立ての目的を達することができない事情があるときは，この限りでない。」とし，上記の例外を認めている。①債務者審尋を行うことによって，債務者が仮処分の執行妨害を行い，仮処分の申立ての目的を達することができなくなるおそれが高い場合や，②債権者に重大な危険が切迫しており，債務者審尋を待っていては，それが現実化してしまうような場合が，この例外に当たると解されているほか[注1]，③債務者が現に重大な違法行為を行っていることが明確に疎明され，かつ，これについての正当な弁解がおよそ考えられない場合や，④債務者が以前に申し立てた実質的にほぼ同一内容の事件において，既に債務者審尋の機会を与えられていた場合も，これに当たるとの指摘もある[注2]。

(注1)　須藤＝深見＝金子・民事保全152頁以下。
(注2)　瀬木・民事保全227頁以下。

なお，上記のとおり，債権者に重大な危険が切迫しているとき，債務者審尋を経ることなく，発令することは可能であるものの，発令によって債務者に重大な損害を与えることになりかねないから，無審尋での発令については慎重に判断すべきことはいうまでもない。

(c) 債務者審尋を経ることを要するのは発令に至る場合であるから，申立ての段階において，一見明白に発令の見込みがないときには，債務者審尋を経ることなく，却下決定をすることができる。そして，保全手続は，迅速性の要請により，訴訟手続に比べ，期日の間隔が短く，書面ではなく口頭で主張を確認することもあるため，被保全権利の疎明が十分でなく，もしくは保全の必要性が乏しいにもかかわらず，債務者に心理的圧力をかけることにより，紛争を早期に解決することを目的として，申立てがされることがある。そのため，債務者の応訴の負担を考慮し，被保全権利の疎明が不十分であるときや，保全の必要性が明らかに認められないときには，債務者審尋を行うことについて慎重であるべきとされる[注3]。ただし，債権者との面接だけで，申立てに理由がないと判断できるケースは，さほど多くないであろう。また，建築紛争については，審理に建築計画の概要やそれに伴う日照被害の程度に関する資料が必要となるところ，その提出を債務者に促した方が有効かつ容易に収集できる場合もあるとして，あまり硬直的な手続進行は相当でないとの指摘もある[注4]。

(2) 双方審尋手続と和解

(a) 「仮の地位を定める仮処分」においては，まず，債権者と面接して，主張や疎明等を確認したうえで，審尋期日を指定し，債務者を呼び出すことになる。民事保全法23条4項は当事者双方が立ち会うことができる審尋（双方審尋）の期日を必ずしも求めるものではないが（ちなみに，保全異議については，「当事者双方が立ち会うことができる審尋の期日」を経なければ決定できないと定め

(注3) 田代雅彦「双方審尋手続と和解」菅野博之＝田代雅彦編『裁判実務シリーズ(3)民事保全の実務』（商事法務，2012）13頁以下，瀬木・民事保全231頁，須藤＝深見＝金子・民事保全156頁以下。
(注4) 東京地裁・実務（上）337頁〔鈴木雄輔＝廣瀬仁貴〕。

られている〔法29条〕。)、実務上は双方審尋により行うのが一般的である[注5]。そして、債務者は、債権者の主張に対し認否、反論するとともに、自らの主張を展開し、これを裏づける疎明をすることになる。

この双方審尋手続において、和解が試みられることがある。かつて、保全手続における訴訟上の和解の可否については消極的な意見もあったものの、現在ではない[注6]。民事保全法に和解についての明文上の定めはないものの、同法7条は、「特別の定めがある場合を除き、民事保全の手続に関しては、民事訴訟法の規定を準用する。」と定めており、民事訴訟法89条が「裁判所は、訴訟がいかなる程度にあるかを問わず、和解を試み、又は受命裁判官若しくは受託裁判官に和解を試みさせることができる。」としていることから、民事保全法もこれを肯定しているものと解される。また、保全事件の申立ては紛争が生じて比較的間もない時期になされることから、当事者間の合意が成立しやすい傾向があること、当事者双方にとっても、その後の費用、時間をかけることなく、紛争を解決できるメリットがあること、保全手続における和解も訴訟上の和解と同様に確定判決と同一の効力を有し（法7条、民訴267条）、執行力も認められることなどに照らすと、保全手続において、和解による解決を否定する理由も特に認められない（ちなみに、「仮差押え」や「係争物に関する仮処分」については、上記のとおり、保全異議の段階で、当事者双方が立ち会うことができる審尋期日が設けられることから、和解が試みられることがある。)。

なお、我が国の和解手続は当事者双方が対席することなく、交替しながら進めていくのが通常であるとして、双方審尋手続において和解を試みるにあたっては、これらが別個の手続であることを明確にすべきであり、裁判官は当事者に対しこの点を明示的に告知すべきであるとの指摘がある[注7]。

(b) 民事保全事件において和解が行われるケースとして、①発令は可能であるものの、紛争の全体的な解決のために行うときと、②保全の必要性に欠

(注5) 瀬木・民事保全226頁は「実質的手続保障の趣旨から、迅速性の要請により、どうしても双方審尋を行うことができないような場合を除き、双方審尋を行うべきである」としている。
(注6) 草野芳郎「民事保全における和解」中野＝原井＝鈴木・講座(2)308頁以下、田代・前掲(注3) 12頁、須藤＝深見＝金子・民事保全155頁。
(注7) 瀬木・民事保全236頁。

けるため発令は困難であるものの，債務者側に何らかの問題点があるときが考えられる(注8)。

　かつて，保全手続における本案の訴訟物に関する和解の可否について消極的な意見もあったものの，現在では，これが可能であることについて異論はない(注9)。このため，民事保全事件における和解には，①紛争を抜本的に解決する和解と，②解決を本案に委ねるものの，それまでの暫定的な措置，権利義務関係を定めておく和解がある(注10)。保全手続は，訴訟手続以上に迅速性が求められ，証拠方法も即時に取り調べることができるものに限定される一方，裁判所の心証形成が容易でないことも少なくないことに照らすと，②のような暫定的な和解も有用であり，また，暫定的といえども，当事者双方が，それまでの審理経過や内容を踏まえて，自己紛争解決能力により，本案訴訟に至ることなく，紛争を収束させていることも少なくないと思われる(注11)。

(c)　なお，和解が可能であるといっても，民事保全事件は迅速性（緊急性）が求められる手続であるから，申立ての目的を失してしまうような審理の長期化は避けるべきであり，審尋期日を重ねるにしても，一定の限界があろう。

〔3〕　建築禁止仮処分申立事件における和解

(1)　紛争解決手段としての和解

(a)　建築禁止仮処分は，これから建築を予定している建築物又は既に着工している建築物について，その建築工事を禁止する仮処分である。建築工事が完成すると，その後，本案において勝訴判決を得ても，金銭的賠償により損害を回復できないこともあり得るし，また，撤去を命じる判決を得ても，

(注8)　瀬木・民事保全235頁以下。
(注9)　志水義文「保全訴訟事件と和解」後藤勇＝藤田耕三編『訴訟上の和解の理論と実務』（西神田編集室，1987）392頁以下，草野・前掲（注6）313頁。
(注10)　東京地裁・実務（上）168頁以下〔深見敏正〕。ちなみに，村越一浩「保全手続における和解勧試」塚原朋一＝羽成守編『現代裁判法大系(14)民事保全』（新日本法規出版，1999）51頁は，保全申立ての帰趨に関して成立する和解を「暫定型和解」と，被保全権利そのものに関して成立する和解を「終局型和解」と称している。
(注11)　田代・前掲（注3）14頁。

債務者が無資力であるようなときには，その撤去に多大な負担を強いられるおそれがあるなど，結果的に実益の乏しいこともある。したがって，建築禁止仮処分は，他の保全事件よりも，保全段階において抜本的な解決を図るのが望ましい事件であり，和解による解決が相当な事件といえる。

(b) 建築禁止仮処分は，①日照，採光・通風，圧迫感，風害，プライバシー，眺望といった生活環境をめぐる紛争，②建築予定地の所有権といった敷地利用に関する権利をめぐる紛争，③民法234条2項本文に関する相隣関係をめぐる紛争，④通行権をめぐる紛争，⑤建築請負契約の解除をめぐる紛争に基づいて申し立てられるが[注12]，実務上多いのは，①の類型で，日照の侵害，眺望の侵害，プライバシーの侵害を理由とするものであり，また，直接的には建築そのものを禁じるものではないものの，工事による騒音等を理由とするものがある。申立てにおいて，単一の理由のみが主張されることは少なく，これらの理由が合わせて主張されることが通常である。

このような申立ては，所有権，人格権，環境権，不法行為を法的根拠としているが，いずれの法的根拠に基づくとしても，建築禁止仮処分の可否は，工事の禁止を求める債権者と，工事を行う債務者との利益調整，すなわち，債権者の不利益が社会生活上一般的に受忍すべき限度を超えているか否かによって，判断することになる（受忍限度論）。しかし，その判断は必ずしも容易なものではない。また，受忍限度を超えないとしても，債権者に何らかの不利益が生じることも考えられる。建物が完成した後においても，近隣住民である債権者と当該建物とは同一地域での関わり，接点が続くことになる。このような観点からも，建築禁止仮処分は和解による解決が望ましい事案といえる。

(2) 和解協議を開始する時期等

(a) 建築禁止仮処分において，和解協議をどの段階で開始するかについて，①争点整理が終了しているか，②建築工事の進行状況，③（マンションについ

(注12) 鬼澤友直「建築工事に関する仮処分」中野哲弘＝安藤一郎編『新・裁判実務大系㉗住宅紛争訴訟法』(青林書院，2005) 430頁以下。

ては）販売状況，④債権者の資力等が考慮要素となるとの指摘がある[注13]。

確かに，争点整理がほぼ終了し，申立てについての見通しが立つまでは，当事者の大幅な譲歩はあまり期待できないであろう。しかし，争点整理の途中段階においても，建築士等の専門家に相談する必要があり，疎明に一定の費用を要することなどは，和解の契機となり得るところである。そして，建築が終了してしまえば，申立てが認容される余地はなく，工事の進行に伴い，債務者側の譲歩の選択肢も減少するから，②の建築工事の進行状況は，和解を試みる機会を判断するにあたって，考慮要素となる。また，マンションについては，完成前に分譲されていることから，販売が完売に近づくにあたって，債務者の譲歩の余地は狭くなるので，③の販売状況も同様であろう。他方，建築禁止の仮処分が認められた場合，債務者は多大な損害を被ることも予想されるため，債権者が供託する担保の額も高額にならざるを得ない。そのため，④の債権者の資力も，債権者が和解を検討する際の考慮要素となろう。

(b)　次に，和解協議をどの程度続けるかについても検討しておく。

前述のとおり，民事保全は迅速性が要請される手続であるものの，被保全権利の疎明，すなわち受忍限度を超える侵害の疎明は必ずしも容易なものではない（なお，建築禁止仮処分の場合，被保全権利が認められれば，工事が完成していない限り，保全の必要性は肯定されよう。）。また，建築禁止仮処分はいわゆる差止めを求めるものであり，その影響は債務者に重大な不利益を与えかねない。したがって，審理，判断に一定の時間を要することは避けられないところである。また，建築紛争は，申立て以前から，当事者間で何らかのやりとりがあるのが通常であり，両者間の感情的な対立が激しいことも少なくないし，債務者が，対抗的に，建築妨害禁止仮処分を申し立てることもある。そのため，当事者双方の感情的対立を解きほぐし，和解に導くにも，ある程度の時間を要することになる。

他方，工事が終了して建物が完成してしまえば，申立ての目的を達成することはできず，保全の必要性は否定されよう。そのため，工事終了に近づく

[注13]　門口＝須藤・民事保全227頁〔古谷健二郎〕（「建築紛争に関する仮処分」）。

ほど，和解協議は時間的な制約を受けることになる。和解による解決を考える保全裁判所としては，工事の進行状況を把握しておく必要があり，当該建物の完成度や申立ての時期にもよるが，債務者に対し，一定期間の工事中止を促すことも一方策である（ただし，債務者が任意に中止するとしても，工期との関係から，その期間については自ずと限界があろう。）。和解期日をどの程度重ねるかは，終局的な和解を目指すのか，暫定的な和解を目指すのかによっても左右されるが，債務者も和解による終局的な解決を望むのであれば，工事の一時中止といった対応は和解に向けた環境整備ともなり得る。

なお，建築禁止仮処分の申立てに対抗して，工事業者が建築妨害禁止仮処分を申し立てることがあり，この双方の申立ての関係が問題となる。この点については，双方の申立ては抵触するものであり，一方の申立てを認容すれば，他方の申立てを却下すべきであるとの見解[注14]と，双方の申立ては必ずしも抵触するものではないとする見解[注15]がある。いずれにしても，債権者も和解による解決を望むのであれば，実力行為による工事の妨害を中止すべきであろう（なお，後者の見解は，任意に妨害行為を中止しないとき，建築妨害禁止仮処分の判断を先行すべきとする。）。

〔4〕 類型ごとの個別的検討

(1) 日照の侵害を理由とする場合

(a) 日照の侵害は，従来他人の土地の上を通過していた日光が他人の設置する建物等によって遮断され，享受できなくなることによって生じるものである。この日照が法的保護の対象となるかについては，最判昭47・6・27（民集26巻5号1067頁・判タ278号110頁・判時669号26頁）が「居宅の日照，通風は，快適で健康な生活に必要な生活利益であり，それが他人の土地の上方空間を横切ってもたらされるものであっても，法的な保護の対象にならないものでは

(注14) 東京地裁・諸問題312頁。
(注15) 鬼澤・前掲（注12）440頁。

なく，加害者が権利の濫用にわたる行為により日照，通風を妨害したような場合には，被害者のために，不法行為に基づく損害賠償の請求を認めるのが相当である。」と判示していることから，これを肯定することができる。したがって，日照の侵害を理由とする建築禁止仮処分が認められる余地もある。

日照の利益は建築基準法や条例といった行政取締法規によって保護されているところ，これにも限界があることから，さらなる保護を求める者は，建築主等を相手として，建築工事の差止め（完成後は建物取壊し又は一部撤去）又は損害賠償を求めることになる。このうち，建築工事の差止めは，建物が完成してしまえば訴えの利益がなくなることから，まず仮処分によって請求されることになる。

この差止めの請求は，物権的請求権又は人格権を根拠とするのがほとんどであるところ[注16]，日照妨害の程度は様々であるから，その可否は，妨害の程度が社会生活上一般に受忍すべき限度を超えているか否か（受忍限度論）によって判断される。なお，差止めを求める場合の違法性の程度は，損害賠償請求のときよりも，高いものでなければならないと解されている[注17]。そして，この違法性の判断要素として，被害の程度，地域性，加害回避の可能性，被害回避の可能性，被害建物の用途，先住関係，加害建物の公法的規制違反の有無及び交渉経過等があげられるところ，このうち，被害の程度と地域性が特に重要になると解されている[注18]。加害建物が日影規制に違反している場合には受忍限度を超えていると判断される可能性が高く，同規制に適合する場合には，複合日影が問題とならない限り，受忍限度を超えていないと判断される可能性が高いとの指摘もある[注19]。

なお，差止めの仮処分の方が本案の差止めよりも，認められやすいとの指摘もある[注20]。確かに，保全事件における立証は疎明で足り，建築が完了す

(注16) 齋藤隆編著『建築関係訴訟の実務〔3訂版〕』（新日本法規出版，2011）212頁以下。
(注17) 齋藤編著・前掲（注16）214頁。最判平7・7・7民集49巻7号2599頁・判夕892号152頁・判時1544号39頁参照。
(注18) 齋藤編著・前掲（注16）214頁，小磯武男編著『近隣訴訟の実務〔補訂版〕』（新日本法規出版，2008）29頁以下，田代雅彦「建築禁止仮処分」菅家＝田代編・前掲（注3）206頁以下，松本克美ほか編『専門訴訟講座(2)建築訴訟〔第2版〕』（民事法研究会，2013）153頁以下。
(注19) 鬼澤・前掲（注12）433頁。

れば，その目的を達成できず，保全の必要性が高いといえようが，審理の実情を踏まえると，上記の指摘にはやや違和感がある。

(b) 日照の侵害が受忍限度を超え，仮処分が認容される見通しの場合，和解内容としては，まず，設計内容の変更が考えられる。しかし，被害の態様，程度も，例えば不動産の価格の低下や営業収益の低下を伴うこともあれば，債権者は必ずしも1人とは限らず，様々である。そのため，変更内容は，法令の定めの遵守をベースとして，個々の事案ごとに協議して調整せざるを得ないであろうし，変更内容が必ずしもすべての債権者の満足を得るものとならないときには（おそらく，そのようなケースが多いであろう。），解決金の支払といったオプションにより，これを補完することが考えられる（なお，解決金の支払を伴うとき，暫定的な和解ではなく，債権者が建築を承認する内容の終局的な和解となろう。）。

(c) 他方，日照の侵害が受忍限度を超えるものでなく，仮処分が認容される見通しが乏しい場合，和解内容として，設計内容の大幅な変更は考えにくいところであり，建築を承認することを前提とした金銭的解決が基本となろう（その額は，工事への協力金といった低額になることが多いであろうが，不利益の程度によっては，これを反映した額になることも考えられる。）。なお，設計内容の細部について，住民の意向を踏まえて変更することは，債務者にとっても，その後の円滑な工事等のため，考慮に値するところである。

(2) 眺望の侵害を理由とする場合

(a) マンション等の高層建物が建築されることによって，それまで享受していた眺望の利益が損なわれることがある。眺望の利益は，一体としての眺望の利益（例えば，山並みや海といった自然物の，眼下の夜景）と，特定物の眺望の利益（例えば，富士山や東京スカイツリーの眺望）に大別されるところ[注21]，これが法的保護の対象となるには，「特定の場所がその場所からの眺望の点で格別の意味を持ち，このような眺望利益の享受を一つの目的としてその場所

(注20) 大塚直「生活妨害の差止めに関する裁判例の分析（4・完）」判タ650号40頁。
(注21) 松本ほか編・前掲（注18）161頁。

に建物が建てられるなど，当該建物の所有者によるその建物からの眺望利益の享受が社会観念上も独自の利益をして承認されるべき重要性を有するものと認められる」ことを要すると解される(注22)。

また，眺望の利益が法的保護に値するとしても，その価値は個人によって異なるうえ，他人の土地上にこれを阻害する建物が建てられないといった，他人がその所有権を行使しない結果得られる利益であり，当該建物の所有者が常に完全に享受することを要求し得るものでもないから，その侵害が違法となるのは，具体的状況の下で眺望利益との関係において社会通念上受忍できる限度を超えて不当にこれを侵害したときに限られる(注23)。

(b) このように解すると，金銭賠償はともかく，眺望の利益の侵害を理由とする建築禁止が認められるのは，債務者が眺望を強調して債権者に対しマンションを販売したにもかかわらず，これを侵害するマンションを新たに建築するといった信義則に反するような事案(注24)を除くと，極めて限定されたケースにとどまるように思われる。

眺望の利益の保護要件として，保護を求める者が享受してきた期間・頻度と，地域性が重要な要素になると思われるが(注25)，売主以外の第三者による侵害の事例（第三者原因型）について建築禁止の仮処分を認めた最近の裁判例には，別荘地に係る事案につき，債務者において債権者の眺望を侵害することを認識することができたにもかかわらず，債権者の眺望を残すような配慮をした形跡は皆無であるとしたうえで，「相隣関係上の互譲の観点からも，そこには一定の配慮が求められてしかるべきであったといえる。仮にそのために過分な費用を要したり，あるいは債務者に過大な不利益が生じるような場合であっても，債務者が債権者に対して相応の出捐を求めるなど，交渉の途が全くないわけではないのであるから，少なくとも，建築の内容を確定さ

(注22) 齋藤編著・前掲（注16）235頁，宮田桂子「日照・眺望の侵害と救済」塩崎勤＝安藤一郎編『新・裁判実務大系(2)建築関係訴訟法〔改訂版〕』（青林書院，2009）420頁以下，東京地判平20・1・31判タ1276号241頁。

(注23) 前掲（注22）東京地判平20・1・31，宮田・前掲（注22）421頁，松本ほか編・前掲（注18）162頁，齋藤編著・前掲（注16）231頁以下。

(注24) 仙台地決平7・8・24判タ893号78頁・判時1564号105頁。東京地判平18・12・8判タ1248号245頁・判時1963号83頁は金銭賠償を認めた事例。売主原因型である。

(注25) 齋藤編著・前掲（注16）239頁。

せる前に，説明と協議の機会をもつことが強く求められたというべきである。それにもかかわらず，債務者の債権者土地建物からの眺望の確保に意を払わず，専ら自らの都合だけを考えて設計を行った上，債権者に対する事前の説明，交渉をも一切回避してきたものであり，その姿勢は，社会通念に照らし極めて不適切であったといわざるを得ない。」と判示したものがある[注26]。近隣紛争という実態に照らし，事前の説明等を含めた交渉が重要になることを指摘するものである。双方審尋の場において，事前に行うべきであった債権者に対する説明と協議を促すことによって，和解による解決の糸口を見い出すことができると思われる。

なお，上記のような眺望の利益の侵害と異なり，例えば，葬儀場が建設されれば，近隣住民が葬儀の状況を目にすることになり，ストレスが生じるなどと主張されることがあり，これも眺望の利益の一種（消極的な眺望の利益）と整理することもできよう。しかし，このような紛争については，目隠しフェンスの設置，入口の変更，防音対策等によって，被害の程度は受忍限度内にとどまることが多いであろうから[注27]，和解による解決に適する紛争事案である。

(c) 眺望の利益に関連して，景観の利益が論じられることがある。最判平18・3・30（民集60巻3号948頁・判タ1209号87頁・判時1931号3頁）は，「良好な景観に近接する地域内に居住し，その恵沢を日常的に享受している者は，良好な景観が有する客観的な価値の侵害に対して密接な利害関係を有するものというべきであり，これらの者が有する良好な景観の恵沢を享受する利益（以下「景観利益」という。）は，法律上保護に値するものと解するのが相当である。」としたうえで，「ある行為が景観利益に対する違法な侵害に当たるといえるためには，少なくとも，その侵害行為が刑罰法規や行政法規の規範に違反するものであったり，公序良俗違反や権利の濫用に該当するものであるなど，侵害行為の態様や程度の面において社会的に容認された行為としての相当性を欠くことが求められると解するのが相当である。」と判示している。

(注26) 横浜地小田原支決平21・4・6判時2044号111頁。
(注27) 最判平22・6・29集民234号159頁・判タ1330号89頁・判時2089号74頁参照。

景観利益は，これが侵害された場合に，被侵害者の生活妨害や健康被害を生じさせるという性質のものではないし，景観利益の保護は，一方において当該地域における土地・建物の財産権に制限を加えることになり，その範囲等については住民相互間で意見が対立することも予想されるから，第一次的には，民主的手続により定められた行政法規や当該地域の条例等によってなされることが予定されている。そう考えると，景観利益を被保全権利とする申立事件については，そもそも保全事件や同事件における終局的な和解になじむのか，検討の余地があるように思われる。

(3) プライバシーの侵害を理由とする場合

隣地にマンションが建設されることによって，自宅の中がのぞかれるといったプライバシーの侵害を理由として主張されることもある。

侵害されるプライバシーの内容も多様であり，受忍限度内にとどまることも少なくないと思われるが，これらについては，建築を禁止しなくても，ベランダ・バルコニーの変更，目隠しの設置，磨りガラス，フィルムの使用等といった仕様の変更によって，債権者の不利益を受忍限度内にとどめることも可能であるから，和解によって解決するケースが多いと思われる。したがって，債権者が主張する侵害の内容を十分に踏まえ，その対処策を協議していくことが必要となる。

(4) 騒音，振動等を理由とする場合

建設工事は，多かれ少なかれ騒音，振動等を発生させるものである。建設工事に伴う騒音，振動については騒音規制法や振動規制法等によって規制されているものの，これを遵守していても，騒音等による被害が否定されるものではないから，差止め等の民事上の救済を申し立てられることになる。しかし，その可否は，日照の利益等と同様に，受忍限度内か否かによって判断され，差止めが認められるのは，工事続行に伴って損害賠償によっては回復できない重大な被害が生じるおそれが顕著である事案など，限られたケースであると解されている[注28]。

マンション建築については，事前に近隣住民との間で工事協定を締結する

ことが少なくなく，事前に締結されなくても，和解で締結されることも多い。
工事に伴う騒音等は一定期間にとどまるものであるから，騒音等の問題は，工事協定の締結によって，解決可能と思われる。工事協定書には，休日，作業時間，騒音・安全対策，大型車両の使用制限，工事車両の駐停車・アイドリング，工事後の清掃，工事日程の周知等に関する事項が定められ，また，履行確保のため，騒音測定器の設置も定められることもある[注29]。さらに，工事に対する協力金，迷惑料との名目で一定の金員の支払が合意されることもある（この場合，債権者も工事を承認して，終局的な解決となる。）。

(注28)　齋藤編著・前掲（注16）226頁以下。
(注29)　門口＝須藤・民事保全232頁〔古谷健二郎〕。

VI

名誉・プライバシー・パブリシティ・人格権等に関する処分

30　出版禁止の仮処分

浅見　宣義

　次のような場合に，A，Dは，誰に対して，どのような手続で，どのような仮処分を求めることができるか（C出版社，E事務所，F事務所，G出版社はすべて株式会社である。）。

(1)　人気アイドルグループの一員であるAは，芸能リポーターのBが，Aの自宅等の地図や自宅の外観写真等を掲載した書籍をC出版社から出版しようとしていることを知り，そのような書籍が出版されると，ファンが自宅に押しかけるだけでなく，不審者が周囲を徘徊して近所の住民にも迷惑をかけてしまうのをおそれている場合。

(2)　人気アイドルDは，所属E事務所と方針等が対立したため，E事務所を辞めてF事務所に移籍したが，元のE事務所がDの野外ライブ等の様子を撮影した写真等を掲載したDのファンブックをG出版社から発売しようとしている。D及び新たに所属したF事務所は，E事務所からDのファンブックが出版されると経済的な損失を被ると考えている場合。なお，そのファンブックに掲載されるDのプライベート写真は，元のE事務所のマネージャーHが撮影したものである場合はどうか。

[1]　問題の所在

　雑誌等の出版，販売，頒布及び発送（以下「出版等」という。）を予定する相手方に対し，出版等によって人格的利益を害されると主張する者が出版等禁止（差止め）の仮処分を申し立てることがある。出版等によって，債権者には，事後的な損害賠償では回復できない損害が生じ得るためである。しかし，出版等は，憲法上重要な人権である表現の自由の行使であるから，出版等差

止めの仮処分申立てには，検閲禁止（憲21条2項）に触れないかの問題があり，仮に触れないとしてもどの範囲で差止めが認められるかの要件の問題がある。こうした人格的利益に基づく出版等差止請求は，後掲の〔北方ジャーナル事件〕最高裁判決が指導的役割を果たしているといわれる。同判決は，名誉権に基づく差止仮処分について判示したものであるが，人格的利益が名誉権にとどまらないのは当然であり，他の権利についても当然問題となる。小問(1)は，Aの自宅の場所や外観等をプライバシーの権利として，小問(2)は，Dの肖像等によって経済的利益を得る地位をパブリシティの権利としてそれぞれ主張し，各権利に基づく差止請求権を被保全権利にして出版等差止めの仮処分を申し立てることの可否とその要件等を問うものである。出版等が迫っている場合は，対応に特に迅速性が要請される一方で，表現の自由との関係もあり，この種事件には，手続の運用にも特色がある。

〔2〕 設例・小問(1)について

(1) プライバシーの権利とその侵害

プライバシーの権利については，前科等にかかわる事実が公表されない利益を法的利益としたり，元少年の犯人情報及び履歴情報をプライバシーに属する情報と認めたりした最高裁判決(注1)はあるものの，プライバシー全体の概念を，法令上又は最高裁判決で定義づけたものはない(注2)。しかし，前科等に限らず，他人に知られたくない私的事項をみだりに公表されないという

(注1) 最判平6・2・8民集48巻2号148頁・判タ933号90頁・判時1594号56頁〔「逆転」事件〕，最判平15・3・14民集57巻3号229頁・判タ1126号97頁・判時1825号63頁〔「長良川リンチ殺人報道」事件〕。
(注2) 最判平20・3・6民集62巻3号665頁・判タ1268号110頁・判時2004号17頁〔「住基ネットワーク」事件〕の増森珠美調査官解説は，プライバシーを含む人格権ないし人格的利益に関する最高裁判例を整理し，「プライバシーの概念，具体的内容，範囲等が多義的かつ不明確であることなどから，最高裁判例は，明確な内容を有する権利としての『プライバシー権』を正面から認めていないが，個別の事案に応じて，プライバシーないしこれに類する利益を私法上保護に値する人格的利益として認める判断を示してきた。」とする（最判解民平成20年度154～162頁）。

利益は保護に値し，権利性が認められることには異論がないであろうし，(注2)に掲げた調査官解説のとおり，最高裁判決も，個別の事案では，プライバシーないしこれに類する利益を私法上保護に値する人格的利益として認めている。

　プライバシーの定義は，現在までの下級審裁判例(注3)の流れによれば，①私生活上の事実又は事実らしく受け取られるおそれのある事柄であること，②一般人の感性を基準にして，公開を欲しないであろう事柄であること，③一般の人々に知られていない事柄であることであり，その侵害があったと認められるには，さらに，④公表により被害者が実際に不快，不安の念を覚えたことが必要である。最高裁判例の傾向（注2）にあるように，プライバシー権に直接触れない場合でも，私法上保護に値する人格的利益の侵害があったと認めるためには，上記4要件該当性は必要であろう。

　小問(1)では，Aが人気アイドルグループの一員であり，氏名，肖像，言動等を利用して，自己の存在を広く大衆に訴える存在であるから，その存在そのものが大衆の関心事となり得，私事性を中核的利益とする人格的利益の面においては，一般人とは異なる制約を受けざるを得ない(注4)。一般には，アイドルの場合，生年月日，身長，血液型，出身地，出身校，趣味，特技，性格などが雑誌等で紹介されることは，アイドルの周知，人気の上昇・保持に役立つ事柄であり，特段の事情がない限り，プライバシー侵害とはいえないであろう。しかし，Aの自宅等の地図や自宅の外観写真等のような住宅情報については，「平穏に私的生活送る上で，みだりに他人によって公表されない利益を有し」ており，既に公知の住所といえない限り，それらの情報が公表されると「私的生活の上で不必要にファンの押しかけ，付きまとい」「追尾」「種々の嫌がらせ行為」などを受けることもあり得るのであって(注5)，一般人の感性を基準にすると，アイドルの立場にある場合でも，公開を欲し

(注3)　東京地判昭39・9・28下民15巻9号2317頁・判タ165号184頁・判時385号12頁〔「宴のあと」事件〕，東京地判平7・4・14判タ907号208頁・判時1547号88頁。
(注4)　東京高判平3・9・26判タ772号246頁・判時1400号3頁〔「おニャン子クラブ」事件〕。
(注5)　東京地判平10・11・30判タ955号290頁・判時1686号68頁〔「ジャニーズおっかけマップ・スペシャル」事件〕。

ないであろう事柄であることなど前記の4要件該当性があると考えられる。

(2) プライバシーの権利に基づく差止請求権を被保全権利とする出版等差止仮処分の可否及び要件

そして，プライバシーが名誉と同様に人格的利益であり排他性を有すると考えられるし，その利益がいったん侵害された場合は，名誉以上に原状回復が困難であり，次に紹介する〔北方ジャーナル事件〕最高裁判決の趣旨からすると，プライバシーの権利に基づく差止請求権も本案で認められると考えられる。

■〔北方ジャーナル事件〕（最大判昭61・6・11民集40巻4号872頁・判タ605号42頁・判時1194号3頁）

(1) 事実関係と経緯
　知事選挙に立候補予定であった元市長が，自己を「嘘とハッタリと，カンニングの巧みな」少年，「手段を選ばないオポチュニスト」「知事になり権勢をほしいままにするのが目的」などと誹謗中傷する内容の記事（「ある権力主義者の誘惑」）を掲載しようとした「北方ジャーナル」と題する雑誌（予定部数2万5000部）につき，印刷製本段階で，雑誌社及び出版社を相手方とし，印刷，製本及び販売又は頒布の禁止等の仮処分を申し立てた。地裁裁判官は，仮処分命令を発令し，執行官が執行したことから，雑誌社が，裁判官及び執行官に職権濫用があり，仮処分申立人も違法を承知であったとして，国及び元市長らに対し，損害賠償を請求した。

(2) 主たる争点
　①仮処分手続と検閲該当性，②差止請求権発生の根拠，③同請求権の発生要件。

(3) 最高裁判所の判断
　①雑誌その他の出版物の印刷，製本，販売，頒布等の仮処分による事前差止めは，憲法21条2項前段にいう検閲には当たらない。②名誉侵害の被害者は，人格権としての名誉権に基づき，加害者に対し，現に行わ

> れている侵害行為を排除し，又は将来生ずべき侵害を予防するため，侵害行為の差止めを求めることができる。③人格権としての名誉権に基づく出版物の印刷，製本，販売，頒布等の事前差止めは，公務員又は公職選挙の候補者に対する評価，批判等に関するものである場合には，原則として許されず，その表現内容が真実でないか又は専ら公益を図る目的のものでないことが明白であって，かつ，被害者が重大にして著しく回復困難な損害を被るおそれがあるときに限り，例外的に許される。

　本案で差止請求が認められるから，プライバシーの権利に基づく差止請求権を被保全権利として，出版等差止めの仮処分を求めることも認められる。その要件については，名誉権とプライバシー権の違いを反映して，〔北方ジャーナル事件〕最高裁判決の示す要件と同一とはいえない。しかし，この問題について明示した最高裁判決はまだなく，下級審裁判例で確立した見解があるとまではいえず，様々な見解があり得るところである(注6)。

　もっとも，〔北方ジャーナル事件〕最高裁判決を踏まえれば，プライバシーの権利に基づく差止請求権を被保全権利として，出版等差止めの仮処分を求める場合には，前記(1)の①から④までの4要件（侵害のおそれで足りる。）に加え，①専ら公益を図ることが目的のものでないことが明白であること，②被害が重大にして，著しく回復困難な損害を被るおそれがあることが要件となることが考えられる(注7)。プライバシーの性格からすると，〔北方ジャーナル事件〕最高裁判決のあげる「表現内容が真実ではないこと」の要件は不要と解される。また，差止めには，「現実の悪意」を要するとの見解もある

(注6)　最判平14・9・24集民207号243頁・判タ1106号72頁・判時1802号60頁〔「石に泳ぐ魚」事件〕は，プライバシー権に基づく差止請求を認めた原判決を維持したが，差止請求の要件を明示していない（原判決は個別の利益衡量によっている。）。学説，裁判例の整理については，門口＝須藤・民事保全243～245頁〔品田幸男〕（「名誉やプライバシーの侵害による出版等の差止めの仮処分」），前田陽一「プライバシー侵害と出版の事前差止め―『週刊文春』差止事件」判タ1156号83頁。

(注7)　東京地決平元・3・24判タ713号94頁，前掲（注5）東京地判平10・11・30，東京高決平16・3・31判タ1157号138頁・判時1865号12頁。なお，小問(1)と同種事例である神戸地尼崎支決平9・2・12判時1604号127頁〔「タカラヅカおっかけマップ」事件〕，東京地判平9・6・23判タ962号201頁・判時1618号97頁〔ジャニーズ・ゴールドマップ事件〕では，私生活の平穏という利益の侵害と回復困難な損害によって，差止めを認めている。

が(注8)，〔北方ジャーナル事件〕最高裁判決を踏まえ，かつ救済の範囲を狭くしすぎないために，「現実の悪意」まで求めるのは過重にすぎるのではなかろうか。

小問(1)では，芸能リポーターBがアイドルAの住宅情報を雑誌に掲載しようとしており，アイドルが公務員や公益的立場の人間とはいえないから，出版が専ら公益を図ることが目的のものでないことが明白であるといえるし（上記①），「ファンの押しかけ，付きまとい」「追尾」「種々の嫌がらせ行為」などにより，被害者が重大にして，著しく回復困難な損害を被るおそれがあるともいえる（上記②）。前掲（注6）（注7）で掲げた上記とは異なる基準（個別の利益衡量，私生活の平穏という利益の侵害と回復困難な損害の発生）によっても，アイドルAの住宅情報の雑誌掲載は，基準を満たすであろう。したがって，小問(1)は，プライバシーの権利の侵害のおそれを理由とする出版等差止めの仮処分の実体的要件を満たすといえる。

(3) 求めることができる仮処分の内容及び相手方

(a) 求めることができる仮処分の内容

Aは，仮の地位を定める仮処分として，①プライバシー侵害のおそれのある情報を記載された書籍の出版，販売，頒布，発送の禁止を求めることができる（法24条）。さらに，不作為請求権は，その義務に反して印刷等した図書を，債務者の費用をもって除去をし，又は将来のために適当な処分をすることを裁判所に請求することができるから（民414条3項），①のほかに，②当該書籍（動産）に関する占有を解き，執行官に保管させること，③執行官に，プライバシー侵害のおそれのある記載部分を抹消させたうえ，書籍を債務者に返還することを求めることができる(注9)。この点については，単純な不作為請求権は，物に対する権利ではないので，執行官保管の仮処分を導けず，出版等の事前差止請求権は，侵害行為を組成する物件である出版物等に対する廃棄請求権などの給付請求権として認められる必要があり，これが認めら

(注8)　竹田稔『プライバシー侵害と民事責任〔増補改訂版〕』（判例時報社，1998）232～234頁。
(注9)　東京地裁・詳論291頁以下〔中込秀樹〕（「書籍，新聞，雑誌等の出版等差止めを求める仮処分の諸問題」）。

れて執行官保管の仮処分が認められるとの見解(注10)もある。しかし，不作為請求権の履行の強制方法として実体法で認められている範囲（民414条3項）で構成可能であるから，あえて別途の給付請求権等の存在を必要とするものではないであろう(注11)。

(b) 仮処分の相手方

Aが，具体的に出版を予定していたC出版社を相手方として仮処分を申し立てることができることに問題はない。C出版社は，書籍を流通させる主体であるから，同社に対しては，差止めや執行官保管，抹消返還も当然申し立てることができる。芸能リポーターのBは，執筆者であるので，書籍の原稿やゲラ，さらにはその基となった情報を有している可能性があり，C出版社以外の出版会社と契約して，新たな書籍を出版することは可能であるから，AはBも仮処分の相手方とすることができる。もっとも，執行官保管，抹消返還については，原稿やゲラであれば，C出版社と同様に仮処分を申し立てることができるが，基となった情報については，プライバシー侵害のおそれのある書籍と一体性はなく，個人保有の情報と解されるから，仮処分を申し立てることはできないであろう。

(4) 仮処分の手続

(a) 審理手続

出版等の差止めの仮処分は，仮の地位を定める仮処分であるから（法23条2項），口頭弁論又は債務者が立ち会うことのできる審尋期日を経なければ発令できない（同条4項本文）。実務的には，審尋が必ず行われる。表現の自由が問題になることから，緊急性があるとしても無審尋（同項ただし書）で発令されることはまずないといってよい。出版まで時間がないことが多いことから，債務者への連絡は裁判所から電話等によって迅速に行われることが多い。

東京地裁を中心に，放映差止めを含め，近年この種の仮処分の申立てが非

(注10) 中山弘幸・平成8年度主判解〔判夕臨増945号〕300頁。
(注11) 東京地裁・詳論292頁〔中込秀樹〕。

常に多いが，事実上の和解と取下げで終了しているものが多いとされ[注12]，これは債務者審尋の効果といえるであろう。

(b) 審理の対象及び提出すべき疎明資料

審理では，債権者の提出した疎明資料及び審尋の結果によって，前記被保全権利の要件該当性及び保全の必要性が判断されることになる。被保全権利の要件としての「被害が重大にして，著しく回復困難な損害を被るおそれがあること」が認められれば，保全の必要性（法13条1項・23条2項）も認められよう。プライバシー侵害は，名誉毀損よりもさらに被害回復が困難な性格があるものの，被害・損害の重大性等の疎明があるといえる程度については，裁判官により温度差があり得るところではある。より多くの裁判官を納得させるためには，具体的な事情を疎明する必要がある。Aの場合であれば，ファンが自宅に押し寄せる可能性，例えば「家を教えて下さい」と書いているファンレターが所属事務所に届けられていることや，いわゆる「おっかけ」で仕事の後もどこまでも付いてくるファンの存在，不審者の徘徊や近所住民の迷惑などのトラブルなどを，ファンレターや不審者を撮影した写真・ビデオのほか，A，Aの同居家族，Aのマネージャー，近所住民の各陳述書で疎明するのが相当であろう。もっとも，出版の関係で時間的な制約があり，疎明資料の作成・収集に限界があることもやむを得ないので，審尋において口頭で補充することになろう。

保全の必要性の関係では，出版作業がどこまで進んでいるかも審理対象となる。C出版社が印刷前や印刷後取次業者に引き渡す前であれば，「出版，販売，頒布，発送」の差止請求がすべて可能であろう。しかし，引渡後なら，「発送」が終了し，「出版，販売，頒布」も始まったといえるであろうから，特段の事情のない限り，C出版社ではなく，取次業者を相手として，販売，頒布の差止めを請求することになろうが，時間的には極めて難しいのではなかろうか。小売店に届けば，相手方が多数になりすぎて事実上差止めは不可能になろう。小売店が販売すれば，原則として保全の必要性はなくなることになる。

(注12) 瀬木・民事保全741頁。

(c) 担　　保

　担保は，債権者の損害賠償請求のために立てられるものであるから，既に債務者が印刷に入っている場合は高額になろう。ただし，差止めの対象となっている表現が悪質であり，被保全権利の疎明が明白なら，本案も同様の結論になろうから，債務者に損害が生じないと考えて，低額にすることもあり得る[注13]。

〔3〕　設例・小問(2)について

(1)　パブリシティの権利とその侵害

(a)　小問(2)の問題点

　Dは，人気アイドルであるから，その氏名や肖像が商品と結びつくことによって顧客吸引力を有し財産的価値を生ずるところ，この肖像等が有する財産的価値を排他的に支配する権利をパブリシティの権利という。顧客吸引力を利用するコンテンツビジネスの発展に伴って，米国でプライバシー権から分化して誕生した法概念とされる[注14]。Dの野外ライブ等の様子を撮影した写真等をファンブックで発売することは，Dのパブリシティの権利を侵害するおそれがある。なお，Dの野外ライブ等やプライベートでの各写真の掲載は，肖像権ないし肖像に関する人格的利益[注15]の侵害も一応問題にはなり得るが，Dが著名人であり，各写真はDに無断で撮影したものではないし，D及びF事務所も人格的利益の侵害よりも経済的損失を問題にしたいと考えていると解されるので，パブリシティの権利侵害を検討すれば足りるであろう。

(b)　〔ピンク・レディー事件〕最高裁判決とその適用

　パブリシティの権利の法的性質及び不法行為の成否に関する判断基準については，〔ピンク・レディー事件〕最高裁判決が最高裁として初めて判断を

(注13)　瀬木・民事保全743頁。
(注14)　中島基至「パブリシティ権」牧野利秋ほか編集委員『知的財産訴訟実務大系Ⅲ著作権法，その他，全体問題』(青林書院，2014) 332頁以下。
(注15)　最判平17・11・10民集59巻9号2428頁・判タ1203号74頁・判時1925号84頁。

■〔ピンク・レディー事件〕(最判平24・2・2民集60巻2号89頁・判タ1367号97頁・判時2143号72頁)

(1) 事実関係と経緯

昭和50年代に，女性デュオ「ピンク・レディー」を結成して歌手として活動していた2人が，発行部数52万部の週刊誌を発行する雑誌社に対し，雑誌に「ピンク・レディー de ダイエット」と題する3頁の記事が掲載され，ピンク・レディーの曲の振り付けを利用したダイエット法等が紹介されるとともに，無断で「ピンク・レディー」の2人を被写体とする縦2.8cm，横3.6cmないし縦8 cm，横10cm程度の白黒写真14枚が掲載されていたとして，パブリシティ権の侵害を理由として，不法行為に基づく損害賠償を請求した。なお，上記各写真は，かつて2人の承諾を得て雑誌社側のカメラマンにより撮影されたものであるが，2人は写真を雑誌に掲載することにつき承諾していなかった。

(2) 主たる争点

パブリシティ権について，①法的性質，②不法行為の成否に関する判断基準。

(3) 最高裁判所の判断

①人の氏名，肖像等(以下，併せて「肖像等」という。)は，個人の人格の象徴であるから，当該個人は，人格権に由来するものとして，これをみだりに利用されない権利を有すると解される。そして，肖像等は，商品の販売等を促進する顧客吸引力を有する場合があり，このような顧客吸引力を排他的に利用する権利(以下「パブリシティ権」という。)は，肖像等それ自体の商業的価値に基づくものであるから，上記の人格権に由来する一内容を構成するものということができる。②肖像等に顧客吸引力を有する者は，社会の耳目を集めるなどして，その肖像等を時事報道，論説，創作物等に使用されることもあるので，その使用を正当な表現行為として受忍すべき場合もある。肖像等を無断で使用する行為が，パブリシティ権を侵害するものとして不法行為法上違法となるのは，〔1〕肖

> 像等それ自体を独立して鑑賞の対象となる商品等として使用し，〔２〕商品等の差別化を図る目的で肖像等を商品等に付し，〔３〕肖像等を商品等の広告として使用するなど，専ら肖像等の顧客吸引力の利用を目的とするといえる場合である。

　この最高裁判決による判例法理の到達点は，以下のとおりとされる[注16]。
　(ア)　パブリシティ権は「排他的権利」である。
　(イ)　パブリシティ権は，人格権に由来する権利である。ただし，肖像等の有する商業的価値部分を純化，抽出し，同価値から生ずる財産的利益を保護するための財産権であると位置づけられる。パブリシティ権の法的性質については，従来人格権説と財産権説があるとされており[注17]，財産権説は，顧客吸引力という商業的価値そのものに着目し，パブリシティ権を物権類似の財産権と構成するものであるが，最高裁判決では「人格権に由来する」ことを前提としており，人格権説を採用した。
　(ウ)　パブリシティ権の主体は，肖像等に顧客吸引力を有する人物に限られる。物の識別情報からも，顧客吸引力は生じるが，別の最高裁判決[注18]は，「競走馬の名称等の使用につき，法令等の根拠もなく競走馬の所有者に対し排他的な使用権等を認めるのは相当でな」いとして，物のパブリシティ権を否定している。
　(エ)　パブリシティ権の客体となる肖像等とは，人物を識別する情報（本人識別情報）であり，氏名や肖像のほか，サイン，署名，声，ペンネーム，芸名等を含む。パブリシティ権が人格権に由来するから，漫画のキャラクターなど架空の人物の肖像等は客体とならない。
　(オ)　パブリシティ権の外延が，表現，創作の自由等に抵触しないように制限され，不法行為が成立する範囲は基本的に3類型となり，「専ら」顧客吸引力の利用を目的とする場合である[注19]。(i)第1類型は，肖像等それ自体

(注16)　中島・前掲（注14）331頁以下。
(注17)　〔ピンク・レディー事件〕の解説，判タ1367号97頁以下。
(注18)　最判平16・2・13民集58巻2号311頁・判タ1156号101頁・判時1863号25頁〔ギャロップレーサー事件〕。

を独立して鑑賞の対象となる商品等として使用する場合であり，ブロマイド，ポスター，ステッカー，シール，写真集，画像の配信サービスなどが当たる。(ii)第2類型は，商品等の差別化を図る目的で肖像等を商品等に付す場合であり，キャラクター商品の場合である。具体例としては，Tシャツ，マグカップ，ストラップ，キーホルダー，食品，インターネットのプロバイダサービスなど多種多様であるし，写真集とはいえないまでも，キャラクターの紹介，解説等を中心とするいわゆるキャラクターブックも含まれる。(iii)第3類型は，肖像等を商品等の広告として使用する場合であり，我が国のパブリシティ権のリーディングケースである〔マーク・レスター事件〕判決の事案(注20)が典型事例である。

〔ピンク・レディー事件〕最高裁判決による判例法理からすると，本件では，E事務所が関与してG出版社からDのファンブックが発売された場合に，D及びF事務所に経済的損失が生じる可能性があるが，人格権説からは，パブリシティ権侵害のおそれを主張できるのは，Dに限られることになる。F事務所は，Dとパブリシティ権に関する利用許諾の契約を締結している可能性があるが，その場合でも，その契約の実体は，差止請求権・損害賠償請求件等の権利を行使しない不行使特約とされ(注21)，F事務所に排他的な権利を認めることまではできないと解されるから，F事務所がパブリシティ権侵害のおそれや利用許諾契約上の地位の侵害のおそれを主張して差止請求をすることはできない。そして，ファンブック中の写真と解説・紹介等との量的及び質的な比率にもよるが，E事務所及びG出版社の行為は，E事務所がDとの間で利用許諾契約を締結していたと認められない限り，第1類型又は第2類型の不法行為となり得る。また，ファンブックに掲載されるDのプライベ

(注19) 「専ら」の解釈適用及び3類型以外の事例への判例の解釈適用については，〔ピンク・レディー事件〕最高裁判決の金築誠志裁判官の補足意見参照。
(注20) 東京地判昭51・6・29判タ339号136頁・判時817号23頁〔マーク・レスター事件〕。
(注21) 中島・前掲（注14）340頁。公序良俗に反しない特約とする。なお，同書339頁では，パブリシティ権は一身専属的であり，譲渡性が否定されると述べていることから，利用許諾契約の性格が導かれるであろう。著作権法のように，著作者に著作者人格権と著作権を認めて（著作17条1項），複層的に著作物の保護を図っている場合と，解釈及び裁判実務上認められてきたが，立法等のないパブリシティ権の場合では，現段階では譲渡性や利用許諾契約の性格を同一に解することはできないのではなかろうか。

ート写真が，E事務所のマネージャーHによって撮影されたものである場合，同写真の著作権及び所有権はHに属するであろうが，プライベート写真であるから，ファンブックへの利用などは，その写真の性格からして，パブリシティ権を有するDの利用承諾が推認できないであろう。したがって，その写真をE事務所及びG出版社が利用する行為は，E事務所がDとの間で利用許諾契約を締結し，同契約による許諾の範囲に，Hの撮影したプライベート写真が含まれると認められない限り，第1類型又は第2類型の不法行為となり得る。Hが事情を知ってE事務所及びG出版社に協力するなど故意過失がある場合は，共同不法行為（民719条1項）ともなるであろう。もっとも，E事務所は，Dの元の所属事務所であるから，上記のように，Dとの間で利用許諾契約を締結している可能性があり得，その場合には，許諾の対象（野外ライブ等の様子を撮影した写真等やHの撮影したプライベート写真のごときものに使用許諾がなされているといえるか。）及び時間的範囲（DがE事務所を辞めた場合，特に方針等が対立して辞めた場合に許諾は及ぶのか。）等によっては，不法行為とならないこともあり得るであろう。

(2) パブリシティ権に基づく差止請求権を被保全権利とする出版等差止仮処分の可否及び要件

〔ピンク・レディー事件〕最高裁判決以前には，パブリシティ権を排他性のある権利とするなら物権であるとしか解し得ないが，これは物権法定主義に反すること，排他性を有する強力な権利であるとすると，発生時期，譲渡性，存続期間，権利帰属者等の点で，権利の要件及び効果が不明な点も多いとして，パブリシティ権に基づく出版等禁止（差止め）の請求について反対する見解があり，この見解に基づくと，出版等差止仮処分もできないか，又は実務上定着しているとして許容するとしても，相当限定されるという扱いになる[注22]。

(注22) 東京地裁・詳論288〜300頁〔中込秀樹〕。もっとも，〔ピンク・レディー事件〕最高裁判決以前でも，損害賠償請求のほか，差止請求（出版等禁止請求）も可能とする下級審裁判例が定着してきているとの評価が多かったと思われる（例えば，設樂隆一「パブリシティの権利」牧野利秋＝飯村敏明編『新・裁判実務大系(22)著作権関係訴訟法』（青林書院，

しかし，前記のとおり，〔ピンク・レディー事件〕最高裁判決によって，上記見解の疑問点の多くは解消されたというべきである。したがって，パブリシティ権は，人格権に由来する排他的権利として，損害賠償請求権のほか，差止請求権，廃棄請求権が認められることになる[注23]。本案が認められる以上，パブリシティ権に基づく差止請求権を被保全権利とする出版等差止めの仮処分も認められる。これにより，従来，著名な芸能人等の氏名・肖像の利用行為に関する取引市場が拡大していくなかで，氏名・肖像の保護として，事後の損害賠償にとどまる不法行為法上の保護だけでは，その不正使用の防止及び損害の回復はほとんど不可能であり，保護として極めて不十分であるとの指摘[注24]があったが，この指摘に最高裁が応えることになった。もっとも，最高裁判決は，定着した下級審裁判例の流れ[注25]を受けてのものであると解することも十分可能であろう。

そこで，パブリシティ権に基づく差止請求権を被保全権利とする出版等差止めの仮処分の要件であるが，前記のとおり，〔ピンク・レディー事件〕最高裁判決は，パブリシティ権と表現の自由が衝突することを前提とし，パブリシティ権に受忍限度論を採用したうえで，不法行為になる場合を3類型とした。そして，この3類型は，「パブリシティ権侵害となる場面を類型化し，定義づけることによって，表現，創作の自由等と利益較量をするものであるから，……各類型の要件は厳格に解される必要があろう」とされる[注26]。また，3類型は，「いずれも専ら顧客吸引力を利用する目的と認めるべき典型的な類型であるととともに，従来の下級審裁判例で取り扱われた事例等から見る限り，パブリシティ権の侵害と認めてよい場合の大部分をカバーできるものになっているのではないかと思われる」とされる[注27]。そうすると，3

2004）550頁）。
(注23)　中島・前掲（注14）346頁。
(注24)　久保利英明＝内田晴康『著作権ビジネス最前線〔5訂版〕』（中央経済社，1994）310頁，久保利英明「肖像権訴訟の実務」『日弁連研修叢書・現代法律実務の諸問題（上）昭和63年版』（第一法規，1989）279頁。田中信義「氏名・肖像の財産的価値（パブリシティの権利）の侵害」竹田稔＝堀部政男編『新・裁判実務大系⑼名誉・プライバシー保護関係訴訟』（青林書院，2001）313頁。
(注25)　（注22）参照。
(注26)　中島・前掲（注14）343頁。

類型に該当すると判断できるのであれば，その表現行為は，濫用的な表現行為であって表現の自由を享受できない行為といえるから，受忍限度を超えるパブリシティ権の侵害行為と認められるであろう。したがって，〔ピンク・レディー事件〕最高裁判決の判示する3類型に該当すること（該当するおそれのあること）が，仮処分における被保全権利の要件とみてよいであろう。なお，出版等差止仮処分は，仮の地位を定める仮処分であるから，被保全権利のほかに，保全の必要性として，「著しい損害又は急迫の危険」が生ずること（法23条2項）が必要であることはいうまでもない。

人格的利益に基づく差止請求における指導的役割を果たしているとされる〔北方ジャーナル事件〕最高裁判決は，パブリシティ権による出版等差止請求に関しては，①検閲禁止に触れるか否か，②事前差止めは許されるかの点については参照されるが，③いかなる要件で認められるかの点については，プライバシー権による出版等差止請求の場合と異なり，参照されないと解される。けだし，パブリシティ権は，人格権に由来するとしても財産権であり，人格権そのものである名誉権やプライバシー権とは法的な性格が完全に同一であるとはいえないし，実質的に保護すべき理由も異なることから，表現の自由との利益較量には，異なった考慮や枠組みが必要と考えられるからである。上記の性格を有するパブリシティ権は，知的財産法上の権利ということができ，保護法益という観点からは，商標法及び不正競争防止法（著名標章の保護〔不正競争2条1項2号〕）が最も近い分野とされる[注28]。これは，パブリシティ権が，肖像等の人物識別機能に蓄積された顧客吸引力を保護するものであり，商標法や不正競争防止法が，商標の出所識別機能の保護（結果としての顧客吸引力の保護）や著名標章の顧客吸引力そのものを保護することから，両者間に類似性が認められるからであろう。そして，商標法36条，37条，不正競争防止法3条1項では，差止請求権の要件等（権利侵害又はそのおそれ，侵

(注27) 〔ピンク・レディー事件〕最高裁判決の金築誠志裁判官の補足意見。
(注28) 中島・前掲（注14）344頁。なお，東京地裁では，名誉権やプライバシー権に基づく出版差止めの仮処分申立ては，保全部に配てんされるが，パブリシティ権に基づく同申立ては，知財部に配てんされる。異議申立ても同様であり，即時抗告は，それぞれ東京高裁か知財高裁かに係属するという違いがある。

害行為とみなされる場合）が規定されており，要件等の面で，この分野が，〔北方ジャーナル事件〕最高裁判決の射程外であることがうかがわれる。したがって，同判決で要件とされた公益目的性や真実性は，パブリシティ権による出版等差止請求においては問題にならないと解される。

　小問(2)では，Dの有するパブリシティ権に対し，前記のとおり，E事務所及びG出版社の行為は，E事務所がDとの間で利用許諾契約を締結し，その許諾の範囲内と認められない限り，ファンブック中の写真と解説・紹介等との量的及び質的な比率にもよるが，第1類型又は第2類型の不法行為となり得る。この場合，Dのパブリシティ権に基づく差止請求権が被保全権利となる。また，Dは，E事務所からファンブックが出版されると経済的な損失を被ると考えているところ，E事務所の予定している出版部数や同事務所の経済的な状態にも関係するであろうが，Dが人気アイドルであるだけに，仮に少ない出版部数であっても，人気が高まって増刷が考えられることや，方針等が対立して辞めたアイドルの過去の写真等を無断で利用しようとするのであれば，E事務所の経済状態がよくないことも考えられるから，不法行為の要件を満たす場合には，Dに「著しい損害又は急迫の危険」（保全の必要性）が生ずることも認められることが多いであろう。したがって，小問(2)は，パブリシティ権の侵害のおそれを理由とする出版等差止めの仮処分の実体的要件を満たし得るといえるであろう。

(3) 求めることができる仮処分の内容及び相手方

(a) 求めることができる仮処分の内容

　Dは，仮の地位を定める仮処分として，①パブリシティ権侵害のおそれのある自己の写真等を掲載したファンブックの出版，販売，頒布，発送の禁止を求めることができる（法24条）。さらに，プライバシー権の場合と同様，不作為請求権として，その義務に反して印刷等した図書を，債務者の費用をもって除去をし，又は将来のために適当な処分をすることを裁判所に請求することができるから（民414条3項），①のほかに，②当該ファンブックに関する占有を解き，執行官に保管させること，③執行官に，パブリシティ権侵害のおそれのある記載部分を抹消させたうえ，書籍を債務者に返還することを求

めることができる。もっとも，ファンブックの性格上，パブリシティ権侵害はファンブック全体に及ぶ場合が多いであろうから，その場合，②及び③ではなく，④ファンブック全体の廃棄を求めることになる(注29)。

(b) 仮処分の相手方

Dは，具体的に出版を予定していたG出版社を相手方として仮処分を申し立てることができることに問題はない。G出版社は，ファンブックを流通させる主体であるから，同社に対しては，差止めや執行官保管，抹消返還，廃棄を当然申し立てることができる。E事務所は，ファンブックの執筆者，編集者とみられ，ファンブックの原稿やゲラ，さらにはDの元所属事務所として，Dの写真等を保管所有していると考えられ，G出版社以外の出版会社と契約して，新たな書籍を出版することが可能であるから，DはE事務所も仮処分の相手方とすることができる。もっとも，執行官保管，抹消返還，廃棄については，原稿やゲラであれば，G出版社と同様に仮処分を申し立てることができるが，基となった写真等については，パブリシティ権侵害のおそれのあるファンブックと一体性はなく，E事務所保有の写真等と解されるから，仮処分を申し立てることはできないであろう。ファンブックに掲載されるDのプライベート写真が，E事務所のマネージャーHによって撮影されたものである場合，Hは，ファンブックの編集，出版等に対する協力者にすぎず，執筆者，編集者，出版社とはいえないのが一般であろうから，仮処分の相手方とすることはできない。

(4) 仮処分の手続

(a) 審理手続

パブリシティ権侵害のおそれを理由とした出版等差止仮処分の審理手続一般は，プライバシー権侵害のおそれを理由とした同様の仮処分の場合（前記〔2〕(4)(a)）と同じである。

(b) 審理の対象及び提出すべき疎明資料

被保全権利の審理では，〔ピンクレディー事件〕最高裁判決の判示する3

(注29) 主文例については，東京地判平25・4・26判時2195号45頁〔ジャニーズ写真集事件〕参照。

類型に当たるかが審理の中心になろう。ただし，Ｅ事務所のような人気アイドルの元所属事務所から，使用許諾契約の締結が主張される場合には，その許諾の対象及び時間的範囲について審理が必要であり，同種事例では，この点が審理の中心になる事例も多いであろう。また，根拠と権利や差止請求の要件の違いから，プライバシー権侵害のおそれを理由とした出版等の差止めの仮処分とは疎明資料の内容が当然異なることになる。

保全の必要性の関係では，プライバシー権侵害のおそれを理由とした同様の仮処分の場合（前記〔２〕⑷(b)）と同様に，出版作業がどこまで進んでいるかも審理対象となろう。Ｇ出版社がファンブックの印刷前か，印刷後取次業者に引き渡す前か，同引渡後か，小売店に到着後かなどのどの段階であるかの点である。しかし，プライバシー権侵害のおそれの場合とは異なり，パブリシティ権の権利の性格上，販売店がいったんファンブックを販売したとしても，保全の必要性が消滅するとは限らない。在庫がある以上は，いったん侵害されたパブリシティ権であっても，新たな侵害を差し止める利益があるといえるから，保全の必要性は消滅せず，さらに在庫の有無についても審理が必要である。なお，保全の必要性の点では，事後的な損害賠償ではまかなえないとの意味で，Ｅ事務所の経済状態も審理対象となろう。

(c) 担　　保

担保は，債務者の損害賠償請求のために立てられるものであるから，既に債務者が印刷に入っている場合は，そうでない場合に比べて高額になろう。ただし，〔ピンク・レディー事件〕最高裁判決の３類型に当たることの疎明が明白なら，本案も同様の結論になろうから，債務者に損害が生じないと考えて，低額にすることもあり得るであろう。

＊　本稿脱稿後の文献として，〔ピンク・レディー事件〕最高裁判決の最判解民平成24年度（上）18〜90頁（中島基至）がある。芸能プロダクション（小問(2)ではＦ事務所）は，タレント（小問(2)ではＤ）から肖像等の独占的利用を許諾された場合に，債権侵害やタレントによる侵害排除義務が認められるなら，債権者代位権を行使して，侵害者に差止請求をすることができると詳細に検討している点が注目される（63〜67頁）。

31 元交際相手によるストーカー行為に対する仮処分

三重野　真人

(1) Xは，以前にYと結婚を前提として交際していたが，Yとは価値観や性格が合わないと感じるようになり，交際を止めることを申し入れた。ところが，Yは，これまでの交際でXに使った金を返せ，絶対に別れないなどといって，これに応じようとしない。Xが携帯電話の番号も変えて，Yに会わないようにすると，Yは，Xをつけ回すようになったほか，「Xは誰とでも寝る尻軽女です。」などと誹謗する文書をXの自宅に貼ったり，近所のポストにも入れて配るなどしている。Xは，Yに対してつきまといの禁止や文書等の配布禁止の仮処分を求めたが，裁判所は，どのような点に注意して審理すべきか。

(2) また，Xは，「配偶者からの暴力の防止及び被害者の保護に関する法律」に基づく保護命令という制度があると聞き，これを利用したいと考えているが，そのような申立てはできるか。

〔1〕 問題の所在・背景事情

本設例では，男女関係のもつれから生じるつきまとい行為等について，民事保全上の手続における留意点（小問(1)），さらに，この種事案において実務上大きな役割を果たしている配偶者からの暴力の防止及び被害者の保護に関する法律（以下「DV防止法」という。）に基づく保護命令申立事件における留意点（小問(2)）を検討する。

本設例の背景事情を示すものとして，ストーカー事案の認知件数，同事案における検挙件数等の近年の推移をみると，■図1，■図2のグラフのとおりとなる[注1]。

VI 名誉・プライバシー・パブリシティ・人格権等に関する仮処分

■図1 ストーカー事案の認知件数

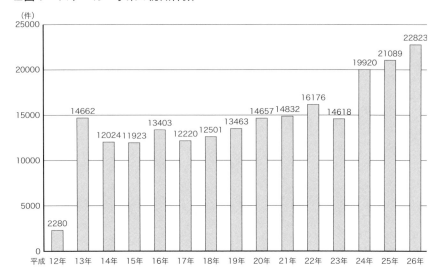

■図2 ストーカー事案の検挙件数

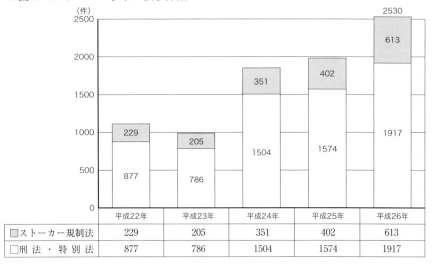

(注1) 警察庁ホームページ（https://www.npa.go.jp/safetYlife/seianki/stalker/25DV.pdf）より作成。ただし，認知件数のうち平成12年はストーカー行為規制法施行日である同年11月24日以降の認知件数である。

平成26年のストーカー事案の認知件数は2万2823件（前年比8.2%増），同事案における刑法・特別法による検挙件数は合計1917件（前年比21.8%増）であり，いずれも近時増加傾向にある。平成26年の検挙件数のうち被害者に対する殺人（未遂を含む。）が14件，傷害が213件，暴行が179件となっており，この種事案においては被害者に重大な結果を生じている事案も決して少なくない(注2)。

　そこで，本設例で検討するストーカー事案においては，つきまとい行為等が反復され，それがエスカレートして重大な結果を招来することがあり得ることも念頭において，各手続において更なる被害を債権者（申立人）が受けないようにするための注意が必要となるのが，その他の民事保全手続との相違点である。

　また，上記DV防止法以外においても，本件設例の対象となるストーカー行為については，平成12年にストーカー行為等の規制等に関する法律（以下「ストーカー規制法」という。）が制定され，行為者に対する警察本部長等による警告，公安委員会による禁止命令，ストーカー行為等に対する罰則（6月以下の懲役又は50万円以下の罰金）が導入されており，後記〔4〕で見るように，上記民事保全手続及びDV防止法と並んでストーカー行為等の防止の手段として機能している。

〔2〕 設例・小問(1)
―― 民事保全における手続上の留意点について

(1) 総　論

　つきまとい禁止の仮処分及び文書頒布禁止の仮処分の被保全権利は，債権者の人格権に基づく妨害排除請求権又は妨害予防請求権である。上記各仮処分は，いずれも仮の地位を定める仮処分であり，原則として債務者の審尋が

(注2)　警察庁ホームページ（www.npa.go.jp/safetYlife/seianki/stalker/seianki26STDV.pdf）による。

必要となる（法23条4項）。

(2) 申立ての趣旨の検討

(a) 申立ての趣旨の特定の必要性

上記各仮処分における申立ての趣旨の検討にあたっては，これらがその他の民事保全手続で問題となるものとは異なり，非定型的なものであるため，①当該命令によって保護される者及び範囲，②禁止される行為の特定が必要である。

まず，①当該命令によって保護される者及び範囲の点から検討すると，この種のつきまとい行為ないし文書等の頒布行為が，債権者の住居だけでなく，勤務先に対して行われる場合がある。勤務先における上記各行為を禁止しなければ，当該仮処分についての実効性が図られないため，この場合には勤務先が明確に特定される必要がある。

また，上記つきまとい行為が，同居の親族に対して行われ，債権者の人格権侵害として評価できるような態様で行われた場合には，禁止される行為の範囲に含めることも検討する必要がある。ただし，同居でない親族等に対して，つきまとい行為等が行われ，それによって被害が生じているような場合には，当該親族が人格権を根拠として，自ら債権者となって申立てを行うのが適当であろう。

②禁止される行為の特定についても，債権者からはあらゆる場合を想定して無限定な申立てがなされることがある。これまでの債務者の行為等によって債権者が受けた衝撃，恐怖感等に照らせばやむを得ない面があるにしても，発令の可否の判断や発令後の債務者の行為が当該命令によって禁止された行為に該当するのかの判断が困難となる場合もあるので，一定の行為を例示するなどして，禁止される行為を特定するべきである。

上記①，②の各点については，いずれもこれまでの債権者のつきまとい行為等の態様，内容，頻度，今後予想される債務者の人格侵害行為の態様等も勘案しながら，できる限り無限定のものにならないよう特定すべきである。従前の債務者の人格侵害行為を大きく超えるような範囲について申立てがなされたような場合には，上記の観点から，一定の特定，限定を付した形に必

要な訂正を求める必要がある事案もあろう。

(b) 小問(1)で想定される仮処分の申立ての趣旨

小問(1)で債権者が求める仮処分の申立ての趣旨としては，次のようなものが考えられよう。

■申立ての趣旨記載例

> 債務者は，自己又は第三者をして，債権者及び同居の親族に対して，下記の行為をしてはならない。
> 1 債権者の自宅及び勤務先（東京都○○区所在の株式会社△△）周辺（半径○○メートル以内などと特定することもできよう。）において，債権者及び同居の親族につきまとい，待ち伏せする行為
> 2 債権者及び同居の親族に対して，架電，手紙・葉書，電子メールなどの方法により，面談を強要する行為
> 3 債権者の住居及び勤務先（東京都○○区所在の株式会社△△）周辺において，債権者の名誉を毀損し，又は侮辱する内容の文書を掲示・頒布する行為

(3) 審理上の注意点

(a) 債務者の応訴態度とそれに応じた審理・判断

小問(1)で問題となる仮処分の内容は，いずれも債務者に対する不作為を求める仮の地位を求める仮処分であるから，要審尋事件であり，債務者からの反論等がなされ，その内容は大きく分けると，次のように，(ｱ)債権者主張の行為を否認する場合，(ｲ)行為は認めるものの，権利行使のためであると主張する場合，(ｳ)行為を認め，今後同種の行為を行わない旨誓約する場合などが考えられる。

なお，債権者が，その生命・身体に危険が及ぶ可能性が非常に高いなどと主張して，無審尋による発令を求める場合もあるが，この種の事案では，密行性が欠けていることに加えて，債権者の移転・表現の自由等を制約する性質を有する仮処分であるから，上記危険性の程度，緊急性の程度が高いと認められる場合を除いて，債務者審尋を行うべきであろう。

(ｱ) 債権者主張の行為を否認する場合

　債務者が，債権者が主張する行為を否認するような場合には，行為者と上記行為を行った者との同一性について疎明が十分になされる必要があり，この点についての債務者の主張内容等も加味して判断することとなる。つきまとい行為禁止ないし面談強要禁止において考えられる疎明資料としては，債権者の陳述書，債務者がつきまとい・待ち伏せ行為をしている状況を撮影した写真等（例えば，債権者宅付近で債務者使用の車両が一定時間駐車していることを示すものなど）のほか，債務者が債権者に対して自宅等を見張っていることを告げるような電子メール等があり，これらについてはその意図，目的はさておき，当該場所にいたこと自体を債務者が争う事例はそれほど多くないと思われる。

　他方で，債権者を誹謗・中傷するような文書の頒布については，頒布行為自体を債務者が行っている場面等を直接疎明する資料があるような場合は格別，そうでない場合には頒布された文書の存在及びその記載内容，頒布された範囲，頒布された時期等についての疎明資料に加えて，債権者・債務者間の交際関係の経過，それが終了した時期，上記つきまとい行為等の時期，内容，態様についての事情等も考慮のうえ，当該行為の行為者と債務者の同一性を判断することになろう。

(ｲ) 行為は認めるものの，権利行使のためであると主張する場合

　債務者が，債権者が主張する行為をしたことは認めるものの，それは，貸金の返済を求めるために行ったものであり，恋愛感情等に基づいて行ったものではないなど一定の権利行使のためであると主張する場合がある。このような場合においては，当該債務者の主張する権利主張を支える事情についての立証活動と，頒布された文書の内容等を総合して発令の可否を判断することになろう。

　小問(1)においても，債務者Ｙの主張は「これまでの交際でＸに使った金を返せ。」というものであれば，それは単に交際期間中に遊興等に費消された金員をＹが負担したというにとどまり，返還の合意を示すような疎明資料が存在せず，頒布された文書の内容もその権利主張とは無関係なものとみられるから，上記Ｙの権利主張のために行ったという主張は認められないことに

なろう。

　また，このような事案においては，債務者に対して，仮に，権利行使のためであっても，社会的に相当と認められる方法，手段を超えて権利行使をすることは許されないことを説明し，そのような行為の背景となる紛争について，弁護士等の代理人を通じ，又は，法的な手段（調停，訴訟）による以外の交渉をしないこととすることを提案すると，債務者もこれに応諾することが多い。このような応諾がある場合には，その旨の誓約書の提出を受けたうえで，仮処分申立事件を取り下げて当該事件を終了させることや背景にある紛争について上記のように別途法的な手段をとることなど暫定的な和解をすることで，債権者の目的である債務者のこれ以上のつきまとい行為の抑止が達成されることも多い。

　さらに，この種の類型において債務者の権利行使のためという主張が一定程度客観的な証拠等により支えられているような場合には，上記(2)(b)でみた申立ての趣旨を「調停手続・訴訟手続等の法的手段又は債権者の委任した弁護士を通じた交渉を除くほか」などと限定を付すように訂正させるのが相当である。

　　(ウ)　行為を認め，今後同種の行為を行わない旨誓約する場合

　債務者が，つきまとい行為等を男女の交際関係という私的領域に関する問題としか捉えていなかったとしても，債権者から仮処分が申し立てられ，公的な機関である裁判所において審理・判断される場面に至った段階で，上記行為が債権者のみならずその周囲にも思わぬ影響を与えていることを自覚し，これ以上債権者に対して接触をしないと誓約する例も少なくない。このような場合には，上記(イ)の場合と同様に，今後，同種の行為をしない旨の和解をするなどして，事件を終了させることも多い。

　(b)　不慮の事故発生防止のための配慮

　債権者に代理人が就き，債権者が審尋期日に出頭しない場合には，債権者に対して更なる被害が生じるおそれはそれほど大きくはないが，債権者本人が審尋期日に出頭する必要があるような場合には，債務者が債権者と接触しようとするような場合もあり，債権者に対して何らかの危険が発生する可能性がある。

そのような場合に備えて，審尋前に債権者ないしその代理人から警備の要否等について情報収集を行うほか，債権者と債務者が庁舎内で接触しないように別の階の待合室を用意する，債権者審尋と債務者審尋の時間をずらす，審尋終了後については債権者が退庁したのを確認した後に，債務者を退庁させるなどの事案の性質に応じた適切な配慮を行う必要がある。

また，小問(1)では，債権者Xは債務者Yとの接触を断つために電話番号を変更しているが，債権者が開示を希望しない事項については，申立書及び疎明資料などにその記載がないかについても債権者に確認を促す必要がある。

(c) 発　令

審尋を経て，①債権者に対する人格権侵害行為が，受忍限度を超えるものであり，②債権者に生ずる著しい損害又は急迫の危険を避けるためにこれを必要とするときという保全の必要性（法23条2項）が一応認められる場合には，上記でみた申立ての趣旨の特定や一定の場面を除外するなど必要な訂正を行い，担保決定をしたうえで，仮処分命令を発令することになる。本件のように頒布された文書の内容が悪質であるなど債務者の悪質性が明らかな場合には，債権者の損害発生可能性が低くなり，担保の額は低額となろう。

〔3〕 設例・小問(2)について

(1) ＤＶ防止法の制定と主な改正点

平成13年に制定されたDV防止法は，それまで配偶者からの暴力が重大な人権侵害であったのに被害者の救済が十分なものではなかったことなどの状況を改善し，人権擁護と男女平等の実現を図ることを目的とするもので，その主な内容は，配偶者暴力支援センター等による被害者の保護体制の整備を図るほか，後記で詳しくみる加害者の被害者への接近等を禁止する保護命令制度を導入するものである。

同法は，平成16年，平成19年，平成25年に改正されているが，次でみるようにいずれも被害者の保護の拡充を図っている。

平成16年改正においては，離婚後における元配偶者からの暴力等について

も保護命令の対象としたほか，被害者の子への接近禁止命令の創設，退去命令の期間を2週間から2月間に拡大するなどしている。

　平成19年改正においては，生命等に対する脅迫を受けた被害者に対しても保護命令を発令することが可能となったほか，被害者の親族への接近禁止命令及び電話等禁止命令を創設した。

　平成25年改正においては，生活の本拠を共にする交際関係にある相手方から暴力を受けた場合にも保護命令をはじめとするDV防止法上の保護の対象として，被害者の範囲を拡大した。

(2) 保護命令の概要

　DV防止法における保護命令は，配偶者からの身体に対する暴力又は生命等に対する脅迫を受けた被害者が，配偶者からの身体に対する暴力により生命又は身体に重大な危害を受けるおそれが大きいと認められる場合に，被害者への接近禁止命令，生活の本拠とする住居からの退去命令，被害者の子への接近禁止命令，被害者の親族等への接近禁止命令を発するものである。

　そして，この保護命令に違反した場合には，1年以下の懲役又は100万円以下の罰金に処せされることとなる。

　保護命令の法的性質は，被害者の生命又は身体の安全を確保し，さらに，家庭の平穏を確保するという観点から，国家が申立人と相手方の生活関係等に後見的に介入し，接近禁止等を命ずる民事行政的作用を有し，一種の非訟事件として位置づけられており，小問(1)で検討した民事保全手続とは併存するものである。

　保護命令の申立件数及びその認容率については，■図3・■図4のとおりであり，近年の申立件数はおおむね3000件前後，認容率も80％前後で推移している[注3]。

(3) 保護命令発令の要件，申立権者

　保護命令の申立権者は，配偶者からの身体に対する暴力又は生命等に対す

(注3) いずれのグラフも司法統計より作成した。

■図3　保護命令の既済件数等

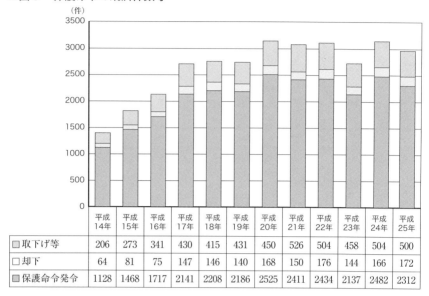

	平成14年	平成15年	平成16年	平成17年	平成18年	平成19年	平成20年	平成21年	平成22年	平成23年	平成24年	平成25年
取下げ等	206	273	341	430	415	431	450	526	504	458	504	500
却下	64	81	75	147	146	140	168	150	176	144	166	172
保護命令発令	1128	1468	1717	2141	2208	2186	2525	2411	2434	2137	2482	2312

■図4　保護命令の認容率

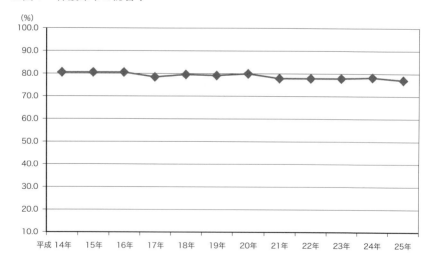

る脅迫を受けた者であるが，この配偶者には，法律婚のほかに，婚姻の届出をしていないが事実上婚姻関係と同様の事情にあるもの（いわゆる事実婚）を含むとされている（配偶者暴力1条3項）。また，配偶者からの身体等の暴力を受けた後に，離婚等があった場合においても，元配偶者を相手方として保護命令の申立てをすることができる（同条1項）。

さらに，上記(1)でみた平成25年改正により，事実婚にまでは至らないものの，生活の本拠を共にする交際関係にある者からの暴力等についても，保護命令の発令が可能になった（配偶者暴力28条の2）。このような改正が行われた背景には，配偶者からの暴力と同様に，生活の本拠を共にする共同生活を営んでいる者においては，その共同生活内における暴力被害が潜在化して，外部からの発見・介入が困難であるうえ，刑法及びストーカー規制法による救済が困難であり，その救済の必要性が認められることがあげられている。

そして，上記被害者が，更なる身体に対する暴力等により，その生命又は身体に対する重大な危害を受けるおそれが大きいときに，保護命令が発令される（配偶者暴力10条）。

(4) 保護命令の種類

保護命令には，次の5種類の内容の命令がある。

①6月間の被害者の身辺につきまとい，又はその通常所在する場所の付近をはいかいしてはならないとする接近禁止命令（被害者への接近禁止命令），②被害者への接近禁止命令と併せて，その命令の期間が満了するまでの間，被害者に対する面会の要求，著しく粗野又は乱暴な言動，無言電話，連続しての電話・ファクシミリ，電子メールの発信，夜間の電話・ファクシミリ・電子メールの発信等を禁止する電話等禁止命令，③被害者への接近禁止命令と併せて，その命令の期間が満了するまでの間，被害者の子の身辺につきまとい，又はその通常所在する場所の付近をはいかいしてはならないとする被害者の子への接近禁止命令，④上記③と同じ期間，被害者の親族その他被害者と社会生活において密接な関係を有する者への接近を禁止する被害者の親族等への接近禁止命令，⑤2月間，被害者と共に生活の本拠としている住居から退去すること及びその住居の付近をはいかいしてはならないとする退去命

令である。

小問(2)におけるXの申立てとしては，①被害者への接近禁止命令，②電話等禁止命令のほか，親族等に対するつきまとい行為等があるような場合には，③被害者の親族等への接近禁止命令をなすことが考えられる。

(5) 保護命令申立事件の審理上の注意点

(a) 手続の主な流れ

保護命令申立事件の手続の主な流れは，次のとおりである。

(ア) 申立人による申立て

各地裁にチェックリスト式の申立書ひな形が備え置かれており，これを順に記入することで，上記各要件についての記載ができるようになっている。また，DVセンターでの相談，一時保護等を経た申立人であれば，同センターの女性相談員等の職員による手続の教示がされており，手続の概要については把握しているほか，あらかじめ申立書を作成し，必要書類（戸籍，住民票等）を持参していることも多い。この際に，後記でも検討する申立人が相手方への開示を望まない秘匿情報が，申立書，証拠類に記載されていないかチェックする必要がある。

(イ) 申立当日における申立人面接・審尋

申立当日においては，そのまま申立人に対する面接・審尋を行う。その中で，主に申立書に沿った形で，これまでの相手方との関係，申立てのきっかけとなった暴力又は脅迫行為の具体的な経緯・内容，申立てに至る経緯，申し立てた命令の種類と過去の暴力行為等との関連性，証拠資料の補充説明，一時避難中であるか否かなど現在の申立人の生活状況等について確認していくことになる。申立人の中には，相手方からの暴力，それから逃れるための一時保護などを経た結果，急激な生活環境の変化もあって，過去の出来事を整理して話すことが困難である者や暴力を受けた当時の状況がフラッシュバックするなど精神的に動揺して過去の暴力行為の詳細を話すことが困難な者などもおり，そのような被害者の精神状態や特性等にも十分に配慮しながら（配偶者暴力23条1項），申立書記載の事実及び事情を確認していくことになる。また，申立ての中には，客観的な証拠が乏しい事案や申立ての相当以前の単

発的かつ軽微な暴力等を根拠とする事案があり，これらの事案については，より具体的な暴力等の状況を聴取する必要がある。

　㋒　相手方審尋期日の指定

　申立人の審尋期日から約1週間以内を目処に，相手方審尋期日を指定する。

　㋓　DVセンター又は警察に対する書面提出要求

　申立書に，DVセンター又は警察に相談等をした事実等の記載がある場合には，裁判所は，それらの機関に対して，上記相談等をした状況及びこれに対して執られた措置の内容を記載した書面の提出を求める（配偶者暴力14条2項）。この書面により，申立人の相談ないし保護を求めた状況等についての情報を把握することができるほか，当該書面の記載内容を暴力行為についての申立人の供述内容の信用性を評価する一つの資料とすることができる場合もある。

　㋔　相手方審尋期日・和解の可否

　保護命令は原則として口頭弁論期日又は相手方が立ち会うことができる審尋期日を経る必要がある（配偶者暴力14条1項）。上記期日においては，申立人が出頭することはないのが通常であり，両者の接触の機会はないものと思われるが，警備の要否等については申立人から情報提供を受け，期日当日における手続が円滑に進行するよう備えるべきである。上記期日を経ることにより，保護命令の申立ての目的を達成できない事情があるときには，口頭弁論期日又は相手方が立ち会うことができる審尋期日を経ずに発令できるが，その緊急性の判断は，保護命令に違反する行為が刑罰の対象となるなど相手方への手続保障の観点から，慎重にすべきである。

　また，仮に，相手方が，申立人等に対するつきまとい行為をしないなどと誓約するような場合であっても，保護命令申立事件は申立人及び相手方の権利義務関係を確定するものではなく，その手続において和解をすることはできないので，申立人に対する暴力又は脅迫などの上記(3)でみた保護命令の各要件を充足するときには，保護命令を発令するのが相当である。

　㋕　発　　　令

　相手方審尋期日を経て，保護命令の要件（上記(3)）が，疎明でなく，証明されたと認められる場合には，保護命令を発令する。

なお，裁判所には，接近禁止期間や退去期間等を短縮させるなどDV防止法に定められた保護命令の内容を変更する裁量はない。

(b) 秘匿情報の取扱い

申立人が，一時避難先や連絡先など相手方に開示されることを希望しない情報（秘匿情報）については，相手方に送付される申立書副本，証拠書類の写し等に記載がないか，申立人自身に注意深く確認させる必要がある。特に，申立人が自ら記載する申立書や陳述書等に秘匿情報が記載されることは少ないが，第三者が作成する証拠書類等（診断書，陳述書など）にこれらが記載されたり，秘匿情報そのものでなくとも，それを一定程度推知される情報（一時避難先の近くの病院で受診した診断書，一時避難先で取り寄せた広域交付住民票など）が記載される例もみられるので，申立人に注意を促すべきである。

(6) 設例・小問(2)の検討

小問(2)における発令の可否を検討すると，①相手方Yによる申立人Xに対する暴力等が認められるか，②申立人Xと相手方Yとの交際関係が「生活の本拠を共にする」ものと認められるかが主な検討課題となる。

①相手方による暴力等については，交際が終了してから一定程度時間が経過しているとみられるから，医師作成の診断書等の第三者が作成した客観的な証拠が乏しく，申立人の供述の信用性の評価を中心に検討することになろうが，暴行を受けた箇所を携帯電話のカメラ機能で撮影した画像や通院していない場合でも薬局等で湿布等の治療薬を購入したことを示すレシートなどできる限り客観的な証拠等により，その信用性を判断すべきである。

②生活の本拠を共にする交際関係の有無について検討すると，「生活の本拠を共にする」とは被害者と加害者が生活の拠り所としている主たる住居を共にする場合を指し，共同生活の実態を外形的，客観的に判断すべきであり，その判断資料としては住民票の記載，賃貸借契約の名義，水道，ガス等公共料金の支払名義などが考えられる。小問(2)においては「結婚を前提として交際していた」ものではあるが，両者が主たる住居を共にしていたとは認められないので，この要件を欠くものといえよう。

なお，この要件の判断については，上記の客観的資料に基づいて判断すべ

きではあるが，交際期間中に一方が他方の住居に転居したような場合においてはそのような客観的資料が乏しい場合もある。その場合の立証の工夫例としては，相手方が持ち込んだ衣類，家具等を撮影した写真，相手方と同居してから電気，ガス，水道等の使用量がそれまでと比べて大幅に増加していることを示す領収書，賃貸人等第三者による陳述書などによって立証した例もあり，このような間接的な資料であっても，でき得る限り客観的な資料等を基礎として，相手方の反論や陳述内容なども考慮のうえ，判断すべきであろう。

以上で検討したように，小問(2)においては，DV防止法に基づく保護命令の申立てをしても，これを発令するのは困難であろう。

〔4〕 ストーカー規制法の概要

上記設例で検討した民事保全手続及びDV防止法以外に，本件で問題となるストーカー行為については，ストーカー規制法によって，その規制が図られている。同法は，悪質なつきまとい行為，無言電話等の嫌がらせ行為を行うストーカー行為が社会問題化していることに対して，ストーカー行為を処罰するなど必要な規制を行うとともに，その相手方（被害者）に対する援助の措置等を定めるものであり，その主な内容は，①つきまとい行為等のストーカー行為の被害者からの申出により，警察本部長等によって，行為者に対して，当該行為を更に反復してはならない旨伝達する警告（ストーカー4条），②警告に従わずにつきまとい行為等を行った場合に公安委員会から更に反復して当該行為を行うこと等を禁止する禁止命令（ストーカー5条），③ストーカー行為及び上記禁止命令に反する場合の罰則（ストーカー13条〜15条）である。また，同法は，平成25年に改正され，電子メールを送信する行為が規制対象とされたほか，警察本部長が警告をした場合には，その旨を申出をした者に通知しなければならないとされた。

警察庁の統計によれば，近時のストーカー規制法による警告件数，禁止命令の件数の推移は，近時増加傾向にあり，■図5のとおり，平成26年における同法に基づく警告は3171件（前年比29.3％増），禁止命令等は149件（前年比

■図5　ストーカー規制法の適用状況

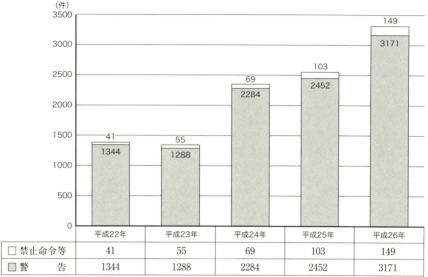

	平成22年	平成23年	平成24年	平成25年	平成26年
禁止命令等	41	55	69	103	149
警告	1344	1288	2284	2452	3171

注：平成26年には仮の命令が2件出ている。

44.6％増）となっており，いずれも同法施行後最多となっている[注4]。

〔5〕まとめ

　以上で検討してきたように，小問(1)においては仮処分が発令される可能性があるとしても，小問(2)においては，保護命令が発令される可能性は少ないといえよう。

　このように，この種のストーカー事案においては，違反した場合に刑事罰という抑止効果のあるDV防止法に基づく保護命令によって被害者に対するつきまとい行為の抑止が図られることも多いが，小問(2)で検討したように現時点においては保護命令を発令するためには法律婚，事実婚ないしは申立人

(注4)　警察庁ホームページ（www.npa.go.jp/safetYlife/seianki/stalker/seianki26STDV.pdf）による。

と相手方との間で生活の本拠を共にする交際関係があることや被害者に対する暴力又は脅迫行為等が要件となっていることから，そのような関係や行為が存在しない相手方に対するつきまとい行為の抑止のためには，民事保全上の仮処分の申立てにも独自の意義があるといえよう。

また，近年は，インターネットを通じて被害者を誹謗中傷する内容が流布されることもあるがそれについては項目33を[注5]，生活の本拠を共にする相手方からの面談強要禁止の仮処分及びDV防止法に基づく保護命令については項目44をそれぞれ参照されたい。

■参考文献
(1) 須藤＝深見＝金子・民事保全192頁。
(2) 東京地裁・実務（上）412頁〔石田佳世子＝秋元健一＝福田敦〕・436頁〔石田佳世子＝福田敦＝本多健一〕。
(3) 金子武志「面談強要禁止等仮処分申立事件について」判タ962号4頁。
(4) 久留島群一「ストーカー等に対する接近禁止の仮処分」判タ1078号176頁。
(5) 福島正幸＝森鍵一「東京地裁及び大阪地裁における平成25年改正DV防止法に基づく保護命令手続の運用」判タ1395号5頁。
(6) 南野千惠子ほか『詳解DV防止法〔2008年度版〕』（ぎょうせい，2008）。
(7) 檜垣重臣『ストーカー規制法解説〔改訂版〕』（立花書房，2006）。

(注5) 交際期間中に撮影された相手の性的な画像等を交際期間終了後に嫌がらせ目的等でインターネット上に流布するいわゆるリベンジポルノについては，平成26年11月27日に施行された私事性的画像記録の提供等による被害の防止に関する法律によって，このような画像の公表に刑事罰（3年以下の懲役又は50万円以下の罰金）が設けられた。

32　外国人差別禁止等の仮処分

関　述之

(1) （ヘイトスピーチ）政治団体Ａ（主宰者Ｂ）は，東南アジア諸国の経済的自立を促進するとして，東南アジアのＭ国の出身であるＣが，日本国内で中古自転車等を買い集めてＭ国に輸出し利益を得ていることに目を付けて，「Ｃは，日本人を騙して安く中古自転車を買い取り，高値でＭ国に輸出している泥棒だ」，「Ｍ国では自転車も作れないのか」，「恥さらしＣは直ちにＭ国に帰れ」などと叫びながら，Ｃの事務所の周辺でデモを繰り返している。Ｃは，誰を債務者として，どのような仮処分を申し立てることができるか。

(2) （差別禁止）アニメグッズ販売店を営むＤは，来店する一部の外国人が，商品の保護ビニールを勝手に破いて商品を見たり，商品の陳列を乱してそのままにすることに立腹し，店の前に「外国人は入らないでください」との張り紙をした。常連客であるフランス人Ｅが抗議すると，Ｄは，日本のルールをわかっていない外国人に向けたもので，Ｅは入ってよいと説明された。しかし，Ｅは，納得できず，友人のイタリア人Ｆと一緒に，Ｄに対し，そのような張り紙の禁止と，外国人の入店の妨害禁止を求める仮処分を申し立てたい。どのような問題があるか。

〔１〕　設例・小問(1)について

(1)　考えられる仮処分＝街頭宣伝活動禁止仮処分

Ｃが申立て可能な仮処分として考えられるのは，街頭宣伝活動禁止の仮処分である。街頭宣伝活動禁止の仮処分は，街頭宣伝活動により，名誉が侵害される場合や，営業活動が妨害される場合に，人格権や営業権に基づく妨害

排除請求権又は妨害予防請求権を被保全権利として，その街頭宣伝活動を禁止する仮処分である(注1)。

(2) 被保全権利

(a) はじめに

街頭宣伝活動禁止の仮処分は，債権者が自然人の場合には，債権者の人格権（具体的には，債権者の平穏に生活を営む権利，名誉権等）に基づく妨害排除請求権又は妨害予防請求権を被保全権利として申し立てられる。

これに対し，債権者が法人の場合には，債権者の営業権又は人格権（具体的には，営業権ないし平穏に営業活動を営む権利(注2)，名誉権等）に基づく妨害排除請求権又は妨害予防請求権を被保全権利として申し立てられる。

(b) 裁 判 例

では，被保全権利が認められるための要件は何か。

理論的には，人格権・営業権等が現に侵害されているか，将来侵害されるおそれがあることを具体的に主張し，疎明することになる。

小問(1)で問題とされている「ヘイトスピーチ」という用語の意義は，師岡康子弁護士によれば，広義では，人種，民族，国籍，性などの属性を有するマイノリティの集団もしくは個人に対し，その属性を理由とする差別的表現であり，その中核にある本質的な部分は，マイノリティに対する「差別，敵意又は暴力の煽動」，「差別のあらゆる煽動」であり，表現による暴力，攻撃，迫害である(注3)，とされている(注4)。

人格権や営業権侵害を理由とするヘイトスピーチの差止めの可否に関して

(注1) 見目明夫「街頭宣伝活動禁止仮処分」菅野博之＝田代雅彦編『裁判実務シリーズ(3)民事保全の実務』（商事法務，2012）250頁以下。
(注2) 東京地決平21・9・10判タ1314号292頁・判時2056号99頁は，大学等を設置する学校法人が申し立てた情報宣伝活動の差止めを求める仮処分を認容した事例であり，債務者は学校法人には営業権はないと主張したが，同決定においては，学校法人が有する権利を営業権と呼ぶかどうかはさておき，平穏に営業活動を営む権利を有しているとして，これを被保全権利とした。
(注3) 師岡康子『ヘイト・スピーチとは何か』（岩波書店，2013）48頁。
(注4) ヘイトスピーチ概念に関する議論の詳細については，師岡・前掲（注3）38頁以下を参照されたい。

は，民事訴訟における差止請求に関する事案であるが，京都地判平25・10・7（判時2208号74頁）及びその控訴審判決である大阪高判平26・7・8（判時2232号34頁）(注5)が参考になる。この事案は，被告ら（個人と，その個人らが所属する団体の双方を含む。）が，在日朝鮮人に対する教育等を目的とする学校法人である原告が運営する学校の周辺で，拡声器を用いて，学校関係者に対し在日朝鮮人を差別し名誉毀損的な内容の怒号を浴びせるなどの3回にわたる示威活動や，それらの示威活動の模様を撮影した映像をウェブサイト上に2回にわたり公開した活動（同判決ではこれらを総称して「本件活動」といっている。）の不法行為の成否や差止請求の可否が争われた事案である。

　前掲大阪高判平26・7・8は，本件活動の違法性を判断する基準につき，前掲京都地判平25・10・7の説示を一部補正し，「一般に私人の表現行為は憲法21条1項の表現の自由として保障されるものであるが，私人間において一定の集団に属する者の全体に対する人種差別的な発言が行われた場合には，上記発言が，憲法13条，14条1項や人種差別撤廃条約の趣旨に照らし，合理的理由を欠き，社会的に許容し得る範囲を超えて，他人の法的利益を侵害すると認められるときは，民法709条にいう『他人の権利又は法律上保護される利益を侵害した』との要件を満たすと解すべきであり，これによって生じた損害を加害者に賠償させることを通じて，人種差別を撤廃すべきものとする人種差別撤廃条約の趣旨を私人間においても実現すべきものである。」としたうえで，この基準によれば，本件活動が民法上の不法行為に該当するとした。さらに，前掲大阪高判平26・7・8は，本件活動の差止請求の可否について，前掲京都地判平25・10・7の「学校法人である原告は，本件活動によって既に起きた権利侵害（業務妨害や名誉毀損）に対しては金銭賠償を求めることができるし，本件活動と同様の業務妨害や名誉毀損がさらに起こり得る具体的なおそれがある場合，法人の人格的利益に基づき，被告らに対し，さらなる権利侵害を差し控える不作為義務の履行請求権を取得するのである。」との説示を引用のうえ，被告らの本件活動以外の同種の活動の有無，

(注5) この控訴審判決に対しては上告及び上告受理申立てがなされたが，最決平26・12・9（平成26年（オ）第1539号，平成26年（受）第1974号）により上告棄却・不受理決定がなされている。

本件活動の主体となった被告団体との関係，本件活動への関与の態様，謝罪の意思表明の有無，等も考慮して，将来，本件活動と同様の業務妨害及び名誉毀損を行う具体的なおそれがあると認めた被告団体と被告個人のうち6名に対しては，街頭宣伝活動の差止めを認容し，被告2名についてはかかるおそれがないとして，差止請求を棄却した前掲京都地判平25・10・7の判断を是認している。

(c) 要　件

上記大阪高判平26・7・8からすれば，私人間において一定の集団に属する者の全体に対する人種差別的な発言が行われた場合には，上記発言が，憲法13条，14条1項や人種差別撤廃条約の趣旨に照らし，合理的理由を欠き，社会的に許容し得る範囲を超えて，他人の法的利益を侵害すると認められるときには不法行為が成立し，かつ，当該事案においてこの不法行為と同様の業務妨害や名誉毀損がさらに起こり得る具体的なおそれがある場合，人格権ないし人格的利益に基づく妨害予防請求権又は妨害排除請求権が認められると解されるので，これを被保全権利とする民事保全が可能というべきである。

(3) 保全の必要性

街頭宣伝活動禁止の仮処分は，仮の地位を定める仮処分であるから，保全の必要性として，民事保全法23条2項の要件を疎明しなければならない。具体的には，街頭宣伝活動によって，債権者の平穏な生活，名誉，業務等を妨害する行為の継続又は継続のおそれのあることを疎明すべきであるが，実際上，かかる保全の必要性の疎明は，被保全権利の疎明と相当程度重なるものとなろう。

(4) 街頭宣伝活動禁止仮処分の主文

街頭宣伝活動禁止仮処分の主文は，債務者に対し，一定の内容及び態様の街頭宣伝活動をしてはならないとの不作為を命ずるものとなる。ただし，債務者が組織的に活動しているような場合には，禁止すべき行為主体について，主文に「債務者自ら又は第三者をして」と記載することが考えられる[注6]。

この仮処分では，債務者の表現の自由に対する配慮も必要となるから，禁

止する行為の範囲を制限するのが通常であるが，違反の有無の判断（禁止の範囲の認定）に疑義を残さないようにする必要があることから，不作為義務の特定には留意する必要がある。もっとも，禁止される行為を明確に特定して限定列挙しようとすると，当然それを潜脱する行為がなされるから，ある程度，包括的な文言を用いた禁止もやむを得ないというべきであろう。

また，同じく債務者の表現の自由に対する配慮から，主文においては，例えば，特定の地点(注7)から半径〇〇〇メートル以内，あるいは，地図上の特定の範囲内というような，一定範囲の場所においてのみ不作為を求めるのが通例である(注8)。そして，この範囲は，住宅地図等を用いて特定することが多い。もっとも，この範囲が狭いと，発令後もその外周に沿って同様の行為を繰り返す場合があるので，場合により，再度，禁止の範囲を拡大した保全命令を申し立てることも許容されると解する(注9)。

なお，上記の主文に付加して，仮処分命令の目的を達するため（法24条），執行の方法として，間接強制（民執172条）の決定の内容を仮処分命令で定めることもできる(注10)。もっとも，間接強制に相当な金額の評価にあたっては債務者の不履行の態様等を考慮することが適切と認められる場合が多いので，

(注6) 須藤＝深見＝金子・民事保全175頁。
(注7) 「特定の地点」から半径〇〇〇メートル以内での街頭宣伝活動禁止を求めるなど，円で禁止の範囲を特定する場合には，その円の中心は，単に債権者の住所を記載するだけではなく，例えば，「債権者の自宅（東京都〇〇区〇〇町〇丁目〇番〇号）の正面玄関扉から半径200メートル以内」といった形で明確に特定するのが適切である。単に債権者の住所を円の中心と記載するのみでは，例えば債務者が禁止の範囲の限界的な場所で街頭宣伝活動を行った場合などに，禁止の範囲の特定に困難を来す場合があるからである。同旨，東京地判平26・6・10判タ1409号362頁。
(注8) これに対し，例えば，「〇〇県内において」といった主文は，特別な事情がない限り，保全命令主文の特定の観点からも，保全の必要性の観点からも，問題があるであろう（瀬木・民事保全137頁）。
(注9) 見目・前掲（注1）251〜252頁，瀬木・民事保全137頁。
(注10) なお，実務においては，街頭宣伝活動禁止仮処分を含む不作為を命ずる仮処分において債務者の違反行為が予想される場合に，あらかじめ仮処分決定の主文中に執行命令に該当する内容を付加することが行われているが，その適否については問題がある。原則として一定の範囲で適法とするのが実務である。ただし，「債務者がこの仮処分に違反した場合には，執行官が適当な措置を講じ得る」旨の命令については，執行官にいかなる行為をすべきかが裁判の内容として定められておらず，また，執行官がそのような「適当な措置」を講ずる法律上の根拠も見い出しがたいことから，このような文言を付加することは不適法と解する。議論の詳細は，東京地裁・実務（上）390頁〔岩崎邦生〕（「不作為を命ずる仮処分」）参照。

実務上は，債務者の不履行がほぼ間違いなく確実である場合や，債務者が従前から何度も同様の違反行為を繰り返しており，あらかじめ間接強制の決定の内容を仮処分命令に繰り込んでおかないと命令の実効性が担保できないような例外的な場合にのみ，目的を達するために必要な処分としてこれを認めている[注11]。

(5) 申立てにおける留意事項

(a) 債務者の特定

街頭宣伝活動禁止仮処分申立てにあたっては，街頭宣伝活動を行う者の正確な氏名や名称等が明確にならないこともあるから，債務者の特定が重要であり，債権者において十分調査する必要がある。特に，債務者が政治団体とみられる場合には，政治資金規正法6条に基づく政治団体の届出が総務大臣又は都道府県の選挙管理委員会になされているか否かを調査することが必要である（上記届出があったときは，当該届出を受けた選挙管理委員会又は総務大臣は，政治資金規正法7条の2により，当該政治団体の名称・代表者等を公表することとされている。）。この届出は，民事保全法7条・民事訴訟法29条により当該政治団体の当事者能力を肯定するための有力な証拠資料となると思われる。この届出がないなど，団体の当事者能力が証明（疎明ではない。法13条2項参照）できず，団体自体を債務者とすることができない場合には，「○○（団体名）こと甲野太郎」等と表現して，個人を債務者にするか，団体の構成員を特定して当該構成員を債務者にすることになると考えられる。

(b) 疎明資料

この申立てにあたっては，債権者は，人格権等が現に侵害されているか，将来侵害されるおそれがあることを疎明しなければならない。そのような事実の疎明資料としては，まず第1に，街頭宣伝活動を撮影した写真や音声付き映像が考えられるが，これらについては，撮影者，撮影日時及び撮影場所を，例えば地図に撮影場所と撮影方向を記入したり，疎明資料説明書を作成するなどして明確にする必要がある。また，街頭宣伝活動を撮影・録音した

(注11) 瀬木・民事保全311頁。

音声付き映像や録音については，内容を反訳した書面も併せて提出する必要がある。これらの疎明資料のほかには，街頭宣伝活動の際に配布されたビラ，街頭宣伝活動の音量を測定した結果の報告書や，債務者が行ったそれまでの街頭宣伝活動の具体的内容やこれによって債権者が受けた具体的不利益を詳細に説明する陳述書などが考えられる。

(6) 審　　理

街頭宣伝活動禁止仮処分は，仮の地位を定める仮処分であるから，原則として債務者審尋期日（又は口頭弁論期日）を経ることを要する（法23条4項）ところ，実務上は，この仮処分は，表現活動の規制にあたるため，債務者審尋をしないで発令することは通常はない(注12)。

なお，債務者審尋を行うための呼出しにより，その活動が沈静化したり，審尋の過程で，その後の活動の停止を約束することで，事件が取下げで終了することもある(注13)。

(7) 設例・小問(1)に対する解答

以上から，小問(1)では，Cとしては街頭宣伝活動禁止仮処分を求めることが考えられる。この場合，債務者については，①政治団体Aが法人格を有しているか，又は，権利能力なき社団として当事者能力を有する場合には，「A」と記載して政治団体Aを債務者とし，②そうでない場合には「AことB」と記載して主宰者Bを債務者とすることが考えられる。また，③政治団

(注12) この仮処分において，例外的に債務者審尋を行わない場合について，中谷和弘「仮の地位仮処分の審尋の必要性について（特に面談強要禁止や拡声器による業務妨害禁止事件）」判タ907号48頁は，例えば，①同一当事者間で時間的に接着している事件で，前回の決定に洩れていた場所に債務者が押しかけるように，債務者審尋が既になされたと同視してよい場合，②①に準じ，債務者に決定回避意図がある場合をあげている。また，瀬木・民事保全227頁以下は，被保全権利と保全の必要性のかなりの高度の疎明があることを前提に，①執行妨害の可能性が極めて高く，あるいはそのおそれが既に現実化している場合，②債務者が現に重大な違法行為を行っていることが明確に疎明され，かつ，これについての正当な弁解がおよそ考えられない場合，③債務者が以前に関連しかつ類似した（実質的にはほぼ同一の）申立てについて債務者審尋の機会を与えられている場合，などの例をあげている。

(注13) 須藤＝深見＝金子・民事保全175頁。

体Aの構成員を特定してこれらの者を債務者とすることも考えられ，さらに，①と③又は②と③を併用する方法もあるであろう。

また，申立ての趣旨の例としては，以下のものが考えられる[注14]。

> 1　債務者は，自ら下記の行為をしてはならず，又は第三者をして下記の行為を行わせてはならない。
> 記
> 債権者の事務所（東京都○○区○○町○丁目○番○号）の正面玄関扉から半径200メートル以内の近隣（別紙地図の黒色の円の範囲内）において，徘徊し，大声を張り上げ，街頭宣伝車による演説を行う等して，債権者の行う業務の平穏を害する一切の行為。（別紙地図：住宅地図等を利用する）

さらに，間接強制を申し立てる場合には，以下のものが考えられる。

> 2　債務者が，前項記載の義務に違反したときは，債権者に対し，違反行為をした日1日につき金○○万円の割合による金員を支払え。

〔2〕 設例・小問(2)について

(1) 総　論

E及びFが，Dに対して申し立てることを希望している張り紙の禁止と，外国人の入店の妨害禁止を求める仮処分は，いずれも，不作為を命ずる仮処分に属すると思われる。すなわち，不作為を命ずる仮処分には，債務者に一定の積極的行為をすることを禁止する仮処分（禁止命令）と，債務者に債権者又は第三者が権利として行う行為を認容，受忍しなければならないことを命ずる仮処分（受忍命令）の2つの類型があるところ，張り紙の禁止を命ずる仮処分は禁止命令に，入店の妨害禁止を求める仮処分は受忍命令に，それ

(注14)　街頭宣伝活動禁止仮処分の他の主文例は，見目・前掲（注1）252頁を参照されたい。

それ属すると考えられる(注15)。

(2) 被保全権利

近年，私人による外国人に対する差別を問題とする訴訟が多数提起されている(注16)。

これらの訴訟では，外国人に対する差別が，憲法14条1項，国際人権B規約(注17)，人種差別撤廃条約(注18)に違反するか否かが争われる。この点につき，多くの裁判例では，憲法14条1項は，公権力と個人との関係を規律するものであって私人相互間には直接の適用はなく，条約も，国家の国際責任や，国家と個人との関係を規律するものであってやはり私人間には直接の適用はないことを前提に，私人の行為によって他の私人の基本的な自由や平等が具体的に侵害され又はそのおそれがあり，かつ，それが社会的に許容し得る限度を超えていると評価されるときは，私的自治に対する一般的制限規定である民法1条，90条や不法行為に関する諸規定等により，私人による個人の基本的な自由や平等を無効ないし違法として私人の利益を保護するべきであり，憲法14条1項，国際人権B規約及び人種差別撤廃条約は，前記のような私法の諸規定の解釈にあたっての基準の一つとなり得る，との判断基準を示し，間接適用説の立場を明らかにしたうえで，外国人に対する差別が「基本権の侵害が社会的に許容される限度を超えるか否か」を判断基準としている(注19)。

かかる立場を前提にすれば，外国人差別を理由として債務者に対し何らかの不作為を求める仮処分の被保全権利は，憲法14条1項や，国際人権B規約及び人種差別撤廃条約等の各種条約が直接の根拠となるのではなく，日本人

(注15) 禁止命令の認容決定の主文は「債務者は……をしてはならない。」との，受忍命令のそれは「債務者は……を妨害してはならない。」との表現になる。東京地裁・実務（上）388頁〔岩﨑邦生〕参照。
(注16) 民間マンション入居拒否—大阪地判平5・6・18判タ844号183頁・判時1468号122頁，宝石店入店拒否—静岡地浜松支判平11・10・12判タ1045号216頁・判時1718号92頁，ゴルフクラブ入会制限—東京高判平14・1・23判時1773号34頁・金判1138号31頁，銀行住宅ローン申込み拒否—東京高判平14・8・29金判1155号20頁，公衆浴場入浴拒否—札幌地判平14・11・11判タ1150号185頁・判時1806号84頁など。
(注17) 正式名称は「市民的及び政治的権利に関する国際規約」。
(注18) 正式名称は「あらゆる形態の人種差別の撤廃に関する国際条約」。
(注19) 大村敦志「不法行為判例に学ぶ(15)小樽温泉訴訟」法教357号134頁。

が平等権を侵害された際に申し立てる不作為を求める仮処分におけるのと同様，人格権に基づく妨害排除請求権又は妨害予防請求権ということになろう。

(3) 外国人差別による人格権侵害の有無の判断

前記(2)のとおり解すると，次に，Ｅ及びＦについて，人格権侵害が成立するか否かが問題となる。

前記(2)の間接適用説の立場からすれば，私人の行為によって他の私人の基本的な自由や平等が具体的に侵害され又はそのおそれがあり，かつ，それが社会的に許容し得る限度を超えていると評価されるときは，人格権侵害が成立すると解するべきであり，その判断にあたっては，憲法14条1項，国際人権Ｂ規約及び人種差別撤廃条約の趣旨を考慮して判断すべきことになる。ただし，Ｄについても，憲法上の人権として財産権及び営業の自由があるので，これらのＤの権利との調整も必要となるであろう。

以上を前提にすると，小問(2)については，次の点の検討が必要であろう。

(a) 施設の性質

まず，小問(2)でＥ及びＦが入店を拒否されたのは，例えば公衆浴場のような公衆衛生に資する点で公共性を有するために営業の自由が制限され得る施設（公衆浴場法参照）[注20]とは異なり，アニメグッズ販売店という，もっぱら私的な趣味のための，しかも衣食住のような生活の基盤が損なわれるような商品が販売されていない店舗である[注21]点で，同販売店の経営者Ｄの営業の自由が幅広く認められ，外国人に対する入店拒否が違法になる場合は限定されるのではないか，という考え方もあり得る。

しかし，人種差別撤廃条約5条(f)は，「輸送機関，ホテル，飲食店，喫茶店，劇場，公園等一般公衆の使用を目的とするあらゆる場所又はサービスを利用する権利」につき，締約国が「すべての者が法律の前に平等であるとい

(注20) 前掲（注16）札幌地判平14・11・11参照。
(注21) 前掲（注16）東京高判平14・1・23は，当該ゴルフクラブがゴルフを楽しむための単なる私的な社団であってその入会の資格・手続もごく閉鎖的なものであることや，会員の得られる便宜もゴルフ場4か所の利用にとどまることなどを理由に，当該ゴルフクラブへの外国人の入会を一律制限し，外国人である原告の入会を拒否したことを適法と判断した。

う権利」を保障することを求めている。この点に着目すると，アニメグッズ販売店もまた一般公衆の使用を目的とする場所なのであるから，他の公衆の使用を目的とする場所と同様の基準で差別が禁止されるとも考えられる。

(b) 手段の相当性

次に，Dは，外国人の入店を一律に拒否しているわけではなく，しかも，入店を拒否する目的が，商品の保護ビニールを勝手に破いて商品を見たり商品の陳列を乱してそのままにするようなマナー違反の外国人の入店を拒否しようとした点にあることを，どのように考えるか，という問題がある。Dの営業の自由からすれば，当該販売店で販売する商品の価値を保護する合理的な措置だ，という見方もあり得る。他方で，上記の目的を達成するためには，そのような悪質な行為をする外国人のみ入店を拒否すれば足りるのであり，すべての外国人の入店を拒否する旨の掲示をすることは，上記目的実現のための手段としては行き過ぎであってもはや合理的な差別とはいえない，との見方もあり得る。

(c) 現実の入店拒否の要否

さらに，Eは，Dから，現実には入店を拒否されていない点でそもそも差別を受けておらず平等権を侵害されてないのではないか，という問題がある。この点は，Dが，「外国人は入らないでください。」との張り紙をしたこと自体が既に合理的ではない差別と考えるのか[注22]，それとも，外国人が入店を現実に拒否されてはじめて合理的ではない差別になると考えるのか，によって判断が分かれると思われる。

(d) 小　括

結局，小問(2)では，以上の考慮要素に加え，その他の具体的事情（例えば，張り紙の大きさ・位置・掲示された時間の長さ，DがE及びFのみならず他の外国人に対

(注22) 平成26年3月8日，サッカー・Jリーグの試合中において，観戦していたホームチームのファンが，「JAPANESE ONLY」と書かれた横断幕をホームスタジアムのスタンドに掲げた。この横断幕の掲示が外国人差別であると問題となり，その結果，当該ホームチームは，試合終了まで横断幕を撤去できなかった点で責任があるとされ，日本プロサッカーリーグから，国際サッカー連盟の規定を根拠に，ホームスタジアムで主催する試合1試合を無観客試合で行うことを命じられるという制裁を受けた（http://www.AsAhi.CoM/ArtiClEs/ASG3F7DG0G3FUTQP02D.htMl?rEF=rECA参照）。この事件は，外国人差別に関する社会通念を探るうえで，興味深い事例である。

しても入店を拒否した事実の有無や拒否の態様，EやFの当該店舗内での態度，Dの行為の社会的な影響，など(注23))も総合的に検討して，Dによる外国人差別が社会的に許容し得る限度を超えているか否かにより人格権侵害の有無を決することになろう。

(4) 保全の必要性

E及びFが求めている張り紙の禁止を命ずる仮処分及び入店の妨害禁止を求める仮処分は，いずれも，仮の地位を定める仮処分であるから，保全の必要性として，「争いがある権利関係について債権者に生ずる著しい損害又は急迫の危険を避けるため」に必要であることを疎明しなければならない（法23条2項）。E及びFは，上記の要件，すなわち，本案判決による救済を待っていたのでは債権者の権利が実質的に満足されなくなるような事情を具体的に主張し疎明しなければならない。ただし，Eについては，現実には入店を拒否されてはいないのであるから，入店の妨害禁止についての保全の必要性を認めることは困難であると思われ，入店の妨害禁止を求める仮処分を認めることは困難であろう（張り紙の禁止を命ずる仮処分については別論である。）。

(5) その他の問題点

(a) 公示を命ずることの可否

小問(2)のような不作為を命ずる仮処分命令において，執行官に対し当該保全命令の公示を命ずることができるかという問題点があり，適法・違法両説が対立しているが，裁判例では，東京高判昭27・6・24（高民5巻9号384頁）がこれを違法と判示している(注24)。

(b) 不作為を命ずる仮処分の執行期間

保全執行の着手は，債権者に保全命令が送達された日から2週間の期間内にしなければならない（法43条2項）が，不作為を命ずる仮処分の場合，この執行期間の制限があり得るのか，という問題がある。すなわち，不作為を命

(注23) 前掲（注16）静岡地浜松支判平11・10・12。
(注24) 議論の詳細は，東京地裁・実務（上）389頁〔岩崎邦生〕のとおりである。

ずる仮処分の場合，債務者が命令を遵守している限りは債権者の執行行為は必要とならないものの，債務者が命令に違反したときには仮処分の執行が必要となるが，その時点で上記2週間の執行期間が経過していることがあり得る。そのため，不作為を命ずる仮処分については，執行期間の制限はないとするのが多数説である。この点については，代替執行又は間接強制をなし得るに至った時を起算日とする執行期間の制限があるとする少数説もあるが，多数説も，債権者が債務者の違反行為を知りながら長期間放置したうえで，仮処分の執行をする等の場合には事情の変更を理由とする保全取消しを認めることにより，違反行為をした債務者と適時に仮処分の執行をしなかった債権者との利益調整を行うため，実質的には，少数説との差異は大きくないと指摘されている[注25]。よって，多数説が相当であろう。

(注25) 議論の詳細は，新基本法コンメ民保173頁〔伊東俊明〕及び同書が引用する各文献のとおりである。

33 インターネットの電子掲示板への書込みの削除を求める仮処分

木村 真也

次のような場合，Xは，どのような保全処分を求めるのが相当か。
(1) Xは，フリーアナウンサーとして活動しているが，芸能レポーターのYは，Yがインターネット上で開設しているホームページにおいて，「Xが不倫をしている」との記事を書いて掲載した。これを見たXは，不倫はしていないし，そのような書き込みを放置しておくと，Xのクリーンなイメージに傷がつき，フリーのアナウンサーとしての活動にも支障を生じかねないと考えて，できるだけ早く，そのような書き込みが削除されることを求めたいと考えている場合
(2) (1)の事例で，「Xは不倫をしている」と書き込んだのがYではなく，このホームページにアクセスした第三者である場合

〔1〕 設例・小問(1)について

(1) 問題の所在

インターネットは，世界規模のネットワークであるうえ，伝達される情報はすべてデジタル情報であることから，情報が広範に，かつ簡便・即時・大量に伝達され，他人の名誉やプライバシーを侵害する表現行為も瞬時のうちに広範囲かつ多数の者が知り得る状態に置かれてしまう。また，個人により情報発信が容易であるうえ，匿名によることも容易であるため，自己に及ぶリスクを回避しながら他人の名誉やプライバシーを侵害する表現行為を誘発する危険性がある[注1]。このような特質の表れとして，東京地方裁判所民事第9部において，インターネット関係の仮処分（投稿記事削除，発信者情報開示，

発信者情報消去禁止の仮処分）の事件数が急激に増加していることが報告されている(注2)。このように，インターネット上の表現行為による名誉やプライバシーの侵害に関する紛争は，重要性を増しており，その緊急性から，保全処分によることの必要性の高い場合が多い。

(2) 被保全権利

(a) 当事者の特定

ホームページ上の記載は，断片的ないし曖昧であることも多く，本設例で問題となっている「Xは不倫をしている」との記載が，債権者であるXに関する記載であるかどうか自体が問題となることも考えられる。この点は，当該ホームページのタイトル，他の投稿記事内容等から，当該記載が，債権者であるXに関するものであることを主張・疎明することが必要となる(注3)。

(b) 名誉毀損の成立要件について

被保全権利として，名誉毀損に基づく請求が考えられる。名誉毀損とは，人の品性，徳行，名声，信用等の人格的価値について社会から受ける客観的評価である名誉を違法に侵害することをいい，ある表現内容が社会的評価を低下させるかどうかは，一般読者の普通の注意と読み方を基準として，判断されるべきであるとされている(注4)。そして，名誉を違法に侵害された者は，人格権に基づき，加害者に対し，現に行われている侵害行為を排除し，又は将来生ずべき侵害を予防するため，侵害行為の差止めを求めることができる(注5)。なお，差止請求権の成立においては，故意・過失等の主観的要件は不要であり，名誉が違法に侵害されていることで足りる。

もっとも，他人の名誉を毀損する事実を摘示する行為であっても，その行

(注1)　東京地裁・実務（上）344頁〔岩﨑邦生＝鈴木雄輔＝廣瀬仁貴〕，住友隆行「インターネット利用による不法行為をめぐる裁判例と問題点」判タ1182号80頁。
(注2)　福島政幸「東京地方裁判所民事第9部における保全事件および同部内民事第21部における代替執行事件等を中心とした概況」金法1967号46頁。
(注3)　野村昌也「東京地方裁判所民事第9部におけるインターネット関係仮処分の実情」判タ1395号30頁。
(注4)　最判昭31・7・20民集10巻8号1059頁。
(注5)　最大判昭61・6・11民集40巻4号872頁・判タ605号42頁・判時1194号3頁，潮見佳男『不法行為法Ⅰ〔第2版〕』（信山社，2009）9頁。

為が，①公共の利害に関する事実に係り，②もっぱら公益を図る目的に出た場合には，③摘示された事実が真実であるときは，その違法性が阻却されるものと解される[注6]。また，特定の事実を基礎とする意見ないし論評による名誉毀損については，上記①，②の事実に加え，④表明に係る内容が人身攻撃に及ぶなど意見ないし論評としての域を逸脱したものではなく，⑤意見等の前提としている事実の重要な部分が真実であるときは，同様に違法性が阻却される[注7]。なお，当該表現が事実を摘示するものか，意見ないし論評の表明であるかについては，当該表現が証拠等をもってその存否を決することが可能な他人に関する特定の事項を明示的又は黙示的に主張するものと理解されるときは，当該表現は事実の摘示に該当するとされている[注8][注9]。

そして，差止請求は，救済方法として損害賠償請求に対して補充性を有し，金銭による損害賠償のみでは損害の塡補が不可能あるいは不十分である場合にはじめて認められるものであるとされている[注10]。

(c) プライバシー侵害の成立要件について

さらに，プライバシーの侵害が，被保全権利となる余地もある。プライバシーの定義については，それに隣接する又は包含される権利概念との関係で様々な見解があるが，いわゆる〔「宴のあと」事件〕の東京地裁判決[注11]は，「私生活をみだりに公開されないという法的保障ないし権利」と定義している。そして，同判決は，権利侵害の要件について，①私生活上の事実又は私生活上の事実らしく受け取られるおそれのあることがらであること，②一般人の感受性を基準にして当該私人の立場に立った場合公開を欲しないであろ

(注6) 最判昭41・6・23民集20巻5号1118頁・判タ194号83頁・判時453号29頁。
(注7) 最判平9・9・9民集51巻8号3804頁・判タ955号115頁・判時1618号52頁。
(注8) 前掲（注7）最判平9・9・9，最判平16・7・15民集58巻5号1615頁・判タ1163号116頁・判時1870号15頁。
(注9) 以上につき，野村・前掲（注3）30頁，岩﨑邦生「インター・ネットに掲載された書き込みなどの削除を求める仮処分」萩尾保繁＝佐々木茂美編『民事保全法の実務の現状100』〔判タ臨増1078号〕169頁，ハンドル名についての名誉毀損の成立可能性，対抗言論の理論等のインターネットの特有の問題点について，住友・前掲（注1）80頁，門口＝須藤・民事保全293頁〔小池あゆみ〕（「インターネットの電子掲示板への書込みの削除を求める仮処分」）参照。
(注10) 野村・前掲（注3）31頁，東京地裁・実務（上）347頁〔岩﨑邦生＝鈴木雄輔＝廣瀬仁貴〕。
(注11) 東京地判昭39・9・28下民15巻9号2317頁・判タ165号184頁・判時385号12頁。

うと認められることがらであること，換言すれば一般人の感覚を基準として公開されることによって心理的な負担，不安を覚えるであろうと認められることがらであること，③一般の人々にいまだ知られていないことがらであること，④公開によって当該私人が現実に不快，不安の念を覚えたことが必要であると判示している[注12]。

(3) ホームページ開設者に対する仮処分

　以上を踏まえて，名誉を毀損され，あるいはプライバシーを侵害されたと主張するXとしては，まず，ホームページの開設者[注13]であるYに対して，当該記事の削除を求める仮処分を求めることが考えられる。

　この場合には，上記各判例の趣旨に従い，名誉毀損ないしプライバシー侵害の要件事実を疎明することが求められるが，成立要件ばかりではなく，違法性阻却事由の存在を窺わせる事情がないことについても，債権者の側で主張・疎明する必要があるとされている[注14]。この点に関連して，ホームページ上の表現行為は，公務員又は公職選挙の候補者に対する評価，批評等に関するものであることは必ずしも多くなく，また，通例，表現が開始された後に差止めの仮処分が申し立てられるので，差止請求権の成立要件は，前掲（注5）最大判昭61・6・11の要件よりも緩やかに差止めが認められ得るとの指摘がある[注15]。

　保全の必要性については，インターネットが世界規模のネットワークであり，他人の名誉やプライバシーを侵害する表現行為が世界中から常に閲覧可能な状態に置かれていること，検索機能等を用いることによって当該情報に容易にアクセスすることができることなどからすれば，当該投稿記事によって受けている，または，受けるおそれが大きい損害を具体的に主張・疎明し

(注12)　プライバシー侵害については，佃克彦『プライバシー権・肖像権の法律実務〔第2版〕』（弘文堂，2010）53頁以下参照。
(注13)　まず，ホームページ開設者Yの特定方法が問題となり得る。この点については，いわゆるWhoisによりドメイン名の登録者を調査することが考えられる。この点の詳細は，野村・前掲（注3）27頁参照。
(注14)　野村・前掲（注3）30頁。
(注15)　東京地裁・実務（上）350頁〔岩崎邦生＝鈴木雄輔＝廣瀬仁貴〕，岩﨑・前掲（注9）170頁。

た場合，保全の必要性が否定される事例は少ないとされている(注16)。

(4) プロバイダに対する仮処分

このように，ホームページ開設者に対する差止めの仮処分が可能であるとしても，ホームページの開設は，匿名や偽名でされることも多いため，開設者を特定することが困難な場合があり，この場合は，開設者に対する差止めの仮処分は事実上不可能である。そこで，名誉を毀損する表現行為がされているホームページのデータを自己のサーバに蔵置させているプロバイダ（インターネットに接続する通信回線を提供する業者）に対して，当該表現の差止め（削除）を求める仮処分を申し立てることが考えられる(注17)。プロバイダが提供しているサーバに蔵置されているホームページに他人の名誉を毀損する表現がある場合は，客観的には，当該プロバイダが他人の名誉を侵害していると評価しても差し支えないと解されるから，プロバイダの知・不知や故意・過失の有無にかかわらず，プロバイダに対する差止めの仮処分を申し立てることができると解されている。もっとも，ホームページの開設者が明らかであり，これに対して差止めの仮処分命令を申し立てることができ，また，その実効性も期待できるような場合には，プロバイダに対する保全処分については保全の必要性が否定されることがあり得る(注18)。

よって，本設例の小問(1)で，Yが偽名等を用いており，その特定が困難である場合等に，ホームページのプロバイダに対して仮処分を申し立てることが有効であり得る。

(注16) 野村・前掲（注3）33頁。
(注17) なお，私事性的画像記録の提供等がなされた場合について，画像の削除等の特例や罰則を定めた，私事性的画像記録の提供等による被害の防止に関する法律が平成26年11月26日に成立し，同月27日に公布され，罰則部分を除き原則として同日に施行された。
(注18) 東京地裁・実務（上）350頁〔岩崎邦生＝鈴木雄輔＝廣瀬仁貴〕，岩崎・前掲（注9）169頁。門口＝須藤・民事保全303頁〔小池あゆみ〕。
　そのほか，プロバイダの独自ルールにより裁判外で削除に応じる事例もあることにつき，田島正広監修『インターネット新時代の法律実務Ｑ＆Ａ〔第2版〕』（日本加除出版，2013）178頁。

(5) 申立ての趣旨

　上記のような仮処分を申し立てる場合，その申立ての趣旨としては，以下のようなものが考えられよう(注19)。

　　債務者は，別紙投稿記事目録記載の（各）投稿記事を仮に削除せよ。

　　　　　　　　　　　　　　記事目録(注20)

　　URL：http://○○○○.jp/○○○
　　スレッドタイトル：「○○○○」
　　投稿番号：○
　　投稿日時：○○○○年○月○日　○：○：○
　　投稿内容：「○○○○○○○○○○○○○○○○○○○○○○」

---

(6) 管　　轄

　小問(1)の保全事件の管轄は，本案の管轄裁判所によることとなると解される（法12条1項）。そして，名誉毀損等に基づく差止めの請求は，民事訴訟法5条9号「不法行為に関する訴え」に該当すると解される。判例(注21)は，不正競争防止法3条1項に基づく差止めの訴えについて，「不法行為に関する訴え」に該当すると判示していることからすれば，このような解釈が支持さ

(注19)　野村・前掲（注3）25頁，堀内元城「発信者情報開示仮処分」菅野博之＝田代雅彦編『裁判実務シリーズ(3)民事保全の実務』（商事法務，2012）262頁。その他の記載例として，保全処分実務研究会編『保全処分の申立主文事例集』（新日本法規出版，2001）1273頁。なお，訴状の記載例につき，東京地方裁判所プラクティス委員会第一小委員会「名誉毀損訴訟解説・発信者情報開示請求訴訟解説」判タ1360号24頁参照。

(注20)　ホームページの一部分に他人の名誉を侵害する記載がされている場合には，当該部分の削除を命ずることで足り，当該ホームページを構成するすべてのファイルの削除を命ずるのは行き過ぎであるが，ある一つのファイルの一部に他人の名誉を侵害する記載がされており，これを編集しない限り当該部分のみを削除することができないような場合には，不可分な一つの客体として当該ファイル全体の削除を求めることができるとの指摘がある。岩﨑・前掲（注9）171頁。また，掲示板全体の閉鎖を求めることは行き過ぎであるとするものとして，門口＝須藤・民事保全299頁〔小池あゆみ〕。

(注21)　最判平16・4・8民集58巻4号825頁・判タ1151号297頁・判時1860号62頁。

れる。そして,「不法行為があった地」とは,不法行為の実行行為が行われた土地と損害の発生した土地の双方を含むとされていることから[注22],ウェブ上に記載を投稿するという不法行為について,少なくとも債権者の住所地は,損害の発生した土地と解してよいとされている[注23]。

そうすると,小問(1)の場合,債務者Ｙの普通裁判籍の管轄裁判所のほか,債権者Ｘの住所地を管轄する地方裁判所に上記保全処分の申立てをすることが考えられる[注24]。

(7) 担 保 額

東京地方裁判所では,30万円から50万円が一応の基準とされている[注25]。

(8) 結　　論

以上より,Ｘは,ホームページを開設しているＹないしそのプロバイダに対して,記事の削除を命ずる仮処分を求めることが相当である。

〔２〕 設例・小問(2)について

(1) 問題の所在

小問(2)の場合にも,ホームページを開設しているＹ[注26]ないしそのプロバ

(注22) 菊井維大＝村松俊夫原著／秋山幹男ほか『コンメンタール民事訴訟法Ⅰ〔第２版追補版〕』(日本評論社,2014) 127頁,松浦馨ほか『条解民事訴訟法〔第２版〕』(弘文堂,2011) 94頁〔新堂幸司＝高橋宏志＝高田裕成〕,大阪地判平７・７・19判タ903号238頁。
(注23) 野村・前掲(注３)26頁。
(注24) このほか,外国法人を債務者とする仮処分の管轄については,野村・前掲(注３)26頁,田島監修・前掲(注18)178頁参照。
(注25) 野村・前掲(注３)34頁。
(注26) 第三者が書き込みをした場合において,ホームページ管理者に対して削除を求め得ることにつき,門口＝須藤・民事保全300頁〔小池あゆみ〕。プロバイダ責任制限法施行前の事案に関するものであるが,パソコン通信ネットワーク上の電子会議室における発言が他人の名誉を毀損し,他人を侮辱,強迫するものである場合,いわゆるシスオペは,電子会議室の円滑な運営及び管理というシスオペの契約上託された権限を行使する上で必要であり,標的とされた他人が自己を守るため有効な救済手段を有しておらず,会員等からの指摘等に基づき対策を講じても,なお奏功しない等一定の場合には,電子会議室の運営契約に基

イダに対して記事の削除の仮処分を申し立てることも考えられる。しかしながら，それだけでは，書き込みをした第三者を特定することができず，将来本訴により損害賠償請求をすること等が困難となる[注27]。そこで，当該書き込みをした第三者に関する情報の開示を求める仮処分の可否が問題となる。この点，特定電気通信役務提供者の損害賠償責任の制限及び発信者情報の開示に関する法律（以下「プロバイダ責任法」という。）4条において発信者情報の開示請求権が定められており，これを被保全権利とする保全処分を検討することとなる。

(2) 発信者情報の開示請求権の趣旨と要件

プロバイダ責任法4条の発信者情報の開示請求権は，匿名性の高いインターネットにおける情報発信による名誉毀損が発生した場合に，当該情報発信を媒介し，あるいはそれに関与した者に対し，その発信者に関する情報を開示させることで，被害者が加害者の身元を特定し，法的救済を求める道を確保するために制定されたものである。

その要件は，①特定電気通信による情報の流通によって自己の権利を侵害されたとする者の請求であること，②相手方が，当該特定電気通信の用に供される特定電気通信設備を用いる特定電気通信役務提供者（以下，「開示関係役務提供者」という。）であること，③開示を求める対象が，当該開示関係役務提供者が保有する当該権利の侵害に関する発信者情報（氏名，住所その他侵害情報の発信者の特定に資する情報であって総務省令で定めるものをいう。）であること，である。②に関係して，経由プロバイダが開示関係役務提供者であるかについて争いがあったが，判例[注28]は，プロバイダ責任法の文理及び趣旨を根拠としてこれを認めている[注29]。③に関して，「特定電気通信役務提供者の損害賠償責任の制限及び発信者情報の開示に関する法律4条1項の発信者情報

づき当該発言を削除する義務を負うとされた事例として，東京高判平13・9・5判タ1088号94頁・判時1786号80頁がある。
(注27) なお，名誉毀損表現に関するコンテンツプロバイダの損害賠償責任も問題となる余地はあるが，プロバイダ責任法3条により，責任の制限がなされている。
(注28) 最判平22・4・8民集84巻3号676頁・判タ1323号118号・判時2079号42頁。
(注29) 鬼澤友直＝目黒大輔「発信者情報の開示を命じる仮処分の可否」判タ1164号5頁。

を定める省令」（平成23年総務省令第128号）には，(ｱ)発信者その他侵害情報の送信に係る者の氏名又は名称及び住所，(ｲ)発信者の電子メールアドレス，(ｳ)侵害情報に係る IP アドレス[注30]及びタイムスタンプ[注31]等があげられている[注32]。

(3) 債務者の特定の具体的手順

以下，ウェブサーバ上の電子掲示板により，名誉を毀損された等と主張する債権者が，どのように発信者情報を求めていくかを検討する。

後記図面のように，名誉毀損されたとする者 (A) は，コンテンツプロバイダ[注33]（ホスティングサービスプロバイダ甲）に対し，発信者情報開示請求権

[注30] IP アドレスとは，パソコン間でデータをやり取りする場合，どのパソコンへデータを送信するのか，発信元のパソコンを特定・識別するための情報，いわばパソコンの住所が必要となる。これが IP アドレスである。一般的には，経由プロバイダが，同プロバイダとインターネット接続契約をした利用者に対し，インターネットに接続するごとに IP アドレスを割り当てる。東京地方裁判所プラクティス委員会第一小委員会・前掲（注19）28頁。

[注31] タイムスタンプとは，個々のファイルが属性として備える作成日時や更新日時などの情報のことをいう。しかし，上記のような日時はコンピュータの内部時計に依存し，正確さを欠くことがある。東京地方裁判所プラクティス委員会第一小委員会・前掲（注19）28頁。

[注32] 要件の詳細については，総務省総合通信基盤局消費者行政課『改訂増補版プロバイダ責任制限法』（第一法規，2014）56頁，東京地方裁判所プラクティス委員会第一小委員会・前掲（注19）27頁，東京地裁・実務（上）352頁〔鬼澤友直＝奥俊彦＝鈴木雄輔＝廣瀬仁貴〕，堀内・前掲（注19）264頁，鬼澤＝目黒・前掲（注29）4頁，田島監修・前掲（注18）138頁参照。

開示されるべき発信者情報は，当該権利の侵害情報の発信そのものの発信者情報に限定されるわけではないことにつき，東京高判平26・5・28判時2233号113頁参照。

なお，携帯電話端末等からのインターネット接続サービスを利用して特定電気通信により送信された場合，携帯電話事業者によっては，そのネットワークの構成上，同時に複数の利用者に対して同一の IP アドレスを共有させていたり，ごく短い割り当て時間で IP アドレスを変更することがあるため，ある IP アドレスを特定の時刻に使用した可能性のある者が複数存在し，それ以上の絞り込みができず，IP アドレスとタイムスタンプによる発信者の特定が困難な事態も生じていた実情に鑑み，平成23年の省令改正により，5号，6号並びに7号のうち5号及び6号に係るタイムスタンプが加えられた。東京地裁・実務（上）353頁〔鬼澤友直＝奥俊彦＝鈴木雄輔＝廣瀬仁貴〕。

[注33] コンテンツプロバイダとは，個人がパソコンからインターネットに接続する場合，経由プロバイダと契約し，同プロバイダを経由していろいろな情報サービスを提供するプロバイダのウェブサーバへ接続して，ホームページの閲覧等をすることになる。ウェブ上でいろいろな情報を提供し，契約者にホームページや掲示板などの情報を発信するための環境を提供する業者のことをコンテンツプロバイダという。コンテンツプロバイダ及び経由プロバイダの定義については，前掲（注28）最判平22・4・8参照。東京地方裁判所プラクティス委員会第一小委員会・前掲（注19）29頁。

を行使し，発信者（B）のIPアドレス，タイムスタンプ，氏名，住所等の開示を求めることになる（「第一次請求」）。コンテンツプロバイダが発信者Bの住所，氏名を把握している場合には，加害者を特定するに足りるので，第一次請求だけで開示請求は終了する。コンテンツプロバイダが，発信者の住所，氏名を把握しているのは，コンテンツプロバイダが会員制である場合である。

　しかし，Bがプロバイダ乙を経由してコンテンツプロバイダ甲のウェブサーバに接続してきた場合（これが通常である。），同ウェブサーバに残る記録（アクセスログ）は，接続してきた日時と時刻（タイムスタンプ），接続元のIPアドレスやドメイン名，接続者のウェブブラウザ名やOSの種類程度にとどまるため，Aがコンテンツプロバイダ甲に情報開示請求をしても接続元のプロバイダ乙にたどり着けるが，Bの住所や氏名までは判明しない[注34]。

　そこで，次に，Aとしては，Bが経由してきたプロバイダ乙（「経由プロバイダ」[注35]）に着目することになる。Bとインターネット接続契約を結んでいるプロバイダ乙は接続を要求してきたBが契約者であるかどうかを確認し（「認証サーバ」。利用者のユーザー名やパスワードの確認や記録，さらに課金なども含めた機能を提供するサーバのこと），BのパソコンにIPアドレスを割り当てている（「DHCPサーバ」。自動的にIPアドレスを割り振るサーバのこと）ので，これら認証サーバ及びDHCPサーバへのアクセスログにより，当該日付・日時に，当該IPアドレスを割り当てられたのがBであることを把握でき，さらには，乙は，Bへの接続契約料課金のための情報（Bの住所，氏名等）を把握していることから，Aは，プロバイダ乙に情報開示請求をすることにより，Bに関する情報を入手することができる（「第二次請求」）[注36]。

(注34) 開示されたIPアドレスから，接続元の乙経由プロバイダを割り出すには，IPアドレスの登録管理業務を行っている社団法人日本ネットワークインフォメーションセンター（JPNIC）のウェブページ（WHOIS Gateway）等を通じて調査をする。堀内・前掲（注19）261頁。

(注35) 経由プロバイダとは，通信回線（電話回線，ADSL，光ケーブルなど）を提供したり，パソコンにIPアドレスを割り当てるなど，インターネットに接続するサービスを提供する業者のことである。東京地方裁判所プラクティス委員会第一小委員会・前掲（注19）30頁。

(注36) 以上の詳細及び携帯電話社が介在する場合の対応並びにそれらの場合における訴状の記載例については，東京地方裁判所プラクティス委員会第一小委員会・前掲（注19）29頁参照。本案請求を認めた近時の例として，前掲（注32）東京高判平26・5・28。

■情報開示請求の流れ

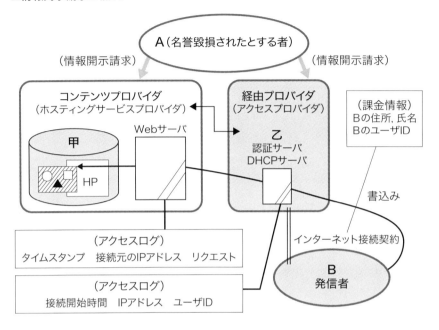

出所：東京地方裁判所プラクティス委員会第一小委員会「名誉毀損訴訟解説・発信者情報開示請求訴訟解説」判夕1360号30頁をもとに筆者作成。

(4) コンテンツプロバイダに対する発信者情報開示の仮処分

　以上によれば，本訴により，プロバイダ責任法4条に基づく発信者情報開示請求権を行使することも考えられる。しかしながら，大手プロバイダはIPアドレスやタイムスタンプなどの情報（アクセスログ）を2週間ないし3か月で削除してしまっているようであること[注37]，ほとんどの事例でコンテンツプロバイダが発信者の住所氏名等の情報を把握しておらず，経由プロバイダに対する発信者情報開示請求を経なければ発信者を特定できないことから

(注37)　この点は，仮処分の申立てに際して，大手プロバイダ数社に対して弁護士法23条照会や電話聴取の結果報告書により疎明しているとされている。鬼澤＝目黒・前掲（注29）8頁。

すれば，本案判決を待っていたのでは，経由プロバイダのアクセスログが削除されてしまい，権利救済の道が閉ざされてしまう。そして，多くの場合，電子掲示板の管理者は発信者の氏名及び住所を把握していないことから，権利を侵害された者は，まず，管理者に対して侵害情報（投稿記事）に係るIPアドレスとタイムスタンプの開示を求める必要がある。そこで，仮処分によりその開示を求めることとなる(注38)。

このような考え方に対しては，①本案判決と同様な結果を保全処分の段階で認めることになる，②電子掲示板の管理者に対する発信者情報開示請求権の保全という観点から見る限り，単に発信者情報開示の保全命令のみを認めておけば足りるから，これを超えて開示まで認めることは上記請求権の保全に必要な範囲を超えている，といった理由で開示を命ずる仮処分は許されるべきではないとの考え方もあり得る。しかしながら，以下の理由により，電子掲示板管理者が保有している発信者情報のうち，IPアドレス及びタイムスタンプに関しては，発信者情報開示請求権を実質的に保全するため，開示を命ずる仮処分が認められると解されている。

すなわち，第1に，IPアドレス及びタイムスタンプだけで個人を特定することはできない。第2に，経由プロバイダは，後述のとおり，IPアドレスとタイムスタンプにより発信者の住所氏名を特定できる場合が多いが，経由プロバイダに対しては，発信者情報の保存のみを命ずる仮処分を発出することにより，電子掲示板管理者に対してIPアドレスの開示を命じたとしても，最終的な発信者個人の特定は，経由プロバイダに対する本案判決以降になるから，仮処分が必ずしも本案判決と同内容のものを命ずるものということはできない。第3に，まれに，電子掲示板に書き込みを行った者が，経由プロバイダではなく，個人としてIPアドレスを獲得したサーバを用いて直接インターネットに接続していた者である場合，電子掲示板管理者のIPア

(注38) 野村・前掲（注3）28頁，堀内・前掲（注19）265頁。申立認容決定に対する保全異議手続で保全処分を認可した事例として，東京地決平17・1・21判時1894号35頁，本案判決の認容事例として，東京地判平15・3・31判時1817号84頁・金判1168号18頁，東京地判平16・1・14判タ1152号134頁，東京高判平16・5・26判タ1152号131頁・金判1196号39頁，金沢地判平24・3・27判時2152号62頁参照。

ドレス開示により，IP アドレスの管理登録機関である日本ネットワークインフォメーションセンター（JPNIC）などの情報を通じてそのサーバを管理する個人が特定される可能性もある。しかしながら，このような場合は，裁判所は，債務者審尋の席において債務者に発信者がそのような者でないかを確認することにより，これを除外し，そのような者については，発信者情報の保存のみを命ずることも可能である[注39]。

(5) コンテンツプロバイダに対する発信者情報開示の仮処分の申立ての趣旨

プロバイダに対する発信者情報開示の仮処分の申立ての趣旨としては，以下のようなものが一般的である[注40]。

債務者は，債権者に対し，別紙発信者情報目録記載の各情報を仮に開示せよ。

発信者情報目録

① 別紙投稿記事目録記載の（各）投稿記事を投稿した際の IP アドレス

② 前項の IP アドレスを割り当てられた電気通信設備から債務者の用いる特定電気通信設備に前項の（各）投稿記事が送信された年月日及び時刻

---

(6) 経由プロバイダに対する発信者情報消去禁止の仮処分

さらに，上記のとおり，経由プロバイダが介在している事例においては，経由プロバイダに対して，発信者情報消去禁止の仮処分が認められる。

これに対して，経由プロバイダに対して，発信者情報の開示を求めることについては，保全の必要性を欠くと解されている。すなわち，経由プロバイ

(注39) 東京地裁・実務（上）352頁〔鬼澤友直＝奥俊彦＝鈴木雄輔＝廣瀬仁貴〕，堀内・前掲（注19）265頁，鬼澤＝目黒・前掲（注29）6頁。

(注40) 野村・前掲（注3）33頁，堀内・前掲（注19）262頁，鬼澤＝目黒・前掲（注29）8頁。その他の記載例として，保全処分実務研究会編・前掲（注19）1281頁。

ダは，課金の都合上，ほとんどの場合利用者の住所及び氏名を把握しているようである。したがって，経由プロバイダに対しては，発信者情報の保存のみを命ずる仮処分を発令しておけば，被害者の権利救済の道が閉ざされるということはないので，経由プロバイダに対する仮処分は上記の限度で必要かつ十分であると解される(注41)。

ただし，経由プロバイダが二重に経由されているような場合（発信者→第一次経由プロバイダ→第二次経由プロバイダ→電子掲示板の存在するウェブサーバといった経路で書き込みがされた場合）には，第二次経由プロバイダが保有している発信者情報のみで発信者を特定することは不可能であるから，このような場合には第二次経由プロバイダに対しては，IPアドレスとタイムスタンプの開示を命ずる必要があると考えられる。したがって，発信者情報消去禁止仮処分の申立ての債務者である経由プロバイダが，債務者審尋において，第二次経由プロバイダである旨申告した場合，債権者は発信者情報開示仮処分の形に申立ての趣旨を訂正する必要がある(注42)。

(7) 経由プロバイダに対する発信者情報消去禁止の仮処分の申立ての趣旨

経由プロバイダに対する発信者情報消去禁止の仮処分の申立ての趣旨としては，以下のようなものが一般的である(注43)。

(注41) 堀内・前掲（注19）265頁，東京地裁・実務（上）360頁〔鬼澤友直＝奥俊彦＝鈴木雄輔＝廣瀬仁貴〕。
(注42) 堀内・前掲（注19）263頁。なお，携帯電話会社を経由して書き込みがなされた場合の対応について，東京地裁・実務（上）360頁〔鬼澤友直＝奥俊彦＝鈴木雄輔＝廣瀬仁貴〕参照。
(注43) 野村・前掲（注3）33頁，堀内・前掲（注19）262頁。その他の記載例として，保全処分実務研究会編・前掲（注19）1276頁。なお，野村・前掲（注3）35頁には，一般的な和解条項のひな型が紹介されている。

> 債務者は，別紙投稿記事目録記載の各情報を消去してはならない。
>
> 発信者情報目録
>
> 別紙投稿記事目録記載の IP アドレスを同目録記載の投稿日時ころに使用して同目録記載の URL に接続した者に関する情報であって次に掲げるもの
> ① 氏名又は名称
> ② 住所
> ③ 電子メールアドレス

(8) 管　　轄

発信者情報開示の仮処分，発信者情報消去禁止の仮処分については，民事訴訟法5条1号の「財産上の訴え」に該当しないので，債務者の普通裁判籍所在地にのみ管轄が認められる[注44]。

(9) 担　　保

東京地方裁判所では，10万円から30万円が一応の基準とされている[注45]。

(10) 結　　論

以上より，Xは，小問(1)と同様に，ホームページ開設者Y又はそのコンテンツプロバイダに対して，記事の削除を命ずる仮処分を求めることに加えて，コンテンツプロバイダに対して，当該記事の発信者情報（IPアドレス及びタイムスタンプ）の開示を命ずる仮処分を求め，さらにそれによって開示されるIPアドレスから把握される経由プロバイダに対して，当該記事の発信者情報消去禁止の仮処分を求めることが相当である。

(注44) 野村・前掲（注3）27頁。さらに，債務者が外国法人の場合の管轄についても，同論文参照。
(注45) 野村・前掲（注3）34頁。

VII

近隣紛争に関する仮処分

34　通行妨害禁止の仮処分

加藤　聡

　Xは，自宅のある土地（X所有地）が袋地であるため，もともとYの父親であるAが所有していた土地（現在は相続してY所有地）の一部を無償で通行のために利用していたが，Aが死亡すると，Yが通路部分の使用料を請求するようになり，Xがこれを断ったところ，Yは通路上に柵等を設けたため，Xは歩いて公道に出ることは可能であるものの，自動車で公道に出ることはできなくなった。XはYに対して柵の撤去等を求める仮処分を申し立てることができるか。

　Xは，日常生活にも支障があるため，早期に解決できるのであれば，話合いによる解決も望んでいる。裁判所としては，和解を勧めるにあたりどのような点に留意することが必要か。

[1]　はじめに

　通行妨害禁止の仮処分は，相隣関係のトラブルから少なからず申し立てられる仮処分である。その類型としては，本設例のように，従前は通路としての利用が容認されていたが，囲繞地[注1]の所有者の交代等の事情により，囲繞地の所有者が当該通路の通行を拒絶し，障害物を設置するというものが代表的である。こうした行為は，通路の利用者の生活等に直ちに支障を生じさせるものであり，通路の利用者としては，早急に障害物等の妨害を排除する必要がある。そのためには，妨害物の撤去や通行妨害禁止を求める訴訟や調

(注1)　平成16年法律第147号による改正前の民法においては「囲繞地」との文言が使用されていたが，同改正後は「その土地を囲んでいる他の土地」とされている（民210条1項）。本項目では，他の土地に囲まれて公道に通じない土地を「袋地」と，袋地を囲んでいる他の土地を「囲繞地」という。

停を行うことも考えられるが，早急に妨害の排除を実現するためには，仮の地位を定める仮処分（法23条2項）によることが有効である。この場合，従前の通行が阻害されていることから，保全の必要性には問題がないことが多く[注2]，被保全権利の有無やその内容が問題となるケースが多い。

被保全権利の有無については，後述のとおり，通行権としては複数の権利を想定することができるが，契約書などが取り交わされていることは少ないうえ，好意的に通行を許容しているにすぎず，法的な通行権までは認められないようなケースも存在する。そこで，①法的な権限に基づく当該通路の通行権が認められるか否か，②通行権が認められる場合にいかなる権利が認められるかについての十分な検討が必要となる。

また，被保全権利の内容について，本設例のように自動車の通行まで認められるか否かについて問題となるケースも多い。通行地役権のような約定による通行権の場合には，設定契約によりいかなる内容の権利を設定したのかの問題となるが，公道に至るための他の土地の通行権（従来，囲繞地通行権と呼ばれていたもの）である民法210条に基づく通行権（以下「210条通行権」という。）及び民法213条に基づく通行権（以下「213条通行権」といい，210条通行権と併せて「210条通行権等」という。）にあっては，通行の場所及び方法は，210条通行権等の通行権者のために必要であり，かつ，囲繞地のために損害が最も少ないものでなければならないとされている（民211条1項）。現代社会においては，自動車による通行を必要とすべき状況が多く見受けられる反面，自動車による通行を認めると徒歩等の通行に比べて，通路としてより多くの土地を割く必要があるうえ，自動車の通行による危険もあることから，自動車による通行が当然認められるということはできず，いかなる場合に自動車による通行が認められるかとの問題がある。

〔2〕 被保全権利について

(注2) もっとも，現状でも別の通路を通行することができるものの，より幅員の広い通路についての通行権を主張しているような場合には，保全の必要性が認められないことが多いとされている（東京地裁・実務（上）331頁〔森剛＝晝目明夫〕）。

通行妨害禁止の仮処分の被保全権利として一般的に考えられるのは，①民法210条通行権等，②通行地役権，③債権契約に基づく通行権，④人格権的権利に基づく通行権である。

　本設例では，X所有地は袋地であることから，被保全権利として，まず210条通行権が想定されるが，210条通行権は原則として償金の支払を要する（民212条本文）のに対し，通行地役権や債権契約に基づく通行権は必ずしも対価を必要とするものではない（設定契約等の内容によって対価の有無が決せられる。）など，その権利内容に異なる部分がある。特に本件のように，通行料の支払の要否を発端として紛争に発展しているような場合には，無償の通行地役権設定契約の存在等が認められないかどうかを検討する必要がある。

　また，分割によって公道に通じない土地が生じたときは，その土地の所有者は，公道に至るため，他の分割者の所有地のみを通行することができるとされているところ（民213条1項），実務上は，土地の来歴を調査してみたところ，実は分筆によって袋地となった土地であったことが判明するという事例も少なくなく，これにより，既存の通路として使用されている部分に210条通行権が成立しないという事案にも遭遇する。そのような場合には，当該部分に210条通行権が成立しないことを踏まえて被保全権利自体を見直す必要が生じてくるし，213条通行権の場合には，償金を要しない（民213条1項2文）など，210条通行権とは異なる法的性質を有していることから，210条通行権が認められるのか，213条通行権が認められるのかについての検討も欠かせないというべきであろう。

　そこで，以下，通行妨害禁止の仮処分の被保全権利として一般的に考えられる通行権を概観し，本設例の被保全権利をどのように考えるかについて検討する。

(1) 被保全権利の概観

(a) 210条通行権等

　他の土地に囲まれて公道に通じない土地（袋地）の所有者は，公道に至るため，その土地を囲んでいる他の土地（囲繞地）を通行することができる（民210条1項）。したがって，210条通行権が成立するための要件として，①ある

土地（袋地）が他の土地（囲繞地）等に囲まれて，②公道に通じていないことが必要となる。

210条通行権が認められる場合，通行の場所及び方法は，通行権者のために必要でありかつ他の土地のために損害が最も少ないものを選ばなければならない（民211条1項）。

また，210条通行権者は，その通行する他の土地の損害に対して償金を支払わなければならない（民212条本文）。

もっとも，袋地であっても，ある土地の分割によって当該袋地が生じたときは，当該袋地の所有者は，公道に至るため，他の分割者の所有地のみを通行することができる（民213条1項前段）。また，土地の所有者がその土地の一部を譲渡したことにより袋地が生じた場合も同様である（民213条2項）。これが213条通行権であるが，このような場合には，通行権が認められる土地が限定されることとなる。ただし，この場合には，通行権者は償金を支払うことなく（無償で）通行することができる（民213条1項後段）。

(b) 通行地役権

通行地役権は，他人の土地（承役地）を自己の土地（要役地）の通行のために利用する権利であり，設定契約（民280条）又は時効取得（民283条）により成立する。

実務上，通行妨害禁止の仮処分が申し立てられるケースでは，通行地役権の設定契約書が作成されていることはまれであり（そのような場合には，そもそも紛争にならないと考えられる。），黙示の通行地役権設定契約によって通行地役権を取得したとか通行地役権を時効取得したとか主張されることが多い[注3]。

黙示の通行地役権設定契約が認められるか否かは事実認定の問題であるが，通行地役権は承役地に永続的な負担を課すことになるので，その成立が認められるためには，合理的な根拠が必要とされる[注4]。承役地の所有者が単に通行の事実を黙認しているだけでは，好意的に通行を許容しているにすぎず，通行権の合意があったとは認められないであろう。この点について，東京高

(注3) 須藤＝深見＝金子・民事保全169頁。
(注4) 塩崎勤ほか編『専門訴訟講座(5)不動産関係訴訟』（民事法研究会，2010）258頁。

判昭49・1・23（東高民時報25巻1号7頁）は、「黙示の契約を認めるためには前示のような通行の事実があり通行地の所有者がこれを黙認しているだけでは足りず、さらに、右所有者が通行地役権または通行権を設定し法律上の義務を負担することが客観的にみても合理性があると考えられるような特別の事情があることが必要である」と判示している。一般に黙示の通行通行権の設定が認められる類型として、①土地の分譲者が分譲にあたり通路敷地の所有権を自分に留保したという特定人留保型通行地役権、及び②通路を利用する分譲地の譲受人に対しその通路敷地の所有権を分割帰属させる交錯的通行地役権があるとされている[注5]。

他方、通行地役権の時効取得については、継続的に行使され、かつ、外形上認識することができるものに限り、地役権の時効取得が可能とされており（民283条）、判例は、継続的に行使したというためには、承役地上の通路が要役地の所有者によって開設されることを要するとしている[注6]。

なお、本設例では、YはAからY所有地を相続により取得していることから、対抗関係は問題とならないが、通行地役権の対抗要件に関し、「通行地役権の承役地が譲渡された場合において、譲渡の時に、右承役地が要役地の所有者によって継続的に通路として使用されていることがその位置、形状、構造等の物理的状況から客観的に明らかであり、かつ、譲受人がそのことを認識していたか又は認識することが可能であったときは、譲受人は、通行地役権が設定されていることを知らなかったとしても、特段の事情がない限り、地役権設定登記の欠缺を主張するについて正当な利益を有する第三者に当たらない」とした判例[注7]に留意する必要がある。

(c) 債権契約に基づく通行権

通行権を設定するための債権契約として、通路の敷地の所有者との間の賃貸借契約や使用貸借契約のほか、当該通路における通行のみを目的とする無名契約などが考えられる。

(注5) 塩崎ほか編・前掲（注4）258頁、小磯武男編著『近隣訴訟の実務〔補訂版〕』（新日本法規出版、2008）329頁。
(注6) 最判昭30・12・26民集9巻14号2097頁・判タ54号27頁・判時69号8頁。
(注7) 最判平10・2・13民集52巻1号65頁・判タ969号119頁・判時1633号74頁。

(d) 人格権的権利に基づく通行権

最判平9・12・18（民集51巻10号4241頁・判タ959号153頁・判時1625号41頁）は，建築基準法42条1項5号により，道路位置指定を受け現実に開設されている道路を通行することについて日常生活上不可欠の利益を有する者は，当該道路の通行をその敷地所有者に妨害され又は妨害されるおそれがあるときは，敷地所有者が当該通行を受忍することによって通行者の通行利益を上回る著しい損害を被るなど特段の事情のない限り，敷地所有者に対して当該妨害行為の排除等を求める権利（人格権的権利）を有するとし，このような人格権的権利に基づき通行権が認められることを判示している。また，最判平12・1・27（集民196号201頁・判タ1025号118頁・判時1703号131頁）は，同条2項道路についても上記の理が妥当することを判示している。

このような権利は，(a)から(c)までのいずれの通行権も認めがたいときに主張されることが多い。

(2) 本設例の被保全権利をどのように考えるか

(a) 210条通行権等と通行地役権等との関係

本設例では，X所有地は袋地であるから，210条通行権等が認められることとなりそうであるが，このように210条通行権等という法定の通行権が認められる場合に，通行地役権等の他の通行権が成立するかという問題がある。

この点について，法定通行権を優先させる見解もあるが，通行地役権の合意が認められるならば，この合意を優先させるべきであると考えられている[注8]。210条通行権等が成立する場合であっても，当事者の合意により任意の場所に地役権を設定することを排除する必要はないというべきであり，210条通行権等が成立する場合でも通行地役権等の他の通行権を設定することは可能というべきであろう[注9]。

(b) 本設例の被保全権利をどのように考えるか

本設例では，Yによる償金の支払請求にXが応じなかったことから紛争に

(注8) 塩崎ほか編・前掲（注4）263頁。
(注9) 小磯編著・前掲（注5）317頁は，210条通行権等が成立する場合であっても通行地役権が成立することを前提としている。

発展していることからすると，被保全権利の選択においても，無償の通行地役権や213条通行権など無償による通行権が認められるような事情が存在するのであれば，そのような通行権を被保全権利として主張することになろう[注10]。

すなわち，本設例では，Y所有地をYの父親であるAが所有していた頃から無償で通行のために利用していたというのであるから，Aとの間で通行地役権や債権契約に基づく無償の通行権の設定が認められるような契約書等があれば，それに基づく通行権を被保全権利として主張することとなる。また，先に見たような黙示の通行地役権の設定契約があることが認められるような事情が存在する場合やXがY所有地上に通路を開設しており，通行地役権の時効取得が認められるような事情が存在する場合には，これらに基づき成立した通行地役権を被保全権利として主張することが考えられる。

また，土地の来歴を調査することにより，償金の支払を要しない213条通行権が成立するか否かを検討し，これが認められるような事実があれば，213条通行権を主張することとなる。

他方，上記のような通行地役権等が認められるに足る証拠や事情が存在しない場合には，210条通行権を主張することになる（もちろん通行地役権等が認められる蓋然性の程度によって，通行地役権等を主張しつつ，予備的又は選択的に210条通行権等を主張することも考えられる。）。

〔3〕 自動車による通行について

(1) はじめに

本設例では，Yが通路上に柵等を設けたため，Xは歩いて公道に出ることは可能であるものの，自動車で公道に出ることはできなくなったというのであるから，Xの柵の撤去等を求める仮処分が認められるかどうかは，Xの主

(注10) 他方，少なくとも210条通行権が認められると考えられることに照らすと，人格権的権利に基づく通行権を主張することはあまり考えられないであろう。

張する被保全権利が自動車による通行権を前提とするものであるかどうかに関わることとなる。

　被保全権利を通行地役権とした場合には，設定契約の解釈の問題となるが，210条通行権等を被保全権利とした場合，通行の場所及び方法は，通行権者のために必要でありかつ他の土地のために損害が最も少ないものを選ばなければならないとされていること（民211条1項）との関係で，自動車による通行が認められるかが問題となる。

(2) 最判平18・3・16について

　自動車による通行を前提とする210条通行権の成否等が問題となったのが最判平18・3・16（民集60巻3号735頁・判タ1238号183頁・判時1966号53頁）（以下「平成18年最判」という。）である。平成18年最判は，自動車による通行を前提とする210条通行権の成否及びその具体的内容を判断するために考慮すべき事情を判示している。

　平成18年最判の事実関係は以下のとおりである。すなわち，Xらが所有している一団の土地（約1万5200㎡。以下「本件一団の土地」という。）は，従前，その東側に位置する赤道（以下「本件赤道」という。）が公道へ出入りするための通路として利用されていた。本件赤道は，昭和52年2月，Y県の所有となり，Y県は，おおむね本件赤道の跡に沿って，自動車の通行可能な幅員4mの道路（以下「本件道路」という。）を整備した。X寺は，本件一団の土地において墓地の建設をするため，本件一団の土地の大部分の土地を取得した。また，本件一団の土地のその余の部分を所有しているX寺を除くXらは，本件一団の土地内の自己所有地を墓参者のための駐車場等として活用する計画を有していた。その後，X寺の計画する墓地に対する反対運動もあり，Y県は，平成12年1月頃，本件道路につき自動車の通行を禁止した。他方，本件一団の土地は，X寺が所有する土地に設置した通路（以下「本件通路」という。）（なお，本件通路は本件道路とはまったく異なる場所にあることに注意）により，北側の市道（以下「本件市道」という。）に通じているが，本件通路が直角に左折する状態となっており，狭いところで幅員が約2.2mしかないため，軽自動車であっても切り返しをしなければ出入りをすることができない状況にあった。しかし，

本件通路と併せて本件通路と本件市道の間にある土地（Y県の管理する約20㎡の土地。以下「本件土地」という。）を利用することができれば，本件一団の土地から本件市道に自動車による出入りをすることが可能であった。Xらは，Y県に対し，①210条通行権などに基づき，Xらが本件道路を自動車で通行することのできることの妨害禁止等を求め，また，②Xらが本件土地について自動車による通行を前提とした210条通行権を有することの確認を求めた。

平成18年最判は，上記②のXらが本件土地について自動車による通行を前提とした210条通行権を有することの確認を求めたのに関し，「現代社会においては，自動車による通行を必要とすべき状況が多く見受けられる反面，自動車による通行を認めると，一般に，他の土地から通路としてより多くの土地を割く必要がある上，自動車事故が発生する危険性が生ずることなども否定することができない。したがって，自動車による通行を前提とする210条通行権の成否及びその具体的内容は，他の土地について自動車による通行を認める必要性，周辺の土地の状況，自動車による通行を前提とする210条通行権が認められることにより他の土地の所有者が被る不利益等の諸事情を総合考慮して判断すべきである。そうすると，上告人らが，本件土地につき，自動車の通行を前提とする210条通行権を有するかどうかという点等についても，上記のような判断基準をもって決せられるべきものである。」と判示し，自動車の通行を前提とする210条通行権が成立するための判断基準を示した。

(3) 自動車の通行を前提とする210条通行権が認められるか

自動車の通行を前提とする210条通行権が認められるか否かについては，平成18年最判が示した判断基準に従い，他の土地（囲繞地）について自動車による通行を認める必要性，周辺の土地の状況，自動車による通行を前提とする210条通行権が認められることにより他の土地（囲繞地）の所有者が被る不利益等の諸事情を総合考慮して判断することとなる。本設例においても，こういった事情を総合考慮する必要がある。

平成18年最判以前から下級審裁判例の多くは，平成18年最判が示したような判断基準に沿って，自動車の通行を前提とする210条通行権の成否及び具

体的内容につき判断をしていると考えられており[注11]，具体的な判断においては，下級審裁判例を検討することも有益である[注12]。

〔4〕 通路部分の使用料の請求について

(1) はじめに

本設例では，XがYの通路部分の使用料の請求を断ったことから紛争になっているが，XがYの求める通路部分の使用料を支払わなければならないかどうかについては，被保全権利ごとに検討する必要がある。

まず，通行地役権や債権契約に基づく通行権が被保全権利となる場合には，設定契約等において通行地役権の対価を定めたか否か，債権契約であれば有償の賃貸借契約であるか無償の使用貸借契約であるかという契約の内容によって決まることとなる。

他方，210条通行権が被保全権利となる場合には，通行権者は囲繞地の損害に対して償金を支払わなければならない（民212条）。ただし，213条通行権が被保全権利となる場合には，償金を支払うことを要しない（民213条1項後段）。

(2) 210条通行権の償金について

210条通行権者は，上記のとおり償金を支払わなければならないが，通路の開設のために生じた損害に対するものを除き，1年ごとにその償金を支払うことができるとされている（民212条ただし書）。

まず，本設例では問題とならないが，通路開設のために生じた損害については，通路開設によって生じた実損害額に相当する金額が損害額であるとされている[注13]。

(注11) 志田原信三・最判解民平成18年度（上）358頁。
(注12) 志田原・前掲（注11）362頁の注9ないし11に下級審裁判例が指摘されているほか，安藤一郎『私道の法律問題〔第6版〕』（三省堂，2013）136頁以下に代表的な下級審裁判例が整理されている。

他方，通路開設のために生じた損害以外の損害，とりわけ通行料の算定については，賃料基準説（囲繞地に課される固定資産税額や賃料相当額を考慮したうえで，具体的な囲繞地の形状や付近の環境等の諸般の事情を考慮して通行料を決定するとする見解）と囲繞地価格基準説（償金が囲繞地所有権を制限することに対する代償であることを重視して，その額は囲繞地の価格に210条通行権によって制限を受ける部分の割合を乗じたものであるとし，償金が1年ごとに支払われるならば，制限を受ける土地価格についての運用利回りを考慮して償金額が決められるとする見解）とに分かれるが，どちらにしても結論に大きな差が生じるものではないとされている[注14]。

(3) Xの通路使用料支払拒否と210条通行権の関係

本設例では，XはYの通路使用料の請求を断っているが，これにより210条通行権に消長を来すであろうか。

この点，210条通行権に係る償金支払義務は，通行権設定契約における対価とは異なり，通行権自体は法定権限であるから，通行権者が償金支払義務を履行しなかった場合でも，囲繞地の所有者は袋地の所有者の通行を妨げることはできないと解されている[注15]。また，同様の理由から，袋地所有者が償金の支払を怠ったとしても，210条通行権が当然に消滅するものではないと解されている[注16]。

したがって，Xが償金支払義務を怠っていたとの事情があったとしても，通路上に柵等を設けるなどのYの妨害が正当化されるような理由にはならないこととなる。

〔5〕 和解を勧めるにあたっての留意事項

(1) 民事保全手続における和解

(注13) 小磯編著・前掲（注5）301頁。
(注14) 小磯編著・前掲（注5）301頁。
(注15) 能見善久＝加藤新太郎編『論点体系・判例民法(2)物権〔第2版〕』（第一法規，2013）247頁。
(注16) 我妻栄＝有泉亨補訂『民法講義Ⅱ新訂物権法』（岩波書店，1983）288頁。

民事保全手続において訴訟上の和解をなし得るか否かについては，かつては見解の対立があり，本案訴訟の訴訟物についての訴訟上の和解は許されないとの消極的な見解等も存したが，現行法制定前には，これを積極に解する見解が支配的になっており，現在では，これを消極に解する見解は存しない(注17)。

　本設例のような通行妨害禁止の仮処分においては，審尋期日が設けられるのが通常であるから，裁判所による和解勧試の機会が存在している。

(2) 和解を勧めるにあたって留意すべき点

　民事保全には，迅速性，暫定性の要請があるので，和解による紛争の解決を目指すあまり，審理が長期化してしまうことは望ましくない。

　このため，民事保全手続で和解する場合には，被保全権利について紛争の終局的解決を図る以外に，その紛争が判決手続等で解決されるまでの暫定的措置を定める和解を行うことも少なからず行われている(注18)。本設例のような通行妨害禁止の仮処分についていえば，本案訴訟で通行権の存否が確認されるまでの間，暫定的に紛争部分の通行を認める内容の和解をすることで，本案訴訟による解決までの間の紛争状態の解決を行うことが考えられる。

　このような暫定的な和解は，将来の本案訴訟による紛争の解決を予定し，それまでの間，暫定的に権利行使を容認するものであるから，和解をする場合には，暫定的な和解であることを和解条項上で明確にする必要があり，本案判決が確定するまでの暫定的な通行を認めるほか，当該紛争を本案訴訟で解決することや，暫定的な合意が本案訴訟に影響を及ぼさない旨の確認条項を加えるのが通常である。また，和解成立時点で本案訴訟が提起されていない場合には，本案訴訟を速やかに提起することを債権者に約束させたり，本案訴訟不提起の場合の対応についても配慮する必要がある(注19)。

　なお，本設例では，XがYの通路部分の使用料の請求を断ったことから紛争になっているところ，Yは通行権の存否についてまでは争わずに，210条

(注17)　須藤＝深見＝金子・民事保全155頁。
(注18)　東京地裁・実務（上）331頁〔森剛＝見目明夫〕。
(注19)　須藤＝深見＝金子・民事保全157頁。

通行権に係る償金の支払を求めていることも考えられる。そのような場合には，210条通行権を前提とすると，償金の支払がなかったとしてもＸの通行を妨げることはできないというべきであるから（既に述べたとおり，償金の支払がないことによって210条通行権は当然には消滅しないし，償金を支払わないからといって通行を妨げることはできないと解されている。），Ｙに対してそのことを説明して通行妨害の排除を行うように求めるなど，当事者の主張や争点に応じて適切な和解を勧める必要があることはいうまでもない。

■参考文献
　脚注に掲載の文献。

35 自然エネルギー施設の撤去を求める仮処分

田中　寛明

(1)　Xの自宅のほぼ南側に隣接する土地にYが2階建ての家屋を建築し，その北西側と南東側の屋根に太陽光発電のための太陽光パネルを設置した。ところが，Yの北西側屋根に設置された太陽光パネルに反射する光がXの自宅に入るようになり，まぶしくて日常生活にも支障を来すようになった。そこで，Xは，この太陽光パネルの撤去を求める仮処分を申し立てようと考えているが，どのような問題点があるか。

(2)　Xの自宅の裏山にY社が風力発電所を設置した。ところが，Xの家族は，それが設置されてから，体の不調を訴えるようになった。Xも風が強い日には偏頭痛がするようになり，その原因は，風力発電のプロペラの回転によって発生する低周波によるものではないかと考えるようになった。Xは，できるだけ早期に風力発電所の操業の差止めを求めたいと思うが，どのような方法をとることができるか。

〔1〕　設例・小問(1)について

(1)　はじめに

　我が国においては，近年，二酸化炭素の排出量削減の効果があるとして，再生可能なエネルギーによる発電方法である太陽光発電の設備設置数が増加している。そして，太陽光発電で用いられる太陽光パネルは，その表面の素材として，ガラス等の反射材を使用していることが多い[注1]が，太陽光パネ

(注1)　太陽光パネルの反射光については，これを散乱させて近隣住宅に大きな悪影響を与えな

ルの設置については，近隣住宅への影響に関する公的規制は見当たらず，公法上，例えば，屋根北側への設置が禁止されたり，設置後の近隣住宅への影響を事前に調査することが義務づけられたりはしていない。また，太陽光パネルを屋根南側に設置した場合には，その反射光の多くが空側に向かうため，近隣住宅に悪影響を及ぼすといった問題が生じることは少ないものの，そうではなく，屋根東側又は西側，特に屋根北側に設置した場合には，その反射光が地上側に向かってしまい，近隣住宅に直接当たって，その開口部から部屋内に差し込んだり，その反射光により当該家屋が加熱されたりするといった問題が生じ，これが近隣トラブルになることがある。

　小問(1)は，上記のような場合における太陽光パネルの撤去を求める仮処分申立ての当否を問うものである[注2]。

(2) 被保全権利について

　日常生活に対する様々な妨害に対する私法上の救済としては，これが不法行為にあたる場合には，民法709条に基づく損害賠償による事後的救済が明文上定められている。更に進んで，そのような妨害行為による被害の発生を直接的に防止するために，妨害行為自体の排除ないし差止めが認められるかが問題となるが，民法上，明文の規定はないものの，一定の場合にはこれを肯定するのが一般的である。その根拠に関する見解としては，①不法行為そのものの効果として認める見解（不法行為説），②妨害行為を物ないしその利用を妨げる行為であると捉えて，その物の物権に基づく妨害排除ないし予防請求権に根拠を求める見解（物上請求権説）[注3]，③妨害行為により侵害される人格的利益について，その権利性を承認して，これに排除ないし差止めの

　　　　いように加工したものなどが製造者側で開発されているものの，そのような加工がされていないものが設置されることは少なくない。
(注2)　反射光が近隣トラブルの原因になる例としては，本文記載の太陽光パネルのほか，温暖化対策のために屋根や窓に反射材を用いた場合なども考えられる。
(注3)　大阪高判昭58・8・31訟月30巻4号583頁（その上告審は最判昭61・7・14判タ606号99頁）で引用された原審は，物権的請求権に基づくものであっても，社会生活を継続するうえで相隣者又は近隣者に不可避的に生じる軽微な損害については，いわゆる受忍限度内にとどまるものとして差止めが許されない旨を判示して，受忍限度論を採用することを明らかにした。

根拠を求める見解（人格権説）があり，その他環境権等を根拠とする見解などもあるが，現在の通説・判例においては，その侵害される利益に応じて，上記②ないし③の見解を採用して，その排除ないし差止請求権を承認している。

　小問(1)の事例は，Xの自宅がその日常生活に供されているものであるところ，太陽光パネルからの反射光が当該自宅の開口部から入り，それがまぶしいために，当該自宅内における日常生活に支障が生じているというものである。そうすると，その生活妨害は過度の日照によるものであるが，その妨害行為の排除ないし差止請求権の法的根拠については，逆のケースである，日照が阻害されていることを理由とする生活妨害と同様に考えるのが相当である(注4)。

　そこで，太陽光パネルの撤去請求権については，Xが建物所有者であることを踏まえて，太陽光パネルからの反射光によって，その自宅の所有権の円満な行使を妨害したものとして，当該自宅所有権に基づく妨害排除請求権と法的に構成することがまず考えられる(注5)。そして，X以外の家族が請求する場合には，上記の法的構成をとれないため，人格権に基づく妨害排除請求権と構成することになり，例えば，適切な量の光量の下での日常生活をする権利（平穏生活権）を人格権として法的に構成することとなると考えられる。

　日照阻害を理由とする阻害工作物ないし建築物の撤去請求の場合，その申立ての当否は，当該日照阻害が受忍限度を超えるか否かにより決せられ(注6)，受忍限度を超えるか否かの判断にあたっては，被害の内容・程度，地域性，加害・被害の回避可能性，被害建物の配置・構造，加害・被害建物の用途，先住関係，公法的規制適合性，交渉経過等を総合的に考慮して決する手法が実務上定着している(注7)。

（注4）　後掲（注13）のとおり，債権者において過度な日照による生活妨害を排除しようとすると，本来あるべき日照まで得られないこととなり，その点では，債権者の侵害される生活利益は共通すると考えられる。
（注5）　横浜地判平24・4・18（平成22年（ワ）第5215号）公刊物未登載は，太陽光パネルからの反射光により，建物所有権の円満な行使を妨害したものとして，その所有権に基づく妨害排除請求権と法的に構成して，太陽光パネルの撤去請求を認容した。
（注6）　最判昭47・6・27民集26巻5号1067頁・判タ278号110頁・判時669号26頁参照。
（注7）　日照阻害に係る仮処分に関する参考文献としては，本書，宮﨑謙「25日照や良好な居住

太陽光パネルの撤去請求においても，前記の日照阻害を理由とする阻害工作物等の撤去請求と同様に，その申立ての当否は，その妨害行為が受忍限度を超えるか否かによって決せられ，その判断は，前記の各事情を総合的に考慮して決する手法を用いるのが相当であると考えられる。なお，一般に，阻害工作物ないし建築物の撤去が認められるための違法は，損害賠償請求が認められる場合よりも，その程度がその実質において高いものと考えられている（違法性段階説(注8)）。

(3) 審理上の問題点について

小問(1)の事例に即して，債務者による生活妨害が受忍限度を超えるか否かを検討する。

そもそも債権者がその建物に開口部（窓等）を設置する目的は，通常，当該開口部から当該建物内に外気や光を取り入れることにあるところ，ある程度の光量の太陽光等が当該開口部から建物内に入射することが予定されていることから，債務者設置の太陽光パネルからの反射光が当該開口部から入射することの疎明だけでは，直ちに債務者による生活妨害が受忍限度を超えることを認めることができない。したがって，上記の反射光が，上記の開口部を設置した目的を踏まえてもなお社会通念上受忍できる範囲を超えて当該開

環境等に対する被害の発生等を理由とする建築禁止の仮処分」，門口＝須藤・民事保全206頁〔清野正彦〕（「幼稚園とマンションの建築差止め」），東京地裁・実務（上）332頁〔深見敏正〕，裁判実務大系287頁〔山本博〕（「日照阻害を理由とする建築禁止仮処分」）等がある。また，日照妨害の不法行為責任に関する参考文献としては，宮田桂子「日照・眺望の侵害と救済」塩崎勤＝安藤一郎編『新・裁判実務大系(2)建築関係訴訟法〔改訂版〕』（青林書院，2009）413頁，坂本慶一「日照等妨害と不法行為責任」山口和男編『裁判実務大系(16)不法行為訴訟法(2)』（青林書院，1987）106頁等がある。

(注8) 最判平7・7・7民集49巻7号2599頁・判タ892号152頁・判時1544号39頁は，「施設の供用の差止めと金銭による賠償という請求内容の相違に対応して，違法性の判断において各要素の重要性をどの程度のものとして考慮するかにはおのずから相違があるから，右両場合の違法性の有無の判断に差異が生ずることがあっても不合理とはいえない」と判示する。これについては，単純に違法性段階説を採用したものではないとする見解（大塚直「生活妨害の差止に関する最近の動向と課題」山田卓生＝藤岡康宏編『新・現代損害賠償法講座(2)』（日本評論社，1998）191頁）があるが，違法性段階説に与するものとする見解は少なくない。もっとも，小問(1)の太陽光パネルの撤去，小問(2)の風力発電所の操業差止めは，いずれも損害賠償と比較して，債務者の負担が大きいことは明らかであるから，上記のいずれの見解を採用しても，これらを認容するためには，損害賠償の場合よりも実質的に高度の違法性を要することに異論はないものと考えられる。

口部から部屋内に入射することの疎明まで必要である。

　その一方，建築物に太陽光パネルを設置することが通常であるとされている地域は多くないこと，太陽光パネルは一般的には補助的な電源にすぎず，それによって発電した電力を売却するにしても，その電力量及び金額は大きなものではなく，仮に債務者が当該太陽光パネルにより発電することができなくても，債務者の生活が妨害される程度は大きいものではないことが多いこと，反射光が問題となる太陽光パネルは，屋根南側に設置されたものではなく，その反射光が地上に向かう屋根東側又は西側，特に屋根北側に設置されたものであることが多いところ，これらの太陽光パネルは屋根南側に設置されているものと比較すると，その発電効率がよくないとされていることなどに照らすと，太陽光パネルの設置についての公法上の規制が現在のところ見当たらないことなどを考慮しても，地域性，加害工作物の用途，公法的規制適合性等の点から，上記の検討を超えて，債権者の受忍限度を判断するうえで大きく考慮すべき事情があることは多くない[注9]。

　そうすると，債務者設置の太陽光パネルからの反射光が，債権者が開口部を設置した目的を踏まえてもなお社会通念上受忍できる範囲を超えて当該開口部から部屋内に入射することを疎明するに際しては，その考慮事情として，債権者の被害の内容・程度，被害建物の配置・構造，加害・被害の回避可能性等が，その審理のうえで重要になると考えられる。そして，上記の各考慮事情に照らして具体的に疎明すべき内容を検討すると，①開口部から入射する反射光が通常あるべきまぶしさよりも強度のものか，②1年を通じて，上記の反射光が開口部から入射する時間は1日のうちいつからいつまでか，その反射光が入射する角度はどのようなもので，債権者の建物のどの範囲に照射され，当該建物の開口部との関係で，当該建物のどの部屋のどの範囲に入射するのかなどの疎明のほか，③債権者において上記の反射光について容易に回避措置をとることができるのかなどの疎明が，その審理の中心になると

　(注9)　地域性，加害工作物の用途，公法的規制適合性等の点から，本文における検討を超えて，債権者の受忍限度を判断するうえで考慮すべき事情があるとすると，もっぱら債権者の受忍限度を引き上げるべき事情であると考えられるから，債務者側から主張・疎明されることとなろう。

考えられる(注10)。

　まず、①の開口部から入射する反射光が通常あるべきまぶしさよりも強度のものかについては、光量には光度、輝度、照度といった指標が一応あるから、反射光の光量を客観的に計測することは可能である。しかし、公法上の規制その他の基準が見当たらないため、通常あるべきまぶしさの程度を疎明することは困難であるというほかない。そこで、上記の反射光が通常あるべきまぶしさよりも強度のものであることを疎明するには、立証上の工夫が必要である。すなわち、太陽光パネルからの反射光が入射したときの建物内の光量を上記の指標によって疎明するだけではなく、例えば、上記の反射光がないときの建物内の光量をも疎明して、上記の反射光が入射したときの光量と比較するとともに、当該太陽パネルが陶器瓦、スレート瓦その他の屋根材やサッシ類と比較して太陽光を反射しやすいものか、実際に太陽光を照射した場合に上記の各屋根材等に比較してどの程度の反射光を多く生じさせるかなどを個別に疎明して、これらの間接事実を総合することによって、当該太陽光パネルからの反射光が通常あるべきまぶしさよりも強度のものであることを疎明することが考えられる。

　そして、直進する光の性質上、開口部から入射する反射光を直視しない限り、継続的に上記の反射光の被害を受けることはないと考えられるから、反射光が入射する部屋の用途、当該部屋の使用者が滞在する時刻及び時間、当該使用者の属性等を疎明して、当該部屋の具体的な使用状況等に照らし、当該部屋の使用者が開口部から入射する反射光を直視することを回避することが困難であることの疎明をすることが必要である(注11)。もちろん、開口部から入射する反射光の光量が極めて大きいために、当該部屋内の壁や床などか

(注10)　東京高判平25・3・13判時2199号23頁（前掲（注5）横浜地判平24・4・18の控訴審判決）は、太陽光パネルからの反射光による被害が社会通念上の受忍限度を超えるか否かについて、本文記載の各点を総合判断して、当該事例においてはその被害が受忍限度を超えるものであると直ちに認めることはできないとして、原判決中控訴人（被告）敗訴部分を取り消し、被控訴人（原告）の損害賠償請求を棄却した。

(注11)　具体的には、生活動線ないし作業動線上の目の高さに反射光が入射するとか、当該部屋の使用者が作業台の上を直視しなければ作業できない状況にあるところ、入射した反射光が作業台に直反射するために、上記の使用者がその再反射光を直視せざるを得ないとかいう事由を疎明することが考えられる。

らの更なる反射光も日常生活上困難が生じるような光量に達する場合であれば，上記の疎明は不要となるが，債務者において反射板などで太陽光パネルに集光させるなどの特段の事情がない限り，太陽光パネルからの反射によって，上記程度の光量の反射光が入射することは通常考えにくいであろう。

　次に，②の1年を通じて，太陽光パネルからの反射光が開口部から入射する時間は1日のうちいつからいつまでか，その入射する角度はどのようなもので，建物内のどの範囲に入射することになるのかについては，季節の変化や1日の時間の変化によって，太陽の軌道や高度が異なるうえ，反射光が入射する部屋の具体的な使用状況等が時的に変動することから，当該建物の開口部と反射光の入射方向との関係等の時的変動も問題となり得るので，他の近隣建物による日照制限等を考慮したうえで，春分，夏至，秋分，冬至の各日等においてどのように反射光が債権者の建物の開口部から入射するのかを疎明する必要があり，具体的には，各日の各時間帯において太陽光パネルからの反射光の当たる部分を明らかにした債権者の建物の開口部等の記載のある立面図や平面図(注12)を作成するなどして疎明することが考えられる。

　そして，③の債権者において太陽光パネルからの反射光について容易に回避措置をとることができるのかについては，その回避措置として，一般に，レースないし厚手のカーテンやサッシ等を上記開口部に設置することが考えられるから，仮にそのような回避措置をとったとしてもなお日常生活上困難が生じるような光量の反射光が債権者の建物の部屋内に入射することの疎明，又は当該部屋の使用状況等に照らし債権者において上記の回避措置をとることが困難であることの疎明(注13)が必要となる。なお，開口部を設ける場所については，その所有権に基づき，債権者の意思に委ねられているから，債務者が太陽光パネルを設置した時期と債権者がその建物に開口部を設けた時期

　(注12)　例えば，日照阻害における立証資料である日影図に類似したものが考えられよう。
　(注13)　レース又は厚手のカーテンを設置することで太陽光パネルからの反射光の入射を回避できるとしても，その入射のある時間帯においては，当該部屋にそのカーテンを設置したままにしなければならず，上記の反射光以外の光も開口部から取り入れることができないこととなってしまい，実質的には日照阻害を受けることになる。そうすると，そのカーテンの設置によって阻害される日照の程度が受忍限度を超えるような場合には，上記のカーテン等の設置によって回避措置をとることは困難であるというべきである。

との先後関係自体は，直ちに受忍限度を超えるか否かを判断するための重要な要素となるものではない。しかし，債権者がその建物に開口部を設けた時期が債務者の太陽光パネルの設置時期よりも後である場合には，債権者における反射光の回避措置として，他の場所に開口部を設けることも考えられることとなり，カーテン等の設置による回避措置に関する上記のような疎明と同様の疎明をする必要が生じると考えられる。

　これらに対し，太陽光パネルからの反射光による債権者に対する生活妨害を排除するための方法としては，債務者の設置した太陽光パネルを撤去することがまず考えられるとしても，上記の反射光が社会生活上受忍できる限度にまで軽減できれば，太陽光パネルの撤去まですることはなく，反射光を散乱させるカバーなどで太陽光パネルを覆うなど撤去よりも安価で制限的でない方法を考える余地があり(注14)，さらに暫定的なものであれば，布などの反射しにくい部材によって，上記の太陽光パネルを一時的に覆うなどの方法(注15)も一般に考えられる。そこで，債務者においては，このような撤去よりも安価で制限的でない方法によって債権者に対する生活妨害が社会通念上の受忍限度の範囲内に収まる旨の疎明をすることにより，保全の必要性の観点から，上記の太陽光パネル撤去仮処分の発令を避けて，上記のより安価で制限的でない方法をとることの仮処分の発令にとどめさせることを検討できよう。

(4) 手続上の留意点

　この仮処分は，仮の地位を定める仮処分であるから，口頭弁論又は債務者が立ち会うことができる審尋の期日を経る必要があり（法23条4項），実務上

(注14) 日照阻害の場合にはその阻害する工作物の撤去をせずにその日照阻害を排除する方法は通常見当たらないが，太陽光パネルからの反射光による債権者に対する生活妨害は，その反射光が建物の開口部から入射して，その光量が過度であることによるものであるから，その反射光を減少させることによって，上記生活妨害の程度を緩和することが可能である。したがって，金銭的な解決以外の中間的な解決をする余地があり，この点では，日照阻害を理由とする工作物撤去請求の事案と異なることになる。

(注15) 民事保全手続においては，本案訴訟における本案判決が確定するまで暫定的に，債権者に対する生活妨害を排除できれば十分であり，債務者からの主張・疎明があれば，撤去に代わるこのような暫定的な手段も上記の生活妨害の排除方法として検討すべきである。

は，審尋の手続によって審理される。債権者としては，前記(3)で検討したように，太陽光パネルからの反射光が開口部から入射することのみならず，それが社会通念上の受忍限度を超えるものであることを主張して，その疎明資料を添付する必要がある。

　上記申立てを受けた裁判所は，前記(3)で検討したように，債権者側で被害を受けている部屋の用途や被害の客観的状況など，まず疎明すべき点が多いところ，それらの主張・疎明が相応にされておらず，そのために発令の余地が乏しいと認められる事案においては，その主張・疎明の追完をまず求めるべきであって，安易に債務者審尋を開始すべきではないと思われる。もっとも，上記申立てに係る争訟は相隣関係におけるものであり，違法性判断もその両者の利益の比較衡量によるものであるから，最終的には和解による解決が望ましく，例えば，債権者の被害がある程度疎明されている場合においては，裁判所としては，前記(3)で検討したように，債務者に対して，反射光を散乱させるカバーなどで太陽光パネルを覆うなど撤去よりも安価で制限的でない方法の疎明を示唆することなども含め，和解による解決を視野に入れた手続進行を図ることも考えられよう。

〔2〕 設例・小問(2)について

(1) はじめに

　我が国においては，近年，太陽光発電の設備と同様に，再生可能なエネルギーによる発電方法である風力発電の設備設置数も増加している。そして，風力発電所は，風力によって回転させた風車により，発電機を回転させることで発電するものであり，その風車の羽根による風切り音や発電機等からの音を発生させるが，このうち発電機等からの音には100ヘルツ以下の低周波音が含まれることがある[注16]。この低周波音はその性質上，透過性が高く，

(注16)　環境省は，風力発電設備が増加しているが騒音・低周波音による苦情も発生していることから，平成20年度よりその調査・検討を行っており，平成22年度より，風力発電施設から発生する騒音・低周波音の実態把握，周辺住民を対象とした社会反応調査，被験者実験

被害者側でこれを回避することが困難であり，これらの騒音・低周波音を理由として，住民から，頭痛，不眠，イライラ，耳鳴り，耳の痛みや耳の圧迫感だけではなく，様々な症状が生じた旨の被害が訴えられることがある。その一方で，一般に，騒音の大小を評価する場合には，周波数特性を踏まえて音圧レベルを補正した騒音レベルが用いられているが，低周波音については，大きな音圧でなければ，人間が感知できないため，マイナスの補正がされて，その低周波音が相当大きな音圧であったとしても，その騒音レベル自体は大きいものとならないことがある。

　小問(2)は，上記のような場合における風力発電所の稼働停止を求める仮処分申立ての当否を問うものである(注17)。

(2) 被保全権利について

　妨害行為による被害の発生を直接的に防止するために，妨害行為自体の排除ないし差止めを認める法律構成に係る見解については，前記〔1〕(2)で述べたとおりであり，現在の通説・判例は，その侵害される利益に応じて，物上請求権又は人格権に基づき，その妨害行為の排除ないし差止請求権を承認している。

　小問(2)の事例は，X及びその家族が，風力発電所から発生する低周波音等により，体の不調ないし偏頭痛が生じて，それらにより生活が妨害されているというものである。そうすると，これによる風力発電所の稼働停止請求権は，その風車の羽根によって発生する風切り音及び発電機等から発生する低周波音を含む音という騒音ないし振動なく日常生活をする権利（平穏生活権）という，人格権に基づく妨害排除又は妨害予防請求権と法的に構成することが考えられる。そして，Xは，その所有する自宅において，被害を受けてい

　　　　　による聴感反応調査等を進める一方，環境省請負業務として，中電技術コンサルタント株式会社「平成24年度風力発電施設の騒音・低周波音に関する検討調査業務報告書」（平成25年3月）を公表した。
　（注17）　低周波を含む騒音等が問題となり得る機器としては，電力を用いた熱交換機器である空調設備や自然冷媒ヒートポンプ給湯機（従来型の燃焼式給湯機とは異なり，電力により大気から熱を汲み上げて，これにより水を温めてお湯にする給湯機であり，その運用によっては二酸化炭素の排出量削減に資することから，その設置数が増加している。また，静ひつさを必要とする深夜に割安な深夜電力を利用して稼働することが多い。）等がある。

るというのであるから，上記の騒音ないし振動によって，Xの自宅の所有権の円満な行使を妨害したものとして，当該自宅所有権に基づく妨害排除又は妨害予防請求権と法的に構成することも考えられる。

　騒音ないし振動による生活妨害を理由とする風力発電所の稼働停止請求の場合，その申立ての当否は，当該騒音ないし振動が社会通念上の受忍限度を超えるか否かにより決せられるものと解され，その受忍限度を超えているかどうかの判断は，侵害行為の態様・程度，被害の内容・程度，当該場所の地域環境，加害者側の被害回避努力の有無等の諸事情を総合的に考察することによってするのが相当である(注18)。

(3) 審理上の問題点について

　そこで，風力発電所の風車の羽根によって発生する風切り音及び発電機等から発生する低周波音を含む音という騒音ないし振動による生活妨害や生活環境の悪化が，社会通念上の受忍限度を超えるか否かを検討するに際し，債権者としては，まず，侵害行為の態様・程度及び被害の内容・程度を疎明することになり，具体的には，騒音・振動のレベルや性質，その頻度や時間帯・継続時間・継続期間等を疎明することになる。

　風力発電所の発電機等から発生する騒音等には低周波音が含まれていると考えられるところ，人間の可聴域は20ヘルツ以上2万ヘルツ以下とされ，100ヘルツ以下の低周波音には，人間の聴き取ることができない音が含まれており，一般に20ヘルツの音の場合，2000ヘルツの音に比べ，80dB程度以上大きな音圧の音でなければ，感じることができないとされていることから(注19)，騒音レベルの計測においては，低周波音についてマイナスの補正がされている。そして，低周波音については，一般環境で観測されるような低

(注18)　騒音・振動に関する仮処分についての概説的な文献としては，東京地裁・諸問題272頁（「騒音・振動に関する仮処分」）が詳しく，そのほか，門口＝須藤・民事保全281頁〔城内和昭〕（「カラオケ公害に対する仮処分」）等がある。また，騒音・振動の不法行為責任に関する参考文献としては，長瀬有三郎「建築騒音・振動の規制」塩崎＝安藤編・前掲（注7）425頁，佐藤陽一「騒音公害と不法行為責任」山口編・前掲（注7）94頁，小野寺規夫「近隣の迷惑と不法行為」山口編・前掲（注7）181頁等がある。

(注19)　環境省水・大気生活環境局大気生活環境室「よくわかる低周波音」（平成19年2月）（環境省ホームページ）参照。

周波音の領域（周波数範囲と音圧レベル）では人間に対する生理的な影響は明確には認められないとの結論が得られているのみで，その研究が進められている途上にあり，その影響や評価指標に関する科学的な知見が確立しているとはいいがたい状況にある。

しかし，睡眠に対する影響として，眠りが浅いときには，10ヘルツの低周波音で100dB以上，20ヘルツの低周波音で95dB以上になると目が覚めることがあるという実験結果があること[注20]からすれば，その音圧が大きければ，人間が聴き取ることができない低周波音であっても，睡眠妨害等の生活妨害が生じるといえるのである。そこで，環境省は，平成16年6月に低周波音についての苦情に地方公共団体が対応する際に役立てるべきものとして公表した「低周波問題対応の手引書」において，固定発生源（ある時間連続的に低周波音を発生する固定された音源）から発生する低周波音について苦情の申立てがあった際に，それが低周波音によるものかを判断するための目安として，低周波音の参照値，評価値を明らかにした。その一方で，上記参照値，評価値は，低周波音についての対策目標値，環境アセスメントの環境保全目標値，作業環境のガイドラインなどとして策定したものではないとしている[注21]。上記参照値，評価値は，行政上の基準であり，かつ，上記のとおり低周波音の対策目標値，環境アセスメントの環境保全目標値等として策定されたものではないとされているから，直ちにその低周波音による生活妨害や生活環境の悪化が社会通念上の受忍限度を超えているか否かの基準となるものではない。しかし，先に述べたとおり，上記参照値，評価値は，苦情の申立てが低周波音によるものか否かを判断する目安とされていることからすれば，環境省の定めた騒音に係る環境基準や各自治体で定めているガイドラインの各数値に加え，上記参照値，評価値をも総合して，低周波音による生活妨害や生活環境の悪化が社会通念上の受忍限度を超えているか否かを判断するほかないと考えられる。

仮に，風力発電所の発電機等から発生する低周波音のみを取り上げて，そ

(注20) 環境省水・大気生活環境局大気生活環境室・前掲（注19）参照。
(注21) 環境省水・大気生活環境局大気生活環境室「低周波音問題対応の手引書における参照値の取扱について」（都道府県等宛通知，平成20年4月）参照。

の計測値が上記参照値，評価値等を下回っているとしても，個別具体的な事情が上記参照値，評価値等よりも優先することは当然であり，上記計測値が上記参照値，評価値等を下回ることから，直ちにその低周波音による生活妨害や生活環境の悪化が社会通念上の受忍限度の範囲内となるものではない。そして，風力発電所の風車や発電機等から発生する音及び振動は，低周波音のみではなく，それ以外の騒音も含まれているところ，低周波音を含む騒音に曝露された場合には，低周波音を含まない騒音に曝露された場合に比して，心身に対する騒音被害が一層深刻化するとも考えられるところであり[注22]，風力発電所の風車や発電機等から発生する音及び振動を騒音として評価する場合に，低周波音を含まない場合と比較してより低い騒音レベルでも，それらによる生活妨害や生活環境の悪化が社会通念上の受忍限度を超えると判断する余地があると考えられる。

　また，風力発電所の風車や発電機等から発生する音及び振動には，風速によってローターの回転や出力が変わるため音圧レベルや周波数特性が変化し，風向によって音が拡散する方向が変化するという特徴があり[注23]，当該被害建物における騒音・低周波音の測定値が一時的なものなのか，継続的なものなのかについても疎明をする必要がある。

　一方，騒音・振動に関しては，一般に，その地域差が著しく，例えば，暗騒音が大きい地域では比較的高い受忍限度が求められることになる[注24]。そ

(注22)　福岡高那覇支判平22・7・29判タ1365号174頁・判時2091号162頁は，航空機騒音に低周波音が含まれることにより周辺住民の精神的苦痛が増大させられている旨を判示する。最近の空港騒音に係る訴訟においては，低周波音が被害を拡大させている旨の主張がされ，このように，騒音訴訟における低周波音の評価や位置づけに関する判示がされることがみられる。

(注23)　前掲（注22）福岡高那覇支判平22・7・29は，固定発生源ではない発生源から発生した低周波音が，環境省の公表した参照値及び評価値を超えた場合についても，固定発生源と同様に，累積し，かつ，継続しており，低周波音の被害の発現形態が上記参照値及び上記評価値を適用した場合と整合するなど，これらを用いる合理的根拠が認められる限り，上記参照値及び上記評価値を基礎として低周波音による心身に対する被害を認定すること自体は，妨げられない旨を判示する。

(注24)　名古屋地豊橋支判平27・4・22判時2272号96頁は，被告の設置・運転する風力発電施設の付近に居住する原告が，同施設から発生する騒音等により受忍限度を超える精神的苦痛等を被っているなどと主張して，被告に対し，人格権に基づき，同施設の運転の差止め及び損害賠償を求める事案において，上記の風力発電施設停止時における暗騒音の騒音レベルの平均値が38db程度（最大値43.7db），同施設の稼働時の屋外の騒音レベルの平均値が43db程度（なお，窓閉鎖時の屋内の騒音レベルの平均値が28db程度）であることなど

して，加害者側の被害回避ないし軽減のための努力の有無も考慮事情となる。これらの点については，債権者の受忍限度を引き上げるべき事情として，債務者から疎明されることになろう。

なお，更に進んで，Ｘとしては，風力発電所の風車や発電機等からの騒音・低周波音によって，Ｘの家族の体調不良やＸの偏頭痛が発生したのであり，上記の各身体症状が生じたことは受忍限度を超えるものである旨を主張することが考えられる。

しかし，既に述べたように，低周波音の影響や評価指標に関する科学的な知見が確立しているとはいいがたい状況にあることからすれば，上記の各身体症状が一定量以上の騒音ないし低周波に暴露されることによって発生することを医学的知見等に基づいて的確に疎明するなどして風力発電所の風車や発電機等からの騒音・低周波音と上記の各身体症状との間に相当因果関係があることの疎明をすることは現時点ではいまだ困難であり，その疎明ができるか否かは今後の研究結果いかんによるというほかないと思われる。

(4) 手続上の留意点

この仮処分も，小問(1)と同様に，仮の地位を定める仮処分であるから，口頭弁論又は債務者が立ち会うことができる審尋の期日を経る必要があり（法23条4項），実務上は，審尋の手続によって審理される。債権者としては，前記(3)で検討したように，当該建物における騒音・低周波音の測定値等やそれが社会通念上の受忍限度を超えるものであることを主張して，その疎明資料を添付する必要がある。

上記申立てを受けた裁判所は，小問(1)の場合と同様に，債権者の主張・疎明が相応にされておらず，そのために発令の余地が乏しいと認められる事案においては，その主張・疎明の追完をまず求めるべきであって，安易に債務者審尋を開始すべきではないと思われる。

を認定したうえで，上記平均値が環境省の定める騒音に係る環境基準（昼間55db 以下，夜間45db 以下）を下回っており，その騒音レベルが上記の環境基準を超過したことがあっても，その程度がわずかであるとともにその超過は一時的であるなどとし，その騒音は一般社会生活上受忍すべき程度を超えるものではないなどと判示して，原告の請求をいずれも棄却した。

36　マンション内で迷惑行為を繰り返す住人に対する仮処分

國屋　昭子

　次のような場合に，マンションの住民は，どのような手続で，どのような仮処分を求めることができるか。
　(1)　マンションの1室を宗教法人Aが購入して，不特定多数の信者が出入りするばかりか，昼夜を問わず大きな音で太鼓や鉦等を叩きながら宗教的儀式をしたりするため，睡眠や勉強の妨げになっている場合
　(2)　マンションのエントランスやエレベーターに急に人相のよくない人たちが出入りするようになり，住民の間で不安が広がっていたところ，マンションの1室を暴力団の組長Bが購入したためであることが判明した。マンション前の道路には，よく暴力団関係者のものと思われる自動車が停車しており，近所で暴力団関係者による発砲事件も発生して，マンションや近隣の住民にいっそう恐怖心が募っているが，下手に何か言って報復されても困るので，誰も適切な対策を講じることができないでいる場合

〔1〕　はじめに

　マンション内で迷惑行為を繰り返す住人に対する仮処分は，迷惑行為によってマンションの住民に現在生じている損害又は危険を避けるために行われるものであるから，仮の地位を定める仮処分（法23条2項）が問題となる。

　(1)　建物の区分所有等に関する法律（以下「区分所有法」という。）に基づく場合

(a) 区分所有法57条

(ア) 被保全権利

区分所有法6条1項は「区分所有者は、建物の保存に有害な行為その他建物の管理又は使用に関し区分所有者の共同の利益に反する行為をしてはならない。」と定める。そして、この「共同の利益に反する行為」に当たるか否かについては、「当該行為の必要性の程度、これによって他の区分所有者が被る不利益の態様、程度等の諸事情を比較考量して決すべきものである」[注1]とされ、また、共同の利益の中には、建物の管理・使用、敷地や附属施設の管理・使用などの物理的・財産管理的観点からの共同の利益のほか、プライバシーの侵害ないしニューサンスなどの共同生活的観点からの共同の利益を含むとするのが通説となっている[注2]。

かかる諸事情をもとに判断した結果、区分所有者の共同の利益に反する行為がある場合又はその行為をするおそれがある場合には、他の区分所有者の全員又は管理組合法人は、その共同の利益に反する行為を停止し、その行為の結果を除去し、又はその行為を予防するため必要な措置をとること[注3]を請求することができる（建物区分57条1項）。

そこで、マンション内で反復される迷惑行為が区分所有者の共同の利益に反する場合には、その住人に対して、区分所有法57条1項の差止請求権を被保全権利として仮処分を申し立てることが可能である。なお、区分所有者の共同の利益に反する行為であることという要件の存在をもって差止請求が認められることになるのであるから、同要件は、仮処分申立ての際の集会の決議時のみならず、口頭弁論終結時、すなわち、仮処分においては決定時にも必要と考えるのが相当である[注4]。

(イ) 保全の必要性

仮の地位を定める仮処分であるから、保全の必要性としては、債権者に生

(注1) 東京高判昭53・2・27下民31巻5～8号658頁・金法875号31頁。
(注2) 丸山英氣編『区分所有法〔改訂版〕』（大成出版社、2007）308頁、東京地裁・諸問題258頁。
(注3) 丸山編・前掲（注2）311頁ほか。
(注4) 横浜地判平12・9・6判タ1105号246頁・判時1737号90頁参照。

ずる著しい損害又は急迫の危険を避ける必要があることとなるが（法23条2項），保全の必要性を判断するにあたって考慮すべき事情としては，共同の利益に反する行為に当たるか否かを判断する際に考慮する諸事情と重なってくることもあって，マンション内で反復される迷惑行為が区分所有者の共同の利益に反することが明らかであり，その差止請求権の存在が疎明されるのであれば，保全の必要性も認められることが多いものと考えられる。差止請求権があるとの判断をしながら，保全の必要性を否定しその差止めを認めないとするならば，本案訴訟中，区分所有者の共同の利益に反する迷惑行為を受忍しなければならなくなり，結論においても不合理であろう。

(b) 区分所有法58条・59条

なお，区分所有者の共同の利益に反する行為がある場合又はその行為をするおそれがある場合には，区分所有法58条1項の使用禁止の請求権，区分所有法59条1項の区分所有権の競売請求権の行使も可能であるが，他に方法がない場合に限られる[注5]。これらは裁判上行使を要する形成権であるところ，これらの請求権を被保全権利とする仮処分については肯定・否定の両説があるが，これが肯定されるとしても，実際上，ほとんどの事例においては区分所有法57条1項の差止めの仮処分などによりその目的を達成することができると考えられ，また，相手方に与える不利益・打撃の内容・程度などに照らすと，被保全権利及び保全の必要性のいずれについてもより高度の疎明が要求されるため，特別の事情が存するときには，使用禁止の仮処分が認容される場合もあり得ないわけではないが，それ以上の効力を有する競売請求の仮処分が認められることは極めてまれであろうとされている[注6]。

(c) 申立ての手続

(ア)(i) 区分所有者の団体である管理組合（建物区分3条）が法人となった場合は（建物区分47条1項），管理組合法人が，債権者として，仮処分を申し立てる（建物区分57条1項）。この場合，理事が管理組合法人を代表する（建物区分49条3項）。

(注5) 丸山編・前掲（注2）324頁以下。
(注6) 杉田雅彦「義務違反者に対する措置」塩崎勤編『裁判実務大系(19)区分所有関係訴訟法』（青林書院，1992）433頁・434頁，東京地裁・諸問題245頁・246頁。

(ⅱ) 区分所有者の団体である管理組合が法人となっていない場合は，他の区分所有者全員が，債権者として，仮処分を申し立てることとなるが，集会の決議により，管理者又は集会において指定された区分所有者が，他の区分所有者全員のために，債権者として仮処分を申し立てることができる（建物区分57条1項・3項）。

(ｲ) 仮処分を申し立てるには，区分所有者の団体である管理組合の集会の決議が必要である（建物区分57条2項）。集会の決議を経たことは訴訟要件であるから，その立証は疎明ではなく，議事録により証明する必要がある。

(2) 人格権，物権に基づく場合

(a) 被保全権利

仮処分の申立てのために必要とされる集会の決議が得られない場合，緊急を要し集会の決議を経ることができない場合や，区分所有者の共同の利益に反するとはいえない場合であっても，マンションの住民の人格権，区分所有権等を侵害する場合には，マンションの住民は，区分所有法によることなく，人格権，区分所有権等に基づく差止請求権を被保全権利として仮処分を申し立てることが可能である。

(b) 保全の必要性

区分所有法57条1項の差止請求権を被保全権利とする仮処分の場合と同様に，人格権，区分所有権等に基づく差止請求権の存在が疎明されるのであれば，保全の必要性も認められることが多いものと考えられる。

(3) 設例の小問

なお，以下においては，区分所有法57条1項の差止請求権を被保全権利とする仮処分について検討する。

〔2〕 設例の小問(1)について

(1) 参考裁判例——京都地判平10・2・13（判時1661号115頁）

マンションの一室がオウム真理教の信者に賃貸され，オウム真理教の教団施設として使用されていることが，区分所有者の共同の利益に反するとして，マンションの管理組合の管理者が賃貸借契約の解除及び専有部分からの退去を求めた事案であり，当該専有部分の使用が区分所有者の共同の利益に反する行為であるか否かが争われた（なお，マンションの一室が宗教的施設として使用されている場合の差止めを求める仮処分の裁判例は公刊物では見当たらなかった。）。そして，当該専有部分への入居者以外の出入りは，住居として使用する場合には考えられないほど，かつ，深夜から未明にかけての時間帯に多く，防犯上も好ましくないことなどから，入居者以外の出入りは平穏かつ良好な居住環境を悪化させるものであって，区分所有者の共同の利益に反する行為であるなどとして，教団施設としての使用は区分所有者の共同の利益に反する行為であると判断された。控訴審である大阪高判平10・12・17（判時1678号89頁）においても，当該専有部分の使用が他の区分所有者の平穏を受忍限度を超えて侵害するものであり，他の区分所有者の共同の利益に反すると判断された。

(2) 設例について

(a) 被保全権利の有無

他の区分所有者の共同の利益に反する行為があるといえるか。

前掲（注1）東京高判昭53・2・27，前掲京都地判平10・2・13等に照らすと，①専有部分の使用状況，②当該使用行為の必要性の程度，③これによって他の区分所有者が被る平穏かつ良好な居住環境の悪化等の不利益の態様，程度の諸事情を比較考量して，他の区分所有者の居住の平穏を受忍限度を超えて侵害するか否かという観点から，他の区分所有者の共同の利益に反するか否かを決すべきものと考えられる。

まず，①の使用状況を検討しよう。そもそも，個人的な住居として，複数人が共同して使用し，その中で信仰生活を送っているにすぎないときは，その使用行為は区分所有者の共同の利益に反するものとはいえない。

他方，入居者とはいえない不特定の信者が継続的に訪れ，宗教的儀式を行っていることなどの事情があれば，個人的な住居としての使用を超え，宗教的施設として使用しているものといえる。建物の専有部分は住居専用とする

旨のマンションの規約がある場合には，規約に定められた使用方法に違反するが，規約違反をもって，直ちに，他の区分所有者の共同の利益に反するとはいえない。通常，住居専用とする規約は，平穏かつ良好な居住環境の維持を目的とするものと考えられるため，さらに，使用状況の詳細をみて，規約の目的に反するか否かを検討する必要がある。住居専用とする規約がない場合であっても，マンションの部屋の構造が住居としての使用を想定し，実際にも住居として使用されている実態があるときは，住居以外の用途で使用することは自ずと制約され，やはり，使用状況の詳細の検討を要する。

　使用状況の詳細については，不特定のみならず多数の信者の継続的な訪問があるか否か，信者の訪問が昼夜を問わないか否か，宗教的儀式によって周囲に騒音を発生させているか否か，その騒音の程度・頻度・発生する時間帯はいかなるものかなどの事情をみていく。

　次に，②使用行為の必要性については，他に宗教的施設を確保するなどの代替手段の有無等の事情をみていく。

　さらに，③宗教的施設としての使用によって他の区分所有者が被る平穏かつ良好な居住環境の悪化等の不利益の態様，程度をみる。不特定多数の信者が，昼夜を問わず，継続的に訪問している事情がある場合は，単に住居として使用する場合とは明らかに異なり，防犯上の観点からも好ましいものとはいいがたい。また，宗教的儀式によって発生する騒音が大きい，騒音が頻繁である，騒音が昼夜を問わないなどの事情がある場合は，睡眠や勉強の妨害等マンションの住民の日常生活への悪影響は無視できない。他の区分所有者が平穏かつ良好な居住環境を享受し得ないこととなろう。

　そこで，以上の諸事情を比較考量すると，宗教法人Aにとっては，信者が集い種々の儀式等を行う場として専有部分を使用することについて，必要性，重要性があり，この使用によって宗教活動を行う自由を享受し得るとしても，それにより，マンションの住民が睡眠や勉強等を妨げられる日常生活上の被害を受け，その程度も大きいとすれば，マンションの住民が一方的にそのような被害，不利益を受忍すべき理由はない。そうすると，宗教法人Aによる専有部分の使用は，他の区分所有者の居住の平穏を受忍限度を超えて侵害するものとして，共同の利益に反するといえよう。

ⓑ　保全の必要性

　差止請求権の存在が疎明されるのであれば，保全の必要性も肯定される。

ⓒ　仮処分の方法

　仮処分の方法として，民事保全法24条は，仮処分命令の申立ての目的を達するため，債務者に対し一定の不作為を命じることのほか，その他の必要な処分をすることができると定める。

　そこで，設例においては，宗教的施設としての使用を差し止めるという不作為を求めることとなるが，単に「宗教的施設としての使用」を差し止めるというのであれば，個人的な住居として使用する中で信仰生活を送ることも差止めの対象となりかねず，差止めの対象が不特定である。他の区分所有者の共同の利益に反する使用方法で，今後も行われる可能性のある使用方法を具体的に例示して，差止めの対象となる使用方法を特定する必要がある。また，宗教法人としての組織的な活動が窺われるのであれば，差止めすべき行為主体について「債務者自ら又は第三者をして」とする。

ⓓ　担　　保

　担保の額は事案によるが，債務者の悪性が顕著であり，仮処分命令による債務者の損害の発生の可能性が極めて低いと認められる場合には，相当低額となる場合もあると考えられる。

〔3〕　設例の小問(2)について

(1)　参考裁判例

ⓐ　東京地決平10・12・8（判タ1039号271頁・判時1668号86頁）

　マンションの区分所有者が，区分所有法57条に基づき，暴力団の会長等に対し，マンションの部屋を要塞的な状況で使用することは区分所有者の共同の利益に反し，暴力団抗争に巻き込まれ危険・不安があるなどと主張し，組事務所の使用禁止，組事務所を示す標章物やテレビカメラ等の撤去等を求める仮処分命令の申立てをした事案である。そして，対立抗争の状況，専有部分を組事務所として使用し，対立抗争に備えてテレビカメラ等を設置してい

る状況等によれば，マンションの住民が対立抗争に巻き込まれるなどして共同の生活上の利益が害されるおそれがあることなどを認定したうえ，50万円の担保を立てさせたうえで，申立てを認容した。なお，暴力団組長等によるマンションの専有部分の使用が区分所有者の共同の利益に反すると判断した裁判例は多数ある[注7]。

(b) 大阪高判平5・3・25（判タ827号195頁・判時1469号87頁）

暴力団組長の自宅建物（区分所有建物ではない。）について，暴力団事務所等として使用されるおそれがあるとして，周辺住民が，人格権に基づき，組事務所としての使用の差止めを求めた事案である。そして，暴力団組長が自宅建物を暴力団事務所ないし常時暴力団構成員が出入りする連絡場所として使用する可能性は高く，そのように使用された場合，周辺住民の生命，身体，平穏な生活を営む権利が受忍限度を超えて侵害される蓋然性は大きいとして，差止めを認容した。なお，暴力団事務所として使用する建物（区分所有建物ではない。）について，周辺住民の人格権に基づく使用の差止めを認めた裁判例は多数ある[注8]。

(2) 設例について

(a) 被保全権利の有無

他の区分所有者の共同の利益に反する行為があるといえるか。

設例の小問(1)と同様に，①専有部分の使用状況，②当該使用行為の必要性の程度，③これによって他の区分所有者が被る平穏かつ良好な居住環境の悪化等の不利益の態様，程度の諸事情を比較考量して，他の区分所有者の居住の平穏を受忍限度を超えて侵害するか否かという観点から，他の区分所有者の共同の利益に反するか否かを決すべきものと考えられる。

[注7] 最判昭62・7・17集民151号583頁・判タ644号97頁・判時1243号28頁，京都地判平4・10・22判タ805号196頁・判時1455号130頁，福岡地判平24・2・9（平成23年（ワ）第2994号）裁判所ホームページ等。

[注8] 大阪高決平6・9・5判タ873号194頁，神戸地決平6・11・28判時1545号75頁，神戸地決平9・11・21判タ971号267頁・判時1657号98頁，福岡地久留米支決平21・3・27判タ1303号302頁・判時2057号126頁，福岡高決平21・7・15判タ1319号273頁，東京地判平24・9・25（平成23年（ワ）第16086号）公刊物未登載等。

まず，専有部分が暴力団事務所や暴力団構成員の連絡場所等として使用されているのであれば，他の暴力団との対立抗争状況にあればもちろんのこと，そうではなくても，いったん対立抗争状況が生じた場合は，他の区分所有者は対立抗争に巻き込まれ平穏かつ良好な居住環境が害され，その不利益の程度が著しいことは明らかであるから，他の区分所有者の共同の利益に反すると考えられる。

　次に，専有部分が現に暴力団事務所等として使用されておらず，組長の自宅であるとしても，将来において暴力団事務所等として使用される可能性があるという場合も，その可能性が現実化したときの他の区分所有者の受ける不利益は，現に暴力団事務所等として使用されている場合と異ならないから，他の区分所有者の共同の利益に反すると考えられる。

　なお，暴力団とは，その団体の構成員が集団的に又は常習的に暴力的不法行為等を行うことを助長するおそれがある団体をいうとされ（暴力団2条2号），かかる団体の事務所等としての使用には何ら正当性を認める余地はないから，②の使用行為の必要性については検討しない。

　そうすると，設例において明らかとなっている事情は，暴力団の組長Ｂが専有部分を購入したことのみであるが，マンションに出入りするようになった人相のよくない者が暴力団関係者であること，マンション前の道路にしばしば停車している自動車が暴力団関係者のものであることが明らかとなったうえに，その他専有部分の使用状況に照らし居住以外の使用目的を推認させる事情が存在し，当該専有部分が将来において暴力団事務所等として使用される可能性が認められるのであれば，他の区分所有者の共同の利益に反するといえよう。

　(b)　保全の必要性

　差止請求権の存在が疎明されるのであれば，保全の必要性も肯定される。マンションの住民が対立抗争に巻き込まれ生命身体が現実に侵害された場合には被害回復は困難であるし，設例において発生しているという暴力団関係者による発砲事件が，Ｂが組長である暴力団とは関係ないものであったとしても，現に対立抗争が発生してから仮処分を申し立てるのでは住民の生命身体への侵害が現実化する可能性が大きいことなどからすると，住民の危険や

不安を除去すべき緊急の必要性は明らかである。
　(c)　仮処分の方法
　仮処分の方法として，民事保全法24条は，仮処分命令の申立ての目的を達するため，債務者に対し一定の不作為を命じることのほか，その他の必要な処分をすることができると定める。
　　(ア)　暴力団事務所等としての使用禁止
　設例においては，暴力団事務所等としての使用することそのものの禁止という不作為を求めることとなるが，その対象となる使用方法を具体的に例示して差止めの対象を特定する必要がある。
　具体的な例示として，前掲東京地決平10・12・8は，①会合・儀式の実施，②構成員の結集，③当番組員の配置，④共用部分への暴力団を表象する紋章，文字板，看板，表札等の設置，⑤共用部分へのテレビカメラ等の設置，⑥外壁開口部の金属板の設置をあげる。なお，前掲（注8）神戸地決平6・11・28では，建物外壁への投光器・監視カメラは通常の店舗等に設置されるものと変わらないなどとして監視カメラ等の設置の禁止までは認めないとするが，これは，区分所有建物ではない建物について暴力団事務所として使用する場合であるから，マンションの共用部分に設置する場合とは自ずと異なるであろう。
　　(イ)　不作為命令の公示
　前掲東京地決平10・12・8，前掲（注8）福岡地久留米支決平21・3・27，前掲（注8）福岡高決平21・7・15は，執行官は暴力団事務所等としての使用禁止の趣旨を適当な方法で公示しなければならないとして，不作為命令の公示を認めている。不作為命令の公示の可否については，不作為命令の公示は法律上何らの効果もないなどとして違法とする説と，不作為命令の公示によって債務者に心理的な強制を加え，事実上違反行為防止の効果を期待できるなどとして適法とする説[注9]と両説があるが，実務では違法説に従った運用がされているものと考えられるとされている[注10]。

（注9）　瀬木・民事保全311頁は，暴力団事務所等としての使用差止めの仮処分というような必要性の高い特殊な事案においては，仮処分命令の実効性の確保のために有益と認められるならば，不作為命令の公示を命じることも許されると解してよいとしている。

(ウ)　執行官保管

　前掲（注8）神戸地決平9・11・21は，仮処分は本案請求権の保全のために認められるものであるから，不作為請求権を被保全権利とする仮処分としては，本案請求権と同一の不作為を命じ得るのが原則であり，執行官保管を命じることは，本案により実現される権利内容以上の効力を仮処分で認めることとなり，原則として許されないとしたうえで，例外的に，債権者に予想される侵害，危険の程度が甚だしく，かつ，それが切迫しており，一方，間接強制を待っていては取り返しのつかない権利侵害を受けるおそれが非常に強いとか，債務者が不作為命令に従わないおそれが強く，間接強制を待つのでは債権者に酷な結果を招来することが明らかな特段の事情がある場合には，執行官保管の仮処分により債務者が被る不利益の内容，程度も勘案したうえ，極めて例外的に執行官保管の仮処分も許されるとしたが，執行官保管の仮処分命令の必要性を欠くに至るという事情変更は民事保全法38条が予定するとして期限は付さないとした。

　これに対し，東京高決平14・3・28（判タ1105号250頁）は，執行官保管の仮処分は，本案の請求権を超える処分を認めるものであり，保全の必要性は厳格に判断されるべきものであるが，将来における保全の必要性を厳格に判断することは困難であるから，期限を1年間に限定した原決定は不当とはいえず，事情変更による保全取消しの申立ての制度が設けられていることは発令段階における保全の必要性を緩やかにすべき理由とはなり得ないなどとした。前掲（注8）福岡地久留米支決平21・3・27も1年間という期限を付したうえで執行官保管の仮処分を認めた。

　(d)　担　　保

　担保の額は事案によるが，前掲東京地決平10・12・8は50万円と定め，上記(1)(b)であげた各仮処分決定例では，無担保としている。やはり，設例の小問(1)で検討したように，債務者の悪性が顕著で，仮処分命令による債務者の損害の発生の可能性が極めて低いと認められる場合には相当低額ないし無担保とすることが考えられる。

　　(注10)　東京地裁・実務（上）390頁〔岩﨑邦生〕。

(e) 暴力団員による不当な行為の防止等に関する法律32条の4

　なお，都道府県公安委員会が指定した都道府県暴力追放運動推進センター（都道府県センター。暴力団32条の3第1項）のうち，国家公安委員会の認定を受けた都道府県センター（適格都道府県センター。暴力団32条の5）は，当該都道府県の区域内にある指定暴力団等の事務所の使用により付近住民等（付近において居住し，勤務し，その他日常生活又は社会生活を営む者〔暴力団32条の3第2項6号〕）の生活の平穏又は業務の遂行の平穏が害されることを防止するための事業を行う場合において，当該付近住民等で，当該事務所の使用によりその生活の平穏又は業務の遂行の平穏が違法に害されていることを理由として当該事務所の使用及びこれに付随する行為の差止めの請求をしようとする者から委託を受けたときは，当該委託をした者のために自己の名をもって，当該請求に関する一切の裁判上又は裁判外の行為をする権限を有するため（暴力団32条の4第1項），仮処分命令申立てについても，弁護士に追行させてすることができる（暴力団32条の4第3項）。そこで，本設例においても，マンションの住民が上記手段を利用することが考えられよう。

■参考文献
(1)　水本浩ほか編『基本法コンメンタールマンション法〔第3版〕』（日本評論社，2006）。
(2)　門口＝須藤・民事保全273～280頁〔柴田秀〕（「マンション内で迷惑行為を繰り返す住人に対する仮処分」）。
(3)　寺本明弘「マンション内で迷惑行為を繰り返す住人に対する仮処分」「近隣住民による暴力団組事務所使用差止めの仮処分」萩尾保繁ほか編『民事保全法の実務の現状100』〔判タ臨増1078号〕180～184頁。

37 雑居ビルの飲食店等の騒音や煙や臭い等に対する仮処分

須藤　典明

(1) Aは，駅近くの1階部分が飲食店等の店舗で，2階以上が住居となっている雑居ビルの3階部分に住んでいるが，1階の居酒屋が深夜まで営業しており，夜の10時を過ぎても，店の前に客たちがたむろして大声で話をしたり，酔っぱらった客が拍手や万歳をしたり，ときには喧嘩をして，騒がしくて安眠できない。Aは，居酒屋の経営者であるBに対して，どのような仮処分を申し立てることができるか。

(2) Cは，駅前の通りを横道に少し入った2階建てのアパートに住んでいるが，午後5時過ぎから午後11時頃まで，路地向いの焼鳥屋が焼き鳥を焼くときに排気ダクトからすごい煙と臭いを店の外に排出しているため，Cの部屋では，窓がすぐに汚れてしまうし，洗濯物を干しておくと臭いが付いてしまい，洗濯をやり直さないといけなくなる。夏には窓を開けられないので，部屋の中が暑苦しい。Cは，焼鳥屋を営むDに対して，どのような仮処分を申し立てることができるか。

(3) また，小問(2)のケースで，Cは，以前は独身であったし，家賃も安いので我慢していたが，結婚して赤ちゃんEも生まれたので，Eの健康のためにも，煙や臭いを何とかしてほしいと考えている。Cは，焼鳥屋を営むDに対して，どのような仮処分を申し立てることができるか。

〔1〕　はじめに

本設例は，いずれも住居と近接している飲食店等の関係で，騒音や臭いや煙などによって迷惑を被っている住民において，民事保全として，どのような仮処分を申し立てることができるのかを問うものである。

民事保全法（平成元年12月22日法律第91号）は，民事保全として，「民事訴訟の本案の権利の実現を保全するための仮差押え」，「係争物に関する仮処分」，「民事訴訟の本案の権利関係につき仮の地位を定めるための仮処分」の３つを認めている（法１条）が，設例のように，近隣からの騒音や臭いや煙などによって迷惑を受けている住民が，迷惑被害の原因となっている飲食店等に対して，民事裁判に先立って，とりあえず騒音や臭いや煙などによる被害を受けないように，何らかの暫定的な仮の救済を求めるのは，金銭債権の執行を保全するための「仮差押え」（法20条）ではないし，不動産などの所有権の帰属やその利用権限の有無や抵当権等の設定等に争いがある場合の「係争物に関する仮処分」（法23条１項）でもなく，民事訴訟で確定すべき「争いがある権利関係について債権者に生ずる著しい損害又は窮迫の危険を避けるため」に暫定的な仮の救済を求めるものであるから，「仮の地位を定めるための仮処分」（同条２項）（以下「仮地位仮処分」という。）ということになる[注1]。

　そして，このような仮地位仮処分については，もともと「争いのある権利関係」として広範なものが対象として予定されていることから，「裁判所は，仮処分命令の申立ての目的を達するため，債務者に対し一定の行為を命じ，若しくは禁止し，若しくは給付を命じ……ることができる。」とされており（法24条），その内容は，債権者に生ずる「著しい損害又は窮迫の危険」を避けるために必要で適切と考えられるものであれば，特に一定の型にはまったものでなくともよく，債権者は，個別具体的な事情に応じたオーダーメイドの内容の仮処分を求めることができる。

　もっとも，民事保全法24条といわゆる処分権主義について定めている民事訴訟法246条との関係については議論がある。民事保全法７条は「特別の定めがある場合を除き，民事保全の手続に関しては，民事訴訟法の規定を準用する。」と規定しており，民事保全法24条が，処分権主義の適用について，同法７条にいう「特別の定め」に該当すると考えるならば，民事保全手続では民事訴訟法246条（申立てのない事項につき判決できないこと）は準用されない

（注1）　簡単にいえば，「仮差押え」と「係争物に関する仮処分」に該当しないものは，すべて「仮地位仮処分」である。

ことになり，裁判所は，当事者の申立てに拘束されずに仮処分の具体的内容を定めることができることになるが，民事保全事件は，非訟事件ではなく，対立構造を前提としており，特に仮地位仮処分事件は当事者間の対立が激しいものが少なくないから，そのような民事保全手続において民事訴訟法246条が準用されるべきことは当然であろう。そこで，民事保全法では，処分権主義の適用を前提としたうえで，「申立ての趣旨」が仮処分申立書の必要的記載事項とされていること（法13条１項）などを重く見て，「裁判所は，単に被保全権利のレベルを超えて，債権者が仮処分によって達成しようとする目的によって拘束される」と解し，目的の範囲内であれば，裁判所はその裁量によって必要な処分をすることができる（民事訴訟法246条違反とはならない）とする考え方も主張されている[注2]。しかし，立法担当者は，民事保全法13条１項は同法24条と民事訴訟法246条との関係に何ら決着をつけたものではないと明言しているから[注3]，これを手掛かりに民事保全法24条に大きな意味を与えようとすることには疑問がある。むしろ，同条は，その規定の置かれている位置からみても，係争物に関する仮処分では「処分禁止の仮処分」と「占有移転禁止の仮処分」の２つに限られていることをふまえて，もともと仮地位仮処分では，「争いのある権利関係」として広範なものが予定されており，仮処分の内容が非定型的なものになりやすいことから[注4]，申立債権者は，その「目的」である「債権者に生ずる著しい損害又は窮迫の危険を避けるため」に必要なものであれば，定型的なものに限られず，広範な内容の仮処分を求めることができ，裁判所もこれに応じて多様な内容の仮処分命令を発令することができることを注意的に明らかにしたものと理解するのが相当であろう[注5]。

　どのような立場によっても，仮地位仮処分も民事保全の一つであり，その

　[注2]　加藤新太郎＝山本和彦編『裁判例コンメンタール民事保全法』（立花書房，2012）210頁〔若林弘樹〕。
　[注3]　山崎・解説139頁。
　[注4]　須見＝深見＝金子・民事保全13頁・150頁など参照。
　[注5]　もっとも，上記の若林解説でも，裁判所が申立ての趣旨と異なる仮処分が相当と考える場合には，債権者に申立ての趣旨を訂正させるので，いずれの説をとっても運用に大きな違いは生じないとしているが（加藤＝山本編・前掲（注２）212頁〔若林〕），そうであれば，なおのこと，立法担当者の説明に反するような議論をする実益もないことになろう。

発令の要件として，「被保全権利」と「必要性」が「疎明」されることが必要であるが，上記のとおり，仮地位仮処分については，債権者は，個別具体的な事情に応じたオーダーメイドの内容の仮処分を求めることができるから，「被保全権利」と「必要性」が「疎明」されているか否かの検討も，個別具体的な事情に応じて，「債権者に生ずる著しい損害又は窮迫の危険を避けるため」に適切なものであるか否かを検討しなければならない。

なお，仮地位仮処分については，原則として債務者を審尋することが必要とされており（法23条4項），当然のことながら，審尋の席では当事者間の話し合いが行われ，和解が試みられる[注6]が，本件のような深夜の騒音や営業に伴う臭気などが問題となる事件においても，普通の飲食店であれば，住民とのトラブルをそのまま放置しておいてよいとは考えないので，何らかの対策を講じることで話し合いがつくことが少なくない。そして，話し合いがつけば，通常は本案訴訟が提起されることはなくなり，一応，当面の紛争は最終的に解決される。このように，仮地位仮処分事件では当事者間の和解による解決が図りやすく，話し合いがつけば紛争を最終的に解決することができ，本案訴訟を必要としなくなることは，裁判官にとって古くからの常識的な共通理解の一つである[注7]。

〔2〕 小問(1)について

(1) 被保全権利

小問(1)では，Aは，駅近くの雑居ビルの3階に住んでいるが，その1階にある居酒屋の客たちが夜10時を過ぎても店の前で大声で話をしたり，拍手や万歳をしたり，ときには喧嘩になったりして，騒がしくて安眠できないので，

(注6) 須藤＝深見＝金子・民事保全155頁以下。
(注7) 私は昭和55年に裁判官になり，東京地裁の労働専門部に配属され，初任の3年間いわゆる労働事件を担当していたが，当時の労働3か部の多くの先輩裁判官から，仮処分の紛争解決機能について教えられ，仮地位仮処分としての労働仮処分事件における和解の重要性を説かれたものである。

居酒屋の経営者Bに対して，何か仮処分を申し立てたいということが問題となっている。つまり，ここで債権者であるAに生じている「著しい損害」とは，「安眠できない」ということであり，その原因は「騒がしい」ということであるから，騒音によって安眠するという権利ないしは法的利益が侵害されていることになる。

このような安眠の権利ないしは法的利益が騒音によって侵害されているという場合，その被保全権利をどのように理解するかについては，①物上請求権説，②人格権侵害説，③不法行為説，④継続的侵害説，⑤環境権説などがあるとされているが，何らかの作為や不作為を求める前提であることを考慮すると，損害賠償を原則とする③の不法行為説には難点があるし，④の継続的侵害説はこれまでの理論との整合性に疑問があり，また，⑤の環境権説は要件・効果などについて実体法や判例準則の根拠に欠けるなどの問題がある(注8)。これまでの裁判例では，①の物上請求権説か②の人格権侵害説が採られているが，最近では，端的に，個人の生命の安全や身体の健康は人格権として法的に保護されるべきものであるとして，②の人格権侵害説を前提とするものが実務の大勢であろう(注9)。

そして，騒音などによる被害が第三者に対する関係において違法な権利侵害ないし利益侵害になるかどうかは，侵害行為の態様，侵害の程度，被侵害

(注8) 甲良充一郎「騒音などによるディスカウント・ショップの深夜営業禁止を求める仮処分」萩尾保繁＝佐々木茂美編『民事保全法の実務の現状100』〔判夕臨増1078号〕159頁も参照。

(注9) 例えば，比較的最近のものでは，居酒屋に設置された排気ダクト，エアコンの室外機などからの騒音や熱風による被害を理由とする室外機などの撤去請求が棄却された東京地判平15・2・17判時1844号74頁［裁判例1］，物流パレット製造施設の操業により有害化学物質が発生するとして操業差止めを求めたが，却下された大阪地決平17・3・31判時1922号107頁［裁判例2］，川崎市が設置した「子ども文化センター」を利用する子どもたちの歓声などを騒音として，昼間は50デシベル，夜間は45デシベルを超える騒音を到達させてはならないことを求めたが，却下された横浜地川崎支決平22・5・21判夕1338号136頁・判時2089号119頁［裁判例3］，ペットの霊園による動物火葬炉の使用差止めが認められた東京地決平22・7・6判時2122号99頁［裁判例4］，一定の騒音レベル（昼間は65デシベル，夜間は60デシベル），二酸化窒素の1時間値の1日平均値が0.02ppm，浮遊粒子状物質の1時間値の1日平均値が$0.15mg/m^3$を超えて，道路を自動車の走行の用に供してはならないことを求めたが，棄却された広島高判平26・1・29判時2222号9頁［裁判例5］などで，そのような構成がみられる。なお，上記の甲良論文のほか，谷有恒「騒音や排気ガスを理由に隣地の立体駐車場の使用差止め等を求める仮処分」萩尾＝佐々木編・前掲（注7）157頁も参照。

利益の性質と内容，当該工場等の所在地の地域環境，侵害行為の開始とその後の継続の経過及び状況，その間にとられた被害の防止に関する措置の有無及び内容，効果等の諸般の事情を総合的に考察して，被害が一般社会生活上受忍すべき程度を超えるものかどうかによって決すべきであるとされている(注10)。そこで，このことを前提として，騒音や悪臭などによる侵害行為の差止めが認められるためには，被害が社会生活上受忍すべき限度を超えていることが必要であるとしたうえ，受忍限度を超えているか否かについては，上記の判断基準に従って，侵害行為の態様，侵害の程度，被侵害利益の性質と内容，侵害行為のもつ公共性ない公益上の必要性の内容と程度，被害の防止に関する措置の有無及びその内容，その効果等の諸般の事情を総合的に考慮して判断されることとなる(注11)。

このような判断枠組みを前提として，小問(1)を検討すると，大きく2つの問題がある。

第1の問題は，Aが主張している被害についてである。設例では，Aの被害は，「夜の10時を過ぎても，店の前に客たちがたむろして大声で話をしたり，酔っぱらった客が拍手や万歳をしたり，ときには喧嘩をして，騒がしくて安眠できない」というものであり，上記の枠組みに沿って検討すると，侵害行為の態様（居酒屋に来た客が午後10時過ぎに大声を上げるなどして騒がしい），被侵害利益の性質と内容（安眠できない），所在地の地域環境（1階が店舗で，2階以上は住居になっている駅近くの雑居ビル）については，一応わかるものの，侵害の程度や，侵害行為の開始とその後の継続の経過及び状況，その間に居酒屋を営んでいるBによってとられた被害防止措置の有無及びその内容，効果等については，不明である。特に，受忍限度を超えているか否かを検討するために一番肝心な侵害の具体的な内容や程度が感覚的なものにとどまっていて，具体性や客観性に欠けるきらいがある。しかも，設例によれば，Aが住んでいるのは駅近くの雑居ビルということであるから，駅前の商店街などの一画に位置している可能性もあり，次に述べるように，近隣商業地域内であれば，

(注10) 最判平6・3・24集民172号99頁・判タ862号260頁・判時1501号96頁。
(注11) 前記（注8）の[裁判例]のほとんどで，このような判断枠組みが採用されている。

もともと多少の騒音は受忍すべき環境なのではないかなどの疑問も生ずるところである。Aが本当にBに対して何らかの仮処分を求めるということであれば，Aの被害状況を裁判所が客観的に理解し得るものにしなければならないから，居酒屋の客たちが大声で話をしたり，拍手や万歳をしたり，喧嘩になったりするのは，具体的に週に何回程度で，その時間帯は何時から何時頃までなのか，そのような客が騒ぐことに対する経営者Bの対応はどのようなものかなどを逐次記録するとともに，騒音計などを用意して(注12)，何デシベル程度の騒音なのかなどを測定して，被害状況を客観化し，第三者にも理解できるようにすることが必要である。

　ちなみに，騒音による被害などについては，騒音規制法（昭和43年6月10日法律第98号）が制定されているが，同法は，もっぱら工場及び事業場における事業活動や建設工事に伴って相当範囲にわたって発生する騒音について規制するもので，「飲食店営業等に係る深夜における騒音，拡声器を使用する放送に係る騒音等の規制については，地方公共団体が，住民の生活環境を保全するため必要があると認めるときは，当該地域の自然的，社会的条件に応じて，営業時間を制限すること等により必要な措置を講ずるようにしなければならない。」（騒音規制28条）としているだけで，小問(1)のような飲食店等の深夜営業による騒音等の規制については，各都道府県に委ねられているのが実情である。そして，このような騒音規制法に基づいて，ほとんどの都道府県で騒音規制のための条例が制定されているが，規制対象時間や規制値などについては，それぞれの地域性等を踏まえて微妙な違いもあるので，各都道府県のホームページなどで確認することが必要である。例えば，「神奈川県生活環境の保全等に関する条例」(注13)によれば，騒音の規制値は，午後6時から午後11時までは，住居専用地域（第1種，第2種，低層，中高層を問わず）で45デシベル，住居地域（第1種，第2種，準住居地域を問わず）で50デシベル，

(注12)　最近では，騒音のトラブルに対して，各市町村などにおいて，騒音計や騒音測定機などの貸出を行っているので，そのホームページを見たり，担当課などに問い合わせをするとよいであろう。

(注13)　騒音規制条例の名称は各都道府県によって異なり，京都府では「京都府環境を守り育てる条例」という名称である。

近隣商業地域で60デシベルとされている。また，午後11時から午前6時までは，これらのどの地域でも音響機器の使用は制限され，さらに，午前0時から午前6時までは，住居専用地域での飲食店営業は禁止され，それ以外の地域でも，付近の状況からみて騒音による公害が生ずるおそれがある場合には営業が禁止されている。仮に住居専用地域以外の地域で騒音公害が生ずるおそれがなければ，営業そのものは禁止されないが，その場合でも，飲食店には，いわゆる「外部騒音」による公害が生ずることを防止する責務を負うものとされている。

　第2の問題は，騒音等によってAの人格権が侵害されている可能性があるとしても，その騒音がB経営の居酒屋そのものから出ているわけではないということである。かつて問題となったカラオケ店からの音漏れなどによる騒音被害は，店内から発生する騒音によるもので，店舗経営者の行為によって生じたものであるから，上記の規制対象地域に応じた規制対象時間と規制値を前提に，これを超えれば当然に飲食店経営者に責任があることは明らかであり，店舗経営者を仮処分の債務者として深夜のカラオケ営業の禁止や音量規制を求めること自体に特段の問題はなかった[注14]。これに対して，小問(1)では，居酒屋の店内からの騒ぎ声がうるさいというのではなく，居酒屋に来た客や帰る客が店の前で騒ぐのでうるさいというものであり，本来的には客のマナーが悪いという問題にすぎず，そもそも居酒屋を営んでいるBに責任はないのではないかとの疑問も生ずる。法的責任の意味を厳格に捉えて，それぞれの責任を峻別する立場では，居酒屋の経営者Bが，ことさらに客が店の前などで大声を出すのをあおったり，一緒に騒ぐなどしていない限り，つまり，教唆やほう助を含む共同不法行為と認められるような事情がない限り，Bは店舗の外で客が騒いだとしても，法的責任まで負うことはないということになり，AがBに対して何らかの仮処分を求める前提（被保全権利）が欠けているということになりそうである。しかし，客がAの住居の下に集まってきたのは，もともとBの居酒屋が営業しているためであり，この居酒屋が営

(注14)　カラオケ店舗からの騒音被害に基づく仮処分については，門口＝須藤・民事保全〔城内和昭〕（「カラオケ公害に対する仮処分」）281頁など参照。

業していなければ，深夜に客が集まって騒ぐこともないはずであるから，店舗内の騒音ではないという理由で，Bをまったくの無関係としてしまうのは，社会通念に反するであろう。そこで，将来的には，飲食店等，不特定多数の客が集まることを前提に営業活動を営む者には，営業行為に付随して，来店した客が近隣住民に対して一定限度を超える騒音などの被害を与えないように防止すべき信義則上の義務（法的義務）があることを認めるべきであろうが，その具体的な要件等については今後の検討課題というべきであろう。

　ちなみに，この点について，例えば上記の神奈川県の条例では，「外部騒音」による公害として，飲食店経営者にそのような外部騒音が発生しないように努力することを求めている。ここで外部騒音とは，店舗での営業が誘因となって発生する店舗の外部における人声，自動車の発着音，自動車の扉の開閉音等を指すとされており，小問(1)で問題となっているような居酒屋に来た客が店の前で大声で話す話し声や拍手や万歳などによる騒音が「外部騒音」に当たることは明らかである。このような外部騒音については，一定の騒音規制値を超えることが要件とされているわけではないから，厳密な意味での騒音測定までは必要ではないが，その頻度や程度などについては，受忍限度を超えるものであることを明らかにすることが必要である。また，飲食店には外部騒音を防止することが求められているといっても，その程度は「努めなければならない」というものにとどまり，ただちに法的義務があるとまではいえないが，外部騒音を防止すべき責務を負っていることは間違いないから，どこまで強制力を認められるかはともかく，問題となっている外部騒音の具体的な内容や程度に応じた防止措置をとるように求めること自体はできると考えられる。具体的にどのような措置を求めることができるのかは，実際の外部騒音の具体的な内容や程度によることとなり，被保全権利の問題というよりも，保全の必要性のところで検討するのが適切であろう。

(2) 保全の必要性

　次に，「保全の必要性」である。保全の必要性の判断は，個別具体的にどのような内容の仮処分を求めるのかと不可分一体の関係にあるが，前記のとおり，小問(1)では，居酒屋に来た客が店の外で騒ぐのがうるさいということ

であり，現行法の下では，居酒屋を営むBに直ちに法的責任が生ずることはない（前記のとおり，一緒に騒いだり，制止を求められたのに何もしないような場合は別論である。）が，上記のとおり，各都道府県の条例では，飲食店経営者に対して外部騒音を防止すべき責務を負わせていて，解決の手掛かりが与えられているから，Aは，Bに対して，まずは，外部騒音の具体的な内容や程度に応じた防止措置をとるように求めるのが相当であろう。

そこで，どのような防止措置をとるように求めることができるのかであるが，具体的な措置の内容は，店舗の規模や営業形態や来客状況等の個別事情によって異なるであろう。一般的には，①店の出入口や駐車場の前などに，近隣住民の迷惑とならないように，特に夜間は大声を出さないようにとの注意書を張り出すこと，②店の前で客が大声を出したり，拍手や万歳などをしようとしている場合には，店のスタッフが出向いて近隣住民の迷惑となるので自粛するよう求めること，③規模の大きな店舗であれば，警備員などを雇い入れて，夜間の迷惑行為やトラブルなどを防止するために警備させること，④客がスタッフや警備員などの制止を振り切って迷惑行為を続ける場合には，直ちに警察などに通報することなどの防止措置をとることが考えられる。このうち，①や②などであれば，仮処分という手続によらなくても当事者間で何らかの合意ができる場合が少なくないであろうが，まとまらなければ，上記①ないし④などの仮処分を求めることもできなくはないであろう。

ただし，保全の必要性の判断に際しては，仮処分によって債務者が被るであろう損害などを考慮することができるし[注15]，そもそも仮処分は，証明よりも低い程度の疎明に基づき，裁判所の公権的な決定をもって，債権者に優越的な地位を与える一方で，債務者には不利な地位を強いるものであるから，仮処分の方法は，債権者の申立ての目的を達成するのに必要最小限度のものでなければならないこと[注16]に注意すべきである。近隣の騒音問題などでは，

(注15) 実務では必要性判断の一つとして考慮されることに争いはないし，最高裁も，いわゆる事業再編等の基本合意の不履行による第三者との合併交渉の差止めを求めた仮処分（最決平16・8・30民集58巻6号1763頁・判タ1166号131頁・判時1872号28頁）において，仮処分による債務者の損害が相当に大きいものであることをも考慮して，保全の必要性を欠くと判断している。

(注16) 新基本法コンメ民保95頁〔畑宏樹〕。

当事者間の感情的な対立が激しい場合が少なくなく，中には，それまでに外部騒音の防止に向けて飲食店側が一定の措置をとることを約束していたのに，いつまでも実行されず，改めて防止措置の実施について話し合いをして再度合意したのに，その合意も実現されていないようなケースもあり，人格権の侵害に加えて当事者間の合意違反をも前提に，仮地位仮処分として一定時間（例えば夜11時）以降の営業の禁止を求められることもないではないが，仮処分で直ちに営業の禁止を命ずることは，Bの営業の自由に対する制約として過剰なものである可能性も高いから，裁判所としては，住民側に飲食店の営業を差し止めなければならないほどのより深刻な健康被害が生じているかどうか，他の代替的な措置では足りないのかなどについて，十分に検討することが必要であろう。

(3) 疎明について

民事保全を申し立てるのであれば，上記のような被保全権利及び保全の必要性について疎明することが必要であり（法13条2項），疎明は即時に取り調べることができる証拠によってしなければならず（民訴188条），審尋手続の中で検証を求めたりすることはできないから[注17]，仮地位仮処分を申し立てようとする者は，申立て前に，受けている被害の程度や仮処分の必要性などについて，十分な疎明資料を用意しておかなければならない。Aの生活状況や被害の全般的な状況などについては，A自身の陳述書や家族の陳述書を用意し，可能であれば，同じ被害にあっている他の住民の陳述書なども用意すべきであろう。

小問(1)において，これまで述べたように，午後6時から午後11時までの外部騒音がうるさいという場合であれば，店舗からの直接の騒音ではなくても，前記のとおり，住居専用地域で45デシベル，住居地域で50デシベル，近隣商業地域で60デシベルという規制値（都道府県によって微妙に異なることに注意が必要である。）が一定の目安となるであろうから，法的手続を求める際には，これらの規制値を超える騒音が継続的もしくは断続的に発生していることを客

(注17) 須藤－深見－金子・民事保全65頁。

観的に疎明することが必要である。したがって，居酒屋の客たちが店の前にたむろして大声で話をしたり，拍手や万歳をしたり，喧嘩になったりするのは，週何回程度で，その時間帯は何時から何時頃までか，居酒屋を経営しているBの対応はどのようなものかなどを逐次記録するとともに，騒音計などを区や市町村などから借りてきて，具体的に，何月何日の何時何分に何デシベル程度の騒音が発生したのかなどを測定し，集計して，被害状況を客観的に明らかにできるように準備することが必要である。午後11時以降の外部騒音については，そもそも飲食店等での音響機器の使用が制限されており，上記のような一定の規制値を超える騒音が発生していることは要件ではないが，Bに負担の大きい仮処分を求めるような場合には，やはりAに深刻な健康被害が生じていることなどを疎明する必要があり，具体的な発生頻度や騒音レベルを明らかにしなければならないであろう。

　もっとも，そのような疎明資料をAが一人で全部準備することは簡単ではないし，Aの主張のとおりであれば，同じ雑居ビルの2階の住民や，3階の他の住民も同様の被害を受けているはずであるから，そのような他の住民とも協力して仮処分の準備を進めることも考えられるし，必要があれば，ビルやマンションの管理組合などが債権者となって一定の仮処分を求めることも検討されるべきであろう[注18]。

〔3〕 小問(2)について

　まず，小問(2)は，2階建てのアパートに住んでいるCが，夕方5時から夜11時頃まで営業している路地向いの焼鳥屋からの煙と臭いで，窓がすぐに汚れてしまうし，洗濯物にも臭いが付いてしまい，夏には窓を開けられないなどの被害を受けているので，焼鳥屋を営むDに対して何らかの仮処分を求めたいというものであるが[注19]，その被保全権利を考えると，そもそも焼鳥を

(注18)　その手続等については，寺本明広「マンション内で迷惑行為を繰り返す住人に対する仮処分」萩尾＝佐々木編・前掲（注7）180頁な参照。
(注19)　このような例では，まず保健所の指導を求めることが考えられるが，本項目では法的紛争にまで発展しているものとして検討する。

焼く際の煙に有害な物質が含まれているのかという疑問がないわけではなく，直ちにすべての焼鳥屋の煙や臭気に有害な物質が含まれているとはいえず，有害な物質が含まれるか否かは，味付けの材料や，焼き方や，使用設備などによって異なるものであろうと考えられるうえ，焼鳥を焼く臭いを不快とは感じない人もいるであろうから，焼鳥を焼く際に発生する煙や臭気によって一定の刺激や精神的なストレスという被害を受けるか否かにも大きな個人差があることは認めざるを得ない。しかし，焼鳥を焼く際に出る煙や臭気に実際にどの程度の有害物質が含まれているのかは別論としても，それが大量になれば人体に何らかの刺激をもたらし，目が痛くなったり，咳き込んだり，精神的なストレスを感じることは，経験的に否定できないところであろう。しかも，何人も自分の商売のために他者に身体的な刺激や精神的ストレスを与えてもよいということにはならないから，排出の内容や量や方法などが社会的に許容されている限度を超えるものと判断されれば，小問(1)でも検討したとおり，そのような煙や臭気の排出は制限されるべきものである。

　そして，小問(2)の設例によれば，Cは，洗濯物も汚れるほどの大量の煙や臭気に暴露されているとのことであり，相応の刺激や精神的ストレスを受けているものと考えられるところ，焼鳥屋という業態の性質上，その定休日以外は毎日約6時間程度，そのような煙や臭気に暴露され続けていることも容易に推認し得るところであって，焼鳥屋の営業行為に特段の公益性や公共性が認められるわけでもないから，小問(1)で検討した一般的な基準，すなわち，一般社会生活上受忍すべき程度を超えるものかどうかという基準によっても，Cは，Dの営業行為によって受忍限度を超える被害を受けているものと考えることができるであろう。そして，Cは，洗濯物が汚れるなど恒常的に物的損害も受けているというのであるから，小問(2)では，小問(1)で検討した物上請求権的な構成によることもあながち不自然ではないが，洗濯しなおせば落ちる程度のもののようであることをも考慮すると，そのような物的損害があることをも含めた全体として，Dが焼鳥を焼く際に出る煙と臭いによってCの日常生活に支障があり，それが定休日以外は毎日生じていることから，Cが被っている精神的なストレスなどは相当程度に大きなものと考えることができ，受忍限度を超える被害が発生しているとみるのが相当であろう。した

がって，CがDに対して一定の仮処分を求めるための被保全権利としては，Cの人格権侵害によるものと考えてよいであろう。

　その一方で，煙や臭いによる被害については，必ずしも十分な法的規制がなされているわけではないのも事実である。昭和42年に制定された公害対策基本法（同年8月3日法律第132号）は，悪臭を典型的な公害の一つとしたが，多分に感覚的な被害であるため，規制基準は定められず，昭和46年の悪臭防止法（同年6月1日法律第91号）によって，特定の悪臭物質の濃度を規制することになったものの，その対象はアンモニアや硫化水素など限定的なもので，焼鳥を焼く際の煙や臭気は，規制の対象ではなかった。そして，平成8年の法改正で，臭覚測定法により人間の臭覚によって臭いの程度を数値化した「臭気指数」による規制が行われるようになったものである。ただし，焼鳥を焼く際の煙や臭気をどこまで臭気指数で把握できるのかについては，必ずしも十分な蓄積がなされているわけではないようであるが，焼鳥を焼く際の煙や臭気による被害を認めて，損害賠償を命じた裁判例もあるようである[注20]。また，小問(1)で示した前掲（注8）東京地決平22・7・6（[裁判例4]）では，板橋区内の第1種住宅地に隣接するペットの霊園による動物火葬炉の使用によって，200ppmの硫黄酸化物やピーク濃度で600ppmの一酸化炭素が排出されており，強烈な刺激臭となり，煙と悪臭で咽頭炎や頭痛，アレルギー性結膜炎などの被害が生じているとして，火葬炉の使用の差止めが認められている[注21]。

　そこで，上記のところを前提に，CはDに対して，どのような仮処分を求めることができるのかであるが，この点については保全の必要性の判断と連動しており，小問(1)で検討したように，Cが求めることができる仮処分の方法は，仮処分によって債務者Dが被るであろう損害などをも考慮して，Dに生ずる不利益が必要最小限度にとどまるものとすることが必要であるから，ただちにDの焼鳥屋の営業停止を求めるようなことは，保全の必要性を欠く

(注20)　脱臭装置等の販売業者のホームページにはそのような例が書き込まれているが，公刊物などでは未確認である。
(注21)　平成24年には山形県米沢市内の養豚場の臭気が臭気指数値を超えるものとして行政指導が行われ，その業者は問題の畜舎での養豚を停止した例もあるようである。

ものとして認められないであろう。一般的に相当な方法としては，排気ダクトや換気扇などに煙や臭気を除去するフィルターを設置するよう求めることや，排気ダクトの長さや排出口の位置などを調整して，煙や臭気がCのアパートに到達しないように求めることのほか，最新式の強力な脱臭装置や電気集塵機などを設置するよう求めることなどが考えられる。

そして，Cは，このような被保全権利及び保全の必要性について疎明することが必要であるが，煙や臭気をそのまま保存しておくことは実際問題として困難であるから，一連の事情を説明したC自身の陳述書を用意し，また，Dの焼鳥屋から大量の煙が道路やCのアパート方向に排出されている様子や，洗濯物が汚れてしまった様子などを写真撮影して証拠化しておくべきである。また，Cの主張のとおりであれば，同じような被害にあっている近隣住民がいるはずであるから，その人たちにも協力を求めて，被害状況などを説明した陳述書などを書いてもらい，準備しておくことも効果的であろう。

〔4〕 小問(3)について

また，小問(3)では，Cに赤ちゃんEが生まれたので，Eの健康のためにも，煙や臭いを何とかしたいということが問題である。小問(2)のCは大人であって，煙や臭いに多少暴露されたとしても直ちに著しい健康被害が生ずるとは考えにくいため，大きな精神的ストレスを受けて日常生活に支障があることが仮処分の主な理由であったが，小問(3)では幼い赤ちゃんであるEの健康に悪影響を及ぼすことが問題とされている。Eの年齢（月齢）などは明らかではないが，赤ちゃんであるから，1歳未満なのであろうし，十分な抵抗力も備わっていないものと考えられ，そのような幼いEが毎日のように大量の煙や臭気に暴露されたならば，その刺激によって呼吸器に異常が生じて，咳をしたり，喘息のような症状を呈することも考えられ，そのようなことになれば，将来にわたって重大な健康被害が及ぶことも懸念される。したがって，設例のような状況であれば，Dが営む焼鳥屋からの煙や臭気によって，Eの人格権の一つである健康な生活を営む権利が侵害されているものと考えることができるであろう。もっとも，Dは，Cがこのアパートに住み始める前か

らその場所で焼鳥屋を営んでいたのかもしれず，そのような場合には，Cにおいて一種の危険への接近ではないかと考える余地があり，しかも，Cには居住移転の自由があるから，嫌ならCがEを連れて転居すべきではないかとの議論もないわけではないであろう。しかし，誰であっても，その営業のために，他者の平穏に生活を営む権利や健康的に生活する権利を侵害してよいことにはならないから，そのような議論に賛成することはできない[注22]。

そこで，Cが，Eの健康被害のおそれを理由として，Dに対して小問(2)で検討したような仮処分を申し立てる場合には，次の2つの方法が考えられる。

一つは，C自身が債権者となり，その子であるEに生ずる「著しい損害又は急迫の危険を避けるため」に，小問(2)で検討したような仮処分を申し立てることである。この場合には，仮地位仮処分の債権者はあくまでもCであり，赤ちゃんEに健康被害が及ぶ可能性があるということは，仮処分を基礎づける理由の一つということになる。

もう一つは，直接に健康被害を受ける赤ちゃんE自身を債権者として，CはEの親権者（法定代理人）の立場で，Dを債務者として，小問(2)で検討したような仮処分を申し立てることが考えられる。この場合にも，赤ちゃんであるEが実際に何らかの発言をしたり，被害の状況等を自分で述べたりすることは不可能であって，実際にはCが債権者として仮処分を申し立てる場合と違いはないから，幼いEを債権者としたという象徴的な意味があるにとどまるというべきであろう。

いずれにしても，Eの健康被害などを仮処分申請の理由の一つとするのであれば，小問(2)で検討した疎明に加えて，Eの健康状態に健康被害と結びつくような兆候がみられることなどを疎明することが必要となるから，Eについて，小児科医の診察を受けさせて診断書などを用意しておくことが肝要であろう。

(注22) 地域環境の変化は必ずしもDの責任ではないが，その地域で商売を続ける以上，地域の環境変化に適応した対策を講じることが要請されているということであろう。

38 近隣住民による迷惑行為の差止めを求める仮処分

中野 琢郎

　次のような場合，AやCが申し立てる仮処分には，どのような問題があるか。
　(1)　（布団たたきの禁止）Aは，隣家に住むBが，雨の日以外は毎日ベランダに布団を干して，午後3時頃から約1時間，パンパンと布団をたたき続けるため，その音と飛んでくるホコリでノイローゼになってしまった。AはBに対して布団たたきの差止めを求める仮処分を申し立てたい場合
　(2)　（ゴミ出し禁止の仮処分）Cの住む町内会では，市のゴミ収集場所を3か月ごとの順番で負担しているが，Dは，D宅前が収集場所になると，以前はずっとE宅前が収集場所であり，順番にすること自体がおかしいと言い張って，いつも負担を拒んでいる。そこで，自治会長であるCは，Dが順番での負担を拒むなら，Dは町内会のゴミ収集場所にゴミを出してはならないとの仮処分を申し立てたい場合

[1]　はじめに

(1)　迷惑行為の差止めを求める仮処分の位置づけ

　近隣住民による迷惑行為の差止めを求める仮処分は，仮の地位を定める仮処分であり，争いがある権利関係について債権者に生じる著しい損害又は急迫の危険を避けるために必要があるときに許されるものである（法23条2項）。設例のような迷惑行為の差止めを求める仮処分は，不作為を求める仮処分の一類型ということができるところ，不作為を命ずる仮処分は，その被保全権

利が本案の不作為請求権と同一の内容を有するから，満足的仮処分の一類型とされる(注1)。

(2) 被保全権利

(a) 人格権侵害

　大気の汚染，水質の汚濁，騒音，振動，日照の阻害等の生活を阻害する事由が生じ，又はそのおそれがある場合に，その発生に関わる者に対して，生活妨害行為（建築工事や操業，物質や音の排出，侵入など）の差止めの仮処分を申し立てる際の法的根拠について，所有権，人格権，不法行為法，環境権等があげられている(注2)が，人格権を被保全権利とするのが主流である(注3)。いわゆる国道43号線訴訟についての最判平7・7・7（民集49巻7号2599頁・判タ892号152頁・判時1544号39頁）は，人格権を差止請求の法的根拠として承認することができるかどうかについて明示の判断をしていないが，人格権を差止請求の法的根拠とする控訴審判決の前提となる立場をも黙示的に是認したものとみるのが素直であるとされている(注4)。審理に迅速性を強く求められる民事保全の申立てにおいて，法的根拠に議論のある不法行為説，環境権説による必要はないといえよう(注5)。

(b) 受忍限度論

　日常生活に伴い，ある程度の騒音等が発生することはお互いに避けられない。他方，騒音等が睡眠妨害をもたらすなど，平穏な生活を侵害する場合もある。そこで，そのような被害が一般社会生活上受忍すべき程度を超えるものであるときに，違法なものとして不法行為を構成する，あるいは損害賠償とは別に，人格権侵害に基づく差止請求が可能となるとされる(注6)。騒音等の公害による被害の違法性の判断については，一般通常人ならば社会共同生

(注1)　竹下＝藤田・民保425頁〔荒井史男＝髙橋譲〕。
(注2)　注解民保（上）250頁〔橘勝治〕。
(注3)　新基本法コンメ民保91頁〔佐野裕史〕。
(注4)　田中豊・最判解民平成7年度（下）737頁。
(注5)　須藤＝深見＝金子・民事保全172頁。
(注6)　長瀬有三郎「生活騒音」塩崎勤＝安藤一郎編『裁判実務大系(24)相隣関係訴訟法』（青林書院，1995）483頁。

活を営むうえで,当然受忍すべき限度を超えた侵害を被ったときに,侵害に違法性があるとする受忍限度論が多数の学説の支持するところである。判例においても,大阪空港訴訟大法廷判決[注7]等,多くの判例の採用するところである[注8]。工場等の操業に伴う騒音,粉じんによる人格的利益の侵害を理由とする差止め及び損害賠償請求の可否が問題とされた事案で,最判平6・3・24（集民172号99頁・判タ862号260頁・判時1501号96頁）は,「工場等の操業に伴う騒音,粉じんによる被害が,第三者に対する関係において,違法な権利侵害ないし利益侵害になるかどうかは,侵害行為の態様,侵害の程度,被侵害利益の性質と内容,当該工場等の所在地の地域環境,侵害行為の開始とその後の継続の経過及び状況,その間に採られた被害の防止に関する措置の有無及びその内容,効果等の諸般の事情を総合的に考察して,被害が一般社会生活上受忍すべき程度を超えるものかどうかによって決すべきである。工場等の操業が法令等に違反するものであるかどうかは,右の受忍すべき程度を超えるかどうかを判断するに際し,右諸般の事情の一つとして考慮されるべきであるとしても,それらに違反していることのみをもって,第三者との関係において,その権利ないし利益を違法に侵害していると断定することはできない。」とし,建築基準法上や公害防止条例に違反しているという事情のみを重視して受忍限度論によらずに民事上の違法性を認めた原審判決には法令違反があるとし,事件を原審に差し戻している。

(c) 違法性段階論

また,差止めが認められるためには,損害賠償に比して,より強い違法性が要求されると論じられる[注9]。これは違法性段階論といわれる。前掲最判平7・7・7の原審である大阪高判平4・2・20（判タ780号64頁・判時1415号3頁）は,「差止請求の場合には,損害賠償と異なり社会経済活動を直接規制するものであって,その影響するところが大きいのであるから,その受忍限度は,金銭賠償の場合よりもさらに厳格な程度を要求されると解するのが相当」であるとし,違法性段階論の立場に立つことを明らかにし,損害賠償

(注7) 最大判昭56・12・16民集35巻10号1369頁・判タ455号171頁・判時1025号39頁。
(注8) 最判昭42・10・31判タ213号234頁・判時499号39頁,最判昭43・12・17判タ544号38頁等。
(注9) 長瀬有三郎「工場騒音」塩崎＝安藤編・前掲（注6）465頁。

請求は認容したが，差止請求は棄却した。前掲最判平7・7・7は，差止請求を認容すべき違法性と損害賠償を認容すべき違法性の有無の判断につき，両場合において考慮すべき要素は，「ほぼ共通するのであるが，施設の供用の差止めと金銭による賠償という請求内容の相違に対応して，違法性の判断において各要素の重要性をどの程度のものとして考慮するかにはおのずから相違があるから，右両場合の違法性の有無の判断に差異が生じることがあっても不合理とはいえない。」として，原審の判断を是認した。これについては，最高裁が違法性段階論を採用したものとみる見解と，違法性段階論とは異なる立場に立つものとみる見解がある(注10)。

(3) 保全の必要性

上記(2)のとおり，近隣住民による迷惑行為が受忍限度を超えるものであり，かつ，保全の必要性が認められるとき（債権者に生じる著しい損害又は急迫の危険を避けるために必要があるとき）に，迷惑行為の差止めを求める仮処分が認められることとなる。生活妨害行為の差止めにおいては，被保全権利の有無の判断における受忍限度を超えているかどうかの検討において，保全の必要性で考慮されるべき諸事情が既に検討されているので，被保全権利の存在が認められれば，保全の必要性も肯定されることが多いといわれている(注11)(注12)が，受忍限度はわずかながら超えているが，騒音等の存続期間がすこぶる短いなどの理由で保全の必要性がないという場合も理論上はあり得る(注13)。

(4) 不作為を命ずる仮処分の効力

迷惑行為の差止めを命ずる仮処分（不作為を命ずる仮処分）が当事者に送達されると，直ちにその内容に従った効力を生じ，債務者は命令に拘束され，

(注10) 田中・前掲（注4）738頁。
(注11) 新基本法コンメ民保91頁〔佐野裕史〕。
(注12) カラオケ騒音の差止めを一部認めた仮処分決定において，「受忍限度を超えている部分については，保全の必要性があるというべきである。」としたものもある（名古屋地決平6・8・5判時1532号96頁）。
(注13) 甲良充一郎「騒音などによるディスカウント・ショップの深夜営業禁止を求める仮処分」萩尾保繁＝佐々木茂美編『民事保全の実務の現状100〔判夕臨増1078号〕』161頁。

不作為義務を負うことになる。債務者が不作為義務に違反し，違反行為が物的状態を伴う場合には，債権者は代替執行の手続により，違反状態の除去をなし得る。債務者の違反行為が物的状態を伴わない場合には，債権者としては，間接強制により，債務者に違反行為の中止を促すことになる[注14]。

〔2〕 布団たたきの禁止の仮処分について

(1) 騒音に関する近時の裁判例[注15]

(a) さいたま地熊谷支判平24・2・20（判タ1383号301頁・判時2153号73頁）

Yが建てた本件施設（スポーツセンター）から発生する本件騒音により精神的苦痛を受けたと主張するXらが，Yに対し，本件騒音の差止め等と慰謝料の支払を求めた事案で，本判決は，本件騒音の程度等，本件騒音の種類・性質，Xらの被害の程度等，本訴提起に至る経緯等，Yの行った騒音低減のための措置等，本件施設の公益性ないし社会的価値等について認定したうえ，本件騒音レベル（本件施設と隣接した敷地上にあるX_1の自宅との敷地境界線上で57ないし58デシベル）は環境基準（第一種住居地域における環境基準は，昼間〔午前6時から午後10時まで〕においては55デシベル以下）をわずかに上回っているとしたものの，自宅外においても日常会話が困難なほどのものではなく，Xらの主張する症状（不安障害等）は本件騒音によって生じたものとは必ずしも認められないこと，本件施設の使用頻度の減少等に伴い，本件騒音は低減していること，Yは，相応の費用を支出して防音工事を行い，大会の開催を中止するなどして，本件騒音の低減のために努力してきたこと，本件施設は単なる営利目的の施設でなく，一定程度の社会的価値が認められることなどを総合的に考慮すると，本件騒音は受忍限度内のものにとどまるというべきであると判断し，

(注14) 山崎・基礎知識274頁〔瀬川卓男〕。
(注15) 昭和42年頃から平成7年頃までの工場騒音，生活騒音の裁判例については，長瀬・前掲（注9）465頁及び長瀬・前掲（注6）483頁，昭和56年頃から平成6年頃のカラオケ騒音の裁判例については，門口＝須藤・民事保全281頁〔城内和昭〕（「カラオケ公害に対する仮処分」）に詳しい。

Xらの請求をいずれも棄却した。

(b) 京都地判平22・9・15（判タ1339号164頁・判時2100号109頁）

Yが操業する菓子製造工場の近隣に居住するXらが，Yに対し，菓子製造工場の発する騒音及び悪臭によって，精神的損害又は財産的損害を被ったと主張して不法行為に基づき損害賠償を請求した事案で，本判決は，Yの工場の操業により一定程度の騒音（京都市による簡易測定の結果は48ないし56デシベル。ただし，自動車騒音等の影響を含む。）及び臭気（菓子特有の甘いにおい）が発生したことが認められるとしたうえ，Yの工場の操業が建築基準法に違反していること，京都市の違法状態是正の行政指導を軽視し是正措置を講じなかったこと，Yの工場からの騒音が公法上の規制基準（騒音規制法及び京都府環境を守り育てる条例に基づき，第二種住宅地域では，工場等による騒音の規制基準は，昼間〔午前8時から午後6時まで〕は50デシベルとされていた。）を超えていたということができない（本件工場周辺の騒音測定値が，本件工場からの機械移転の前後で大きく変わっていないという事情がある。）が，長期間の騒音及び臭気は，Xら住民らの受忍限度を超えていたと判断し，Yの不法行為責任を肯認し，Xらの請求を一部認容した。

(c) 東京地判平22・7・21（判タ1340号221頁）

Y（渋谷区）が，廃業予定の公衆浴場を買い取ってZらに賃貸し，Zらが公衆浴場の営業を継続していたところ，公衆浴場の隣接地に居住するXらが，公衆浴場のボイラー騒音が，東京都の「都民の健康と安全を確保する環境に関する条例」（第一種住居地域について，敷地境界で昼間〔午前8時から午後7時まで〕は50デシベル，夜間〔午後7時から翌日午前8時まで〕は45デシベルをそれぞれ超えない旨定めている。）に違反しており，受忍限度を超え違法であるとして，Y及びZらに対し，共同不法行為に基づき慰謝料等の損害賠償を請求した事案で，本判決は，公衆浴場のボイラー騒音が夜間の条例の騒音規制に違反することは認めたが，諸事情を考慮して，公衆浴場のボイラー騒音は受忍限度を超えず違法とはいえないと判断して，Xらの請求をいずれも棄却した。

(d) 横浜地川崎支決平22・5・21（判タ1338号136頁・判時2089号119頁）

Y_1（川崎市）が所有する敷地上に設置されたY_2（財団法人かわさき市民活動センター）が管理運営する「川崎市Aこども文化センター」を利用する子ども

らの発する声や物音が騒音として精神的損害を与えているとして，隣接して居住するXらが，Yらに対して，人格権に基づき，一定限度を超える騒音をXら側に到達させてはならない旨（土地の境界線上において午前8時から午後6時までの間は50デシベルを超える騒音を，午後6時から午後9時までの間は45デシベルを超える騒音を到着させてはならない。）の仮処分を求めた事案で，本決定は，本件騒音はほとんど連日，午前8時から午後6時までの間，川崎市の公害防止条例の規制基準である50デシベルを超えることが頻繁にあり，Xらに精神的苦痛を与えていることは否定できないとしたが，Xらが本件騒音により精神的変調を来し，投薬治療を受けているとは認められない，本件センターの目的は，子どもの健全な育成を図り，自主性・創造性・協調性を養うことにある，Y_1は，Xらの要望に応じてプレイパークから滑り台を撤去するなどしている，XらとYらとの和解において，Yらの対応が不誠実であったとはいいがたい，などとし，これらの事情とXらが本件センターが設置された約15年後にその隣地に居住するに至ったことなどを総合すれば，本件騒音が受忍限度を超えているとはいまだ認めがたいと判断し，本件申立ては，被保全権利の疎明はないとして，本件申立てを却下した。

(e) 東京地判平19・10・3（判タ1263号297頁・判時1987号27頁）

マンションに居住するXが，階上の住戸に居住するYに対し，Yの子らが廊下を走ったり，跳んだり跳ねたりする本件音が，受忍限度を超えるとして損害賠償請求をした事案で，本判決は，ほぼ毎日本件音がX住戸に及び，その程度は，かなり大きく聞こえるレベルである50ないし65デシベル程度のものが多く，午後7時以降，時には深夜にもX住戸に及ぶことがしばしばあり，本件音が長時間連続してX住戸に及ぶこともあった，Yは，床にマットを敷いたものの，その効果は明らかではなく，Xに対して，これ以上静かにすることはできない，文句があるなら建物に言ってくれと乱暴な口調で突っぱねるなどしたYの対応は極めて不誠実なものであったこと等を考慮して，本件音は社会生活上，Xの受忍限度を超えるものであったとして，慰謝料30万円を認容した。

(2) 設例・小問(1)の検討

(a) 受忍限度について

　受忍限度については，前掲〔１〕(2)(b)最判平６・３・24等のとおり，侵害行為の態様，侵害の程度，被侵害利益の性質と内容，地域的環境，侵害行為の開始とその後の継続の経過及び状況，その間にとられた被害の防止に関する措置の有無及びその内容，効果等の諸般の事情を総合的に考慮して検討することとなるが，布団たたきの音は日常の生活音であり，お互い様という面もあり，音の発生やその大きさ自体から受忍限度を超えるとはいいにくい。時間的な観点からも，継続的に発生する工場の騒音，自動車騒音，上記(1)の裁判例において問題とされた騒音等と比較すれば，騒音の発生する時間が１日１時間程度であることは，比較的短いというべきであろうし，Ｂが布団たたきを行う時間帯が日中の午後３時頃であることも，Ａの負担が受忍限度内と判断される方向に働く事情といえる。窓を閉めたＡ宅内では，布団たたきの音は，更に低減するであろうし，ほこりの影響を受けることもないと考えられる。Ａのノイローゼについても，Ｂの布団たたきとの因果関係が問題となろう。Ｂによる迷惑行為が布団たたきのみである場合に，受忍限度を超えるとして，布団たたきの差止めの仮処分が認容されることは容易ではないと思われる(注16)。

　もっとも，小問(1)のように，毎日１時間もの間，布団たたきを行うというのは，その必要性に疑問があるし，Ｂがその時間や回数を減らすことは容易と思われる。例えば，Ａからの申入れ等によりＡのノイローゼが深刻なものであることをＢが知っているにもかかわらず，あえて長時間の布団たたきを継続するというような事情があれば，単なる生活騒音ではなく，故意的な嫌がらせである可能性もあろう。布団たたきの時間，回数，騒音の大きさ等に加えて，布団たたき以外の迷惑行為の存在，Ａの被害の大きさ，交渉経緯等から，Ｂによる布団たたきが故意的な嫌がらせの一環であるといえるなどすれば，受忍限度を超えるものとなる可能性もあると思われる(注17)。

　　(注16)　公刊されている判例集に，布団たたきの差止めを求める仮処分の認容事例は見当たらない。
　　(注17)　東京地判平16・１・30公刊物未登載は，隣家の住人に対して，缶を打ち鳴らす，ことさら掃除機の排気口を窓に向けた形で掃除機の空ぶかしをするなどの迷惑行為の差止めと損

(b) その他

　仮に被保全権利が認められるのであれば、前記のとおり、保全の必要性で考慮されるべき諸事情が既に検討されているともいえるが、受忍限度をわずかに超えていると認められても、保全の必要性が認められないということもあり得る。

　仮に、被保全権利及び保全の必要性が認められ、仮処分命令を発令するとしても、日常生活における相当な範囲の布団たたきまで禁ずることは相当でない。全面的な差止めではなく、何らかの限定がされた差止めとする必要があろう。

〔3〕 ゴミ出し禁止の仮処分について

(1) ゴミ出し禁止を請求した訴訟事件の裁判例について

(a) 東京高判平 8・2・28（判時1575号54頁）

　自宅の前を 5 年近くも一般廃棄物の集積場とされたＸが、その位置を分譲地内で輪番制にすることを提案し、これに反対するＹに対して提起した一般廃棄物排出差止請求について、本判決は、Ｘが本件集積場によって被っている悪臭、ごみの飛散、不潔な景観による不快感その他による有形、無形の被害が、受忍限度を超えるものであるかどうかの判断にあたっては、単に被害の程度、内容のみにとどまらず、被害回避のための代替措置の有無、その難易等の観点のほか、更には関係者間の公平その他諸般の見地を総合したうえでなされるべきものと解されるとし、Ｘが本件集積場によって受けている前記のような被害は、家庭から排出される一般廃棄物の処理にあたり、その適正化、効率化のためごみ集積場を設けることが不可欠であり、ごみ集積場からは上記のような被害が発生することは避けられず、このことに被害が主観的、感覚的なものであることを考え併せると、当然に受忍限度を超えるもの

害賠償を求めた事案で、玄関マットのようなものを布団たたきでたたいてほこりや音を立てることを、嫌がらせ行為と認定している。

とは解し得ないが、Xの受けている被害が何人にとっても同様の不快感、嫌悪感をもたらすものであるところ、輪番制等をとって本件集積場を順次移動し、集積場を利用する者全員によって被害を分け合うことが容易に可能であり、そうすることがごみの排出の適正化について市民の相互協力義務を定めた条例の趣旨にもかなうことよりすれば、そのような方策をとることを拒否し、本件集積場に一般廃棄物を排出し続けて、特定の者にのみ被害を受け続けさせることは、当該被害者にとって受忍限度を超えることとなるものと解すべきであるとし、本件集積場は、設置されて以来、5年近くそのままとされ、その間Xは、前記の被害を受け続けており、Yは、Xの話合いの申出や裁判所の和解勧告を拒絶したまま、本件集積場に一般廃棄物を排出し続けているものであるが、判示の趣旨にのっとり、自宅前道路に本件集積場を移動することの検討などを含めて、積極的に本件解決のため努力をすれば、Xの被害を免れさせ得る立場にあるものというべきであるから、これを漫然放置し、本判決確定後6か月を経てなお一般廃棄物を排出し続けることは、Xの受忍限度を超えるものとして許されないものと解すべきであるとし、判決確定の日から6か月を経過した日以降、Yに対してゴミ集積場への一般廃棄物の排出差止めを命じた[注18]。

(b) 横浜地判平8・9・27（判タ940号196頁・判時1584号128頁）

ごみ集積場が自宅前の公道上に設置されているXが、長年（約15年間）にわたりこのごみ集積場へ家庭ごみを排出しているYらに対して、悪臭等の生活被害を理由として、家庭ごみの排出禁止を求めた請求について、本判決は、前掲(a)東京高判平8・2・28と同様の判断基準を定立して、本件集積場は、15年近くそのままとされ、その間、Xは、被害を受け続けており、YらはXの話合いの申出や裁判所の和解勧告を拒絶したまま、本件集積場に一般廃棄物を排出し続けているものであるが、自宅前道路に本件集積場を移動することの検討を含めて、積極的に本件の解決のための努力をすれば、Xの被害を

(注18) この判決の説示中の「ごみ集積場を設けることが不可欠」という部分は、当該地域の当時のゴミ収集の状況を前提としたものと解される。現在、ゴミの戸別収集を行っている自治体もあり、ごみ集積場の設置は、地域によっては、必ずしも不可欠とはいえないと思われる。

免れさせ得る立場にあるものというべきであるから，これを漫然放置し，本判決確定後6か月を経てなお一般廃棄物を排出し続けることは，Xの受忍限度を超えるものとして許されないものと解すべきであるとして，判決確定の日から6か月を経過した日以降，Yに対して本件集積場への一般廃棄物の排出差止めを命じた。

(2) 設例・小問(2)の検討

(a) 人格権侵害の有無について

自治会長であるCが申し立てる仮処分は，Cの人格権に基づくものと解されるから，C宅前以外のゴミ収集場所（例えばE宅前）へDがゴミ出しをすることの差止めを求めることについては，そもそもCの人格権が侵害されているのかに疑問がある。Cが自治会長であるからといって，Dに対して，当然に町内会のすべてのゴミ収集場所へのゴミ出し禁止を求めることができることにはならないであろう。

(b) 受忍限度について

Cが，C宅前のゴミ収集場所へDがゴミ出しをすることの差止めを求める場合であっても，小問(2)の事案は，前掲(1)(a)東京高判平8・2・28及び前掲(1)(b)横浜地判平8・9・27の事案とは異なり，既に市のゴミ収集場所を3か月ごとの順番で負担する輪番制が導入されており，輪番制によりC宅前にゴミ収集場所が設置されることによるCの負担は，輪番制がなく恒常的に自宅前をごみ収集場所とされる場合と比較すれば，相当軽いと解される。前掲(1)(a)東京高判平8・2・28の事案は，自宅の前を5年近くも一般廃棄物の集積場とされた場合であり，前掲(1)(b)横浜地判平8・9・27の事案は，約15年間もごみ集積場が自宅前の公道上に設置された場合であるが，いずれも，判決確定後6か月を経てなお一般廃棄物を排出し続けることは，Xの受忍限度を超えるとしており，輪番制によりC宅前にゴミ収集場所が設置されることによるCの負担が，輪番制を受け入れないDによるゴミ出しによって受忍限度を超えるものとなることは，容易には認められないであろう。もちろん，輪番制を受け入れないDが町内会のゴミ収集場所にゴミ出しを継続することは，公平の観点から問題があり，Dによる輪番制の拒否の理由，輪番制の拒否を

継続する期間，Dが排出するゴミの量やゴミ出しの態様等によっては，Cの負担が受忍限度を超える場合もないとはいえないが，本案判決確定後6か月を経てなお一般廃棄物を排出し続けることは，Xの受忍限度を超えるという前掲(1)(a)東京高判平8・2・28及び前掲(1)(b)横浜地判平8・9・27の考え方を採用するとすれば，本案訴訟に先立つ仮処分申立ての段階で，Cの負担が受忍限度を超えるものと認めることは困難であろう。

(c) その他

ゴミ収集場所の設置自体は輪番制とされ，輪番制を受け入れた住民によるゴミ出しには何ら問題がない状況で，輪番制を受け入れないDによってゴミ出しがなされたからといって，著しい損害又は急迫の危険が生じるとは，容易には考えがたく，保全の必要性を認めることも困難であろう。

VIII

営業や業務等に関連する仮処分

39 ネットショップへの出店を求める仮処分

本田　能久

　Xは、Y社が運営しているインターネット上のヴァーチャル店舗に出店しているが、掲載している商品について消費者からクレームがあったため、Y社から、当分の間、出店禁止とされてしまい、インターネット上のヴァーチャル店舗にXの店のページが掲載されなくなってしまった。しかし、消費者のクレームは言いがかりのようなものであり、実際には同業他社がXを排除するためにやらせた疑いがあるうえ、Xでは、ネット販売の売上げが約4割を占めているので、ヴァーチャル店舗に掲載されなくなることは、死活問題である。Xは、Y社に対して、どのような仮処分を求めることができるか。また、どのような問題があるか。

〔1〕 問題の所在

(1) ネットショッピングの急増

　携帯電話、スマートフォン等の情報通信機器を含むインターネットの急速な普及に伴い、近年、消費者がインターネットを利用して商品又はサービス（以下「商品等」という。）を購入し、又は予約する（以下、単に「購入する」という。）、いわゆるネットショッピングが急増しており、その市場規模は、既に4ないし5兆円にも達している可能性があるといわれている[注1]。

（注1）　永島勝利・総務省統計局統計調査部消費統計課長「統計 Today No.76」（http://www.stat.go.jp/info/today/076.htm）及び総務省・平成27年3月6日「家計のネットショッピングの実態把握」の別添（http://www.stat.go.jp/info/guide/public/joukyou/net0306.htm）を参照。

このような状況下で，ネットショッピングは，企業にとって大きなビジネスチャンスになっている。特に，後記〔2〕の(1)(b)で述べるインターネット上のショッピングモール（設例にいう「インターネット上のヴァーチャル店舗」であり，以下，単に「ショッピングモール」という。）には，その出店の手軽さや集客力等の魅力から，おびただしい数の企業（以下，個人も含め「出店企業」という。）が出店しており，その数は，調査の主体及び時期によって相当の変動はあるものの，「楽天市場」，「Yahoo! ショッピング」，「Amazon」などの代表的なショッピングモール運営会社（以下「運営会社」という。）では，数万から数十万にも達しているようである。

(2) ネットショップをめぐる法的紛争

このようなネットショッピングの急増に伴い，今後，ショッピングモールへの出店をめぐる企業間（①出店企業と出店企業との間，及び②出店企業と運営会社との間）並びにネットショッピングをめぐる企業と消費者との間の法的紛争が生じ，これらをめぐる暫定的な解決が，民事保全の場に持ち込まれる可能性が高いと思われる。

本設例は，前者の法的紛争に属する問題であるところ，本項目は，その解決手段のうち仮処分をめぐる問題点を検討するものである[注2]。

なお，脱稿時点（平成28年1月）」では，本設例類似の仮処分に関する裁判例は公刊物に掲載されていないようであるが，(1)の社会・経済状況を踏まえると，今後新たに提起されるであろう仮処分の問題点を事前に考察しておくことは，裁判所及び当事者の双方にとって有益であろう。

〔2〕 ネットショッピングの基本的な仕組み

なお，パソコン及び携帯電話等の普及状況の高さについては，総務省「平成25年版情報通信白書」（http://www.soumu.go.jp/johotsusintokei/whitepaper/ja/h25/pdf/）の第2部第4章第3節の1を参照。

(注2) なお，後者の問題も看過することはできない。独立行政法人国民生活センター「各種相談の件数や傾向」の「インターネット通販」（http://www.kokusen.go.jp/soudan_topics/data/internet2.html）を参照。

この種の現代型取引をめぐる法的紛争の適正な解決を図るためには，その背景及び実態を的確に把握する必要があり，そのためには，まず何よりも，当該取引の仕組みを正確に理解する必要がある。

(1) ネットショッピングの 2 つの類型

ネットショッピングには様々な類型があるが，これを大別すれば，①自社サイト型及び②ショッピングモール型の 2 つに分類することが可能である(注3)。

(a) 自社サイト型（自立型，独自ドメイン型，ASP 型）

(ア) 出店企業が，自社のホームページで，消費者に対し，商品等を販売する形態である。

(イ) これを現実世界の店舗営業に例えるならば，個人商店や路面店ということになろう。

すなわち，出店企業は，出店に際して誰からも干渉を受けず，取扱商品等及び宣伝ないし広告に関する制約も一切なく，極めて自由度が高い。

また，ネットショップの運営に必要なシステム等に要する費用の負担しかなく，ランニングコストを抑制することができる。

他方，競合する商品等を取り扱うおびただしい数の企業サイトの中で，顧客を自社サイトに呼び込む必要があるため，自社又は取扱商品等の知名度，集客力及び信頼性を向上させるための工夫が不可欠であるところ，これらの工夫を独力で行う必要がある。

(b) ショッピングモール型

(ア) 出店企業が，運営会社がインターネット上に構築しているショッピングモールに出店し，当該ショッピングモール上で，消費者に対し，商品等を販売し，運営会社に対し，所定の対価を支払う形態である。

(イ) これを現実世界の店舗営業に例えるならば，有名百貨店に出店する

(注3) 総務省「ショッピングサイトの仕組み」(http://www.soumu.go.jp/main_sosiki/joho_tsusin/security/basic/service/10.html) を参照。
　なお，ショッピングモール型については，本文で述べた形態のほか，ショッピングモールの運営者が企業から商品等を仕入れて自ら販売する形態もあるので，注意を要する。

テナントということになろう。

　すなわち，出店企業は，当該ショッピングモール又はその運営会社が獲得している抜群の知名度，集客力及び信頼性を利用することにより，自社又は取扱商品等に知名度等がなくても，容易に顧客を呼び込むことが可能となる。

　また，出店も極めて手軽である。運営会社のサポートもあり，極端にいえば，スマートフォンさえ手元にあれば，専門的な知識がなくても，誰でも，いつでも，出店することができる（ただし，運営会社による開店審査を受ける必要はある。）。

　他方，当然のことながら，現実世界のテナントと同様，企業は，運営会社に対し，所定の対価（運営会社及び契約形態により様々であるが，登録料，手数料，ロイヤリティ等がある。）を支払う必要があるため，相応のランニングコストがかかる。

　また，当該ショッピングモールの中に同一の商品等を取り扱う同業他社が存在する場合，同業他社との間で激しい競争が生じるため，同業他社との競争に打ち勝つには，商品等の価格を下げる，別途広告費を投入するなど，様々な工夫が必要となる。

　さらに，一般に，消費者との間の契約は，運営会社ではなく，出店企業との間で成立するため，運営会社との契約上，クレーム処理を含む商品等に関する出店企業と消費者との間の紛争の解決は，すべて出店企業の義務とされており，一定の場合，運営会社は，催告なく出店を停止し，又は出店企業との間の契約を解除することができる旨の規定が置かれていることが多いようである（運営会社の約款には，上記出店停止又は契約解除の要件として，「出店企業の消費者への対応が当該ショッピングモールにふさわしくないと運営会社が判断した場合」などの規範的ないし評価的要件が定められていることが多い。）。そのため，出店企業は，消費者との間の紛争に関する対応を誤ると，運営会社から，催告なく出店を停止され，又は出店契約を解除される可能性がある[注4]。

　　（注4）　例えば，「Yahoo! ショッピング」の「ショッピングストア利用約款」では，23条，44条2項2号及び48条2項11号に，これらの規定が定められている（http://business.ec.yahoo.co.jp/regulation/）。

(2) 本設例の検討

　本設例におけるXとY社との間の契約は，いうまでもなく，上記の2類型のうちショッピングモール型に属するものである。

　XとY社との間の契約は，代表的な運営会社の約款等に鑑みると，要旨，①Xの申込み，Y社による開店審査及び承諾を経て成立し，②Xは，一定期間，継続的に，Y社が運営するショッピングモール（以下「本件モール」という。）に「出店」することができる（換言すれば，Xの店及び取扱商品等のページを掲載することができる。その他，Y社のポイント制を活用したプロモーションが可能になるなど，Xは，Y社から，多彩なオプションを含めて種々のサービスを受けることができるが，割愛する。）反面，③Xは，Y社に対し，所定の対価を支払う義務を負うほか，取扱商品等に関する消費者との間の紛争を解決する義務を負い，④Yは，一定の場合，催告なくXの出店を停止し，又はXとの間の契約を解除することができる，というものであろう（以下「本件契約」という。）。

　そのため，Xは，本件モールに掲載した商品に係る消費者からのクレームを契機として，Y社から，本件契約の約定に基づき，当分の間，出店を禁止されたものと思われる。

　また，上記(1)(b)(イ)のとおり，同一ショッピングモールの中に同一の商品等を取り扱う同業他社が存在する場合は，同業他社との間で激しい競争が生じることから，Xは，消費者からのクレームは同業他社による嫌がらせではないか，と疑っているのであろう。

　さらに，Xにとっては，売上げに占めるネット販売の割合が約4割にも達しているほか，上記(1)(b)(イ)のとおり，本件モールへの出店に係る相応のランニングコストも支出しているはずであるため，当分の間，本件モールへの出店が禁止され，ネット販売の売上げが著しく減少することは，正に死活問題となるのであろう。

　それでは，Xは，Y社に対し，出店禁止を解いて再び本件モールにXの店を掲載するよう求めるために，どのような仮処分を求めることができるであろうか（以下，Xが求めることが考えられる仮処分を「本件仮処分」という。）。

〔3〕 本件仮処分をめぐる民事保全法上の問題点

(1) 本件仮処分の類型

(a) 仮の地位を定める仮処分

Xは，Y社との間で争いがある権利関係についてXに生ずる著しい損害を避けるため必要であるとして本件仮処分を申し立てるものと解されるから，本件仮処分が「仮の地位を定める仮処分」（法23条2項）に該当することは明らかである。

このような仮の地位を定める仮処分には，多種多様な類型が存在するところ，本件仮処分は，従来利用されてきた類型のうちいずれに属するものであろうか。

(b) 継続的契約関係に関する仮処分

〔2〕(2)で述べた本件契約の内容を踏まえると，本件仮処分は，従来利用されてきた類型のうち，いわゆる「継続的契約関係に関する仮処分」に属するものといえよう。

すなわち，継続的契約関係に関する仮処分とは，商品又は役務を継続的に供給する旨の契約を締結した当事者の一方が，他方当事者から，当該契約に基づく商品もしくは役務の供給を停止され，又は当該契約を解除する旨の意思表示を受けた場合において，当該他方当事者に対し，当該契約に基づく商品又は役務の供給を仮に受けるために申し立てる仮処分である(注5)。

本件契約は，Y社が，Xに対し，一定の期間，継続的にサービスを提供することを内容とするものであるから，上記「役務を継続的に供給する旨の契約」であることは明らかである。

(注5) 継続的契約関係に関する仮処分については，東京地裁・諸問題117頁以下及び193頁以下，東京地裁・詳論349頁以下〔山口浩司＝江原健志〕（「任意の履行に期待する仮処分の諸問題」），門口＝須藤・民事保全325頁以下〔古閑裕二〕（「商品の供給継続を求める仮処分の可否」），竹下＝藤田・民保422頁，原井龍一郎＝河合伸一編著『実務民事保全法〔3訂版〕』（商事法務，2011）98頁の注(3)，瀬木・民事保全626頁以下，コンメ民保207頁などを参照されたい。

このような継続的契約関係に関する仮処分には、更にいくつかの類型があり、それぞれ要件及び効果を異にするところ、本件仮処分は、いずれの類型に該当するのであろうか。

(c) 地位保全の仮処分

(ア) 継続的契約関係に関する仮処分のうち、「商品」の継続的供給を内容とする契約関係については、買主である債権者が、売主である債務者に対し、例えば、①契約上の地位にあることの確認を求める仮処分（以下「地位保全の仮処分」という。）、②注文済みの商品の引渡断行を求める仮処分、③商品供給に係る個別契約の承諾の意思表示を求める仮処分を求める事例が多い（ただし、裁判例及び学説は、③については消極的である。）。

しかしながら、現在の一般的見解によれば、本件契約のような「役務」の継続的供給を内容とする契約関係については、考えられる仮処分は、上記①の地位保全の仮処分くらいしかないといわれており(注6)、実際、公刊物に掲載された裁判例をみても、一般的に、地位保全の仮処分のみが認められている(注7)(注8)。

以上のような現在の実務の状況を踏まえて、以下においては、本件仮処分は、上記①の地位保全の仮処分を求めるものであるとの前提に立ち、地位保全の仮処分をめぐる問題点について検討する。

(イ) 地位保全の仮処分とは、包括的な権利義務関係について法律上の地位又は権利を有することを仮に定め、又は確認する仮処分(注9)であり、地位保全の仮処分は、いわゆる「任意の履行を期待する仮処分」の一類型である。

任意の履行を期待する仮処分とは、従来の一般的見解によれば、仮処分命令の具体的内容に応じた保全執行をすることができず、債務者が当該仮処分命令に違反した場合の法的効果がまったく存在しない仮処分である(注10)。

(注6) 東京地裁・諸問題119頁、瀬木・民事保全627頁以下。
(注7) もっとも、このような従来の枠組みを超えて、債務者に対してサービスの供給を命ずる仮処分を認めた珍しい例として、京都地決平22・3・18判タ1337号266頁・判時2086号97頁がある。
(注8) 升田純『現代取引社会における継続的契約の法理と判例』（日本加除出版、2013）568頁以下。
(注9) コンメ民保205頁。
(注10) 任意の履行を期待する仮処分については、東京地裁・諸問題117頁以下及び193頁以下、

学説の中には，法的紛争の解決を求められた裁判所としては，このような中途半端な処分はすべきでないなどの理由から，任意の履行を期待する仮処分は不適法であるとの見解もある(注11)。

しかし，①債権者自身が任意の履行を期待するもので必ずしも実効があがらなくても満足であると考えて申立てをした場合には，申立ての利益がないとしてこれを却下することは，実際問題の解決としてはいきすぎである，②裁判所による公権的な判断を経た仮処分命令については，債務者がこれを尊重して任意に履行することを期待し得る場合も十分あり得るところであり，このような場合には，この種の仮処分であっても，保全目的は一応達成することができると考えられるなどの理由により，現在の実務では，任意の履行を期待する仮処分は，一般論としては許容されており，現在の議論は，その要件論及び効果論に移行しているといえよう。

(ウ) 任意の履行を期待する仮処分の要件としては，仮の地位を定める仮処分に共通して求められる①被保全権利の存在及び②保全の必要性に加えて，さらに，③任意の履行を期待する仮処分に特有の要件（以下「特有要件」という。）が必要であると解されている。

この特有要件については，そもそもその位置づけについて見解が分かれており（代表的な見解(注12)は，上記②の「保全の必要性」とは別個独立の要件とするようであるが，上記②の「保全の必要性」とは別個独立の要件とせず，その考慮要素として位置づける見解(注13)や，「許容性のメルクマール」ないし「発令の要件というよりは発令がふさわしいか否かを考えるガイドラインという趣旨でのメルクマール」と位置づける見解(注14)もある。），特有要件の表現ぶりも論者により様々であるが，上記代表

東京地裁・詳論212頁及び340頁以下〔山口浩司＝江原健志〕，山崎・基礎知識119頁以下〔山口浩司〕（「任意の履行に期待する仮処分」），門口＝須藤・民事保全329頁以下〔古閑裕二〕，竹下＝藤田・民保422頁，原井＝河合編著・前掲（注5）83頁の注(11)，瀬木・民事保全313頁以下，コンメ民保202頁などを参照されたい。

なお，瀬木・民事保全313頁以下は，本文に記載した従来の定義は修正する必要があると述べている。

(注11) 西山・概論148頁及び153頁以下。
(注12) 東京地裁・詳論340頁以下〔山口浩司＝江原健志〕。
(注13) 山崎・基礎知識120頁〔山口浩司〕。
(注14) 瀬木・民事保全317頁。なお，同書が列挙する特有要件は，東京地裁・詳論344頁以下〔山口浩司＝江原健志〕に基づき，これを整理したものとされるが，（注10）記載のとおり，

的な見解によれば，「個別具体的な保全の必要性」（これは，上記②の「保全の必要性」の趣旨であると思われる。）の「ほかに」，さらに，次の４点を検討する必要があると解されており，以下，この見解に従って，検討を進めることとしたい。

(a)　債務者において仮処分命令を任意に履行する可能性が高いこと
(b)　具体的な権利・利益についてその必要性が存在すること
(c)　執行可能な仮処分が他に存在しないこと
(d)　被保全権利と仮処分の結び付きが明確であること

　（エ）　まず，「被保全権利の存在」（上記(ウ)①）について検討する。
本件仮処分の被保全権利は，XがY社との間で保全されるべき本件契約上の地位であり，Xは，当該地位を取得した原因となる事実（本件契約の締結に係る事実）を疎明し，他方，Yは，当該地位ないし当該地位に基づく権利行使を停止する原因となる事実（出店停止を根拠づける事実）を疎明することになる(注15)。

なお，既に述べたとおり，現代型取引をめぐる法的紛争の背景及び実態を的確に把握するには当該取引の仕組み及び実情を正確に理解する必要があるから，Xは，申立ての際，従来型の取引をめぐる法的紛争のように契約書のみを提出するのではなく，上記〔２〕(1)のネットショップの基本的な仕組みに係る資料（スキーム図などの視覚情報も含む。）をも提出することが望まれる。もとより，当事者間では本件契約の締結自体に争いはないであろうが，裁判所が事案を的確に理解するために，この種の資料は不可欠である。

他方，Y社は，ショッピングモール型において，ショッピングサイト及び運営会社の信頼性保持がスキームの根幹に関わるものであり，したがって，クレーム処理を含む商品等に関する消費者との紛争解決がいかに重要なものであるかを説明したうえ，Xの出店を停止する原因となった消費者からのクレーム及びこれに対するXの対応状況に係る客観的資料（ネットショッピングの性質上，通常は，電子メールなどの客観的資料が存在するであろう。）を提出するこ

　　　その位置づけは異なっている。
　（注15）　竹下＝藤田・民保422頁を参照。疎明責任及びその分配については，西山・概論101頁以下，瀬木・民事保全245頁以下を参照。

とにより，出店停止の正当性を疎明することになろう。

　上記のとおり，当事者間では本件契約の締結自体に争いはないであろうから，当然のことながら，主戦場は，出店停止の正当性となる。そして，既に述べたとおり（〔2〕(1)(b)(イ)），運営会社の約款に，出店停止又は契約解除の要件として，規範的ないし評価的要件が定められている場合には，Y社は評価根拠事実を，Xは評価障害事実を，それぞれ疎明することになる。

　　(オ)　次に（個別具体的な）「保全の必要性」（上記(ウ)②）について検討する。

　仮の地位を定める仮処分における「保全の必要性」は，債務者との間で権利関係に争いがあることにより，債権者に著しい損害又は急迫の危険が生じるおそれがあり，これを避けるために暫定的措置が必要であることをいう(注16)。

　これを本設例についてみると，Xには，「著しい損害……が生じるおそれ」があることについて，ショッピングモールの特質を踏まえた主張及び疎明をすることが求められるであろう。

　すなわち，上記〔2〕(1)(b)(イ)において，ショッピングモール型を現実の店舗営業に例えるならば，有名百貨店に出店しているテナントであると述べたが，これはあくまで比喩であり，正確には，両者を同一に論じることはできない。つまり，ある有名百貨店に出店しているテナントにとって，当該百貨店は，その「現実」の状況に照らした非代替的な価値がある。例えば，銀座の一等地の有名百貨店に出店しているテナントであれば，当該百貨店の立地条件，歴史と雰囲気，富裕層を中心とした客層，出店を許された場所の階層，面積及び近隣店舗との統一感等を考慮したうえで出店を決定し，これらにふさわしい店内装飾を施し，商品等を仕入れ，広告ないし宣伝活動を展開しているはずであるから，当該百貨店への出店を停止され，又は出店契約を解除された結果，他の百貨店（郊外ないし地方都市にある百貨店はもとより，都心ではあっても，渋谷や池袋などの銀座とは主たる客層を異にする百貨店）に移転しなければならない事態に陥れば，その損害は著しいものとなるであろう。このことは，地方都市に唯一存在する百貨店に出店しているテナントが，当該百貨店への

　(注16)　原井＝河合編著・前掲（注5）80頁。

出店を停止されるなどした結果，他の都市に存在する百貨店に移転しなければならない場合などでも，同様である。

　他方，ショッピングモールは，ショッピングモールないしその運営会社ごとに，知名度，集客力，信頼性，支払うべき対価等にある程度の差異があることは否めないとしても，いずれもインターネット空間に構築された仮想百貨店であるから，一般的にいえば，インターネット空間に多数存在するショッピングモールの中で，どうしても当該ショッピングモールへの出店を継続しなければ，債権者が著しい損害を被ることになるとは認めがたく，また，出店の手軽さがショッピングモール型の大きな特徴であるから，他のショッピングモールに出店することによって債権者が著しい損害を被ることになるとも認めがたい。もとより，他の運営会社との間で新たに出店契約を締結する際，契約内容いかんによっては初期費用が必要となり，従来の運営会社に比して今後支払うべき対価が高い場合もあり得るであろうが，一般的にいえば，これらが「著しい」損害に該当するほど高額に上るものとも思われない。要するに，ショッピングモールは，その仮想性に照らし，一般的には，現実の百貨店に比して，非代替的な価値が乏しいといわざるを得ないのである。

　したがって，Xは，「他のショッピングモールではなく，本件モールへの出店を継続しなければ，著しい損害が生じること」を疎明しなければならない。

　(カ)　さらに，「特有要件」(上記(ウ)③) について検討する。

　特有要件のうち，本件仮処分において特に問題となるものは，「債務者において仮処分命令を任意に履行する可能性が高いこと ((ウ)(a))」である。

　すなわち，上記のとおり，任意の履行に期待する仮処分が一般論として許容されるのは，債務者の任意の履行が期待できる場合にはこれによって保全目的は一応達成することができると考えられるという点にかかっているのであるから，「債務者において仮処分命令を任意に履行する可能性が高いこと」がまず第1の要件とされているわけである (なお，上記代表的な見解は，(ウ)(b)及び(d)は，任意の履行に期待する仮処分にのみ特有の要件ではないと述べている。)。

　そのうえで，債権者は，「債務者が仮処分命令を任意に履行する可能性が高度であること」を疎明する必要があり，「上記可能性を否定することがで

きない」という程度では，疎明が足りないとされており，この点については，裁判所が双方審尋（法23条４項）の際に債務者に質すことにより，自ずから明らかになるといわれている（注17）。

したがって，裁判所としては，双方審尋において，Ｙ社に対し，裁判所の公権的判断に従うか否かを問い，Ｙ社がこれを否定した場合には，本件仮処分の申立てを却下するほかない。

なお，実務上，双方審尋において債務者が裁判所の判断に従う旨の陳述をする場合がどの程度あるだろうか。この点の統計資料は見あたらず，もとより，当事者の個性や意向，代理人の戦略，事案の性質などによって異なるであろうが，東京地裁保全部に在籍していた複数の実務家の実感としては，（少なくとも，当事者の双方に代理人がついている場合には，）この種の陳述がされる場合が多いとの意見が述べられている（注18）。

特有要件のうち，「執行可能な仮処分が他に存在しないこと」（上記(ウ)(c)）については，後記〔４〕を参照されたい。

(キ)　裁判所が，任意の履行を期待する仮処分の要件をすべて満たしていると判断して（すなわち，Ｙ社も，裁判所の公権的判断に従う旨述べていたことになる。），本件仮処分を発令したところ，Ｙ社が翻意して本件仮処分を履行しない場合には，どのような効果を生ずるであろうか。

既に述べたとおり，従来の一般的見解によれば，債務者が任意の履行を期待する仮処分に違反した場合には法的効果がまったく存在しないものと解されている。しかし，裁判所によって，Ｘの本件契約上の地位，換言すればＹ社の本件契約上の義務が一応認められたにもかかわらず，発令された仮処分が任意の履行を期待する仮処分であるからといって，法的効果がまったく存在せず，債務者によるその後の自由な翻意を許すことは相当なのであろうか。この点，最近の有力説（注19）は，上記一般的見解は修正すべきであり，任意の

(注17)　このほか，瀬木・民事保全318頁は，事案自体からこれが明らかである場合はもちろん，債務者の悪性が高かったり，当事者間の関係が極度に悪かったりして，この仮処分命令ではおよそ実効性がない場合には，他の方法等を考えるべきであると述べている。

(注18)　東京地裁・詳論343頁〔山口浩司＝江原健志〕，瀬木・民事保全318頁。

(注19)　瀬木・民事保全313頁。

履行を期待する仮処分についても，一定の法的効果を認めるべきである旨主張しており(注20)，傾聴に値する。もっとも，具体的な法的効果としてどのようなものが認められるのかについては，今後の検討課題であろう。

(2) 和解について

現在の民事保全の実務において，和解は，極めて重要な役割を果たしている。したがって，仮に本件仮処分を認めることが困難であるとしても，裁判所及び当事者としては，双方審尋の機会に，和解による紛争解決の可能性を探るべきであろう。Xとしては，総売上げの4割を占めるネット販売の売上げが著しく減少することは死活問題となるし，他方，Y社としても，ショッピングサイト及び運営会社としての信頼性保持は，スキームの根幹に関わるものであるから，出店企業との間の法的紛争が深刻化ないし長期化することを回避することには，相応の経済的意味があるのではないかと思われる。

ただし，裁判所としては，和解による紛争解決を追求するあまり，民事保全の審理が長期化することは相当ではないし，安易な和解ねらいの申立てもないわけではないので，和解の成否を適切に見極めることが重要である[注21]。

〔4〕 おわりに

上記〔1〕(2)のとおり，脱稿時点（平成28年1月）では，本設例類似の仮処分に関する裁判例は公刊物に掲載されていないこともあり，現時点では，あくまで既存の仮処分を念頭に置いた観念的・抽象的な検討しかできない。もっとも，〔3〕(1)(c)(ア)で指摘した債務者に対してサービスの供給を命ずる仮処分を認めた前掲（注7）京都地決平22・3・18のように，従来の枠組みを超えて債務者に対してサービスの供給を命ずる仮処分を認めた例もあり，そのような仮処分であれば，その履行を確保する方法として，間接強制を活用する方法もあり得る。間接強制については，近年，未成年者との面会交流審

(注20) 瀬木・民事保全317頁。
(注21) 民事保全における和解のあり方については，須藤＝深見＝金子・民事保全155頁以下，瀬木・民事保全628頁等を参照されたい。

判をめぐって様々な議論もあるので，これらとの関係も含め，今後の議論の進展を待ちたい。

　なお，実際の申立てにおいては，議論の前提となるネットショッピングをめぐる状況そのものが変容するなど，現時点では想定することができない様々な問題が生じる可能性があるから（インターネットをめぐる状況が正に日進月歩であることはいうまでもない。），実際の審理に際しては，常に最新の状況を踏まえた柔軟な発想が望まれる。

40 商品の供給継続を求める仮処分の可否

大寄 麻代

　Xは，Y社と間でコンビニエンス・ストアのフランチャイズ契約を締結し，コンビニエンス・ストアを経営してきた。そのフランチャイズ契約では，販売期限を過ぎた商品はすべて廃棄するものと定められているが，売残りのお弁当やおかずが多く，Y社の指示どおりに廃棄するのはロスが多いと考え，販売期限の4時間前からその商品の値引き販売を始めた。これに対して，Y社は，Xの値引き販売を認めてしまうと全国に影響が及び，ブランドイメージに傷が付くだけではなく，真面目にY社の指示に従っている店舗経営者にも示しがつかないことから，厳しい対応をとることとなり，Xに対し，Y社の指示に反して値引き販売を行い，企業イメージを損なったとして，フランチャイズ契約を解除したうえ，商品の供給を停止することを通告してきた。Xは，Y社から商品の供給を止められるとコンビニエンス・ストアとして成り立たず，生活にも困窮する事態となる。Y社に対して，どのような仮処分を求めるのが適切か。

〔1〕 問題の所在

　フランチャイズ契約の解除等が争点となる仮処分の申立てについては，まず，被保全権利として，解除権の制限等により契約が有効に存続していることの疎明が必要となるが[注1]，それ以外に，そもそもどのような内容の仮処分が可能かが問題となる。

(注1) 申立ての実情については，野口忠彦「商品の継続的供給を求める仮処分」萩尾保繁＝佐々木茂美編『民事保全法の実務の現状100』〔判タ臨増1078号〕199頁。

すなわち，フランチャイズ契約の法的性質については，一般に，①委任者たるフランチャイザーがフランチャイジーに対し，自己の標章を使用する権利を付与するとともに，経営ノウハウを提供し，これに対し，受任者たるフランチャイジーが統一的イメージの下に商品の販売その他の事業を行うという準委任契約（民656条）としての側面，②フランチャイザーが提供する経営ノウハウや標章の使用に関してロイヤリティを支払っているという賃貸借契約（民601条）としての性質，さらに，③フランチャイザー（売主）がフランチャイジー（買主）に対して商品や原料の供給を行う際には，売買契約（民555条）としての側面も有しており，非典型・無名契約であるとともに，混合契約としての性格を有するとされる(注2)。フランチャイズ契約に基づいて商品の供給を求める場合には，このうち，③の側面に関する契約条項が問題となるところ，このような継続的供給契約は，全体として単一の基本的債権関係が存在し，これに基づいて時間的に区切られた個々の部分給付をするべき支分的債権関係が派生することを特徴とする。したがって，継続的供給契約においては，仮処分時に基本契約が存続しているとしても，当然に個々の部分給付についての債権（売主の個別具体的な商品の引渡義務）が成立しているとは限らず，また，将来にわたる部分給付の内容が特定されていない場合があるため，これらの点を，仮処分の際にどのように考慮すべきかが問題となる。

　そこで，本項目では，継続的供給契約に基づく商品の確保のために一般的に考えられる仮処分の範囲及び方法について検討したうえ，本設例において求めることが適切な仮処分の内容等について検討する。

〔2〕 継続的供給契約の種類

　継続的供給契約とは，一定又は不定の期間中，種類をもって定められている物を一定の代金で引き続いて供給すべきことを約する契約である。継続的供給契約の形態については，大要，次の〔A〕ないし〔C〕の3つの類型に分けることができる。

　(注2)　西口元ほか編『フランチャイズ契約判例ハンドブック』（青林書院，2012）4頁。

［A］ 基本契約自体によって，全体的に単一の売買が成立しているとみることができ，売主が個々の目的物の引渡しについて具体的な供給義務を負っていると解されるもの。

［B］ 基本契約が締結されているが，買主が有する予約完結権の行使によって個々の売買契約が成立し，はじめて具体的な商品の供給義務が発生すると解されるもの。

［C］ 基本契約が締結されているが，買主側に予約完結権がなく，買主側の申込みに対して売主側が特別な事情がない限り承諾義務を負うにすぎず，個別の売買契約の成立のためには，売主の承諾の意思表示が必要であると解されるもの。この類型には，㋐承諾義務の発生を妨げる特別の事情が窺われず，発注行為のみで取引が繰り返されているように，永年の取引の間に承諾の意思表示が形骸化しているといえるような事情が認められる場合と，㋑承諾の意思表示が形骸化しているとまではいえない場合がある。

具体的な契約が上記［A］ないし［C］のどの類型に属するかは，契約書の文言，従前の取引状況，供給対象物の種類，同種の取引を行っている他の業者の例などを総合して判断される[注3]。

〔3〕 継続的供給契約についての仮処分の内容

継続的供給契約に基づいて商品の供給を確保するために申し立て得る仮処分の内容（申立ての趣旨）としては，①商品の引渡し（断行）を求める仮処分，②売主の承諾の意思表示を求める仮処分，③契約上の地位保全の仮処分，④出荷停止の差止めの仮処分が考えられ，上記［A］ないし［C］の契約類型に応じて，選択することになる。①については，仮処分時までに注文済みの商品と将来注文すべき商品の供給とに分けて検討する。

(注3) 東京地裁・諸問題194頁。

(1) 商品の引渡し（断行）を求める仮処分

(a) 注文済みの商品について

注文済みの商品については，種類・数量の特定の問題や将来の債権であるという問題は通常生じず，被保全権利の発生の疎明のみが問題となり，［A］の契約類型の場合には，基本契約自体から生じる商品引渡請求権に基づいて，［B］の契約類型の場合には，債権者が予約完結権を行使したことを疎明したうえで，発生した商品引渡請求権に基づいて，個別的な商品の引渡しを命ずる仮処分を求めることができることになる。さらに，［C］(ｱ)の契約類型についても，端的に，意思表示がされたことを前提として，成立した個別の商品引渡請求権に基づいて商品の引渡しを命ずる仮処分を求めることができると解される(注4)。

一方，［C］(ｲ)の契約類型については，被保全権利の発生の前提として，後記(2)の仮処分が認められる必要がある。

(b) 将来注文すべき商品について

(ｱ) 発令の可否についての考え方

将来注文すべき商品の引渡しの仮処分は，(a)と異なり，発令時には個別的な商品が発注されていないから，［A］ないし［C］のいずれの契約類型であっても，停止条件付権利又は将来の引渡請求権を被保全権利とすることになる。この点，一般に，将来の権利に関する権利者は，現にその権利を行使することができるわけではないから，これに関して権利者に現在の危険を生ずるものということはできず，仮地位仮処分における被保全適格はないとされていること(注5)からすれば，将来注文する商品の供給を求めることについても，否定的にも考え得る。

しかし，継続的供給契約に関しては，買主において高度な必要性があり，

(注4) ［C］(ｱ)の類型のような事情を認めて，発注済みの商品の引渡しを命じたものとして，大阪地決平5・6・21判タ829号232頁・判時1490号111頁・金判946号30頁。また，申立ては却下したものの，理論的にそのような仮処分を肯定したものとして，東京地決昭59・3・29判タ525号305頁・判時1110号13頁。

(注5) 注解民保（上）245頁。

期間が限定されたうえで，注文すべき商品の種類，数量等も明確に限定され，かつ，これに沿った買主の支払が確実であるといえるような場合には，停止条件付権利の保全といえど消極に解する必要はない[注6]。差し迫った商品供給の停止についての救済を求める申立を，（停止条件付権利を被保全権利とすることについての）一般論で退けることには無理があり，現在の時点では注文すべき商品の内容が確定しないこと，将来における代金支払の確実性の疎明が難しいこと，などの点に問題がない事案であれば，期限を限るなどして発令してよい[注7]との見解が多数である。

継続的供給契約では，日々注文すべき商品が安定的に供給されることが死活問題であり，注文のつど仮処分を申し立てることは現実的ではないし，従前の取引に照らして，近い将来の発注継続が見込まれる場合には，停止条件付又は期限付権利であることだけを理由に，将来の商品供給について現在の危険が生じていることを否定するのは相当ではない。また，代金の支払の確実性については，期間の限定，担保額などで考慮することができよう。

一方，注文すべき商品の内容の特定の問題については，個々の具体的な契約内容に応じてそもそもの取引内容が異なるため，個別に特定の方法を検討する必要があろう。

　(イ)　裁判例

裁判例をみると，［A］の契約類型にあたるといえ，基本契約や従前の取引内容によって，商品や数量が特定されている事例では，将来供給すべき商品についての引渡しも認容されている[注8]。

これに対し，仮処分時には将来供給すべき商品が特定されない，［C］(ア)の類型にあたる契約については，公刊された裁判例は分かれている。

前掲（注4）大阪地決平5・6・21は，ジーンズの継続的供給契約が締結されていた事案について，将来注文すべき商品については，買主側に信用不

(注6)　野口・前掲（注1）199頁。なお，この場合，担保額については将来の注文分の商品代金を基準として割合として考慮する形で決定することになると考えられると指摘する。
(注7)　瀬木・民事保全627頁。
(注8)　札幌地決昭63・4・4判時1288号123頁（新聞の販売取引契約に基づき，新聞販売店が新聞社に対して一定部数の新聞の支給等の仮処分を申請した事案で，本案判決確定まで一定の確定部数の朝刊及び夕刊の供給をせよと発令）。

安等の事情がある場合には，その発注に対して承諾を拒絶することを許さなければならないことからすると，これまでの取引において債務者の承諾の意思表示が形骸化していた場合であっても，将来の取引については，それが現実化した段階で，個々の発注に対する承諾の意思表示を求めたうえでなければ，当該商品の出荷を求めることはできないというべきであり，そうすると，発注時期，品名，数量がいまだ特定しない商品について，個別の承諾の意思表示を求めることなく，供給契約に基づいて将来に行う商品の発注に対する出荷停止の差止めをあらかじめ求める法律上の根拠はない，として，将来の出荷停止の差止めの申立てを却下している(注9)。

一方，大津地彦根支決平7・9・11（判タ892号250頁・判時1611号112頁）は，プラスチック製品の継続的供給契約が締結されていた事案において，将来発注する製品についても，①発注がされたときには，債務者には，それに対応する承諾をすべき義務が存在するに至るのであるから，従前から取引のあった製品について，その実績数量を限度として，将来にわたる仮処分を発令することは可能であると解されること，②契約上の地位の仮の確認だけでは，債権者に生ずる著しい損害又は急迫の危険を避けることはできないこと，を理由として，当事者間で従前から取引のあった製品について，その実績数量を限度として，1年間に限り，「債権者から……製品コード番号・品名・長さ・本数・個数等を明示されて製品供給の注文を受けた場合，……債権者が指定する出荷日及び納入日に納品することにより，債権者に対し注文製品を仮に供給せよ。」との仮処分を発令している(注10)。

(注9) 同事件においては，債権者は，将来の出荷停止の差止めの申立てをしたものであるが，決定理由からすれば，将来注文すべき商品の引渡しの申立てであっても同様に認められないことになろう。同決定に対しては，個別的な（引渡拒否の）正当事由の発生の場合には，事情の変更による保全取消（法38条1項）の手段によることとして，積極に解すべきであろうとの批判がある（注解民保（上）311頁）。

(注10) 同一の債権者の申立てに係る同様の事案である千葉地佐倉支決平8・7・26判タ938号260頁も，発令後，事情が変更し，被保全権利又は保全の必要性が消滅したときは，債務者において保全命令の取消しの申立てをすれば足りるとして，将来の注文に係る製品の供給について同様の仮処分を発令している。

(2) 売主の承諾の意思表示を求める仮処分

　［A］，［B］及び［C］(ｱ)の契約類型についてはそもそも承諾の意見表示を求める必要はないが，［C］(ｲ)の契約類型については，債務者の個々の承諾がなければ，個別的な商品の引渡義務は生じないから，前提として，売主の承諾の意思表示を求める必要がある。

　意思表示を求める仮処分一般の可否については，現在は積極説が通説であり，実務も積極説に従った運用をしているとされる(注11)。もっとも，この仮処分を認めると，債務者は意思表示を強制されることになり，その内容によっては債務者に財産上，精神上多大な損害，苦痛を与えるおそれがあるから，当事者の意思表示の自由を尊重する見地から，具体的事案ごとに慎重な検討が必要である(注12)。

　［C］(ｲ)の契約類型についての承諾の意思表示を求める仮処分については，基本契約を締結した以上，特別な事情がない限り，売主には注文に応じなければならない義務が存すると解すべきであり，債権者としては，承諾義務の存在を主張して，債務者の承諾の意思表示を求める仮処分をすることが許され，さらに，この仮処分のみでは相手方が商品の供給に応じないおそれが疎明される場合には，加えて，商品の引渡し（断行）の仮処分を申し立てることも許されると解されるとの見解もある(注13)。しかし，実際には，このような場合に両仮処分を併用してまで商品の引渡しを認める必要性のある事案はほとんど考えられないであろうとの指摘がされている(注14)。また，売主の承諾の意思表示が形骸化しているとはいえない（個々の取引について売主において承諾するか否かを考慮することに合理性がある）事案については，当事者の意思表示の自由を尊重する必要性が高く，売主の将来の承諾の意思表示を求める仮処分を認めることは原則として難しいとの指摘もある(注15)。

(注11)　東京地裁・実務（上）399頁〔岩崎邦夫〕。
(注12)　東京地裁・実務（上）399頁〔岩崎邦夫〕。
(注13)　東京地裁・諸問題195頁。
(注14)　東京地裁・実務（上）403頁〔岩崎邦夫〕。
(注15)　瀬木・民事保全320頁。

(3) 地位保全の仮処分

(a) 仮処分の性質

将来注文する商品の供給の履行を確保するための保全の申立てとしては，上記(1)(b)の引渡しのほかに，基本契約上の買主たる地位を仮に定める仮処分がある。

地位保全の仮処分命令によって定められるのは当事者間の包括的・概括的な権利義務関係のみであり，これを基礎として派生的に発生する様々な具体的義務の履行については強制執行が予定されていないから，同仮処分は，債務者（売主）の任意の履行に期待する，いわゆる「任意の履行に期待する仮処分」の一種である。

任意の履行に期待する仮処分については，そもそも債務者の任意の履行に期待する仮処分のような中途半端な仮処分は行うべきではないことを理由として，許されないとする見解（消極説）もあるが，現実には，仮処分命令において裁判所の公権的判断が示されることにより，債務者もこれに従って任意に命令を履行する場合が多いのであって，仮処分命令の申立ての目的は達しているのであるから，これを否定するまでのことはないとして肯定する見解が多く[注16]，実務上も，この種の仮処分が初めから不適法であるとは扱われていないのが一般である[注17]。

さらに，従来，地位保全の仮処分について理論的な批判が強かったのは，労働仮処分が前提となっていたためであるとして，継続的契約関係における契約上の地位の保全については，当事者が仮処分に従うことを約している場合には，むしろ地位保全の仮処分を発令し，あるいはこれと併せて商品の引渡しの仮処分を認めることにより紛争の適正な解決に資することが多く，任意の履行に期待する仮処分としての契約上の地位保全の仮処分を従来より広く認めてよいとの指摘も近時されている[注18]。

(注16) 消極説，積極説ともに，注解民保（上）275～276頁。
(注17) 山崎・基礎知識120頁〔山口浩司〕（「任意の履行に期待する仮処分」）。
(注18) 瀬木・民事保全316頁・626～627頁。

(b) 保全の必要性

　任意の履行に期待する仮処分は，そのような強制執行が予定されていない性質のものであることから，申立てに際しては，被保全権利の疎明の確実性のほか，保全の必要性として，以下の3点の疎明が必要であるとされる[注19]。

　(ア) 債務者が仮処分命令を任意に履行（包括的権利義務関係を基礎として派生する様々な具体的義務の任意の履行）する可能性があること。

　そのような履行がまったく期待できない場合には，当該仮処分命令が発布されても，債権者を緊急に保護するという仮処分命令の目的を達せられないからである[注20]。具体的には，債務者が仮処分命令に従わない蓋然性が高い場合を除くということであり，債務者の悪性が高かったり，当事者間の関係が極度に悪かったりして，この仮処分ではおよそ実効性がないという場合があたるとの指摘がある[注21]。

　(イ) 包括的な権利義務関係を内容とする仮処分の場合には，それらを構成する個々の具体的な権利・利益について保全する必要性が認められること（過剰な仮処分とならないこと）。

　(ウ) 他の効果の大きいより適切な強制執行可能な仮処分が存しないこと（例えば，雇用契約上の地位確認であれば，賃金の仮払いの仮処分で足りると認められる場合などは，(ウ)の要件が否定される。）[注22]。

　もっとも，上記(ア)に対して，近時の裁判例においては，債務者側から，任意の履行をする意思がないので，保全の必要性を欠くとの主張がされたのに対し，同事件の事実関係に照らすと，地位保全の仮処分は，債権者の信用を維持し，営業上の支障を避けるために必要であり，製品の供給を求める仮処分は1年間だけであることを併せて考慮すると，特に必要であるとして，保全の必要性を認めるもの（前掲（注10）千葉地佐倉支決平8・7・26）や，仮に定められた権利関係を前提として，第2次仮処分により具体的な強制執行が可

(注19) 山崎・基礎知識121〜122頁〔山口浩司〕。
(注20) 双方に代理人がついている事案で，裁判所の判断に従うから結論を出してほしいというような場合は，(ア)の肯定される典型例であろう。
(注21) 瀬木・民事保全318頁。
(注22) (ウ)の要件については，より緩やかに，「この仮処分を用いることが紛争解決のために適切であること」で足りるとの指摘もある（瀬木・民事保全318頁）。

能であることを理由として，債務者側からの同様の主張を排斥して地位保全の仮処分を認めるもの（前掲大津地彦根支決平7・9・11）があらわれてきている。

(4) 出荷停止の差止め等の仮処分

出荷停止の差止めの仮処分の申立てについては，そもそも不法行為や債権侵害では，本案であっても差止めまで認めることができないのであるから，差止めの根拠が判然としないとされる(注23)(注24)。

ただし，継続的供給契約における供給者（債務者）の行為が，私的独占の禁止及び公正取引の確保に関する法律（独占禁止法）上の「不公正な取引方法」に該当し，同行為によって被供給者（債権者）の利益が侵害されるおそれがある場合には，独占禁止法24条により，同行為によって利益を侵害され，又は侵害されるおそれがある者は，その侵害の停止又は予防を求める差止請求が認められるから，これを本案として侵害停止の仮処分命令を申し立てることはできよう(注25)。

もっとも，独占禁止法24条によって，侵害の不作為だけでなく，商品の供給（引渡し）という作為を求めることができるかについては，見解が分かれており(注26)，出荷停止の差止めという不作為を求めるよりは，端的に上記(1)の引渡しの申立て又は(3)の申立てが適切な場合が多いと思われる。

〔4〕 設例についての検討

(1) 仮処分の方法について

(注23)　野口・前掲（注1）198頁。
(注24)　前記〔3〕(1)(b)(イ)のとおり，大阪地決平5・6・21は，出荷停止の差止請求権の実体法上の根拠がないと判断している。
(注25)　村上政博『独占禁止法〔第6版〕』（弘文堂，2014）488頁。
(注26)　各説につき，宗田貴行「出荷停止の差止めの可否」経済法判例・審決百選〔別冊ジュリ199号〕246頁）。東京地判平16・4・15判タ1163号235頁・判時1872号69頁〔三光丸事件〕は作為を命じることができることを否定している。

本設例のフランチャイズ契約は，多種多様な商品を，時期や状況に応じて仕入商品の内容や量を変更，調整しながら購入することが一般的なコンビニエンス・ストアについてのものであるから，［A］の契約類型には該当せず，［B］又は［C］(ｱ)の契約類型に該当することが一般的であろう。注文済みの商品については，引渡し又は（[C](ｲ)の契約類型の場合は）承諾の意思表示の申立ての検討をすることになる。

一方，今後注文する商品については，契約上の地位の保全の申立て又は，従来の取引状況に照らして，近い将来の注文すべき商品の種類，数量等が特定できる場合には，引渡しの申立てを検討することとなろう(注27)。実務的には，継続的契約関係に関する仮処分は，一定の期間を限って，あるいは1審判決までの間といった限定を付して，暫定的な和解をすることもある。

(2) 被保全権利

本設例では，Y社がXに商品を直接供給しており，かつ，フランチャイズ契約の契約条項上，お弁当やおかずについてXが販売期限前に値引販売（いわゆるデイリー商品の見切り販売）をすること自体が禁止されているか，又は，契約条項とはなっていないとしても，Y社から見切り販売の禁止の指示がされているものと解され，それに従わないことを理由に契約の解除という不利益を課されている。したがって，Xとしては，そのような条項又は指示は，独占禁止法2条9項4号（不公正な取引方法の再販売価格の拘束）に該当し(注28)，違法であるから解除は効力を有しない(注29)，ないしは，フランチャイズ契約

(注27) フランチャイザーからの更新拒絶の事例であるが，フランチャイジーによる契約上の地位保全の仮処分が認められた事例として，鹿児島地決平12・10・10判タ1098号179頁〔ほっかほっか亭鹿児島事件〕。
(注28) 最判昭50・7・10民集29巻6号888頁・判タ326号82頁・判時781号21頁〔育児用粉ミルク和光堂事件〕は，当時の独占禁止法2条7項4号に基づく一般指定8号について，「拘束」があるというためには，「必ずしも取引条件に従うことが契約上の義務として定められていることを要せず，それに従わない場合に経済上なんらかの不利益を伴うことにより現実にその実効性が確保されていれば足りるものと解すべきである。」と判示している。
(注29) ただし，最判昭52・6・20民集31巻4号449頁・判タ349号192頁・判時856号3頁〔岐阜商工信用組合事件〕は，「独占禁止法19条に違反した契約の私法上の効力については，その契約が公序良俗に反するとされるような場合は格別として……同条が強行法規であるとの理由で直ちに無効であると解すべきではない。」と判示しており，違法であっても，直ちに契約条項自体が無効となるものとは限らない。独占禁止法違反の行為の民法90条該当

のような継続的契約関係について解除をするためには，当事者間の信頼関係が破壊されるような事情(注30)又は「やむを得ない」事由が必要であり，そのような事情にあたらないから解除は効力を有しないなどと主張して，契約に基づく引渡請求権等の被保全権利の存在を疎明することとなろう(注31)。

なお，この点，公正取引委員会の平成14年4月24日付け「フランチャイズ・システムに関する独占禁止法上の考え方について」（最終改正：平成23年6月23日）の3(3)は，「販売価格については，統一的営業・消費者の選択基準の明示の観点から，必要に応じて希望価格の提示は許容される。しかし，加盟者が地域市場の実情に応じて販売価格を設定しなければならない場合や，売れ残り商品等について値下げして販売しなければならない場合などもあることから，本部が加盟者に商品を供給している場合，加盟者の販売価格（再販売価格）を拘束することは，原則として独占禁止法第2条第9項4号（再販売価格の拘束）に該当する。」として，フランチャイザーがフランチャイジーに商品を供給している場合のデイリー商品の見切り販売の禁止は原則として違法であるとしている。

　　　　性の判断基準について述べたものとして，村上・前掲（注25）490～492頁。
(注30)　フランチャイズ契約のような継続的契約関係については，軽微な債務不履行であっても解除を認めると投下資本を回収できず，経済的弱者であることの多いフランチャイジーに経済的打撃を与えること等を理由として，当事者間の信頼関係が破壊されるような事情がない限り解約権の行使は許されないとして，解約権の行使が制限的に解されている裁判例が多い（西口ほか編・前掲（注2）380頁以下参照）。
(注31)　前掲（注4）大阪地決平5・6・21は，債務者のした出荷停止を，（債権者から）安売店への商品の流通を阻止し，その再販売価格を維持するためにとった措置であると認定し，債権者の出荷停止を正当化する信頼関係を破壊する特段の事情を認めることはできないとして，債権者の地位保全仮処分等の申立てを認めた事例である。なお，継続的契約の解除の要件を分析した最近の文献として，清水建成＝相澤麻美「企業間取引訴訟の現代的展開　現代企業法研究会　企業間における継続的契約の解消に関する裁判例と判断枠組み」判タ1406号29頁参照。

41 競業避止義務違反に基づく営業差止めの仮処分

砂古　剛

　X社は，宅配ピザのチェーン店のフランチャイズ事業を経営しているところ，X社との間でフランチャイズ契約を締結して宅配ピザ店を出店しているYが，同業他社であるZ社の宅配ピザチェーンに鞍替えしようとしていることを知った。X社とYとのフランチャイズ契約では，YがX社との契約を解除した場合には，Yはその解除後1年間は同じ地域内で同種の営業をしないことなどを定めた条項があるため，X社は，YがZ社との間でフランチャイズ契約を締結してZ社の宅配ピザ店となることを阻止したいと考えている。X社は，誰に対して，どのような仮処分を申し立てるのが適切か。

〔1〕設例の検討

　X社は，YがZ社との間でフランチャイズ契約を締結してZ社の宅配ピザ店となることを阻止したいと考えている。XY間のフランチャイズ契約には契約終了後の競業避止特約が付されていることから，X社の意向に沿う仮処分として真っ先に思い浮かぶのは，Yに対する競業避止義務違反に基づく営業差止めの仮処分であろう。X社としては，Yとのフランチャイズ契約の終了後，又はYの債務不履行を理由にフランチャイズ契約を解除したうえ，Yに対し，営業差止めの仮処分を申し立てるべきことになる。
　ところで，X社は，Yが新規にフランチャイズ契約を締結するZ社に対し，何らかの仮処分を申し立てることはできないであろうか。この点，X社とZ社は契約関係になく，当然競業避止の合意もしていないし，Z社自体は新規ピザ宅配事業の主体ではないため，Z社に対し営業差止めの仮処分を申し立

てることはできない。Z社に対する仮処分としては，不正競争防止法違反（営業秘密の使用〔不正競争2条1項7号〕）に基づく侵害行為の差止め（不正競争3条1項）の仮処分が考えられなくはない。しかし，このような仮処分を申し立てたとしても，現実には，営業秘密の使用等の要件について疎明が困難な場合が多いであろう。また，X社としては，営業主体であるYの営業行為を差し止めることができさえすれば，通常，競業による損害発生防止の目的を達成することができるはずである。そこで，本項目では，検討の対象をYに対する競業避止義務違反に基づく営業差止めの仮処分に限定したうえ，論じることとしたい。

〔2〕 フランチャイズ契約における競業避止義務

　フランチャイズ契約とは，事業者（フランチャイザー）が，他の事業者（フランチャイジー）に対し，自己の商標等その他の営業の象徴となる標識及び経営のノウハウを用いて，同一のイメージの下に商品の販売その他の事業を行う権利を与え，他方で，フランチャイジーがその見返りとして一定の対価を支払い，事業に必要な資金を投下してフランチャイザーの指導及び援助の下に事業を行うとの継続的契約をいう[注1]。このように，フランチャイズ契約は，フランチャイザーが，独立の事業主体であるフランチャイジーに対し，フランチャイザーの有するブランドイメージとともに，営業秘密又はそれに至らない程度の経営ノウハウ等（以下「営業秘密等」という。）を提供し，それに基づき，フランチャイジーが継続的に事業を行う点に特徴がある。これにより，フランチャイザーとしては，自ら多額の資本を投下することなく，自己のブランドによる事業（営業店舗）を容易に拡大することができ，他方で，フランチャイジーとしては，フランチャイザーの傘下に入り，既に市場競争力を備えた経営ノウハウやブランドを利用することにより，経営上のリスクを抑えて事業に参入できるという利点がある[注2]。

　（注1）　一般社団法人日本フランチャイズチェーン協会編『新版フランチャイズ・ハンドブック』（商業界，2012）22頁参照。
　（注2）　一般社団法人日本フランチャイズチェーン協会編・前掲（注1）29頁以下参照。

以上の特質から，フランチャイズ契約においては，契約継続中のみならず契約終了後においても，フランチャイジーの秘密保持義務とともに，競業避止特約，すなわち，フランチャイジーが一定期間同種の営業を行うことを禁止する旨の特約が付されることが多い。その目的は，①フランチャイジーが，フランチャイズ契約継続中にフランチャイザーから提供された営業秘密等をフランチャイズ契約外において流用するのを防止すること（営業秘密等の保護(注3)）及び，②フランチャイジーが，フランチャイズ事業によって獲得・形成された顧客や商圏を，フランチャイズ契約外において流用するのを防止すること（顧客・商圏の保護(注4)）にあるとされている(注5)。

他方で，競業避止特約，特に，フランチャイズ契約終了後にフランチャイジーに対し競業避止義務を課す特約については，フランチャイジーの営業の自由を不当に制限するものとして公序良俗に違反しないかという問題がある。このほか，公益的観点からの問題として，フランチャイジーに競業避止義務を課すことが優越的地位の利用など不公正な取引に該当するものとして独占禁止法に違反しないかという問題もある(注6)。後記のとおり，競業避止義務違反に基づく営業差止め又は損害賠償請求の事案においては，上記の観点から競業避止特約の有効性が争われることが多い。

(注3) 同種の営業をすることは，必ずしも営業秘密等の流用を伴うわけではないが，営業秘密等の流用をうかがわせる行為といえる。このことから，競業避止特約には，秘密保持義務違反の立証責任を軽減する意義がある旨の指摘がされている（金井高志「フランチャイズ契約におけるフランチャイジーの秘密保持義務及び競業避止義務」判夕873号41頁）。
(注4) 金井・前掲（注3）45頁，大阪地判平22・1・25判夕1320号136頁・判時2080号46頁・労判1012号74頁。フランチャイザーが有するブランドや営業秘密等を利用してはじめて獲得できた顧客や商圏である以上，それらはフランチャイザーに帰属すべきものであるとの考えが根底にあると思われる。したがって，フランチャイジーがフランチャイズ契約締結前に既に顧客を獲得していたような場合には，別の考慮が必要となろう。
(注5) 2つの目的の関係については，明確に線引きができるわけではないが，大まかにいって，競業避止特約による営業場所の制限は顧客・商圏保護の目的と，営業種類の制限は営業秘密等の保護の目的と，それぞれ関係が深いといえるであろう。
(注6) この点につき，公正取引委員会は，「フランチャイズ・システムに関する独占禁止法上の考え方について」（公正取引委員会ホームページ）において具体的な判断基準を示している。また，フランチャイズ契約継続中にフランチャイジーに競業避止義務を課すことが独占禁止法に反しない旨判示した例として，東京地判平6・1・12判夕860号198頁・判時1524号56頁及びその控訴審判決である東京高判平8・3・28判時1573号29頁がある。

〔3〕 競業避止義務違反に基づく営業差止めの仮処分

(1) 被保全権利

　競業避止義務違反に基づく営業差止めの仮処分の被保全権利は，競業避止義務（特約）に基づく競業差止請求権である[注7]。競業避止義務は，競業行為を行わないことを義務づける不作為義務であり，その履行請求権として，競業避止義務に違反する営業行為の差止請求権が認められる。

　したがって，債権者（フランチャイザー）は，被保全権利の疎明にあたり，フランチャイズ契約の締結及びその終了など基本的な事実関係のほか，①債務者（フランチャイジー）が競業避止義務を負うこと（競業避止特約の存在），②債務者の営業行為が競業避止義務に違反すること[注8]を疎明する必要がある[注9]。これに対し，債務者は，競業避止特約の有効性を争う場合は，競業避止特約が公序良俗に違反し無効であること等につき疎明する必要がある[注10]。以上の立証責任の構造を踏まえ，以下，各要件について検討する。

(a) 債務者が競業避止義務を負うこと

(ｱ) 競業避止特約の存在

　債務者が競業避止義務を負うことの疎明は，競業避止特約の存在を疎明することにより行う。競業避止特約の存在については，通常，フランチャイズ契約の契約書により容易に疎明することができるであろう。

　競業避止特約がない場合にフランチャイジーに競業避止義務が認められる

(注7)　裁判実務大系299頁〔下村眞美〕（「競業禁止の合意に基づく仮処分」）参照。
(注8)　競業行為の差止請求権は，抽象的には，競業避止義務の履行請求権として競業避止義務を根拠に直接発生するとも考えられるが，債務者の具体的な営業行為の差止めを求める以上，当該営業行為が競業避止義務に違反することをも疎明する必要があると考える。
(注9)　このほか，競業避止義務違反に基づく差止請求の実体上の要件として，競業行為により営業上の利益を現に侵害されること，又は侵害される具体的なおそれがあることが必要であるとする見解もあるが（東京地決平7・10・16判タ894号73頁・判時1556号83頁・労判690号73頁），ここでは紹介にとどめる。
(注10)　裁判実務大系302頁〔下村眞美〕は，債権者において競業避止特約の合理性を根拠づける事情の疎明が必要であるとするが，裁判例の多くは，競業避止特約の公序良俗違反が抗弁になると解しているように思われる。

余地があるかについては，信義則上，競業避止義務が認められる場合があるとしても差止請求は認められないとする見解(注11)と，競業避止義務自体が認められないとする見解(注12)がある。いずれにせよ，競業避止特約がない場合に営業差止めの仮処分が認められる可能性は極めて低いと考えられる。

(イ) 競業行為の主体が第三者である場合

フランチャイズ契約の当事者であるフランチャイジー以外の者が競業行為をしている場合，競業避止義務を負わせることができるであろうか。この点については，以下の2つの裁判例がある。

(ⅰ) 前掲（注6）東京地判平6・1・12，東京高判平8・3・28

原告をフランチャイザー，A会社をフランチャイジーとしてコンビニエンスストアのフランチャイズ契約が締結されたところ，原告が，A会社の役員である被告に対し，競業避止特約違反を理由に損害賠償を請求した事案である。

裁判所は，A会社が被告の同族会社であること，被告がA会社の事業を自ら采配を振るって実質的に支配していたこと等を理由に，A会社と被告は信義則上同視すべきであるとして，原告の被告に対する損害賠償請求を一部認容した。

(ⅱ) 東京地判平17・1・25（判タ1217号283頁）

高齢者専門宅配弁当のフランチャイズ契約につき，競業避止特約違反を理由に，フランチャイザーである原告が，フランチャイジーである被告Y_1及びY_1の事業の店長を務めるなどしていた被告Y_2に対し，営業の差止め及び損害賠償を請求した事案である。

裁判所は，被告Y_2の信用に問題があったため，契約書上は被告Y_1が当事者となってフランチャイズ契約が締結されたこと，被告Y_2は原告の研修を受講したうえ，店長として営業を取り仕切っていたこと，原告との支払の交

(注11) 東京高決平20・9・17判時2049号21頁。
(注12) 西口元＝吉野正三郎編『フランチャイズ契約の実務』（新日本法規出版，2000）311頁，金井・前掲（注3）42頁，田中敦ほか「フランチャイズ契約関係訴訟について」判タ1162号50頁など。このほか，東京高判平24・10・17判時2182号60頁は，フランチャイズ契約が対等な事業者間で締結されたにもかかわらず競業避止特約が付されなかったこと等から，競業行為が信義則上許されないとまではいえないと判示している。

渉には被告 Y_2 があたっていたこと等から，信義則上，被告 Y_2 も競業避止義務を負うと判示し，被告 Y_2 に対する差止請求及び損害賠償請求を認容した。

　(iii) 裁判例の検討

　前記(i)及び(ii)の裁判例は，いずれも，競業行為の主体がフランチャイジーの事業を事実上中心的に行っていたなど，実質的に見てフランチャイジーと競業行為の主体を同視できる場合には，当該競業行為の主体も，信義則上，競業避止義務を負うとの解釈を採用していると考えられる。

(b) 競業避止特約の有効性

　(ｱ) 競業避止特約の有効性についての最高裁判例

　フランチャイズ契約における競業避止特約の有効性について判断した最高裁判例は見当たらないが，最判昭44・10・7（集民97号9頁・判時575号35頁）は，パチンコ業者間で2年間同一町内において相手方と同一業種のパチンコ店を営業しない旨の契約が締結されたという事案において，「このように，期間および区域を限定しかつ営業の種類を特定して競業を禁止する契約は，特段の事情の認められない本件においては，上告人の営業の自由を不当に制限するものではなく，公序良俗に違反するものではない」と判示しており，競業避止特約一般の有効性についての判断枠組みを示しているといえる[注13]。

　(ｲ) フランチャイズ契約終了後の競業避止特約の有効性についての裁判例

　フランチャイズ契約終了後の競業避止特約の有効性が問題となった下級審裁判例としては，主に以下のものがある。

　(i) 神戸地判平4・7・20（判タ805号124頁）

　持ち帰り弁当等飲食物の加工販売業のフランチャイズ契約につき，「本契約による営業場所において，同業種による同種事業をしてはならない。」との競業避止特約が付されていたところ，フランチャイザーである原告が，フランチャイジーである被告に対し，上記競業避止特約違反を理由に営業の差止め及び損害賠償を請求した事案である。

[注13] 大判明32・5・2民録5輯5巻4頁及び大判昭7・10・29民集11巻1947頁も同様の枠組みで判断しており，これらの判例を踏襲したと考えられる。

裁判所は，競業を禁止する場所及び営業の種類が限定されていること，競業避止特約をすることにつき十分な合理性があることを理由に，上記競業避止特約が公序良俗に反するとはいえないと判示し，差止請求及び損害賠償請求を認容した。

(ii) 前掲(a)(イ)(ii)東京地判平17・1・25

事案の概要については前記(a)(イ)(ii)を参照。一定のエリアを営業地域とするフランチャイズ契約において，契約終了後3年間フランチャイザーと同一分野における営業に従事してはならないとの競業避止特約が付されていた事案である。

裁判所は，競業避止特約が，期間及び区域を限定し，営業の種類を特定していること等から，営業の自由を不当に制限するものとはいえず，無効と解すべきではないと判示し，差止請求及び損害賠償請求を認容した。

(iii) 東京地判平21・3・9（判時2037号35頁）

労働者派遣事業のフランチャイズ契約において，契約終了後2年間同種又は類似の事業を営むことはできないとの競業避止特約が付されていたところ，フランチャイザーである原告が，フランチャイジーである被告に対し，上記競業避止特約違反を理由に損害賠償を請求した事案である。

裁判所は，「フランチャイズ契約における競業避止規定については，①競業避止規定による制限の範囲（禁止の対象となる期間，地域・場所，営業の種類）が制限目的との関係で合理的といえるか，②競業避止規定の実効性を担保するための手段の有無・態様（違約金・損害賠償の予定，フランチャイザーの先買権など），③競業に至った背景（契約の終了の原因に対する帰責の有無）等を総合的に考慮し，競業禁止により保護されるフランチャイザーの利益が，競業禁止によって被る旧フランチャイジーの不利益との対比において，社会通念上是認しがたい場合には，民法90条により無効と解すべきである。」としたうえ，①被告が営業していた地区においては，被告の人的関係によって取引関係が構築されており，原告の商圏が成立していたとはいえないこと，②原告が被告に提供した営業ノウハウは，フランチャイズ契約終了の時点では秘密性及び有用性を欠いていたこと，③上記競業避止規定により被告には廃業以外の選択肢がなく，廃業（原告への営業の承継）に伴う対価

を得られる見込みがなかったこと，④フランチャイズ契約終了に至った原因について原告側の事情が多分に寄与していることからすると，上記競業避止規定は公序良俗に反し無効であると判示し，損害賠償請求を棄却した。

　(iv)　前掲（注4）大阪地判平22・1・25

　弁当宅配業のフランチャイズ契約において，契約終了後3年間同一又は類似の事業をしてはならない旨の競業避止特約が付されていたところ，フランチャイザーである原告が，フランチャイジーである被告に対し，上記競業避止特約違反を理由に，営業の差止め及び損害賠償を請求した事案である。

　裁判所は，上記競業避止特約は，顧客・商圏の保全及び営業秘密の保持という重要かつ合理的な趣旨及び目的を有すること，他方で，被告が被る営業の自由の制約等の不利益については，期間及び営業の種類を限定し，原告が営業差止めを請求する地域を限定しているなど相当程度緩和の措置がとられていることから，公序良俗に違反し無効であるとはいえないと判示し，差止請求及び損害賠償請求を認容した。被告は，競業避止特約が公序良俗に違反することを基礎づける事情として，①原告は，被告に経営ノウハウを伝授しておらず，顧客獲得に寄与していないから，原告には競業避止義務によって保護されるべき利益がないこと，②原告の債務不履行が原因でフランチャイズ契約が終了したこと，③原告が被告に契約内容を熟考する機会を与えなかったことなどを主張したが，いずれの主張も，事実関係が認められないか，公序良俗違反を基礎づける事情とはいえないとして排斥された。

　(v)　大阪地判平22・5・12（判タ1331号139頁・判時2090号50頁）

　洗車場のフランチャイズ契約につき，フランチャイジーが，フランチャイザーに対し，情報提供義務及び指導援助義務違反に基づき損害賠償を請求したところ，フランチャイザーが，類似した事業を契約終了日より5年間行ってはならない旨の競業避止特約の違反に基づき，フランチャイジーに対し，営業差止め及び損害賠償を請求する反訴を提起した事案である。

　裁判所は，上記競業避止特約は，期間が不当に長期にわたるとはいえないこと，営業の種類が限定されていること，フランチャイザーが場所的範囲を既存店舗の所在地に限定して営業差止めを請求していること等から，公序良俗に違反するとはいえないとした。もっとも，①フランチャイジーが店舗の

開設，運営のために多額の費用を投じていること等から，フランチャイジーが従前の店舗での営業を禁止されることにより被る不利益は極めて大きいこと，②上記競業避止特約の主な目的は商圏の保護にあると推認されるところ，フランチャイザーが，フランチャイジーが経営する店舗の近隣で洗車場を運営することを現実に予定しておらず，既存店舗の商圏を維持しなければフランチャイザーが重大な不利益を受けるとはいえないこと，③フランチャイジーが店舗に多額の費用を投資したのは，フランチャイザーによる情報提供義務に違反する勧誘行為が契機となっていることから，フランチャイジーに競業避止義務を負わせることは信義則に反し許されないと判示し，反訴請求を棄却した。

(ウ) 裁判例の検討

競業避止特約の有効性に関する裁判例の多くは，前掲(b)(ア)最判昭44・10・7の判断枠組みを踏襲して，競業避止義務を負う期間及び区域が限定され，かつ営業の種類が特定されていることから，フランチャイジーの営業の自由を不当に制限するものではなく公序良俗に違反しないとして特約の有効性を認めている。その場合，競業避止特約の文言上は競業禁止区域が限定されていなくても，区域を限定して営業差止請求がされていることを考慮して特約の有効性を認めている例もあり，実務上参考となろう。

ところで，近時の裁判例においては，当事者から，競業避止特約が無効であることの根拠として，フランチャイズ契約締結前後の経緯について様々な主張がされ，これに伴い，裁判所が詳細な事実認定及び検討をしたうえで特約の有効性を判断しているものがみられる。そこでは，フランチャイザーの営業秘密等が保護に値するか，フランチャイズ契約継続中に保護に値すべき商圏が形成されたか，フランチャイズ契約の終了につきフランチャイザーに帰責性があるかなどフランチャイズ契約の具体的な取引経過を踏まえたうえ，競業避止特約の目的に照らし，フランチャイジーに競業避止義務を負わせる実質的根拠があるか否かが問題とされているように思われる。前掲(b)(ア)最判昭44・10・7が，競業避止特約の有効性を判断するにあたり，特約による営業行為の制限の程度を中心に検討するのと比較して，取引経過に即してより実質的な考慮をするアプローチといえるであろう[注14]。

㈐　私　　見

　これまで検討したとおり，フランチャイズ契約終了後の競業避止特約の有効性については，いくつかアプローチがあり得るところであるが，まずは，前掲(b)(ア)最判昭44・10・7が示す判断枠組みのとおり，競業避止特約の内容に着目し，競業が禁止される期間，場所的範囲及び営業の種類に照らし，それがフランチャイジーの営業の自由を不当に制限していないかどうかを検討すべきことになろう。

　次に，競業避止特約の内容それ自体がフランチャイジーの営業の自由を不当に制限するものとはいえないとしても，競業避止特約の目的はフランチャイザーの営業秘密等及び商圏の保護にあるところ，営業秘密等がフランチャイジーに提供されなかった，あるいは契約継続中に商圏が形成されなかったなど，競業避止特約によりフランチャイザーの利益を保護する必要性が乏しい場合もあり得るのであって，そのような場合にまで，競業避止特約が存在することのみを理由にフランチャイジーに競業避止義務を負わせることには疑問がないわけではなく，フランチャイジーの営業の自由を不当に制限していると評価すべき場合もあるのではないかと思われる。もっとも，競業避止特約がフランチャイズ契約当事者間の合意によって成立したものである以上，フランチャイザーに些細な債務不履行があったり，営業秘密等や商圏の保護の必要性を一定程度低減させる事情があるからといって，そのことから直ちにフランチャイジーが競業避止義務を免れると解することは妥当とはいえないであろう。そこで，例えば，実際の取引経過に照らして，競業避止特約によりフランチャイザーの利益を保護する必要性がない，あるいは，保護の必要性に乏しく，競業禁止によりフランチャイジーが被るであろう不利益との対比においてフランチャイジーに競業避止義務を負わせることが著しく公平に反するといえるような事情をフランチャイジー側が疎明した場合には，公序良俗違反，信義則違反又は権利濫用等を理由にフランチャイジーの競業避止義務が否定され得るとの解釈も考えられるのではないかと思われる。

(注14)　前掲(b)(ア)最判昭44・10・7説示の「特段の事情」の有無を問題としているという理解も可能であろう。

なお，競業避止特約が公序良俗に違反するか否かは，原則として，特約が成立した時点を基準に判断すべきであり，前記(イ)で紹介した一部の裁判例にみられるように，フランチャイズ契約締結後の事情をも考慮して判断することには慎重であるべきであろう。フランチャイズ契約締結後に生じた事情については，競業避止特約の適用が信義則違反又は権利濫用となるか否かの問題として考慮すべきように思われる(注15)。

(c) 債務者の営業行為が競業避止義務に違反すること

　債権者において，債務者の営業行為又は営業準備行為が競業避止特約に違反することを疎明する必要がある。

　競業避止特約違反の有無が問題となった裁判例として，東京地判平25・5・17（判時2209号112頁）がある。ロボットに関連した教室のフランチャイズ契約において，①契約終了後1年間，幼児・小学生を対象として，新規に「理科（ロボットを含むが，これに限らない。）に関する教室」の経営等をしてはならない，②フランチャイザーの教育システムを利用して，これと同一又は類似の事業を行ってはならない旨の競業避止特約が付されていたところ，フランチャイザーである原告が，フランチャイジーである被告に対し，競業避止特約に基づき，被告がフランチャイズ契約終了後新規に開設した幼児向けのロボット関連講座の差止め及び損害賠償を請求したという事案である。

　裁判所は，被告がフランチャイズ契約締結前にも幼児向けのロボット関連講座を運営しており，そのことを前提にフランチャイズ契約が締結されたことから，上記①の特約にいう「教室」とは，被告が従前運営していた講座とは異なる講座をいうと制限解釈したうえで，上記①の特約違反を認めなかった。また，上記②の特約については，被告が契約終了後新規に開設した教室が，原告の教育システムを利用したものとは認められないとして，特約違反を認めず，請求を棄却した。

(注15)　前掲(イ)(iv)大阪地判平22・5・12は，競業避止特約の有効性は認めたものの，信義則上フランチャイジーは競業避止義務を負わないと判示しており，このような枠組みを前提に判断していると思われる。また，東京高判平21・12・25判時2068号41頁は，フランチャイザーがフランチャイズ契約締結にあたり詐欺的行為をしたこと，フランチャイザーが経営指導義務を履行していないことから，競業避止特約違反に基づく損害賠償請求につき信義則違反及び権利濫用を理由に棄却している。

契約締結前の経緯や契約終了後の新規営業の態様等を踏まえて，競業避止特約を制限解釈した事例であり，局面は異なるが，前記(b)(ウ)で述べた競業避止特約の実質的根拠を問題とするアプローチの一つとして位置づけることができよう。

(2) 保全の必要性

競業避止義務違反に基づく営業差止めの仮処分は，仮の地位を定める仮処分であるから，債権者において，保全の必要性として，「債権者に生ずる著しい損害又は急迫の危険を避けるため」に仮処分が必要であることを疎明する必要がある（法23条2項）。

保全の必要性を判断するにあたっては，被保全権利の疎明の程度や，営業差止めによって債務者が被るであろう不利益を勘案しつつ，債務者による営業行為を本案訴訟の前に差し止めない場合に債権者に著しい損害が生じるおそれがあるか否かを検討することになろう。その際，①債務者は，営業差止めの仮処分により営業の機会を喪失するという重大かつ回復困難ともいえる不利益を被ること，②営業差止めの仮処分は，債権者に本案訴訟勝訴と同等の利益をもたらす満足的仮処分であることからすると，債権者の利益が保護に値するか，競業行為によって債権者の利益が侵害される具体的な危険性があるか等について慎重に検討する必要がある[注16]。

〔4〕 保全手続における審理

(1) 審尋手続の進行

営業差止めの仮処分は，仮の地位を定める仮処分であるから，原則として債務者の審尋が必要である（要審尋事件〔法23条4項〕）。現に行われている営業を差し止める仮処分であり，時間の経過とともに，差止めの対象である債務者の事業が進行し，仮処分及びその可否についての判断が当事者双方の営業

(注16) 裁判実務大系301頁〔下村眞美〕。

に与える影響も刻々と変化していくことから，迅速に審理を進める必要がある。そのためには，審尋期日での口頭議論を充実させ，主張書面の交換をできるだけ少なくさせることが有用であろう。

　前記のとおり，営業差止めの仮処分は満足的仮処分であり，その執行により本案訴訟の確定前に強制執行がされたのと同様の結果を生じ，債務者に重大な損害を与える可能性が大きいことから，被保全権利の疎明の程度については，高度な疎明が必要と解される[注17]。単に，債務者の営業行為が競業避止特約に違反するか否かのみを形式的に審理するのではなく，既に論じたように，フランチャイジーに対し競業避止義務を負わせる実質的根拠があるか否か等についても留意しつつ審理を進める必要があると思われる。

(2) 仮処分の発令

　営業差止めの仮処分を発令する場合は，本案訴訟における請求認容判決と同様に，債務者に対し，特約に規定された競業禁止期間が満了するまでの間，営業の差止めを命じることが多い。また，申立ての趣旨よりも競業を禁止する営業の種類や場所的範囲を限定したうえで仮処分を発令することも可能と解される[注18]。

　仮処分発令の際の担保の金額は，裁判所の裁量によって定められるが，一般的にいって，営業差止めの仮処分は，債務者に対し営業の機会を奪うという重大な不利益を与えるものであることから，担保の金額は，営業差止期間中に生じるであろう債務者の営業利益（逸失利益）を相当程度カバーするものであることを要し，相当高額なものとなることが予想される。

(3) 和解による解決

　競業避止義務違反に基づく営業差止めの仮処分申立ての事案は，和解により解決することも多い。和解の内容は，事案により様々であるが，傾向としては，本案訴訟が終了するまでの間，債務者が事業拡大をせずに現状を維持

(注17)　須藤＝深見＝金子・民事保全151頁以下，注釈民保（上）208頁。
(注18)　裁判実務大系302頁〔下村眞美〕。なお，処分権主義との関係から，一部限定した仮処分の発令が債権者の意向に反しないかどうかを債権者に釈明を求めるべきであるとしている。

したまま営業を継続することを認めるなどの暫定的な合意をすることが多いようである[注19]。このような暫定的和解は，営業を継続できる債務者にとってはもちろん，債権者にとっても，高額な担保の負担を免れつつ債務者の営業に一定の歯止めをかけられるという点でメリットが大きいといえるであろう。

■参考文献
　本文中に掲げたもののほか，
川越憲治『フランチャイズシステムの法理論』（商事法務研究会，2001）
西口元ほか編『フランチャイズ契約判例ハンドブック』（青林書院，2012）など。

(注19)　保全手続において暫定的和解をする場合の留意点につき，東京地裁・実務（上）170頁〔深見敏正〕，須藤＝深見＝金子・民事保全157頁等を参照。

42　セクハラ禁止の仮処分

外山　勝浩

　Aは，宅配弁当の製造販売をしているB社のパートタイマーとして，1日6時間の勤務で週4日働いている。仕事は楽しいが，上司の係長Cが，他の人が見ていない時にAの身体を触るようになり，困りますと言っても，回数が減っただけでやめてくれない。その後，一緒に食事に行こうと誘われ，断っても何度も誘ってくる。Aは困って上司の課長Dに相談したが，Dは，「Cには奥さんもいるし悪気はないから様子を見て」と言うだけで，真剣に取り合ってくれない。Aは，仕方なく，一度だけ食事に付き合い，終わったと思っていたが，Cから，教えていないはずのAの携帯電話に，「また一緒に食事に行きたい」，「できれば一緒に旅行に行きたい」などと書かれたメールが届くようになった。上司も頼りにならないので，何か対策をとりたいが，Aは，誰に対して，どのような仮処分を求めることができるか。

〔1〕　セクハラに関する一般的理解

(1)　セクハラとは

　本設例においては，労働者に対してセクハラ（セクシャル・ハラスメント）がなされた場合において，セクハラ被害者の取り得る仮処分が問題とされている。
　セクハラとは，一般に「相手方の意に反する不快な性的な言動」を意味し，最広義においては性差別意識や女性蔑視に基づく言動等（ジェンダー・ハラスメント）[注1]も含む幅広い概念であるが，今日特に問題とされているのは，かかる性的な言動が労働関係，教育関係等における一方の他方に対する優越

的地位ないし支配的関係（上司と部下，教授と学生等）を利用して行われる場合である。

(2) セクハラ行為の分類

セクハラ行為は，その社会規範からの逸脱の程度から，①強制わいせつ，名誉毀損，ストーカー行為など犯罪となる行為，②犯罪とはならないものの，社会一般のモラルや価値規範に違反する程度が高く，法的にも違法とされる行為（民法上の不法行為となったり，差止めの対象となる行為），③望ましくない行為ではあるが，社会一般の価値規範に直ちに違反するとまではいえず，不法行為となったり差止めの対象となるほどの違法性があるとまではいえないが，職場等から排除されるべき行為に分類される。本設例においては，係長Ｃの行為が差止めの対象とされるほどの違法性を有するかが，まず問題となる。

また，セクハラ行為により労働者が受ける不利益の態様からは，「対価型」と「環境型」に分類される。対価型セクハラとは，セクハラ行為を受けた労働者の対応により，労働者が解雇・降格・減給等の不利益を被る形態のセクハラをいう。具体的には，事業主が部下に対して性的関係を求めたがこれに応じなかったために解雇したり，配置転換をする場合などがある。これに対し，環境型セクハラとは，セクハラ行為により就業環境が不快なものになったため，労働者の能力発揮に重大な悪影響が生じるなどの場合をいう。上司や同僚が労働者の身体に触れる，労働者に卑猥な言葉を投げかける，労働者に関する性的なうわさを流すなどがその例である。本設例においては環境型セクハラが問題とされている。

(3) セクハラ行為に対する法規制

近時，セクハラ行為と同様に社会的に問題とされ，また，面会や交際の要求，電話や電子メールの送信等，セクハラ行為と一部その態様を共通とするストーカー行為については，ストーカー行為等の規制等に関する法律（以下

(注1) 例えば，女性だけにお茶くみをさせる，カラオケで女性にデュエットを強要する，「女性に仕事は任せられない」などと発言する，職場に女性のヌード・ポスターを貼るなどである。

「ストーカー防止法」という。）がこれを一般的に規制の対象としている(注2)。これに対し，セクハラ行為についてはこれを一般的に規制の対象とする立法はなされていないが，雇用の分野における男女の均等な機会及び待遇の確保等に関する法律（以下「男女雇用機会均等法」という。）が企業に対してセクハラ防止のための措置義務について規定し（雇均11条1項），これに関する指針を定めることとし（同条2項），また人事院規則10－10（セクシュアル・ハラスメントの防止等）及びその運用に関する通知等がセクハラ行為の定義，その防止・排除等の責務及び具体的方策，セクハラに対する基本的心構え，セクハラになり得る言動等について具体例をあげて詳細に規定しているのが参考になる。これらの規定等は，直接には企業にセクハラの防止措置を講じるよう求め，また官公庁におけるセクハラに関する職務規律を定めたものであるが，それにとどまらず，後に述べるセクハラ行為の不法行為該当性の判断や，使用者の負う職場環境配慮義務の解釈等に大きな影響を与えるものと解される。

〔2〕 セクハラ行為に対する法的責任

(1) はじめに

本設例においては，パートタイマーであるAが勤務するB社において，Aの上司である係長CがAの身体を触る行為及び執拗に食事や旅行に誘う行為が問題とされているが，かかる行為は労働関係における支配・優越関係を利用して行われる相手方の意に反する不快な性的な言動であって，広義のセクハラ行為に該当することはいうまでもない(注3)。以下，Aにおいて取り得る仮処分を検討する前提として，まず，セクハラ行為を行った係長C，Cの雇用者であるB社及びCの上司である課長Dが負うべき法的責任について検討

(注2) 警察本部長等による警告（ストーカー4条），警告に従わなかった場合の禁止命令等（ストーカー5条）の制度があり，禁止命令等に違反した場合の罰則（ストーカー13条～15条）も定められている。

(注3) なお，男女雇用機会均等法11条2項により厚生労働大臣が定めた指針は，「労働者」には正規労働者のみならず，Aのようなパートタイム労働者等，非正規労働者を含むとしている。

する。

(2) 係長Ｃの責任

本設例におけるＣの行為は，その行為態様によってはＡに対する暴行罪，強制わいせつ罪，強要罪などの犯罪を構成する場合もあり得るが，そうでない場合でも，セクハラ行為は被害者の性的自由ないし性的自己決定権，名誉権，プライバシーなどの人格的利益を侵害するものであり，当該行為が社会通念上不相当ないしは許される限度を超える程度に至ったときは違法性を帯び，加害者であるＣはＡに対してかかる利益侵害を理由とする不法行為責任（民709条・710条）を負う（後記〔3〕における各判例参照）。問題は，いかなる場合に当該行為が社会通念上不相当といえるかの判断基準であるが，この点についても後記〔3〕において述べる。

(3) Ｂ社の責任

(a) 使用者責任

Ｃのセクハラ行為が不法行為を構成する場合，それがＢ社の事業の執行について行われたものと評価できる場合には，Ｂ社はＡに対して使用者責任（民715条1項）を負う。ここに「事業の執行について」とは，被用者の事業の執行から直接に生じたものに限られず，被用者の職務執行行為そのものには属しないが，その行為の外形から観察して，あたかも被用者の職務の範囲内の行為に属するものと認められる場合をも含む[注4]。セクハラ行為の職務該当性については，加害者の会社内における地位及び被害者との関係（加害者が被害者の同僚であるか，上司であるか，さらには営業所長等の管理者的地位にあるか），加害者の職務上の地位利用の有無，加害行為の内容・程度，加害行為の行われた場所・時間（職場内か，勤務時間内か），加害行為に至った経緯等を考慮して総合的に判断されるべきである。

本設例の場合，Ｃはその地位を利用してセクハラ行為を行っていると認められるから，セクハラ行為が職場内で勤務時間中に行われた場合はもちろん，

(注4) 最判昭40・11・30民集19巻8号2049頁・判タ185号92頁・判時433号28頁。

例えば温泉等への勧誘行為やメールの送信等が職場外や勤務時間外で行われたとしても，事業の執行について行われたものと判断される可能性が高いと思われる。また，勤務時間後の懇親会や二次会の席，さらにはその帰り道等におけるセクハラ行為が職務の執行について行われたといえるかもしばしば問題とされるが，職務の延長上の行為として職務該当性が認められる場合が多い[注5]。

(b) 債務不履行責任

さらにB社は，上記の使用者責任とは別に，使用者が負う職場環境配慮義務に違反したものとして債務不履行責任（民415条）ないし不法行為責任（民709条）を負う場合がある。すなわち，使用者は，労働契約上の付随義務として，又は被用者との関係において社会通念上伴う義務として，被用者にとって良好な作業環境を形成・保持すべき義務を負っているものと解される[注6]。したがって，使用者がかかる義務を怠ったためにセクハラ行為がなされたと認められるときは，使用者は債務不履行責任ないし不法行為責任を負う[注7]。

このような職場環境配慮義務により会社の責任を認めた裁判例として，①会社の男性社員が女子更衣室にビデオカメラを設置して密かに撮影していたところ，会社の代表取締役がその事実に気づいたが適切な措置をとらなかったため，その後，再び同社員によりビデオ撮影がなされたという事案において，会社は雇用契約に付随して被害社員のプライバシーが侵害されることがないよう職場の環境を整える義務があり，それにもかかわらず適切な措置をとらなかったことは債務不履行にあたるとした裁判例[注8]，②会社の男性従業員がのぞき見の目的で会社の女子トイレ内に侵入しているのを女性従業員が発見し，店長に報告して早急に措置をとるよう要求したのに会社が適切な

(注5) 後記（注17）の事案における④の行為についても，行為の職務該当性は問題とされていない。なお，雇用者が社員の選任及び監督について相当な注意をしたときは免責される余地があるが（民715条1項ただし書），この免責が認められることは極めて困難とされる。
(注6) 労働契約法5条も「使用者は，労働契約に伴い，労働者がその生命，身体等の安全を確保しつつ労働することができるよう，必要な配慮をするものとする。」と規定してこの趣旨を明らかにしている。
(注7) なお，〔福岡セクハラ事件〕福岡地判平4・4・16判タ783号60頁・判時1426号49頁・労判607号6号は同趣旨を述べたうえで，会社は使用者責任を負うものとする。
(注8) 京都地判平9・4・17判タ951号214頁・労判716号49頁。

措置をとらなかったという事案において，会社に職場環境配慮義務違反を認めて慰謝料の支払を命じた裁判例[注9]などがある。

(4) 課長Dの責任

上記のとおり，B社は職場環境配慮義務を負っているところ，セクハラ行為をした係長Cの上司である課長Dは，使用者であるB社の履行補助者としてB社の同義務を履行すべき立場にあるといえる[注10]。したがって，課長DがAから係長Cのセクハラ行為につき相談を受けながら真剣に取り合わず，適切な措置を講じなかったことは，B社の過失ないし義務違反と評価されることになる。

さらに，課長Dが民法715条2項の「使用者に代わって事業を監督する者」，すなわち代理監督者に該当すれば，Dも同条により不法行為責任を負う余地がある。ここに代理監督者とは，「客観的に観察して，実際上，現実に使用者に代わって事業を監督する地位にある者」をいい[注11]，具体的には会社の支店長，営業所長などがこれにあたるとされる。しかし，会社の部長，課長，現場主任，現場監督などの下位監督者については，実質的には上位代理監督者の補助代行者にとどまり，独立の代理監督者とはいえず，上位代理監督者のみが責任を負う場合が多いと思われる[注12][注13]。したがって，課長DはAに対して原則として不法行為責任を負わないものと解される。

(注9) 仙台地判平13・3・26判タ1118号143頁・労判808号13頁。
(注10) この点，東京地判平21・6・12判タ1319号94頁・判時2066号135頁・労判991号64頁は，総務部長に関し，セクハラ被害等が存在するのにこれを放置しておけば加害者の行為がエスカレートしてより深刻な被害が発生したり，さらに別の被害者が発生したりするなど就業環境がより悪化する場合もあるから，職場環境を維持・配慮する職責を担う者は，かかる被害を上長に報告して組織として適切な措置を講ずることができるように配慮する必要があるとする。
(注11) 最判昭35・4・14民集14巻5号863頁・判時220号20頁，最判昭42・5・30民集21巻4号961頁・判タ208号108頁・判時487号36頁。
(注12) 三善勝哉「代理監督者」判タ268号96頁，神田孝夫「民法715条2項の代理監督者責任について」小樽商科大学学術成果コレクション（小樽商科大学ホームページ）。
(注13) 裁判例も，下位監督者については代理監督者責任を否定するものが多い（建築会社の現場事務所長につき東京地判昭44・10・29判時579号77頁，自動車運送事業を業とする会社においていわゆる運行管理者として現に会社の自動車の運行の安全を確保すべき業務を行っていた者につき名古屋地判昭46・6・11判タ267号34頁。

〔3〕 セクハラ行為の違法性判断基準と具体例

(1) 一般的基準

次に，セクハラ行為が不法行為を構成するか否かの判断基準及び判例に現れた具体例について検討する[注14]。

セクハラ行為が不法行為を構成するか否かの一般的判断基準として，「職場において，男性の上司が部下の女性に対し，その地位を利用して，女性の意に反する性的言動に出た場合，これがすべて違法と評価されるものではなく，その行為の態様，行為者である男性の職務上の地位，年齢，被害女性の年齢，婚姻歴の有無，両者のそれまでの関係，当該言動の行われた場所，その言動の反復・継続性，被害女性の対応等を総合的にみて，それが社会的見地からみて不相当とされる程度のものである場合には，性的自由ないし性的自己決定権等の人格権を侵害する」とする裁判例が参考になる[注15][注16]。

(2) 身体への接触行為について

本設例においては身体への接触行為が問題とされているが，この点の判断

(注14) 後記〔4〕(2)のとおり，通説・判例は不法行為の直接の効果としての差止請求を否定し，物権的請求権類似の請求権として排他的支配権たる人格権侵害に基づく差止請求を認めるが，不法行為該当性の判断基準は差止請求の可否の判断においても参考とされるべきである。

(注15) 名古屋高金沢支判平 8・10・30判タ950号193頁・労判707号37頁。

(注16) しかしながら，社会通念上不相当な行為か否かの判断は微妙な場合があり，第1審と控訴審で判断が分かれた事例として，〔H菓子店事件〕東京高判平20・9・10判時2023号27頁・労判969号5頁がある。これは，契約社員として勤務していた女性社員が，休日明けの出勤日に上司から「昨夜遊びすぎたんじゃないの」と言われたり，勤務中に「頭がおかしいんじゃないの」「エイズ検査を受けた方がいいんじゃない」「秋葉原で働いた方がいい」などと言われ，また，クリスマスの打ち上げの席で「処女に見えるけど処女じゃないでしょう」などと言われたことがセクハラにあたるとして，会社に損害賠償を求めた事案である。第1審は，上司の発言は仕事上の注意・指導ないしは職場での雑談の域を出ず，適切なものとはいいがたい部分があるものの，直ちに損害賠償義務を発生させる言動とは認めがたいなどとして不法行為の成立を否定したが，控訴審は，上司の言動に指導目的に基づくものがあったとしても，女性職員が上司の発言を自己の性的行動等に対する揶揄又は非難と受け止めたこともやむを得ず，上司の言動は全体として受忍限度を超える違法なものであるとして不法行為の成立を認めた。

基準については「男性たる上司が部下の女性（相手方）に対してその望まない身体的な接触行為を行った場合において、当該行為により直ちに相手方の性的自由ないし人格権が侵害されるものとは即断し得ないが、接触行為の対象となった相手方の身体の部位、接触の態様、程度（反復性、継続性を含む。）等の接触行為の外形、接触行為の目的、相手方に与えた不快感の程度、行為の場所・時刻（他人のいないような場所・時刻かなど）、職務中の行為か、行為者と相手方との職務上の地位・関係等の諸事情を総合的に考慮して、当該行為が相手方に対する性的意味を有する身体的な接触行為であって、社会通念上許容される限度を超えるものと認められるときは、相手方の性的自由又は人格権に対する侵害に当たり、違法性を有する」とした裁判例が参考になる[注17]。

(3) 食事、旅行等への勧誘・電子メールの送信行為について

本設例においては食事、旅行の勧誘ないしメールの送信行為が問題とされているが、かかる行為は社員間の親睦や意思疎通を図るなど正当な目的で行われる場合もあるから、当該行為がセクハラ行為といえるかの判断にあたっては、当該行為の目的、勧誘の対象者、職務との関連性、勧誘行為が明示的ないし暗示的に性的誘いかけの趣旨を含むものか、勧誘等が強制にわたっていないか、勧誘の回数等を総合的に考慮することが必要と解される[注18]。

(注17) 〔横浜セクハラ訴訟〕東京高判平9・11・20判タ1011号195頁・判時1673号89頁・労判728号12頁。本判決は、勤務時間中に上司（男性・営業所長）と相手方（女性）が事務所内で二人きりでいる際に、①相手方の肩をもんだり、髪をなでたり、指ですくなどして髪に触れた行為、②腰を痛めたことがある相手方に対し、「私の手は人の手より熱いんだよ。どう、良くなってきた。」といいながら相手方の腰を触る行為、③相手方の後ろから抱きつき、首筋に唇を押しつけ、キスをし、胸・腰・下腹部を触るなどした行為について不法行為の成立を認めたが、④勤務時間外に職場外で二人で飲食した後、駅に向かって歩いている時に、「今日はどうもありがとうね。」と言って相手方の肩に手を回して抱き寄せるようにした行為については、行為の外形上、感謝の意とともに親愛の情を表そうとしたものともみることができ、執拗な行為でもなかったなどとして、不法行為の成立を否定した。

(注18) この点、不法行為の成立を否定した判例として、①上司である男性職員が女性職員をしばしば飲み会に誘ったり、泊まりがけの温泉旅行に誘った行為について、その誘いかけは他の同僚や部下全員を対象とした職場の親睦を図る趣旨に出たものであり、これに参加するか否かは自由であって、これを断ることによって原告が職場にいづらくなる等の事実関係があったとも認められないなどとした裁判例（東京地判平16・1・23判タ1172号216頁）、②飲酒が苦手である女性職員に上司が飲酒を強く勧めたうえ、二次会への参加を勧めると

〔4〕 Aの取り得る仮処分

(1) 係長Cに対する仮処分

Aは、Cのセクハラ行為が社会的相当性を逸脱する場合には、人格権を被保全権利として、Cに対しセクハラ行為の禁止（差止め）を求める仮処分を申し立てることができる（法23条2項）[注19]。もっとも、東京地裁において本設例のような会社内のセクハラ行為につき差止めを求める仮処分の申立てがなされた事例はないようであり、公刊物にもかかる申立ての事例は見当たらない[注20]。ただ、この仮処分に類似する態様の仮処分として、ストーカーに対する面談強要禁止、接近・つきまとい等禁止、平穏な生活の妨害禁止等の仮処分があり、セクハラ行為禁止の仮処分の審理等はこれらの仮処分と共通するところが多いと思われる[注21]。

(2) B社に対する仮処分

民法は不法行為につき金銭賠償の原則をとっていることから（民722条1項・417条）、不法行為の直接の効果としての差止請求を否定し、物権的請求権類似の請求権として排他的支配権たる人格権侵害に基づく差止請求を認め

ともに、腕を取って二次会会場に向かうタクシーに乗車させた行為につき、強引で不適切な面があったことは否定できないとしても、飲酒した宴会の席では行われがちであるという程度を超えて不法行為を構成するまでの違法性があったとはいえないとした裁判例（東京地判平10・10・26労判756号82頁）などがある。

(注19) 〔北方ジャーナル事件〕最大判昭61・6・11民集40巻4号872頁・判タ605号42頁・判時1194号3頁。

(注20) セクハラ行為禁止の仮処分に関し「申立ての趣旨」を例示した文献等も見当たらないが、本設例に即せば、「債務者は、債権者に対し、以下の行為をしてはならない。1 債権者の身体にみだりに触れること。2 職務上の必要がないのに、債権者に電話をかけ、メールを送信し又は手紙を送付すること。3 職務上の必要がないのに、債権者を食事、旅行などに誘い、その他債権者との交際を強要すること。」などとすることが考えられる。

(注21) ストーカー行為に対する仮処分の申立て状況、審理、主文、担保額、和解勧試の状況等については、門口＝須藤・民事保全262頁以下〔菊池章〕（「元恋人によるストーカー行為に対する仮処分」）が詳しい。ただし、本設例の場合、ストーカー行為の禁止を求める場合と異なり、債権者と債務者が同じ職場で勤務して日常的に顔を合わせており、また、職務上、両者の接触が不可避であることに留意する必要がある。

るのが通説・判例といえる[注22]。したがって，係長Cのセクハラ行為につきB社に使用者責任等が認められる場合であっても，B社がAに対してセクハラを行ってAの人格権を侵害しているわけではないから，B社に対してセクハラ行為の差止めを求める仮処分を申し立てることはできないのが原則と解される。

しかしながら，会社の職場環境配慮義務違反として問題とされた事例のように，男性従業員が会社の女子更衣室にビデオカメラを設置し，会社がこれを知りながら適切な措置をとらずに放置している場合に，女性従業員が会社に対してビデオカメラの撤去を求めることができないというのは不合理といわざるを得ない。この点，通説は，物権的妨害排除請求の相手方は妨害行為自体を行っている者に限られず，たとえ第三者の行為によって妨害が生じた場合でも，「現に妨害を生じさせている事実をその支配内に収めている者」[注23]あるいは「現に妨害状態を生じさせている者」[注24]について請求の相手方とすることを認める。したがって，このような場合には会社自体が人格権侵害の主体と観念され，会社に対して差止めを求める仮処分を申し立てる余地があるものと解される[注25] [注26]。

■ 参考文献

本文中に引用したもののほか，〔1〕～〔3〕について小島妙子『職場のセク

(注22)　平井宜雄『債権各論Ⅱ不法行為』（弘文堂，1992）105頁。
(注23)　我妻栄＝有泉亨補訂『新訂物権法（民法講義Ⅱ）』（岩波書店，1983）266頁，柚木馨『判例物権法総論〔補訂版〕』（有斐閣，1972）459頁。
(注24)　舟橋諄一『物権法』（有斐閣，1960）48頁。
(注25)　この点，インターネット掲示板に掲載された記事につき，掲示板運用者に対して著作権法112条1項に基づく差止請求を請求した事案〔2ちゃんねる事件〕につき，東京高判平17・3・3判タ1181号158頁・判時1893号126頁が，「自己が提供し発言削除についての最終権限を有する掲示板の運営者は，これに書き込まれた発言が著作権侵害（公衆送信権の侵害）に当たるときには，そのような発言の提供の場を設けた者として，その侵害行為を放置している場合には，その侵害態様，著作権者からの申入れの態様，さらには発言者の対応いかんによっては，その放置自体が著作権侵害行為と評価すべき場合もある」としているのが参考になる。
(注26)　なお，課長Dは，Aに対して人格権侵害行為を行っているわけではなく，また，Bによる人格権侵害行為を自己の支配内に収めているともいえないから，Dに対してセクハラ禁止の仮処分を申し立てることは困難である。

ハラ——使用者責任と法』(信山社，2008)。職場におけるセクハラにつき詳細な分析，判例の紹介等がなされている。〔4〕について文部科学省文化審議会 著作権分科会法制問題小委員会（第6回）議事録〔資料4〕（インターネット上に公開）。著作権侵害に対する司法的救済につき詳細な検討がなされており，その中で差止請求の相手方に関する議論がなされている。

IX

家庭に関する仮処分

43　子供の引渡しを求める仮処分

石垣　智子

次のような場合において，B，Dは，A，Eに対して子C，Fをそれぞれ仮にB，Dに引き渡すよう求めたいと考えているが，どのような申立てをするのが適切か。手続上の留意点は何か。
(1)　AとBは夫婦であるが，子Cが生まれた後，夫AがBに暴力を加えるようになったため，Bは，3歳になるCを連れて実家に帰り，別居を始めた。ところが，Aは，Bに無断で保育園にCを迎えに行き，そのままAの実家に連れて行ってしまい，Bの要求にもかかわらず，Cを引き渡さない場合
(2)　DとEは元夫婦であり，協議離婚に際して，母Dを子Fの親権者と定め，小学校に入学したFについては，平日はDの実家でDと一緒に過ごし，毎週土曜日の夜は父E宅に泊まり，日曜日の夕方にDの実家に戻ることに合意していた。それから間もなく，ある土曜日，Dはいつものように F を E に引き渡したが，日曜日の夕方になっても F が帰って来ないので，DがEに連絡すると，Eは，Fが帰るのを嫌がっているので，しばらく様子をみたいといって，FをDに引き渡そうとしない場合
(3)　(2)の事例において，Fが中学校3年生であればどうか。

〔1〕　家事事件手続法下の保全処分の適用範囲

　B，Dが子の仮の引渡しを求めるための手段としては，①子の監護に関する処分の家事審判事件（民766条，家事39条・別表第二の3項）又は家事調停事件（家事244条）を本案とする審判前の保全処分（家事157条1項3号），②人事訴訟法32条1項の附帯処分を本案とする民事保全法に基づく仮処分[注1]，③民事

訴訟上の引渡請求を本案とする民事保全法に基づく仮処分が考えられる。

このうち、上記②は離婚訴訟の附帯申立てを本案とするものであるから、本設例には当てはまらず、さらに、上記①、上記③のいずれの手段によるかは、本案が家事審判事項（民766条、家事39条・別表第二の3項）とされるか否かによる。民法766条は、協議上の離婚の際の子の監護に関する処分を定めており、裁判上の離婚や婚姻の取消し、認知の際にも同条を準用する旨の規定があるが（民771条・749条・788条）、離婚前の別居中の夫婦間の場合（小問(1)）や離婚によって親権が既に一方に定められた元夫婦間の場合（小問(2), (3)）にも、民法766条の適用ないし類推適用があるのかが問題となる。

(1) 離婚前の別居中の夫婦間の場合（設例・小問(1)）

別居中の夫婦が子の引渡し等をめぐって紛争中であるときは、夫婦の婚姻関係はほとんどの場合は既に破綻していて、事実上の離婚状態とみてよいため、民法766条を類推適用し得ると考えるのが実務上の通説である。そして、最決平12・5・1（民集54巻5号1607頁・判タ1035号103頁・判時1715号17頁）も、面会交流についてではあるが、婚姻関係が破綻して別居状態にある夫婦間について、（平成23年法律第61号による改正前の）民法766条が類推適用されるとしている。

(2) 離婚後の元夫婦間の場合（設例・小問(2), (3)）

この場合も、紛争当事者がともに親権者となり得る者であるという意味においては民法766条類推の基礎があることや、子の福祉にかなった紛争解決のためには、家庭裁判所調査官（以下「家裁調査官」という。）や医師である裁判所技官といった専門的知見を有する職種が置かれている家庭裁判所における家事事件手続を広く活用することが望ましいとの実務上の要請もあいまっ

(注1) 平成15年法律第109号による改正前の人事訴訟手続法16条は子の監護等に関する仮処分について仮の地位を定める仮処分に関する民事保全法の規定を準用することを定めていたが、上記改正では、このような仮処分に民事保全法の規定が直接適用されることを前提に同条が削除された（小野瀬厚＝岡健太郎編著『一問一答新しい人事訴訟制度』（商事法務、2004）116～117頁参照）。

て，家事審判事項とするのが実務の通説である。実際，このような紛争場面では，単に親権者から子の引渡しが求められるだけではなく，非親権者の側からは親権者変更や監護者指定の審判や調停が申し立てられることが多く，紛争の抜本的かつ一回的解決という観点からも，家事事件手続の利用に期待されているところが大きい。

(3) 親権者と第三者との間の紛争の場合

他方で，親権者と第三者との間については，第三者が民法766条による当事者間の協議や家庭裁判所の調停等により監護者として定められているのであれば家事審判事項となるが，そうでない場合に同条を類推適用することは，もはや法解釈の域を超えるとして，民事訴訟事項と解さざるを得ないというのが実務上の通説である。この場合の引渡請求は，親権又は監護権の行使に対する妨害排除請求と構成されるのが一般的である[注2]。

(4) 人身保護請求との関係

子の仮の引渡しを求める手段としては，以上の保全処分のほか，人身保護請求（人保16条・10条等）も考えられなくはないため[注3]，人身保護請求との関係についても簡単に検討しておく。

(a) 離婚前の別居中の夫婦間の場合（小問(1)）

離婚前の夫婦間の場合については，最判平5・10・19（民集47巻8号5099頁・判タ832号83頁・判時1477号21頁）が，人身保護法2条1項，人身保護規則4条が定める拘束の顕著な違法性の要件が認められるためには，拘束している親の監護が子の福祉に反することが明白であることを要するとする考え方を示した。そのため，この場合に，なお人身保護請求が認容される例としては，家庭裁判所の仮処分等が既にあり，また，相手方をこれに従わせるための事実上の説得や法的な方法が尽くされたが，なおも相手方がこれに従わないと

(注2) いわゆる幼児引渡しの請求を幼児に対し親権を行使するにつきその妨害の排除を求める訴えであるとする最高裁判決として，最判昭35・3・15民集14巻3号430頁・家月12巻5号111頁・判時218号18頁，最判昭38・9・17民集17巻8号968頁・判時352号60頁参照。

(注3) 最大判昭33・5・28民集12巻8号1224頁・家月10巻5号25頁・判時151号20頁等参照。

いった場合や現に子を拘束している親が子を虐待等しているような場合などが考えられる(注4)。

(b) 離婚後の元夫婦間の場合（小問(2),(3)）

これに対し，親権者（監護権者）対非親権者（非監護権者）間については，被拘束者を監護権者である請求者の監護の下に置くことが拘束者の監護の下に置くことに比べて子の福祉の観点から著しく不当なものでない限り，当該拘束の顕著な違法性が認められると考えられる傾向にある(注5)。

しかし，人身保護法の救済によるためには，さらに，当該請求が被拘束者の自由な意思に反しないこと（人保規5条）も疎明される必要がある。本小問では，Eの主張が正しいとすれば，子Fは親権者Dの下に帰ることを嫌がっているというのであり，上記要件を満たすか否かは被拘束者Fの意思能力の有無によるが，人身保護の場合，通常の経済取引に際して要求される意思能力ほど厳格でなくともよく，その意思に反して身体の自由を制限されているか否か，その制限状態から逃れないか否かさえ判断し得る能力であれば足り，例えば，小学校1ないし2年生までは意思能力は通常は肯定しがたい一方，小学校5ないし6年生以上になると意思能力を肯定し得る場合がほとんどではないかと考えられる(注6)。そうすると，小学校入学後間もない小問(2)についてはFの意思能力を認めがたい一方で，Fが中学校3年生である小問(3)では，Fの意思能力が通常はあると考えられ，人身保護による救済はこの点において認めがたいといえる。

また，人身保護法における救済によるためには，他に適当な救済方法がないことが認められる必要もある（人保規4条ただし書）。しかし，元夫婦間の場合にも，家裁調査官や医師である裁判所技官を擁する家庭裁判所における家事事件手続が広く活用される実情にあることは前記(2)のとおりであり，実際問題として，家事事件手続法下の保全処分に先んじてまで人身保護法による

(注4) 東京地裁・詳論479頁参照。
(注5) 最判平6・11・8民集48巻7号1337頁・判タ865号297頁・判時1514号73頁（親権者である母と子を未認知の父との間における事案），最判平11・5・25家月51巻10号118頁（離婚後の元夫婦間における事案）。
(注6) 門口＝須藤・民事保全402頁参照。

救済を図らねばならない場面は限局的であると考えられる[注7]。

〔2〕 家事事件手続法下の保全処分の審理手続

以上によれば、B、Dは、子の監護者指定や子の引渡しに係る審判事件又は調停事件を本案とする保全処分（家事157条1項3号）を申し立てることが最適であるといえ、この場合、子の仮の引渡し等を申立ての趣旨とすることが一般的である。家事事件手続法下の保全処分では、民事保全とは異なり、本案事件（審判・調停）の係属が要件となることが特徴であり、以下では、この特徴も踏まえつつ、審理手続の概要や留意点について述べる。

(1) 保全処分を求める事由の疎明（家事106条2項）

申立人は「保全処分を求める事由」を疎明しなければならない（家事106条2項）。この「保全処分を求める事由」とは、具体的には、①本案認容の蓋然性と②保全の必要性を意味する。

(a) 本案認容の蓋然性

(ア) 本案における考慮要素

一般に、子の監護者指定、引渡事案では、従前の監護状況、現在の監護状況や父母の監護能力（健康状態、経済状況、居住・教育環境、養育方針、監護意欲や子への愛情の程度、監護補助者による援助の可能性等）、子の年齢、心身の発育状況、従来の環境への適応状況、環境の変化への適応性、父又は母との親和性、子と他方の親との面会交流の許容性、子の意思等、父母の事情や子の事情を実質的に比較考量して父母のいずれが監護者としてより適格であるかが検討されている。

また、上記のうち、子の意思については、家事事件手続法152条2項が15歳以上の子への必要的陳述聴取を定めているうえ、家事事件手続法65条及び同法258条1項は、未成年である子がその結果により影響を受ける家事審判及び家事調停の手続においては、家庭裁判所が子の陳述の聴取、家裁調査官

(注7) 門口＝須藤・民事保全422頁参照。

による調査その他の適切な方法により，子の意思を把握するように努め，審判及び調停をするにあたり，子の年齢及び発達の程度に応じて，その意思を考慮しなければならないとしている。そして，子の意思を把握し，考慮するうえでは，当該子の年齢や発達の程度，言語的な理解又は表現能力の程度，当該子の置かれている現在の立場，これまでの生活歴等を踏まえた考察や子の非言語的表現等をも踏まえた分析・評価等が必要であり，このような分析・評価等には家裁調査官による行動科学等の知見を駆使した事実の調査が有用である。

　以上を踏まえ，以下では，さらに，離婚前の別居中の夫婦間の場合（小問(1)）といずれかに親権者が定められた元夫婦間（小問(2),(3)）それぞれに場合を分け，近時の裁判例の傾向を概観する(注8)。

　　(i)　離婚前の別居中の夫婦間の場合（小問(1)）　　近時の裁判例では，子の出生以来の父母の監護養育への関わりの内容・程度，父母のいずれかが主たる監護者といえる場合においても，その者と子との間に親密な親和関係が形成されたといえるか，その監護態勢や生活環境等に問題がなかったか，他方の親の子への関わりや父母以外の者による監護補助の状況はどうであったか，当該監護補助者と父母との関係はどうであったか等といった過去の監護実績をまず確定し，現在の監護状況や子の意思，互いの監護能力や監護態勢，監護環境を変えることが子に及ぼす影響や，子と他方の親との面会交流についての許容性等をも検討したうえ，これらの要素を踏まえ，子の福祉の観点から，父母のいずれを監護者とするのが当該子の年齢や発達の程度等を踏まえた具体的な監護ニーズをより十分に満たし得るのかという検討が行われる傾向にある。実際の事件では，不貞行為，家事の懈怠，DV，不適切な養育態度，趣味や遊興への過度な傾倒といった互いの様々な問題行動や精神的・人格的問題等が相互に主張されることが少なくないが，問題は，そのような諸事実が子の監護にどの程度影響を及ぼしていたのか，将来の監護にどのような影響があるかである。実際にも，当該主張事実が認められるかどう

　(注8)　近時の裁判例の紹介や分析の詳細については，松本哲泓「子の引渡し・監護者指定に関する最近の裁判例の傾向について」家月63巻9号1頁を参照。

か，仮にそれが認められたとして，それが一時的なものでなく恒常的なものであったのか，それが監護に及ぼす影響はどのようなものであったか，その問題が現在も継続し，あるいは将来に再発する問題かどうか，問題とする側が同居時からこれに対して何らかの対処をしていたか等の事情が考慮されている。

なお，小問(1)は，まずBがCを連れて実家に帰ったことでBによる事実上の監護が開始し，その後，AがCを無断で実家に連れて行っている事案であるところ，実務では，監護開始の態様の位置づけが争われることも少なくない。この点については，一般に，法律や社会規範を無視するような態様で監護が開始されたことは，監護者としての適格性に疑義が生じる一要素となり得ると解されており，例えば，別居後の離婚調停中に調停委員等からの事前の警告に反して周到な計画の下に実力によって子を奪取した場合[注9]や，特段の事情の変更もないのに面会交流に係る約束に違反して子を返さないなど，監護開始の態様の悪質性が特に強い場合には，それ自体が監護者としての適格性を疑わせるものとして，これを主な理由として原状回復としての子の引渡しが肯定されることもある。もっとも，子の監護者の指定及び引渡しが子の福祉の観点から判断されるものである以上，通常は，法律や社会規範を無視するような態様で監護が開始されたということから，それだけで常に監護者としての適格性が欠けるという結論が帰結されるわけではない。また，そもそも，監護の開始が相手方の承諾を得ていなくても，その具体的な経緯及び態様，子の年齢や意思等によっては，それだけでは直ちに法律や社会規範を無視するような態様で監護が開始されたとまではいえないこともある。そして，小問(1)についても，例えば，BがCをこれまで主に監護しており，その監護に特に不適切な点がないような事実関係があるような場合，BがAから暴力を受けて実家に帰る際にCを連れ帰ることは，仮にAの事前の承諾がなかったとしても，Cの3歳という年齢やBのCへの従前の監護状態に照らし，やむを得ず，当該監護の開始を違法と評価すること自体困難であるように思われる。

(注9) 東京高決平17・6・28家月58巻4号105頁参照。

(ii) 離婚後，親権者（監護者）と定められた者から非親権者（非監護者）に対する引渡請求の場合（小問(2), (3)）　この場合には，共同親権者である別居中の夫婦間の場合とは異なり，権利者から非権利者に対する引渡請求であるため，既に指定された親権者又は監護者に子を監護させることが子の福祉に反することが明らかな場合等の特段の事情が認められない限り，原則として申立てが認容されるというのが裁判例の傾向である[注10]。

(イ)　本案認容の蓋然性の心証の程度

本案認容の蓋然性を判断する際にも，前記(ア)の本案の考慮要素を踏まえた検討が行われることになるが，子の引渡しに係る仮処分は，いわゆる満足的仮処分であるうえ，保全執行の対象となるのは子であり，数次の裁判において異なった判断がされるつど子の引渡しの強制執行がされることによる子に及ぼす精神的緊張・苦痛といった負担にも配慮する必要がある。そのため，本案認容の蓋然性は，経済取引事案における仮処分等におけるそれと比べてより慎重に判断される傾向にあり，実際にも，かなりの実質的審理を必要とする場合もある。

(b)　保全の必要性（家事157条1項）

家事事件手続法157条1項柱書は，保全の必要性の要件として「子その他の利害関係人の急迫の危険を防止するため必要があるとき」と規定し，この例としては，子に対する虐待やネグレクト等，子の生活に対して危険が伴う父母の態度が認められたり，父母の監護に起因して子が情緒不安を起こしたりしているような場合があげられる。そして，例えば，別居後にその一方の親の下で事実上安定して監護されていた未成年者を他方の親が実力を行使して連れ去るような場合[注11]など，監護開始の態様の悪質性が顕著な事案などでは，保全の必要性が認められやすい傾向にある。その一方で，保全の必要性の判断においても，子の福祉の観点から，できる限り数次の強制執行を避けることへの配慮は必要である。この点については，東京高決平24・10・18（判タ1383号327頁・判時2164号55頁）が，保全の必要性について「監護者が未成

[注10]　東京高決平15・3・12家月55巻8号54頁参照。
[注11]　東京高決平20・12・18家月61巻7号59頁参照。

年者を監護するに至った原因が強制的な奪取又はそれに準じたものであるかどうか，虐待の防止，生育環境の急激な悪化の回避，その他の未成年者の福祉のために未成年者の引渡しを命じることが必要であるかどうか，及び本案の審判の確定を待つことによって未成年者の福祉に反する事態を招くおそれがあるといえるかどうかについて審理し，これらの事情と未成年者をめぐるその他の事情とを総合的に検討した上で，審判前の保全処分により未成年者について引渡しの強制執行がされてもやむを得ないと考えられるような必要性」と説示しているところが参考になる。

(2) 仮の地位を定める仮処分をする場合の必要的陳述聴取（家事107条）

　民事保全手続では，債務者（審判における相手方）に対する陳述聴取については，原則として，口頭弁論又は債務者（審判における相手方）が立ち会うことができる審尋期日を経る方法によらなければならないが（法23条4項(注12)），家事事件手続法下の保全処分では，家事事件手続法107条により，事案に応じて，書面等の方法によることも可能である。また，家事事件手続法下の保全処分についても，民事保全手続と同様，陳述を聴く手続を経ることにより保全処分の目的を達することができない事情があるときは，陳述聴取の機会を経ることなく保全処分を発令することもあり得る（家事107条ただし書，法23条4項ただし書）。

　ただし，実際には，陳述聴取の機会を経ることなく保全処分を発令することはあまりなく，また，当事者双方の主張及び反論の充実という観点から，債務者が立ち会うことができる審判期日を指定し，この審判期日に併せて本案の第1回審判期日を指定し，期日呼出時に申立書及び疎明資料の写しを送付する扱いが多い。

(注12)　家事事件手続法施行に伴い廃止された家事審判法下では，15条の3第7項により民事保全法23条4項が準用されると解されていた。

(3) 子の陳述聴取（家事157条2項）

　家事事件手続法157条2項は，子の監護に関する処分について，仮の地位を定める仮処分（子の監護に要する費用の分担に関する仮処分を除く。）を命ずる場合には，当該仮処分が一般に子に重大な影響を与えるものであることに鑑み，原則として15歳以上の子の陳述を聴かなければならないとしている。そして，上記陳述聴取に家裁調査官の事実の調査が活用されることは，前記(1)(a)(ア)で述べたのと同様である。

　ところで，小問(3)では，Fは中学生3年生であり，既に15歳以上である可能性も考えられ，この場合，裁判所は，保全処分を発令する場合には，家事事件手続法157条2項に基づき，Fの陳述を聴取しなければならないことになる。もっとも，保全処分の場合にも，必要に応じ，子の意思の把握・考慮が行われているのが実情である。

(4) 設例に対する考察等

　以上を前提に，本設例について若干の考察を試みておく。

　小問(1)については，まず，監護開始の態様の位置づけについては先に若干触れたとおりである。そのうえで，例えば，BがCをこれまで主に監護しており，その監護に特に不適切な点がなく，かつ，ABの別居後，CがBの下で事実上安定して監護されていたという状況下で，AがCをそれまで慣れ親しんでいた保護環境から引き離してAの実家に連れて行った後に，速やかに仮処分を申し立てたといった事実関係を想定した場合，Cの年齢に照らしても，本案認容の蓋然性，保全の必要性は比較的肯定されやすいのではないかと思われる。この点に関し，前掲（注11）東京高決平20・12・18は，離婚調停の期日間では母と子との間で父の事実上の監護を前提とする面会交流が行われていたが，母が子の通う保育園内に無断で侵入し，園内で遊んでいた子を連れ出したなどの事実関係の下，「夫婦が別居中，その一方の下で事実上監護されていた未成年者を他方が一方的に連れ去った場合において，従前未成年者を監護していた親権者が速やかに未成年者の仮の引渡しを求める審判前の保全処分を申し立てたときは，従前監護していた親権者による監護の下

に戻すと未成年者の健康が著しく損なわれたり，必要な養育監護が施されなかったりするなど，未成年者の福祉に反し，親権行使の態様として容認することができない状態となることが見込まれる特段の事情がない限り，その申立てを認め」るべきであると説示しており，類似事例を検討するうえで参考になると思われる。

　次に，小問(2)，(3)については，既に，親権者がDに定められている事案であり，本案認容の蓋然性については，DがFを監護することについて子の福祉に反することが明らかな場合等の特段の事情が認められるか否かという観点から検討されることになる。なお，小問(2)によると，Eの主張が正しいとすれば，Fは帰るのを嫌がっているということであり，その発言の趣旨等を見極めるためには，家裁調査官による事実の調査も有用であると考えられる。ただし，小問(2)ではFは小学校に入学したばかりのようであり，少なくとも，小問(2)でFの発言をもって結論が左右されると考えることは困難であると思われる。

　ところで，前述したとおり，家事事件手続法下の保全処分は，本案事件（審判・調停）の係属が要件となることが特徴であり，裁判官としては，保全処分の認容の可能性を随時考えながら，本案と保全処分のいずれに力点を置いた審理を行うか，当事者双方の意向をも踏まえながら，審理方針の策定を行っていくことになる。また，家裁調査官の事実の調査の活用についても，あえて家裁調査官の事実の調査を行うまでもなく速やかに保全処分を発令すべき事案，あるいは，まずは保全処分の帰趨を迅速に判断するための調査を行うべき事案（例えば，この場合，子に対する虐待やネグレクトがないか，子が情緒不安を起こしていないか，といった観点からの事実の調査が考えられる。）等の見極めが特に必要であり，この適時適切な見極めが子の仮の引渡しに係る保全処分の審理でも重要となる。

〔3〕 家事事件手続法下の保全処分の強制執行手続

　最後に，家事事件手続法下の保全処分における強制執行手続についても簡単に述べておく。

家事事件手続法下の保全処分において子の引渡命令が発せられる場合，強制執行が可能であり（家事事件手続法109条3項において準用する民事保全法43条及び52条），その具体的手段としては，(1)直接強制と(2)間接強制がある。ただし，保全処分の執行期間は，債権者（審判における申立人）に保全命令が送達されてから2週間に限られているため（家事109条3項，法43条2項），債権者としては執行期間の制限に留意して保全処分の執行に着手する必要がある。

(1) 直接強制

現在の実務では，動産の引渡しの強制執行に準じ，小学校低学年（6歳，7歳）については，定型的に直接強制が可能と扱いつつ，それ以上の子については，小学校高学年（11歳，12歳）程度を概ねの上限として，個別具体的ケースごとの判断を踏まえて直接強制が行われている[注13]。したがって，本設例でも，小問(1)，(2)の場合には直接強制が可能と思われる一方で，小問(3)では，直接強制はもはや難しく，後記(2)の間接強制手続によるほかないと思われる。

直接強制における執行機関は，子の現在地を管轄する地方裁判所所属の執行官となるが（家事109条3項，法52条1項，民執169条1項，執行官4条），権利者としては，子の福祉に配慮した円滑な強制執行を図るため，事前に執行官と十分打ち合わせ，相手方及び子の所在場所，実際の監護状況，子の年齢，性格，健康状態，通園通学等の状況，従前の交渉経緯，執行時に予想される相手方の反応等の情報をできる限り詳しく集め，執行官に伝えておくべきである。

(2) 間接強制手続

間接強制とは，債務者に対し，債務不履行に対する金銭支払による制裁を予告し，債務の履行を心理的に強制して履行を促す執行方法である（民執172条）。この場合の執行裁判所は，仮処分を発令した家庭裁判所であり（家事

(注13) 最近の文献として，遠藤真澄「子の引渡しと直接強制――主に家裁の審判，保全処分と直接強制の在り方について」家月60巻11号1頁参照。

109条3項，法52条1項，民執172条6項・171条2項・33条2項1号)，執行裁判所は，申立ての相手方を審尋しなければならない（家事109条3項，法52条1項，民執172条3項)。

44　面談強要禁止の仮処分

岩崎　政孝

　A女は，B男と同棲していて，その子Cを生み，BはCを認知したが，次第に不仲となって，同棲を解消した。その後，Aは，Cがまだ幼くて働きに出られないため，Bに対してCの養育費を支払ってくれるよう求めたところ，Bは，自分から同棲を解消しておいて何だと怒りだし，Aに対して暴力を振るい，Aは頭部打撲や肋骨の圧迫骨折等の傷害を負った。その後，Bは，Aの実家に押しかけてきて，Cに会わせろと怒鳴り散らし，Aの頭を小突いたりした。近所の人が警察に通報して，駆けつけた警察官がBを制止してくれたので，その場は収まったが，いつまたBが押しかけてくるかわからず，不安である。Aは，どうしたらよいか。

〔1〕　問題の所在

　設例は，同棲関係にあったAとBが子Cをもうけてbが認知した後，同棲の解消に至ったところ，BがCに対する面会交流を求めるなどの過程で，BがAに対して暴力を振るったりAの実家に押し掛けて暴力や威迫を行ったりしている事案につき，Aの立場からの適切な対応を検討するものである。
　本件のような夫婦や恋人等のパートナー間の親密な交際に起因する，いわゆるドメスティック・バイオレンス事案（以下「DV事案」という。）について，実務的な対応を考察するにあたっては，平成25年に改正法が成立し，平成26年1月3日に施行された「配偶者からの暴力の防止及び被害者の保護等に関する法律」（平成13年法律第31号）（この改正で法律名が改められた。以下「平成25年改正DV防止法」ないし「DV防止法」という。）や，平成25年に法改正が行われた「ストーカー行為等の規制等に関する法律」（平成12年法律第81号）（以下「ストーカー規制法」という。）の適用の吟味が不可欠であるが，本書の性質上，従来型

の仮の地位を定める仮処分を活用した方法を検討した後，DV 防止法等の検討を行うことにする。

〔2〕 仮の地位を定める仮処分の活用

本件では，AやAの家族が申立人となって，面談強要等を禁止する仮の地位を定める仮処分（法23条2項）を地方裁判所に申し立てることが考えられる（法12条1項）[注1]。

(1) 被保全権利

DV 事案に対応する仮処分申立てに際しての被保全権利は，Aの広義の人格権（人格的利益）に求めるのが一般である。具体的には，他人の直接的な暴力や脅迫等による危害にさらされない人格権を基礎にして，自宅や実家に押し掛けて来られたり付近をはいかいされたり，あるいは近隣に不穏を招いたり悪評を流布されたりしないで，平穏な生活を営むことができる人格的利益をも包含するものとして考えることができる。人格権に基づく妨害排除又は妨害予防請求権として侵害行為の差止請求が可能なことが仮処分命令の基礎になっている。

本件では，申立ての趣旨として，事案の具体的な事情に基づき，侵害行為に対応する禁止行為をどのように設定し，求めるかによって，被保全権利がAの範囲を超えることもあり得るので，後述のとおり，Aの家族の人格権侵害を根拠にして，併せて申立人とすることが侵害予防の観点から適切な場合もある。

つまり，Aの人格権を根拠として申立てを行った場合には，Aの権利・利益に対する侵害の排除又は予防，すなわちBのAに対する面談強要等の禁止や平穏な生活妨害の禁止を求めることになるから，禁止される範囲は，A自身やAの日常の生活圏内である。そのため，Aを申立人とする面談強要等の

(注1) 仮処分申立ての管轄は，相手方の住所地が原則となる（民訴4条）。なお，瀬木・民事保全174頁・177頁，門口＝須藤・民事保全267頁〔菊池章〕（「元恋人によるストーカー行為に対する仮処分」）等参照。

禁止によって，A以外の者で事実上保護される結果となるのは，通常はAと同居する家族の範囲内となる。本件で，Aが実家に居住し，又は日常的にAが実家に出入りしている場合でなければ，Aの実家やその付近について，Aを申立人とする平穏な生活妨害の禁止行為の範囲とすることは難しいと考えられる。

例えば，Aの居所と実家が別の場所であって，BがAの居所がわからないために，あるいは間接的な嫌がらせのために実家に押し掛けてきて，Aの家族を攻撃している事実があれば，むしろ，実家に住む家族を申立人として，それらの人格権侵害と構成して，Aの申立てとは別に申立てを行うことが相当な場合もある（勤務先への攻撃に対し，勤務先が申し立てる場合も同様）。

ただし，例えば，Aの実家や実家付近で，BがAの人格を誹謗中傷する言動等を伴って暴力的な行為や不穏な行動に及んだ場合には，Aの人格権侵害として構成することも可能と考えられる。

(2) 保全の必要性

仮の地位を定める仮処分は，その性質上，争いがある権利関係について「債権者に生ずる著しい損害又は急迫の危険を避けるためこれを必要とするとき」に発することができる（法23条2項）。

Aの申立てにあたっては，軽度の損害や抽象的な危険を避けるための必要性の主張では足りず，「債権者に生ずる著しい損害又は急迫の危険を避けるための必要性」を具体的に主張し，これを疎明しなければならない。

被保全権利の存在や保全の必要性に関連して，本件では，Bは，実親として子Cに対する面会交流を求めることができる点に留意しておく必要がある（民788条・766条1項）。そのため，社会的に相当な方法による面会交流に関する協議の申込みやAB間の合意に従った面会交流の要求は不合理とはいえない。しかし，Bの暴力等の不当な言動を理由として子Cの監護権者であるAが面会交流に関する協議を拒否している場合に，調停申立て等の正式な法的手続によらずに，BがA宅に押し掛けて面会交流の協議や実施を求めることは，一種の自力救済的行為であって，社会的相当性に欠ける[注2]。

そこで，Aとしては，Bによる過去の侵害行為の具体的状況や態様を主張

することで，正常なパートナー間のコミュニケーションや子に対する面会交流に関する協議の方法・程度を逸脱した人格権を侵害する方法・程度による侵害行為があったことを示し，被保全権利の存在と侵害行為を排除・予防するための保全の必要性を主張すべきことになる。

具体的には，BからAが頭部打撲や肋骨圧迫骨折等の傷害を負わされたこと，その後Bが実家に押し掛けてきて怒鳴り散らしたりAを小突いたりしたこと，この出来事が近隣に知れ渡り迷惑を被ったこと，警察の出動を要請する緊急事態になったこと，Bが養育費の支払を拒否していること等の事実から，今後の著しい損害又は急迫の危険が具体的に想定されること，及びそれを避けるための必要性を主張する。Bによる侵害行為が軽微あるいは単発的とみなされると保全の必要性が低いと判断される可能性もあるので，Aとしては，Bの暴力や威迫等の侵害行為の程度が著しいこと，積極的な侵害行為が繰り返されていること，Aに対する侵害行為の悪影響が家族や近隣にも及んでいること等を強調すべきことになる。

(3) 疎明方法

発令を得るためには，疎明方法の準備が必要である。

本件では，Aが診察を受けた医療機関の診断書や診療録（写し），受傷状況の写真，威迫状況の録画・録音（反訳書付），B作成の電子メールや手紙等のBによる侵害行為に関する客観的証拠をできるだけ揃えたうえで，本人や家族の陳述書，警察に通報した近所の人の陳述書，申立人代理人の報告書，戸籍謄本や住民票（写し）等でABCらの人的関係性，ACら家族の居住・生活状況，事実経過や侵害行為の程度・範囲等を疎明することになる。

（注2）ちなみに，子が同居する家庭における配偶者等への，生命又は身体に危害を及ぼす身体に対する暴力やこれに準ずる心身に有害な影響を及ぼす言動は，子に対しても心理的な影響が大きいことから，「児童虐待」にあたる行為とされている（児童虐待の防止等に関する法律2条4号）。DV事案における面会交流については，例えば，小島妙子『DV・ストーカー対策の法と実務』（民事法研究会，2014）287頁，榊原富士子監修／打越さく良『改訂Q&A DV事件の実務』（日本加除出版，2015）141頁参照。

(4) 申立ての趣旨の記載

　本件では，Aに対する直接的な暴力的言動のほか，Aの実家に押し掛けて粗暴な行為に及ぶなどのAら家族の平穏な生活に関する人格的利益を侵害する不当な言動を禁止する必要がある。

　Aの人格権を被保全権利とした場合，実際の発令においては，Aの居所や日常の生活状況と実家との関連性や，Bが実際に行った不当な言動の内容・程度などから禁止行為の範囲が決定される。ここでは，疎明できる過去の侵害行為の状況・態様等から今後の著しい損害又は急迫の危険の具体的蓋然性を導くという推認関係を踏まえて，面談強要等の禁止行為の記載を特定して申し立てることが求められる。

　本件のような事案では，具体的状況・態様等に応じて，例えば，次のような申立ての趣旨が考えられる[注3]。

> 「債務者は，債権者の住居内に立ち入り，又は，債権者及びその同居家族（又は同居親族）に対し，暴行又は威迫的な言動を用いるなどして，面談を強要してはならない。」[注4]

> 「債務者は，債権者及びその家族（又は親族）に対し，債権者の住所地，○○所在の実家及びそれらの付近において，債権者及びその家族の身辺に付きまとったり，債権者及びその家族を待ち伏せしたりしてはならない。」

(5) 審　　尋

　面談強要禁止の仮処分は，仮の地位を定める仮処分としての性質上，債務

(注3)　仮処分主文例の解説として，例えば，金子武志「面談強要禁止等仮処分申立事件について」判タ962号4頁。

(注4)　別居の両親について本人申立ての範囲内として許容する場合でも，主文中では「○○在住の債権者の両親に対し」などといった形で住所等を明記して特定すべきとされている（東京地裁・実務（上）385頁〔楡井英夫＝小松秀大〕（「面談強要禁止の仮処分」），瀬木・民事保全623頁）。

者審尋を要する事件とされる（法23条4項）。この仮処分命令は，債権者に仮の地位を定める一方で，債務者の一定の行為を制限・禁止するという重大な効果を生じさせるものであり，係争物に関する仮処分とは異なり，発令前の手続の密行性に配慮する必要がない事案も多いため，審尋を経ることによって，債務者に手続的保障を付与するものである。

条文上は，仮処分の目的不達成の事情があるときには，審尋が不要とされているが（法23条4項ただし書），ほとんどの事件では，目的不達成の疎明ができる事情がないため，審尋が実施されている[注5]。

裁判所においては，DV事案の審尋の過程で不慮の事故が発生しないように，審尋の前の債権者への情報収集を踏まえて，債権者審尋と債務者審尋の時間や審尋時の待機場所等についての配慮を行っている[注6]。

また，「面談強要禁止仮処分命令申立てがされても，債務者が審尋に出頭した場合は，決定に至る例はあまり多くはないように思われる。」[注7]とのことであり，債務者が，面談強要等を行わない旨を約し，今後の面談強要の危険性が認められなくなる場合には，保全の必要性がなくなるので，和解，又は債務者にその旨を記載させた書面を提出させ，もしくは債権者の陳述を審尋調書により記録に残す等したうえで申立ての取下げにより事件を終了させる取扱いも行われている[注8][注9]。債権者として，和解等の話合いに臨む場合には，面談強要等を行わないことを誓約する債務者の真意を見極めたうえで，不作為の誓約の履行を確保するために，債務名義としての和解調書に債務者の不作為義務を明確に記載し，義務不履行の場合の違約金給付条項を設けるなどの対応の必要性を検討する。

(注5)　中谷和弘「仮の地位仮処分の審尋の必要性について」判タ907号46頁。
(注6)　東京地裁・実務（上）386頁〔楡井英夫＝小松秀大〕，松長一太「面談強要禁止の仮処分」菅野博之＝田代雅彦編『裁判実務シリーズ(3)民事保全の実務』（商事法務，2012）248頁。
(注7)　松長・前掲（注6）248頁。
(注8)　東京地裁・実務（上）386頁〔楡井英夫＝小松秀大〕。
(注9)　後述の保護命令が申し立てられた際，保護命令の発令は難しいが，審尋で相手方が接近禁止等を約束する場合に，面談強要禁止等の仮処分の申立てを促し，保全手続で和解する例につき，針塚遵「DV事案への対応（保全命令申立てを中心に）」東京弁護士会弁護士研修センター運営委員会編『弁護士専門研修講座離婚事件の実務』（ぎょうせい，2010）60頁。

(6) 発　　令

　適切な内容の仮処分命令の発令を得るためには，申立てにおいて，前述のとおり申立ての趣旨が適切に記載されていなければならない。

　仮処分命令は，審尋を経るものの，疎明のみによって仮の地位を与えることになるから，立担保を条件として，発令される（法14条1項）。高度の疎明があったとしても，決定が取り消される可能性がある以上，無担保の決定はできないとされているが[注10]，債務者の悪性が顕著であり，仮処分命令を受けることによる債権者の損害発生可能性が極めて低いと認められる場合には，担保の額は相当低額になる[注11]。

　債務者が発令された仮処分命令に違反する場合には，債権者は，仮処分命令を債務名義として，間接強制を申し立てて対応することになる（法52条，民執172条）。間接強制は，債務の履行を確保するために，不履行に対する金銭的制裁を課すものであるから，仮処分命令による禁止行為の態様や場所的範囲，人的範囲等の明確な特定が必要になることに注意が必要である。

〔3〕 DV 防止法に基づく保護命令の活用

(1) DV防止法の趣旨と保護命令の意義

　DV防止法は，配偶者や交際中に共同生活を営む者の間での暴力が犯罪行為をも含む重大な人権侵害であるにもかかわらず，男女間の機微やプライバシーに属する個人間で自律的に解決すべき私的問題（法は家庭には入らず。）などとされ，被害者の救済が必ずしも十分に行われてこなかったこと，さらには，暴力の被害者の多くが女性であり，経済的自立が困難である女性に対して配偶者等が暴力を加えることは，個人の尊厳を害し，男女平等の実現の妨げとなっていたことなどに鑑みて，被害者を保護するための施策として，平

(注10)　中谷・前掲（注5）48頁。なお，瀬木・民事保全84頁。
(注11)　東京地裁・実務（上）386頁〔楡井英夫＝小松秀大〕。金子・前掲（注3）5頁，門口＝須藤・民事保全265頁〔菊池章〕参照。

成13年4月に制定された（DV防止法の前文参照）。

DV防止法に基づく保護命令は，被害者への接近禁止命令及び電話等の禁止命令，被害者と共に生活している住居からの退去命令等によって，被害者に対する広い範囲の侵害行為を排除・予防するとともに，被害者の子や親族等に対する接近禁止が命じられた場合には，被害者の子や親族等を事実上保護することができる。また，前述の仮処分命令とは異なり，保護命令は民事上の執行力を有しないが（配偶者暴力15条5項），保護命令に対する違反には，1年以下の懲役又は100万円以下の罰金の罰則が設けられていることから（配偶者暴力29条），刑罰の威嚇的効果によって実効性が確保されているという被害者保護に資する特徴がある。

このように，保護命令は，本件のようなDV事案における実務的な対応では，被害者保護の観点から申立ての可否を必ず検討すべき制度である。

(2) 法改正による適用対象の拡張

平成25年改正DV防止法によって，法による保護の範囲が拡げられ，「生活の本拠を共にする交際（婚姻関係における共同生活に類する共同生活を営んでいないものを除く。）をする関係にある相手からの暴力（当該関係にある相手からの身体に対する暴力〔身体に対する不法な攻撃であって生命又は身体に危害を及ぼすものをいう。〕又はこれに準ずる心身に有害な影響を及ぼす言動〔以下総称して「身体に対する暴力等」という。配偶者暴力1条1項〕をいい，当該関係にある相手からの身体に対する暴力等を受けた後に，その者が当該関係を解消した場合にあっては，当該関係にあった者から引き続き受ける身体に対する暴力等を含む。）を受けた者」に関する準用規定が新設された（配偶者暴力28条の2，以下の準用にあたっては，本条項は示さない。）。

従前は，「婚姻の届出をしていないが事実上婚姻関係と同様の事情にある者」までを「配偶者」に含めて（配偶者暴力1条3項），法的な婚姻関係及び事実上の婚姻関係（過去における関係も含む。）のあるパートナー間の暴力による被害者を保護していたが，法改正により，内縁的な事実上の婚姻意思はないものの，生活の本拠，すなわち主たる住居を共にする共同生活（同棲）を伴う交際相手からの暴力等による被害者も保護されることになった。

(3) 保護命令の内容

DV防止法に基づく保護命令の内容を，本件事案に即して考えると，①被害者への接近禁止命令（配偶者暴力10条1項1号），②被害者の子への接近禁止命令（同条3項），③被害者の親族等への接近禁止命令（同条4項），及び④電話等の禁止命令（同条2項），を検討することになる。②ないし④は，①の被害者本人への接近禁止命令の実効性を確保するための付随的制度として，①と同時又は①が既に発令されている場合に限られる。

このほかDV防止法が定める保護命令の内容としては，⑤被害者と共に生活している住居からの退去・はいかい禁止命令（配偶者暴力10条1項2号。以下単に「退去命令」という。）がある。

(4) 保護命令の要件と申立手続

被害者が，保護命令の発令を受けるためには，相手方の住所もしくは申立人の住居所又は暴行・脅迫の行為地を管轄する地方裁判所への申立てを行う必要がある（配偶者暴力10条・11条）。

発令には，①の被害者への接近禁止命令や④の電話等の禁止命令については，交際相手から身体に対する暴力を受けた被害者が更なる身体に対する暴力により，あるいは生命又は身体に対する脅迫を受けた被害者が身体に対する暴力により，その生命又は身体に重大な危害を受けるおそれが大きいと認められることが要件になる（配偶者暴力10条1項・2項）。また，②の子への接近禁止命令については，交際相手が，被害者と同居している未成年の子を連れ戻すと疑うに足る言動を行っている等の事情から被害者が子に関して交際相手との面会を余儀なくされることを防止する必要が認められること（15歳以上の子の場合はその同意も必要）が，③の親族等への接近禁止命令については，交際相手が，親族その他被害者と社会生活において密接な関係を有する者の住居に押し掛けて著しく粗野又は乱暴な言動を行っている等の事情から被害者が親族等に関して交際相手との面会を余儀なくされることを防止する必要が認められること（当該親族の同意も必要）が，要件となる（同条3項～5項）。これらは申立書への記載が求められる（配偶者暴力12条1項1号～4号）。

また，裁判所への申立てにあたっては，前述の要件に該当する事項について，配偶者暴力相談支援センター又は警察（以下「警察等」という。）に相談，援助又は保護を求めた事実の有無等を示して申立書に記載する必要がある（配偶者暴力12条1項5号）。これらの記載ができない場合には，要件に該当する事項についての申立人の供述を記載した公証人の認証を受けた宣誓供述書を添付する必要がある（同条2項）。

　さらに，生活の本拠を共にする共同生活を伴う交際相手からの暴力による被害者の場合には，生活の本拠を共にする共同生活と交際に関する事実を主張する必要がある。

　そして，申立人は，以上の要件を証明するための資料を提出する。

　申立てを受けた裁判所は，申立人に対する審尋を行ったうえで，申立書に記載された警察等に相談，援助又は保護を求めた際の状況や措置の内容の書面による報告を当該機関に求めるとともに，保護命令を発するには口頭弁論又は相手方が立ち会うことのできる審尋期日を経ることが原則になっているため，ほとんどの事案では，相手方に対する審尋が行われている（配偶者暴力14条）[注12]。手続の性質上，この手続の中では和解を成立させることはできない。保護命令は，相手方への審尋期日で言い渡され，決定書謄本が交付される例が多い[注13]。

(5) 面談強要等の禁止の仮処分との比較

　DV防止法に基づく保護命令は，前述のとおり，被害者に対する広い範囲の侵害行為を排除・予防することを可能にするうえに，刑罰の威嚇的効果によって履行を確保している点で仮処分命令に比べて被害者保護の高い実効性が期待できる。また，DV防止法では，配偶者暴力相談支援センター，警察，福祉事務所等の被害者保護のための相談，援助，保護及自立支援等の具体的対応や連携協力が定められ（配偶者暴力3条～9条の2等），保護命令申立てに至るプロセスの過程で，被害者と警察等とのアクセスが求められ（配偶者

(注12)　審尋を経ない保護命令に関して，小島・前掲（注2）116頁参照。
(注13)　福島政幸＝森鍵一「東京地裁及び大阪地裁における平成25年改正DV防止法に基づく保護命令手続の運用」判タ1395号11頁。

暴力12条1項5号参照），裁判所から警察等に対し保護命令発令の通知がなされること（配偶者暴力15条3項・4項）等から，社会資源が連携協力した被害者保護と被害防止に向けた被害者への対応，加害者に対する措置や被害者・加害者間の関係調整等が期待できる点も，仮処分命令にないメリットである。

また，仮処分申立てでは，申立ての趣旨の選択，申立書の作成及び疎明資料の準備等についての専門的知識が必要になるため，迅速かつ適切に仮処分命令を得るには，弁護士による代理の必要性が高い。これに対し，保護命令の申立ての場合には，本人申立てであっても十分な対応が可能なように受付準備が裁判所によって行われており[注14]，実際に本人申立てが多数である[注15]。法律上も，審理にあたって，前述のように警察等の書面による報告が裁判所の審理に活用されるなどの工夫がされており（配偶者暴力14条），弁護士による代理が望ましいが，不可欠ではない。

さらに，仮処分申立ての場合には，要件の疎明が求められ，発令に際しては，立担保を行う必要があり，弁護士費用に加えて金銭的な準備が必要になる。保護命令申立ての場合には，要件の証明が必要であるが，立担保のための金銭的な準備は不要である[注16]。

仮処分命令の効力に期間制限はないが，保護命令は接近禁止命令や電話等禁止命令が6か月間，退去命令が2か月間という制限があるので，効力期間の終了により暴力による重大な危害を受けるおそれが大きい場合は，再度の申立てをする必要がある（配偶者暴力10条・18条）。

(6) 本件への当てはめ

DV防止法の保護命令は，元配偶者や元交際相手との間の暴力等でも対象になり得る。ただし，それは，条文上，配偶者や交際相手から身体に対する

(注14) 手続の性質が民事行政的作用であり，非訟事件の一種であることから，申立人にとって利用しやすくわかりやすい対応が目指されている（裁判所職員総合研修所監修『配偶者暴力等に関する保護命令事件における書記官事務の研究〔補訂版〕』（司法協会，2015）17頁）。なお，平成25年改正DV防止法への対応として，福島＝森・前掲（注13）9頁参照。

(注15) 森鍵一「大阪地裁民事保全事件における現況と課題」判タ1381号9頁，針塚・前掲（注9）47頁。

(注16) DV事案への対応について，民事法律扶助制度や犯罪被害者援助制度の利用を検討することは別論である。

暴力や生命又は身体に対する脅迫を受けた後に，その者が離婚したり共同生活を営む交際を解消したりした場合であって，かつ相手から引き続き身体に対する暴力を受ける場合に限られている（配偶者暴力10条1項・28条の2）。つまり，現行法では，離婚や共同生活を営む交際を解消した後に，はじめて相手から暴力や脅迫を受けたDV事案では，被害者としてDV防止法に基づく保護命令を受けることはできない。

本件の事案をみる限り，BがAに対して暴力を振るい始めたのは，2人が同棲を解消した後，AがBに対して養育費の支払を求めたことがきっかけになっている。交際相手が粗暴な傾向をもつ場合には，以前から生命・身体に危害を及ぼす暴力や脅迫に及んでいることも少なくないので，相談を受けた場合には慎重に事情を確認して臨むべきであるが，特にそのような事情がなければ，Aは，DV防止法に基づいて保護命令を求めることはできない。

〔4〕 ストーカー規制法に基づく警告・禁止命令等の活用

(1) ストーカー規制法の趣旨

ストーカー規制法（「ストーカー防止法」と略される場合もある。）は，「特定の者に対する恋愛感情その他の好意の感情又はそれが満たされなかったことに対する怨恨の感情を充足する目的」で，「当該特定の者又はその配偶者，直系若しくは同居の親族その他当該特定の者と社会生活において密接な関係を有する者」に対し，つきまとい，待ち伏せ，住居等への押し掛け，面会・交際等の要求，乱暴な言動，無言電話や迷惑電話・メール等（以下「つきまとい等」という。）を反復してすることを「ストーカー行為」と定義し，ストーカー行為を処罰する等の規制を行うとともに，被害者に対する援助の措置等を定めて，個人の身体，自由及び名誉に対する危害の発生を防止する等の趣旨で，平成12年に制定された（ストーカー1条・2条参照）。

なお，ストーカー規制法は，警察を中心とする後述する3段階の対処によって違法なストーカー行為を抑制・処罰するという規制立法であり，警察本部長等による被害者援助の規定（ストーカー7条）等はあるものの，前述の

DV防止法のような社会資源が連携協力した被害者保護のための具体的・総合的仕組みが同法レベルで明確に規定されているわけではない。

(2) 警告・禁止命令等の規制内容と要件

ストーカー規制法による対処は，3段階に分けて見ることができる（以下では併せてストーカー規制法による「規制措置」という。）。

第1段階では，警察本部長等が，ある者がつきまとい等によって，相手方に身体の安全，住居等の平穏もしくは名誉が害され，又は行動の自由が著しく害される不安を覚えさせていた場合に，更に反復して当該行為をするおそれがあると認めるときには，行為者に対して反復して当該行為をしてはならない旨を警告することができる（ストーカー4条1項）。

なお，警察本部長等は，緊急の必要がある場合には，警告や行為者の聴聞を行わないで，更に反復して当該行為をしてはならない旨の仮の禁止命令を行うことができる（ストーカー6条1項）。ただし，仮の禁止命令の効力は，命令をした日から15日であり（同条3項），つきまとい等の内容が，つきまとい，待ち伏せ，住居等への押し掛け等の場合（ストーカー2条1項1号）に限られる（ストーカー6条1項）(注17)。

第2段階では，都道府県公安委員会が，警告を受けた者が，警告に従わず違反をし，更に反復して当該行為をするおそれがあると認めるときには，行為者の聴聞を行ったうえで，さらに反復して当該行為をしてはならない旨の禁止命令等を行うことができる（ストーカー5条）。この段階までは，警察による行政手続に基づく措置である。

第3段階では，刑事司法手続として，第2段階の禁止命令等に違反した者，禁止命令等に違反してストーカー行為をした者，禁止命令等に違反してつきまとい等をすることによりストーカー行為をした者を，犯罪捜査の対象として，刑事裁判によって刑罰を加えることができる（ストーカー14条・15条）。な

(注17) 対象行為が限定され，違反が罰則で担保されておらず，効力に期間制限があり，事後に禁止命令等の手続を行うことになることなどから，仮の命令は，事実上ほとんど使われていない（ストーカー行為等の規制等の在り方に関する有識者検討会「ストーカー行為等の規制等の在り方に関する報告書」(2014) 6頁〔警察庁ホームページ〕）。

お，第2段階の禁止命令等を経ないストーカー行為自体も刑罰の対象となっているが，この場合は告訴が条件となる（ストーカー13条）。

(3) 警告を求める申出等

被害者が，ストーカー規制法に基づく第1段階の警告を求めるためには，申出人の住居所もしくは相手方の住所又はつきまとい等の行為地を管轄する警察本部長等への申出を行う必要がある（ストーカー4条1項・10条2項）。第2段階の禁止命令等は，被害者の申出又は公安委員会の職権によって行われる。

被害者の申出にあたっては，つきまとい等が行われたこと，それによって身体の安全，住居等の平穏もしくは名誉が害され，又は行動の自由が著しく害される不安を覚えていること，行為者が更に反復して当該行為をするおそれがあることを主張し，裏づけとなる資料を提出する必要がある。

なお，本件では，Bの暴力で頭部打撲や肋骨圧迫骨折等の傷害を負ったことや，実家に押し掛けられて小突かれる暴行や威迫を受けたことなどの事実が診断書等で証明できるときには，Aは警察に被害届を提出して，Bを傷害ないし住居侵入・暴行，強要・脅迫等の被疑者とする刑事被疑事件の捜査等を求めることも可能である。

(4) 面談強要等の禁止の仮処分や保護命令との比較

仮処分命令や保護命令が裁判所による発令であるのに対し，ストーカー規制法による規制措置が警察によることが，特徴的な違いである。

警告等の規制措置が行われた場合には，警察権力による行為規制として一定の威嚇的な効果が期待できるものの，警告の段階では違反に対する罰則がなく，保護命令と比べると命令違反の制裁が弱いレベルにとどまり，エスカレートしやすいストーカー行為に対する即効性や抑止力に欠ける面がある。ただし，警察本部長等が警告を発出するにあたっては，仮処分命令や保護命令の審尋のように相手方からの事情聴取手続が必要とされていないので（実際には相手方の言い分を聴取して口頭の指導や警告がなされる場合も多いと考えられるが），制度上は速やかな措置も可能ではある。

仮の地位を定める仮処分は，迅速な審理が予定されており[注18]，保護命令申立ても，迅速な裁判が求められている（配偶者暴力13条）。この点は，手続の性質上，ストーカー規制法による行為規制も同様と考えるべきであるが，実際には，被害者による申出の対応がすべて警察の判断に委ねられているため，規制措置に至るまでの手続に時間を要する場合があることが指摘されており，警察の対応が遅れたことによってストーカー被害が発生・拡大した事件の存在が問題とされている[注19]。また，仮処分命令や保護命令の申立てを却下する裁判に対しては即時抗告をすることができるが（法19条1項，配偶者暴力16条1項），ストーカー規制法による規制措置の申出に対し警告等が行われなかったときには，行政不服審査法等による救済の対象とはならず，警察の職務執行に関する苦情として苦情処理窓口に申し入れることができるにすぎない。

　なお，警告や禁止命令の効力には，保護命令のような期間制限はない。

(5)　本件への当てはめ

　AとBはかつて同棲して子までもうけた関係にあったから，Bは恋愛感情その他好意の感情ないしそれが満たされないことに対する怨恨の感情で，Aへの暴行や実家への押し掛け等（ストーカー2条1項1号・3号・4号）に及んでいると推察される。その程度も，Aの立場で身体の安全，住居等の平穏もしくは名誉が害され，又は行動の自由が著しく害される不安を覚えさせる程度のものといえるであろう。

　そこで，Aは，Bが更に反復して当該行為をするおそれがあるという理由で，ストーカー規制法に基づく警告を求める申出をすることができる（ストーカー4条1項）。Bが実家に押し掛けてきて暴行・脅迫した具体的状況は，警察への通報や警察官の臨場で確認ができているから，申出の裏づけは難し

(注18)　森・前掲（注15）8頁。
(注19)　ストーカー行為等の規制等の在り方に関する有識者検討会・前掲（注17）2頁・6頁，小島・前掲（注2）158頁，長谷川京子＝山脇絵里子『ストーカー——被害に悩むあなたにできること』（日本加除出版，2014）17頁・137頁。なお，警察庁生活安全局長・同刑事局長通達「恋愛感情のもつれに起因する暴力的事案への迅速かつ的確な対応の徹底について」（平成25年12月6日）参照。

くない。

〔5〕 設例に関するまとめ

以上のとおり、本件では、BのAに対する暴行等が同棲を解消した後の出来事であるとすれば、Aは、DV防止法に基づく保護命令を申し立てることはできないから、具体的な対応としては、面談強要等の禁止を求める仮処分命令の申立てやストーカー規制法に基づく警告の申出等を検討することになる[注20]。

この点では、「ストーカー防止法やDV防止法は私法上の権利・義務を定めるものではないが、民事保全によるよりも実質的に強力な救済措置が用意されているので、これらによる救済措置がとられている場合には、民事保全の必要性が否定されることになるであろう。」[注21]と指摘されているところであるが、前述のとおり、仮処分命令とストーカー規制法に基づく規制措置には手続及び効果等の違いがある。そこで、申立て段階でDV事案の内容や相手方の性格等に即した当事者による手続の選択が認められるのみならず、例えば、本件で仮にBが実家に押し掛けてきた折の警察への通報に際してAによるストーカー規制法に基づく警告を求める申出が行われていたとしても、迅速な警告の実施に至らない可能性がある手続の実際と罰則のない警告の効果に鑑みれば、加えて仮処分命令の申立てを行う保全の必要性が認められる場合があると考えられる。

■参考文献
脚注に掲記のもの。

(注20) DV事案では、被害者保護の観点から、侵害行為が急にエスカレートする可能性を考慮に入れつつ、事案の内容、当事者の生活状況や相手方の性格等に鑑みて、侵害の排除・予防のための対応を迅速かつ多面的に考えることが何より肝要である。本項目では、本書の性格上、このような多面的な対応に言及していないことに留意されたい。多面的な対応の詳細については、例えば、小島・前掲(注2)178頁・206頁、榊原監修／打越・前掲(注2)204頁、長谷川＝山脇・前掲(注19)45頁・99頁等を参照のこと。
(注21) 須藤＝深見＝金子・民事保全193頁。

45　家庭に関する仮処分

間　史　恵

　被相続人Ａの共同相続人の１人であるＢが，Ａの遺言によりＡの自宅（以下「本件建物」という。）を単独で相続したとして，これを占有しているが，Ａの遺言は，Ａが認知症等によって正常な判断能力がないときに，Ｂから指示されるままに作成したもので，他に遺言はない。Ｂは，自分の借金返済のため，本件建物を他に売却しようと考えて，不動産仲介業者にその売却を依頼していることが判明した。他の共同相続人であるＣはどのような仮処分を求めることができるか。

〔１〕　前提となる実体的権利関係とそれを主張する方法

　本設例においてＣが求めることができる仮処分を検討する前提として，本設例における実体的権利関係と，それをＣが主張する方法について検討する。

(1)　実体的権利関係

　被相続人が，特定の遺産を特定の相続人に相続させる趣旨の遺言をした場合，特段の事情のない限り，何らの行為を要せずして当該遺産は，被相続人の死亡の時に直ちに相続により承継される[注1]。

　もっとも，遺言者は，遺言をする時に意思能力を有していることが必要であり（民963条），遺言の際に必要とされる意思能力（遺言能力）とは，遺言内容及びその法律効果を理解判断するのに必要な能力であると解されている[注2]。遺言者が遺言をする時に遺言能力を欠いていた場合，当該遺言は無

（注１）　最判平３・４・19民集45巻４号477頁・判タ756号107頁・判時1384号24頁。
（注２）　岩木宰「遺言能力—裁判例の傾向」野田愛子ほか編『家事関係裁判例と実務245題』〔判タ臨増1100号〕466頁。

効であるから，相続人は遺言に基づいて当該遺産を取得することはできず，当該遺産は，未分割の遺産として遺産分割の対象になるものであり，遺産分割が終了するまでは，共同相続人の共有に属するものである（民898条）。

そして，遺産の共有の法的性質については，民法896条，899条，898条等の規定によれば，共同相続人は相続開始と同時に遺産分割前の遺産について法定相続分に応じた共有持分権を取得することになると解され，その共有の性質は物権法上の共有と同じものであり[注3]，共同相続人が遺産について有する共有持分権は実体法上の権利性を有すると解されている[注4]。

以上によれば，本設例の場合，Cは，Aの遺言（以下「本件遺言」という。）は意思能力を欠く状態でなされたもので無効であるから，BはAの遺言に基づいて本件建物を取得することはできず，本件建物は，未分割状態にあるAの遺産として共同相続人であるB及びCの共有に属しているものである旨主張すると考えられる。では，Cは，いかなる方法でそれを主張することができるか。

(2) 主張方法──その1（民事訴訟）

遺言の効力や遺産の帰属は，遺産分割の前提として確定しておくべき必要のある事項であり[注5]，本来民事訴訟で確定すべき事項である。これらを確定するために相続人がとる方法として，①遺言無効確認の訴え，②遺産確認の訴え，③当該財産に対し持分権を有することの確認を求める訴え，④（既に遺言により遺産を取得したと主張する相続人がその旨の移転登記手続をしている場合）当該登記について抹消登記手続もしくは更正登記手続を求める訴えが考えられる[注6]。

(注3) 最判昭30・5・31民集9巻6号793頁・家月7巻6号42頁。
(注4) 青野洋士・最判解民平成17年度（下）685頁。共同相続人は，遺産分割前であっても，遺産を構成する特定物に対する自己の持分を，共同相続人以外の第三者に処分することができ，当該第三者（持分譲受人）は，適法にその権利を取得することができる。当該第三者と他の相続人との共有関係を解消する手続は共有物分割訴訟である（最判昭50・11・7民集29巻10号1525頁・判タ329号115頁・判時799号18頁）。
(注5) 遺産分割は，被相続人の死亡によって共同相続人の共有状態となっている相続財産（遺産）について，各相続人の相続分を算定したうえで，遺産を各相続人に分割帰属させる手続であるから，前提として相続人の範囲及び遺産の範囲を確定することが必要である。

①の遺言無効確認の訴え，すなわち過去の法律行為である遺言が現在その効力を有しないことの確認を求める訴えは，遺言が有効であるとすれば，それから生ずべき現在の特定の法律関係が存在しないことの確認を求めるものと解される場合で，原告がこのような確認を求めるにつき法律上の利益を有するときは適法と解すべきである(注7)。本設例において，Cは，Aの相続人として，本件建物がBの所有するものでないことの確認を求めるものであるから，このような訴えが適法であることは明らかである。

②の遺産確認の訴え，すなわち当該財産が被相続人の遺産に属すること（共同相続人による遺産分割前の共有関係にあること）の確認を求める訴えについては，従前，遺産の範囲に争いがあっても共有持分権の確認を求める訴えを提起すれば足り，遺産確認の訴えは確認の利益を欠くのではないかという議論があった。しかし，共有持分権確認の訴えに係る判決は，原告が当該財産につき共有持分を有するかどうかを確定するにとどまり，当該財産についての遺産帰属性は既判力をもって確定されないものである。他方，遺産確認の訴えは，当該財産が遺産分割の対象たる財産であることを既判力をもって確定するものであって，そうするとその後の当該財産の遺産帰属性を争うことは許されないこととなり，遺産分割の前提問題である遺産帰属性に関する争いに決着をつけ，その後の遺産分割手続の実効性を確保することができる。そこで，上記のような遺産確認の訴えについても，訴えの利益が肯定され，適法と解されている(注8)。したがって，Cは本件建物がAの遺産であることの確認を求めることができる。

③の当該財産に対し持分権を有することの確認を求める訴え，すなわち当該財産が被相続人の遺産に属するか否か争いがある場合，相続人が当該財産について持分権を有していることの確認を求める訴えが適法であることはい

(注6) 本設例において共有物分割請求ができないことについて，後掲（注10）参照。
(注7) 最判昭47・2・15民集26巻1号30頁・家月24巻8号37頁・判時656号21頁。
(注8) 最判昭61・3・13民集40巻2号389頁・判タ602号51頁・判時1194号76頁。田中壯太・最判解民平成元年度101頁。共同相続人間における遺産確認の訴えは，固有必要的共同訴訟である（最判平元・3・28民集43巻3号167頁・判タ698号202頁・判時1313号129頁）。なお，遺産確認の対象は，当該財産が被相続人の遺産に属するかどうかという遺産の帰属性に関する争いに限られるものであって，遺産適格の有無の判断を求める訴えは不適法である（西井和徒「遺産の範囲の確認訴訟ができるか」野田ほか編・前掲（注2）330頁）。

うまでもない。したがって，Cは本件建物について共有持分2分の1を有することの確認を求めることができる。

④の（既に遺言により遺産を取得したと主張する者がその旨の移転登記手続をしている場合）当該登記について抹消登記手続もしくは更正登記手続を求める訴えについては，当該遺言が無効であれば相続人は法定相続分に応じて共有持分を有しており，他の相続人の共有持分に関しては無効な登記がされていることになるから，他の相続人は自らの持分について抹消（更正）登記を求めることができるのは当然である。しかし，全部抹消を求めることは許されない[注9]。遺言が無効であるとしても，相続人はその法定相続分に応じた持分を有しているから，移転登記はその持分に関する限り実体関係に符合しており，無効な登記となるのは，他の相続人の共有持分に関する限度であって，他の相続人は自己の持分についてのみ妨害排除請求権を有するにすぎないからである。したがって，Cはその共有持分2分の1の限度で一部抹消（更正）登記を求めることができる。

(3) 主張方法──その2（遺産分割調停・審判申立て）

Cは，本件遺言は無効であり，本件建物は未分割状態（遺産共有状態）にあるとして，本件建物を（その他にAの遺産がある場合はそれらも含めて）分割対象として，遺産分割調停又は審判の申立てをすることもできる[注10]。

前記のとおり遺言の効力や遺産の帰属は民事訴訟で確定すべき事項で，確認的事項であるところ，遺産分割の前提問題となる民事事項であっても確認

(注9) 最判昭38・2・22民集17巻1号235頁・判時334号37頁・金法342号10頁。
(注10) 遺産共有状態は，遺産分割がされるまでの暫定的，手段的なものであり，遺産分割は，共同相続人間の協議（民907条1項）により，協議不調の場合は家庭裁判所における調停又は審判（民907条2項，家事別表第2の12項）によるものとされている。また，遺産分割は，原則として被相続人の遺産すべてを対象として進められるもので，遺産分割にあたり，家庭裁判所は，遺産に属する物又は権利の種類及び性質，各相続人の年齢，職業，心身の状態及び生活状況その他一切の事情を考慮してこれをなすべきものである（民906条）。このように，遺産分割と共有物分割とは質的にも制度的にも異なり，両者は特別規定と一般規定の関係に立つといえる。共同相続人間で未分割の遺産を分けて遺産共有状態を解消するためにとるべき手続は，遺産分割であり，民法上の共有物分割請求ではない（前掲（注4）最判昭50・11・7，前掲（注8）最判昭61・3・13等参照）。したがって，遺産分割前に共有物分割を本案として処分禁止の仮処分を申し立てることもできない。

的事項については，遺産分割審判手続においても審理判断することができると解されている(注11)。ただし，審判における判断には既判力が生じないから，これを争う当事者は，別に民事訴訟を提起して権利関係の確定を求めることが可能であり，判決における判断が審判における判断と異なるものであれば，遺産分割の審判もその限度において効力を失う。そのため，実務では，確認事項に争いがある場合，本来は民事訴訟で確定すべきもので，審判における判断は判決により覆る可能性があることを説明したうえで，遺産分割手続の進行について当事者に検討を促している。当事者が，前提問題についての民事訴訟を提起するなどした場合には，遺産分割調停・審判の申立ての取下げを促す。当事者が遺産分割手続の中で判断することを望む場合は，当該事項について別途訴えは提起せず，遺産分割審判における判断に従う旨確認し，その旨期日調書に記載したうえで，遺産分割手続を進行させることもある。訴訟を提起しなかったり，訴訟を提起されたにもかかわらず遺産分割調停申立てを取下げなかったりする場合，調停をしないものとして終了させる（家事271条）ことが考えられる(注12)。

(4) 民事保全と特殊保全

以上，Cが本件遺言が無効であるとして自己の権利を主張する方法としては，民事訴訟と遺産分割調停・審判とがある。民事訴訟の本案の権利の実現を保全するため，民事訴訟の本案の権利関係について申し立てる保全処分は，民事保全法に規定する民事保全処分である（法1条）。他方，家庭裁判所における申立てに伴う保全処分は，いわゆる特殊保全としての家事事件手続法に規定する保全処分である。遺産分割調停・審判を本案として民事保全法上の

(注11) 最大決昭41・3・2民集20巻3号360頁・判タ189号115頁・判時439号12頁参照。他方，遺産分割の前提となる問題の中でも，遺産分割以外の一定の法的な手続（民事訴訟，人事訴訟又は遺産分割以外の審判）を経て初めて効力が生じる形成的事項については，遺産分割審判において判断することはできず，訴訟等における判断の確定を待たなければならない（司法研修所編『遺産分割事件の処理をめぐる諸問題』（法曹会，1994）14頁）。

(注12) 家事審判法下であれば，審判手続に移行したうえで遺産分割禁止（民907条3項）の審判をすることも考えられた。家事事件手続法においては，遺産分割の禁止は遺産分割とは別個の審判類型として規定されている（家事別表第2の13項）から，当事者の申立てなくして遺産分割禁止の審判をすることはできないと解されるが，必ずしも明確ではない。

保全処分を申し立てることはできないし，その逆もまたしかりである[注13]。
以下，それぞれに分けて検討する。

〔2〕 民事保全法上の保全処分（処分禁止の仮処分）

(1) 要　件

　CはBによる本件建物の売却を防ぐために仮処分申立てをするのであるから，係争物に対する仮処分の一つである処分禁止の仮処分命令申立てをすることが考えられる。係争物に対する仮処分は，特定物に関する請求権を有する者が，その権利の実現を確保するため，債務者の当該特定物に対する処分を制限するものである（法23条1項）。係争物に対する仮処分のうち処分禁止の仮処分は，債務者が債権者の債務者に対する登記手続請求権等の実現を確保するために，相手方がその不動産を他に転売したりする等の法的権利の処分を禁止するものである（法53条）。

　したがって，処分禁止の仮処分命令の申立てをするためには，被保全権利及び保全の必要性の2つの要件が必要であり，被保全権利は，特定物に関する登記手続請求権等の請求権であることを要する[注14]。

　そうすると，前記のとおり，Cがその権利を主張する方法としては様々な訴えがあり，そのうち遺言の効力及び本件建物の帰属について抜本的に解決する手段は遺言無効確認の訴え又は遺産確認の訴えであるが，処分禁止の仮処分の被保全権利となるのは，係争物に係る所有権に基づく返還請求権，妨害排除請求権であるから，Cは本件建物についての共有持分権の確認と更正登記手続請求を本案として処分禁止の仮処分申立てをすることになる。

　保全の必要性は，債務者が当該特定物を処分するおそれがあるかどうかと

(注13)　かつて，遺産分割審判の前提問題として訴訟事項を判断することができるから，訴訟事項を本案とする審判前保全処分をなし得るとの見解もあったが，前提問題として判断できるとしてもそれを本案としているわけではないので，許されない（司法研修所編・前掲（注11）360頁）。

(注14)　須藤＝深見＝金子・民事保全6頁・11頁・126頁。梶村太市ほか編『プラクティス民事保全法』（青林書院，2014）299頁〔堀田隆〕。

いう観点から検討される。本設例の場合，Bが借金返済のために不動産仲介業者に本件建物の売却を依頼しているというのであるから，そのような事情が疎明されれば保全の必要性は認められよう。

(2) 本件建物全部についての処分禁止の仮処分申立ての可否

Cとしては，後の遺産分割手続に備えるためには，本件建物全部について処分を禁止できることが望ましい。では，Cは本件建物全部についての処分禁止の仮処分を申し立てることができるか。

この点，前記のとおり，Cは自己の持分についてのみ妨害排除請求権を有するにすぎないから，本件建物全部について処分禁止の仮処分を求めることは，被保全権利の範囲を超えるものとして許されない。Cは自己の持分の限度においてのみ，処分禁止の仮処分を求めることができる[注15]。

(3) 自己の持分についての処分禁止の仮処分

Cが自己の持分について処分禁止の仮処分を求めることができるとしても，本件建物について，本件遺言をもとにBの単独所有名義の登記がされている場合，Cの持分を表示した共有名義の登記（保存行為としての共同相続登記）がされていないから，Cは自己の持分についての処分禁止の仮処分を申し立てることができないのではないかという問題がある。

実務では，このような場合，所有権の一部についての処分禁止の仮処分を認めている。その申立ての趣旨及び仮処分命令の主文は，「債務者は，その所有名義の別紙物件目録記載の不動産の所有権の一部〇分の△（本設例の場合はCの持分である2分の1）について，譲渡並びに質権，抵当権及び賃借権の設定その他一切の処分をしてはならない」としている[注16]。法務局においても，上記のような仮処分命令が発令されて登記嘱託（民事保全法53条1項・3項による同法47条3項の準用）がされた場合には，これを受理すべきものとされてい

[注15] 東京地裁・実務（上）268頁〔小池あゆみ＝関述之＝福田敦〕，梶村ほか編・前掲（注14）301頁。

[注16] 東京地裁・実務（上）268頁〔小池あゆみ＝関述之＝福田敦〕，梶村ほか編・前掲（注14）302頁。

る(注17)。当該物件の登記簿の甲区欄には,「所有権の○分の△処分禁止仮処分」という表示がされるが,持分の登記はされない。

[3] 家事事件手続法上の保全処分(審判前の保全処分としての処分禁止の仮処分)

(1) 要　件

　家事事件手続法上の保全処分も,家事調停又は審判により権利が確定し実現するまでの間に,財産の状態に変更が生じて,権利の実現が困難となったりすることを防ぐために設けられている。遺産分割事件に関する保全処分は,家事事件手続法200条に規定され,遺産管理者の選任等(家事200条1項),仮差押(同条2項),仮処分(同項),その他の保全処分(同項)に分類される。本設例において問題となるのは,2項に基づく処分禁止の仮処分である。

　要件は,上記の類型にかかわらず,①審判又は調停のいずれかの申立てがあること,②本案審判が認められる蓋然性,③保全の必要性である。①は形式的要件,②及び③は実質的要件である。

　民事保全が本案の訴え提起がされたことを要件としていない(むしろ,本案訴訟提起前に申立てをすることに意味がある。)のと異なり,①審判又は調停のいずれかの申立てがあることを要件としたのは,申立ての内容自体が判然としない状況下では,適切な保全処分を命ずることが困難であるし(注18),後述する本案審判が認められる蓋然性を認めるためには,少なくとも本案の家事審判が係属していることが必要と考えられるからである(注19)。もっとも,家事事件手続法別表第2に掲げる事項については,家事調停が申し立てられ,調停が成立せずに終了した場合には,当然に家事審判手続に移行し,家事調停の申立ての時に家事審判の申立てがあったものとみなされ(家事272条4項・

(注17)　昭30・4・20法務省民事甲第695号民事局長回答。
(注18)　上原裕之ほか編著『リーガル・プログレッシブ・シリーズ　遺産分割〔改訂版〕』(青林書院,2014)179頁。
(注19)　金子修編著『一問一答　家事事件手続法』(商事法務,2012)170頁。

1項),別途家事審判の申立ては不要とされていることから,家事調停の申立てがされていることをもって家事審判の申立てがされている場合に準じて考えることができる。そこで,別表第2に掲げる事項のうち遺産分割等一定の事項について[注20],家事調停の申立てがされている場合にも審判前の保全処分の申立てをすることができることとされている[注21]。

②本案審判が認められる蓋然性とは,本案審判において一定の具体的な権利義務の形成がされることについての蓋然性があるということである。審判前保全処分は,暫定的な処分であるが,強制力が付与されている(家事109条3項)。そして,審判においては,具体的な権利義務関係の形成の当否及び形成の内容が判断対象となるのであって,一定の請求権の客観的存否が判断の対象となるものではない。例えば,遺産分割の場合,審判により,個々の遺産がどの相続人に帰属するか,代償分割[注22]を行う場合,誰が誰に対していくら代償金を支払うかなどが定まることとなる。そのため,その保全処分を命ずる場合には,被保全権利の存在の蓋然性に代えて,本案の家事審判において一定の具体的な権利義務が形成される蓋然性が必要とされている[注23]。

そうすると,遺産分割における本案審判が認められる蓋然性とは,遺産分割審判において保全処分の内容と矛盾しない内容の分割が行われる蓋然性,ということであり,これを判断するためには,本案審判においてどのような内容の分割が行われることになるのかについての予測が必要となる[注24]。遺産分割は,遺産について,各相続人の相続分を算定したうえで,個々の遺産を各相続人に帰属させる手続であるから,処分禁止の仮処分において分割の

(注20) 金子編著・前掲(注19)172頁。
(注21) なお,家事調停の申立てがあったときにされた審判前の保全処分の申立てであっても,その本案は,当該家事調停手続が家事審判手続に移行した後の家事審判事件であって,家事調停事件ではない(金子編著・前掲(注19)172頁)。
(注22) 遺産分割の方法としては,①現物分割(個々の物を各相続人に取得させる。),②代償分割(ある相続人にその相続分を超える遺産を現物で取得させ,その代わりに,相続人に満たない遺産しか取得しなかった相続人に対する債務を負担させる〔家事195条〕。債務負担を命じられる相続人に資力のあることが必要である。)③換価分割(遺産を売却してその売却代金を分割する。),④共有分割(遺産の全部又は一部を,具体的相続分に応じた物件法上の共有・準共有によって取得する。)の4種類がある(上原ほか編著・前掲(注18)400頁。
(注23) 金子編著・前掲(注19)170頁。
(注24) 上原ほか編著・前掲(注18)179頁。

内容を予測するためには，相続人の範囲，分割対象となる相続財産の範囲，当該財産が相続財産に含まれることを一応確認し，一応の遺産の評価を踏まえて各相続人の具体的相続分がいくらになるか，それを前提として，当該相続人が，当該財産を取得するという分割方法が採用されると一応認められるかを検討する必要がある。

③保全の必要性は，強制執行を保全し，又は事件の関係人の急迫の危険を防止する必要があるということである。本設例の場合に問題になるのは強制執行を保全する必要性であり，これについては，民事保全における保全の必要性において述べたところと同様である。

(2) 本件建物全部についての処分禁止の仮処分申立ての可否

ところで，遺産分割においては，特定の遺産を相続人に取得させ，他の相続人が当該遺産以外の遺産から各具体的相続分にみあう遺産を取得することが可能で，そのような分割方法が相当である場合，当該遺産の取得を希望する相続人が，その具体的相続分を超過する分について他の相続人に代償金を支払う能力があり，当該相続人に単独取得させるのが相当な場合など，特定の遺産を特定の相続人が単独取得することがあり得る。では，遺産分割審判を本案とする処分禁止の仮処分であれば，民事保全と異なり，当然に，特定の遺産（本設例においては本件建物）全部についての処分禁止を求めることができるのか。

この点，前記のとおり本案審判が認められる蓋然性が要件となる以上，本設例においてCが本件建物全部についての処分禁止を求めるためには，Cが本件建物を単独取得するという蓋然性が疎明されることが必要である。すなわち，Cは，Aの相続人，Aの遺産，本件建物がAの遺産であること，Aの各遺産の評価，それらを踏まえて，Cに本件建物全部を単独取得させるべき事情や，本件建物全部を単独取得するとCの相続分を超える場合には，超過分相当の代償金を支払う能力があることなどを疎明する必要がある[注25]。当

(注25) 支払能力の疎明資料としては，例えば，C名義の預貯金口座の通帳の写しや残高証明書が考えられる。

然に本件建物全部について処分禁止を求めることができるわけではない[注26]。

相続人の持分に応じて処分禁止の仮処分が発令される場合，その主文は，「相手方は，別紙物件目録記載の土地の共有持分○分の△について譲渡及び質権，抵当権，賃借権の設定その他一切の処分をしてはならない」となる[注27]。

[4] さいごに

以上，本設例においてＣが申し立てる仮処分としては，本件建物についての共有持分権確認と更正登記手続請求を本案とする，共有持分に応じた民事保全法上の処分禁止の仮処分と，遺産分割審判を本案とする，共有持分に応じて又は本件建物の全部についての家事事件手続法上の処分禁止の仮処分とがある。遺産分割審判により本件建物全部を取得できる蓋然性を疎明することができれば本件建物全部について処分禁止の仮処分が認められる可能性がある点で，審判前保全の方が，民事保全よりも利点がある。しかし，審判前保全は，民事保全に比べて，疎明を要する事項が多く，その分申立人の負担も大きく，審理に時間を要する可能性が高い。また，遺言の効力についての争いが激しく，書証等で容易に疎明することができないような場合には，本来の手段である民事訴訟での確定を促され，審判前保全ではなく民事保全を申し立てるべきである旨指摘される可能性も高い。当事者としては，民事訴訟と遺産分割調停・審判とのいずれを先行させるべきか，民事保全と審判前保全とのいずれを申し立てるべきか，保全において疎明を要する範囲や提出し得る疎明資料を踏まえて，よく検討する必要がある。

(注26) 保全処分の申立人が，当該遺産不動産を取得する蓋然性が疎明されていないとして，保全処分申立てを却下した裁判例として，札幌高決平2・11・5家月43巻7号93頁がある。家事審判法下の裁判例であるが，本案審判の蓋然性についての理解は家事事件手続法下においても同様と解される。

(注27) 上原ほか編著・前掲（注18）186頁。

■**参考文献**

脚注記載のもののほか，
(1)　裁判実務大系352頁〔根本久〕。
(2)　例題解説（一）189頁。
(3)　井上繁規『遺産分割の理論と審理〔改訂版〕』（新日本法規出版，2014）349頁。
(4)　髙橋伸幸「遺産分割調停における調停前の仮の措置と審判における保全処分」野田愛子ほか編『家事関係裁判例と実務245題』〔判タ臨増1100号〕356頁。
(5)　岡部喜代子「審判前の保全処分を巡る諸問題」野田愛子ほか編『家事関係裁判例と実務245題』〔判タ臨増1100号〕572頁。

46 遺言執行の差止めを求める仮処分

髙橋　伸幸

　Xは，被相続人Aの二男であり，A名義の土地の一角にあるA名義の建物（以下「本件建物」という。）に住んでいる。Aが死亡したところ，Aの長男であるYが，Aの自筆証書遺言であるとして，「Aの不動産はすべて長男Yに相続させること」，「Xは，Aの預貯金から1000万円を取得し，住んでいるA名義の建物から退去すること」，「遺言執行者としてYを指定すること」などが記載されている遺言書を持ち出してきて，Xに対して本件建物からの退去を求めている。しかし，Aは，アルツハイマー型の重度の認知症のため，死亡する10年前から施設に入所していて，Xの顔もわからなくなっていたが，その遺言書の作成日付は，Aが死亡する1年前であった。Xは，本件建物とその敷地部分を相続したいと考えており，遺言無効を主張するつもりであるが，Yが本件建物からの退去を強く求めるので，当面，Yの遺言執行を止めたい。Xには，どのような方法が考えられるか。

〔1〕　概　説

　被相続人Aが死亡し，相続が開始すると，その相続人であるX及びYは，Aの財産に属した一切の権利義務をその相続分に応じて承継する（民896条・899条）。この場合，相続財産である本件建物とその敷地部分は，遺産分割が終了するまで，共同相続人X及びYの「共有」に属する（民898条）が，相続財産の共有は，物権法上の共有とその性質を異にするものではない[注1]。そうすると，Xは，本件建物の全部について自己の持分に応じて使用する権限を有し（民249条），これに基づき占有することができるから，Yは，現に占

（注1）　最判昭30・5・31民集9巻6号793頁・家月7巻6号42頁。

有するXに対して，共有持分権に基づき，当然には本件建物からの退去を求めることができない(注2)(注3)。

しかしながら，Yは，Aの自筆証書遺言であるとして，①Aの不動産は，すべてYに相続させること，②Xは，Aの預貯金から1000万円を取得し，A名義の建物から退去すること，③遺言執行者としてYを指定することなどが記載された遺言書（以下「本件遺言書」といい，本件遺言書による遺言を「本件遺言」という。）により，Xに対して本件建物からの退去を求めている。

これに対し，Xは，本件遺言が無効であると主張して，相続財産である本件建物とその敷地部分につき持分権を有することの確認を求める訴えを提起するか，又は，本件遺言が無効であることの確認を求める訴え（遺言無効確認の訴え）を提起することができるが，当面，Yの遺言執行を止めるために，遺言執行者Yを債務者として，遺言執行の差止めを求める仮処分，すなわち，本件遺言の執行として，本件建物からの退去を求めることを禁止する旨の，不作為を命ずる仮処分を申し立てることが考えられる。この不作為を命ずる仮処分は，本件遺言の執行として本件建物からの退去を求めるYの行為を，本件遺言が無効であることを前提に，Xが，本件建物の共有持分権に基づく妨害予防請求権により差し止めるものであるから，不作為請求権そのものを被保全権利とし，本件遺言の執行禁止という内容を仮に実現する仮の地位を定める仮処分（法23条2項）にあたることになる(注4)。

(注2) 最判昭41・5・19民集20巻5号947頁・判タ193号91頁・判時450号20頁。
(注3) 共同相続人の1人が相続財産である不動産を占有している場合に，当該不動産を占有していない相続人が，現に占有している相続人に対してその明渡しを請求する類型に関して実体法上の問題点を検討した論文として，東京地方裁判所プラクティス委員会第二小委員会／都築政則ほか「相続開始後の相続財産（不動産）の管理・使用に関する相続人間の訴訟をめぐる諸問題(1)」判タ1390号5頁がある。
(注4) 遺言執行者がその任務を怠ったときその他正当な事由があるときは，利害関係人である相続人は，遺言執行者の解任を家庭裁判所に申し立てたうえで（民1019条1項，家事39条・別表第一の106項），相続人の利益のために必要があるときは，遺言執行者の職務の執行を停止し，又はその職務代行者を選任する旨の審判前の仮の処分を申し立てることができる（家事105条・215条）。

遺言執行者につき，長期間にわたって執行行為の障害となるような疾病，行方不明，不在という事情があるとか，遺言執行者が一部の相続人の利益に加担し，公正な遺言の実現を期待できないような事情がある場合には，解任事由があるとされている（中川善之助＝加藤永一編『新版注釈民法(28)相続(3)〔補訂版〕』（有斐閣，2002）378頁〔泉久雄〕）が，遺言の効力は，本来，訴訟事項として，遺言無効確認訴訟等の実体的審理においてはじめて

〔2〕 遺言執行者の職務権限

(1) 問題の所在

　遺言執行者は、遺言者の最終意思を実現するために、遺言の執行に必要な一切の行為をする権利義務を有するとされている（民1012条1項）が、遺言執行者の権利義務の範囲については、一般的抽象的に確定できるものではなく、具体的な事案ごとに遺言の内容、遺産の状況、遺言内容の実現のための必要な手段並びに方法等を総合的に考慮して検討すべきものである。

　本件遺言によれば、①本件建物とその敷地部分を含めたA所有のすべての不動産を特定の相続人であるYに相続させること、②Xは、A名義の預貯金から1000万円を取得し、A名義の建物（本件建物）から退去することとされているが、この場合、遺言執行者であるYは、本件遺言の執行に関して、具体的にどのような職務権限を有するのか。

(2) 不動産に関する遺言執行

　本件遺言の執行に関する遺言執行者の職務権限を検討するうえで、関連する最高裁判所の判例を概観してみる。

(a) 不動産についての相続させる遺言

　特定の不動産を特定の相続人に「相続させる」趣旨の遺言は、原則として、遺贈ではなく、当該不動産を当該相続人に単独で相続させる遺産分割方法の指定であり（以下「相続させる遺言」といい、この遺言により当該不動産を相続する相続人を「受益相続人」という。）、当該不動産は、特段の事情がない限り、何らの行為を要せずして、被相続人の死亡の時に直ちに相続により承継される[注5]。

　特定の不動産につき相続させる遺言がされた場合には、遺産分割手続等の

　　　決められるものであるから、遺言の無効は解任事由にあたらない（竹下史郎「疑わしい遺言執行者」野田愛子＝梶村太市総編集／岡部喜代子＝伊藤昌司編『新家族法実務大系(4)相続〔Ⅱ〕』（新日本法規出版、2008）270頁参照）。
(注5)　最判平3・4・19民集45巻4号477頁・判タ756号107頁・判時1384号24頁。

特段の手続を要することなく，当該不動産の所有権は，相続開始と同時に，受益相続人に移転する（物権的効力）。そうすると，Yは，本件遺言に基づき，本件建物とその敷地部分を取得するから，単独で「相続」を原因とする所有権移転登記の申請をすることができる（不登63条2項）。

(b) 相続させる遺言がされた場合における遺言執行者の職務権限

(ア) 最判平7・1・24（集民174号67頁・判タ874号130頁・判時1523号81頁）は，特定の不動産を特定の相続人甲に相続させる旨の遺言により，甲が被相続人の死亡とともに相続により当該不動産の所有権を取得した場合には，甲が単独でその旨の所有権移転登記手続をすることができ，遺言執行者は，遺言の執行として上記登記手続をする義務を負わないと判示する。この判決は，当該不動産が被相続人名義である事案において，遺言執行者に登記手続をする義務がないと判示したものであり，その射程は，受益相続人が単独で相続を原因とする所有権移転登記を申請することができる場合に限られる[注6]。

(イ) 最判平10・2・27（民集52巻1号299頁・判タ970号106頁・判時1635号60頁）は，遺言によって特定の相続人に相続させるものとされた特定の不動産についての賃借権確認請求訴訟の被告適格を有する者は，遺言執行者があるときであっても，遺言書に当該不動産の管理及び相続人への引渡しを遺言執行者の職務とする旨の記載があるなどの特段の事情のない限り，遺言執行者ではなく，上記相続人であると判示する。この判決は，相続させる遺言に関しては，特に遺言書にその旨が明記されているなどの特段の事情がない限り，不動産の引渡しが遺言執行者の職務権限に属さないとの考え方を前提にするものと解される[注7]。すなわち，特定の不動産を特定の相続人に相続させる趣旨の遺言をした遺言者の意思は，相続開始と同時に遺産分割手続を経ることなく当該不動産の所有権を受益相続人に取得させることにあるから，その占有，管理についても，受益相続人が相続開始時から所有権に基づき自ら行うことを期待しているのが通常であると考えられ，この場合，当該不動産の管理及び引渡しを遺言執行者の職務とする旨の記載があるなどの特段の事情が

[注6] 河邉義典・最判解民平成11年度（下）1012頁。
[注7] 野山宏・最判解民平成10年度（上）232頁。

ない限り，遺言執行者は，当該不動産を管理する義務や，これを相続人に引き渡す義務を負うことはなく，したがって，賃借権確認訴訟の当事者適格も有しないとしたのである。

　㈦　最判平11・12・16（民集53巻9号1989頁・判タ1024号155頁・判時1702号61頁）は，特定の不動産を特定の相続人甲に相続させる趣旨の遺言がされた場合において，他の相続人が相続開始後に当該不動産につき被相続人から自己への所有権移転登記を経由しているときは，遺言執行者は，上記所有権移転登記の抹消登記手続のほか，甲への真正な登記名義の回復を原因とする所有権移転登記手続を求めることができると判示する。この判決は，相続させる遺言がされた場合においても，遺言執行者が遺言の執行として不動産の登記手続に関与する場合があり得ることを明らかにした。すなわち，受益相続人に当該不動産の所有権移転登記を取得させることは，遺言執行者の本来的な職務権限に属するものとしたうえで，前掲㈦最判平7・1・24の射程を確認し，当該不動産が被相続人名義である限りにおいては，遺言執行者の上記職務権限は顕在化せず，遺言執行者は，登記手続をすべき権利も義務も有しないが，相続人の1人又は第三者が当該不動産につき不実の登記を経由するなど，遺言の実現が妨害される事態が生じた場合には，遺言執行者は，上記妨害を排除するため，遺言の執行として必要な登記手続を求めることができると判示したのである[注8]。

　㈦　最判平14・6・10（集民206号445頁・判タ1102号158頁・判時1791号59頁）は，相続させる遺言によって不動産を取得した者は，登記なくしてその権利を第三者に対抗することができると判示する。この判決は，相続させる遺言による権利移転について対抗要件不要説を採ることを明らかにしたものである。

　従来，遺言執行の要否は，対抗要件の要否に関係するものとされ，対抗要件不要説によれば，登記移転行為は，「遺言の執行に必要な行為」ではないとする理解が一般的であった[注9]が，前掲㈦最判平11・12・16は，「不動産

(注8)　河邉・前掲（注6）1006頁・1009頁。
(注9)　青野洋士「『相続させる』趣旨の遺言と遺言執行」梶村太市＝雨宮則夫編『現代裁判法大系(11)遺産分割』（新日本法規出版，1998）213頁，森野俊彦「遺言―『相続させる』旨の

取引における登記の重要性」を考慮し，相続させる遺言による権利移転について対抗要件を必要とすると解すると否とを問わず，受益相続人に所有権移転登記を取得させることが遺言執行行為にあたるとしたのである[注10]。

　(オ)　以上によれば，相続させる遺言がされた場合における遺言執行者の職務権限は，①登記名義の移転については，遺言執行者の職務権限に属するが，当該不動産が被相続人名義であるときは，上記職務権限は顕在化しない，②占有の移転については，遺言書にその旨が明記されている場合などを除き，遺言執行者の職務権限に属しない，と整理することができる[注11]。

　本件建物とその敷地部分は，いずれも被相続人A名義であるから，登記名義の移転については，遺言執行者Yの職務権限は顕在化せず，Yは，遺言執行者として登記手続をすべき権利も義務も有しない[注12]。他方で，占有の移転については，本件遺言書に，Xは，A名義の預貯金から1000万円を取得し，A名義の建物（本件建物）から退去することが記載されていることから，本件遺言の解釈として，まず，①A名義の預貯金から1000万円を払い戻してこれをXに取得させること，その代わりに，②本件建物からXを退去させてこれをYに引き渡すことをいずれも遺言執行者の職務とする旨の記載がされていると解することもできる。このような解釈を前提とすれば，Yは，遺言執行者として，Xに対して，本件建物の退去を求める権利義務を有することになる（以下，本件建物の占有移転が遺言執行者Yの職務権限に属することを前提に論ずる。）。

　　　遺言について」野田愛子＝三宅弘人編『家庭裁判所家事・少年実務の現状と課題』〔判タ臨増996号〕144頁参照。
(注10)　河邉・前掲（注6）1009～1010頁。
(注11)　河邉・前掲（注6）1013頁。
(注12)　相続人Xは，相続財産である本件建物とその敷地部分につき，その保存行為（民252条ただし書）として，共同相続人全員のために単独で法定相続分による共同相続の登記を申請することができる（不登63条2項）が，このような登記が経由されると，本件遺言の実現が妨害される事態が生ずるから，遺言執行者Yは，その妨害を排除するため，本件遺言の執行として，上記登記の抹消登記手続を求めるほか，この抹消登記手続に代えて，受益相続人Yへの真正な登記名義の回復を原因とするX持分移転登記手続を求めることができる。

〔3〕 相続人からの遺言無効の主張

(1) 問題の所在

　遺言者は，遺言をする時において遺言能力を有しなければならず（民963条），遺言無能力者の遺言は無効である。未成年者であっても満15歳に達した者は遺言をすることができるとされており（遺言年齢）（民961条），また，行為能力の制限に関する民法総則の規定は遺言に適用されないから（民962条），遺言能力としては，遺言年齢のほかに，意思能力（遺言事項を具体的に決定し，その法律効果を弁識するのに必要な判断能力をいう。）を有することが必要となる[注13]。

　また，自筆証書によって遺言をするには，遺言者が，遺言書の全文，日付及び氏名を自書し（自書性），これに押印しなければならず（民968条1項），これらの要件を欠く自筆証書遺言は無効とされる。

　本件遺言書の作成日付は，Aが死亡する1年前であるが，Aは，アルツハイマー型の重度の認知症のため，死亡する10年前から施設に入所していて，Xの顔もわからない状態であった。そうすると，Aは，本件遺言時において意思能力を有していたとは認められず，また，そのことは遺言書の自書性を否定する重要な事情となるから，本件遺言は無効である。Xは，相続財産である本件建物とその敷地部分を相続することを考えており，そのためには，①本件遺言が無効であると主張して，本件建物とその敷地部分につき持分権を有することの確認を求める訴えを提起するか，又は，②本件遺言が無効であることの確認を求める訴え（遺言無効確認の訴え）を提起することが考えられる。①の訴えでは，本件遺言の無効は，訴訟物である権利（持分権）の存否に係る要件事実として主張されるが，②の訴えでは，本件遺言の無効が直接に確認訴訟の対象とされる。

(注13) 蕪山嚴ほか『遺言法体系Ⅰ〔補訂版〕』（慈学社出版，2015）18頁。

(2) 遺言無効確認の訴え

遺言無効確認の訴えは，過去の法律行為である遺言が現在その効力を有しないことの確認を求めるものである[注14]。

(a) 訴えの利益

一般に，確認の訴えは，現在の法律関係の存否を対象としなければならないから，過去の法律関係の存否はその対象とすることができず，法律関係の要件事実である法律行為の効力を確認の対象とすることは許されない[注15]が，遺言無効確認の訴えは，その遺言が有効であるとすれば，それから生ずべき現在の特定の法律関係が存在しないことの確認を求めるものと解される場合で，原告がこのような確認を求めることについて法律上の利益を有するときは，適法として許容される[注16]。

(b) 当事者適格

遺言の効力につき法律上の利害関係を有する者に当事者適格が認められるから，相続財産に関する遺言につき無効確認の訴えの原告適格を有するのは，原則として相続人及びその承継人であり，被告適格を有するのは，原則として相続人（受益相続人を含む。），受遺者及びその承継人である[注17]。

相続人は，被相続人の遺言執行者を被告とし，遺言の無効を主張して，相続財産につき自己が持分権を有することの確認を求める訴えを提起することができる[注18]。これを前提とすれば，遺言執行者がある場合において遺言無効確認の訴えの被告適格を有するのは遺言執行者である[注19]。

(c) 調停前置

遺言無効確認請求事件は，「家庭に関する事件」（家事244条）として家事調

(注14) 遺言無効確認請求事件の実体法及び手続法の理論上，実践上の諸問題を簡潔に整理した論文として，東京地方裁判所民事部プラクティス委員会第二小委員会／畠山稔ほか「遺言無効確認請求事件を巡る諸問題」判タ1380号4頁がある。
(注15) 最判昭31・10・4民集10巻10号1229頁・判タ66号49頁・判時89号14頁。
(注16) 最判昭47・2・15民集26巻1号30頁・判時656号21頁。
(注17) 東京地方裁判所民事部プラクティス委員会第二小委員会／畠山ほか・前掲（注14）5～6頁。
(注18) 最判昭31・9・18民集10巻9号1160頁・家月8巻9号29頁・判タ65号78頁。
(注19) 東京地方裁判所民事部プラクティス委員会第二小委員会／畠山ほか・前掲（注14）6頁。

停の対象となるから，遺言無効確認の訴えを提起しようとする者は，まず，家庭裁判所に家事調停の申立てをしなければならない（調停前置）（家事257条1項）が，調停前置は，訴訟要件ではないから，家事調停の申立てをすることなく，訴えを提起したとしても，不適法として却下されることはない。この場合，受訴裁判所は，原則として，訴訟事件を家事調停に付することになるが，訴訟事件を家事調停に付することが相当でないと認めるときは，訴訟手続を続行することができる（同条2項）。

遺言無効確認の調停において，当事者間に遺言が無効である旨の合意が成立し，これを調書に記載したときは，調停が成立したものとし，その記載は，確定判決と同一の効力を有する（家事268条1項）。他方，調停が成立しない場合において相当と認めるときは，家庭裁判所は，調停に代わる審判をして遺言が無効か否かを決めることができる（家事284条）。この場合，当事者が審判の告知を受けた日から2週間以内に異議の申立てをすれば，当該審判は，その効力を失う（家事286条1項・2項・5項）が，異議の申立てがないか，又は異議の申立てを却下する審判が確定したときは，調停に代わる審判は，確定判決と同一の効力を有する（家事287条）。また，調停が不成立となり，かつ調停に代わる審判がされず，又は，調停に代わる審判がされても適法な異議の申立てがされて失効したときは，調停事件は終了する。この場合には，改めて遺言無効確認の訴えを提起しなければならない[注20]。

(d) 遺言無効確認訴訟における攻撃防御の構造

相続人であるXが原告となり，遺言執行者であるYを被告として，被相続人Aがした本件遺言は無効であることの確認を求める訴えを提起したとする。

(ア) 訴訟物

遺言無効確認の訴えは，過去の法律行為である遺言を特定し，その遺言が

(注20) 遺産分割事件の調停・審判が家庭裁判所に申し立てられ，遺言が無効であると主張されることもある。遺言の効力は遺産分割の前提問題であるから，当事者間で遺言が無効である旨の合意が成立すれば，調停手続において，遺産相続紛争の全体的・根本的な解決を図ることができるが，当事者の意見が対立し，合意成立の見込みがなければ，遺産分割事件を取り下げて，遺言無効確認訴訟等で前提問題の結論を確定させてから，改めて遺産分割事件の調停・審判の申立てをするのが相当である（田中寿生ほか「遺産分割事件の運営（中）東京家庭裁判所家事第5部（遺産分割専門部）における遺産分割事件の運用」判タ1375号67〜68頁参照）。

無効であることを確認するとの請求の趣旨の下に提起されるが，訴訟物は，遺言の効力そのものではなく，遺言が有効であるとすればそれから生ずべき現在の特定の法律関係であると解するのが相当である(注21)。

本件遺言が有効であるとすれば，受益相続人であるYは，本件建物とその敷地部分の所有権を取得するから，訴訟物はYの所有権である。

　(イ)　請求原因

遺言無効確認の訴えに係る訴訟は，消極的確認訴訟であるから，訴訟物である権利又は法律関係の発生原因事実については，被告に主張立証責任があり，原告が，攻撃方法として一定の事実主張をすることはない(注22)。

もっとも，遺言無効確認の訴えが適法として許容されるために，原告は，以下のとおり，確認の利益を基礎づける事実を主張・立証する(注23)。

①　Yは，本件遺言が存在すると主張していること
②　Aは，死亡時，本件建物とその敷地部分を所有していたこと
③　Aは死亡したこと
④　XはAの子であること

本件建物とその敷地部分につき，Xは，上記②③④の事実により，相続を原因として，共有持分権を取得したと主張するが，これは，本件遺言により

(注21)　遺言無効確認の訴えの訴訟物は，①過去の法律行為である遺言の効力とする見解と，②当該遺言が有効であるとすればそれから生ずべき現在の特定の法律関係とする見解があるが，最判平11・6・11集民193号369頁・判タ1009号95頁・判時1685号36頁は，②の見解を前提にしたものと考えられる。この判決は，遺言者の推定相続人が，遺言者と当該遺言により受遺者とされた者を被告とし，遺言者の生存中に，当該遺言が無効であるとして，遺言無効確認を求めた事案において，遺言者が心神喪失の常況にあって，遺言者による当該遺言の取消し又は変更の可能性が事実上ないとしても，遺言者の生前における遺言無効確認の訴えは不適法であると判示する。遺言は，遺言者が死亡するまでその効力を生じないから（民985条1項），①の見解に従って訴訟物を遺言の効力とすると，遺言者の生存中は，確認の対象が存在しないことになる。しかし，前掲最判平11・6・11は，②の見解を前提として，上記遺言の無効確認を求める趣旨を，受遺者とされた者が遺言者の死亡により遺贈を受けることとなる地位にないことの確認を求めるものと解したうえで，その地位は，単に将来遺言が効力を生じたときは遺贈の目的物である権利を取得することができる事実上の期待を有する地位にあるにすぎないから，確認の訴えの対象となる権利又は法律関係には該当しないと判断したのである。

(注22)　司法研修所編『増補民事訴訟における要件事実(1)』(法曹会，1986) 24頁，司法研修所編『民事判決起案の手引〔10訂〕』(法曹会，2006) の巻末に付された「事実摘示記載例集」19頁。

(注23)　東京地方裁判所民事部プラクティス委員会第二小委員会／畠山ほか・前掲（注14）9頁。

その所有権を取得したとするYの主張（上記①の事実）と両立しないから，訴訟物であるYの所有権につき当事者間に争いがあることが認められ，確認の利益が基礎づけられる。

　㈦　抗　　　弁

　遺言は，民法に定める方式に従わなければすることができず（民960条），また，遺言の成立要件については，遺言が有効であると主張する側において主張・立証しなければならない[注24]。したがって，被告は，抗弁として，①遺言者が遺言をしたこと，②遺言が民法に定める方式に従ってされたことを主張・立証しなければならない[注25]。

　Yは，抗弁として，①Aが本件遺言をしたこと，②本件遺言は，自筆証書遺言の方式（民968条）に従ってされたことを主張し，証拠資料として本件遺言書を提出する。これに対し，Xは，本件遺言当時，Aが自書能力（遺言者が文字を知り，かつ，これを筆記する能力をいう[注26]。）を有していたことを争うことになるが，これは，①の事実を否認し，本件遺言書の形式的証拠力（成立の真正）を争うとともに，②の事実を否認して自筆証書遺言の自書性を争うことを意味する。自筆証書遺言の自書性が争われた場合には，①筆跡の同一性，②遺言者の自書能力の存否及び程度，③遺言書それ自体の体裁等，④遺言内容それ自体の複雑性，遺言の動機・理由，遺言者と相続人との人的関係・交際状況，遺言に至る経緯等，⑤遺言書の保管状況，発見状況等の諸事情を総合考慮して判断される[注27][注28]。

　㈢　再抗弁以下の攻撃防御方法

　遺言者は，遺言当時，遺言能力を有しなければならず（民963条），遺言無能力者の遺言は無効である。遺言能力としては，遺言年齢のほかに，意思能

(注24)　最判昭62・10・8民集41巻7号1471頁・判タ654号128頁・判時1258号64頁。
(注25)　東京地方裁判所民事部プラクティス委員会第二小委員会／畠山ほか・前掲（注14）9頁・15頁。
(注26)　前掲（注24）最判昭62・10・8。
(注27)　東京地方裁判所民事部プラクティス委員会第二小委員会／畠山ほか・前掲（注14）15〜16頁。
(注28)　裁判例の分析を通じて自筆証書遺言の自書性が争われた場合における判断の考慮要素等を検討した論文として，石田明彦ほか「遺言無効確認請求事件の研究（上）」判タ1194号43頁がある。

力を有することが必要となるが，意思無能力は規範的要件であるから，その評価根拠事実は再抗弁として原告が，評価障害事実は再々抗弁として被告が，それぞれ主張・立証しなければならない(注29)。

遺言能力（意思能力）の有無が争われた場合には，主として，①遺言時における遺言者の精神上の障害の存否，内容及び程度，②遺言内容それ自体の複雑性，③遺言の動機・理由，遺言者と相続人との人的関係・交際状況，遺言に至る経緯等の諸事情を総合考慮して判断されるから，まず，これらの諸事情に関わる事実が意思無能力（規範的要件）の評価根拠事実又は評価障害事実として主張・立証されなければならない(注30)(注31)。

〔4〕 遺言執行の差止めを求める仮処分

(1) 問題の所在

遺言無効確認訴訟等の本案訴訟において，本件遺言が無効であると判断され，Xの勝訴判決が確定すれば，相続財産である本件建物とその敷地部分は，共同相続人X及びYの共有に属し，Xは，自己の持分に応じて，本件建物を使用する権限を有し，居住（占有）することができる。しかし，Xとすれば，Yが本件建物からの退去を強く求めるので，本案訴訟を提起する前に，当面，本件遺言の執行を止めたい。Xは，遺言執行者Yを債務者として，本件遺言執行の差止めを求める仮処分を申し立てることができるか。

(2) 不作為を命ずる仮処分

通常，不作為を命ずる仮処分というときは，債務者に一定の行為の禁止を命ずる仮処分のことをいい（法24条），これには，債務者に一定の積極的行為

(注29) 東京地方裁判所民事部プラクティス委員会第二小委員会／畠山ほか・前掲（注14）9頁。
(注30) 東京地方裁判所民事部プラクティス委員会第二小委員会／畠山ほか・前掲（注14）10〜11頁。
(注31) 裁判例の分析を通じて遺言者の遺言能力（意思能力）が争われた場合における判断の考慮要素等を検討した論文として，石田明彦ほか「遺言無効確認請求事件の研究（下）」判タ1195号81頁がある。

をすることを禁止する仮処分（禁止命令）と，債務者に債権者又は第三者が権利として行う行為を認容，受忍しなければならないことを命ずる仮処分（受忍命令）という2つの類型がある。認容決定の主文については，禁止命令が「債務者は……をしてはならない」となり，受忍命令が「債務者は……を妨害してはならない」となる。不作為を命ずる仮処分は，多くの場合，仮の地位を定める仮処分（法23条2項）の性質を有する[注32]。

仮の地位を定める仮処分は，争いがある権利関係（被保全権利）について債権者に生ずる著しい損害又は急迫の危険を避けるためこれを必要とするとき（保全の必要性があるとき）に行われる。

Xは，遺言執行者Yを債務者として，「債務者Yは，債権者Xに対して，本件遺言により指定された遺言執行者として，A名義の本件建物からの退去を求める行為をしてはならない」という仮処分を申し立てることが考えられる。これは，不作為を命ずる仮処分（禁止命令）であり，本件遺言が無効であることを前提に，Xが，本件建物の共有持分権に基づく妨害予防請求権により遺言執行者Yの行為を差し止めるものであるから，不作為請求権そのものを被保全権利とし，本件遺言の執行禁止という内容を仮に実現するものとして，仮の地位を定める仮処分の性質を有する。

本件遺言執行の差止めを求める仮処分は，本件建物の共有持分権に基づく妨害予防請求権としての不作為請求権が被保全権利であるから，Xは，遺言無効確認訴訟等の本案審理と同様に，本件遺言が無効であることを主張し，被保全権利の存在を基礎づける具体的な事実を主張・立証しなければならない。

また，本案判決による救済を待っていたのでは，Xは，遺言執行者Yによって本件建物から退去させられ，著しい損害を被ることになるなどの具体的な事情を，保全の必要性として主張・立証しなければならない。

■参考文献
　脚注に掲載したものを参照。

(注32)　例題解説（一）245～248頁，東京地裁・実務（上）388頁〔岩﨑邦生〕。

X

断行の仮処分

47 金員仮払い
——交通事故による損害賠償

金久保　茂

　Xは仏像彫刻家で，全国の寺からの依頼を受けて仏像を制作するなどしていたが，自転車で近所に買い物に出かけた際，携帯電話が鳴ったことに気を取られてふらついてしまい，Yの運転する自動車と接触して転倒し，利き腕の右手の中指，薬指，小指を骨折して，3か月間はまったく彫刻の仕事ができず，その後も十分な力が入らないだけではなく，微妙な力加減ができない状態が続いている。Xは，もともと職人気質であまり蓄えがなかったが，大きな作品も手がけたいと考えて工房を拡張したばかりで，わずかな蓄えも使ってしまっていたため，仕事ができずに生活にも窮することになった。しかし，Yが契約している損害保険会社との交渉は，過失割合で話合いが難航して，医療費は支払われたものの，逸失利益分はいまだに支払われていない。Xは，どのような仮処分を求めることができるか。

〔1〕総　論

　設例では，仏像彫刻家であるXが交通事故により仕事ができず，生活に窮するようになっている。かかる場合，Xとしては当面の生活費を得るためにも，加害者に対して，速やかに事故に起因した損害の賠償を求めたいところである。加害者が任意保険を付保していて，かつ，加害者の責任が明らかである場合，任意保険会社がいわゆる一括払いの手続により自賠責保険分も含めて窓口となり，被害者に対して，当面の治療費等を速やかに支払う例はよくみられる。ところが，被害者の過失割合が争点化したり，通院期間が長期化するなどして双方の主張する損害額に隔たりがある場合などでは，保険会社としても総額として払い過ぎとなるリスクを避けるため，数か月で一方的

に支払を打ち切り，示談交渉が難航することもある。しかし，本案訴訟で決着するまで満足な賠償金を支払ってもらえないとすると，Xのように事故により収入が途絶え，当面の生活費や治療費の捻出すらおぼつかない被害者の救済は図れない。そこで，この場合の仮処分としては，加害者に対する不法行為に基づく損害賠償請求権等を被保全権利として，金員仮払いの仮処分を求めることが考えられる。

　この仮処分は，債権者に事実上権利の満足を与えてしまうことから「満足的仮処分」あるいは「断行の仮処分」(注1)とも呼ばれ，事故による被害者又はその家族，相続人の生活の窮乏を避けるため，仮の地位を定める仮処分の一種として許容されている。なお，金員仮払いの仮処分は，本件のように交通事故に遭い生活に困窮した人が加害者に対して損害金の支払を求める場合のほか，解雇された労働者が使用者に対して解雇事由の不存在等を主張して給与相当額の金員の支払を求める場合にも利用されているが，それ以外にはあまり例はみられない(注2)。

〔2〕 申立ての留意点

(1) 相手方（債務者）

(a) 加害者又は運行供用者

　仮処分を求める債務者としては，通常，加害者又は自動車損害賠償保障法(以下「自賠法」という。）3条本文の運行供用者を債務者とすれば足りる場合が多い。

(b) 任意保険会社

　加害車両に任意保険が付保されている場合，当該保険契約に適用される約

(注1)　満足的仮処分とは，その定義が確立していないが，本案判決確定前に，被保全権利の全部又は一部が実現されたのと同一又は近似の法律状態を形成することを目的とする仮処分を広く指し，断行の仮処分とは，満足的仮処分のうち，給付請求権について，その満足と同一ないし近似の法律状態を実現することを目的とする仮処分を指すといわれている。竹下＝藤田・民保418頁〔荒井史男＝髙橋譲〕参照。

(注2)　須藤＝深見＝金子・民事保全177頁。

款記載の被害者の直接請求権を根拠として，任意保険会社を債務者とする余地があるとの指摘[注3]もある。本案の暫定的な解決を目的とする仮処分手続においてそれが可能か否かは，当該約款の内容いかんによるというほかない[注4]。もっとも，加害者である被保険者は，最終的には任意保険会社から契約保険金額の範囲内で支払を受け得る立場にあり，裁判手続になると，加害者が契約している任意保険会社から依頼された弁護士が加害者側の代理人として選任され，任意保険会社と協議のうえ手続を進めるのが通例であるため，任意保険会社を債務者とする必要性はあまりない。

(c) 自賠責保険会社

加害者が任意保険を付保していない場合は，加害者の資力が乏しいことも多く，被害者としては，自賠責保険会社に対して被害者請求（自賠16条）を行う必要が生ずるため，自賠責保険会社を債務者とすることも考えられる。ただし，自賠責保険会社は，被害者請求に対して，法令で定められた範囲で可及的速やかに金員を支払う例がほとんどであるから，自賠責保険会社を債務者として申立てを行う必要はあまりない[注5]。また，損害保険料率算出機構（旧自動車保険料率算定会）の後遺障害の認定に不服がある場合は，追加の診断書等，主張を裏づける資料を取り付けて速やかに異議申立てを行い，当該認定を覆すことが可能である。そのような裏づけ資料の用意が整わず，異議申立てが認められない，又はその見通しが立たない状況であれば，実際上，仮処分の審理の中で債権者の主張（損害）を疎明することは難しいと考えられる[注6]。

(2) 申立ての趣旨及び理由

(注3) 門口＝須藤・民事保全348頁〔影浦直人〕（「金員仮払い仮処分の実情」），小松秀大「金員仮払仮処分」菅野博之＝田代雅彦編『民事保全の実務』（商事法務，2012）189頁。

(注4) 約款上の直接請求権の要件を構成する事実について具体的な主張，疎明がないとしてこれを否定した近時の裁判例として，横浜地決平24・10・11判時2175号53頁がある。約款上，損害賠償額について判決の確定等を支払条件とする場合，条件付き権利となるが，かかる権利については，原則として被保全権利として適格を欠く，あるいは保全の必要性がないと一般にいわれている。新基本法コンメ民保89頁〔佐瀬裕史〕参照。

(注5) 門口＝須藤・民事保全347頁〔影浦直人〕。

(注6) 門口＝須藤・民事保全347頁以下〔影浦直人〕参照。

金員仮払いを求める申立ての趣旨としては，①一時給付型（一括払い），②定期給付型（月払い），又は③それらの併用型が考えられる(注7)（記載例については，〔5〕(1)参照）。将来の生活費・治療費として必要な金員の仮払いについては月払いを，過去分の仮払いについては一括払いを命じるのが相当との指摘(注8)があるので，この意見を参考にしつつ，事案に応じて被害者救済に望ましい申立ての趣旨を検討するとよい。

申立ての理由としては，他の仮処分事件と同様，被保全権利及び保全の必要性を明らかにし，これを疎明することになる（法13条）(注9)。設例では，Xが携帯電話が鳴ったことに気をとられてふらつき，Yの自動車と接触したという事情があり，過失割合で話合いが難航しているというのであるから，事故態様と過失相殺率が重要な争点となることが予想される(注10)。債権者としては，申立書において図面等を利用して事故態様を具体的に明らかにしたうえで，過失割合に関する債務者側の主張とそれに対する適切な反論を準備して主張すべきである。

(3) 疎明方法

疎明方法としては，事故の存在と債務者の過失を証する交通事故証明書が基礎的な書証となる。また，本件では，事故態様が争点として予測されることから，債権者としては，申立て段階で事故態様を具体的に明らかにするために刑事事件記録の入手が重要である。この点，仮処分手続においては，即時に取り調べることのできる証拠によって疎明しなければならないため（法13条2項・7条，民訴188条），書証について文書送付嘱託の方法によることがで

(注7) 塩崎勤『現代損害賠償法の諸問題』（判例タイムズ社，1999）365頁参照。
(注8) 若林弘樹「保全処分」塩崎勤＝園部秀穂編『新・裁判実務大系(5)交通損害訴訟法』（青林書院，2003）434頁，437頁。
(注9) 申立書の参考例としては，東京地裁保全研究会編『書式民事保全の実務〔全訂5版〕』（民事法研究会，2010）96頁【書式4-7】参照。
(注10) 設例では，Xが携帯電話を使用していたか否かは明らかではないが，東京地裁民事交通訴訟研究会編『民事交通訴訟における過失相殺率の認定基準〔全訂5版〕』〔別冊判例タイムズ第38号〕（判例タイムズ社，2014）388頁では，携帯電話等の無線通話装置を通話のために使用したり，画像を注視したりしながら運転することが，自転車の著しい過失の例としてあげられている。

きない。そこで，可能な限り，申立て前にあらかじめ弁護士法23条の２に基づく照会等の方法[注11]により，実況見分調書等を入手して提出すべきである。刑事事件記録中の事故現場や事故車両を撮影した写真，関係者の供述調書なども，事故の内容を理解するうえで参考になることが多い。もっとも，事故から間もない時期で，いまだ刑事事件が捜査中の場合は記録を入手できないが，その場合は事故現場の図面・写真及び被害者の陳述書等を活用して審尋手続の中で説明するほかない。

そのほか，損害額を疎明する書証も重要である。例えば，①治療費，入院雑費，傷害慰謝料等の疎明資料として，診断書，診療報酬明細書，②休業損害の疎明資料として，給与所得者については休業損害証明書，源泉徴収票，事業所得者については確定申告書の控え（税務署の受付日付印のあるもの。印がないときは市区町村長の納税証明書又は課税証明書を追加），③通院交通費の疎明資料として，通院交通費明細書及びその領収書，④後遺障害がある場合は後遺障害診断書，後遺障害等級認定票などである。設例のＸは，仏像彫刻家であるから自営業者であり，その休業損害の基礎収入額（収入日額）は，通常，事故前年の確定申告所得額によって認定するため，事故前年の確定申告書の控え等を提出することが必要となる。また，Ｘの後遺障害の有無は明らかでないが，症状が固定していない時期であれば，医学的に合理的根拠をもって客観的に予測できる後遺障害の内容・程度につき，債権者代理人において医師からの聞き取り結果を詳細にまとめた報告書等を提出することが考えられる[注12]。

〔3〕 審理方式

原則として，口頭弁論又は債務者が立ち会うことができる審尋期日を経なければならない（法23条４項本文）。審尋（法７条，民訴87条２項）とは，裁判所が当事者に対して書面又は口頭で意見陳述の機会を与える無方式の手続[注13]

(注11) 入手方法については，日弁連交通事故相談センター東京支部編『民事交通事故訴訟 損害賠償額算定基準 上巻（基準編）』(2015) 434頁以下参照。
(注12) 瀬木・民事保全617頁，若林・前掲（注８）436頁。

である。通常は，迅速な処理を期して審尋手続が行われる。

　例外として，その期日を経ることにより仮処分命令の申立ての目的を達することができない事情(注14)があるときは，債務者審尋期日も不要となるが（法23条4項ただし書），交通事故に基づく金員仮払いの事案は，通常そこまでの事情があるとは認められない。また，事案の適正な判断や公平性を確保するためにも債務者を審尋するのが相当である。実務上も，債務者審尋を経ずに発令に至る例はまずない(注15)。

〔4〕判断の留意点

(1) 被保全権利

　後述するように，交通事故に基づく損害賠償金の仮払い仮処分は，事故により仕事を失い，あるいは怪我のため仕事ができないことにより生活に困窮している事情を保全の必要性として捉えることから，たとえ後になって仮処分命令が取り消されても，給付を受けた金銭は生活費として費消され，事実上原状回復が困難な場合が多いうえ，通常，無担保で発令される。かかる事情とのバランスから，被保全権利についての疎明は相当程度に確実なものが要求される(注16)。なお，この点，ほぼ確実に本案で認容されるであろう損害賠償金額の疎明を行うことが重要であるとの指摘(注17)もあるが，実務的には，仮払いの必要性が認められる範囲を上回る損害額の発生が疎明されるならば，ひとまず足りる場合もあるであろう。

　設例では，Xにも一定の過失が認められ，また，保険会社から治療費の支払も受けていることから，申立書及び証拠からXに生じた損害（後遺障害を認

(注13)　中野貞一郎『民事執行・保全入門〔補訂版〕』（有斐閣，2013）295頁。
(注14)　具体例については，新基本法コンメ民保93頁〔佐瀬裕史〕参照。例えば，被保全権利の疎明が十分であることを前提として，期日を開く時間的余裕がまったくないくらい債権者に重大な危険が切迫している場合である。
(注15)　小松・前掲（注3）195頁。
(注16)　須藤＝深見＝金子・民事保全178頁。
(注17)　瀬木・民事保全617頁，司法研修所編『民事弁護教材・改訂民事保全〔補正版〕』（日本弁護士連合会，2013）80頁注(2)。

定できる場合はその損害を含む）の総額を把握したうえで，過失相殺及び既払額を控除した後の損害賠償金額を把握する必要がある。

(2) 保全の必要性

(a) 必要性の程度・内容

　仮の地位を定める仮処分命令は，争いがある権利関係について債権者に生ずる「著しい損害又は急迫の危険」を避けるためこれを必要とするときに発することができる（法23条2項）。ここでいう債権者に生ずる「著しい損害又は急迫の危険」を避ける必要が，仮の地位を定める仮処分の保全の必要性である。とりわけ満足的仮処分においては，債権者が本案の確定しない間に満足的な結果が得られ，他方で債務者が権利関係の確定前に強制執行されるのと同様の不利益を受けることから，他の仮処分に比べてより高度の必要性が要求される。具体的には，制度の目的に照らして被保全権利の性質・内容・経緯，損害の内容・程度等を考慮して，必要性の有無が決定される[注18]。

　かかる見地から，交通事故における金員仮払い仮処分は，債権者が本案判決の確定を待っていたのではその生計を維持できないほど経済的に困窮している状態を捉えて保全の必要性を認めるのが一般である[注19]。したがって，債権者に対しては，日常生活ができない程度に困窮していることの疎明が通常要求され[注20]，例えば，交通事故に遭った被害者であっても，その有している資産や不動産収入等他の収入で生活を成り立たせることができる者については，保全の必要性を欠くことになる[注21]。

　設例のXは，わずかな蓄えも工房の拡張に使ってしまい，仕事ができずに生活に窮しているということであるが，現在の生活状況を明らかにするため，自己の職業・地位，同一世帯の家族構成（住民票），家族の扶養状況，家族も含めた収入・資産の状況（預金通帳，給与明細書など），住宅ローン等の負債があればその資料（金融機関作成の返済予定表等）などを提出してもらい，X主張

(注18)　竹下＝藤田・民保419頁以下〔荒井史男＝髙橋譲〕。
(注19)　竹下＝藤田・民保421頁〔荒井史男＝髙橋譲〕，須藤＝深見＝金子・民事保全178頁。
(注20)　司法研修所編・前掲（注17）81頁。
(注21)　須藤＝深見＝金子・民事保全178頁注88。

の当否を判断することになる。

　(b)　仮払いの必要性が認められる具体的範囲

　　(ア)　前述した保全の必要性の点から，仮払いは，総額が被保全権利として疎明された賠償額の範囲内となることは当然として，なおかつ債権者の生活，療養を維持するために必要な限度で認められ，原則として，債権者の現在及び近い将来の生活費，治療費として必要な額に限られる[注22]。この必要な金額は，被害者家族の置かれた状況によっても異なるため，前記疎明資料のほか，事故前数か月間の家計の収支報告書や債権者の陳述書等により説明を受け，全体の事情を総合考慮して判断すべきことになる。

　　(イ)　問題は，将来分の生活費，治療費について，どの程度の期間の仮払いを認めるかである。

　この点，6か月程度の月払いを命じ，同期間経過後に再度仮処分申立てがなされた場合は，その時点で改めて必要性の判断を行うという扱いも少なくないが，事案によっては，1年間程度の月払いを命じる例もあるとの指摘がある[注23]。

　思うに，支払期間を長く認めると発令後の事情変更により実情と合わなくなる場合があるうえ，とりわけ客観的な事故態様に比して被害者の通院期間が長いために事故と損害との相当因果関係の認定が容易でない事案や債権者の過失割合が大きいと認められる事案等では，被保全権利の範囲を超えるおそれも生ずることから，期間を当面6か月等に区切って考えざるを得ない。他方で，事故が重大で債務者の過失が大きい場合は，仮払いの総額が被保全権利として確実に認定可能な範囲内に収まるのであれば，被害者救済の観点から，1年を目安とする考え[注24]にも十分合理性が認められる。よって，この判断は，当該事案における傷害の程度や事故態様（債権者の過失割合）など

(注22)　藤澤孝彦「金員仮払いを求める仮処分」判タ1078号186頁，若林・前掲（注8）433頁以下，小松・前掲（注3）192頁。ただし，過去の生活費を捻出するため生活必需品を売却しており，これを早急に購入する必要があるとか，未払治療費を支払わなければ治療の継続が困難である等の事情があれば，過去の生活費，治療費についても仮払いが認められる。
(注23)　若林・前掲（注8）434頁・437頁。
(注24)　須藤＝深見＝金子・民事保全178頁注91。月払いのみならず，「一時金で支払わせる場合も，その程度の生活保障」と指摘されている。

によるものと思われる。

(c) 他の給付措置との関係

　被害者は，自賠責保険会社に対し，被害者請求（自賠16条）又は仮渡金支払請求（自賠17条）が可能である。そこで，債権者がこれらの請求が可能であるにもかかわらず，これを行わずに仮処分を申し立てた場合，保全の必要性を否定又は減じる事由として斟酌できるか否かが問題となるが，一般に，当然考慮すべきと解されている[注25]。したがって，自賠法上の請求により得られる金額に応じて仮払いの金額が減額され，また，得られる金額次第では（特に後遺障害がある場合），保全の必要性自体が否定されることになる[注26]。

　その他，債権者が失業給付や共済年金を受給している事実なども斟酌される。ただし，生活保護を受ける途があるか否かは考慮に入れるべきではないと解されている[注27]。

(d) 債務者側の事情の考慮の可否

　従来，債務者側の事情（債務者が受ける損害など）を考慮すべきか否かが問題とされてきたが，一般には肯定されている[注28]。ただし，考慮するにしても，交通事故による金員仮払いにおいて被害者側が生活に窮している事情が認定できる場合は，不法行為制度の趣旨からして，債務者側の資力の有無は重視すべきでないと解される[注29]。

(e) 債権者が仮処分の必要性を招来した場合

　交通事故の後に債権者が賭博に凝って無資力となり生活費等に窮するようになった場合のように，債権者自身が金員仮払いを求める必要性を招いた場合は，自己が不当に招いた事態を債務者に転嫁することになるから許されない。他方で，事故後，景気の変動により家業に失敗するなど，仮処分を必要

(注25)　藤澤・前掲（注22）186頁，門口＝須藤・民事保全349頁〔影浦直人〕。
(注26)　特に後遺障害が残る事案では，実務上は，まず被害者請求をして，自賠責保険会社から支払われた金員を控除し，残額を加害者に対して請求することが多い。自賠責保険会社は，調査のうえ，速やかに支払うため，認定される後遺障害の等級次第では，当面の生活や治療に困らない程度の賠償金の支払を受けることができる。
(注27)　鈴木忠一＝三ヶ月章編『注解民事執行法(6)』（第一法規出版，1984）317頁以下〔小笠原昭夫〕，竹下＝藤田・民保421頁〔荒井史男＝髙橋譲〕。
(注28)　最決平16・8・30民集58巻6号1763頁・判タ1166号131頁・判時1872号28頁参照。
(注29)　竹下＝藤田・民保421頁〔荒井史男＝髙橋譲〕。

とする事態が，債権者が不当に招いたものとはいえない場合は，保全の必要性を否定する理由はない[注30]。

〔5〕 仮処分命令の具体的内容

(1) 主文の記載方法

主文は，一時給付型の場合は「債務者は，債権者に対し，金〇〇万円を仮に支払え。」，定期給付型の場合は「債務者は，債権者に対し，平成〇〇年〇月〇日から平成〇〇年〇月〇日まで毎月〇〇日限り金〇〇円を仮に支払え。」と表記する[注31]。その併用型の場合は，例えば，「債務者は，債権者に対し，金〇〇万円及び平成〇〇年〇月〇日から平成〇〇年〇月〇日まで毎月〇〇日限り金〇〇円を仮に支払え。」と記載する。

(2) 期　　間

前述したように，原則として現在及び近い将来の治療費・生活費として必要な金員について仮払いが認められるが，その将来分の費用について仮払いを認める期間は，事案に応じて6か月ないし1年程度を目安として考えるのが適当である。

(3) 担　　保

ほとんどの保全命令は，あらかじめ担保を立てさせてから発令されるが，交通事故に基づく金員仮払いの場合は，無担保で発令するのが一般である。一方で保全の必要性として生活困窮の疎明を求めながら，他方で担保を立てさせるのは，自己矛盾となるからである[注32]。

(注30)　中川善之助＝兼子一監修『実務法律大系(4)交通事故〔改訂版〕』（青林書院新社，1978）551頁以下〔山口和男〕，若林・前掲（注8）433頁。
(注31)　須藤＝深見＝金子・民事保全177頁。
(注32)　門口＝須藤・民事保全352頁〔影浦直人〕，司法研修所編・前掲（注17）81頁。

〔6〕 和　解

　債権者の疎明がある程度功を奏すれば，裁判所から当事者双方に対して和解を勧試し，現実に和解が成立して保全事件が終了することもかなりある。そして，交通事故に基づく賠償金の仮払いの和解においては，本案訴訟の認容額との調整が必要となることが多い。例えば，「債務者は，債権者に対し，債権者と債務者間における東京地方裁判所平成○○年（ワ）第○○号損害賠償請求事件において損害賠償額が確定し，その額が既払分及び仮払金の合計額を上回った場合は，その差額分を直ちに支払う。」等の条項を設けることが少なくない[注33]。

〔7〕 仮処分の執行

(1) 執行の方法

　一般の金銭債権についての強制執行の方法（民執43条～167条）により行う（法52条1項）。そして，物の給付その他の作為を命ずる仮処分の執行にあたるため，仮処分命令が債務名義とみなされる（同条2項）。したがって，債務者が任意に履行しない場合は，仮処分命令を債務名義として，不動産執行や債権執行等を申し立てることになる。強制執行とは異なり，原則として執行文の付与は不要である（法43条1項本文）。

(2) 執行期間

　保全執行は，債権者に保全命令が送達された日から2週間を経過したときは，これをしてはならない（法43条2項）。従来，かかる執行期間の制限が定期給付を命ずる仮処分の執行についても適用されるか否か争いがあったが，最高裁[注34]は，「民事保全法43条2項は，定期金の給付を命ずる仮処分の執

（注33）　須藤 = 深見 = 金子・民事保全178頁注92。

行についても適用され，仮処分命令の送達の日より後に支払期限が到来するものについては，送達の日からではなく，当該定期金の支払期限から同項の期間を起算するものと解するのが相当である」と判示し，この問題に決着をつけた。したがって，債権者は，定期給付型の仮払いが認められた場合，各定期給付の支払期限から2週間が経過すると，その定期分の給付の執行ができなくなるので注意が必要である。

(3) 他の債権者の配当要求の可否

仮払い仮処分の執行手続の中で他の債権者が配当要求することができるか否かについては見解が分かれている。

この点，否定説[注35]は，仮処分裁判所としては，緊急の必要を認めて債権者の生活を保障する趣旨で保全命令を発するのであるから，支払われるべき金銭については，他の債権者が配当要求できない性格を与え，その趣旨を仮処分命令中に掲記できる権限があり，その記載がなくともその趣旨に解釈されなければならないと主張している。これに対して肯定説[注36]は，金員仮払い仮処分といえども，仮処分債権者に優先弁済を受ける地位を与える効力を有するものではないと反論している。否定説の法的根拠が十分とはいえないことから，肯定説を支持したい。

(4) 執行停止

金員仮払いの発令に対して債務者が保全異議又は保全取消しの申立てを行っても，保全命令の執行力は当然には停止されない。債務者においてこれを停止させるためには，併せて保全執行の停止の裁判（法27条1項・40条1項本文）が必要となる。もっとも，この要件はもともと厳格なうえ，金員仮払い仮処分の発令にあたっては，債務者審尋において被保全権利及び保全の必要

(注34) 最決平17・1・20集民216号57頁・判タ1175号143頁・判時1888号91頁。
(注35) 西山・概論270頁，284頁。その他の否定説として，裁判例コンメンタール235頁〔須藤典明〕，瀬木・民事保全465頁。
(注36) 注解民保（下）117頁以下〔小林昭彦〕。その他，肯定説として，注釈民保（下）159頁〔山崎潮〕，若林・前掲（注8）439頁，裁判例コンメンタール481頁〔萩屋昌志〕。

性について踏み込んだ審理を経ているため，執行停止の要件が認められる場合は実際上まず考えにくい(注37)。

(5) 本案訴訟との関係

仮処分に基づき支払われた仮払金は，あくまで仮の処分により仮の満足を得ただけであるから，それが正当かどうかの確定的な判断は本案訴訟に持ち越されている。したがって，本案訴訟の当否には影響せず，本案裁判所は，仮処分の執行による事実を斟酌しないで本案請求の当否を判断すべきと解されている(注38)。このように解すると，金員仮払いの執行後に本案訴訟の給付判決に基づき強制執行が申し立てられた場合のように二重執行のリスクがあるが，債務者は，仮処分による執行の結果を本案請求の満足とみなし，仮処分の執行調書を提出して民事執行法39条1項8号の類推適用により執行停止を求め，あるいは，請求異議訴訟を提起し，執行停止等の裁判を求めるなどして二重執行を排除できる(注39)。

(注37) 若林・前掲（注8）440頁。
(注38) 最判昭35・2・4民集14巻1号56頁・判時217号21頁，須藤＝深見＝金子・民事保全214頁。
(注39) 丹野・実務517頁，瀬木・民事保全60頁。

48 金員仮払い——退職撤回による賃金

木野 綾子

　Xは，ゲーム・ソフト作成の下請会社Yで熱心に働いていたが，ある朝，出社するのが辛くなり，何日か会社を休んだ。数日後に出社すると，チームリーダーAに呼ばれ，Xが休んだのでチームの他の仕事にも支障が出ていると責められ，翌日には同僚Bから，自分の仕事も遅れて困ると苦情をいわれた。Xは，パニックになってAに相談したところ，仕事ができないなら辞めるしかないと言われ，退職届にサインをして，Y社を辞めた。病院に行ったところ，医師から，うつ病傾向であり，労災ではないかといわれ，労働局では退職届を撤回するように指導された。そこで，Xは，1週間後にY社に行き，退職届の撤回を申し入れたが，Y社は撤回を認めてくれない。Xは，Y社の従業員としての地位の確認と賃金の支払を求めたいが，蓄えもなく，生活費にも事欠く状況である。Xは，どのような仮処分を求めることができるか。また，仮処分以外の方法で何かよい解決策があるか。

〔1〕 問題の所在

　労働仮処分というと，解雇無効を主張する労働者が使用者に対して労働契約上の地位保全及び賃金仮払いを求めて申し立てるケースが多くみられ，文献も豊富である。
　他方，本設例のように，労働者が自ら退職を申し出ておきながら，後にその成立ないし効力を争い，上記のような仮処分を申し立てるケースは比較的少ないといえる。
　もっとも，使用者側が法的リスクの大きい解雇を回避するべく退職勧奨を多用する傾向にあることや，メンタル不全により意思決定の安定性を欠く労

働者が増加していること，そして，労働者がインターネット上で得た情報をもとに各種機関に相談に行く傾向が顕著であること等を踏まえると，本設例のようなケースは今後増えていく可能性が高い。

以下，労働仮処分一般についての基礎的事項を確認しつつ，退職撤回ケースにおいて当事者双方及び裁判所が留意すべき事項を実務的観点から検討する。

なお，本項目における「退職」とは，労働者の申出によるいわゆる自主退職（依願退職）を指し，「退職撤回」とは，退職を申し出た労働者が，後にその成立ないし効力を争うこと一般を指す。

〔2〕 被保全権利

(1) はじめに――解雇無効ケースとの違い

本設例のような退職撤回ケースが解雇無効ケースと違う点を一言でいうならば，被保全権利の存在についての債権者の主張・疎明の難度が高いことである。

解雇無効ケースの場合には，主たる争点である労働契約法16条所定の規範的要件につき，債務者が評価根拠事実に関する主張・疎明責任を負っており，これが債務者にとって事実上高いハードルとして機能しているといえる。

これに対し，退職撤回ケースの場合は，退職の意思表示の存在を前提に審理が進められることが多い。そのため，債権者は，その法的効力を否定する法律構成を申立て段階から確立して主張するとともに，その性質上，直接資料や客観的資料がほぼない中で，書面審理という限定された疎明方法によって，裁判所に被保全権利の存在がおおむね認められるであろうという心証を抱かせるに至らなければならないわけである。

(2) 申立ての趣旨と被保全権利

本設例でＸが申し立てるべき仮処分は，次の２つの申立ての趣旨から成る。
① ＸがＹに対し，労働契約上の権利を有する地位にあることを仮に定め

る。
② XはYに対し，一審判決の言渡しまで(注1)毎月○日限り金○円を仮に支払え。

上記①②とも「仮の地位を定める仮処分」（法23条2項）であり，「断行の仮処分」「満足的仮処分」ともいわれる。

上記①の被保全権利は，XのYに対する労働契約上の権利を有する地位にあることの確認請求権であり，上記②の被保全権利は，XのYに対する労働契約に基づく賃金請求権である。

(3) 労働契約の終了事由としての退職の法的構成

退職は労働契約の終了事由の一つであり，使用者である債務者が主張・疎明責任を負う抗弁として位置づけられる。

労働者の退職の意思表示と労働契約の終了事由としての退職との関係を整理すると以下のとおりである。

(a) 労働者の退職の意思表示

労働者の退職の意思表示の法的性質については，次の2つの場合がある(注2)。

(ア) 労働者から使用者に対する一方的な意思表示としての労働契約の解約告知

(イ) 労働者の使用者に対する労働契約の合意解約の申込み

(b) 労働契約の終了事由としての退職

労働契約の終了事由としての退職についても，上記(a)に対応した2つの場合があり，それぞれの要件事実とともに整理すると次のとおりである。

(ア) 解約告知（民627条）

(ⅰ) 上記(a)(ア)の事実

(ⅱ) 予告期間の経過

(注1) 仮処分発令後1年間程度の年月が定められる場合もある。鈴木拓児ほか「保全事件」山口幸雄ほか編『労働事件審理ノート〔第3版〕』（判例タイムズ社，2011）190頁。

(注2) 渡辺弘『リーガル・プログレッシブ・シリーズ労働関係訴訟法』（青林書院，2010）111頁。

(イ)　合意解約
　　(i)　上記(a)(イ)の事実
　　(ii)　使用者側の承諾
(c)　留意点

　労働者が上記(a)(ア)(イ)の違いを外形上明確にして退職の意思表示をすることはまれであり、具体的事実レベルでは同一であることが多いと考えられる。

　債務者としては、疎明の負担を考えて(b)(ア)の解約告知を主位的に主張し、(b)(イ)の合意解約を予備的に主張することが合理的であり、債権者も申立書においてその点を意識した主張をすべきであろう[注3]。

　なお、解約告知については、民法627条所定の予告期間とは異なる期間を示して意思表示がなされた場合において退職の効力発生時期がいつになるかや、就業規則又は労働契約で退職手続について細則が設けられている場合において任意規定である民法627条を排除する合意があったといえるかなどについても留意する必要がある。

(4)　退職撤回の法的構成①——意思表示の撤回

(a)　債務者への到達前になされた債権者の退職の意思表示の撤回（解約告知・合意退職）

　本設例には直接当てはまらないものの、債権者の退職の意思表示が債務者に到達する前に撤回された場合には意思表示は効力を生じない（民97条1項）。

　例えば、Xが退職届を渡した相手が受領権限のない同僚等（本設例のB）であり、同人が管理職にその退職届を渡す前にXが退職の意思表示を撤回したという場合等が考えられる。

(b)　債務者の承諾前になされた債権者の合意退職申込みの撤回（合意退職）

　契約の申込みは、相手方の承諾前であれば撤回することが可能と解される[注4]。合意退職においては、就業規則又は労働契約で定められた退職手続

(注3)　〔学校法人甲学園事件〕横浜地判平23・7・26労判1035号88頁。
(注4)　渡辺・前掲（注2）112頁。民法521条以下。

に則り，債務者の承諾が完了していない段階で債権者が合意退職の申込みを撤回したといえる場合には，合意退職は不成立となる。

例えば，Yの就業規則において，労働者から退職届が提出された場合には所属長による承認を要するとの定めが設けられているところ，XがYから所属長の承認を得る前に退職の意思表示を撤回したような場合が考えられる(注5)。これに対し，何ら定めのない場合には，事実上の承諾の意思表示をした者にそのような権限があるか否かが実質的に判断されることになる(注6)。

(5) 退職撤回の法的構成②——意思表示の瑕疵・欠缺

(a) 心裡留保による無効（民93条ただし書）

退職を意味する発言をしたからといって，それが必ずしも確定的な真意に基づく意思表示であるとは限らない。相手方，状況，具体的文脈等によってその意味合いは変わってくる。例えば，上司との口論の際に「そんなに俺のやり方が気に入らないなら会社を辞めろ」「じゃあ辞めてやるよ」と売り言葉に買い言葉で応えたような場合，酒席で「あの人が課長になるぐらいなら，私，会社を辞めるわ」と冗談を言った場合，朝礼で「今月の目標成績を達成できなかったら会社を辞める覚悟で営業活動に臨みます」と決意表明した場合等にはいずれも真意に基づく意思表示ではなく，相手方もそのことを知り，又は知ることができたというべき場合が多いであろう。

本設例のように書面で退職の意思表示をした場合にも，その記載内容や署名押印をした前後の状況によって，真意に基づかない意思表示であって，相手方もそのことを知り，又は知ることができたから無効であると評価すべき場合があり得る。

(b) 錯誤による無効（民95条）

本設例では，Xが，実際には有給休暇の取得，傷病欠勤及び休職といった在籍を前提とする各種制度を利用することができるにもかかわらず，退職届を出すしか選択肢がないと誤信していた可能性がある。この場合，動機の錯

(注5) 前掲（注3）横浜地判平23・7・26。
(注6) 〔大隈鐵工所事件〕最判昭62・9・18労判504号6頁は人事部長に承諾権限を肯定。

誤が問題となり，その動機が明示的又は黙示的に表示されたうえで意思表示をしたのであれば，Xは錯誤による無効を主張することができる。また，Xのうつ病が労働災害であるとすれば労働基準法19条1項本文による，解雇制限があるところ，Aの意見に従って退職届を作成して提出する際に，「Aの意見に従わなければ，Yから解雇されるのではないか」と考えた場合には，この点でも動機の錯誤が問題になる余地がある。

類似例としては，懲戒解雇事由に該当しないにもかかわらず，懲戒解雇か退職届を出すかのいずれかしか選択肢がないと誤信していたというケース(注7)や，労働者が使用者からの転籍命令を拒否することはできないと誤信していたケース等が考えられる。

また，使用者が様々な優遇条件を提示して希望退職者を募集し，労働者がこれに応じて退職するというケースでは，それらの条件が退職に関する合意内容を構成していることから，その一部につき誤信があったときには，動機の錯誤にとどまらず，意思表示の要素に錯誤があるとされる場合があり得る。

(c) 詐欺・強迫による取消し（民96条）

上記(b)の誤信が相手方であるYによる詐欺又は強迫に基づく場合には，Xは退職の意思表示を取り消すことができる。

もっとも，本設例では，詐欺・強迫の行為者であるAがYの代理人である（民101条）というべき事情（YがAに対して詐欺・強迫行為をしてでもXを退職に追い込むよう指示していたこと等）があるかどうかは微妙である。そのような事情がない場合，AがXに対して不法行為責任を負うことはあっても，XがYに対して詐欺・強迫による取消しを主張することは難しいと思われる（民法96条2項に該当する場合を除く。）。

(6) 疎明方法

疎明方法としては，関係者の間でやり取りされた文書及びメール，会話録音反訳書，陳述書等が考えられる。特に債権者としては，裁判所に安易な和解ねらいの申立てと捉えられて債務者審尋に至らぬまま却下されるような事

(注7) 〔富士ゼロックス事件〕東京地判平23・3・30労判1028号5頁。

態に陥らないよう[注8]，申立て時に可能な限りの疎明方法を提出しておく必要があろう。

〔3〕 保全の必要性

(1) 賃金仮払い

(a) 基本的な考え方

労働者にとっては賃金収入が唯一の生活の糧であることが通常であるため，被保全権利に関する使用者との紛争によって賃金収入が停止している場合には，生活費に困窮してしまうことになる。そのため，そうした事情が疎明されれば，原則として，本案判決の確定までの間に賃金仮払いを得なければ債権者に「著しい損害又は急迫の危険」（法23条2項）が生じるとされ，保全の必要性が肯定されることが多い。

(b) 仮払金額

仮払金額については，債権者に従前と同様の生活水準を保障するものではなく，上記「著しい損害又は急迫の危険」を避けるのに必要な範囲のものにとどまる。裁判所としても断行の仮処分である賃金仮払いについては保全の必要性を慎重に判断する傾向がある。

具体的な仮払金額は個々のケースにより異なるが，人事院が国家公務員の給与勧告に際して参考資料として算定する標準生計費を基準として仮払金額を算定した決定例[注9]もある。もっとも，実務的には，理論上の金額である標準生計費よりも債権者の生活実態を重視して直近の家計の収支一覧表を参考に算定される例が多いと思われる。

留意点をいくつか述べると，従前の賃金が家計の支出金額より高額で相当程度貯蓄があると見込まれるケースにおいては，仮払金額が少額になることがあり得る。本設例のようなケースでは，債権者としては退職金の返還（供

(注8) 須藤＝深見＝金子・民事保全156頁。
(注9) 田中一隆「仮処分」白石哲編『裁判実務シリーズ(1)労働関係訴訟の実務』（商事法務，2012）492頁。

託）や失業保険給付の仮受給についても留意すべきであろう。

　また，副業による収入があるケース，例えば不動産収入や家業手伝い等を債務者に届け出ていた場合や，学校や塾の非常勤講師等のように副業があることを前提に勤務していた場合等には債務者からその旨の指摘があることが予想される。

　その他，配偶者や同居の親世帯に収入があるケースでは，従前の生活費負担金額や退職後の生活費援助の実態などにも主張・疎明を尽くす必要がある。

　退職後に債権者が他社に就職して賃金を得ているというケースも保全の必要性が否定される方向に働くが，この点は被保全権利における中間収入の控除の問題でもある[注10]。

(2) 労働契約上の地位保全

(a) 基本的な考え方

　労働契約上の地位保全の仮処分は，①強制執行になじまず，債務者の任意の履行に期待するほかないが，通常そのような期待はできないことから発令する実益が見出しがたい，②労働契約上の労働者の権利の中核をなす賃金請求権について仮払いが認容されれば，それ以外の権利を有する地位については緊急性が乏しいという点を理由に，保全の必要性が否定されることが原則である[注11]。

　もっとも，上記のような結論が見込まれるにもかかわらず，実務上は，賃金仮払いとともに労働契約上の地位保全の両方が同時に申し立てられる場合がほとんどである。その理由としては，地位保全の申立てを加えることによって，債権者の要求の主眼が復職にあることを強調し，和解においてもそれを前提に交渉を進めることで，仮に退職前提の金銭和解になるとしても債権者に有利な結果を得られる場合が多いこと，民事保全手続においては印紙代が定額であるから，可能性のある申立てはすべてやっておきたいと考えること等が考えられる。

　(注10)　〔いずみ福祉会事件〕最判平18・3・28判タ1227号150頁・判時1950号167頁・労判933号12頁，民法536条2項後段，労働基準法26条。
　(注11)　鈴木ほか・前掲（注1）189頁。

(b) 保全の必要性を肯定すべき例外的事情——本設例の場合

次に，例外的に地位保全の申立てについての保全の必要性を肯定すべき場合とはどのような場合であるかにつき，本設例に即して考えてみたい。

例えば，Yが，Xに対して予備的に休職発令をしたうえで，仮にXが退職撤回により復職するとしても，通常勤務ではなく，就業規則上の休職規定が適用されること及び同規定上は休職者の賃金が無給とされていることを主張しているというケースを考えてみると，Yは自ら休職発令をしたうえで上記主張をしているのだから任意の履行が期待できるうえ，賃金仮払いは被保全権利が認められず却下されるので，上記(a)であげた2つの理由は当てはまらないことになる。

これに加えて，Xの側で，労働契約上の地位に伴って社宅の利用や健康保険組合から傷病手当金を受給できること等の具体的な事情を主張・疎明した場合には，地位保全についての保全の必要性を肯定する余地もあり得るのではなかろうか。

〔4〕 仮処分命令発令後の法律関係

(1) 債務者の検討すべき事項

(a) 保全異議・起訴命令の申立て

債権者の申立ての全部又は一部が認容されて仮処分命令が発令された場合，債務者としては保全異議（法26条）や起訴命令（法37条1項）の申立てをすることができる。もちろん何の措置もとらずに債権者の今後の出方を待つという選択肢もあり得るが，同命令に賃金仮払いが含まれている場合，最終的な解決が遅れれば第二次仮処分が申し立てられて賃金仮払期間が延びるリスクが高まるため，債務者としては早期に上記いずれかの申立てをすることが多い。

(b) 事情の変更による保全取消しの申立て

債務者は，「保全すべき権利若しくは権利関係又は保全の必要性の消滅その他の事情の変更」があることを主張・疎明して（法38条），保全取消しを申

し立てることができる。

例えば，仮払期間中に債権者が他社に就職して賃金を得ていることが判明した場合（上記〔3〕(1)(b)参照）等が考えられる。

(c) 賃金仮払いの履行

賃金仮払いを履行する際，仮払金は賃金そのものではないため，債務者としては所得税等の源泉徴収や社会保険料の控除をする必要はなく，仮処分命令主文記載の金額を全額支払うことになる。

もっとも，後に本案訴訟で債権者の勝訴（退職無効）が確定した場合には，少なくとも社会保険料の労働者負担分については遡って精算（債権者から徴収）する必要が出てくる。

(d) 本案訴訟における和解と仮払金

仮処分における仮払金について，債権者はあたかも既得権であるかのように考えがちであるが，法的にはあくまで仮に支払われたにすぎず，後に債権者から債務者に返還される可能性のある金員である。このため，本案訴訟における和解交渉の場において，債務者が和解金と仮払金返還請求権との実質的な相殺を和解条件として提示することがよくみられる。

例えば「仮払金として既払いの25万円×8か月分の返還を求めない代わりに，ゼロ和解（金銭の授受のない和解という意）として欲しい」という場合等である。

(e) 債務者勝訴後の返還請求等

本案訴訟で債務者が勝訴した場合，既に支払った仮払金は不当利得（民703条）となり，債務者は債権者に対して返還請求することができる。また，債務者に損害が生じた場合，債務者は債権者に対して不法行為（民709条）に基づく損害賠償請求をする余地もあり得る。もっとも，債権者が賃金収入以外にさしたる財産がなく生活に困窮していることを前提に保全の必要性が認められ，多くの場合は担保を立てさせずに仮処分命令が発令される（法14条1項）ことからすると，強制執行の対象とすべき財産は何もないことが予想される。

(2) 債権者のとるべき措置

　仮処分命令による賃金仮払期間は，前記（注１）のとおり１年間程度とされることも多いが，実際には本案訴訟が上記期間よりも長引くこともある。
　そのような場合，債権者としては第二次仮処分申立てをすることが考えられる。申立書の被保全権利についての記載は最初の仮処分申立て時とほぼ同じでよいとしても，保全の必要性については最初の仮処分命令による賃金仮払期間終了後の事情を具体的に記載する必要がある。

〔5〕　仮処分以外の解決策

　次に，Ｘが仮処分以外にとり得る解決策を検討する。

(1)　本案訴訟

(a)　仮処分申立ての取下げと本案訴訟

　Ｘは，仮処分申立てをせずに，初めから本案訴訟を提起することももちろん可能である。また，いったん仮処分申立てをして，ある程度審理を経た後，裁判所の心証が自己に不利なものであると判明した場合には，却下決定が出されるのを避けるべく申立てを取り下げたうえで，改めて本案訴訟を提起することも可能である。
　後述する労働審判では結論にあたる審判主文のみが調書化され，その具体的理由については調停勧試の場面で裁判所から各当事者に口頭である程度伝えられるにとどまるが，労働仮処分の場合は，申立てが認容される場合であれ却下される場合であれ，決定書において主文のみならずその理由が詳細に記載されることが通例となっている。
　そして，勝った方の当事者は本案訴訟において当該決定書を証拠（正確には参考資料）として提出することになるため，仮に却下決定が予想される場合，債権者としては当該決定書が本案訴訟の裁判所に事実上の予断を与える可能性をおそれて，申立てを取り下げて本案訴訟に進むか，あるいは仮処分手続の中で和解するかのいずれかの選択をすることが多い。

(b) 暫定和解と本案訴訟

保全手続特有の和解として，暫定的措置を定める和解[注12]がある。本案訴訟によって紛争が終局的に解決するまでの一時的安定状態を作出するための合意である。

労働仮処分に関していうと，本設例のように労働契約の終了自体が争点となっているケースでは暫定和解は難しい場合が多いかもしれない。

しかし，例えば，債権者が配置転換（降格）の効力を争点として降格前の労働契約上の地位保全及び降格に伴って減額された賃金部分の仮払いの仮処分を申し立てて[注13]，裁判所が被保全権利については債権者に一理あるが保全の必要性に疑問があるとの心証を示したというケースを考えてみると，本案判決確定時まで債権者が降格後のポジションで仮に勤務すること及び減額された賃金の一部を仮に支払うことを暫定的に定める和解をするなどもあり得るであろう。

この場合，和解条項には暫定的な和解であることを明示する必要があるが，それとともに，当該和解が本案訴訟に影響を及ぼすことはない旨の確認条項を入れたり，債権者が当該紛争を理由に債務者から不利益な取扱いを受けたりしないよう定めたり，和解であるがゆえに起訴命令申立てができない債務者のために債権者の本案訴訟提起期限を定めたりすることも考慮すべきである。

(c) 地位確認請求及び賃金請求以外の訴えの検討

仮処分申立てに対する本案訴訟という枠組みを離れて，XがYに地位確認請求及び賃金請求以外にどのような訴えを提起することが可能であるかにつき検討すると，本設例からは次のようなものが考えられる。

(ア) 長時間労働によりXがうつ病を発症したとしてYに対する安全配慮義務違反に基づく損害賠償請求
(イ) Yに対する残業代及び付加金請求
(ウ) 上司Aに対するパワーハラスメント（違法な退職勧奨）による不法行

(注12) 須藤＝深見＝金子・民事保全157頁。
(注13) 田中・前掲（注9）495頁では，このような申立ての問題点が指摘されている。

為に基づく損害賠償請求及びYに対する使用者責任に基づく損害賠償請求

　債権者としては，こうした複数の請求についても同時に解決したいのであれば，当初から本案訴訟を選択するのも一つの方法である。

(2) 労働審判

　労働審判は，労働審判官（裁判官）1名と労働審判員（労働関係に関する専門的知識経験を有する者）2名から成る労働審判委員会が，個別労働関係民事紛争について審理をして調停又は労働審判を行う紛争解決手続である（労審1条）。原則として3回以内の期日で終了し（労審15条2項），審理期間は申立てから平均して70日程度であり，7割を超える事件が調停によって終了している(注14)。

　こうした迅速な紛争解決が図れることから，労働審判は仮処分と並んで利用頻度の高い手続といえる。本設例のような事例でいずれの手続を選ぶかについては労働者側の事情ないしは考え方次第であり，何ら基準があるわけではないが，仮処分命令の要件である保全の必要性の有無によって選択することはもちろん，事前交渉における使用者の反応を参考にしつつ，復職の点や金額面で早期に妥協することが可能と見込まれるケースでは労働審判を，そうでないケースでは仮処分を選択する傾向があるようにも感じられる。

(3) 労働局におけるあっせん手続

　個別労働関係紛争の解決の促進に関する法律により，都道府県労働局において個別労働紛争の未然防止及び迅速な解決を促進することを目的として，①総合労働相談コーナーにおける情報提供・相談，②都道府県労働局長による助言・指導，③紛争調整委員会によるあっせんのサービスを無償で利用することができる。

　いずれも裁判手続より時間も費用もかからないものの，強制力がないため，紛争性の高いケースには不向きと考えられる。

(注14)　白石哲「労働審判制度」白石編・前掲（注9）504頁。

(4) その他

(a) 労災申請

　本設例では，Xが主治医から労災ではないかと言われたとのことなので，労働基準監督署に労災申請をして労災保険金（休業補償金）の給付を受けることも視野に入れるべきである。

　もちろん，それによってYとの間の退職撤回をめぐる紛争が解決するわけではないが，Xの当面の生活費を確保するという点では仮処分申立てと同等の結果を得ることが可能である。

　また，労災申請が認められた場合にはそのことを裁判の中で有利に用いることもできる。例えば，本設例でYが予備的に心身の故障を理由とする普通解雇の意思表示をしてきた場合，Xとしては労働基準法19条1項本文による解雇制限期間中であることを主張し，その証拠ないし疎明資料として労災保険給付の支給決定書を提出すること等が考えられる。

(b) 民事調停・少額訴訟

　本設例のような事例について，簡易裁判所に民事調停を申し立てたり，60万円以下の金銭請求のみであれば少額訴訟を提起したりすることも一応可能ではあるが，実務上は，少なくとも弁護士が労働者側の代理人として付いているケースではまずみられないといってよい。

49　所有権留保自動車の引渡断行

野 上 誠 一

　自動車の販売会社Xは，Yに対し，自動車の所有権を留保したうえ，割賦で自動車を販売した。Yは，最初こそ割賦金を支払ったものの，その後は割賦金を支払わない。X社がYの信用調査をしたところ，Yは事業に行き詰まり，本件自動車をZに譲渡しようとしていることがわかった。Xはどのような対処が可能か。
　Yが既にZに対して本件自動車を引き渡しており，Zがこれを利用している場合であればどうか。

〔1〕　はじめに

　自動車の購入代金を一括で支払うことができない場合には，代金を分割で支払うか，クレジット会社（信販会社を含む。）による立替払を利用するしかない(注1)。そして，その場合には，代金や立替金等（以下「代金等」という。）の支払を完了するまで，自動車の所有権を売主（販売会社）やクレジット会社（以下，まとめて「売主等」という。）に留保する旨合意されるのが通例である（割賦7条も参照）(注2)。
　もっとも，自動車は買主に引き渡され，これを買主が占有・利用するのが通例であるため，買主が代金等の支払を完了していないにもかかわらず，自動車を第三者に引き渡してしまう事態が生じ得る。

（注1）　自動車がリースに付されることもあり，所有権留保の合意がされた場合と同様の問題がある。
（注2）　最判昭49・7・18民集28巻5号743頁・判タ312号207頁・判時754号48頁は，所有権留保の合意について，買主への所有権移転の効果を代金の完済にかからしめる特約であり，一種の停止条件である旨判示している。

本設例は売主と買主との二者間で所有権留保の合意がされたケースであるが，以下，クレジット会社が立替払するとともに所有権留保の合意がされる場合（いわゆる第三者所有権留保）も含めて解説する。

〔2〕 所有権留保をめぐる議論

(1) 総　論

　所有権留保は譲渡担保等と同じく非典型担保といわれているが，譲渡担保と比べると最高裁判決がそれほどなく，所有権留保の合意がされた場合の法律関係については様々な議論がされてきた(注3)。

　もっとも，近時，所有権留保に関して次の2つの最高裁判決が言い渡された。そこで，まずこの判決の内容（本設例に関係のある判示部分）について確認しておく。

(a) 最判平21・3・10（民集63巻3号385頁・判タ1306号217頁・判時2054号37頁）（判例①）

　この事案は，駐車場の所有者が，クレジット会社に対し，第三者が購入して駐車場に駐車中の自動車の撤去等を請求したものである。

　クレジット会社が自動車の購入代金を立替払し，立替金支払債務の担保として自動車の所有権がクレジット会社に留保されていた。そして，買主との契約では，クレジット会社は，期限の利益喪失による残債務全額の弁済期の到来前は自動車を占有，使用する権原を有せず，その経過後は買主から自動車の引渡しを受け，これを売却してその代金を残債務の弁済に充当することができるとされていたものである。

(注3)　柚木馨＝高木多喜男編『新版注釈民法(9)』（有斐閣，1998）909頁以下〔安永正昭〕等参照。
　　　なお，所有権留保の法的性質をめぐっては，いわゆる所有権的構成と担保権的構成があるといわれてきたが，そのどちらを採るかによってあらゆる問題が解決されるわけではない。判例は，純粋な担保権的構成を採るわけではないものの，本文の判例①や②からも窺えるように，留保所有権が担保権の性質を有することを考慮しつつ，個々の問題を解釈しているといえる。

最高裁は，傍論としてであるが，留保所有権者が有する留保所有権は，原則として，残債務弁済期が到来するまでは，動産の交換価値を把握するにとどまるが，残債務弁済期の経過後は，動産を占有し，処分することができる権能を有すると判示している。

(b) 最判平22・6・4（民集64巻4号1107頁・判タ1332号60頁・判時2092号93頁）（判例②）

この事案は，クレジット会社が自動車の購入代金を立替払した後に，自動車の買主について民事再生手続開始決定がされたことから，買主に対し，所有権に基づき，別除権（民再53条，破2条9項・65条。担保権）の行使として自動車の引渡しを請求したものである。

クレジット会社は，自動車の買主及び売主との間で，売主に留保されている自動車の所有権につき，これが上記立替払により自己に移転し，買主が立替金及び手数料の支払債務を完済するまで留保される旨合意していた。

最高裁は，買主について民事再生手続が開始された時点で，自動車に立替払した者を所有者とする登録（民再45条，破49条参照）がされていない限り，立替払した者が上記合意に基づき留保した所有権を別除権として行使することは許されないと判示している。

(2) 現　状

判例①は留保所有権者が有する権能の内容について判示し，判例②は民事再生手続において留保所有権が別除権として取り扱われることを前提にしている。ただ，以上の最高裁判決の判示をめぐって様々な議論がされているほか，残された問題も少なくない。

〔3〕　Xによる対処

(1)　Yが自動車をZに譲渡しようとしている場合の対処

Xとしては，Yに対して所有権又は契約（の条項）に基づき自動車の引渡し（返還）を請求することが考えられる。しかし，Yを相手に引渡請求訴訟

を提起しても，判決前にYがZに自動車を譲渡して引き渡してしまったら，認容判決を得ることができないか，少なくとも強制執行により引渡しを受けることはできなくなる。

そこで，Xとしては，訴訟提起の前に保全の措置を講じておくことが考えられる。具体的方法としては，まず占有移転禁止の仮処分があり，執行官保管型又は債権者使用型を選択すれば，確実にZへの引渡しを防止することが可能となる。この方法によると，Xは本案判決の確定又は言渡しまで，自動車を換価処分（売却）することはできない(注4)。

しかし，所有権留保の合意がされる目的は，代金等が支払われなくなった場合に，売主等が自動車を引き上げて（その引渡しを受けて），これを自ら（裁判所の担保権実行手続によらずに）換価処分し，その売却代金から買主に対する代金等を回収するところにある。そして，自動車は利用しなくても時間の経過とともに価値が下がってしまう（しかも，長期間利用されない場合には，エンジン等の故障のリスクも高まってしまう。）から，売主等としては，できるだけ早く，高い値段で自動車を換価処分し，多くの債権を回収することを望むものと解される。

それを実現する方法としては，引渡断行の仮処分が考えられ(注5)，これは暫定的とはいえ，被保全権利である引渡請求権を実現するものであるから（いわゆる満足的仮処分），仮の地位を定める仮処分（法23条2項）にあたる。

(2) Zが自動車を利用している場合の対処

Xとしては，Zに対し，所有権に基づき，占有移転禁止の仮処分か引渡断行の仮処分を申し立てることになる。

(注4) 債権者使用型の仮処分命令が発せられた場合でも，執行官の補助機関として目的物の使用を許されているにすぎないから，債権者が自ら換価処分することはできない。
　　なお，緊急換価（法52条1項・49条3項）という制度があるものの，要件が厳格であり，売得金は供託されるし，裁判所の動産執行の手続によるため，売主等が自ら売却するよりも安い金額でしか換価されない可能性がある。
(注5) 瀬木・民事保全595頁・598頁，野田恵司「所有権が留保された自動車の使用者に対する引渡断行の仮処分」萩尾保繁＝佐々木茂美編『民事保全法の実務の現状100』〔判夕臨増1078号〕189頁。

〔4〕 申立ての趣旨

「債務者は，債権者に対し，別紙目録記載の自動車を仮に引き渡せ。」とするのが一般的である(注6)。

重要なのは対象となる自動車を十分に特定しておくことであり，登録番号，車名，型式，車台番号等の登録事項による特定がされるのが通例であり，自動車の移動可能性を考えれば保管(所在)場所による特定は相当でない。

〔5〕 被保全権利

(1) 総　論

仮処分命令の発令要件として，被保全権利の存在が必要とされている(法23条1項・2項)。そして，被保全権利は所有権に基づく引渡請求権とすることが多いと思われるが，買主であるYに対しては，契約内容によっては契約(の条項)に基づく引渡請求権と構成することが可能であるし，売買契約を解除した場合には，解除に基づく原状回復請求権としての引渡請求権(民545条1項本文)とすることも考えられる(注7)。

(2) 所有権に基づく引渡請求権

(a) 所有権の疎明

(ア) 取得原因

Xに所有権があることが疎明される必要があり(注8)，所有権留保の合意が

(注6) 自動車検査証(車検証)は自動車の従物として当然に引渡しの対象になると解されている。これに対し，自動車の鍵や自動車損害賠償責任保険証明書の引渡しも求めたいのであれば，それを明示しておく必要がある。

(注7) 東京地判平2・3・28判時1347号71頁参照。

なお，本設例のような場合に，売主が留保所有権を実行するに際して売買契約を解除する必要があるか争いがあり，必要説もある(内田貴『民法Ⅲ〔第3版〕』(東京大学出版会，2005) 554頁)が，不要説も有力である(道垣内弘人『担保物権法〔第3版〕』(有斐閣，2008) 365頁)。なお，割賦販売法5条も参照。

された場合には，その合意内容によって，誰が，どのような場合に所有権を取得するのかが定まる。

また，上記〔2〕(1)(b)の判例②では，クレジット会社が所有権を取得するのは，クレジット会社と買主（及び売主）との合意によるものとされているから，クレジット会社がどのような場合に所有権を取得するのかも合意によって定まる(注9)。

したがって，合意内容を疎明する必要があり，さらに代金が完済されていないこと(注10)も疎明が必要である（後記(c)参照）。

(イ) 留保所有権の権能

所有権に基づく引渡請求権は，他人の占有によって所有権が侵害されている場合に認められるものであり，通常の所有権（民206条）であれば，所有者は，占有者に対し，占有権原がある場合を除き，引渡請求をすることができる。

もっとも，上記〔2〕(1)(a)の判例①の留保所有権の権能に関する判示を踏まえると，弁済期到来前には，留保所有権者は（原則として）動産を占有・処分する権能を有さず，その引渡請求権も発生していない（少なくとも停止条件付きの権利にすぎない）ことになるように思われる。

このように考えると，Xは，弁済期の経過を基礎づける事実（期限の利益喪失条項の存在・内容，喪失事由にあたる事実）を疎明する必要がある（仮に停止条件付きの権利として被保全権利はあると考えたとしても，弁済期到来前には保全の必要性が認められないと解される。）。なお，Zを相手にする場合には，第三者への譲渡等が期限の利益喪失事由となっていれば，それによって弁済期の経過が基礎づけられる。

(注8) 権利自白が成立しないことを前提に疎明する必要がある。
　　　なお，YとZのどちらを相手にする場合も対抗問題は生じないから，Xを所有者とする登録があることは必要でない。
(注9) クレジット会社が関与する場合でも，売主に代金を完済しないようにしておくなどしたうえで，売主が所有権を有し続けるとされている例もあり，注意が必要である（福田修久「破産手続・民事再生手続における否認権等の法律問題」曹時64巻6号6頁参照）。
(注10) （注2）参照。

(b) 買主の占有権原

Xが自動車の所有権を有していても，Yに占有権原があると，Yに対してその引渡しを請求することはできない。

所有権留保の合意がされた場合，買主が自動車を占有・利用することが当然の前提とされており，上記〔2〕(1)(a)の判例①では，弁済期到来前には，クレジット会社は（原則として）動産を占有する権能を有しないとされている[注11]。そして，買主は，少なくとも黙示的な合意に基づき，動産の占有権原を有していると解される。

また，本設例のような二者間の所有権留保の場合も，買主が自動車を占有・利用するのが通例であり，これも占有権原に基づくものと解される。

そして，以上の占有権原について，使用貸借に基づくものと解する見解[注12]もあるが，判例①の判示を踏まえると，所有権留保付きで売買契約を締結した買主としての権能に基づくものと解すべきである[注13]。

したがって，Xは，留保所有権に基づき，Yに対して自動車の引渡しを請求するためには，Yが占有権原を喪失したこと，換言すれば，弁済期の経過を基礎づける事実（期限の利益喪失条項の存在・内容，Yが代金等を支払わなかったこと等）（契約で引渡請求の要件が更に加重されている場合にはそれが占有権原の基礎となり得るから，その要件の具備を含む。）を疎明する必要がある。

(c) 抗弁となり得る事情

保全手続においては，債権者が予想される抗弁に対する反論・反証等をすることが必要とされている[注14]。

(注11) 柴田義明・最判解民平成21年度217頁。

(注12) この見解では，被保全権利を使用貸借契約終了に基づく引渡請求権とすることもできる。もっとも，使用貸借の終了時期は民法597条によって決まるところ，何を同条の「時期」又は「目的」と捉えるか（例えば買主が弁済期経過後も動産を占有している場合が多いところ，これをどうみるか）などが不明確である。

(注13) 高松高判昭32・11・15高民10巻11号601頁・判タ78号65頁。道垣内・前掲（注7）362頁，柚木＝高木編・前掲（注3）『新版注釈民法(9)』915頁〔安永正昭〕は，「物権的期待権」に基づくものとしており，これも同様の考え方であろう。そして，弁済期経過後に仮処分が申し立てられた場合には，留保所有権実行（の準備行為）に着手されたといえ，占有権原が終了したと解することができる（譲渡担保に関して内田・前掲（注7）524頁参照）。

(注14) 瀬木・民事保全206頁・247頁。債権者が本文(a)で代金の未完済等を，(b)で占有権原の消滅事由を疎明するというのも，同様の発想によるものである。

例えば，未登録自動車については即時取得が成立し得るから[注15]，未登録自動車が転売されている場合（Zを相手にする場合に限り問題となる。）には，その可能性を否定する疎明が必要である。

また，所有権留保に関する事案では引渡請求が権利の濫用であるとの主張がされることがあるから[注16]，これが問題となり得る事案では，これを否定する疎明も必要となる（基本的には本設例では問題とならない。）。

申立債権者からすると，抗弁となり得る事情への反論・反証等の必要性に疑問を感じるかもしれないが，それをした方が結果的に疎明の程度が高まり，裁判所も早期に心証を形成することができるし，担保の低廉化にも資すると思われる。

(d) 買主の倒産

(ｱ) Yについて破産・民事再生手続が開始された場合であっても，売主等がYに対し所有権に基づいて自動車の引渡しを請求することができるであろうか。これは売主等（債権者）に取戻権（破62条，民再52条）が認められるかという問題であるが，上記〔２〕(1)(b)の判例②は別除権が成立することを前提としているから，取戻権が成立する余地はなく，被保全権利があるとはいえない。したがって，登録名義が誰にあるかにかかわらず，Yを債務者とする仮処分命令を発することはできない[注17]。

これに対し，Zを相手にする場合には，買主について破産等の手続が開始されたことによってXが所有権を喪失するかが問題となるが，破産等の手続開始がYへの所有権の移転原因であるというのは疑問があり[注18]，議論の余地はあるが，登録名義がXにない場合も含め，Xは所有者であり続けると解

(注15)　最判昭45・12・4民集24巻13号1987頁・判タ257号123頁・判時617号55頁。
(注16)　最判昭50・2・28民集29巻2号193頁・判タ320号158頁・判時771号39頁等参照。
(注17)　札幌高決昭61・3・26判タ601号74頁・金判744号12頁・金判1149号42頁。
　　　なお，会社更生手続が開始された場合も同じである（最判昭41・4・28民集20巻4号900頁・判時453号31頁参照）。
(注18)　福田・前掲（注９）８頁以下は，登録名義を有しない売主等は別除権を破産管財人等に対抗できないことから，少なくとも破産手続上は所有者と認める余地はなく，手続開始により買主に所有権が移転するなどと解しているが（民事再生手続における結論は留保している。），買主に所有権が移転する法的根拠は明らかでなく，民事再生の場合を含めた統一的解釈の必要がある。

さざるを得ないのではなかろうか。このように考えると，Zを債務者とする仮処分命令を発することはできる。

　(イ)　また，上記〔2〕(1)(b)の判例②をめぐって，クレジット会社を所有者とする登録がされないまま，留保所有権が実行されて自動車が売却されたが，後に買主について破産等の手続が開始された場合，売却等が否認されるかが議論されている。

　買主からクレジット会社に対して偏頗的な代物弁済（民482条，破162条1項）がされたものとして否認を認める見解[注19]もあるが，代物弁済の合意が認定可能か等という問題がある[注20]ほか，引渡断行の仮処分によって自動車が引き渡された場合には代物弁済の合意を観念することはできないから，留保所有権の実行行為（売却・弁済充当等）についての否認可能性を検討すべきであろう[注21]。

(3)　契約に基づく引渡請求権

　契約上，誰が，どのような場合に引渡しを請求することができると定められているかを確認する必要がある。

(4)　疎明の程度・方法

　引渡断行の仮処分については，債権者が本案判決の前に満足的な結果を得る反面，暫定的とはいえ，債務者が強制執行を受けたのと同様の不利益を受けることを考慮し，高度の（確実な）疎明が要求される旨解されている[注22]。

(注19)　福田・前掲（注9）12頁。

(注20)　当事者の意思は留保所有権を実行したという点にあるのではないか，債務者に所有権があることが代物弁済の要件事実であるところこれが認められるか，売主等へ対抗要件が具備されていないのに債務が消滅したといえるか（最判昭39・11・26民集18巻9号1984頁・判タ170号132頁・判時397号32頁等参照）等の問題がある。

(注21)　クレジット会社は別除権を主張できないので，担保権の手続外行使が禁止されている会社更生法の議論を参照することが考えられ，兼子一監修『条解会社更生法中巻』（弘文堂，1973）31頁，神戸地判昭52・2・28判夕360号257頁・判時861号108頁は譲渡担保権の実行行為の否認を認めている。ただし，破産者等の行為でなくとも否認対象となり得るかという問題があり，執行行為の否認に関する規定（会更89条，破165条等）の類推適用も主張されている（霜島甲一「譲渡担保の実行行為と会社更生法上の否認権」判評228号37頁・判時871号151頁。なお，大阪地判平9・12・18判タ972号273頁・判時1651号137頁も参照。）。

そして，上記(2)(a)，(b)及び(3)記載の各事実について，自動車の売買契約書[注23]，クレジット会社との立替払契約書，自動車の登録事項証明書，買主による代金等の支払状況やその残高がわかる書類，陳述書等によって疎明することが考えられるほか（契約書等の客観的証拠によるのが基本である。），予想される抗弁（上記(2)(c)）についても必要に応じて反証等する必要がある。

〔6〕 保全の必要性

(1) 総　　論

仮の地位を定める仮処分については，その特性（上記〔5〕(4)参照）を踏まえ，通常の仮処分（法23条1項）と比べると保全の必要性の程度が加重されており，「争いがある権利関係について債権者に生ずる著しい損害又は急迫の危険を避けるため」に必要であることが要件である（同条2項）。

そして，その判断は，仮処分命令を発しない場合の債権者側の不利益（損害）と，これを発した場合の債務者側の不利益（損害）とを総合考慮したうえで判断されるべきとされている[注24]。双方の不利益をどのように考慮するかについては争いがあるが[注25]，民事保全法23条2項の法文に照らせば，債務者の不利益よりも債権者の不利益の方が著しいことを要すると解するのが素直である[注26]。

(2) 本設例の検討

(a) 債権者側の不利益（損害）

債務者による隠匿・処分のおそれがあることが保全の必要性を基礎づける

(注22) 須藤＝深見＝金子・民事保全121頁，野田・前掲（注5）189頁，小松秀大「動産引渡仮処分」菅野博之＝田代雅彦編『民事保全の実務』（商事法務，2012）181頁。
(注23) 印鑑登録証明書や陳述書によって，契約書の成立の真正を疎明する必要がある（民訴228条1項・4項）。
(注24) 最決平16・8・30民集58巻6号1763頁・判タ1166号131頁・判時1872号28頁参照。
(注25) 志田原信三・最判解民平成16年度536頁の注4参照。
(注26) 野田・前掲（注5）189頁，小松・前掲（注22）182頁。注釈民保（上）314頁〔近藤昌昭〕参照。

一事情となるが，それだけでは占有移転禁止の仮処分を申し立てれば足りる（引渡断行の仮処分まで認める必要がない）点に注意が必要である。

また，売主等が自動車を利用する必要がある場合も，債権者使用型の占有移転禁止の仮処分を申し立てれば足りるから，それだけで引渡断行の仮処分を認めるまでの必要があるとはいえない。

上記〔3〕(1)で述べたとおり，占有移転禁止の仮処分と引渡断行の仮処分との違いは，債権者が本案判決の前に自動車を換価処分することができるか否かという点にあるから，売主等が早期に換価処分する必要性が高いこと，換言すれば，本案判決を待っていたのでは自動車の価値が減損し，その自動車の換価処分によっては債権の全部又は一部の満足を受けられなくなってしまうおそれが高いことが重要な事情になると解される[注27]。したがって，引渡断行の仮処分を申し立てる場合には，申立書に換価処分を急ぐ事情を具体的かつ説得的に記載すべきであるし，これを疎明すべきである。

具体的には，自動車の価額を，代金等（売買契約が解除された場合には精算金・違約金）や遅延損害金等の残額（残債務額）が上回るという事情[注28]や，自動車の特性から時間の経過による減価が著しいという事情等が考えられる。

(b) 債務者側の不利益（損害）

まず，引渡断行の仮処分が執行されると，債務者が自動車を利用できなくなるから，債務者が営業や生活のために自動車を利用している場合には，それへの影響を踏まえて保全の必要性を検討する必要がある（後記(c)で述べるように，主にYを相手にする場合に問題となる。）。

とはいえ，債務者が他の自動車を利用でき，又は代替的な移動等の手段があるのであれば，不利益は乏しいことになる。仮に債務者に何らかの不利益があるとしても，売主等に早期の換価処分の必要性がある事案では，債務者

(注27) 野田・前掲（注5）189頁，小松・前掲（注22）184頁。前掲（注7）東京地判平2・3・28も参照。
ここで重要なのは，自動車の換価処分によって債権を回収できるかということであり，売主等が遅延損害金請求権を取得するからといって保全の必要性は否定されない。
(注28) 厳密には，本執行見込み時点で比較すべきである（野田・前掲（注5）190頁）。また，残債務の内容は，本文記載のとおり，被保全権利として何を設定するかによって変わってくるし，契約で何が所有権留保の被担保債権と合意されているかも確認する必要がある。

側の不利益が債権者側の不利益を上回るケースはそれほど多くないように思われる(注29)。

もっとも，債務者の営業活動への打撃が相当程度ある場合や，用途や仕様が特殊で他の一般的な車両で代替できないような場合には，引渡断行の仮処分の必要性を慎重に検討すべきである(注30)。

また，換価処分により自動車の原状回復が困難となり得ることによる不利益も想定されるが，その程度であれば事後的に損害賠償により対応することも可能であるから(注31)，それだけで保全の必要性が否定されるとは考えにくい（担保額の設定にあたって考慮される。）。

(c) まとめ

債権者側の不利益については早期の換価処分の必要性を中心に疎明することになるが，債務者側の不利益についてはどちらを相手にするかによって異なる考慮が必要となる。

すなわち，Yとの関係では，もともとXもYによる自動車の占有・利用を認めていたのであって，自動車を購入することによるYの営業又は生活上の利益が存在しているのが通例である。したがって，Yの不利益の有無・程度を慎重に見極めたうえで，保全の必要性を検討する必要がある。

他方で，Zとの関係では，第三者であるZへの引渡しが現実化しており，更なる隠匿・処分のおそれが否定できないし，ZはXから自動車の占有・利用を認められていたわけではないから，保全の必要性が否定されることは想定しにくいように思われる。

(3) 疎明の程度・方法

上述した引渡断行の仮処分の特性上，高度の保全の必要性について疎明がされなければならないとの見解(注32)もあるが，次に述べるように程度問題で

(注29) 野田・前掲（注5）190頁，小松・前掲（注22）184頁。
(注30) 野田・前掲（注5）190頁，小松・前掲（注22）184頁は，自動車を営業のために使用している場合には慎重な検討が必要とするが，保全の必要性が否定されるためには更に高度の不利益が必要であろう。
(注31) 小松・前掲（注22）184頁。
(注32) 瀬木・民事保全599頁，小松・前掲（注22）182頁。

あり，実質的にこの要件を厳格に解すると実務にそぐわないこととなろう。

まず，自動車の価額と残債権額とを比較するにあたっては，自動車の現在の価額がわかる書類（査定機関の査定証等）が提出されるのが一般的である。もっとも，これによるだけでなく，自動車の利用・保管状況が劣悪であることなど，自動車の減価要因を写真等で疎明することによって，自動車の価額が一般的な評価額よりも低いことを疎明し，早期の換価処分の必要性を基礎づけることも考えられる[注33]。

その他の事情については陳述書の作成が有効であるが，その内容を裏づける証拠があるのであれば，一緒に提出すべきである（それによって，陳述の信用性が基礎づけられ，疎明の程度が高まる。）。

〔7〕 債務者審尋等の要否

自動車についての引渡断行の仮処分命令については，その移動可能性等を考慮し，密行性を確保するため，民事保全法23条4項ただし書を適用し，債務者審尋等を経ずに発令されるのが通例である[注34]。

〔8〕 担 保 額

引渡断行の仮処分については，債務者の不利益を考慮して，担保が高額に設定されることが多い[注35]。

最終的には，自動車の価額をベースにしつつ，被保全権利・保全の必要性の疎明の程度や，発令により債務者の受ける不利益の有無・程度等を考慮して決せられることになる（担保を安くしてほしいのであれば，これらに関して有利な事情を追加疎明するのが効果的である。）。特にYを相手に引渡断行の仮処分を認

(注33) 野田・前掲（注5）189頁。
(注34) 須藤＝深見＝金子・民事保全142頁，小松・前掲（注22）186頁，前掲（注7）東京地判平2・3・28。
(注35) 門口＝須藤・民事保全363頁〔本田敦子〕（「所有権が留保された自動車の使用者に対する引渡断行の仮処分の可否」），野田・前掲（注5）190頁，小松・前掲（注22）186頁。

める場合で，その営業上の不利益等が大きいときは，担保額が高くなる。

〔9〕 そ の 他

(1) 保全執行

　引渡断行の仮処分については，仮処分命令が債務名義とみなされ（法52条2項），原則として執行文の付与は不要である（法43条1項本文）。そして，執行は，執行官[注36]が自動車を債務者から取り上げて債権者に引き渡す方法により行う（法52条1項，民執169条1項）。なお，執行には期間制限があるので（法43条2項。なお，同条3項も参照。），注意が必要である。

(2) 本案訴訟との関係

　引渡断行の仮処分にも暫定性が認められる以上，執行による引渡しがあっただけでは引渡しを請求する本案訴訟に影響はない（引渡請求は棄却されない）ことは明らかである。

　その執行後に自動車が換価処分された場合はどうであろうか。最判昭54・4・17（民集33巻3号366頁・判タ388号63頁・判時929号65頁）によると，執行後に事実状態の変動が生じた場合には原則として，それを本案訴訟で斟酌することになるが，自動車の断行の仮処分は，その執行後に自動車を換価処分することを目的としてされるのが通例で（上記〔3〕(1)），保全の必要性の判断もそれによる債務者の不利益を考慮してされるから（上記〔6〕(2)(b)），上記判例のいう「特別の事情」があるのが通例と解される[注37]。したがって，引渡請求に何ら影響はないことになる。

■参考文献
　脚注に掲載の文献・論文。

(注36)　門口＝須藤・民事保全364頁〔本田敦子〕参照。
(注37)　野田・前掲（注5）190頁。

XI

保全債務者の救済

50 仮差押解放金，仮処分解放金，保全異議，保全抗告等

藤原　俊二

　次のような場合，債務者（ただし，(4)については債権者）は，どのような方法で対処できるか。
(1) Aは，Bから500万円を借りて商売をしていたが，思っていたほど売上げが伸びないため，返済期限を過ぎても支払えずにいたところ，BはC銀行にあるAの預金債権を仮差押えしてきた。Aは，C銀行から，Bと話がつかなければ，AのC銀行に対する債務について銀行取引約款により期限の利益を喪失させるとの通知を受けたので，Bによる前記預金口座の仮差押えを解除させたい。
(2) Dは，Eから1500万円を借り受けた際，所有していたワンルーム・マンション（2200万円相当。以下「本件建物」という。）を譲渡担保とする契約を締結していたが，急に本件建物を2300万円で売却する話が出てきたので，登記移転を渋っていたところ，Eが本件建物につき処分禁止の仮処分をかけてきた。Dは，本件建物を処分して代金からEに1500万円を返済するつもりでいた場合。
(3) Fは，私道の利用をめぐってGと対立し，F所有地の一部に何本か杭を打ち込んで，Gの自動車が通行できないようにしたところ，Gの申立てにより通行妨害禁止の仮処分命令を受けてしまった。そこで，Fは，直ちに杭を引き抜いたが，Gは近所にFの違法行為は裁判所でも認定されたと言い回っているので，仮処分命令を何とかしたい場合。
(4) (3)の事例で，Fが保全異議を申し立てたため，仮処分命令が取り消されたところ，Fはすぐまた私道に杭を打ち込んで，Gの通行を妨害し始めた。Gは，どうしたらよいか。

〔1〕 問題の所在

本設例は，小問(1)から小問(3)が債権者の申立てにより仮差押え又は仮処分の保全命令を受けた場合の債務者の対処方法を問うものであり，小問(4)は債務者の保全異議の申立てにより保全命令が取り消された場合の債権者の対処方法を問うものである。これらの場合の対処方法として考えられる代表的なものとしては，表題にもあるとおり，仮差押解放金，仮処分解放金，保全異議及び保全抗告であるので，まず，これらの点について，総論的な説明をしたうえで，各小問の具体的な対処方法について，実務的な観点も加味して検討することとする。

〔2〕 仮差押解放金

(1) 仮差押解放金の概括

仮差押解放金は，仮差押えの執行の停止又は既にした執行の取消しを得るために債務者が供託すべき金銭であって，裁判所が仮差押命令において必要的にその額を定めるものである（法22条1項）。仮差押解放金は，一定額の金銭を仮差押えの目的物に代わるものとして取り扱うことによって，債権者と債務者間の利害の均衡を図る制度である。すなわち，一方で，当初の仮差押えの目的物を執行から解放して債務者にその自由な処分を認め，他方で，仮差押解放金に仮差押えの効力を及ぼすことによって，金銭債権の執行の保全という債権者の目的を損なわないようにするものである。

(2) 手続

債務者は，仮差押解放金として定められた金額を供託したことを証明して，仮差押えの執行の取消しの決定を得ることができ（法51条1項），この決定を保全執行機関に提出して，仮差押えの執行の停止又は既にした執行の取消しを得ることができる（法46条，民執39条1項6号・40条1項）(注1)。

(3) 仮差押解放金の算定基準

仮差押解放金の算定基準については，請求債権額を基準とすべきとの見解，目的物価額を基準とすべきとする見解，目的物価額が請求債権額を下回る場合は目的物価額を基準とし，目的物価額が請求債権額を上回る場合は請求債権額を基準とすべきとの見解（折衷説）があるが，実務上は，折衷説が採用されているといわれている[注2]。

〔3〕 仮処分解放金

(1) 仮処分解放金の概括

仮処分解放金は，保全すべき権利が金銭の支払を受けることをもってその行使の目的を達することができるものであるときに限り，仮処分の執行の停止又は既にした執行の取消しを得るために債務者が供託すべき金銭であって，裁判所が，債権者の意見を聴いて，その額を定めるものである（法25条1項）。

ここにいう保全すべき権利が金銭の支払を受けることをもってその行使の目的を達することができるものであるときとは，被保全権利の基礎に金銭債権があり，その基礎である金銭の支払を受けることによって被保全権利自体を行使したのと同様の経済的効果を収めることができる場合をいう。これにあたる場合として，係争物に関する仮処分のうち，代替的な物の引渡請求権を被保全権利とする仮処分があげられる。これに対し，仮の地位を定める仮

(注1) 注解民保（下）97頁。執行停止決定についての規定がないことについては，仮差押執行開始前に執行停止決定を得ても，停止を求める時点で執行が着手されていたとすると，別に取消決定を得なければ不便であることから，執行停止決定ではなく，すべて取消決定をもって対処するという政策を法が定めたものと解されている。

(注2) 東京地裁・詳論217頁。実務上，仮差押えが金銭債権の執行の保全を目的とする制度であるところから，被保全債権の額を第一次的な基準としながら，執行の目的物の価額がこれより小さいことが明白な場合（債権仮差押えの場合にままみられる）には，仮差押えの目的物に代わるものであるという仮差押解放金の性格を考慮して，執行の目的物の価額を基準としているとする。東京地裁・実務（上）235頁〔坂庭正将〕。平成17年以降の東京地裁保全部における具体的な取扱いが紹介されているので参考にされたい。

処分は，そもそも金銭的補償によっては債権者の満足が得られず，かつ，債務者に生じる損害を考慮してもなお，発令の必要性があると判断された場合にのみ発令されるはずのものであり，それを金銭的補償可能性を理由として仮処分解放金を定めることは自己矛盾であるから，仮の地位を定める仮処分について仮処分解放金を定めることはできないと解される[注3]。

(2) 手　　続

仮差押解放金の場合と基本的には同様である（法57条1項）。

(3) 仮処分解放金の算定基準

仮処分解放金の算定基準については，仮処分解放金の性質が仮処分の目的物に代わるものであることから，原則的には，被保全権利が行使されたのと同価値の満足を債権者に与えることのできる額ということになり，被保全権利の性質，内容，目的物の価額，その他の事情等を考慮することになる。例えば，目的物の引渡請求権を被保全権利とするときに，目的物の価額が被保全権利の背景にある債権額を大幅に上回っている場合などには，債権額を基準にすることも考えられる[注4]。

〔4〕　保全異議

(1) 保全異議の概括

保全異議は，保全取消しと並んで，債務者から保全命令を発した裁判所に対してなされる同一審級の不服申立てである。両手続は，同一審級の不服申立手続である点では共通しているが，保全異議は保全命令発令のための手続

(注3)　東京地裁・実務（上）405頁〔倉澤守春＝鬼澤友直〕。
(注4)　東京地裁・実務（上）406頁〔倉澤守春＝鬼澤友直〕，東京地裁・詳論239頁。被保全権利が物の引渡請求権の場合はその額は観念できないから，目的物の価額が基準となるが，被保全権利が担保的な権利であって，被担保債権の額が目的物の価額より小さい場合には，被担保債権の額が仮処分解放金の額ということになるとしている。

の一部（その続行）とみることができるのに対し，保全取消しは保全命令の存在を前提としてその取消し・変更を求めるものである点で異なる。

　保全命令に対する債務者の不服申立手続が同一審級でなされることについては，保全命令の申立てを却下した決定に対する債権者の不服申立が，審級を異にする裁判所に対する即時抗告（法19条1項）という形式でされることとのバランスが問題となるが，旧民事訴訟法744条1項が保全異議の申立てを認めていたことを前提として[注5]，保全命令の申立手続では，通常は債務者に主張・立証を行う機会が保障されていないことなども考慮して，同一審級における広い意味での再審理の機会を与えたものと解されよう[注6]。

(2) 手　　　続

　保全異議の手続は，旧法時代においては，必要的口頭弁論とされていたが，現行法においては，オール決定主義がとられており，このことによって申立段階とそのまま連続する手続となっている。実務においては，ほとんど例外なく，全期日双方審尋が行われている[注7]。ただし，いわゆる純粋な証拠調べとしての審尋が行われる場合は少ない。

　保全異議の申立理由は，保全命令がその管轄等の形式的要件を欠くことのほかは，実体的要件である被保全権利もしくは保全の必要性を欠くことである。また，担保の有無及びその額，仮差押解放金の額，仮処分解放金の額についても異議事由となり得る。

(3) 保全異議における取消事由主張の可否

　保全異議の手続において保全取消しの事由を主張することができるかにつ

(注5)　旧法では，決定で行われた保全命令については異議の申立てが，判決で行われた保全命令については控訴の申立てができるとされていたものを，すべて異議の申立てに統一したものである（山崎潮『新民事保全法の解説〔増補改訂版〕』（金融財政事情研究会，1991）194頁）。

(注6)　こうした観点からみるならば，保全命令の申立手続において双方審尋が行われた場合については，債務者からする不服申立ても抗告で足りるとする考え方もあるとの指摘（瀬木・民事保全339頁）もあるが，立法のあり方としてはそうした区別を立てることは困難であり，無用の議論であるため，採用されていない。

(注7)　須藤＝深見＝金子・民事保全60頁・155頁，東京地裁・実務（下）124頁〔藤原俊二〕。

いては，前記のとおり，保全異議は保全命令の発令のための手続の一部とみることができるのに対し，保全取消しは保全命令の存在を前提としてその取消し・変更を求めるものであることを考えると，理論的には消極的に解すべきようにも思われる。

しかし，保全異議が同一審級の続審であり，そこにおける保全命令の実体的要件の有無の判断基準が審理の終結（法31条）の時であることを考えると，保全命令発令後の事情の変更による保全取消しの取消事由（法38条1項）の主張を保全異議において排除することは困難である。また，特別の事情による保全取消しの取消事由（法39条1項）についても，実際上は保全の必要性に対する抗弁事由的な意味合いがあることを考えると，同様に保全異議においてこれを排除することは難しい。なお，本案の訴えの不提起等による保全取消しの取消事由（法37条1項）については，保全命令の附随性にその根拠を有する純粋に手続的な申立てであるから，保全異議において主張することはできないと解するのが相当であろう[注8]。

〔5〕 保全抗告

(1) 保全抗告の概括

保全抗告は，保全異議又は保全取消しの申立てについての裁判に対する不服申立ての方法である（法41条1項本文）。性格的には，抗告であるが，通常の抗告（民訴328条以下）と異なる部分があるので，保全抗告として，これに関する規定が整備されている。

(2) 手　続

保全抗告は，性格としては，保全異議又は取消審の続審であり，基本的に保全異議に関する規定が準用されている（法41条4項，規則30条）。申立てをな

(注8) 異議事由と取消事由の関係について，東京地裁・実務（下）89頁〔甲良充一郎〕，東京地裁・詳論391頁。

し得る期間は，保全異議又は保全取消しの申立ての裁判の送達を受けた日から2週間の不変期間内である。

(3) 保全命令を取り消す決定の効力の停止の裁判

決定主義をとることの結果，保全命令の取消決定の告知によって直ちに効力を生じ，その結果既にされた執行処分が取り消され，あるいは債務者が保全命令で禁じられていた行為を行うことにより，債権者が保全抗告の申立てをしてもその目的を達し得ない状態になってしまうこと[注9]に対処するための規定である（法42条1項）。

裁判の内容は，担保を立てさせ，又は担保を立てることを条件として，保全命令を取り消す決定の効力の停止を命じるものである。これにより，具体的な保全執行が行われている保全命令についてはその取消し（解放）が阻止され，不作為を命じる仮処分等で具体的な保全執行が行われないものについては，端的に取消決定の効力が停止される。

〔6〕 設例の検討

(1) 設例・小問(1)について

本小問(1)のケースにおいては，仮差押解放金が必要的に定められているはずであるから，Aとしては，その金額を供託して仮差押えを解除することが可能である。

また，実際に差し押さえられた預金額が仮差押解放金の額を下回るような場合，仮差押解放金の額について保全異議を申し立てて，解放金の額の減額変更の決定を受けたうえでその金額を供託することも考えられよう[注10]。

(注9) 須藤＝深見＝金子・民事保全230頁。
(注10) 杉浦正典「東京地裁保全部における仮差押命令申立事件の運用の変更点（上）」金法1752号21頁。発令時の仮差押目的物の評価額と同額の仮差押解放金額を定めたのであるから，実際の仮差押目的物の価額が発令時の評価額を下回ることが判明した場合は当然これに応じて仮差押解放金の減額がなされるべきであり，この場合，保全異議の申立てについての決定において仮差押解放金を減額するのは，保全命令の一部取消しにあたると考えら

(2) 設例・小問(2)について

　本小問(2)のケースにおいて，仮処分解放金が定められていれば，Dとしては，その金額を供託して仮処分を解除することが可能である。

　仮処分解放金が定められていない場合や，定められていてもその金額を供託することが資金的に困難な場合，Dとしては，保全異議を申し立てて，その手続内で購入希望者から受領予定の売却代金による返済を見込んだ和解を試みるという方法も考えられよう。この場合，純粋な法的観点からの保全異議事由があるかどうかについては疑問の余地もあるが，売却代金からの返済が見込まれることは事実上の保全の必要性にも関わってくることであり，仮差押え及び係争物に関する保全処分については，密行性の要請から，債務者を審尋することなく発令の当否が判断されるのが通常であるため，保全異議に移行した後でない限り，和解による解決が図られることがほとんどないことを考慮すると(注11)，和解目的でのこのような便法的な保全異議の申立てをすることも許容の余地があり得よう。

(3) 設例・小問(3)について

　本小問(3)のケースにおいて，Fは，保全命令を受けた後，直ちに杭を引き抜いていることから，保全の必要性がなくなったことを理由に事情変更による保全取消しの申立てをすることが考えられよう。また，前記のとおり，事情変更による保全取消しにおける取消事由は，保全異議においても主張することができると解されているので，保全異議の申立てをすることも可能である。なお，実務上，保全取消しもしくは保全異議の審理においては，保全の必要性に関する疎明の関係で，Fにおいて少なくとも本案が確定するまでは類似行為を行わない旨を誓約する上申書等を裁判所に提出することが求められることもあり得よう。

　　れるとしている。
(注11)　東京地裁・実務（上）169頁〔深見敏正〕。

(4) 設例・小問(4)について

　本小問(4)のケースにおいて，保全異議が認められて仮処分命令が取り消されたところ，Fがすぐまた私道に杭を打ち込んで，Gの通行を妨害し始めたということなので，Gとしては，保全抗告を申し立てることになろう。なお，保全抗告も迅速性が要請される手続であるが，審級を異にする裁判所で判断されるため現実にはある程度決定までに時間がかかる場合があることから，Gとしては，保全抗告の決定が出るのを待つ余裕がないような場合，保全命令を取り消す決定の効力の停止の裁判を得ることも考えられよう。

　また，既に抗告期間を経過している場合には，新たな通行妨害を理由とする通行妨害禁止仮処分命令の申立てを再びすることになろう。この場合，Fにおいて少なくとも本案が確定するまでは類似行為を行わない旨を誓約しながら類似行為に及んだものとして，債務者審尋を経ることなく迅速に保全命令が発令される可能性もあり得よう[注12]。

　さらに，実務的には，抗告期間内であっても，審級を異にする裁判所で審理される保全抗告の手続によるより，前件の仮処分命令を発令した裁判所において，再度の仮処分命令の発令を債務者審尋を経ることなく迅速にしてもらう方が早い解決に繋がる場合もあると思われる。

■参考文献
脚注に掲載の文献。

(注12)　須藤＝深見＝金子・民事保全153頁。なお，債務者が以前に関連しかつ類似した（実質的にはほぼ同一の）内容の申立てについて債務者審尋の機会を与えられている場合でも，時間的経過によって事情変更が生じていることもあり得るから，審尋を不要とすることには慎重な検討が必要であろう。

判例索引

大審院

大判明32・5・2民録5輯5巻4頁 …………………………………………………… 556
大判明43・2・17民録16輯104頁 …………………………………………………… 319
大連判明44・3・24民録17輯117頁 ………………………………………………… 280
大判大4・10・22民録21輯1746頁 …………………………………………………… 308
大判大8・5・17民録25輯780頁 ……………………………………………………… 308
大判大11・10・10民集1巻575頁 ……………………………………………………… 254
大連判大13・10・7民集3巻476頁 …………………………………………………… 255
大判昭2・3・9民集6巻91頁 ………………………………………………………… 60
大判昭7・7・7民集11巻1498頁 ……………………………………………………… 215
大判昭7・8・9民集11巻1707頁 ……………………………………………………… 267
大判昭7・9・15民集11巻1841頁 ……………………………………………………… 279
大判昭7・10・29民集11巻1947頁 …………………………………………………… 556
大決昭7・11・11民集11巻2098頁 …………………………………………………… 110
大決昭7・11・18民集11巻2197頁 …………………………………………………… 110
大判昭9・11・30民集13巻23号2191頁 ……………………………………………… 279
大決昭11・7・23民集15巻1525頁 …………………………………………………… 110
大判昭11・8・4民集15巻1616頁 …………………………………………………… 264
大判昭11・8・7民集15巻1640頁 …………………………………………………… 264
大判昭13・8・17民集17巻1604頁 …………………………………………………… 267
大判昭17・12・10民集21巻1159頁 …………………………………………………… 89

最高裁判所

最判昭26・4・3民集5巻5号207頁 ……………………………………………… 74, 317
最判昭27・5・6民集6巻5号496頁 ………………………………………………… 308
最判昭28・4・16民集7巻4号321頁 …………………………………… 256, 259, 260, 309
最判昭29・4・8民集8巻4号819頁 ………………………………………………… 187
最判昭30・5・31民集9巻6号793頁・家月7巻6号42頁 ……………………… 609, 620
最判昭30・6・24民集9巻7号919頁 …………………………………………… 255, 256
最判昭30・10・4民集9巻11号1521頁 ……………………………………………… 255
最判昭30・10・11民集9巻11号1626頁・集民20号93頁・判タ53号37頁 ………… 284
最判昭30・12・26民集9巻14号2097頁・判タ54号27頁・判時69号8頁 ………… 459
最判昭31・2・21民集10巻2号124頁・判タ57号38頁 …………………………… 134
最判昭31・7・20民集10巻8号1059頁 ……………………………………………… 438
最判昭31・9・18民集10巻9号1160頁・家月8巻9号29頁・判タ65号78頁 …… 627
最判昭31・10・4民集10巻10号1229頁・判タ66号49頁・判時89号14頁 ……… 627
最大判昭33・5・28民集12巻8号1224頁・家月10巻5号25頁・判時151号20頁 … 581
最判昭34・2・19民集13巻2号174頁・判時180号36頁 …………………………… 133
最判昭35・2・4民集14巻1号56頁・判時217号21頁 ……………………………… 647
最判昭35・3・15民集14巻3号430頁・家月12巻5号111頁・判時218号18頁 …… 581
最判昭35・3・31民集14巻4号562頁・判時221号26頁 …………………………… 312

最判昭35・4・7民集14巻5号751頁・判時219号22頁	240
最判昭35・4・14民集14巻5号863頁・判時220号20頁	570
最判昭35・10・28集民45号523頁	309
最判昭35・11・24集民14巻13号2853頁・判時243号18頁	265
最判昭37・12・18民集16巻12号2422頁・金法355号13頁	120
最判昭38・2・22民集17巻1号235頁・判時334号37頁・金法342号10頁	611
最判昭38・9・17民集17巻8号968頁・判時352号60頁	581
最判昭38・12・3民集17巻12号1577頁・判時362号57頁	270
最判昭39・1・16民集18巻1号1頁・判時394号26頁	364
最判昭39・1・28民集18巻1号136頁・判時363号10頁	362
最判昭39・11・26民集18巻9号1984頁・判タ170号132頁・判時397号32頁	670
最判昭40・3・4民集19巻2号197頁・判タ175号104頁・判時406号50頁	309
最判昭40・11・30民集19巻8号2049頁・判タ185号92頁・判時433号28頁	568
最大決昭41・3・2民集20巻3号360頁・判タ189号115頁・判時439号12頁	612
最判昭41・4・28民集20巻4号900頁・判時453号31頁	669
最判昭41・5・19民集20巻5号947頁・判タ193号91頁・判時450号20頁	621
最判昭41・6・23民集20巻5号1118頁・判タ194号83頁・判時453号29頁	439
最判昭41・7・15民集20巻6号1197頁・判タ195号79頁・判時456号32頁	133
最判昭42・5・30民集21巻4号961頁・判タ208号108頁・判時487号36頁	570
最判昭42・10・31判タ213号234頁・判時499号39頁	512
最判昭43・12・17判時544号38頁	512
最判昭43・12・24民集22巻13号3050頁・判タ230号191頁・判時542号31頁	356
最判昭44・4・22民集23巻4号815頁・判タ235号109頁・判時558号48頁	265
最判昭44・6・24民集23巻7号1079頁・判タ237号154頁・判時562号39頁	217
最判昭44・10・7集民97号9頁・判時575号35頁	556, 559, 560
最大判昭45・11・11民集24巻12号1854頁・判タ255号129頁・判時611号19頁	119
最判昭45・12・4民集24巻13号1987頁・判タ257号123頁・判時617号55頁	669
最判昭46・1・21民集25巻1号25頁・判時621号36頁	244
最判昭46・7・23民集25巻5号805頁・判タ266号174頁・判時640号3頁	130, 132, 134
最判昭47・2・15民集26巻1号30頁・家月24巻8号37頁・判時656号21頁	610, 627
最判昭47・6・2民集26巻5号957頁・判タ282号164頁・判時673号3頁	121, 122
最判昭47・6・27民集26巻5号1067頁・判タ278号110頁・判時669号26頁	328, 379, 470
最判昭49・7・18民集28巻5号743頁・判タ312号207頁・判時754号48頁	662
最判昭50・2・25民集29巻2号143頁・判時767号11頁	354
最判昭50・2・28民集29巻2号193頁・判タ320号158頁・判時771号39頁	669
最判昭50・7・10民集29巻6号888頁・判タ326号82頁・判時781号21頁	549
最判昭50・7・25民集29巻6号1147頁・判タ327号185頁・判時790号55頁	174
最判昭50・11・7民集29巻10号1525頁・判タ329号115頁・判時799号18頁	609, 611
最判昭51・2・6集民117号47頁・判時807号24頁	309
最判昭52・6・20民集31巻4号449頁・判タ349号192頁・判時856号3頁	549
最判昭53・11・14民集32巻8号1529頁・判タ375号77頁・判時913号85頁	135
最判昭53・12・15集民125号839頁・判タ916号25頁・金判566号11頁	232
最判昭54・1・25民集33巻1号12頁・判タ380号81頁・判時918号69頁	279, 284
最判昭54・4・17民集33巻3号366頁・判タ388号63頁・判時929号65頁	675
最判昭55・1・24民集34巻1号110頁・判タ409号72頁・判時956号48頁	281

最大判昭56・12・16民集35巻10号1369頁・判タ455号171頁・判時1025号39頁……………… 512
最判昭58・12・19民集37巻10号1532頁・判タ515号93頁・判時1102号42頁……………… 282
最判昭60・5・17集民145号13頁・判タ569号48頁・判時1168号58頁……………… 124
最判昭61・3・13集民40巻2号389頁・判タ602号51頁・判時1194号76頁……………… 610, 611
最大判昭61・6・11民集40巻4号872頁・判タ605号42頁・判時1194号3頁………… 339, 392, 440, 438, 573
最判昭61・7・14判タ606号99頁……………… 469
最判昭62・7・17集民151号583頁・判タ644号97頁・判時1243号28頁……………… 489
最判昭62・9・18労判504号6頁……………… 652
最判昭62・10・8民集41巻7号1471頁・判タ654号128頁・判時1258号64頁……………… 630
最判平元・3・28民集43巻3号167頁・判タ698号202頁・判時1313号129頁……………… 610
最判平3・3・22民集45巻3号268頁・判タ754号70頁・判時1379号62頁……………… 289
最判平3・4・11集民162号295頁・判タ759号95頁・判時1391号3頁……………… 355
最判平3・4・19民集45巻4号477頁・判タ756号107頁・判時1384号24頁……………… 608, 622
最判平5・10・19民集47巻8号5099頁・判タ832号83頁・判時1477号21頁……………… 581
最判平6・1・20家月47巻1号122頁・判タ854号98頁・判時1503号75頁……………… 130
最判平6・2・8民集48巻2号148頁・判タ933号90頁・判時1594号56頁……………… 390
最判平6・3・24集民172号99頁・判タ862号260頁・判時1501号96頁……………… 499, 512, 517
最判平6・11・8民集48巻7号1337頁・判タ865号297頁・判時1514号73頁……………… 582
最判平7・1・20判タ873号89頁・判時1520号87頁・金判965号14頁……………… 174, 175
最判平7・1・24集民174号67頁・判タ874号130頁・判時1523号81頁……………… 623, 624
最判平7・7・7集民49巻7号2599頁・判タ892号152頁・判時1544号39頁……… 380, 471, 511–513
最判平8・5・28民集50巻6号1301頁・判タ914号104頁・判時1572号51頁……………… 89
最判平8・10・17民集50巻9号2454頁・判タ934号227頁・判時1596号59頁……………… 273
最判平8・11・12集民50巻10号2673頁・判タ925号171頁・判時1585号21頁……………… 178, 180
最判平9・4・10集民51巻4号1972頁・判タ956号158頁・判時1620号78頁……………… 135, 140
最判平9・9・9民集51巻8号3804頁・判タ955号115頁・判時1618号52頁……………… 439
最判平9・11・11民集51巻10号4055頁・判タ960号102頁・判時1626号74頁……………… 37, 39
最判平9・12・18集民51巻10号4241頁・判タ959号153頁・判時1625号41頁……………… 364, 460
最判平10・2・13集民52巻1号65頁・判タ969号119頁・判時1633号74頁……………… 459
最判平10・2・27集民52巻1号299頁・判タ970号106頁・判時1635号60頁……………… 623
最判平10・4・14集民52巻3号813頁・判タ973号145頁・判時1639号122頁……………… 125
最判平11・5・25家月51巻10号118頁……………… 582
最判平11・6・11集民193号369頁・判タ1009号95頁・判時1685号36頁……………… 629
最大判平11・11・24民集53巻8号1899頁・判タ1019号78頁・判時1695号40頁……………… 290
最判平11・12・16民集53巻9号1989頁・判タ1024号155頁・判時1702号61頁……………… 624
最判平12・1・27集民196号201頁・判タ1025号118頁・判時1703号131頁……………… 364, 460
最判平12・3・9民集54巻3号1013頁・判タ1028号168頁・判時1708号101頁……………… 282
最決平12・5・1集民54巻5号1607頁・判タ1035号103頁・判時1715号17頁……………… 580
最決平13・12・13集民55巻7号1546頁・判タ1083号134頁・判時1773号26頁……………… 111
最判平14・6・10集民206号445頁・判タ1102号158頁・判時1791号59頁……………… 624
最判平14・9・24集民207号243頁・判タ1106号72頁・判時1802号60頁……………… 393
最決平15・1・31集民57巻1号74頁・判タ1114号153頁・判時1812号84頁……… 56, 87, 93, 227
最決平15・3・14集民209号247頁・判タ1127号118頁・判時1829号76頁……………… 110
最判平15・3・14民集57巻3号229頁・判タ1126号97頁・判時1825号63頁……………… 390
最判平16・2・13民集58巻2号311頁・判タ1156号101頁・判時1863号25頁……………… 399

最判平16・4・8民集58巻4号825頁・判タ1151号297頁・判時1860号62頁……………… 442
最判平16・7・15集58巻5号1615頁・判タ1163号116頁・判時1870号15頁 ……………… 439
最決平16・8・30民集58巻6号1763頁・判タ1166号131頁・判時1872号28頁 ………… 503, 643, 671
最決平17・1・20集民216号57頁・判タ1175号143頁・判時1888号91頁 ……………………… 646
最判平17・3・10民集59巻2号356頁・判タ1179号180頁・判時1893号24頁 ………………… 291
最判平17・11・10民集59巻9号2428頁・判タ1203号74頁・判時1925号84頁 ………………… 397
最判平17・12・6民集59巻10号2629頁・判タ1205号158頁・判時1925号103頁 ……………… 232
最判平18・3・16民集60巻3号735頁・判タ1238号183頁・判時1966号53頁 ………………… 462
最判平18・3・28判タ1227号150頁・判時1950号167頁・労判933号12頁 …………………… 655
最判平18・3・30民集60巻3号948頁・判タ1209号87頁・判時1931号3頁 ………… 334, 340, 383
最決平18・4・26家月58巻9号31頁・判タ1208号90頁・判時1930号92頁 …………………… 139
最判平19・3・30家月59巻7号120頁・判タ1242号120頁・判時1972号86頁 ………………… 135
最判平20・3・6民集62巻3号665頁・判タ1268号110頁・判時2004号17頁 ………………… 390
最判平21・3・10民集63巻3号385頁・判タ1306号217頁・判時2054号37頁 ………………… 663
最判平22・4・8民集84巻3号676頁・判タ1323号118頁・判時2079号42頁 ………… 444, 445
最判平22・6・4民集64巻4号1107頁・判タ1332号60頁・判時2092号93頁 ………………… 664
最判平22・6・29集民234号159頁・判タ1330号89頁・判時2089号74頁 ……………………… 383
最決平23・9・20民集65巻6号2710頁・判タ1357号65頁・判時2129号41頁 ……… 159, 161, 228
最判平24・2・2民集60巻2号89頁・判タ1367号97頁・判時2143号72頁 …………………… 398
最決平25・1・17判タ1386号182頁・判時2176号29頁・金判1412号8頁 …………………… 167
最判平26・1・28民集68巻1号49頁・判タ399号78頁・判時2215号67頁 …………………… 348
最判平26・10・9集68巻8号799頁・判タ1408号32頁・判時2241号3頁 …………………… 350
最判平27・1・22集民249号43頁・判タ1410号55頁・判時2252号33頁 ……………… 74, 78, 79
最決平27・1・22集民249号67頁・判タ1410号58頁・判時2252号36頁 ……………… 74, 77-80

高等裁判所

札幌高判昭24・12・20民集7巻4号333頁 ……………………………………………………… 256
東京高判昭27・6・24高民5巻9号384頁 ………………………………………………………… 435
高松高判昭32・11・15高民10巻11号601頁・判タ78号65頁 …………………………………… 668
大阪高決昭32・12・7高民10巻12号688頁・判タ79号100頁・判時147号27頁 ……………… 107
仙台高決昭33・4・22下民9巻4号721頁 ………………………………………………………… 104
東京高決昭37・1・20高民15巻2号80頁・判タ127号105頁・判時285号11頁・判時294号37頁 …… 252
東京高決昭39・9・22下民15巻9号2237頁 ……………………………………………………… 309
東京高決昭40・1・28下民16巻1号133頁 ………………………………………………………… 285
大阪高決昭41・6・3下民17巻5＝6号478頁 …………………………………………………… 362
東京高決昭47・8・30下民23巻5～8号444頁・判時679号21頁 ……………………………… 60
東京高判昭48・12・18判時734号48頁・金判409号7頁・金法722号33頁 …………………… 174
東京高判昭49・1・23東高民時報25巻1号7頁 ………………………………………………… 458
東京高判昭51・12・16下民27巻9～12号797頁・判タ349号213頁・判時844号33頁 ………… 267
大阪高判昭52・2・15判タ350号289頁・金判519号17頁 ……………………………………… 264
大阪高判昭52・3・1判タ355号287頁・判時855号74頁・金判514号20頁 …………………… 267
東京高判昭53・2・27下民31巻5～8号658頁・金法875号31頁 …………………… 483, 486
広島高判昭54・7・5判タ398号118頁 …………………………………………………………… 31
大阪高決昭56・5・26判タ446号95頁・金法975号39頁 ……………………………………… 100
大阪高判昭58・8・31訟月30巻4号583頁 ……………………………………………………… 469

東京高判昭60・3・26判夕556号87頁・判時1151号12頁	368, 370
東京高決昭60・3・28判夕556号120頁・判時1152号143頁	224
東京高判昭60・10・14判時1176号95頁	267
札幌高決昭61・3・26判夕601号74頁・金判744号12頁・金判1149号42頁	669
東京高決昭63・11・11金法1221号29頁	75
札幌高決平2・11・5家月43巻7号93頁	618
東京高判平3・9・26判夕772号246頁・判時1400号3頁	391
東京高決平3・10・11判夕784号261頁・判時1405号54頁・金法1320号60頁	300
大阪高判平4・2・20判夕780号64頁・判時1415号3頁	512
仙台高決平4・5・27判夕805号210頁	89
東京高決平4・11・25判夕816号241頁・判時1444号76頁	224, 225
大阪高判平5・3・25判夕827号195頁・判時1469号87頁	489
東京高決平5・4・16判夕822号271頁・判時1462号102頁・金法1357号59頁	160
大阪高決平6・9・5判夕873号194頁	489
東京高判平8・2・28判夕1575号54頁	518–521
東京高判平8・3・28判夕1573号29頁	553, 555
東京高決平8・9・25判夕953号299頁・判時1585号32頁・金法1479号54頁	159
名古屋高金沢支判平8・10・30判夕950号193頁・労判707号37頁	571
東京高判平9・11・20判夕1011号195頁・判時1673号89頁・労判728号12頁	572
東京高決平10・8・21判夕990号267頁・判時1659号64頁・金判1057号36頁	299
大阪高判平10・12・17判時1678号89頁	486
東京高決平11・11・2判夕1040号289頁・判時1710号118頁	75
東京高判平13・9・5判夕1088号94頁・判時1786号80頁	444
東京高判平14・1・23判夕1773号34頁・金判1138号31頁	432, 433
東京高決平14・3・28判夕1105号250頁	492
東京高決平14・8・29金判1155号20頁	432
東京高決平15・3・12家月55巻8号54頁	586
東京高決平16・3・31判夕1157号138頁・判時1865号12頁	393
東京高判平16・5・26判夕1152号131頁・金判1196号39頁	448
大阪高判平16・10・15判時1886号52頁	283
東京高判平16・10・27判夕1175号205頁・判時1877号40頁	334
東京高判平17・3・3判夕1181号158頁・判時1893号126頁	574
東京高決平17・6・28家月58巻4号105頁	585
東京高決平17・10・5判夕1213号310頁・金判1237号36頁・金法1765号55頁	159
東京高決平18・7・18金法1801号56頁	160
東京高決平20・4・25判夕1301号304頁・金判1323号55頁	60, 61
東京高判平20・7・1判夕1280号329頁・判時2012号70頁	362, 363
東京高決平20・7・30判夕1288号295頁・金法1862号44頁	299
東京高判平20・9・10判時2023号27頁・労判969号5頁	571
東京高決平20・9・17判時2049号21頁	555
名古屋高決平20・10・14判時2038号54頁・金判1323号61頁・金法1870号57頁	60, 61
東京高決平20・12・18家月61巻7号59頁	586, 588
福岡高決平21・7・15判夕1319号273頁	489, 491
大阪高判平21・12・3公刊物未登載	163
東京高判平21・12・25判時2068号41頁	561

福岡高那覇支判平22・7・29判タ1365号174頁・判時2091号162頁················480
福岡高判平22・12・6 判タ1342号80頁・判時2102号55頁·······················77
東京高決平23・1・12金判1363号37頁・金法1918号109頁························159
東京高決平23・3・30金判1365号40頁・金法1922号92頁·························159
東京高決平23・3・31金判1365号51頁・金法1922号99頁·························160
大阪高決平23・4・6 判時2123号43頁··258
東京高決平23・4・28金法1922号87頁···160
東京高決平23・6・6 金判1376号22頁・金法1926号120頁······················160
東京高決平23・6・22判タ1355号243頁・判時2122号82頁・金法1926号124頁·······159
東京高決平23・10・26判タ1368号245頁・判時2130号4 頁・金判1380号52頁·······167
東京高決平24・4・25判タ1379号247頁・金法1956号122頁······················229
名古屋高決平24・9・20金判1405号16頁··167
東京高決平24・10・10判タ1383号374頁・金判1405号16頁・金法1957号116頁······167
東京高判平24・10・17判時2182号60頁···555
東京高決平24・10・18判タ1383号327頁・判時2164号55頁························586
東京高決平24・10・24判タ1384号351頁・金判1412号9 頁・金法1959号109頁···167, 170
東京高判平24・11・29判タ1386号349頁··11, 56, 60
東京高判平25・3・13判時2199号23頁···473
名古屋高決平25・6・11金法1985号160頁··4
東京高決平25・7・19判時2209号106頁・金判1427号16頁······················113, 114
広島高判平26・1・29判時2222号9 頁··498
大阪高決平26・3・3 判時2229号23頁··11
東京高判平26・5・28判時2233号113頁··445, 446
福岡高決平26・6・6 判時2225号33頁··78
大阪高判平26・7・8 判時2232号34頁··426, 427
福岡高決平26・7・18判時2234号18頁···78
東京高決平26・7・24判タ1412号137頁··165, 168

地方裁判所

東京地判昭25・6・13下民1 巻6 号886頁··60
神戸地決昭33・2・17下民9 巻2 号240頁···107
東京地判昭39・9・28下民15巻9 号2317頁・判タ165号184頁・判時385号12頁······391, 439
名古屋地判昭42・5・12判時491号66頁···19
東京地判昭44・10・29判時579号77頁···570
東京地判昭45・11・18判時622号90頁···214
名古屋地判昭46・6・11判タ267号34頁···570
東京地判昭50・9・3 判時814号130頁··225
東京地判昭51・6・29判タ339号136頁・判時817号23頁···························400
神戸地判昭52・2・28判タ360号257頁・判時861号108頁···························670
岐阜地判昭52・10・3 判時881号142頁···362
東京地決昭54・5・29下民30巻5 ～6 号241頁・判タ386号63頁・判時933号97頁·······332
東京地決昭59・3・29判タ525号305頁・判時1110号13頁·························542
東京地判昭60・7・16判時1211号64頁···267
東京地判昭62・2・23判タ652号176頁···214
札幌地決昭63・4・4 判時1288号123頁···543

東京地決平元・3・24判タ713号94頁	393
東京地判平 2・3・28判時1347号71頁	666, 672
大阪地決平 2・11・6 労判573号16頁	362
東京地判平 2・12・11判タ764号261頁	232
大阪地決平 4・1・13労判623号75頁	362
横浜地判平 4・1・31判タ793号197頁	368, 370
仙台地決平 4・2・28判タ789号107頁・判時1429号109頁	347
福岡地判平 4・4・16判タ783号60頁・判時1426号49頁・労判607号 6 号	569
神戸地判平 4・7・20判タ805号124頁	556
京都地判平 4・10・22判タ805号196頁・判時1455号130頁	489
大阪地判平 5・6・18判タ844号183頁・判時1468号122頁	432
大阪地決平 5・6・21判タ829号232頁・判時1490号111頁・金判946号30頁	542, 543, 548, 550
浦和地川越支判平 5・7・21判タ848号259頁・判時1479号57頁	368
東京地判平 5・8・10判タ865号236頁	174, 175
高松地決平 5・8・18判タ832号281頁	345
東京地判平 6・1・12判タ860号198頁・判時1524号56頁	553, 555
名古屋地決平 6・8・5 判時1532号96頁	513
神戸地決平 6・11・28判時1545号75頁	489, 491
大分地決平 7・2・20判タ889号257頁・判時1534号104頁	347
東京地判平 7・4・14判タ907号208頁・判時1547号88頁	391
大阪地判平 7・7・19判タ903号238頁	443
仙台地決平 7・8・24判タ893号78頁・判時1564号105頁	382
大津地彦根支決平 7・9・11判タ892号250頁・判時1611号112頁	544, 548
東京地決平 7・9・11労判682号37頁	362
東京地決平 7・10・16判タ894号73頁・判時1556号83頁・労判690号73頁	554
那覇地沖縄支決平 7・12・26判タ907号272頁	345
旭川地決平 8・2・9 判タ927号254頁・判時1610号106頁	37, 42
千葉地佐倉支決平 8・7・26判タ938号260頁	544, 547
横浜地判平 8・9・27判タ940号196頁・判時1584号128頁	519-521
神戸地尼崎支決平 9・2・12判時1604号127頁	393
京都地判平 9・4・17判タ951号214頁・労判716号49頁	569
東京地判平 9・6・23判タ962号201頁・判時1618号97頁	393
神戸地決平 9・11・21判タ971号267頁・判時1657号98頁	489, 491, 492
大阪地判平 9・12・18判タ972号273頁・判時1651号137頁	670
京都地判平10・2・13判時1661号115頁	485, 486
東京地判平10・10・26労判756号82頁	573
東京地判平10・11・30判タ955号290頁・判時1686号68頁	391, 393
東京地決平10・12・8 判タ1039号271頁・判時1668号86頁	371, 488, 491, 492
大阪地判平11・2・26判タ1025号221頁	369
静岡地浜松支判平11・10・12判タ1045号216頁・判時1718号92頁	432, 435
京都地決平12・6・28金判1106号57頁・金法1592号47頁	362
横浜地判平12・9・6 判タ1105号246頁・判時1737号90頁	483
大阪地決平12・9・29判タ1051号324頁・金法1607号55頁	222
鹿児島地決平12・10・10判タ1098号179頁	549
仙台地判平13・3・26判タ1118号143頁・労判808号13頁	570

判例	頁
名古屋地決平14・7・5判タ1110号235頁・判時1812号123頁	368
札幌地判平14・11・11判タ1150号185頁・判時1806号84頁	432, 433
東京地判平14・12・18判タ1129号100頁・判時1829号36頁	334
東京地判平15・2・17判時1844号74頁	498
東京地判平15・3・31判時1817号84頁・金判1168号18頁	448
横浜地判平15・9・24判タ1153号192頁	367
東京地判平16・1・14判タ1152号134頁	448
東京地判平16・1・23判タ1172号216頁	572
東京地判平16・1・30公刊物未登載	517
東京地判平16・4・15判タ1163号235頁・判時1872号69頁	548
東京地決平17・1・21判時1894号35頁	448
東京地判平17・1・25判タ1217号283頁	555, 557
大阪地決平17・3・31判時1922号107頁	498
東京地判平18・12・8判タ1248号245頁・判時1963号83頁	382
東京地決平19・8・28判タ1272号282頁・判時1991号89頁	30, 39–42, 44
東京地判平19・10・3判タ1263号297頁・判時1987号27頁	516
東京地判平20・1・31判タ1276号241頁	382
岡山地決平20・6・10金判1296号60頁・金法1843号50頁	362
東京地判平21・1・28判タ1290号184頁	337
東京地判平21・3・9判時2037号35頁	557
福岡地久留米支決平21・3・27判タ1303号302頁・判時2057号126頁	489, 491, 492
横浜地小田原支決平21・4・6判時2044号111頁	383
東京地判平21・6・12判タ1319号94頁・判時2066号135頁・労判991号64頁	570
東京地決平21・9・10判タ1314号292頁・判時2056号99頁	425
大阪地判平22・1・25判タ1320号136頁・判時2080号46頁・労判1012号74頁	553, 558
京都地決平22・3・18判タ1337号266頁・判時2086号97頁	531, 537
大阪地判平22・5・12判タ1331号139頁・判時2090号50頁	558, 561
横浜地川崎支判平22・5・21判タ1338号136頁・判時2089号119頁	498, 515
東京地決平22・7・6判時2122号99頁	342, 498, 507
東京地判平22・7・21判タ1340号221頁	515
神戸地決平22・7・21判時2123号45頁	259
京都地判平22・9・15判タ1339号164頁・判時2100号109頁	515
東京地判平23・3・30労判1028号5頁	653
横浜地判平23・7・26労判1035頁88頁	651, 652
福岡地判平24・2・9（平成23年（ワ）第2994号）裁判所ホームページ	489
さいたま地熊谷支判平24・2・20判タ1383号301頁・判時2153号73頁	514
金沢地判平24・3・27判時2152号62頁	448
横浜地判平24・4・18公刊物未登載	470, 473
東京地判平24・9・25公刊物未登載	489
横浜地決平24・10・11判時2175号53頁	637
東京地決平25・3・26判時2209号108頁・金判1427号21頁	113
東京地判平25・4・26判時2195号45頁	405
東京地判平25・5・17判時2209号112頁	561
京都地判平25・10・7判時2208号74頁	426, 427
長崎地決平25・11・12公刊物未登載	77

佐賀地決平26・4・11公刊物未登載……………………………………………………78
長崎地決平26・6・4判時2234号26頁……………………………………………78
東京地判平26・6・10判タ1409号362頁…………………………………………428
佐賀地判平26・12・12判時2264号85頁……………………………………………81
名古屋地豊橋支判平27・4・22判時2272号96頁…………………………………480

事項索引

あ 行

悪意の推定（占有移転禁止仮処分）……… 245
悪意の非承継占有者（占有移転禁止仮処分）
　……………………………………………… 245
悪臭防止法……………………………………… 507
明渡断行の仮処分…… 12, 249, 250, 252, 253, 292
安全配慮義務…………………………………… 354
遺　言…………………………… 626, 628, 630
遺言執行者……………………………… 622, 627
　──の職務権限……………………… 622, 625
遺言者…………………………………………… 626
遺言年齢………………………………… 626, 630
遺言能力………………………………… 626, 630, 631
遺言無効確認の訴え…………………… 621, 627
遺産分割………………………………………… 611
意思能力………………………………… 626, 630
慰謝料…………………………………………… 150
　──請求権…………………………………… 129
一部勝訴判決…………………………… 106, 112
一部弁済……………………………………… 107
一括申立て…………………………………… 86
囲繞地………………………………………… 455
囲繞地通行権………………………………… 456
違法性段階説（論）………… 329, 336, 351, 352, 471, 512
インターネット……………………………… 525
ヴァーチャル口座…………………………… 227
ヴァーチャル支店…………………………… 227
内金請求……………………………………… 107
営業権………………………………… 362, 425
　──に基づく差止請求……………………… 362
駅前商店街…………………………………… 498

か 行

解雇無効……………………………………… 649
会社更生……………………………………… 669
　──の主文………………………………… 427
外部騒音……………………………………… 502
加害行為の違法性…………………………… 351
価格減少行為………………………………… 297

拡大損害……………………………………… 150
確定判決の執行禁止………………………… 74
確認の訴え…………………………………… 627
確認の利益…………………………………… 629
過　失………………………………………… 148
過失相殺……………………………… 638, 641
家庭裁判所調査官（家裁調査官）……… 580, 582-584, 588, 589
稼働停止請求………………………………… 478
神奈川県生活環境の保全等に関する条例
　……………………………………………… 500
カラオケからの音漏れ……………………… 501
仮差押え……………………… 3, 5, 8, 22, 23
　──の暫定性……………………………… 226
　──の相当性……………………………… 222
　──の対象………………………………… 215
　──の登録………………………………… 205
　──の必要性……………………………… 221
　──の保全の必要性………………………… 9
　──の目的物……………………………… 171
　同一の被保全債権に基づく数次の──… 56
　同一の被保全債権に基づく追加の──
　……………………………………… 66, 67
仮差押解放金………………………… 90, 92, 680
　──の共用………………………………… 69-72
　──の算定基準……………………… 681, 682
仮差押債権の特定…………………… 165, 228
仮執行宣言付支払督促……………………… 108
仮処分
　街頭宣伝活動禁止の──………… 424, 427
　競業避止義務違反に基づく営業止めの──
　……………………………………… 551, 554
　金員仮払いの──………………………… 12
　係争物に関する──………… 3, 5, 8, 22, 23
　継続的契約関係に関する──…………… 530
　サービスの供給を命ずる──…………… 537
　債務者を特定しないで発する──……… 246
　出荷停止の差止め等の──……………… 548
　出版等禁止（差止め）の──…………… 389
　承諾の意思表示を求める──…………… 545
　商品の引渡し（断行）を求める──…… 542

騒音や煙や臭い等に対する―― 494
　　賃金仮払―― 358
　　通行妨害禁止の―― 455
　　発信者情報消去禁止の―― 438, 449
　　面談強要禁止の―― 592
仮処分解放金 284, 681
仮処分命令
　　一筆の土地全体についての―― 257
　　侵害停止の―― 548
仮登記 263
　　――の抹消登記請求 265
　　附記の―― 267
仮に差し押さえるべき物の所在地 31
仮の地位を定める仮処分 4, 5, 7, 8, 12, 22, 23, 73, 364, 366, 409, 411, 510, 530, 562, 621, 632, 636, 641, 665
仮の地位を定める仮処分命令 295
管　轄 29
管轄違い 35
環境基準 479
環境権説 498
間接強制 428, 431, 538, 590
間接強制命令 370
間接占有者 295
間接適用説 432, 433
管理回収委託契約書 52
管理占有 296
企業活動のボーダーレス化 37
危険防止措置 356, 357
起訴命令 656
休業損害 639
競業避止特約 553, 554
　　――の有効性 556, 559
強制管理 222
強制執行 645, 647
強制執行停止 316-318
　　上訴に伴う―― 111
競争売買阻害価格減少行為 298
供　託 18
共同企業体 117
共同施工方式 118, 123
共同担保 88
京都府環境を守り育てる条例 500
業務執行権 362
業務上横領 148

業務遂行権 363
共有会員制 177, 179, 180
共有持分権 621
禁止命令 431, 604, 605, 632
金銭信託 186-188
金銭信託受益権 186, 189
近隣の騒音問題 503
空港の管理権者 207, 210
区分所有者の共同の利益 483, 486, 488, 489
区分所有法57条 483
景観権 335, 340
景観利益 334-337, 340
警　告 604-607
経常建設共同企業体 118
係争物の所在地 41
継続的給付債権 191, 196, 232
継続的供給契約 540, 541
継続的侵害説 498
競売手続の停止 316, 318-324
検　閲 392
検閲禁止 390
健康的に生活をする権利 509
健康被害や環境汚染の差止め 351
現実の悪意 393
建設禁止 339
建設差止め 338, 339
建築禁止の仮処分 327, 328, 333, 334, 336, 372, 376
建築妨害禁止の仮処分 360, 361, 363, 367
建築妨害禁止の仮処分命令 364, 366
権利能力のない社団 119
権利保護の必要性 56, 59-61, 64, 65
故　意 148, 153
公　害 350
公害対策 507
航空機
　　――の型式 203
　　――の定置場 200
　　――の登録番号 198
　　外国―― 197, 202, 203, 205
　　内国―― 197, 199, 200, 202-205, 207
航空機等の仮差押え 197
航空機登録原簿 199, 204, 205
　　――の謄本 203
航空機登録証明書 200, 201, 205

事項索引

航空機燃料 197
――の仮差押え 207
航空日誌 206
工事禁止の仮処分 251, 253
口頭弁論 639
光　量 473
顧客吸引力 399
国際的裁判管轄 37, 40
国土交通省航空局総務課航空機登録担当官 203
国土交通大臣 205, 206
子の監護に関する処分 579, 580, 588
子の福祉 586
個別担保 88

さ　行

債権回収会社（サービサー） 46
債権管理回収業に関する特別措置法（サービサー法） 46
債権契約に基づく通行権 459
債権者代位権の行使 212
――による仮差押え 212
債権者代位権の要件 213
財産分与 132, 282
財産分与請求権 128, 132, 133, 136, 137, 141
債務者審尋 430, 562, 674
債務名義 316-318, 645
詐害行為取消権 277, 278, 281, 283
詐欺・強迫 152, 653
錯　誤 652
差押禁止 195, 196
差押債権の特定 161-164
差押債権の特定の有無の判断基準 162, 163
――の間接的特定 163
差止請求権 339, 361, 363
雑居ビル 494
事業の執行について 568
自書性 626, 630
自書能力 630
私人による外国人に対する差別 432
執行異議 316, 318
執行官 207
執行期間の制限 435
執行文 645
執行文付与に対する異議の訴え 317

執行妨害目的 292
自動車による通行 461
――を前提とする210条通行権 463
自動車の扉の開閉音 502
自動車の発着音 502
支払保証委託契約 95, 18
自筆証書遺言 621, 626
事物管轄 6, 34
社会保険診療報酬支払請求権 231
　将来発生する―― 231
臭気指数 507
住居専用地域 504
事由の消滅 104
周波数特性 480
就労義務の免除 355
就労義務不存在確認 356, 357
受益権 188-192
受益債権 188, 190
受益者連続信託 191
受益相続人 622
受忍限度 470, 478, 499, 506, 511, 517, 520
受忍限度論 329, 336, 351, 352
受忍命令 431, 632
ジョイントベンチャー 117
使用許諾契約 406
償　金 458, 464
承継占有者 245, 246
上申書方式 69, 92
商標法 403
食事，旅行の勧誘 572
職場環境配慮義務 569, 570
――違反 574
処分禁止の仮処分 6, 25, 268, 304, 309-312, 613, 615
――と本登記禁止の仮処分の併用 270
処分禁止の登記 268
――の嘱託 269
処分権主義 495, 305
所有権留保 662, 663
人格権 425, 511, 520, 593, 596
――的権利に基づく通行権 460
――に基づく妨害排除請求権 409
人格権侵害説 498
人格権説 469
人格的利益 593, 596

人事訴訟の関連損害賠償請求……………127
人事訴訟法…………………………………127
審　尋………………………………………639
人身保護請求………………………………581
身体への接触行為…………………………571
信託行為……………………………………182
信託受益権…………………………………182
振　動………………………………477, 478
審判前の保全処分…… 129, 132, 137, 140, 579, 616
深夜のカラオケ営業………………………501
診療報酬支払請求権………………………231
心裡留保……………………………………652
睡眠妨害……………………………………479
ストーカー行為……… 421, 566, 573, 603, 605
ストーカー行為等の規制等に関する法律（ストーカー規制法）………… 409, 421, 603, 605
ストーカー事案…………………407, 409, 422
生活の本拠を共にする……………… 420, 423
　　　　――共同生活……………………417
　　　　――交際関係………………417, 422
生活妨害…………………………350, 470, 478
請求異議の訴え……………………… 317, 318
請求債権額基準説…………………………91
請求債権目録……………………151, 155, 216
請求の基礎の同一…………………………106
セクハラ………………………………565, 566
　　環境型――……………………………566
　　対価型――……………………………566
接近禁止命令………………………………600
専属管轄……………………………………29
全店一括順位づけ方式…………161, 165, 166
全部敗訴判決………………………………113
占有移転禁止の仮処分………… 3, 6, 25, 57-59, 62-64, 105, 239, 242-247, 249-251, 292, 304, 306, 309, 313, 314, 665
　　債権者使用型……………………307, 308
　　債務者使用型……………………307, 308
　　執行官保管型……………………307, 308
占有移転禁止の仮処分命令……… 241, 243, 247, 249, 251, 252
　　債務者を特定しないで発する――… 246, 247
占有回収の訴え……………………304, 308, 314
占有権…………………………………309, 314
占有権原……………………………………668
騒　音………………………………… 384, 477

――レベル………………………………477
騒音規制のための条例……………………500
騒音規制法…………………………………500
相続財産の共有……………………………620
相続させる遺言………………………622, 625
相当因果関係の認められる損害…… 150, 154
双方審尋……………………………………14
双方審尋手続………………………………375
訴訟承継主義………………………………240
訴訟物…………………………………145, 151
――の同一………………………………106
その他の財産権……………………………188
疎　明………………………… 146, 504, 670, 673
――の意義………………………………13
――の即時性…………………………13, 15
――の対象………………………………217

た　行

代位による分筆登記………………………256
耐空証明書…………………………………206
退職撤回……………………………………651
――による賃金…………………………648
退職の意思表示……………………………650
太陽光発電…………………………………468
太陽光パネル………………………………468
代理監督者…………………………………570
立会証明書…………………………………258
建物引渡断行の仮処分……………………304
断行の仮処分………………………………636
男女雇用機会均等法………………………567
担　保…………………………………563, 674
――の額…………………………… 18, 89
――の機能………………………………16
――の提供方法…………………………18
――の変換………………………… 97, 100
――の変換の手続…………………… 18, 101
第三者による――の提供………………95
担保取消し……………………… 19, 103, 105
――の主体………………………………110
担保不動産競売……………………… 318, 322
――の開始決定前の保全処分…… 288, 301
地域維持型建設共同企業体………………118
地位保全の仮処分…………………… 531, 546
地積測量図…………………………… 257, 258
仲裁合意………………………………… 39, 44

超過仮差押え……………………………87, 125
　　――の禁止……………………………65
調停前置……………………………………628
調停に代わる審判…………………………628
眺　　望……………………………………381
直接強制……………………………………590
賃金仮払い…………………………648, 654, 657
通行地役権…………………………………458
　　――の時効取得………………………459
　　――の対抗要件………………………459
通行妨害の差止め…………………………363
つきまとい行為………407, 409, 410, 412, 419, 421
停止条件付権利……………………………542
低周波音……………………………………476
低周波問題対応の手引書…………………479
抵当権
　　――に基づく妨害排除請求…………289, 291
　　――の実行禁止…………316, 318-320, 322-324
　　――の実行としての競売手続の停止……76
DV 事案………………592, 593, 596, 603, 607
DV 防止法………409, 414, 415, 421-423, 598, 601
手形上の債務者……………………………224
添付書類……………………………………15
店舗の外部における人声…………………502
店舗列挙順位づけ方式……………………159
当事者恒定効……241, 243, 244, 293, 296, 300, 307
当事者恒定主義……………………………240
当事者適格…………………………………627
当事者能力…………………………………119, 429
当事者複数の申立て………………………85
投資信託受益権…………………………183-185
動物火葬炉の使用差止め…………………498
特殊保全……………………………………612
特定建設工事共同企業体…………………118
特定承継人…………………………………110
特定電気通信役務提供者の損害賠償責任の制限
　　及び発信者情報の開示に関する法律……444

な　行

日照権………………………………………328
　　――の侵害……………………………379
日照阻害……………………………………470
210条通行権…………………………………458
213条通行権…………………………………458
入金指定口座………………………………220, 228

任意的訴訟担当……………………………49
任意の履行に期待する仮処分…………312, 531,
　　　　　　　　　　　　532, 535, 536, 546
ネットショッピング……………………525, 526
　　自社サイト型（自立型，独自ドメイン型，
　　　ASP 型）………………………………527
　　ショッピングモール型………………527, 529
ネットショップ……………………………526
燃料タンク…………………………………208, 210

は　行

廃棄請求権…………………………………394, 402
配当要求……………………………………646
破　　産……………………………………669
発信者情報開示……………………………437
パブリシティ権………390, 397-399, 401-403
反射光………………………………………471
被害者請求…………………………………637, 643
日影規制………………………………329-331, 333
引渡請求権
　　契約に基づく――……………………670
　　将来の――……………………………542
　　所有権に基づく――…………………666
引渡断行の仮処分…………………………312, 665
引渡命令………………………………57-59, 64, 108
筆界確認書…………………………………258
秘匿情報……………………………………420
否　　認……………………………………670
被保全権利………………5, 24, 511, 613, 666
　　――の存在……………………………533
被保全債権…………………………………220
表現の自由…………………………………427
風力発電……………………………………476
附記登記…………………263, 264, 267, 268
複合日影………………………330, 331, 333, 334
複数の請求権………………………………109
袋　　地……………………………………455
不公正な取引方法…………………………548
不作為命令の公示…………………………371
不作為を命ずる仮処分……274, 370, 431, 510,
　　　　　　　　　　　　513, 621, 631
不真正連帯債務者…………………………224
不正競争防止法……………………………403
附帯処分…………………………128, 137, 142
物上請求権説………………………………469, 498

物理的価格減少行為……………………298
物流パレット製造施設の操業差止め……498
不動産信託受益権………………………194
不動産調査………………………………219
不動産優先の原則………………………215
不法行為…………………………………144
　──における違法性………………149, 154
　──における権利侵害……………149, 154
不法行為説………………………………469, 498
プライバシー……………………………384, 391
　──の侵害………………………………439
プライバシー権…………………………390, 392
フランチャイズ契約……………………540, 552
　──の解除………………………………549
文書送付嘱託……………………………638
分担施工方式……………………………119
平穏生活権………………………………470, 477, 509
ヘイトスピーチ…………………………425
　──の差止め……………………………425
弁護士法23条の2に基づく照会………639
弁　済……………………………………112, 114
妨害排除請求権…………………………362
妨害予防請求権…………………………409
法人格のない社団………………………121
法人の名誉………………………………362
保護命令…………………415, 417, 419, 422, 423,
　　　　　　　　　　　599, 600, 602, 607
　──制度…………………………………414
保護命令申立事件………………………418
保証人……………………………………224
保全異議…………………………………646, 656, 683
保全抗告…………………………………685
保全執行…………………………………645
　──停止の裁判…………………………646
保全処分…………………………582, 583, 587-590
　遺産分割事件に関する──……………615
　家事事件手続法上の──………………615
　占有移転禁止の──………………………58
　売却のための──…………………288, 297
保全取消し………………………………646, 683
　情の変更による──……………………656
保全の必要性……8, 56, 86, 151, 155, 217,
　　　　　　260, 261, 294, 513, 534, 547, 562,
　　　　　　583, 586, 588, 613, 615, 617, 671
　──の審理のあり方………………………9

仮差押えの期間等と──…………………10
債務名義の存在と──……………………11
複数の債務者と──………………………10
保全命令
　──の公示………………………………435
　──を取り消す決定の効力の停止の裁判
　　　………………………………………685
本案請求の範囲…………305, 306, 309, 311
本案認容の蓋然性…583, 586, 588, 589, 615-617
本案の管轄裁判所…………………………30
本登記禁止の仮処分……………………270, 273
　──の処分禁止の仮処分の併用…………273

ま 行

満足的仮処分……………511, 562, 563, 636, 641
見切り販売の禁止………………………549, 550
密行性……………………………………260
民事再生…………………………………669
民事訴訟法246条………………………495
民事保全の目的……………………………3
民法上の組合……………………………119
民法210条に基づく通行権……………456
民法213条に基づく通行権……………456
無審尋……………………………………411
名誉毀損…………………………………438
メールの送信行為………………………572
面会交流…………………………………594
面談強要…………………………………593, 607
黙示の通行地役権設定契約……………458
目的物価額基準説…………………………91

や 行

焼鳥屋の煙と臭い………………………494, 506
有価証券の供託による立担保……………98
養育費……………………………135, 138-140
要審尋事件………………………………323, 411
預金額最大店舗指定方式………………167
預金債権…………………………………158, 228
　──の所在（取扱店舗）………………159
　──の属性（預金の種類及び額）……159
　──の特定………………………………158
預託金制…………………………173, 178, 179
　──のゴルフクラブ会員権…………174-176

ら 行

履行期未の到来……………………… 214
リゾートホテル会員権…………… 177, 179
立体駐車場の使用差止め…………… 498
立担保の方法………………………… 43
留保所有権…………………………… 667
利用許諾の契約……………………… 400
連帯保証債務………………………… 225
連帯保証人…………………………… 223
労働契約上の地位保全…………… 648, 655
労働契約の終了事由………………… 650
労働審判……………………………… 660

わ 行

和 解……………… 375, 413, 419, 465, 497, 537
　仮処分手続における――………… 497
　暫定的な――…………… 376, 466, 564, 659
和解勧試……………………………… 465
和解協議……………………………… 377

A〜Z

Air Traffic Organization（連邦航空局の下部組織）……………………………… 200
EUROCONTROL（欧州航空航法安全機構）……………………………………… 200

編著者

須藤 典明
日本大学法科大学院教授・弁護士
前東京高等裁判所判事

深見 敏正
東京地方家庭裁判所立川支部長判事

最新裁判実務大系

第3巻　民事保全

2016年3月10日　初版第1刷印刷
2016年4月5日　初版第1刷発行

編著者	須藤 典明
	深見 敏正
発行者	逸見 慎一
発行所	株式会社 青林書院

電話 (03) 3815-5897
振替 00100-9-16920
〒113-0033　東京都文京区本郷6-4-7
印刷／製本・藤原印刷株式会社

検印廃止　落丁・乱丁本はお取り替えいたします。

© 2016　須藤典明, 深見敏正　Printed in Japan
ISBN978-4-417-01679-3

[JCOPY]〈(社)出版者著作権管理機構　委託出版物〉
本書の無断複写は著作権法上での例外を除き禁じられています。複写される場合は、そのつど事前に、(社)出版者著作権管理機構(電話 03-3513-6969、FAX 03-3513-6979、e-mail: info@jcopy.or.jp)の許諾を得てください。